吕思勉　著

大学者谈史系列

中国史札记

上

中国文史出版社

图书在版编目（CIP）数据

中国史札记 / 吕思勉著 . —— 北京：中国文史出版社，2023.7
（大学者谈史系列 / 史鸣主编）
ISBN 978-7-5205-4155-8

Ⅰ . ①中… Ⅱ . ①吕… Ⅲ . ①中国历史 – 文集 Ⅳ . ① K207-53

中国国家版本馆 CIP 数据核字 (2023) 第 117053 号

责任编辑：方云虎

出版发行：中国文史出版社
社　　址：北京市海淀区西八里庄路 69 号院　邮编：100142
电　　话：010-81136606　81136602　81136603（发行部）
传　　真：010-81136655
印　　装：廊坊市海涛印刷有限公司
经　　销：全国新华书店
开　　本：16 开
印　　张：79.5
字　　数：926 千字
版　　次：2024 年 1 月北京第 1 版
印　　次：2024 年 1 月第 1 次印刷
定　　价：198.00 元（上下册）

编者说明

 吕思勉是20世纪的史学大家，与陈寅恪、陈垣、钱穆一起，被著名历史学家严耕望举为"中国史学四大家"。吕思勉平生遍览史籍，精熟中国全史，身后文字上千万言，除《白话中国史》《先秦史》《秦汉史》《两晋南北朝史》《隋唐五代史》等专著，尚有百万余言札记传世。札记不限篇幅，不必考虑专著的构架和体例，细节更加丰富，行文自由，利于发挥，更富于阅读的趣味。本书从札记和学术论稿中选取80余万字，以时间为纬，从人物、朝代、民族、制度、经济、法律、文化、婚丧、神道等方面重加编次，又考虑内容的可读性，更适合于历史爱好者阅读和收藏。

 本书的编辑重点参考了不同版本的《吕思勉全集》《燕石札记》《吕思勉论学丛稿》，订正了个别错讹。

编 者

目 录

（上册）

人 物

盘古考 …………………………………………………………… 2

纬书之三皇说 …………………………………………………… 8

儒家之三皇五帝说 ……………………………………………… 11

伏羲考 …………………………………………………………… 16

华胥氏 …………………………………………………………… 18

有巢燧人考 ……………………………………………………… 18

神农与炎帝、大庭 ……………………………………………… 21

炎黄之争考 ……………………………………………………… 27

少昊考 …………………………………………………………… 33

女娲与共工 ……………………………………………………… 42

西王母考 ………………………………………………………… 51

丹朱傲辨 ………………………………………………………… 55

有扈考 …………………………………………………………… 59

太康失国与少康中兴 …………………………………………… 61

伊尹生于空桑 …………………………………………………… 70

公 刘 …………………………………………………………… 71

太公为西方人 …………………………………………………… 74

三王五霸 …………………………………………… 77

宋襄公 ……………………………………………… 81

论荆轲 ……………………………………………… 94

论李斯 ……………………………………………… 96

论秦二世 …………………………………………… 99

徐福 ………………………………………………… 102

项羽将才 …………………………………………… 104

楚将龙且 …………………………………………… 107

游侠郭解 …………………………………………… 107

淮南王 ……………………………………………… 109

申　公 ……………………………………………… 111

论魏武帝 …………………………………………… 113

夏侯胜、桓荣 ……………………………………… 116

崔浩论 ……………………………………………… 117

山　涛 ……………………………………………… 124

论沮渠牧犍之死 …………………………………… 126

论度量 ……………………………………………… 130

蔡子民论 …………………………………………… 147

朝　代

禅让说平议 ………………………………………… 154

共工、禹治水 ……………………………………… 157

夏都考 ……………………………………………… 162

说　商 ……………………………………………… 167

自契至于成汤八迁考 ……………………………… 172

释　亳 …………………………………… 174

论汤放桀地域考 ………………………… 180

汤　冢 …………………………………… 182

盘庚五迁 ………………………………… 184

殷兄弟相及 ……………………………… 188

周先世世系 ……………………………… 191

武王克商 ………………………………… 193

惟周公诞保文武受命惟七年 …………… 196

春秋时人以畜比君 ……………………… 201

中　山 …………………………………… 203

秦焚书（上） …………………………… 207

秦焚书（下） …………………………… 210

秦始皇筑长城 …………………………… 211

秦营南方（上） ………………………… 212

秦营南方（下） ………………………… 217

夜郎侯见杀 ……………………………… 218

华　夏 …………………………………… 219

汉都关中 ………………………………… 220

楚释汉击齐 ……………………………… 221

巧　吏 …………………………………… 223

汉吏治之弊 ……………………………… 223

资格用人之始 …………………………… 226

汉不守秦制 ……………………………… 226

汉世选举之弊 …………………………… 227

汉末名士 ………………………………… 227

执金吾 …………………………………… 236

汉武用将 …………………………………………………… 236

山泽堡坞 …………………………………………………… 241

开国之主必亲戎 …………………………………………… 243

汉唐边防之策 ……………………………………………… 246

郡县送故迎新之费 ………………………………………… 249

江南风气之变 ……………………………………………… 255

诸葛亮治戎 ………………………………………………… 260

诸葛亮南征考 ……………………………………………… 260

诸葛亮随身衣食悉仰于官不别治生 ……………………… 264

如其不才君可自取 ………………………………………… 267

君与王之别 ………………………………………………… 268

孙氏父子轻佻 ……………………………………………… 269

孙策欲袭许 ………………………………………………… 272

张纯之叛 …………………………………………………… 274

边章、韩遂 ………………………………………………… 275

曹嵩之死 …………………………………………………… 276

关羽欲杀曹公 ……………………………………………… 277

袁曹成败 …………………………………………………… 278

李　邈 ……………………………………………………… 282

姜维不速救成都 …………………………………………… 283

司马宣王征辽东 …………………………………………… 284

司马宣王之忍 ……………………………………………… 285

晋武帝不废太子 …………………………………………… 286

史事失实 …………………………………………………… 287

刘庸祖、麦铁杖 …………………………………………… 288

马　钧 ……………………………………………………… 289

王景文 ………………………………………………… 290

柳仲礼 ………………………………………………… 290

曹景宗、韦叡 ………………………………………… 291

周弘正 ………………………………………………… 293

张雕不择所事 ………………………………………… 294

杀人自杀 ……………………………………………… 295

藉手报仇 ……………………………………………… 295

纨袴狎客 ……………………………………………… 296

晋人之矫诞 …………………………………………… 296

晋人不重天道 ………………………………………… 298

州郡秩俸供给 ………………………………………… 299

苻洪因谶改姓之诬 …………………………………… 303

后魏吏治 ……………………………………………… 304

魏立子杀母 …………………………………………… 309

神武得六镇兵 ………………………………………… 311

宇文氏先世 …………………………………………… 316

周人畏突厥之甚 ……………………………………… 317

魏时将帅之骄 ………………………………………… 318

魏太祖征乌丸 ………………………………………… 320

文臣轻视军人 ………………………………………… 321

梁元帝杀刘之遴 ……………………………………… 322

隋文不肯自逸 ………………………………………… 323

炀帝雁门之围 ………………………………………… 323

唐高祖称臣于突厥 …………………………………… 324

唐太宗除弊政 ………………………………………… 325

太宗停薛延陀婚 ……………………………………… 326

唐初封建之敝 …………………………………… 328

唐宫人至朝廷 …………………………………… 329

唐将帅之贪 ……………………………………… 330

富弼劝辽兴宗不用兵 …………………………… 333

金初官制 ………………………………………… 334

明末贪风之害 …………………………………… 336

清建储之法 ……………………………………… 336

异族间兼并 ……………………………………… 337

历史上之迁都与还都 …………………………… 342

南京为什么成为六朝朱明的旧都 ……………… 349

民　族

越之姓…………………………………………… 356

匈奴为夏后氏苗裔 ……………………………… 357

长狄考 …………………………………………… 358

鬼方考 …………………………………………… 363

山戎考 …………………………………………… 369

山戎考续篇 ……………………………………… 372

赤狄、白狄考 …………………………………… 373

泾洛诸戎 ………………………………………… 381

论吴越文化 ……………………………………… 387

山　越 …………………………………………… 392

匈奴古名 ………………………………………… 399

匈奴风俗 ………………………………………… 400

仓海君 …………………………………………… 403

倭人国 …………………………………………………… 405

鲜 卑 …………………………………………………… 406

卑弥呼 …………………………………………………… 409

慕容、拓跋 ……………………………………………… 413

后魏出自西伯利亚 ……………………………………… 414

拓跋氏先世考（上）…………………………………… 415

拓跋氏先世考（下）…………………………………… 420

拓跋氏之虐 ……………………………………………… 424

突厥之先 ………………………………………………… 427

称秃发氏为汉儿 ………………………………………… 430

秃发与拓跋 ……………………………………………… 431

隋唐胡化之残迹 ………………………………………… 431

契丹先世 ………………………………………………… 432

契丹部族 ………………………………………………… 436

突厥、契丹宗教类乌桓 ………………………………… 439

蒙古之由来 ……………………………………………… 441

元室之先世 ……………………………………………… 444

元兴以前北方诸部族 …………………………………… 447

蒙古之渐强 ……………………………………………… 449

成吉思平定漠南北 ……………………………………… 451

蒙古传说本于回纥 ……………………………………… 454

元人初兴时程度 ………………………………………… 455

九姓 ……………………………………………………… 456

吐蕃缘起 ………………………………………………… 460

唐代吐蕃兵力 …………………………………………… 464

西山八国 ………………………………………………… 469

女　国 …………………………………………………… 474

胡　考 …………………………………………………… 480

胡服考书后 ……………………………………………… 498

论文明民族与野蛮民族之消长 ………………………… 500

突厥与蒙古同祖 ………………………………………… 505

僰、叟、骆、蜀 ………………………………………… 511

丁　令 …………………………………………………… 520

丁令居地 ………………………………………………… 522

丁令宗教 ………………………………………………… 526

奚 ………………………………………………………… 529

四裔传汉人文化 ………………………………………… 530

以结昏姻求和亲 ………………………………………… 531

貉族考 …………………………………………………… 532

貉族发现西半球说 ……………………………………… 555

制　度

皇帝说探源 ……………………………………………… 560

太上皇 …………………………………………………… 563

帝 ………………………………………………………… 564

女称君亦称君子 ………………………………………… 564

释　官 …………………………………………………… 565

三公、四辅、五官、六官、冢宰 …………………… 567

周官五史 ………………………………………………… 573

毁誉褒贬 ………………………………………………… 578

守藏室之史 ……………………………………………… 580

左右史 …………………………………… 581

夫人选老大夫为傅 ……………………… 587

篡立者诸侯既与之会则不复讨 ………… 591

释"兴灭国，继绝世" …………………… 593

古者君臣之义（上）…………………… 597

古者君臣之义（下）…………………… 601

君臣朋友 ………………………………… 606

朋友之道 ………………………………… 607

春秋立君之法 …………………………… 609

臣之事君 ………………………………… 611

尊王与民贵之义相成 …………………… 612

布衣死节 ………………………………… 616

民与政相关之切 ………………………… 617

民各有心 ………………………………… 620

韩起辞玉 ………………………………… 621

封地大小 ………………………………… 623

巡守朝聘 ………………………………… 625

霸国贡赋 ………………………………… 628

五侯九伯 ………………………………… 633

姬姓日也，异姓月也 …………………… 637

三国之校事 ……………………………… 639

用人以抚绥新附 ………………………… 641

考绩之法（上）………………………… 645

考绩之法（下）………………………… 649

限年入仕 ………………………………… 650

选举寒素之士 …………………………… 653

九品官人之始 ……………………………………… 655

九品中正 …………………………………………… 656

论中国户口册籍之法 ……………………………… 659

论保甲 ……………………………………………… 663

度地居民 …………………………………………… 667

策试之制（上） …………………………………… 670

策试之制（下） …………………………………… 675

人　物

盘古考

今世俗无不知有盘古氏者，叩以盘古事迹，则不能言，盖其说甚旧，故传之甚广，而又甚荒矣。

盘古故事，见于《五运历年记》者曰："元气濛鸿，萌芽兹始，遂分天地，肇立乾坤。启阴感阳，分布元气，乃孕中和，是为人也。首生盘古，垂死化身，气成风云，声为雷霆，左眼为日，右眼为月，四肢五体为四极五岳，血液为江河，筋脉为地里，肌肉为田土，发髭为星辰，皮毛为草木，齿骨为金石，精髓为珠玉，汗流为雨泽，身之诸虫，因风所感，化为黎甿。"据（《绎史》卷一引。）见于《述异记》者曰："昔盘古氏之死也：头为四岳，目为日月，脂膏为江海，毛发为草木。秦汉间俗说：盘古氏头为东岳，腹为中岳，左臂为南岳，右臂为北岳，足为西岳。先儒说：盘古氏泣为江河，气为风，声为雷，目瞳为电。古说：盘古氏喜为晴，怒为阴。吴楚间说：盘古氏夫妻，阴阳之始也。今南海有盘古氏墓，亘三百余里，俗云：后人追葬盘古之魂也。桂林有盘古氏庙，今人祝祀。"（据《汉魏丛书》本。《绎史》无末十一字。）见于《三五历记》者曰："天地混沌如鸡子，盘古生其中。万八千岁，天地开辟，阳清为天，阴浊为地。盘古在其中，一日九变。神于天，圣于地。天日高一丈，地日厚一丈，盘古日长一丈。如此万八千岁，天数极高，地数极深，盘古极长。后乃有三皇。"据《绎史》卷一引。案《厄泰梨雅优婆尼沙县》（AitareyaUpanishad）云："太古有阿德摩（Atman），先造世界。世界既成，后造人。此人有口，始有言；有言，乃有火。此人有鼻，始有息；有息，乃有风。此人有目，始有视；有视，乃有日。此人有耳，始有听；有听，乃有空。此人有肤，始有毛发；有毛发，乃有植物。此人有心，始有念；有念，乃有月。此人有脐，始有出气；有出气，乃有死。此人有阴阳，始有精；有精，乃有水。"《外道小乘涅槃论》云："本无日月星辰，虚空及地，惟有大水。时大安荼生。形如鸡子，周匝金色。时熟破为二段：一段在上作天，一段在下作地。"《摩登伽经》云："自在以头为天，足为地，目为日月，腹为虚空，发为草木，流泪为河，众骨为山，大小便利为海。"《五运历年记》《三五历记》之说，盖皆象教东来之后，杂彼外道之说而成。《述异记》首数语，即《五运历年记》之说。秦汉间俗说亦同。此说疑不出秦汉间，任氏误也。至其所谓先儒说、古说、吴楚间说者，则皆各自为说，与上诸说不同。

《山海经·海外北经》云："钟山之神，名曰烛阴。视为昼，瞑为夜。吹为冬，呼为夏。不饮，不食，不息；息为风。身长千里。在无脊之东。其为物，人面，蛇身，赤色，居钟山下。"《大荒北经》云："西北海之外，赤水之北，有章尾山。有神，人面蛇身而赤。直目正乘，其瞑乃晦，其视乃明。不食，不寝，不息。风雨是谒。是烛九阴。是谓烛龙。"此二者即一事，皆谓其身生存，不谓已死，《述异记》所谓先儒说及古说者盖如此。《路史》谓："荆湖南北，今以十月十六日为盘古氏生日，以候月之阴晴。"《初三皇纪》。可见《述异记》所谓古说者流传之久矣。至其所谓吴楚间说者，则盘古氏明有夫妻二人，与一身化为万有之说，尤厘然各别。

盘古即盘瓠之说，始于夏穗卿。见所作《古代史》。予昔亦信之，今乃知其非也。盘瓠事迹，见于《后汉书·南蛮传》，其说云："昔高辛氏有犬戎之寇，帝患其侵暴，而征伐不克，乃访募天下：有能得犬戎之将吴将军头者，购黄金千镒，邑万家，又妻以少女。时帝有畜狗，其毛五采，名曰槃瓠。下令之后，槃瓠遂衔人头造阙下。群臣怪而诊之，乃吴将军首也。帝大喜。而计槃瓠不可妻之以女，又无封爵之道，议欲有报，而未知所宜。女闻之，以为帝皇下令，不可违信，因请行。帝不得已，乃以女配槃瓠。槃瓠得女，负而走。入南山，止石室中。所处险绝，人迹不至。于是女解去衣裳，为仆鉴之结，着独力之衣。帝悲思之，遣使寻求，辄遇风雨震晦，使者不得进。经三年，生子一十二人，六男六女。槃瓠死后，因自相夫妻。织绩木皮，染以草实。好五色衣服，制裁皆有尾形。其母后归，以状白帝。于是使迎致诸子。衣裳班兰，语言侏离；好入山壑，不乐平旷。帝顺其意，赐以名山广泽。其后滋蔓，号曰蛮夷。外痴内黠，安土重旧。以先父有功，母帝之女，田作贾贩，无关梁符传租税之赋；有邑君长，皆赐印绶，冠用獭皮。名渠帅曰精夫，相呼为姎徒。今长沙武陵蛮是也。"《水经·沅水注》与此说同而辞较略，云："今武陵郡夷，即槃瓠之种落也。其狗皮毛，适孙世宝录之。"夏氏谓汉族古帝，踪迹多在北方，独盘古祠在桂林，墓在南海，疑本苗族神话，而汉族误袭为己有。案干宝《晋纪》，范成大《桂海虞衡志》，皆谓"岁首祭盘瓠，杂糅鱼肉酒饭于木槽，叩槽群号为礼"。《文献通考·四裔考》引。而今粤西岩峒中，犹有盘古庙，以旧历六月二日为盘古生日，远近聚集，致祭极虔；此予昔所以信夏氏之说也。由今思之，殊不其然。凡神话传说，虽今古不同，必有沿袭转移之迹，未有若盘古、槃瓠之说，绝不相蒙者。《后汉书注》云："今辰州卢溪县西有武山。黄闵《武陵记》曰：山高可万仞。山半有槃瓠石室，可容数万人。中有石床，槃瓠行迹。"（《水经注》云："武水源出武山。水源石上有槃瓠迹犹存矣。"）今案"山窟前有石羊石兽，古迹奇异尤多。望石窟，大如三间屋。遥见一石，仍似狗形，蛮俗相传，云是槃瓠像也。"《路史·发挥》云："有自辰、沅来者，云卢溪县之西百八十里，有武山焉。其崇千仞。遥望山半，石洞罅启。一石貌狗，人立乎其旁，是所谓槃瓠者。今县之西南三十，有槃瓠祠，栋宇宏壮，信天下之有奇迹也。"《注》云："黄闵《武陵记》云：山半石室，可容数万人，中有石床，槃瓠行迹。今山窟前石兽，石羊，奇迹尤多。《辰州图经》云：隍石窟如三间屋。一石狗形，蛮俗云槃瓠之像。今其中种有四：一曰七村归明户，起居饮食类省民，但左衽。二曰施溪武源归明蛮人。三曰山猺。四曰犵獠。虽自为区别，而衣服趋向，大略相似。土俗以岁七月二十五日，种类四集，扶老携幼，宿于庙下。五日，祠以牛虓酒鲊，椎鼓踏歌，谓之样。样，蛮语祭也。云容万人，循俗之妄。"自唐迄宋，遗迹依然，足见《后汉书》所谓槃瓠者，实仅指武山一种落。《后汉书》说虽荒唐，中实隐藏实事（如衣服，居处，语言，俗尚，及中国待之之宽典等）。独力、仆鉴，盖其衣结之名。精夫之精，义虽难解，夫固汉族称长上之辞，如大夫、千夫是也。姎徒尤确为汉语。其事托之高辛者，楚之先，为高辛火正。楚与吴世仇。吴将军，盖本谓吴之将军。复以槃瓠狗种，称其人为犬戎，以冠吴将军上，遂若吴为其人之氏族矣。《公羊》言"楚王妻媢"，同姓为昏，楚盖自有此俗。《广韵》獏字注引《山海经》云："獏铅，南极之夷。尾长数寸。巢居山林。"（今经无）《后汉书》述哀牢夷，亦云"衣皆着尾"。濮之先，固亦在荆、豫之域，《左氏》："王使詹桓伯辞于晋曰：巴、濮、楚、邓，吾南土也。"（昭公九年）又云"楚子为舟师以伐濮"，是也（昭公十九年）。将军，战国后语。金以镒计，封以户数，亦皆秦汉时制。然则槃瓠传说，盖起于楚，而经秦汉后人之改易，所指固不甚广，其原亦非甚古也。孰与夫盘古之说，东渐吴会，南逾岭表，且视为凡生民之始者哉？《路史》又谓会昌有盘古山；湘乡有盘古堡；零都有盘古祠；成都、淮安、京兆，皆有庙祀；又引《元丰九域志》，谓广陵有盘古冢庙；与所谓荆湖南北，以盘古生日候月阴晴者，固与槃瓠渺不相涉。《述异记》谓："南海中有盘古国，今人皆以盘古为姓。"则盘古亦自有种落，此当与南海之盘古墓、桂林之盘古祠有关。吴楚间盘古之说，盖亦同出一原。惟本夫妻二人，故有墓；若一身既化为万有矣，又何墓之有焉？岂闻创造天地万物之神，乃待以衣冠为冢者哉？然其与槃瓠之说，不可绲而为一，则又无待再计矣。

《路史》又引《玄中记》云："高辛时，犬戎为乱。帝曰：有讨之者，妻以美女，封三百户。帝之狗曰槃瓠，去三月，而杀犬戎，以其首来。帝以女妻之，不可教训，浮之会稽，东有海，中得地三百里封之。生男为狗，女为美人，是为犬封氏。《玄中》之书，《崇文总目》曰不知撰人名氏，然书传所引，皆云郭氏《玄中记》，而《山海经注》狗封氏事，与《记》所言一同，知为景纯。"罗氏因谓槃瓠之说，乃因《山海经》而讹。今案《海内北经》云："在昆仑墟北有人曰大行伯，把戈。其东有犬封国。"郭《注》云："昔槃瓠杀戎王，高辛以美女妻之，不可以训，乃浮之会稽东南海中，得三百里地封之。生男为狗，女为美人。是为狗封之民也。"又曰："犬封国曰犬戎国。状如犬。有一女子，方跪进杯食。有文马，缟身朱鬣，目若黄金，名曰吉量。乘之寿千岁。"《注》云："黄帝之后卞明，生白犬二头，自相牝牡，遂为此国，言狗国也。"郭《注》又云："《周书》曰：犬戎文马，赤鬣白身，目若黄金，名曰吉黄之乘。成王时献之。《六韬》曰：文身朱鬣，眼若黄金，项若鸡尾，名曰鸡斯之乘。《大传》曰：驳身朱鬣鸡目。《山海经》亦有吉黄之乘寿千岁者。惟名有不同，说有小错，其实一物耳。今博举之，以广异闻也。"《大荒北经》云："大荒之中，有山名曰融父山，顺水入焉。有人，名曰犬戎。黄帝生苗龙，苗龙生融吾，融吾生弄明，弄明生白犬，白犬有牝牡，是为犬戎。"《注》云："言自相配合也。"案郭注《海内北经》之犬戎，即本《大荒经》为说。《书大传》所云犬戎文马，即散宜生取之以献纣者，其为西北之国可知。《海内北经》"犬封国曰犬戎国"，曰上当有夺字。《经》本不以犬封、犬戎为一，《注》意尤皎然可明，谓其由一说传讹，似近武断。会稽海中，不知果有槃瓠传说否？即使有之，亦武山种落，播越在东，或则东野之言，辗转传布；要不容与盘古之说并为一谈也。

《路史》又引《地理坤鉴》云："盘古龙首人身。"《地理坤鉴》，非必可信之书，然小道可观，其言亦时有所本。《鲁灵光殿赋》曰："图画天地，品类群生。杂物奇怪，山神海灵，写载其状，托之丹青。千变万化，事各缪形。随色象类，曲得其情。上纪开辟，遂古之初。五龙比翼，人皇九头。伏牺鳞身，女娲蛇躯。"（李善注："《列子》曰：伏羲、女娲，蛇身而人面。"又云："《玄中记》曰：伏羲龙身，女娲蛇躯。"）画壁之技，必自古相传，匪由新创。古帝形貌，皆象龙蛇，则以文明肇启，实在江海之会也。会稽、南海，皆尊盘古，固其宜矣。是其年代，必远在高辛之前，安得与槃瓠之说并为一谈邪？

纬书之三皇说

纬书三皇之说，原本非一。予既着之《古史纪年》条矣，今更引《御览》《路史》之文以明之。《御览》引项峻《始学篇》曰："天地立，有天皇，十二头，号曰天灵，治万八千岁. 以木德王。""地皇十二头，治万八千岁。""人皇九头，兄弟各三分，人各百岁。依山川土地之势，财度为九州，各居其一。乃因是而区别。"（此句上疑有夺文）《洞冥记》曰："天皇十二头，一姓十二人也。""地皇十二头。"于人皇则无说。《三五历记》曰："溟涬始牙，濛鸿滋萌，岁起摄提，元气肇起。有神灵人，十三头，号曰天皇。"又曰："有神圣人，十二头，号地皇。""有神圣人，九头，号人皇。"《始学篇》及《洞冥记》，天皇、地皇，皆十二头，《三五历记》天皇独十三头，似误。然《路史》言地皇十一君。又引《真源赋》曰："盘古氏后，有天皇君，一十三人。时遭劫火。乃有地皇君，一十一人，各万八千余年。乃有人皇君，兄弟九人。结绳刻木。四万五千六百年。"《补三皇本纪》亦曰"地皇十一头"，又曰"姓十一人"。姓上当有夺字。则又有以天皇为十二头，地皇为十一头者，说颇难通。疑天皇既讹为十三，后人乃减地皇之数以合之。罗氏引《通卦验》"君有五期，辅有三名"，谓"三辅九翌，并皇是十三人"，则鉴矣。（九翌，见下引《河图括地象》。《通卦验》之说，《礼记》标题下《正义》引之，《御览》引《遁甲开山图》荣氏《注》："天皇兄弟十二人。""地皇兄弟十人。""人皇兄弟九人。"十人，疑亦十二人之夺。）《御览》又引《帝系谱》曰："天地初起，即生天皇，治万八千岁，以木德王。地皇治一万八千岁，以火德王。"于人皇亦无说。又引《春秋纬》

曰："天皇，地皇，人皇，兄弟九人，分为九州，长天下也。"《河图括地象》曰："天皇九翼，题名旋复。"《春秋命历序》曰："人皇氏，九头。驾六羽，乘云车，出谷口，分九州。"凡此诸文，显分两说。《洞冥记》《帝系谱》，所本者同；《始学篇》《三五历记》，言天皇、地皇亦本之，言人皇则别本《春秋纬》及《括地象》。此说言三皇皆分长九州，而其年亦仅百岁。今其说仅见于《始学篇》人皇下者，以项峻于天皇、地皇，亦采如《洞冥记》《帝系谱》之说。其实此语依《春秋纬》及《括地象》，不仅指人皇也。《御览》又引马总言人皇云："一百六十五代，合四万五千六百年。"《路史》云："《三五历》云：人皇百五十六代，合四万五千六百年，小司马氏取之。"今《补三皇本纪》作百五十世，未知其有异同与？抑传写讹误也？

　　《遁甲开山图》，专言三皇地理。《御览》引云："天皇被迹在柱州昆仑山下。""地皇兴于熊耳、龙门山。""人皇起于形马。"《路史》云："《遁甲开山图》云：天皇出于柱州，即无外山也。郑康成云：无外之山，在昆仑东南万二千里。《水经注》云：或言即昆仑。荣氏云：五龙及天皇，皆出其中。"案《水经·渭水注》："故虢县有杜阳山，山北有杜阳谷，有地穴北入，亦不知所极，在天柱山南。"

　　赵《释》云："《寰宇记》凤翔府岐山县下云：岐山，亦名天柱山。《河图括地象》曰：岐山，在昆仑山东南，为地乳，上多白金。周之兴也，鸑鷟鸣于山上，时人亦谓此山为凤凰堆。注《水经》云：天柱山有凤凰祠。或云其峰高峻，迥出诸山，状若柱，因以为名。一清按《御览》及程克斋《春秋分记》并引之，今缺失矣。"然则柱州即岐山也。熊耳、龙门，人所共知，无烦赘说。人皇，《路史》正文云："出刑马山提地之国。"《注》云：

"《遁甲开山图》云：人皇出于刑马山提地之国。山今在秦州，伯阳谷水出之。老子之所至。"正文又云："相厥山川，形成势集。才为九州，谓之九囿。"《注》云："见《洛书》。《春秋命历序》云：人皇出旸谷，分九河。"正文又云："别居一方，因是区理，是以后世谓之居方氏。"《注》云："见《三坟》。又《洛书》云：人皇出于提地之国，兄弟别长九州，己居中州，以制八辅。"则提地之国，语出《洛书》。前《注》引《遁甲开山图》，当仅云出于刑马山。提地之国四字，乃涉正文而误衍也。《水经·渭水注》云："伯阳谷水出刑马山之伯阳谷。北注渭水。渭水又东，历大利，又东南流，苗谷水注之。水南出刑马山，北历平作。西北径苗谷。屈而东，径伯阳城南，谓之伯阳川。盖李耳西入，往径所由，故山原畎谷，往往播其名焉。"即罗氏隐括其语，谓老子所至者也。此说与《洛书》非一，不可混同。《路史》正文又云："驾六提羽，乘云祇车。制其八土，为人立命。""迪出谷口，还乘青冥。"《注》云："谷口，古塞门。或云上旸谷。《蜀·秦宓传》曰：三皇乘祇车，出谷口，谓今之斜谷，乐史从之，妄矣。"案：驾六羽，乘云车，出谷口，与《御览》引《命历序》之言合；制八土即分九州，与《御览》引《始学篇》《春秋纬》《命历序》之言皆合；则谷口自当指旸谷。《说文·示部》："祇，地祇，提出万物者也。"提地之国，盖取此为义，则亦当在东方，特未审造纬者之意，以何地当之耳。九河不可分；且亦禹时始有，不当人皇已分；分九河必分九州之误也。秦宓之语，乃对夏侯纂夸张本州，见《三国·蜀志·秦宓传》。本非情实，可弗论。

《淮南·原道》云："泰古二皇，得道之柄，立于中央。"此乃寓言，指阴阳二力，非谓人也。高《注》云："二皇，伏羲、神农也。指说阴阳，故不言三也。"知其指说阴阳，是矣，又必牵引伏羲、神农，何哉？则以古者三皇之义，本托之于天地人也。《书大传》云："遂人以火纪，火，太阳也，故托遂皇于天。伏羲以人事纪，故托戏皇于人。神农悉地力，种谷疏，故托农皇于地。"《白虎通义》云："伏羲仰观象于天，俯察法于地，因夫妇，正五行，始定人道。"此今文家相传之说。定人道最难，故曰"古有天皇，有地皇，有泰皇，泰皇最贵"也。高氏之意，盖以羲皇妃天，农皇妃地，遂皇妃人，实违旧义。然较之依三万六千岁之历而造怪说者，则固有间矣。

儒家之三皇五帝说

三皇五帝，异说纷如，昔人多莫能董理，此由未知其说之所由来也。历考载籍，三皇异说有六，五帝异说有三。《史记·秦始皇本纪》：丞相绾等与博士议帝号曰："古有天皇，有地皇，有泰皇，泰皇最贵。"此三皇之说一也。《尚书大传》以燧人、伏羲、神农为三皇，《含文嘉》（《风俗通》引）、《甄燿度》（宋均注《援神契》引之，见《曲礼正义》）、《白虎通》正说、谯周《古史考》（《曲礼正义》）。并同（惟《白虎通》伏羲次燧人前），此三皇之说二也。《白虎通》或说，以伏羲、神农、祝融为三皇，此三皇之说三也。《运斗枢》（郑注《中候敕省图》引之，见《曲礼正义》）、《元命苞》（《文选·东都赋注》引）。以伏羲、女娲、神农为三皇，此三皇之说四也。《尚书·伪孔传序》、皇甫谧《帝王世纪》、孙氏注《世本》，以伏羲、神农、黄帝为三皇，此三皇之说五也。纬候家言：或云天皇、地皇各十二头，万八千岁；人皇九头，百岁；或又云四万五千六百年。或云天皇十三头，地皇十一头。又或谓三皇者九头。或云三皇分长九州。或云人皇氏出谷口，分九州。或云：天皇被迹在柱州昆仑山下，地皇兴于熊耳、龙门，人皇起于刑马山提地之国（详见《纬书之三皇说》条）。此三皇之说六也。太史公依《世本》《大戴礼》，以黄帝、颛顼、高辛、唐尧、虞舜为五帝，谯周、应劭、宋均皆同（《五帝本纪正义》），此五帝之说一也。郑注《中候敕省图》，于黄帝、颛顼之间，增一少昊，谓德合五帝座星者为帝，故实六人而为五（《曲礼正义》），此五帝之说二也。伪孔、皇甫谧、孙氏以少昊、颛顼、高辛、唐、虞为五帝（《五帝本纪正义》），此五帝之说三也。案《风俗通义》云："燧人以火纪。火，太阳也，故托燧皇于天。伏羲以人事纪，故托戏皇于人。神农悉地力，种谷蔬，故托农皇于地。天地人之道备，而三五之运兴矣。"此盖《书传》之义，为今文家旧说。伏生者，秦博士之一，始皇时，时代较早，异说未兴。大、泰同音，大亦象人，窃疑泰皇为大皇音借，大皇实人皇形讹，秦博士之说，与《书大传》之说一也。女娲本造物之神，汉人与祝融混而为一，说见《女娲共工》条。故《白虎通》或说与《运斗枢》《元命苞》之说是一。伪孔三皇之说，根于其五帝之说而来。《后汉书·贾逵传》：逵奏《左氏》大义长于二传者曰："五经家皆言颛顼代黄帝，而尧不得为火德。《左氏》以为少昊代黄帝，即《图谶》所谓帝宣也。如令尧不得为火，则汉不得为赤。"此古文家于黄帝、颛顼之间增一少昊之由。然以六为五，于理终有未安。伪孔乃去燧人而升黄帝为三皇，则五帝仍为五人，且与《易·系辞传》始包牺终尧、舜者相合，此实其说之弥缝而更工者也。（伪孔以《三坟》为三皇之书，《五典》为五帝之典，据《周官外史疏》，其说实本贾、郑，然《路史·疏仡纪·帝鸿氏》云："《春秋运斗枢》，以帝鸿、金天、高阳、高辛、唐、虞为五代。"郑康成于《书中候》，依《运斗枢》，以帝鸿为五帝，指为黄帝，则贾、郑之言，亦有所本。盖汉言五德，本取相胜，至末叶乃改取相生，故异说起于是时也。《发挥·论史不纪少昊》曰："梁武遂以燧人为皇，黄帝、少昊、颛顼、帝喾、尧为五帝。谓舜非三皇，亦非五帝，特与三代为四代。"亦以六人为五为不安而改之，特其说与伪孔又异耳。）纬候三皇之说，皆因历法伪造，见《纬书之三皇说》条。其天地人之名，则仍取今文旧义也。三皇五帝之说，源流如此。

问曰：三皇五帝之为谁某，则既闻之矣。三皇五帝之名，旧有之邪？抑儒家所创也？应之曰：三皇五帝之名，旧有之矣。托诸天地人，盖儒家之义也。《周官·春官》："都宗人，掌都宗祀之礼。凡都祭祀，致福于国。"《注》："都或有山川及因国无主，九皇六十四民之祀。"《疏》："史记伏羲已前九皇六十四民，并是上古无名号之君，绝世无后，今宜主祭之也。"按《注》以因国无主之祀释《周官》之都宗人盖是，以九皇六十四民说周因国无主之祭则非也。（《周官》虽战国时书，然所述必多周旧制。）九皇六十四民，见《春秋繁露·三代改制质文》篇。其说：存二王之后以大国，与己并称三王。自此以前为五帝，录其后以小国。又其前为九皇，其后为附庸。又其前为民，所谓六十四民也。其说有三王九皇而无三皇。《周官》：外史，"掌三皇五帝之书"。伏羲者，三皇之一，《疏》引《史记》云"伏羲已前"，明在三皇五帝之前，其说必不可合。郑盖但知《周官》都宗人所祀，与《繁露》九皇六十四民，并是绝世无名号之君，遂引彼注此；《疏》亦未知二说之不可合，谓《史记》所云伏羲已前上古无名号之君，即郑所云九皇六十四民，遂引以疏郑也。《史记·封禅书》："管仲曰：古者封泰山禅梁父者七十二家。"又曰："孔子论述六艺传，略言易姓而王，封泰山禅梁父者，七十余王矣。其俎豆之礼不章。"而《韩诗外传》曰："孔子升泰山，观易姓而王，可得而数者七十余人，不得而数者万数也。"（《封禅书正义》引。今本无之，然《书序疏》及《补三皇本纪》并有此语，乃今本佚夺，非张氏误引也。）万盖以大数言之，然其数必不止七十二可知。数不止七十二，而管仲、孔子皆以七十二言之者，盖述周制也。七十二家者，盖周登封之所祀也。曰俎豆之礼不章，言周衰，不复能封禅，故其礼不可考也。春秋立新王之事，不纯法古制，然损益必有所因。因国无主之祭，及于远古有功德于民之人，忠厚之至也，盖孔子之所因也。然不能无所损益。王制者，孔子所损益三代之制也。《王制》曰："天子诸侯祭因国之在其地而无主后者。"此《周官》都宗人之所掌，盖孔子之所因也。《繁露》曰："圣王生则称天子，崩迁则存为三王，绌灭则为五帝，下至附庸，绌为九皇，下极其为民。有一谓之三代，故虽绝地，庙位祝牲，犹列于郊号，宗于岱宗。"绝地者，六十四民之后，封爵之所不及，故命之曰民。绝地而庙位祝牲，犹列于郊号，宗于岱宗，此盖周登封时七十二家之祭矣。周制，盖自胜朝上推八世，谓之三皇五帝，使外史氏掌其书，以备掌故。自此以往，则方策不存，徒于因国无主及登封之时祀之而已。其数凡七十二，合本朝为八十一。必八十一者，九九八十一；九者数之究，八十一者，数之究之究者也。孔子则以本朝合二代为三王，又其上为五帝，又其上为九皇，又其上为六十四民，合之亦八十一。必以本朝合二代为三王者，所以明通三统之义也。上之为五帝，所以视昭五端之义也。九皇之后，绌为附庸，六十四家徒为民，亲疏之义也。此盖孔子作新王之事，损益前代之法，《春秋》之大义。然此于《春秋》云尔，其于《书》，仍存周所谓三皇五帝者，以寓天地人之道备而三五之运兴之义。故伏生所传，与董子所说，有不同也。《古今注》："程雅问于董生曰：古何以称三皇五帝？对曰：三皇三才也，五帝五常也。"（《御览·皇王部二》引董仲舒答问曰："三皇三才也，五帝五常也，三王三明也，五霸五岳也。"）三才者，天地人也，五常可以配五行。董子之言，与伏生若合符节。故知三皇五帝为《书》说，三王五帝九皇六十四民为《春秋》义也。（或曰：《繁露》谓汤受命而王，亲夏。故虞绌唐谓之帝尧，以神农为赤帝。周以轩辕为黄帝，因存帝颛顼、帝喾、帝尧之帝号，绌虞而号舜曰帝舜，推神农以为九皇。明九皇六十四民为周时制也。应之曰：此古人言语与今人不同。其意谓以殷、周之事言之当如此，非谓殷、周时实然也。或曰：《管子》曰："古者封泰山禅梁父者七十二家，夷吾所记，十有二焉。"下历举无怀、伏羲、神农、炎帝、黄帝、颛顼、帝喾、尧、舜、禹、汤、周成王之名，凡十二家，明三皇五帝，即在七十二家之中。应之曰：此亦古今言语不同。上云七十二家，乃举其都数，下云十二家，则更端历举所能记者，不蒙上七十二家言。此以今人语法言之为不可通，然古人语法如是，多读古书者自知之也。《庄子·胠箧》篇列古帝王称号有容成氏、大庭氏、伯皇氏、中央氏、栗陆氏、骊畜氏、轩辕氏、赫胥氏、尊卢氏、祝融氏、伏羲氏、神农氏，多在三皇以前，古人同号者甚多，大庭氏不必即神农，轩辕、祝融亦不必即黄帝、女娲也。《礼记·祭法正义》引《春秋命历序》："炎帝号曰大庭氏，传八世，合五百二十岁。黄帝一曰帝轩辕，传十世，二千五百二十岁。次曰帝宣，曰少昊，一曰金天氏，则穷桑氏，传八世，五百岁。次曰颛顼，则高阳氏，传二十世，三百五十岁。次是帝喾，即高辛氏，传十世，四百岁。"又《曲礼正义》："《六艺论》云：燧人至伏羲一百八十七代。宋均注《文耀钩》云：女娲以下至神农七十二姓。谯周以为伏羲以次有三姓，始至女娲；女娲之后五十姓至神农；神农至炎帝一百三十三姓。"说虽迂怪，然三皇五帝不必身相接，则大略可知，亦足为《韩诗外传》"不得而数者万数"作佐证也。）

伏羲考

《易·系辞传》："古者包牺氏之王天下也。"《释文》云："包，本又作庖。郑云：取也。孟、京作伏。牺，郑云：鸟兽全具曰牺。孟、京作戏，云伏，服也；戏，化也。"案郑说非也。《白虎通义·号》篇说伏羲之义曰："下伏而化之，故谓之伏羲也。"《风俗通义》引《含文嘉》曰："伏者，别也，变也；戏者，献也，法也。伏戏始别八卦，以变化天下；天下法则，咸伏贡献，故曰伏戏也。"此今文旧说。《礼记·月令疏》引《帝王世纪》曰"取牺牲以共庖厨，食天下，故号曰庖牺氏"，则袭郑曲说也。此说实本于刘歆。《汉书·律历志》载歆《世经》曰："作网罟以田渔取牺牲，故天下号曰炮牺氏。"《易》但言"为网罟以佃以渔"而已，歆妄益以"取牺牲"三字，实非也。

古代帝王，踪迹多在东方，而其后率传之于西，盖因今所传者，多汉人之说，汉世帝都在西，因生傅会也。而伏羲之都邑，亦不能外此。

《御览·皇王部三》引《诗含神雾》曰："大迹出雷泽，华胥履之生宓牺。"按《淮南·地形》曰："雷泽有神，龙身人头，鼓其腹而熙。"《山海经·海内东经》曰："雷泽中有雷神，龙身而人头，鼓其腹。在吴西。"（《史记·五帝本纪正义》引作"鼓其腹则雷"）郭《注》引《河图》曰："大迹在雷泽，华胥履之而生伏牺。"又曰："今城阳有尧冢，灵台，雷泽在北也。"本于《汉志》，盖相传之旧说也。（《水经·瓠子河注》："瓠河又左径雷泽北，其泽薮在大成阳县故城西北一十余里，昔华胥履大迹处也。"）亦同《汉志》。乃《御览》又引《遁甲开山图》曰："仇夷山，四绝孤立，太昊之治，伏牺生处。"又《水经》："渭水过陈仓县西。"《注》曰："姚睦曰：黄帝都陈，言在此。荣氏《开山图注》曰：伏牺生成纪，纪徙治陈仓也。"《注》又曰："成纪水故渎，东径成纪县，故帝太昊庖牺所生处也。"则将伏羲之迹，移至秦、陇之间矣。案《左氏》昭公十七年□："陈，大皞之虚也。"与宋大辰之虚、郑祝融之虚、卫颛顼之虚并举，所谓大皞，实为天帝之名。皇甫谧因此附会，以为伏牺都陈，已为非是。（《水经·渠水注》："陈城，故陈国也。伏牺、神农并都之。城东北三十许里，犹有牺城。"）今又移诸陈仓，于是并黄帝之都而移之矣。《注》又云："南安姚瞻以为黄帝生于天水，在上邽城东七十里轩辕谷。"则因移黄帝之都，又并其生处而移之矣。《注》又曰："瓦亭水又西南出显亲峡，石岩水注之，水出北山，山上有女娲祠。"案《遁甲开山图》又曰："女娲氏没，大庭氏王。次有柏皇氏、中央氏、栗陆氏、骊连氏、赫胥氏、尊卢氏、祝融氏、混沌氏、昊英氏、有巢氏、葛天氏、阴康氏、朱襄氏、无怀氏，凡十五代，袭庖牺之号。自无怀氏已上，经史不载，莫知都之所在。"盖自女娲以上，无不为之伪造都邑矣。《遁甲开山图》，盖专将帝王都邑，自东移西者也。《路史》曰：女娲出于承匡。《注》曰："山名，在任城县东七十里。《寰宇记》云：

女娲生处，今山下有女娲庙。"又言"任城东南三十九里又有女娲陵"。女娲本创造人物之神，说见《女娲与共工》条。其后附会，以为伏羲之妹（《风俗通义》）。任城地近雷泽，《寰宇记》之说，盖由此而生。虽不足据，所托尚较古。然《寰宇记》又谓女娲治中皇山之原，山在金之平利。又《长安志》谓骊山有女娲治处（亦见《路史》引），则皆《遁甲开山图》等既出后傅会之辞，其为时弥晚矣。

《楚辞·大招》曰："伏戏《驾辩》，楚《劳商》只。"《注》曰："伏戏，古王者也。始作瑟。《驾辩》，《劳商》，皆曲名也。言伏戏氏作瑟，造《驾辩》之曲，楚人因之，作《劳商》之歌，皆要妙之音，可乐听也。"伏戏遗声在楚，亦其本在东南之证。

华胥氏

《列子·黄帝》篇言华胥氏之国，其皆为寓言，固矣。然华胥氏之名，当有所本，疑即《庄子·马蹄》篇之赫胥氏也。下文言列姑射山，亦即《逍遥游》篇之藐姑射山，其证。

有巢燧人考

服虔云："自少皞以上，天子之号以其德，百官之号以其征。自颛顼以来，天子之号以其地，百官之纪以其事。"（《左氏》昭公十七年《注》，《月令》"孟春其帝大皞"《疏》引。）案伏牺之义，谓下伏而化之；神农犹今言农业。服说是也。《韩非·五蠹》曰："上古之世，人民少而禽兽众，人民不胜禽兽虫蛇。有圣人作，构木为巢以避群害，而民说之，使王天下，号曰有巢氏。民食果蓏蚌蛤，腥臊恶臭，而伤害腹胃，民多疾病。有圣人作，钻燧取火以化腥臊，而民说之，使王天下，号曰燧人氏。"此亦所谓德号者也。《周书·史记》曰："昔者有巢氏，有乱臣而贵。任之以国，假之以权，擅国而主断。君已而夺之，臣怒而生变，有巢以亡。"此有巢，与韩非所云必非同物，盖以地号者也。以德号者，其去后世盖已久远，民已不能详记其行事，徒以功德在人，久而不忘，乃即以其德为其人之称号耳，安能识其兴亡之由乎？《庄子·盗跖》曰："古者禽兽多而人民少，于是民皆巢居以避之，昼拾橡栗，暮栖木上，故命之曰有巢氏之民。古者民不知衣服，夏多积薪，冬则炀之，故命之曰知生之民。"炀亦用火，所称当与《韩非》同，特无燧人之名耳。

　　《礼记·月令疏》云："伏羲、神农、黄帝、少皞，皆以德为号也；高阳、高辛、唐、虞，皆以地为号也；虽以地为号，兼有德号，则帝喾、颛顼、尧、舜是其德号。"案帝喾、颛顼、尧、舜等，皆徒为美称，与巢、燧等有实迹可指者又异，其意已颇近乎后世之号谥。（生而称之，类乎后世之徽号。死而称之，类乎后世之美谥。）然则同一德号，其间又有微别也。

　　《论衡·正说》曰："唐、虞、夏、殷、周者，土地之名。皆本所兴昌之地，重本不忘始，故以为号，若人之有姓矣。说《尚书》者谓之有天下之代号。功德之名，盛隆之意也。故唐之为言荡荡也，虞者乐也，夏者大也，殷者中也，周者至也。其褒五家大矣，然而违其正实，失其初意。唐、虞、夏、殷、周，犹秦之为秦，汉之为汉。秦起于秦，汉兴于汉中，故曰犹秦、汉。使秦、汉在经传之上，说者将复为秦、汉作道德之说矣。"此亦以后人之见议古人耳，若反诸古俗，则以德为号者正多也。

祝融列为三皇之一，共工氏霸九州，皆尝王天下者也，而其号皆为官名，则以其功德皆出于其官守，以其官称之，犹之以其事称之，亦即所谓德号耳。《左氏》哀公九年，史墨曰："炎帝为火师。"火师者，火官之长，亦即祝融也。《吕览·勿躬》曰："祝融作市。"《易》言神农氏"日中为市"，此祝融即神农，犹以其官称之也。

《御览》引《遁甲开山图》曰："石楼山在琅邪，昔有巢氏治此山南。"《淮南·修务》："汤整兵鸣条，困夏南巢，谯以其过，放之历山。"《注》："南巢，今庐江居巢是。历山，盖历阳之山。"《遁甲开山图》言地理，殊不可信，读《纬书之三皇说》《伏羲考》两条可见。高《注》亦以后世地名言之耳，无确据也。案寒地之民多穴居，热地之民多巢居；寒地之民，多食鸟兽之肉，热地之民，多食草木之实。《礼记·礼运》曰昔者先王未有宫室，冬则居营窟，夏则居橧巢。未有火化，食草木之实，鸟兽之肉，饮其血，茹其毛。未有麻丝，衣其羽皮。后圣有作，然后修火之利。范金合土，以为台榭宫室牖户。以炮以燔，以亨以炙，以为醴酪。治其麻丝，以为布帛。"盖兼南北之俗言之，不徒有冬夏之别也。《庄子》言有巢氏之民，昼拾橡栗，暮栖木上，可见其多食草木之实。《韩子》言其食蟀蛤，可见其在江海之交。又《庄子》言其不知衣服，可见其皆裸裎。此皆可想见其在南方。《春秋命历序》言人皇氏出旸谷，分九河，人皇即遂人，九河疑九州之误，已见《纬书之三皇说》条。《御览》引《古史考》曰："古之初，人吮露精，食草木实，穴居野处。山居则食鸟兽，衣其羽皮，饮血茹毛，近水则食鱼鳖螺蛤。未有火化，腥臊多害肠胃。于是有圣人，以火德王。造作钻燧出火，教人熟食，铸金作刃。民人大说，号曰燧人。"此说实本《礼运》，而以他说附益之。其言修火之利，皆以范金与熟食并举，盖古之遗言。观后来范金之技，南优于北，亦可见开化之始于南方。窃疑巢、燧皆当在古扬州之域也。至汤放桀之南巢，则当在兖州，说见《论汤放桀地域考》条。

神农与炎帝、大庭

《左氏》昭公十八年："宋、卫、陈、郑皆火。梓慎登大庭氏之库以望之。"《注》："大庭氏，古国名，在鲁城内，鲁于其处作库。"《疏》云："先儒旧说，皆云炎帝号神农氏，一曰大庭氏。服虔云：在黄帝前。郑玄《诗谱》云：大庭在轩辕之前。亦以大庭为炎帝也。"案《诗谱序》云："诗之兴也，谅不于上皇之世。大庭、轩辕，逮于高辛，其时有无，载籍亦蔑云焉。"但叙大庭于轩辕之前，初未明言其为炎帝。《疏》云："大庭，神农之别号。"《礼记·明堂位》曰：土鼓，蒉桴，苇籥，伊耆氏之乐也。《注》云：伊耆氏，古天子号。（案《郊特牲注》同。《周官·秋官·伊耆氏注》云："古王者号。"）《礼运》云：夫礼之初，始诸饮食。《注》云：中古未有釜甑，而中古谓神农时也。《郊特牲》云：伊耆氏始为蜡。蜡者，为田报祭。案《易·系辞》称神农始作耒耜，以教天下，则田起神农矣。二者相推，则伊耆、神农，并与大庭为一。"（《礼记》标题下《疏》云："郑玄以大庭氏是神农之别号。案《礼运》云：夫礼之初，始诸饮食，燔黍捭豚，蒉桴而土鼓。又《明堂位》云：土鼓蒉篇，伊耆氏之乐。又《郊特牲》云：伊耆氏始为蜡。蜡即田祭，与种谷相协；土鼓蒉篇，又与蒉桴土鼓相当；故熊氏云：伊耆氏即神农也。"说与《诗疏》同。）《疏》之所云，仅能明神农、伊耆是一耳，其即大庭，羌无左证。《鲁颂谱》云："鲁者，少昊挚之墟也。国中有大庭氏之库，则大庭氏亦居兹乎。"亦未言大庭即神农。疏家之言，似乎无据矣。案《月令》"其帝炎帝"《疏》引《春秋说》云："炎帝号大庭氏，下为地皇，作耒耜，播百谷，曰神农也。"则大庭、神农为一人，说出纬候，而郑与诸儒同本之。疏家不明厥由来，而徒广为征引，是以文繁而转使人不能无惑也。蒉桴土鼓，既相符会，神农居鲁，亦有可征，以三号为一人，虽不中，固当不远。

《史记·周本纪正义》云："《帝王世纪》云：炎帝自陈营都于鲁曲阜。黄帝由穷桑登帝位，后徙曲阜。少昊邑于穷桑，以登帝位，都曲阜。（《太平御览·皇王部》引，下多"故或谓之穷桑帝"七字。）颛顼始都穷桑，徙商丘。穷桑在鲁北。或云：穷桑即曲阜也。又为大庭氏之故国。又是商奄之地。皇甫谧云：黄帝生于寿丘，在鲁城东门之北。居轩辕之丘，《山海经》云此地穷桑之际，西射之南是也。"案谧言炎帝自陈营都于鲁者，以炎帝继大皞，《左氏》昭公十七年梓慎言"陈，大皞之虚"故也。梓慎又言"卫，颛顼之虚，故为帝丘"，故谧言颛顼自穷桑徙都之。云商丘者，古本以商丘、帝丘是一，至杜预乃分为二也。（《御览·州郡部一》引《帝王世纪》曰："相徙商丘，于周为卫。成公梦康叔曰：相夺予享是也。"又曰："相徙商丘，本颛顼之虚，故陶唐氏之火正阏伯之所居也。今濮阳是也。"《史记·郑世家》：

"迁阏伯于商丘。"《集解》引贾逵云："商丘在漳南。"《水经·瓠子河注》："河水旧东决,径濮阳城东北,故卫也,帝颛顼之虚。昔颛顼自穷桑徙此,号曰商丘,或谓之帝丘。本陶唐氏火正阏伯之所居,亦夏伯昆吾之邦,殷相土因之,故《春秋传》曰:阏伯居商丘,相土因之是也。"盖依贾说也。《左氏》僖公三十一年,"卫迁于帝丘。卫成公梦康叔曰:相夺予享。公命祀相。宁武子不可,曰:杞鄫何事?"此谓夏后相。《御览·皇王部》引《世本》云:"相徙商丘,本颛顼之虚。"亦以商丘、帝丘为一。)

然《左氏》以陈大皞之虚,卫颛顼之虚,与宋大辰之虚,郑祝融之虚并举,大辰必不容说为人名,则其余三者,亦当事同一律。《左氏》昭公十年:"正月,有星出于婺女。郑裨灶言于子产曰:七月戊子,晋君将死。今兹岁在颛顼之虚,姜氏、任氏,实守其地。居其维首,而有妖星焉,告邑姜也。"所谓颛顼,亦天帝,非人帝也。(昭公八年,楚灭陈。"晋侯问于史赵曰:陈其遂亡乎?对曰:未也。公曰:何故?对曰:陈,颛顼之族也。岁在鹑火,是以卒灭。陈将如之。今在析木之津,犹将复由。"此颛顼亦天帝。杜《注》云"陈祖舜,舜出颛顼",殊非。下文曰"自幕至于瞽叟,无违命",乃言陈之先耳。宋本作"陈,颛顼之后",盖因《注》而误也。九年,"陈灾。郑裨灶曰:五年,陈将复封,封五十二年而遂亡。子产问其故。对曰陈,水属也,火,水妃也,而楚所相也。今火出而火陈,逐楚而建陈也。妃以五成,故曰五年。岁五及鹑火,而后陈卒亡,楚克有之,天之道也,故曰五十二年。"义正与史赵之言同。)然昭公二十九年,蔡墨言少皞氏遂济穷桑,而定公四年,祝鮀言伯禽封于少皞之虚,则穷桑地确近鲁。《史记·封禅书》管仲曰:古者封泰山禅梁父者七十二家,而夷吾所记者,十有二焉。昔无怀氏封泰山,禅云云;虙羲封泰山,禅云云；神农氏封泰山，禅云云；炎帝封泰山，禅云云；黄帝封泰山，禅亭亭；颛顼封泰山，禅云云；帝喾封泰山，禅云云；尧封泰山，禅云云；舜封泰山，禅云云；禹封泰山，禅会稽；汤封泰山，禅云云；周成王封泰山，禅社首。"管子去古较近，所言必非无据。泰山岩岩，鲁邦所瞻，鲁殆自古帝王之都与？皇甫谧谓自黄帝至颛顼，其都皆在于鲁，却当有所依据也。

《封禅书》又曰："孔子论述六艺传，略言易姓而王，封泰山禅乎梁父者，七十余王矣，其俎豆之礼不章，盖难言之。"《正义》引《韩诗外传》云："孔子升泰山，观易姓而王可得而数者七十余人，不得而数者万数也。"今本无此语，然《书序疏》亦引之；司马贞《补三皇本纪》，亦有此语。则今本佚夺，非《正义》误引也。《论衡·书虚》曰："百王太平，升封泰山。泰山之上，封可见者七十有二；纷沦湮灭者，不可胜数。"然则七十余乃就其可见者言之，即管子所谓夷吾所记，其不可见者，自不止此。万数固侈言之，其多则可想矣。陟千里而登封，必非隆古之世小国寡民所克举，则泰山之下，名国之多可知也。七十二加三皇五帝凡八十，加本朝为八十一，三皇五帝之书，掌于外史，自此以上，则方策无存，徒列为因国无主之祀，《三皇五帝》条已言之。《管子·治国》云："昔者七十九代之君，法制不一，号令不同，然俱王天下。"云七十九者，古人好举成数，故以八十一为八十，而又除去本朝，则为七十九矣。《吕览·察今》曰："有天下七十一圣。"《求人》曰："古之有天下也者七十一圣。"则就七十二代中去其一代。《淮南·缪称》曰："泰山之上，有七十坛焉，而三王独道。"则举成数言之也。《齐俗》曰："尚古之王，封于泰山，禅于梁父者，七十余圣。"与《封禅书》并以辜较之辞言之。异口同声，必非虚语。夫果如后儒之言，封禅为告成功之祭，登封者之多，安得如是？则疑后世帝王都邑，渐徙而西，然后即事用希，在古则每帝常行，初不系其成功与否也。然而泰山之下，名国之多，可无疑矣。

姜氏初虽在东，后则稍徙而西。有邰为姜嫄之国，太王妃曰太姜；武王妃曰邑姜，师尚父虽或曰辟居东海，或曰鼓刀朝歌，而卒佐周文、武以兴，其证也。《水经·渭水注》："岐水又东径姜氏城南，为姜水。案姜氏城，在今陕西岐山县南。《帝王世纪》曰：炎帝母女登游华阳，感神而生炎帝，长于姜水，是其地也。"盖后来附会之辞也。《潕水注》云："潕水北出大义山，南至厉乡西，赐水入焉。水源东出大紫山，分为二水。一水西径厉乡南。水南有重山，即烈山也。山下有一穴，父老相传云是神农所生处也，故《礼》谓之烈山氏。水北有九井，子书所谓神农既诞，九井自穿，谓斯水也。又言汲一井则众井动。井今湮塞，遗迹仿佛存焉。亦云赖乡，古赖国也。有神农社。赐水西南流，入于潕，即厉水也。赐、厉声相近，宜为厉水矣。"案《礼记·祭法》："厉山氏之有天下也。"《注》："厉山氏，炎帝也，起于厉山。或曰：有烈山氏。"《疏》云："引《春秋左传》昭二十九年蔡墨辞，云厉山氏，炎帝也，起于厉山者。案《帝王世纪》云：神农氏，本起于烈山，或时称之，神农即炎帝也，故云厉山氏，炎帝也。云或曰有烈山氏者，案二十九年传文也。"按《祭法》之文，略同《国语·鲁语》。《鲁语》作烈山。韦《注》云："烈山氏，炎帝之号也，起于烈山。《礼·祭法》以烈山为厉山也。"韦氏之意，以烈山、厉山为一，郑意似犹不然。然则郦《注》之云，其为后人附会，不待论矣。烈山，疑即《孟子》"益烈山泽而焚之"之"烈山"，《滕文公》上。乃德号，非地号也。又《管子·轻重戊》云："神农作树五谷淇山之阳。"淇山盖即箕山，乃许由隐处，亦姜姓西徙后语也。

《管子》之文，神农与炎帝各别。谯周《古史考》，以炎帝与神农，各为一人（《左氏》昭公十七年《疏》），盖本诸此。又侈靡云："故书之帝八，神农不与存，为其无位，不能相用。"此节之言，不甚可解，然其大意自可见，此神农亦天帝，非人帝也。然则隆古之世，人神之不可分也旧矣。

近人钱宾四穆云："《左传》隐公五年，翼侯奔随。《一统志》：随城在介休县东，后为士会食邑。《续汉书·郡国志》：介休有介山，有绵上聚，之推庙。厉、烈、界皆声转相通。《周官》山虞，物之为厉，郑《注》，每物有蕃界也。然则界山即厉山、烈山也。《日知录·绵上》条，称其山南跨灵石，东跨沁源，世以为之推所隐。汉魏以来，相传有焚山之事。太原、上党、西河、雁门之民，至寒食不敢举火。顾氏颇不信之推隐其地。窃疑相传焚山之事，即烈山氏之遗说也。"（《西周地理考》）此说论烈山之义与予合。惟谓炎帝传说始晋，似无解于古之封禅者皆在泰山，故予谓炎帝遗说，实始东方，后乃随姜姓之西迁，流传及于荆、豫，且入于冀方也。钱氏又云："《左》昭八年，石言于晋魏榆。杜《注》云：晋魏邑之榆地。《地理志》：榆次、界休，同属太原。吴卓信《补注》引《汲冢周书》云：昔烈山，帝榆罔之后，其国为榆州。曲沃灭榆州，其社存焉，谓之榆社。地次相接者为榆次。其地有梗阳，魏戊邑。窃疑梗阳亦姜之音变也。"案《汲冢书》恐不足信。即谓可信，亦传说迁移，未必榆罔在晋地也。

《御览》引《帝王世纪》云："神农氏崩，葬长沙。《路史》引云葬茶陵。又云："地有陵名者，皆以古帝王之墓，竟陵、零陵、江陵之类是矣。"案此足见古代南方陵墓之多，然以为神农，则未必然也。（《宋史·礼志·先代陵庙》：淳熙十四年，"衡州守臣刘清之奏：史载炎帝陵在长沙茶陵，祖宗时给近陵七户守视，禁其樵牧，宜复建庙，给户如故事。"）

《吕览》高《注》云："朱襄氏，古天子，炎帝之别号。"案以大庭、朱襄附会炎帝，犹之以女娲以后十五君附会伏羲，盖取不甚著名之帝王，附会之于著名者耳。然隆古年代绵远，割据者多，似不必如此也。

炎黄之争考

阪泉、涿鹿之战，《史记集解》引服虔曰："阪泉，地名。"又曰："涿鹿，山名，在涿郡。""在涿郡"三字，当兼指阪泉言之。又引皇甫谧曰："阪泉在上谷。"张晏曰："涿鹿在上谷。"予昔主服虔之说，谓神农为农耕之族；黄帝教熊黑貔貅貙虎，迁徙往来无常处，以师兵为营卫，颇类游牧之族。神农居鲁，鲁邻泰山，古代农业，多始山林之间。神农号烈山，盖即《孟子》所谓益烈山泽而焚之者，谓在湖北随县之厉乡者缪也。河北之地，平旷宜牧，谓黄帝以游牧之族而居此，亦合事情。若上谷则相去太远，盖据汉世县名附会也。（《水经·漯水注》："涿水出涿鹿山。东北流，径涿鹿县故城南。黄帝与蚩尤战于涿鹿之野，留其民于涿鹿之阿，即于是也。其水又东北与阪泉合。水道源县之东泉。泉水东北流与蚩尤泉会。水出蚩尤城，泉水渊而不流。霖雨并则流注阪泉，乱流东北入涿水。《魏土地记》曰：下洛城东南六十里有涿鹿城。城东一里有阪泉，泉上有黄帝祠。涿鹿城东南六里有蚩尤城。《晋太康地理记》曰：阪泉亦地名也。"要皆附会之说。）由今思之，此说仍有未谛。《国语·晋语》云："昔少典娶于有蛴氏，生黄帝、炎帝。"《贾子·益壤》曰："黄帝者，炎帝之兄也。"《制不定》曰："炎帝者，黄帝同父母弟也。"三说符会，（《益壤》《制不定》，虽同出《贾子》，然各有所本，故谓炎黄兄弟不同，古人书率如此，不足怪也。）决非偶然。然则炎、黄本同族，风气相去，必不甚远。教熊罴貔貅貙虎，不必其为实事。迁徙往来无常处，好战之主类然（如齐桓征伐所至即甚广。设或史乘阙佚，传者亦将谓其迁徙往来无常处矣），不必其民遂为游牧之族。且除此二语以外，亦更无黄帝为游牧之族之征也。阪泉、涿鹿，盖当如《世本》说，谓在彭城为是。（《御览·州郡部一》引《帝王世纪》曰："黄帝都涿鹿，于《周官》幽州之域，在汉为上谷，而《世本》云：涿鹿在彭城南，然则上谷本名彭城。"其曲解真可发一噱。《路史》亦云："《世本》云：涿鹿在彭城。"《续汉书·郡国志》：上谷郡：涿鹿，《注》："《帝王世纪》曰：黄帝所都。《世本》云在鼓城南。"王应麟《地理通释》引《世本》亦作鼓，恐误。《汉书·刑法志注》："郑氏曰：涿鹿在彭城南。师古曰：彭城者，上谷北别有彭城，非宋之彭城也。"师古盖误驳。郑氏实以涿鹿在宋之彭城南也。）

《战国·魏策》云："黄帝战于涿鹿之野，而西戎之兵不至，禹攻三苗，而东夷之民不起，以燕伐秦，黄帝之所难也。"此涿鹿在东方之诚证。《贾子·制不定》又谓炎黄"各有天下之半"，又隐见其一在东，一在西矣。《孟子》言周公相武王，诛纣，伐奄，驱虎豹犀象而远之。《滕文公》下。而《周书》言武王狩禽，猫虎熊罴，数至千百。《世俘》。则古者东方之地，本多禽兽之区，盖承水患之后，所谓"兽蹄鸟迹之道，交于中国"也。（见《孟子·滕文公》上。奄即鲁，固与彭城相近矣。《索隐》引皇甫谥曰："黄帝生于寿丘。"《正义》云："寿丘，在鲁东门北。"）

《论衡·率性》云："黄帝与炎帝争为天子，教熊罴貔虎，以战于阪泉之野。三战得志，炎帝败绩。"《吉验》云："传言黄帝妊二十月而生，生而神灵，弱而能言。长大，率诸侯，诸侯归之。教熊罴战，以伐炎帝，炎帝败绩。性与人异，故在母之身，留多十月；命当为帝，故能教物，物为之使。"其所本者，与《大戴记》《史记》略同，然不必即《大戴记》《史记》也。史公言百家言黄帝，其文不雅驯。此所谓传，盖儒家之说，然仍留神话之迹。亦可见据教熊罴貔貅貙虎之文而断黄帝为游牧之族者，未免失之早计也。（教熊罴貔貅貙虎之说，或因蚩尤牛首而然，见《述异记》一条。）

《史记集解》引《皇览》云："蚩尤冢在东平郡寿张县阚乡城中，高七丈。民常十月祀之。有赤气出，如匹绛帛，民名为蚩尤旗。肩髀冢，在山阳郡巨野县重聚。大小与阚冢等。传言黄帝与蚩尤战于涿鹿之野，黄帝杀之，身体异处，故别葬之。"《水经·济水注》引略同。高七丈作七尺。案《续志注》引《皇览》亦作七丈。地皆与彭城近。《路史》引《启筮》云："蚩尤登九淖以伐空桑，黄帝杀之于青丘。"案蚩尤叛父，见《少昊考》条。空桑近鲁，疑为神农氏后裔所处，蚩尤灭之，迁于涿鹿，黄帝又灭蚩尤，而因其旧都也。

《史记》谓黄帝与炎帝战于阪泉之野，又与蚩尤战于涿鹿之野。前引《论衡·率性》及《大戴记·五帝德》，皆与《史记》所本略同，然有战于阪泉之文，而无战于涿鹿之事。《贾子·益壤》云："炎帝无道，黄帝伐之涿鹿之野，血流漂杵，诛炎帝而兼其地，天下乃治。"《制不定》云："黄帝行道，而炎帝不听，故战涿鹿之野，血流漂杵。"则蚩尤、炎帝一人，阪泉、涿鹿一役，《史记》盖兼采两书，而夺一曰二字也。《周书·史记》谓阪泉氏"徙居至于独鹿"，疑阪泉为神农氏或蚩尤旧号，涿鹿则其新居。蚩尤既灭神农氏，后裔遂袭其位号，故传者混二人为一，黄帝实只与蚩尤战，未尝与神农氏战也。（《战国·秦策》亦云："黄帝伐涿鹿而禽蚩尤。"）

黄帝遗迹，又有在今陕西境者，盖出附会。《封禅书》载公孙卿之言，谓："黄帝郊雍上帝，宿三月。鬼臾区号大鸿，死葬雍，故鸿冢是也。其后黄帝接万灵明廷。明廷者，甘泉也。所谓寒门者，谷口也。黄帝采首山铜，铸鼎于荆山下。鼎既成，有龙垂胡髯下迎黄帝。黄帝上骑。群臣后宫从上者七十余人。龙乃上去。余小臣不得上，乃悉持龙髯。龙髯拔，堕，堕黄帝之弓。百姓仰望黄帝既上天，乃抱其弓与胡髯号。故后世因名其处曰鼎湖，其弓曰乌号。"明明极不经之语，乃处处牵引地理以实之，真俗所谓信口开河者也。乃《五帝本纪》谓"黄帝崩，葬桥山"。《汉书·地理志》亦云：上郡：肤施，《注》云："有黄帝祠四所。"阳周，《注》云："桥山在南，有黄帝冢。"《武帝纪》：元封元年，"祠黄帝于桥山"（亦见《郊祀志》）。盖帝王之所信，则无冢者可以有冢，而祠祭且因之而起矣。史实之淆乱，可胜道哉！（《汉书·王莽传》："遣骑都尉嚣等分治黄帝园位于上都桥畤，虞帝于零陵九疑，胡王于淮阳陈，敬王于齐临淄，愍王于城阳莒，伯王于济南东平陵，孺王于魏郡元城。使者四时致祠。"案上都当作上郡。桥畤，师古曰："桥山之上，故曰桥畤也。"）

《水经·河水注》："《魏土地记》曰：弘农湖县，有轩辕黄帝登仙处。黄帝采首山之铜，铸鼎于荆山之下。有龙垂胡于鼎，黄帝登龙，从登者七十人，遂升于天，故名其地为鼎胡。荆山在冯翊，首山在蒲坂，与湖县相连。《晋书·地道记》《太康记》并言胡，县也，汉武帝改作湖。俗云：黄帝自此乘龙上天也。《汉书·地理志》曰：京兆湖县，有周天子祠二所，故曰胡。不言黄帝升龙也。"此等不经之说，郦道元已辨之矣。

《渭水注》云：横水："西北出泾谷峡。又西北，轩辕谷水注之。水出南山轩辕溪。南安姚瞻以为黄帝生于天水，在上邽城东七十里轩辕谷。皇甫谧云生寿丘，丘在鲁东门北。未知孰是也。"又渭水："又东过陈仓县西。"《注》云："姚睦曰：黄帝都陈言在此。"赵氏一清曰："上云南安姚瞻，此云姚睦，未知即一人也？抑误字也？"案《路史》引姚睦云"黄帝都陈仓，非宛丘"，则睦似非误字。然谓黄帝都陈仓，要亦附会之说也。《洧水注》："洧水又东径新郑县故城中。皇甫士安《帝王世纪》云：或言县故有熊氏之墟，黄帝之所都也。"《史记·五帝本纪集解》引徐广曰："黄帝，号有熊。"谯周曰："有熊国君。"案《大戴记·帝系》言昌意产颛顼，颛顼产老童，老童产重黎及吴回，吴回产陆终，陆终氏娶于鬼方氏，产六子，其四曰云郐人，郑氏也。重黎、吴回，相继居祝融之职。《史记·楚世家》言季连之苗裔曰鬻熊，实即祝融异文。其后熊丽、熊狂等，世以熊为氏。盖云郐人亦有祝融之号，或但称熊，其地遂称有熊之墟也。实与黄帝无涉。

《五帝本纪》又言：黄帝"披山通道，未尝宁居。东至于海，登丸山，及岱宗。西至于空桐，登鸡头。南至于江，登熊、湘。北逐荤粥，合符釜山"。空桐，《集解》引韦昭云："在陇右。"鸡头，《索隐》云："后汉王孟塞鸡头道，在陇西。一曰崆峒山之别名。"《正义》云："《括地志》云：空桐山在肃州福禄县东南六十里。《抱朴子·内篇》云：黄帝西见中黄子，受九品之方，过空桐，从广成子受自然之经，即此山。《括地志》又云：笄头山，一名崆峒山，在原州平高县西百里，《禹贡》泾水所出。《舆地志》云或即鸡头山也。郦元云盖大陇山异名也。《庄子》云广成子学道崆峒山，黄帝问道于广成子，盖在此。按二处崆峒皆云黄帝登之，未详孰是。"《路史》云："空同山，在汝之梁县西南四十里。有广成泽及庙。近南阳雉衡山。故马融《广成赞》云面据衡阴。"案《路史》之说是也。近人钱宾四撰《黄帝故事地望考》，亦主是说。钱氏又云："熊山，即封禅书齐桓南伐至召陵所登，乃卢氏南之熊耳也。《水经》：溴水出河南密县大騩山。《注》：大騩，即具茨山也。黄帝登具茨之山，升于洪堤山，受《神芝图》于华盖童子，即是也。"地亦于雉衡、熊耳为近。黄帝踪迹，至此已为极远矣，必不能至秦陇也。釜山，《正义》引《括地志》云："釜山在妫州怀戎县北三里。"此又因涿鹿在上谷之说而附会。《左氏》昭公四年，司马侯曰："冀之北土，马之所生，无兴国焉。恃险与马，不可以为固也，从古以然。"可破涿鹿在上谷及涿郡之说矣。

　　吾昔谓炎帝为耕农之族，好和平，黄帝为游牧之族，乐战斗，其说虽属武断，然谓炎、黄之际，为世变升降之会，则亦不尽诬也。《商君书·画策》曰："神农之世，男耕而食，妇织而衣，刑政不用而治，甲兵不起而王。神农既殁，以强胜弱，以众暴寡，故黄帝内行刀锯，外用甲兵。"《庄子·盗跖》曰："神农之世：卧则居居，起则于于。民知其母，不知其父。与麋鹿共处。耕而食，织而衣，无有相害之心。此至德之隆也。然而黄帝不能致德，与蚩尤战于涿鹿之野，流血百里。"又《至乐》曰："吾恐回与齐侯言尧、舜、黄帝之道，而重以燧人、神农之言。"《战国·赵策》曰："宓牺、神农，教而不诛，黄帝、尧、舜，诛而不怒。"《春秋繁露·尧舜不擅移汤武不擅杀》曰："今足下以汤、武为不义，然则足下之所谓义者，何世之王也？则答之以神农。"皆可见炎、黄之际，世变转移之亟也。盖为暴始于蚩尤，而以暴易暴，实惟黄帝。

炎黄之争，人皆知之，然古又有谓黄帝胜四帝者。《御览·皇王部四》引《蒋子万机论》曰："黄帝之初，养性爱民，不好战伐，而四帝各以方色称号，交共谋之。边城日惊，介胄不释。黄帝叹曰：夫君危于上，民安于下；主失于国，案失同佚。其臣再嫁。厥病之由，非养寇邪？今处民萌之上，而四盗亢衡，递震于师。于是遂即营垒，以灭四帝。向令黄帝若不龙骧虎变，而与俗同道，则其民臣亦嫁于四帝矣。"《万机论》非可信之书，然《孙子·行军》篇云："凡四军之利，黄帝之所以胜四帝也。"则其说自有所本也。惜其详不可得闻矣。

少昊考

今文家叙五帝无少昊，而古文家妄增之，予既于《儒家之三皇五帝说》条发其覆矣。然则少昊何人也？曰：少昊即蚩尤也。

《周书》一书，多存古史，其书传习颇鲜，故语多诘屈，然转鲜窜乱与传讹，实较可信据之书也。《周书·尝麦》曰："昔天之初，诞作二后，乃设建典。命赤帝分正二卿。命蚩尤宇于少昊，以临四方（四，疑当作西）。蚩尤乃逐帝，争于涿鹿之阿。九隅无遗，赤帝大慑。乃说于黄帝，执蚩尤，杀之于中冀，名之曰绝辔之野。"案《史记·五帝本纪》言："轩辕之时，神农氏世衰。诸侯相侵伐，暴虐百姓，而神农氏弗能征。于是轩辕乃习用干戈，以征不享。诸侯咸来宾从。而蚩尤氏最为暴，莫能伐。炎帝欲侵陵诸侯，诸侯咸归轩辕。轩辕乃修德振兵，以与炎帝战于阪泉之野。三战然后得其志。蚩尤作乱，不用帝命。黄帝乃征师诸侯，与蚩尤战于涿鹿之野，遂禽杀蚩尤。"既言神农氏世衰，诸侯相侵伐，暴虐百姓，弗能征矣，又言其欲侵陵诸侯，未免自相矛盾。盖《史记》此文，采自两书，故其名称不一。炎帝欲侵陵诸侯之炎帝，实即蚩尤，非世衰之神农氏也。参看《炎黄之争考》条。《周书·史记》曰："昔阪泉氏用兵无已，诛战不休，并兼无亲；文无所立，智士寒心。徙居至于独鹿。诸侯叛之。阪泉以亡。"独鹿即涿鹿。阪泉盖蚩尤旧号。既迁于此，遂亦名其地为阪泉之野。故阪泉、涿鹿非两地，其战亦非二役，而神农、蚩尤，则实有两人。蚩尤既并神农，代居元后之位，诸书因亦以炎帝称之，故或又误为神农氏也。《周书》之赤帝，盖即世衰之神农氏，蚩尤初为之卿。《礼记·月令疏》曰："东方生养，元气盛大，西方收敛，元气便小，故东方之帝，谓之大皞，西方之帝，谓之少皞。"此语当有所本。《左氏》文公十八年《疏》引谯周曰："金天氏，能修大皞之法，故曰少昊也。"其证也。《盐铁论·结和》曰："轩辕战涿鹿，杀两曎蚩尤而为帝。"两曎者，一大皞，一少皞，所谓二卿也。蚩尤初为神农氏少皞，既灭神农氏，盖代居赤帝之位，而别以人为少皞，涿鹿之战，与其两卿俱死也。

褚先生补《史记·建元以来侯者年表》，载田千秋上书曰："父子之怒，自古有之。蚩尤叛父，黄帝涉江。"似蚩尤为神农氏之子。虽不必信，然其为同族则真矣。蚩尤之后为三苗，固姜姓也。姜姓殆内乱而为姬姓所乘与？

《后汉书·张衡传》：衡"条上司马迁、班固所叙与典籍不合者十余事"。《注》举其一事曰："《帝系》：黄帝产青阳、昌意。《周书》曰：乃命少皞清。清即青阳也。今宜实定之。"案《周书》之文曰："乃命少昊清，司马，鸟师，以正五帝之官。故名曰质。天用大成，至于今不乱。"（《尝麦解》）"清司马鸟师"，文有夺误（云以正五帝之官，则当有五官，而少昊，司马，鸟师，仅得三官），衡妄加傅会，非是。《左氏》昭公十七年："郯子来朝。公与之宴。昭子问焉，曰：少皞氏鸟名官，何故也？郯子曰：吾祖也，我知之。昔者黄帝氏以云纪，故为云师而云名。炎帝氏以火纪，故为火师而火名。共工氏以水纪，故为水师而水名。大皞氏以龙纪，故为龙师而龙名。我高祖少皞挚之立也，凤鸟适至，故纪于鸟，为鸟师而鸟名。自颛顼以来，不能纪远，乃纪于近，为民师而命以民事。"此文真伪未敢定，即以为真，亦绝无先后相承之意。《世经》乃云："郯子据少昊受黄帝，黄帝受炎帝，炎帝受共工，共工受大昊，故先言黄帝，上及大昊。稽之于《易》，炮牺，神农，黄帝，相继之世可知。"乃于炮牺、炎帝之间，增一共工，曰："周人迁其行序，故《易》不载。"又于黄帝、颛顼之间，增一少昊，曰："《考德》曰：少昊曰清。清者，黄帝之子青阳也，名挚。周迁其乐，故《易》不载。序于行。"又并颛顼、帝喾，亦谓周迁其乐，故《易》不载。穿凿甚矣。《考德》，师古曰："考五帝德之书也。"盖即其所伪撰。《左疏》曰："《世本》及《春秋纬》，皆言青阳即是少皞，黄帝之子，代黄帝而有天下，号曰金天氏。"纬书固歆辈所造，《世本》亦其徒所改，或后人依歆说所改也。

　　《礼记·祭法》云："大凡生于天地之间者皆曰命。其万物死皆曰折，人死曰鬼，此五代之所不变也。七代之所更立者，禘郊宗祖，其余不变也。"《注》云："五代，谓黄帝、尧、舜、禹、汤，周之礼乐所存法也。""七代，通数颛顼及喾也。""少昊氏修黄帝之法，后王无所取焉。"《疏》云："周有六乐，去周言之惟五代。""《易纬》及《乐纬》有五茎、六英，是颛顼及喾之乐。"又云："《易纬》有黄帝及颛顼以下之乐，无少昊之乐。"则《世经》之言，于纬书亦不尽雠。盖纬书造者非一手，亦或后人更有改易也。

《左氏》谓少昊名挚，或谓即《周书》名质之转音。然《周书》"故名曰质"句，意实非谓人名，此按文可见者也。《国语·晋语》："黄帝之子二十五人，其同姓者二人而已。惟青阳与夷鼓皆为己姓。"下文又云："凡黄帝之子二十五宗，其得姓者十四人，为十二姓：姬、酉、祁、己、滕、箴、任、荀、僖、姞、儇、依是也。惟青阳与苍林氏同于黄帝，故皆为姬姓。"其说自相矛盾。《左疏》谓《世本》己姓出自少昊。《路史》作纪姓，则《国语》下一青阳是误。疑其或处于纪，而因以为氏也（《御览·皇王部》引《古史考》：高阳氏，妘姓。高辛氏，或曰房姓）。

《史记·五帝本纪》曰："帝喾娶陈锋氏女，生放勋。娶娵訾氏女，生挚。帝喾崩，而挚代立。帝挚立，不善。崩，而弟放勋立，是为帝尧。"《御览·皇王部》引《帝王世纪》曰："帝挚之母，于四人之中，其班最下，而挚年兄弟最长，故得登帝位。封异母弟放勋为唐侯。挚在位九年，政软弱。而唐侯德盛，诸侯归之。挚服其义，乃率其群臣，造唐朝而致禅，因委至心愿为臣。唐侯于是知有天命，乃受帝禅，而封挚于高辛氏。事不经见，汉故议郎东海卫宏所传云尔。"卫宏之言，未必可信。然黄帝之族，似确有一挚其人，在尧之前。其人究系喾子，抑青阳若夷鼓之后，未可定，要之必为己姓。后来之纪，当出于此也。

《说文·女部》："嬴，帝少暤之姓也。"《御览》及《路史》引《古史考》皆曰：穷桑氏，暤姓。《左氏》昭公元年，"昔金天氏有裔子曰昧，为玄冥师。生允格、台骀。台骀能业其官。宣汾、洮，障大泽，以处大原。帝用嘉之，封诸汾川。沈、姒、蓐、黄，实守其祀。"二十九年，"少暤氏有四叔，曰重、曰该、曰修、曰熙，实能金木及水。使重为句芒，该为蓐收，修及熙为玄冥。世不失职，遂济穷桑。"昧，不知即修、熙之后否？钱宾四谓台骀即有骀氏（见所撰《西周地理考》），则是姜姓也。又《山海经·大荒北经》："有人一目，当面中生。一曰威姓，少昊之子。"此皆别一少昊，与挚无涉。盖少昊本司西方之官，人人可为之也。穷桑，杜《注》云："地在鲁北。"《疏》云："《土地名》穷桑阙。言在鲁北，相传云尔。"案定公四年，祝鮀言伯禽封于少暤之虚，《史记·鲁世家》亦云："封周公旦于少昊之虚曲阜。"（《御览》六百九十引《田俅子》："少昊都于曲阜。"）则以穷桑为在鲁，说自不误。《山海经·东山经》："《东次二经》之首曰空桑之山，北临食水。"食水者，"《东山经》之首曰樕蝅之山，北临乾昧，食水出焉，而东北流注于海。"其地当在青、兖之域。又《北山经》："空桑之山。无草木，冬夏有雪。空桑之水出焉，东流注于滹沱。"郭《注》云："上已有此山，疑同名也。"郝《疏》云："《东经》有此山，此经已上无之。检此篇，《北次二经》之首曰管涔之山至于敦题之山，凡十七山，今才得十六山，疑正夺此一山也。经内空桑之山有三：上文夺去之空桑，盖在莘、虢间。《吕氏春秋》《古史考》俱言伊尹产空桑，是也。此经空桑，盖在赵、代间。《归藏·启筮》言蚩尤出自羊水，以伐空桑，是也。"予案古代地名，每随人而迁徙。空桑恐正随少昊之族而西迁，台骀之处大原，即其一证也。予因此悟《史记》"青阳降居江水"，"昌意降居若水"，后人以蜀地释之者实误。案《索隐》云："江水、若水皆在蜀，即所封国也。《水经》曰：水出旄牛徼外，东南至故关为若水。南过邛都，又东北至朱提县，为泸江水。是蜀有此二水也。"《正义》云："《华阳国志》及《十三州志》云：蜀之先，肇于人皇之际。黄帝为子昌意取蜀山氏，后子孙因封焉。"今案《水经·若水注》云："《山海经》曰：南海之内，黑水之间，有木，名曰若木。若水出焉。又云：灰野之山，有树焉，青叶赤华，厥名若木。生昆仑山，西附西极也。《淮南子》曰：若木，在建木西。木有十华，其光照下地。故屈原《离骚》《天问》曰羲和未阳，若华何光是也。然若木之生，非一所也。黑水之间，厥木所植，水出其下，故水受其称焉。"《注》所引《山海经》，前一条见《海内经》，黑水下多青水二字。后一条见《大荒北经》，灰野作洞野（郝《疏》云："《文选·甘泉赋》《月赋》注，《艺文类聚》八十九引，并作灰野。"）。下云："上有赤树，青叶赤华，名曰若木。"而"生昆仑西附西极"七字为郭《注》。郭《注》又云："其华光赤，下照地。"郝《疏》云："《文选·月赋注》引此经，若木下有日之所入处五字。《离骚》云：折若木以拂日。王逸《注》云：若木在昆仑西极，其华照下地。疑郭《注》当在经中。"案以若木为生昆仑，西附西极，日之所入处者误。此必非经文也。《离骚》云："饮余马于咸池兮，总余辔乎扶桑。折若木以拂日兮，聊逍遥以相羊。"其文相承，正言日出时。《天问》王逸《注》亦云："言日未出之时，若华何能有明赤之光华乎？"安得言日入？所引《淮南子》，乃《地形篇》文。其文云："扶木在阳州，日之所曙。建木在都广，众帝所自上下。日中无景，呼而无响，盖天地之中也。若木，在建木西。末有十日，其华照下地。"此文疑有窜乱。《山海经·海外东经》云："下有汤谷。汤谷上有扶桑，十日所浴。在黑齿北，居水中，有大木。九日居下枝，一日居上枝。"《注》云："庄周云：昔者十日并出，草木焦枯。《淮南子》亦云：尧乃令羿射十日，中其九日，日中乌尽死。《离骚》所谓羿焉毕日，乌焉落羽者也。《归藏·郑母经》云：昔者羿善射，毕十日，果毕之。汲郡《竹书》曰：胤甲即位，居西河，有妖孽，十日并出。明此自然之异，有自来矣。《传》曰：天有十日，日之数十。此云九日居下枝，一日居上枝。《大荒经》又云：一日方至，一日方出。明天地虽有十日，自使以次第迭出运照，而今俱见，为天下妖灾，故羿禀尧之命，洞其灵诚，仰天控弦，而九日潜退也。"然则若木自在日出处，安得云日所入乎？王菉友曰："《石鼓文》有𣛨字，盖𣗦本作𣓤。若字盖亦作𣓥，即𣓤之重文加𠙽者？如𥂖字之象根形。是以《说文》之叒木，它书作若木，并非同音假借也。盖汉人犹多作𣓤，是以八分书桑字作桒。《集韵》《类篇》：桑，古作𣗸，并足征也。《说文》收若字于艸部，从艸，右声，亦似误。"《说文释例》。此说甚精。然则若水亦当作桑水也。《史记·殷本纪》载《汤诰》曰："东为江，北为济，西为河，南为淮，四渎已修，万民乃有居。"古言四渎，实主四方，而江在东，则青阳所降，亦当在东方；而昌意所降，则必古空桑之水。今《山经》所载，虽注溥沱，然其始必在《东次二经》所载之山附近，后乃随民族迁徙而西移也。《史记》言黄帝邑于涿鹿之阿，涿鹿本山名。《周书·王会》，北方有独鹿，盖即涿鹿，为国名或部族名。蜀山者，涿鹿之山，亦即独鹿之国。蜀山氏女，盖即蚩尤氏之女；二族初虽兵争，至此复通昏媾也。《山海经·海内经》云："黄帝妻雷祖，生昌意。昌意降处若水，生韩流。韩流，擢首谨耳，人面豕喙，麟身渠股，豚止。取淖子，曰阿女。生帝颛顼。"郭《注》引《竹书》云："昌意降居若水，产帝乾荒。乾荒即韩流也，生帝颛顼。"又引《世本》云："颛顼母，浊山氏之子，名昌仆。"郝氏《笺疏》云：
"《大戴礼·帝系篇》云：昌意取于蜀山氏之子，谓之昌仆氏，
产颛顼。郭引《世本》作浊山氏，浊、蜀古字通，浊又通淖，是
淖子即蜀山氏也。"然则蜀山氏之蜀，乃涿鹿、独鹿之单呼；其
字可作浊，亦可作淖；乃望文生义，附会为后世之蜀地，岂不谬
哉？《山海经》世系，较《大戴记》《史记》皆多一代。古世系
本不能无阙夺，不当据《大戴》《史记》以疑《山海经》也。《竹
书》则不足信，其曰乾荒，盖正因《山海经》之韩流而伪造。

近人蒙文通云："《山海经·海内经》云：炎帝之妻，赤水
之子听訞，生炎居。炎居生节并。节并生戏器。戏器生祝融。
祝融降居于江水，生共工。共工生术器。术器首方颠，是复土
穰，以处江水。共工生后土。后土生噎鸣。是祝融者，炎帝之
胤也。《世本》：祝融曾孙生伯夷，封于吕，为舜四岳；许慎以
大岳佐夏侯许，为祖自炎神，《周语》以共工从孙为四岳，皆见
共工、祝融，同祖炎神也。《大荒西经》云颛顼生老童，老童生
祝融，是别一祝融，旧说每误合为一人。《风俗通义》说：颛顼
有子曰黎，为苗之民。郑玄注《吕刑》，说苗民为九黎之君，是
应义本于郑氏。《山海经·大荒北经》曰：颛顼生驩头，驩头生
苗民，苗民，黎姓。则颛顼疑亦南方民族也。"（见所著《古史甄
微》第九篇《夏之兴替》）予案《大荒西经》又有文曰："大荒之
中，有山名曰日月山，天枢也。吴姫天门，日月所入。有神，人
面无臂，两足反属于头。山名曰噱。颛顼生老童，老童生重及
黎。帝令重献上天，令黎邛下地。下地是生噎。处于西极，以行
日月星辰之行次。""下地是生噎"，郝氏《笺疏》云："此语难
晓。《海内经》云：后土生噎鸣。此经与相涉，而文有阙夺，遂
不复可读。"予案"山名曰噱"，山字疑误。噱似即噎之讹，乃

神名。"下地是生噎"，下地字误重，是生噎之上，又有夺文。噎盖噎鸣也。《国语·楚语》云："昭王问于观射父曰：《周书》所谓重、黎实使天地不通者，何也？若无然，民将能登天乎？对曰：非此之谓也。古者民神不杂。及少昊之衰也，九黎乱德。民神杂糅，不可方物。颛顼受之。乃命南正重司天以属神，命火正黎司地以属民。使复旧常，无相侵渎。是谓绝地天通。其后三苗复九黎之德。尧复育重、黎之后不忘旧者，使复典之，以至于夏、商。故重、黎氏世叙天地，而别其分职者也。其在周，程伯休父其后也。当宣王时，失其官守，而为司马氏。宠神其祖，以取威于民，曰：重实上天，黎实下地。遭世之乱，而莫之能御也。不然，夫天地成而不变，何比之有？"重实上天，黎实下地"，即《山海经》所谓"令重献上天，令黎抑下地"也。《大荒西经》又云："有人，名曰吴回。奇左，是无右臂。"又云："大荒之中有山，名曰大荒之山，日月所入。有人焉，三面，是颛顼之子，三面一臂。"案《说文·了部》："了，尥也。从子无臂。象形。"孑，"无右臂也。从了乚，象形。"孓，"无左臂也。从了丿，象形。"人岂有无臂及一臂者？此三文盖为神而作。吴回者，《史记·楚世家》云："楚之先祖，出自帝颛顼高阳。高阳生称，称生卷章，卷章生重黎。重黎为帝喾高辛居火正，甚有功，能光融天下。帝喾命曰祝融。共工氏作乱。帝喾使重黎诛之而不尽，帝乃以庚寅日诛重黎，而以其弟吴回为重黎后，复居火正，为祝融。"合此诸文观之，黎苗确出颛顼，而出于黎之噎，与出于炎帝之噎鸣，又不能谓非一人；然则出于颛顼之祝融，与出于炎帝之祝融，亦不能谓其非一人也。是又何邪？盖《海内经》所谓炎帝者，即是祝融。祝者，属也，融者，光融。古者野蛮之族，恒有守火之司，祝融盖即火正之名，其后因以为氏。古无所谓共主，部族大者即可称王。生时既可称王，死后自可称帝。居火正之官者，尊称其祖，自可谓之炎帝。非古神农氏之后也。然出于祝融之四岳姜姓者，则以昌意娶蜀山氏子，其后或从母姓耳。然则蚩尤虽为黄帝所诛，迄于颛顼之世，其族即已复盛矣。（《潜夫论·五德志》谓"颛顼身号高阳，世号共工"。共工亦姜姓。）

　　皇甫谧谓颛顼始都穷桑，盖以其承少昊言之。云后徙商丘，于帝喾则云都亳，盖为《左氏》"卫颛顼之虚也"一语所误。《皇览》谓颛顼、帝喾，冢皆在东郡濮阳，皇甫谧谓在东郡顿丘广阳里，（见《史记集解》《索隐》及《御览》。又见《水经·淇水注》。）亦因此附会。可参看《神农与炎帝大庭》条。《吕览·古乐》，谓帝颛顼生自若水，实处空桑，乃登为帝，则颛顼仍处空桑，帝喾亦当袭其迹耳。郯子言少昊挚之立也，爽鸠氏为司寇；而《左氏》昭公二十年：晏子对齐景公，谓"昔爽鸠氏始居此地，季萴因之，有逢伯陵因之，薄姑氏因之，而后大公因之"。十年："有星出于婺女。郑神灶言于子产曰：七月戊子，晋君将死。今兹岁在颛顼之虚，姜氏、任氏，实守其地（《注》："姜，齐姓；任，薛姓。"）。居其维首，而有妖星焉，告邑姜也。邑姜，晋之妣也，天以七纪。戊子，逢公以登，星斯于是乎出。"皆古代都邑在齐鲁之地之证。

女娲与共工

　　司马贞《补三皇本纪》云：女娲末年，诸侯有共工氏，任智刑以强，霸而不王。与祝融战，不胜，而怒，乃头触不周山崩，天柱折，地维缺。女娲乃炼五色石以补天，断鳌足以立四极，以济冀州（上当夺"杀黑龙"三字）。《注》云："按其事出《淮南子》也。"按《淮南·览冥》云："往古之时，四极废，九州裂；天不兼覆，地不周载；火爁炎而不灭，水浩洋而不息；猛兽食颛民（颛，《御览》引作精，并引高诱《注》曰："精，弱也。"），鸷鸟攫老弱。于是女娲炼五色石以补苍天，断鳌足以立四极，杀黑龙以济冀州，积芦灰以止淫水。苍天补，四极正，淫水涸，冀州平，狡虫死，颛民生。"言女娲治水而不及共工。《原道》云："昔共工之力，触不周之山，使地东南倾，与高辛争为帝，遂潜于渊，宗族残灭，继嗣绝祀。"《天文》云："昔者共工与颛顼争为帝，怒而触不周之山，天柱折，地维绝；天倾西北，故日月星辰移焉。地不满东南，故水潦尘埃归焉。"（《兵略》亦云："颛顼尝与共工争矣。"）《本经》云："舜之时，共工振滔洪水，以薄空桑，龙门未开，吕梁未发，江淮流通，四海溟涬。民皆上邱陵，赴树木。舜乃使禹疏三江五湖，辟伊阙，导廛、涧，平通沟陆，流注东海。洪水漏，九州干，万民皆宁其性。"言共工致水患而不及女娲。《楚辞·天问》云："康回冯怒，地何故以东南倾。"《注》云："康回，共工名也。《淮南子》言共工与颛顼争为帝，不得，怒而触不周之山，天维绝，地柱折（维绝、柱折疑互讹），故东南倾也。"《山海经·大荒西经》云："西北海之外，大荒之隅，有山而不合，名曰不周，负子。"郭《注》引《淮南子》同，亦未及女娲。惟《论衡·谈天》云："儒书言共工与颛顼争为天子，不胜，怒而触不周之山，使天柱折，地维绝，女娲销炼五色石以补苍天，断鳌足以立四极。天不足西北，故日月移焉，地不足东南，故百川注焉。"《顺鼓》云："传又言共工与颛顼争为天子，不胜，怒而触不周之山使天柱折，地维绝。女娲消炼五色石以补苍天，断鳌足以立四极。"与小司马之言同。

　　古人传说，每误合数事为一，《论衡》之言，盖蹈此弊，而小司马又沿其流也。古书言共工者：《史记·律书》云："颛顼有共工之陈，以平水害。"又《淮南·本经》言"共工振滔洪水，以薄空桑"，而《吕览·古乐》言"帝颛顼生自若水，实处空桑"，二者实消息相通。此与《淮南·天文》，皆以为与颛顼争者也。《原道》谓与高辛争。《吕览·荡兵》云："黄、炎故用水火矣，共工固次作难矣，五帝固相与争矣。"虽不明言何时，亦可想见其在颛顼之世。《书》言舜摄政，"流共工于幽州"。《周书·史记》云："昔者共工自贤，自以无臣，久空大官，下官交乱，民无所附，唐氏伐之，共工以亡。"《淮南·本经》谓在舜时。《战国·秦策》：苏秦言："禹伐共工。"（《荀子·议兵》同）《荀子·成相》云："禹有功，抑下鸿，辟除民害逐共工。"《山海经·大荒西经》云：不周之山，"有两黄兽守之。有水曰寒暑之水，水西有湿山，水东有幕山，有禹攻共工国山。"又《海外北经》云："共工之臣曰相柳氏。九首，以食于九山。相柳之所抵，厥为泽溪。禹杀相柳，其血腥，不可以树五谷种。禹厥之，三仞三沮，乃以为众帝之台。在昆仑之北，柔利之东。相柳者，九首人面，蛇身而青。不敢北射，畏共工之台。台在其东。台四方，隅有一蛇，虎色，首冲南方。"《大荒北经》云："共工臣名曰相繇，九首，蛇身自环，食于九土。其所歍所尼，即为源泽。不辛乃苦，百兽莫能处。禹湮洪水，杀相繇。其血腥臭，不可生谷。其地多水，不可居也。禹湮之，三仞三沮，乃以为池。群帝因是以为台。在昆仑之北。"（相繇即相柳，此与《海外北经》所言，系一事两传）又云："有系昆之山者，有共工之台，射者不敢北乡。"则以为在尧、舜、禹之世。无以为与女娲争者。《国语·周语》载太子晋之言曰："古之长民者，不堕山，不崇薮，不防川，不窦泽。昔共工弃此道也，虞于湛乐，淫失其身，欲壅防百川，堕高埋庳，以害天下。皇天弗福，庶民弗助。祸乱并兴，共工用灭。其在有虞，有崇伯鲧播其淫心，称遂共工之过。尧用殛之于羽山。其后伯禹念前之非度，厘改制量。共之从孙四岳佐之。高高下下，疏川导滞，钟水丰物。封崇九山，决汩九川，陂障九泽，丰殖九薮，汩越九原，宅居九噢，合通四海。克厌帝心。皇天嘉之，祚以天下，赐姓曰姒，氏曰有夏。祚四岳国，命以侯伯，赐姓曰姜，氏曰有吕。"明自共工至禹，水患一线相承，说共工者，自以谓在颛顼及尧、舜、禹之世为得也。

女娲盖南方之神。《楚醉·天问》云："女娲有体，孰制匠之？"《注》云："传言女娲人头蛇身，一日七十化。"《淮南·说林》云："黄帝生阴阳（此黄帝非轩辕氏，阴阳亦非泛言，当指男女形体，与下二句一律），上骈生耳目，桑林生臂手，此女娲所以七十化也。"《说文·女部》："娲，古之神圣女，化万物者也。"盖谓万物形体，皆女娲所制（《御览·皇王部》引《风俗通》云："俗说：天地开辟，未有人民。女娲抟黄土作人，剧务，力不暇供，乃引绳于泥中，举以为人。故富贵者，黄土人也；贫贱凡庸者，絚人也。"说虽不同，亦以生民始于女娲），寝假遂可以补天，立四极矣。然实与水患无关。《论衡·顺鼓》曰："雨不霁，祭女娲，于礼何见？伏羲、女娲，俱圣者也，舍伏羲而祭女娲，《春秋》不言。董仲舒之议，其故何哉？俗图画女娲之象为妇人之形，又其号曰女，仲舒之意，殆谓女娲古妇人帝王者也。男阳而女阴，阴气为害，故祭女娲求福佑也。传又言云云（见前引），仲舒之祭女娲，殆见此传也。"仲任揣测，全失董生之意。雨不霁则祭女娲，盖古本有此俗，而董生采之，非其所创。

其所以采之，则自出于求之阴气之义，非以传所云而然也。《史记·夏本纪索隐》引《世本》云："涂山氏女名女娲。"《正义》引《帝系》云："禹取涂山氏之子，谓之女娲，是生启也。"此说与谓女娲能治水者又迥别，亦后起之说，非其朔也。

《大荒北经》云：系昆之山，"有人衣青衣，名曰黄帝女魃。蚩尤作兵伐黄帝。黄帝乃令应龙攻之冀州之野。应龙畜水（案畜即蓄字，乃积聚之义，积聚者必先收敛，收敛者必顺其理，故《记·祭统》曰："顺于道不逆于伦，是之谓畜。"），蚩尤请风伯、雨师，纵大风雨。黄帝乃下天女曰魃，雨止，遂杀蚩尤。贼不得复上，所居不雨。叔均言之帝，后置之赤水之北。叔均乃为田祖。魃时亡之。所欲逐之者，令曰：神北行！先除水道，决通沟渎"。又曰："大荒之中，有山名曰成都载天。有人，珥两黄蛇，把两黄蛇，名曰夸父。后土生信，信生夸父。夸父不量力，欲追日景，逮之于禺谷。将饮河而不足也，将走大泽，未至，死于此。应龙已杀蚩尤，又杀夸父，乃去南方处之，故南方多雨。"（此说以应龙即魃。去南方处之者，盖谓夸父。日与魃同类。）夸父逐日，魃敌风伯、雨师，皆水火二神之争也。《海外北经》云："夸父与日逐走，入日。谓使日入也。《史记·礼书集解》引作日入，盖改从后世语法。渴欲得饮，饮于河渭。河渭不足，北饮大泽，未至，道渴而死。弃其杖，化为邓林。"两经所载凡三说：《海外北经》暨《大荒北经》前一说，以为逐日渴死；其后一说，则以为与蚩尤同为应龙所杀。夸父为后土之子。后土者，《礼记·祭法》云："厉山氏之有天下也，其子曰农，能殖百谷。夏之衰也，周弃继之，故祀以为稷。共工氏之霸九州也，其子曰后土，能平九州，故祀以为社。"（《国语·鲁语》："昔烈山氏之有天下也，其子曰柱，能殖百谷百蔬；夏之兴也，周弃继之，故祀以为稷。共工氏之伯九有也，其子曰后土，能平九土，故祀以为社。"）《山海经·海内经》云："禹、鲧是始布土，均定九州。炎帝之妻，赤水之子听訞（郝氏《义疏》云："《补三皇本纪》云：神农纳奔水氏之女曰听訞为妃，生帝哀，哀生帝克，克生帝榆罔"云云。证以此经，赤水作奔水，听訞作听訞，及炎居以下，文字俱异。司马贞自注云：'见《帝王世纪》及《古史考》。'今案二书盖亦本此经为说，其名字不同，或当别有依据，然古典佚亡，今无可考矣。）生炎居，炎居生节并，节并生戏器，戏器生祝融。祝融降处于江水，生共工，共工生术器。术器首方颠，是复土穰，以处江水。共工生后土，后土生噎鸣。噎鸣生岁十有二，洪水滔天。鲧窃帝之息壤，以湮洪水，不待帝命。帝令祝融杀鲧于羽郊。鲧复生禹。帝乃命禹卒布土，以定九州。"厉山即神农，与蚩尤、共工，同为姜姓之国；黄帝、颛顼、高辛、尧、舜、禹则姬姓也；二姓相争之情形，可以想见。祝融，《左氏》《国语》《大戴记·帝系姓》《史记·楚世家》并以为颛顼后。《山海经·大荒西经》亦云："颛顼生老童，老童生祝融。"又云："颛顼生老童，老童生重及黎。"而《海内经》独以为炎帝之后，共工之先。案《左氏》昭公二十九年之言，出于蔡墨。墨之言曰："有五行之官，是谓五官。木正曰句芒，火正曰祝融，金正曰蓐收，水正曰玄冥，土正曰后土。""少暤氏有四叔：曰重、曰该、曰修、曰熙，实能金木及水。使重为句芒，该为蓐收，修及熙为玄冥，世不失职，遂济穷桑，此其三祀也。颛顼氏有子曰犁，为祝融；共工氏有子曰句龙，为后土；此其二祀也。后土为社。稷，田正也，有烈山氏之子曰柱，为稷，自夏以上祀之。周弃亦为稷，自商以来祀之。"而《国语·楚语》载观射父之言曰："有天地神明类物之官，是谓五官。及少暤之衰也，九黎乱德。颛顼受之，乃命南正重司天以属神，命火正黎司地以属民，使复旧常，无相侵渎。其后三苗复九黎之德，尧复育重黎之后不忘旧者，使复典之，以至于夏商。"然则乱德之九黎，与颛顼命其司地之黎，即蔡墨所谓颛顼氏有子曰犁，亦即《大戴记》《史记》《大荒西经》以为颛顼之后者，实同号而异人。后者盖袭前者之位，故亦同称为祝融。实则一为炎帝、共工之族，一为颛顼之后也。蔡墨曰："昔有飂叔安，有裔子曰董父，乃扰畜龙，以服事帝舜。帝赐之姓曰董，氏曰豢龙，封诸鬷川。鬷夷氏其后也。陶唐氏既衰，其后有刘累，学扰龙于豢龙氏，以事孔甲。夏后嘉之，赐氏曰御龙，以更豕韦之后。"《国语·郑语》：史伯谓郑桓公曰："夫黎为高辛氏火正，故命之曰祝融。夫成天地之大功者，其子孙未尝不章，虞、夏、商、周是也。虞幕能听协风，以成乐物生者也；夏禹能单平水土，以品处庶类者也；商契能和合五教，以保于百姓者也；周弃能播殖百谷蔬，以衣食民人者也；其后皆为王公侯伯。祝融亦能昭显天地之光明，以生柔嘉材者也。其后八姓，于周未有侯伯。佐制物于前代者，昆吾为夏伯矣，大彭、豕韦为商伯矣，当周未有。己姓昆吾、苏、顾、温、董，董姓鬷夷、豢龙，则夏灭之矣。彭姓彭祖、豕韦、诸稽，则商灭之矣。秃姓舟人，则周灭之矣，妘姓邬、郐、路、偪阳，曹姓邹、莒，皆为采卫，或在王室，或在夷狄，莫之数也，而又无令闻，必不兴矣。斟姓无后。融之兴者，其在芈姓乎？"史伯所举虞、夏、商、周及祝融，亦即蔡墨、观射父所谓五官（协风成物，当为木正。平水土为水正，契当为金正，故殷人尚白。社稷同功，弃当为土正）；其云鬷夷，即蔡墨所云董父之后墨云以更豕韦，则豕韦虽伯于商，其先实为夏所替。然则祝融同族，多为夏所覆灭，谓为高阳之后，理或未然。窃疑颛顼取于蜀山，实为蚩尤之后（见《少昊》条），楚以母系言之，实于姜姓为近，抑或楚之先，实为少昊之祝融，而非颛顼所使司地以属民者也。观《海内经》祝融杀鲧之言，《楚语》三苗复九黎之德，尧复育重黎之后之语，则少暤时之九黎，即《海内经》所称为炎帝之后，共工之先者，与姬姓相争，仍甚烈也。黎盖封地，祝融则官名。颛顼替少昊之祝融，所使继之者，盖居其职，并袭其封土，故黎与祝融之称，二者皆同。惟少昊时之黎，分为九族，故又有九黎之称。颛顼所命之火正，则不然耳。然则《尧典》言黎民，殆即九黎之民，援秦人黔首之名以释之，殆附会而非其实矣。《周语》太子晋谏灵王，鉴于黎、苗之王，亦即《楚语》所谓三苗复九黎之德者。先秦人语，固时存古史之真也。

《韩非·五蠹》曰："当舜之时，有苗不服，禹将伐之。舜曰：不可。上德不厚而行武，非道也。乃修教三年，执干戚舞，有苗乃服。共工之战，铁铦矩者及乎敌，铠甲不坚者伤乎体，是干戚用于古，不用于今也。"案所言舜服有苗事，即书所谓"窜三苗于三危"，亦即《楚语》所谓三苗复九黎之德者，盖当尧、舜之世，九黎之后，又尝与姬姓争也。共工与姬姓之争，实在有苗之先，《韩子》之文，顾若在其后者。古人轻事重言，此等处固所不计。然言共工兵甲之利，亦可见其为蚩尤同族矣。三皇或说，一曰伏羲、神农、祝融，一曰伏羲、神农、女娲（见《三皇五帝》条）。祝融列为三皇，可见其尝霸有天下，与共工同；其又曰女娲者，盖汉人久将女娲与祝融，牵合为一也。

少昊氏四叔，何以为三官？玄冥一官，何以两人为之？亦一可疑之端。（昭公元年，子产言"昔金天氏有裔子曰昧，为玄冥师。生允格、台骀，台骀能业其官"。昧固只一人，允格，台骀，亦只一人继其业也。）窃疑四叔初必分居四官，且正以居四官故而有四叔之称。其后祝融为颛顼所替，言祝融者惟知为颛顼氏子，而少暤氏四叔之称，相沿已久，不可改易，乃举修及熙而并归诸玄冥耳。又《国语》言颛顼命南正重司天以属神，命火正黎司地以属民，是祝融一官，亦二人为之也。古未有以二人为一官者，故《郑志》答赵商云火当为北，韦昭亦云然。见《诗·桧谱疏》。然以南北二正为相对之称，又无解于《左氏》以祝融为五官之一矣。案《大戴礼记·帝系姓》，谓颛顼产老童，老童产重黎及吴回。《史记·楚世家》则云："高阳生称，称生卷章，卷章生重黎，重黎为帝喾高辛居火正，帝喾命曰祝融。共工氏作乱，帝喾使重黎诛之而不尽，帝乃以庚寅日诛重黎，而以其弟吴回为重黎后，复居火正，为祝融。"《集解》："徐广曰：《世本》云：老童生重黎及吴回。谯周曰：老童即卷章。"卷章疑老童字误，《史记》多称一世。窃疑重黎实二人，其一为少昊氏子，一为颛顼氏子，《大戴》《世本》以为一人实误，惟《史记》之文，犹留窜改之迹。盖称生重，亦即老童，颛顼氏命为火正者也。黎则少昊氏之世居火正者，老童既袭其封土，乃兼称曰重黎，帝喾盖颛顼之误，云帝喾使重黎诛之而不尽者，颛顼命老童诛少昊氏之黎而不尽也。云帝乃以庚寅日诛重黎者，非以老童诛共工不能尽而罚殛之，所诛者仍是少昊氏之黎。楚俗本兄弟相及，吴回居火正，不必以其兄之见诛；吴回生季连，季连之裔孙曰鬻融（《大戴记》如此，《史记》作鬻熊），仍是祝融异文耳。《大荒北经》云"颛顼生驩头，驩头生苗民，苗民厘姓"，则以三苗为颛顼后矣。《潜夫论·五德志》云"颛顼身号高阳，世号共工"，则以共工为颛顼后矣。古世系固多错乱也。

《左氏》昭公十七年，郯子言黄帝以云纪，炎帝以火纪，共工以水纪，大暤以龙纪。杜《注》云："共工以诸侯霸有九州者，在神农前，大暭后。"《疏》云："此《传》从黄帝向上逆陈之，知共工在神农前，大暭后也。"此说未必是，然古以共工与大暭、炎、黄并列，则可知矣。

西王母考

西王母古有两说：一以为神，一以为国。然二说仍即一说也。《山海经·西山经》曰："又西三百五十里曰玉山，是西王母所居也。西王母其状如人，豹尾，虎齿，而善啸，蓬发，戴胜。是司天之厉及五残。"《海内北经》曰："西王母，梯几而戴胜杖。"（《郝疏》云："如淳注《汉书》司马相如《大人赋》引此经无杖字。"）其南有三青鸟，为西王母取食，在昆仑虚北。《大荒西经》云："西海之南，流沙之滨，赤水之后，黑水之前，有大山，名曰昆仑之丘。有神，人面虎身，有文，有尾，皆白，处之。其下有弱水之渊环之。其外有炎火之山，投物辄然。有人戴胜，虎齿有豹尾，穴处，名曰西王母。此山万物尽有。"（上文又云："西有王母之山。"郝《疏》云："西有当为有西，《太平御览》九百二十八引此经作西王母山可证。"）此皆以为神者也。《淮南·览冥》谓羿请不死之药于西王母，当即指此。《吴越春秋·越王阴谋外传》云："立东郊以祭阳，名曰东皇公，立西郊以祭阴，名曰西王母。"《史记·赵世家》："缪王使造父御，西巡狩，见西王母，乐之忘归。"《索隐》曰："谯周不信此事，而云：予尝闻之，代俗以东西阴阳所出入，宗其神，谓之王父母，或曰地名，在西域，有何据乎？"此亦以为神，而其说迥异。

《大戴礼记·少间》《尚书大传》均言舜之时，西王母献其白琯。《新书》言尧身涉流沙，封独山，见西王母，（《修政语上》）《论衡》谓禹、益见西王母，《别通》。《尔雅·释地》，以觚竹、北户、日下、西王母为四荒。《淮南·坠形》云："西王母在流沙之濒。"则皆以为国名矣。古多怪异之谈，后世知识稍进，则其所谓神者，怪异之性质较少，哲学之见解渐多，及儒生，乃径说之以人事。此可见同一名也，而其实迥异，辗转变迁，遂至判然二物。然谓其说非同原，固不可也。

古所谓西王母之神者，究在今何地与？不可知也。何也？流沙、弱水等，久成缪悠传说之辞，不易即地理凿求其所在也。惟以为在西方，寝假而以为在极西，则其见解迄未变。《尔雅》遂以为四荒之一。《淮南王》云："在流沙之濒。"流沙，亦古人所以为极西之地，而实未能确知其所在者也。因西王母之所在，实不可知，而又相沿以为极西之地，于是凡心所以为极西之地，即指为西王母之所在。《史记·大宛列传》云："安息长老传闻条支有弱水西王母而未尝见。"安息人安知有弱水西王母？其为中国人所附会，不言可知。《后汉书·西域传》云："大秦，或云其国有弱水、流沙，近西王母所居处，几于日所入也。《汉书》云："从条支西行二百余日，近日所入，则与今书异矣。"《三国志注》引《魏略·西戎传》曰："前世缪以为条支在大秦西，今其实在东。前世又缪以为弱水在条支西，今弱水在大秦西。前世又缪以为从条支西行二百余日，近日所入，今从大秦西近日所入。"《魏书·西域传》曰："大秦西海水之西有河，河西南流。河西有南北山。山西有赤水，西有白玉山。（西有白玉山上，当夺赤水或水字。）玉山西有西王母山，玉为堂云。从安息西界循海曲亦至大秦，四万余里。于彼国观日月星辰，无异中国，而前史云条支西行百里日入处，失之远矣。"此古人于旧说所以为极西之地者，悉推而致之身所以为极西之地之表之证。日月星辰，天象可征，故日入处之说易破。弱水西王母等，则身苟有所未至，即无从遽断为子虚，而其地遂若长存于西极之表矣。循此以往，所谓西王母者，将愈推而愈西，而因有王莽之矫诬，乃又曳之而东，而致诸今青海之境。《论衡·恢国》篇曰："孝平元始四年，金城塞外羌献其鱼盐之地，愿内属。汉遂得西王母石室，因为西海郡。"此为西王母东迁之由。《汉志》金城郡临羌有西王母石室，盖即孝平时所得。其后《十六国春秋》云："前凉张骏酒泉太守马岌上言：酒泉南山，即昆仑之丘也。周穆王见西王母，乐而忘归，即谓此。有石室、王母堂、珠玑楼，严饰焕若神宫。"（《史记·秦本纪正义》引。）《晋书·沮渠蒙逊载记》曰："蒙逊袭卑禾虏，卑禾虏率众迎降。遂循海而西，至盐池，祀西王母寺。寺中有《玄石神图》，命其中书侍郎张穆赋焉，铭之于寺前，遂如金山而归。"《隋书·地理志》："西海郡，置在古伏俟城，即吐谷浑国都。有西王母石窟、青海、盐池。"亦皆《汉志》所谓临羌县之地。堂与寺等，盖皆汉立西海郡后之所为也。阅世既久，西王母之传说稍衰，适西域者，不复就其所知之表，而指为西王母之所在；而孝平之世，所指为西王母之所在者，因其指一石室以实之，且有为之堂及寺者，其说转久而不衰，而西王母遂若真在今青海之境矣。《水经·伊水注》："有七谷水注之。水西出女几山之南七溪山，上有西王母祠。东南流，注于伊水。伊水又东北径伏流岭东，岭上有昆仑祠，民犹祈焉。刘澄之《永初记》称陆浑县西有伏流坂者也。今山在县南崖口北三十里许，西则非也。"案陆浑县在今河南嵩县东北。《汉书·哀帝纪》：建平"四年春，大旱，关东民传行西王母筹，经历郡国，西入关至京师。民又会聚祠西王母，或夜持火上屋，击鼓号呼相惊恐"。盖伊洛之间，汉世犹有西王母遗迹，故讹言由之而起。此虽不敢指为古所谓西王母之神者所在，然其距古所以为西王母所在之地，必较近也。

建平时之讹言，《天文》《五行》二志，较《哀帝纪》所叙为详。《天文志》云："其四年正月、二月、三月，民相惊动，谨哗奔走，传行诏筹，祠西王母。又曰：从目人当来。"《五行志》云："建平四年正月，民惊走，持稿或梜一枚，传相付与，曰行诏筹。道中相过逢，多至千数。或被发徒践，或夜折关，或踰墙入，或乘车骑奔驰，以置驿传行，经历郡国二十六，至京师。其夏，京师郡国民聚会里巷阡陌，设祭，张博具，歌舞，祠西王母。又传书曰：母告百姓：佩此书者不死。不信我言，视门枢下当有白发。至秋止。"案《淮南·坠形》："八纮，西北方曰一目，曰沙所。"一目即从目，沙所即流沙之滨也。被发者，羌人之俗。《左氏》僖公二十二年，"初，平王之东迁也，辛有适伊川，见被发而祭于野者，曰：不及百年，此其戎乎？其礼先亡矣。秋，秦、晋迁陆浑之戎于伊川。"辛有之言，固后来所附会，然伊洛之间，有被发之族，则不诬也。《大荒西经》言其神"人面虎身，有文，有尾，皆白"，而汉时讹言，谓视门枢下当有白发，其说亦隐相符会。司马相如《大人赋》曰："低徊阴山翔以纡曲兮，吾乃今日睹西王母。皓然白首戴胜而穴处兮，亦幸有三足乌为之使。必长生若此而不死兮，虽济万世不足以喜。"三足乌与三青鸟，亦当有关系。皓然白首，此讹言之所以以白发为效。长生不死，则羿之所以请药于是也。然则汉世伊洛间之所流传，固犹与最古之说相近者也。

丹朱傲辨

　　《皋陶谟》曰："无若丹朱傲。惟慢游是好，傲虐是作。罔昼夜頟頟。罔水行舟。朋淫于家，用殄厥世。"《释文》傲，字又作奡。"《说文·齐部》："奡，嫚也。从百，从齐，齐亦声。《虞书》曰：若丹朱奡。读若傲。《论语》：奡荡舟。"俞理初《癸巳类稿》曰："奡与丹朱，各为一人，皆是尧子。《庄子·盗跖》篇云：尧杀长子。《释文》引崔云：长子考监明。又《韩非子·说疑》篇云：《记》曰：尧诛丹朱。尧时《书》称胤子朱，《史》称嗣子丹朱，朱至虞时封丹，则尧未诛丹朱。又据《吕氏春秋·去私》篇云：尧有子十人。高诱《注》云：《孟子》言九男事舜，而此云十子，殆丹朱为胤子，不在数中。其说盖未详考。《吕氏·求人篇》云：妻以二女，臣以十子。《吕氏》实连丹朱数之，而《孟子》止言九男。《淮南·泰族训》亦云：尧属舜以九子。合五书，知尧失一子。《书》又云殄厥世。是尧十子必绝其一，而又必非丹朱也。《管子·宙合》篇云：若觉卧，若晦明，若敖之在尧也。即《史记·夏本纪》若丹朱敖，《汉书·楚元王传》刘向引《书》无若丹朱敖之敖。房乔《注》云：敖，尧子丹朱。谓取敖名朱，若举其谥者，尤不成辞。案《说文》言丹朱奡，《论语》已偏举奡；司马迁、刘向言丹朱敖，《管子》已偏举敖；则奡与朱各为一人，有三代古文为证，无疑也。《汉书·邹阳传》云：不合则骨肉为仇敌，朱、象、管、蔡是已。汉初必有师说。朱与奡以傲虐朋淫相恶，亦无疑也。故《经》曰禀頟頟罔水行舟，则《论语》云奡荡舟也。《经》曰鼻朋淫于家，则邹阳云骨肉为仇敌也。《经》曰奡殄厥世，则《论语》云不得其死。《孟子》《吕氏》《淮南》十子九男之不同，《庄子》言杀长子，《韩非子》言诛丹朱，皆可明其传闻不同之致；又得《管子》《论语》偏举之文，定知言朱者不是丹朱矣。"予案以朱与丹朱为两人，说出宋人吴斗南，赵翼崧《陔余丛考》引之，谓："羿善射，朱荡舟，解以有穷后羿及寒浞之子，说始孔安国，而朱《注》因之。寒浞之子名浇，《左传》并不言朱。禹之规戒，若作敖慢之傲，则既云无若丹朱傲矣，何必又曰傲虐是作乎？"今案古书辞义，重复者甚多，似不宜律以后世文法。况荡者摇也，《左氏》僖公三年，"齐侯与蔡姬乘舟于囿，荡公"，与《论语》之"荡舟"，当系一义，非罔水行舟之谓。寒浞之子，《离骚》《天问》亦均作浇。然《天问》有"覆舟斟寻"之语，则浇似能用舟师，谓其荡舟，于事为近。浇、朱同音，未尝不可通用也。《管子》文义，殊为难解。强释之，敖似嶅之借字。《说文·山部》："嶅，山多小石也。"《尔雅·释山》作磝。盖亦可用以称小石。尧，高也。敖在尧，犹言小石在高山，盖戒慎之意。觉与卧，晦与明，敖与尧，皆相对之辞，以为人名，未必然矣。《韩子》云："尧有丹朱，舜有商均，启有五观，商（《楚语》作汤）有太甲，武王（《楚语》作文王）有管蔡，此五王之所诛者，皆父兄子弟之亲也。"亦见《国语·楚语》（《楚语》曰："此五王者，皆元德也，而有奸子。"）。邹阳之说本之，特易商均为象而已。《庄子》谓尧杀长子，当亦此说，未必更有他义也。《吕览》《孟子》《淮南》十子九男之不同，则古人于此等处，多以意说。去胤子则言九，并胤子则言十；丹朱为尧长子，古无异说，高诱《注》殆不误。"尧子丹朱、舜子商均，皆有疆土，以奉先祀，服其服，礼乐如之，以客见天子，天子弗臣。"（《史记·五帝本纪》）乃儒家通三统之说，非事实，以此决丹朱之未见杀，误矣。不得其死，非殄厥世。朋淫于家，更非骨肉为仇敌。据此谓朱与羿以傲虐朋淫相恶，则几于妄造史实矣。故俞说实无一是处。然谓羿为尧长子，不得其死不确；而丹朱、商均亦有如五观、太甲、管、蔡等争夺相杀之事则真矣。刘知几《疑古》之篇，究为千古卓识也。

　　古人之言，寓言、实事不甚分别，故欲辨其孰为史实甚难。然亦有可以分别者。《韩非子·外储说右上》曰："尧欲传天下于舜。鲧谏曰：不祥哉！孰以天下而传之于匹夫乎？尧不听，举兵而诛杀鲧于羽山之郊。共工又谏曰：孰以天下而传之于匹夫乎？尧不听。又举兵而诛共工于幽州之都。于是天下莫敢言无传天下于舜。"（《山海经·海外南经》："三苗国，在赤水东，其为人相随。"郭《注》："昔尧以天下让舜，三苗之君非之，帝杀之，有苗之民叛入南海，为三苗国。"不知系误记此文，抑别有据。然即别有所据，亦此文之类也。）《外储说右下》曰："潘寿谓燕王曰：王不如以国让子之。人所以谓尧贤者，以其让天下于许由。许由必不受也，则是尧有让许由之名，而实不失天下也。今王以国让子之，子之必不受也，则是王有让子之之名，而与尧同行也。"一曰："潘寿见燕王曰：臣恐子之之如益也。王曰：何益哉？对曰：古者禹死，将传天下于益，启之人因相与攻益而立启。今王信爱子之，将传国子之，太子之人，尽怀印玺，子之之人，无一人在朝廷者。王不幸弃群臣，则子之亦益也。"一曰："燕王欲传国于子之也，问之潘寿。对曰：禹爱益而任天下于益，已而以启人为吏。及老，而以启为不足任天下，故传天下于益，而势重尽在启也。已而启与友党攻益而夺之天下。是禹名传天下于益，而实令启自取之也。此禹之不及尧、舜明矣。今王欲传之子之，而吏无非太子之人者也，是名传之，而实令太子自取之也。"《韩子》此文，亦见《战国·燕策》《史记·燕世家》，皆不如此之详。潘寿作鹿毛寿。徐广曰：一作厝毛。又曰：甘陵县本名厝。《难三》云："夫尧之贤，六王之冠也，舜一从而咸包，而尧无天下矣。"《五蠹》曰："尧之王天下也，茅茨不翦，采椽不斲；粝粱之食，藜藿之羹；冬日麑裘，夏日葛衣；虽监门之服养，不亏于此矣。禹之王天下也，身执耒臿，以为民先；股无胈，胫不生毛；虽臣虏之劳，不苦于此矣。以是言之，夫古之让天子者，是去监门之养，而离臣虏之劳也，故传天下而不足多也。"《说疑》曰："舜偪尧，禹偪舜，汤放桀，武王伐纣，此四王者，人臣弑其君者也。"《忠孝》曰："尧为人君而君其臣，舜为人臣而臣其君，汤武人臣，而弑其主，刑其尸。"又曰："瞽瞍为舜父，而舜放之。象为舜弟，而舜杀之。放父杀弟，不可谓仁。妻帝二女，而取天下，不可谓义。仁义无有，不可谓明。"《新序·节士》曰："禹问伯成子高曰：昔者尧治天下，吾子立为诸侯焉；尧授舜，吾子犹存焉；及吾在位，子辞诸侯而耕，何故？伯成子高曰：昔尧之治天下，举天下而传之他人，至无欲也；择贤而与之其位，至公也。舜亦犹然。今君之所怀者私也。百姓知之，贪争之端，自此始矣。德自此衰，刑自此繁矣。吾不忍见，是以野处也。"皆寓言也。《吕览·举难》曰："人伤尧以不慈之名，舜以卑父之号，禹以贪位之意，汤、武以放弑之谋，五伯以侵夺之事。"《楚辞·哀郢》曰："尧舜之抗行兮，瞭杳杳而薄天。众谗人之嫉妒兮，被以不慈之伪名。"《九辩》杳杳作冥冥，众谗人作何险巇，余同。《怨世》曰："高阳无故而委尘兮，唐虞点灼而毁议。"《注》："言有不慈之过，卑父之累也。"《淮南·氾论》："尧有不慈之名，舜有卑父之谤，汤、武有放弑之事，五霸有暴乱之谋。"可见其为设辞矣。惟《韩非·说疑》之文称

《记》曰，《记》为古史籍之称，似有记载为据。又《吕览·行论》云：“尧以天下让舜，鲧为诸侯，怒于尧曰：得天之道者为帝，得地之道者为三公。今我得地之道，而不以我为三公。以尧为失论，欲得三公。怒甚，猛兽欲以为乱，比兽之角，能以为城；举其尾，能以为旌。召之不来，仿佯于野，以患帝舜。于是殛之于羽山，副之以吴刀。”《论衡·率性》：“尧以天下让舜。鲧为诸侯，欲得三公，而尧不听。怒其猛兽，欲以为乱。比兽之角可以为城，举尾以为旌，奋心盛气，阻战为强。”其说虽涉荒怪，然似亦以史事为据也。

有扈考

《书序》：“启与有扈战于甘之野，作《甘誓》。”《伪传》：“夏启嗣禹立，伐有扈之罪。”《疏》云：“孟子称禹荐益于天七年，禹崩之后，益避启于箕山之阴，天下诸侯不归益而归启，曰吾君之子也，启遂即天子位。《史记·夏本纪》称启立，有扈氏不服，故伐之。盖由自尧舜受禅相承，启独见继父，以此不服，故云夏启嗣禹立，伐有扈之罪者，见其由嗣立故不服也。”案《疏》辞非必《伪传》之意。《淮南·齐俗》曰：“昔有扈氏为义而亡。”高《注》曰：“有扈，夏启之庶兄也。以尧舜举贤，禹独与子，故伐启，启亡之。”冯衍《显志赋》曰：“讯夏启于甘泽兮，伤帝典之始倾。”亦此意。盖经生旧有此说，《义疏》本以立言也。然恐与史实不合。《周书·史记》曰：“弱小在强大之间，存亡将由之，则无天命矣。不知命者死。有夏之方兴也，扈氏弱而不恭，身死国亡。"《吴子》曰："昔承桑氏之君，修德废武，以灭其国。有扈氏之君，恃众好勇，以亡其社稷。"所谓不恭者也。《韩非子·说疑》曰："昔者有扈氏有失度，讙兜氏有孤男，三苗有成驹，桀有侯侈，纣有崇侯虎，晋有优施，此六人者，亡国之臣也。"失度其公孙强之流乎？

《伪传》云："有扈与夏同姓。"《疏》云："孔、马、郑、王与皇甫谧等，皆言有扈与夏同姓，并依《世本》之文。"然皆无为启庶兄之说，未知高诱何据也。又《甘誓》《墨子·明鬼》引其文，而作《禹誓》。毕校云："《庄子·人间世》云：禹攻有扈。《吕氏春秋·召类》云：禹攻曹、魏、屈骜、有扈，以行其教，皆与此合。"孙氏《间诂》云："《吕氏春秋·先己篇》云：夏后柏启与有扈战于甘泽而不胜。是《吕览》有两说。或禹、启皆有伐扈之事，故古书或以《甘誓》为禹誓与？《说苑·政理篇》云：昔禹与有扈氏战，三陈而不服。禹于是修教，三年而有扈氏请服，说亦与此合。"案古以后嗣之事系之先王者甚多，不必作此调停之说也。

《楚辞·天问》："该秉季德，厥父是臧。胡终弊于有扈，牧夫牛羊？"《注》云："该，苞也。秉，持也。父，谓契也。季，末也。臧，善也。言汤能苞持先人之末德，修其祖父之善业，故天佑之，以为民主也。有扈，浇国名也。浇灭夏后相，相之遗腹子曰少康，后为有仍牧正，典主牛羊，遂攻杀浇，灭有扈，复禹旧迹，祀夏配天也。"又曰："有扈牧竖，云何而逢？击床先出，其命何从？恒秉季德，焉得夫朴牛？"《注》曰："言有扈氏本牧竖之人耳，因何逢遇，而得为诸侯乎？言启攻有扈之时，亲于其床上击而杀之，其先人失国之原，何所从出乎？恒，常也。季，末也。朴，大也。言汤常能秉持契之末德，修而弘之，天嘉其志，出田猎，得大牛之瑞也。"案此《注》恐非。该与恒当俱是人名。该为有扈所弊，为牧牛羊，及有扈败时，亦弊于牧竖之手，其人名恒，既弊有扈，复得朴牛之瑞也。《史记·秦本纪》：文公二十七年，伐南山大梓，丰大特。《集解》："徐广曰：今武都故道有怒特祠。图大牛，上生树木，有牛从木中出。后见于丰水之中。《正义》："《括地志》云：大梓树在岐州陈仓县南十里仓山上。《录异传》云：秦文公时，雍南山有大梓树。文公伐之，辄有大风雨，树生合不断。时有一人病，夜往山中，闻有鬼语树神曰：秦若使人被发以朱丝绕树伐汝，汝得不困邪？树神无言。明日，病人语闻。公如其言伐，树断。中有一青牛出，走入丰水中。其后牛出丰水中。使骑击之，不胜。有骑堕地复上，发解，牛畏之，入不出。故置髦头。汉、魏、晋因之。武都郡立怒特祠，是大梓牛神也。"案《后汉书·西羌传》，言爰剑与劓女遇于野，遂成夫妇，女耻其状，被发覆面，羌人因以为俗，则《传异录》之语，当出羌中。《水经》沔水《注》引《汉中记》曰："自西城涉黄金峭、寒泉岭、阳都阪，峻崿百重，绝壁万寻。山丰野牛野羊，腾岩越岭，驰走若飞，触突树木，十围皆倒。"则南山之地，本多朴牛，无怪羌中之有是说也。然遂依旧说，谓有扈在鄠县，则恐未然。禹启时兵力，恐尚不及此。甘恐即周时王子带封邑（见《左氏》僖公二十四年），在河南，正有夏之居也。

太康失国与少康中兴

太康失国，少康中兴，为夏代一大事，而《史记·夏本纪》一语不及，《正义》以此讥其疏略，其实非也。古人著书，各有所本。所本不同者，既不以之相订补，亦不使之相羼杂，各如其故而传之，所谓"信以传信，疑以传疑"也。《夏本纪》之所据者，盖《系世》之伦；《吴世家》载伍子胥之言，则所据者《国语》之类；二者固不同物也。《十二诸侯年表》曰"谱牒独记世谥"，此盖《周官》小史所职；国家之行事，固别有史以记之矣。《夏本纪》之不及，又何怪焉！

难者曰："谱牒独记世谥"，于国家行事，有所不详，是则然矣。然其关涉君身者，则亦不得而略也。如《秦纪》（见《秦始皇本纪》后）。独载其君世系享国年数及葬地，而于厉、躁、简公、出子之不宁，亦未尝略，即其明证。今夏后相，身见杀于寒浞；少康始依有仍，后奔有虞，为之牧正，为之庖正，其降为人臣久矣。奋起纶邑之中，祀夏配天，不失旧物，是汉光武、蒙古达延汗之俦也。而《史记》曰"帝相崩，子帝少康立"，一若安常处顺，父子相继者，不亦疏乎？应之曰：太康以降，夏虽中衰，统统实未尝绝。至于相之见弑，少康之降为人臣，则其事尚有可疑也。请陈其说。

《墨子·非乐》："于武观曰：启乃淫溢康乐，野于饮食。将将铭苋磬以力。湛浊于酒，渝食于野。万舞翼翼。章闻于天，天用弗式。"《楚辞·离骚》："启《九辩》与《九歌》兮，夏康娱以自纵。"又《天问》："启棘宾商，《九辩》《九歌》。"《山海经·海外西经》："大乐之野，夏后启于此儛九代。（《注》："九代，马名。儛，谓盘作之令舞也。"郝懿行《笺疏》："案《九代》，疑乐名也。《竹书》云：夏帝启十年，帝巡狩，舞《九韶》于大穆之野。《大荒西经》亦云：天穆之野，启始歌《九招》。招即韶也。疑《九代》即《九招》矣。又《淮南·齐俗训》云：夏后氏，其乐夏籥《九成》。疑《九代》本作《九成》，今本传写形近而讹也。李善注王融《三月三日曲水诗序》引此经云：舞九代马。疑马字衍。而《艺文类聚》九十三卷及《太平御览》八十二卷引此经，亦有马字。或并引郭《注》之文也。舞马之戏，恐非上古所有。")乘两龙，云盖三层。左手操翳，右手操环，佩玉璜，在大运山北。(《注》："《归藏·郑母经》曰：夏后启筮：御飞龙登于天，吉。明启亦仙也。"《笺疏》："案《太平御览》八十二卷引《史记》曰：昔夏后启筮乘龙以登于天，占于皋陶。皋陶曰：吉而必同，与神交通。以身为帝，以王四乡。今案《御览》此文，即与郭《注》所引为一事也。"一曰大遗之野。"《注》："《大荒经》云：大穆之野。"）又《大荒西经》："西南海之外，赤水之南，流沙之西，有人珥两青蛇，乘两龙，名曰夏后开。开上三嫔于天，得《九辩》与《九歌》以下。(《注》："皆天帝乐名也。开登天而窃以下用之也。《开筮》曰：昔彼《九冥》，是与帝《辩》同宫之序，是谓《九歌》。又曰：不得窃《辩》与《九歌》以国于下。义具见于《归藏》。"此天穆之野，高二千仞，开焉得始歌《九招》。"《注》："《竹书》曰：夏后开舞《九招》也。"）此启之所以致乱也。《离骚》王逸《注》曰："夏康，启子太康也。"案《离骚》下文又云"日康娱以自纵"，康娱二字相属，则逸《注》误也。孟子言启贤，能敬承继禹之道，意但主论禅继，非史实；且亦无由知启继位时非贤君也。《山海经》所载乃神话，与《史记·赵世家》《扁鹊列传》所载赵简子、秦穆公事极相类。启亦作开者，汉人避景帝讳也。

　　《周书·尝麦》其在殷之五子，忘伯禹之命，假国无正，用胥兴作乱。遂凶厥国。皇天哀禹，赐以彭寿，思正夏略。"《离骚》："不顾难以图后兮，五子用失乎家巷。"《天问》："何勤子屠母，而死分竟地？"扬雄《宗正箴》："昔在夏时，太康不共。

有仍二女，五子家降。"此言太康失邦之事，其乱盖由于内哄，犹齐桓死后五子争立也。遂凶厥国，国指夏都，盖即殷。见《唐虞夏都邑》条。失乎家巷，失同佚，言逃亡民间也。《史记·鲁世家》：楚考烈王伐灭鲁。顷公亡，迁于下邑，为家人。鲁绝不祀。《晋世家》：魏武侯、韩哀侯、赵敬侯灭晋侯而三分其地，静公迁为家人，晋绝不祀。此云家人，即《离骚》佚乎家巷之义。五子之乱，盖得彭寿而复定。虽失故都，仍据他邑为君如故，故太康、仲康、相得相继在位。五子交争，而仲康仍得继太康者，或二人本同党；或后降于太康；如契丹太祖时诸弟之乱，亦或不与，或降而见释也。《天问》言死分竟地，或亦有据地自立者，特太康、仲康、相相继为正统，故《系本》特记之也。《天问》又云："眩弟并淫，危害厥兄。何变化以作诈，而后嗣逢长？"王逸《注》谓眩弟指象，似非。眩弟盖指仲康。相，仲康子；少康，相子，其后相继有国。后嗣逢长盖指此，谓仲康危害厥兄，何后嗣反得逢长也。逢，大也，即《洪范》"子孙其逢"之"逢"。少康祀夏配天，不失旧物，是能光大夏业也。勤子屠母，盖谓爱其子而杀其母，疑即扬雄所云有仍二女事，其详不可得闻矣。《天问》又曰："彭铿斟雉帝何飨？受寿永多，夫何久长？"《注》曰："彭铿，彭祖也。好和滋味，善斟雉羹。能事帝尧，尧美而飨食之。彭祖至八百岁，犹自悔不寿，恨枕高而唾远也。"彭祖为舜所命二十二人之一，见《唐虞之际二十有二人》条。彭为祝融八姓之一，历唐、虞、夏、商，皆为强侯，其能为夏戡乱，亦固其所。《天问》故事，汉世盖本莫能说，又寖以失传。王逸自谓稽之旧章，合之经传，以相发明，事事可晓，实则乖谬甚多。如其释彭铿斟雉帝何飨，恐全是望文生义（帝当指天帝。言飨其雉羹，乃报以永寿）。释受寿永多，亦神仙家言。惟彭祖寿考，当本有其说，神仙家乃从而托之。《周书》之彭寿，未审即彭铿与否。古称人多以号，亦或因其寿考而称之为寿也。

《左氏》襄公四年："昔有夏之方衰也，后羿自鉏迁于穷石，因夏民以代夏政。"《天问》："帝降夷羿，革孽夏民。"此言羿代夏之事。云因夏民以代夏政，则据有夏之故都，且代之号令诸侯矣。然固无害于太康、仲康、相等之自君其民。如卫满得朝鲜，侵降其旁小邑，服属真番、临屯，而箕氏之后，犹王马韩中也。《天问》言革孽夏民，与《左氏》因夏民之说合。然特乘乱入据耳，非称兵犯顺也。伪《古文尚书》曰："太康尸位以逸豫，灭厥德，黎民咸贰。乃盘游无度，畋于有洛之表，十旬弗反。有穷后羿因民弗忍，距于河。厥弟五人，御其母以从，徯于洛之汭。"一似夏之丧邦，皆由羿之逞乱者，失其实矣。

《左氏》襄公四年："恃其射也，不修民事，而淫于原兽。弃武罗、伯因、熊髡、庬圉，而用寒浞。寒浞，伯明氏之谗子弟也。伯明后寒弃之，夷羿收之。信而使之，以为己相。浞行媚于内，而施赂于外；愚弄其民，而虞羿于田。树之诈慝，以取其国家。羿犹不悛。将归自田，家众杀而烹之。以食其子，其子不忍食诸，死于穷门。靡奔有鬲氏。"《离骚》："羿淫游以佚田兮，又好射夫封狐。固乱流其鲜终兮，浞又贪夫厥家。"《天问》："胡射夫河伯，而妻彼洛嫔？冯珧利决，封豨是射。何献蒸肉之膏，而后帝不若？浞娶纯狐，眩妻爰谋。何羿之射革，而交吞揆之？"此寒浞篡羿之事，乃有穷氏之内乱，与夏无涉。夏当是时，固仍保其所据之地也。王逸《注》曰："洛嫔，水神，谓宓妃也。传曰：河伯化为白龙，游于水旁。羿见，射之，眇其左目。河伯上诉天帝，曰：为我杀羿。天帝曰：尔何故得见射？河伯曰：我时化为白龙，出游。天帝曰：使汝深守神灵，羿何从得犯汝？今为虫兽，当为人所射。固其宜也，羿何罪与？羿又梦与洛水神宓妃交接也。"此说盖已非其朔。古神话当以洛嫔为河伯之妻，羿射杀河伯而夺之也。亦可见羿实有河洛之地矣。《左氏》昭公二十八年，载叔向母之言曰："昔有仍氏生女，鬒黑而甚美，光可以鉴，名曰玄妻。乐正后夔取之，生伯封，实有豕心。贪惏无厌，忿颣无期，谓之封豕。有穷后羿灭之。夔是以不祀。"封豕，疑即《天问》之封豨。传说中或以为人，或竟以为豕，谓射杀之而以其膏献诸上帝也。《禹贡》称"禹锡玄圭"，《檀弓》言"夏后氏尚黑"，疑夏以黑为徽号。此玄妻及前所引眩弟，疑并当作玄。玄妻，即纯狐。《楚辞》言羿射封狐，疑夔之族尊豕，禹之族尊狐（案《吴越春秋》言，九尾白狐造禹，禹以为当王之征）。弈射封豕、封狐，实戕二族图腾之神。神话中谓狐为浞妻以报弈也。《孟子·离娄》下篇曰："逢蒙学射于羿，尽羿之道。思天下惟羿为愈已，于是杀羿。"下引庾公之斯、子濯孺子事，以明取友必端。则逢蒙、羿之党，《左氏》所谓家众也。《淮南·诠言》曰："羿死于桃棓。"《注》："棓，大杖，以桃木为之。

以击杀羿。由是以来，鬼畏桃也。"《说山》云："羿死桃部不给射。"《注》："桃部，地名。"庄逵吉云："桃部即桃棓。"其说是也。羿之死，盖逢蒙实为主谋。逢、厖同字，逢蒙殆厖圉之族乎？

《左氏》襄公四年："浞因羿室，生浇及豷。恃其谗慝诈伪，而不德于民。使浇用师，灭斟灌及斟寻氏。处浇于过，处豷于戈。靡自有鬲氏收二国之烬，以灭浞而立少康。少康灭浇于过，后杼灭豷于戈，有穷由是遂亡。"又哀公元年："昔有过浇杀斟灌以伐斟鄩，灭夏后相。后缗方娠，逃出自窦，归于有仍。生少康焉，为仍牧正。浇能戒之。浇使椒求之。逃奔有虞，为之庖正，以除其害。虞思于是妻之以二姚，而邑诸纶。有田一成，有众一旅。能布其德，而兆其谋，以收夏众，抚其官职。使女艾谍浇，使季杼诱豷。遂灭过、戈，复禹之绩。祀夏配天，不失旧物。"《离骚》："浇身被服强圉兮，纵欲而不忍。日康娱以自忘兮，厥首用夫颠陨。"《天问》："惟浇在户，何求于嫂？（《注》："浇，古多力者也。《论语》曰：浇荡舟。言浇无义，淫佚其嫂。往至其户，佯有所求，因与行淫乱也。"）何少康逐犬，而颠陨厥首？（《注》："言夏少康因田猎，放犬逐兽，遂袭杀浇，而断其头。"）女歧缝裳，而馆同爰止。（《注》："女歧，浇嫂也。馆，舍也。爰，于也。言女歧与浇淫佚，为之缝裳，于是共舍而宿止也。"）何颠易厥首，而亲以逢殆？（《注》："逢，遇也。殆，危也。言少康夜袭，得女歧头，以为浇，因断之，故言易首遇危殆也。"）此言浞灭相及少康中兴之事。如《左氏》之言，则夏尝中绝，然其说有不可尽信者。野蛮时代，十口相传之说，理乱兴亡之事，必以一女子为之经纬。如《蒙古源流考》之洪郭斡拜济，《云龙纪略》之结妈、三姐皆是（见《章氏遗书·文集》卷八）。《左氏》之言，看似全系史实，然"逃出自窦"一语，已显类东野人之言矣。《离骚》云："及少康之未家兮，留有虞之二姚。"盖亦有娀佚女之伦。女艾即女歧，与浇淫乱，而少康乘机杀之，所谓谍也。《天问》又云："女歧无合夫，焉取九子？"《注》云"女歧，神女，无夫而生九子"，则亦神话中人物也。古事之传于后者，人神恒相杂。其后士夫传述，则人事多而神事少；东野人言，则人事少而神事多。看似殊科，实同一本。《左氏》所载，亦神话之经士夫改定者耳。其原既为野言，其事即非信史。信后缗真出自窦，女艾真为间谍，则愚矣。后缗、女艾之事不可尽信，则其余之语不可尽信可知也。《左氏》之言而不可尽信也，则夏祚曾否中绝，实可疑也。

　　《史记·夏本纪正义》引《帝王世纪》云："帝羿，有穷氏，未闻其姓。"而《左》襄四年杜《注》云："夷氏。"《正义》云："此传再言夷弈，故以夷为氏。"案《吕览·勿躬》亦称夷羿。《山海经·海内西经》云："海内昆仑之虚在西北，帝之下都。昆仑之虚，方八百里。非仁羿莫能上冈之岩。"仁、夷同字。《水经·河水注》云："大河故渎。西流径平原鬲县故城西。《地理志》曰：鬲津也。故有穷后羿国也。应劭曰：鬲，偃姓，咎繇后。"《路史》谓："羿，偃姓。女偃出皋陶。《世纪》云不闻其姓，失之。"盖本诸此。窃疑夷为羿之号，偃则其姓也。有鬲为羿同姓，靡之往奔，似谋为羿报仇。其后辅立少康，则因羿子已死，其后或无可立故耳，非必尽忠于夏。杜《注》谓为夏之遗臣，似失之。《史记·夏本纪》言："禹举皋陶荐之，且授政焉，而皋陶卒，而后举益任之政。"《楚辞·天问》云："启代益作后，率然离孽。"《汉书·律历志》载张寿王以"化益为天子代禹"。则偃、姒二姓在当时并为强族，其势实代相干。故益虽见排于启，羿仍能代夏政；其后虽以好田为浞所篡，而姒、偃合谋，卒覆浇、豷也。《夏本纪》言禹后有有男氏，斟寻氏，斟戈氏。《索隐》曰："《系本》男作南，寻作郭。斟戈氏，《左传》《系本》皆云斟灌氏。"男、南皆与任同声。《春秋》桓公五年"仍叔之子"，《谷梁》作任叔，疑有仍即有男，与夏同姓。杜《注》云"后缗母家"，亦误也。戈、灌一地，过亦殆即斟寻。寒浞灭是二国，而使二子镇之尔，亦可见当时同姓之国，恒相援卫矣。《世纪》又言：羿自"帝喾以上，世掌射正。至喾，赐以彤弓素矢，封之于鉏。为帝司射。历虞、夏"。案《说文·羽部》："羿，羽之羿风。亦古诸侯也。一曰射师。"

《弓部》："羿，帝喾射官。夏少康灭之。《论语》曰善射。"《山海经·海内经》："帝俊赐羿彤弓素矰，以扶下国。"《淮南·本经》："尧之时，十日并出，焦禾稼，杀草木，而民无所食。猰貐、凿齿、九婴、大风、封豨、修蛇皆为民害。尧乃使羿诛凿齿于畴华之野，杀九婴于凶水之上。缴大风于青丘之泽。上射十日，而下杀猰貐。断修蛇于洞庭，禽封豨于桑林。"《世纪》盖合此诸说以为一说也。《世纪》又言："浇因羿之室，生鼻及獖。奡多力，能陆地行舟。"同《论语》孔安国《注》。浇、奡二字，可相假借。然荡舟实非陆地行舟。《天问》云："汤谋易旅，何以厚之？覆舟斟寻，何道取之？"《注》云："汤，殷王也。旅，众也。言殷汤欲变易夏众，使之从己，独何以厚待之乎？覆，反也。舟，船也。斟寻，国名也。言少康灭斟寻氏，奄若覆舟，独以何道取之乎？"《天问》文固不次，然特所问因仰见图画而发，不依年代先后云尔，非遂毫无伦序。"汤谋易旅"，承前引"惟浇在户"云云下，上下皆言夏事，中忽间以殷汤，似不应陵乱至此。朱子谓汤乃康字之误，亦近凿空。宋本《说文》及《集韵类篇》引《论语》，荡并作汤，则《天问》之汤谋，亦即荡谋，谓动谋也。浇盖能水战，而少康覆其舟师。罔水行舟，盖譬喻之语，不徒非浇事，丹朱亦未必实有其事也。（《书疏》引郑玄云"丹朱见洪水时人乘舟，今水已治，犹居舟中，雒雒使人推行之"，妄矣。水虽治，岂遂无水可以行舟邪？）参看《丹朱傲辨》条。

　　《史记·鲁世家》：楚考烈王伐灭鲁。顷公亡，迁于下邑，为家人。鲁绝不祀。《晋世家》魏武侯、韩哀侯、赵敬侯灭晋侯而三分其地，静公迁为家人，晋绝不祀。此云家人，即《离骚》佚乎家巷之义。

伊尹生于空桑

　　《吕览·本味》曰："有侁氏女子采桑，得婴儿于空桑之中，献之其君。其君令烰人养之，察其所以然，曰：其母居伊水之上，孕，梦有神告之曰：臼出水而东走，毋顾。明日，视臼，出水，告其邻，东走，十里而顾，其邑尽为水，身因化为空桑，故命之曰伊尹。"毕校云："以其生于伊水，故名之曰伊尹，非有讹也。而黄氏东发所见本作故命之曰空桑，以为地名。且为之辨曰：此书第五纪云：颛顼生自若水，实处空桑，则前乎伊尹之未生，已有空桑之地矣。卢云：案黄氏所据本非也。同一因地命名，不若伊尹之确。张湛注《列子·黄帝》篇伊尹生于空桑，引传记与今本同，尤为明证。"案《史记·殷本记索隐》引《吕览》云："有侁氏女采桑，得婴儿于空桑，母居伊水，命曰伊尹。"则今本似不误。《水经·伊水注》："昔有莘氏女采桑于伊川，得婴儿于空桑中，言其母孕于伊水之滨，梦神告之曰：臼水出而东走。母明视，而见臼水出焉，告其邻居而走，顾望其邑咸为水矣。其母化为空桑，子在其中矣。莘女取而献之，命养于庖，长而有贤德，殷以为尹，曰伊尹也。"则命曰伊尹，又似蒙"殷以为尹"而言，然郦氏此文，乃隐括诸书而成，非专引《吕览》也。

　　《史记正义》引《括地志》云："古莘国，在汴州陈留县东五里，故莘城是也。《陈留风俗传》云：陈留外黄有莘昌亭，本宋地，莘氏邑也。"《周本纪》"乃求有莘氏美女"，《正义》又引《括地志》云："古蓘国，城在同州河西县南二十里。《世本》云莘国，姒姓，夏禹之后，即散宜生等求有莘美女献纣者。"案《诗》言"缵女维莘"，"在洽之阳，在渭之涘"。《大雅·大

明》。而伊水亦在西方，故有人疑伊尹所育之有侁，即文王所昏之
莘者。然《吕览》言伊尹母居伊水之上而东走，则有侁必在伊水
之东。《楚辞·天问》曰："成汤东巡，有莘爰极。何乞彼小臣，
而吉妃是得？水滨之木，得彼小子。夫何恶之，媵有莘之妇？"
东巡所极，恐尚不止陈留，《风俗传》之言，恐尚系以宋地附会
耳。《吕览》云："汤闻伊尹，使人请之有侁氏。有侁氏不可。
伊尹亦欲归汤。汤于是请取妇为昏，有侁氏喜，以伊尹媵女。"
说与《天问》全合。王逸注云："伊尹母妊身，梦神女告之曰：
臼灶生蛙，亟去无顾。居无几何，臼灶中生蛙。母去，东走，顾
视其邑，尽为大水。母因溺死，化为空桑之木。水干之后，有小
儿啼水涯，人取养之。既长大，有殊才。有莘恶伊尹从木中出，
因以送女也。"此说谓尹母所梦者为神女，又身溺死，皆与他说
殊。然足补他说之阙。盖戒其毋顾者，正因顾则将为水所溺也。

公　刘

　　诗曰："笃公刘，匪居匪康，乃场乃疆，乃积乃仓，乃裹糇
粮，于橐于囊，思辑用光，弓矢斯张，干戈戚扬，爰方启行。"
《毛传》曰："公刘居于邰，而遭夏人乱，迫逐公刘。公刘乃辟
中国之难，遂平西戎，而迁其民，邑于豳。盖诸侯之从者，十有
八国焉。"《笺》云："厚乎公刘之为君也，不以所居为居，不以
所安为安。邰国乃有疆埸也，乃有积委及仓也，安安而能迁，积
而能散，为夏人迫逐己之故，不忍斗其民，乃裹粮食于囊橐之
中，弃其余而去。公刘之去邰，整其师旅，设其兵器，告其士

卒曰：为女方开道而行。明己之迁，非为迫逐之故，乃欲全民也。"案《国语·周语》，载祭公谋父之言曰："昔我先王，世后稷，以服事虞夏。及夏之衰也，弃稷不务，我先王不窋，用失其官，而自窜于戎狄之间。"《史记·周本纪》曰："不窋末年，夏后氏政衰，去稷不务，不窋以失其官，而奔戎狄之间。"二说相合。《史记》又曰："不窋卒，子鞠立。鞠卒，子公刘立。公刘虽在戎狄之间，复修后稷之业。务耕种，行地宜。自漆沮渡渭，取材用，行者有资粮，居者有畜积，民赖其庆，百姓怀之，多徙而保归焉。周道之兴自此始，故诗人歌乐思其德。"此说与孟子对齐宣王所谓"居者有积仓，行者有裹粮也，然后可以爰方启行"合（《梁惠王》下）。知必诗人旧说，自不窋已见迫逐，公刘安得居邰，更何来夏人迫逐公刘，公刘不忍斗其民之说？（《郑笺》此语，盖谬以太王避狄事，移之公刘。）《史记》又云："公刘卒，子庆节立，国于豳"，则公刘犹未居豳也。毛、郑之云，几于妄造史实矣。惟谓诸侯从公刘者十有八国，此语当有所本（当即《史记》所云"百姓怀之，多徙而保归焉"之事）。《疏》云"不知出何文"，盖亦诗人遗说，而毛氏窃闻之。然不知前后事实，遂至陵乱失次矣。故知无本之学，终不可与道古也。郑氏初学韩诗，乃舍完具之说，而取枝节之谈，可谓下乔入幽矣。

《史记》曰："封弃于邰，号曰后稷，别姓姬氏。后稷之兴，在陶唐、虞、夏之际，皆有令德。后稷卒，子不窋立。"此三十四字，凡有三解："号曰后稷"之"后稷"指弃。"后稷之兴"之"后稷"，指弃以后不窋以前居稷官者。"后稷卒"之"后稷"，则不窋之父也。娄敬言：周自后稷封邰，十有余世，公刘避桀居豳。此后稷指弃言。太子晋谓"自后稷之始基靖民，十五王而文始平之，十八王而康克安之"；卫彪傒谓"后稷勤周，十有五世而兴"（皆见《国语·周语》），则指不窋之父言。自不窋以前，周之世系，已无可考。故《左氏》谓"禹不先鲧，汤不先契，文武不先不窋"（文公二年）。非不窋亲足比鲧，尊足比契，而周先王之可溯者，止于是也。然名号世次，虽不可知，固犹约略知为十余世。乃韦注《国语》，以不窋当太康时；《郑谱》更以公刘当太康时，则谬矣。自虞廷命弃，至于太康之时，安得有十余世邪？（《疏》云："《外传》称后稷勤周，十五世而兴，《周本纪》亦以稷至文王为十五世，计虞及夏殷，有千二百岁，每世在位，皆八十许年，乃可充其数耳。命之短长，古今一也，而使十五世君，在位皆八十许载，子必将老始生，不近人情之甚，以理而推，实难遽信。"竟不悟不窋之父与弃非一人，可谓瞀矣。）

　　《吴越春秋·吴太伯传》云："拜弃为农师，封之邰，号为后稷，姓姬氏。后稷就国为诸侯。卒，子不窋立。遭夏氏世衰，失官奔戎狄之间。其孙公刘，避夏桀于戎狄，变易风俗，民化其政。"于弃与不窋之父，已不知分别，然云公刘当夏桀时则不误。盖得之旧传，而措辞偶不省也。《史记·匈奴列传》曰："夏道衰，而公刘失其稷官，变于西戎，邑于豳。"此约略之辞，故上不溯不窋，下不及庆节（娄敬言公刘居豳同此。此等皆非叙周事，故不为过，不当与《毛传》《郑笺》同讥也）。然云"其后三百有余岁，戎狄攻大王亶父"，则亦以公刘在夏末矣。

　　《史记》曰："庆节卒，子皇仆立。皇仆卒，子差弗立。差弗卒，子毁喻立。毁喻卒，子公非立。公非卒，子高圉立。高圉卒，子亚圉立。亚圉卒，子公叔祖类立。公叔祖类卒，子古公亶父立。"毁喻，《索隐》云：《世本》作伪榆，此仅字形之异。公非，《索隐》云：《世本》作公非辟方；高圉，《索隐》云：《世本》作高圉侯侔；亚圉，《集解》云：《世本》作亚圉云都；公叔祖类,《索隐》云:《世本》云太公组绀诸螯,《三代世表》称叔类;则嫌非一人矣。皇甫谧云:公非,字辟方;云都,亚圉字;公祖,一名组绀诸螯,字叔类,号曰太公。《索隐》云:"《汉书·古今人表》曰:云都,亚圉弟。如此,则辟方侯侔,亦皆二人之名,实未能详。"案《古今人表》以辟方为公非子,高圉为辟方子,夷竢、亚圉皆高圉子;如此,则辟方,侯侔,云都,多出三代。故杜氏《释例》,以高圉为不窋九世孙。《路史·发挥》亦主是说,谓公叔组绀,是为祖类,生诸螯,是为太公,太公生亶父;自不窋至季历一十七世。案《酒诰疏》云:"《世本》云:后稷生不窋为昭,不窋生鞠陶为穆。鞠陶生公刘为昭,公刘生庆节为穆。庆节生皇仆为昭,皇仆生羌弗为穆。羌弗生毁榆为昭,毁榆生公飞为穆。公飞生高圉为昭,高圉生亚圉为穆。亚圉生组绀为昭,组绀生大王亶父为穆。亶父生季历为昭,季历生文王为穆。"则《世本》之意,确不以辟方、侯侔、云都、诸螯为异人。《吴越春秋》云:"公刘卒,子庆节立,其后八世而得古公亶父。"此八世系除本计,其间亦不能容辟方、侯侔、云都、诸螯也。《左氏》昭公十七年云:"余敢忘高圉、亚圉。"以高圉、亚圉连言,其间亦似不能有侯侔。

太公为西方人

《史记·齐世家》曰:"太公望吕尚者,东海上人也。其先祖尝为四岳,佐禹平水土,甚有功。虞夏之际封于吕,或封于申,姓姜氏。夏商之时,申吕或封枝庶,子孙或为庶人,尚其苗

裔也。"又曰："吕尚盖尝穷困，年老矣，以渔钓奸周西伯。周
西伯猎，遇太公于渭之阳。或曰，太公博闻，尝事纣，纣无道，
去之。游说诸侯，无所遇，而卒归周西伯。或曰，吕尚处士，隐
海滨。周西伯拘羑里，散宜生、闳夭素知而招吕尚。吕尚亦曰
吾闻西伯贤，又善养老，盍往焉。三人者为西伯求美女奇物，
献之于纣，以赎西伯，西伯得以出，反国。"《孟子》言："太公
辟纣，居东海之滨，闻文王作，兴曰：盍归乎来，吾闻西伯善
养老者。"（《离娄》上）即《史记》吕尚隐海滨，散宜生、闳夭
招之之说也。《战国·秦策》姚贾曰："太公望，齐之逐夫。"
亦谓其在东方。又曰："朝歌之废屠，子良之逐臣，棘津之雠不
庸。"则谓其在河内矣。《尉缭子》曰："太公望年七十，屠牛朝
歌，卖食孟津。"《韩诗外传》曰："吕望行年五十，卖食棘津，
年七十，居于朝歌。"《说苑·尊贤》曰："太公望，朝歌之屠佐
也，棘津迎客之舍人也。"说皆与姚贾同。《吕览·首时》曰：
"太公望，东夷之士也。"说同《孟子》。又曰："闻文王贤，故
钓于渭以观之。"则与《史记》"以渔钓奸西伯"之说合矣。案
《礼记·檀弓》："太公封于营丘，比及五世，皆反葬于周。君
子曰：乐，乐其所自生，礼不忘其本，古之人有言曰：狐死正
丘首，仁也。"此太公为西方人之诚证。东海上人，盖因其封东
方而附会。其遗事或在朝歌，则因太公为文、武师（《史记》言
吕尚所以事周虽异，然要之为文、武师），鹰扬之绩，著在商郊故
也。传食诸侯，古无是事，谓其游说无所遇，而卒归周，乃战国
时人臆度之说。后稷生于姜嫄，太王妃曰太姜，武王妃曰邑姜，
当时姜姓在西方者实多，正不独申吕也。

　　《水经·河水注》："张甲河右渎，东北径广川县故城西，
又东径棘津亭南。徐广曰：棘津在广川。司马彪曰：县北有棘津

城，吕尚卖食之困，疑在此也。刘澄之云：谯郡鄸县东北有棘津亭，故邑也，吕尚所困处。余案《春秋左氏传》，伐巢，克棘，入州来，无津字；杜预《春秋释地》，又言棘亭在鄸县东北，亦不云有津字；不知澄之于何而得是说。天下以棘为名者多，未可咸谓之棘津也。又《春秋》昭公十七年，晋侯使荀吴帅师涉自棘津，用牲于洛，遂灭陆浑。杜预《释地》，阙而不书。服虔曰：棘津，犹孟津也。徐广《晋纪》，又言石勒自葛陂寇河北，袭汲人向冰于枋头，济自棘。棘津在东郡、河内之间，田融以为即石济南津也。虽千古茫昧，理世玄远，遗文逸句，容或可寻；沿途隐显，方土可验。司马迁云：吕望，东海上人也，老而无遇，以钓奸周文王。又云：吕尚行年五十，卖食棘津，七十则屠牛朝歌，行年九十，身为帝师。皇甫士安云：欲隐东海之滨，闻周文王善养老，故入钓于周。（案《史记》以渔钓奸周西伯，与闻西伯善养老而归周系两说，谧强合为一。凡谧之说多如此，古说之为其所乱者盖多矣，然正不独一谧也。）今汲水城，亦言有吕望隐居处，起自东海，迄于鄪雍，缘其径趣，赵魏为密，厝之谯宋，事为疏矣。"案《秦策》《韩诗》《说苑》云棘津，《尉缭》云孟津，则服虔之言，未为无据。佚事流传，本多不实，于地理，必取著名者以立言。孟津为武王伐纣济师处，以此附会太公，正近情理，必谓其在赵魏，恐未然也。又《清水》"东过汲县北"《注》云："县故汲郡治，晋太康中立。城西北有石夹水，飞湍浚急，人亦谓之磻溪，言太公尝钓于此也。城东门北侧有太公庙，庙前有碑，碑云：太公望者，河内汲人也。县民故会稽太守杜宣白令崔瑗曰：太公本生于汲，旧居犹存，君与高、国，同宗太公，载在经传。今临此国，宜正其位，以明尊祖之义。于是国老王喜、廷掾郑笃、功曹邠勤等，咸曰宜之，遂立禋祀，为之位主。城北三十里有太公泉，泉上又有太公庙，庙侧高林秀木，翘楚竞茂，相传云太公之故居也。晋太康中，范阳卢无忌为汲令，立碑于其上。"此可见流俗附会之由。《吕览》高《注》曰："太公望，河内人也，于周丰、镐为东，故曰东夷之士。"合两说而强为之辞，真可发一大噱。

　　《吕览·谨听》曰："太公钓于滋泉。"《水经·渭水注》曰："渭水东径郁夷县故城南，汧水入焉。渭水之右，磻溪水注之。水出南山兹谷，乘高激流，注于溪中。溪中有泉，谓之兹泉。泉水潭积，自成渊渚，即《吕氏春秋》所谓太公钓兹泉也。今人谓之凡谷。石壁深高，幽隍邃密，林障秀阻，人迹罕交。东南隅有一石室，盖太公所居也。水次平石钓处，即太公垂钓之所。其投竿跽饵，两膝遗迹犹存。"又渭水"东过霸陵县北，霸水从县西北流注之"，《注》云："霸者水上地名也，古曰滋水矣。秦穆公霸世，更名滋水为霸水，以显霸功。"郁夷在今陇州西，霸陵在今咸宁东，而皆以为太公渔钓之所，可见流俗之善于附会。实则屠钓同为古人所贱，传者特以是言太公之困耳。太公盖诚晚达，然曾屠钓与否，尚难断言，况欲凿指其地邪？《天问》曰："师望在肆昌何识？鼓刀扬声后何喜？"固不谓太公以渔奸西伯，而其屠亦不得在朝歌也。

三王五霸

　　三皇五帝，无定说也，三王五霸亦然。《白虎通义·号》篇引《春秋传》曰："王者受命而王，必择天下之美号以自号。"释夏、殷、周皆为美称。又云:"五帝德大能禅,成于天下,无为立号。"又引或说,谓唐、虞、高辛、高阳、有熊皆号。则其所谓三王者,但指夏、殷、周言之,未尝凿指其人也。《风俗通义》引《礼号谥记》以夏禹、殷汤、周武王为三王,又有据《诗》《书》《春秋》之说,以文易武者,应氏谓"俗儒新生,不能采综,多其辨论,至于讼阅"。然应氏力辨武之为是,文之为非,亦未有以见其必然也。五霸之说,尤为纷繁。《白虎通义》第一说曰昆吾、大彭、豕韦、齐桓、晋文。《风俗通义》《吕览·先己》高《注》、《左氏》成公二年杜《注》及服虔《诗谱序疏》主之。第二说曰齐桓、晋文、秦缪、楚庄、吴阖闾,无同之者。第三说曰齐桓、晋文、秦缪、宋襄、楚庄,《孟子·告子》赵《注》、《吕览·当务》高《注》主之。《荀子·王霸》篇曰:"齐桓、晋文、楚庄、吴阖闾、越句践,是所谓信立而霸也。"则其说又异。(《议兵》篇亦以齐桓、晋文、楚庄、吴阖闾、越句践并举。又《成相》篇谓穆公强配五霸,亦以穆公在五霸之外。)案《国语·郑语》,以昆吾为夏霸,大彭、豕韦为商霸。《谷梁》隐公八年云:"交质子不及二伯。"则第一说有据。《太史公自序》云:"幽厉之后,周室衰微,诸侯专政,五霸更盛衰。"则五霸必在东周之世,第二三说及《荀子》之说亦有据。《白虎通义》及《风俗通义》疏释辨论之语,亦皆可通而皆未有以见必然。由其本无定说,故后人以意言之,其说皆有可取也。

《史记·商君列传》曰:"孝公既见卫鞅,语事良久,孝公时时睡,弗听。罢而孝公怒景监曰:子之客,妄人耳,安足用邪!景监以让卫鞅。卫鞅曰:吾说公以帝道,其志不开悟矣。后五日,复求见鞅。鞅复见孝公,益愈,然而未中旨。罢而孝公复让景监。景监亦让鞅。鞅曰:吾说公以王道而未入也,请复见鞅。

鞅复见孝公。孝公善之，而未用也，罢而去。孝公谓景监曰：汝客善，可与语矣。鞅曰：吾说公以霸道，其意欲用之矣。诚复见我，我知之矣。卫鞅复见孝公，公与语，不自知膝之前于席也。语数日不厌。景监曰：子何以中吾君？吾君之欢甚也。鞅曰：吾说君以帝王之道，比三代，而君曰：久远，吾不能待。且贤君者，各及其身显名天下，安能邑邑待数十百年以成帝王乎？故吾以强国之术说君，君大说之耳。然亦难以比德于殷周矣。"设此说者，盖谓秦之为治，又下于五霸一等也。《白虎通义》曰："德合天地者称帝，仁义合者称王。"又引《礼记·谥法》曰："德象天地称帝，仁义所生称王。"《管子·禁藏》曰："以情伐者帝，以事伐者王，以政伐者霸。"《霸言》曰："得天下之众者王，得其半者霸。"《兵法》曰："明一者皇，察道者帝，通德者王。"《吕览·应同》曰："同气贤于同义，同义贤于同力，同力贤于同居。帝者同气，王者同义，霸者同力。"《先己》曰："五帝先道而后德，故德莫盛焉。三王先德而后事，故功莫大焉。五伯先事而后兵，故兵莫强焉。"晁错曰："五帝神圣，其臣莫能及。""三王臣主俱贤。""五伯不及其臣。"（《汉书·晁错传》）《淮南·泰族》曰："同气者帝，同义者王，同力者霸。"《公羊》何休曰："德合元者称皇"，"德合天者称帝"，"仁义合者称王"（《公羊》成公八年《解诂》）。桓谭《新论》曰："三皇以道治，五帝用德化，三王由仁义，五霸以权智。其说之曰：无制令刑罚谓之皇，有制令而无刑罚谓之帝，赏善诛恶，诸侯朝事谓之王，兴兵约盟，以信义矫世谓之霸。"（《御览·皇王部》引）此皆设为优劣，以明治道之升降，意本不主于人也。

《左氏》成公二年"四王之王也"，《注》曰："禹、汤、文、武。"案三王之说，初仅混言其为夏、殷、周，逮进而凿求其人，则夏禹，殷汤，均无疑义，惟周则为文为武，皆有可通，应劭所辨，即在于此。《左氏》文字，予尝疑其多出传者之润饰，此四王，殆即主张以文、武并称者，所以调和三王为文为武之争与？然必非旧说也。《学记》曰："三王四代惟其师。"《明堂位》曰："四代之乐器。"（注皆曰虞，夏，殷，周）皆言四代而不言四王。何则？称名必循众所习知，古固无称舜为王者也。《表记》：子曰："虞夏之道，寡怨于民，殷周之道，不胜其敝。"又曰："虞夏之质，殷周之文，至矣。虞夏之文，不胜其质，殷周之质，不胜其文。"皆以四代并论。（《檀弓》：哀公问于周丰曰："有虞氏未施信于民，而民信之，夏后氏未施敬于民，而民敬之。"丰对曰："殷人作誓而民始畔，周人作会而民始疑。"）亦以四代并论。然又曰："子言之曰：后世虽有作者，虞帝弗可及也已矣。"仍称舜为帝，不称为王也。或曰：古三、四字皆积画，《左氏》之四王乃三王传写之误。说亦可通。然传写似误四为三者多，误三为四者少也。

《左氏》称悼公复霸（成公十八年），《国语》亦然（《晋语》）。《左氏疏》曰："郑玄云：天子衰，诸侯兴，故曰霸。夏有昆吾，商有豕韦、大彭，周有齐桓、晋文，此最强者也。故书传通谓彼五人为五霸耳。但霸是强国为之，天子既衰，诸侯无主，若有强者，即营霸业，其数无定限也。而何休以霸不过五，不许悼公为霸，以乡曲之学，足以忿人。传称文、襄之伯，襄承文后，绍继其业，以后渐弱，至悼乃强，故云复霸。"案以曾为诸侯之长言之，霸自不止于五，岂惟晋悼，楚灵、齐景，亦可称霸也。若就五霸说之，晋悼自不得与，此犹共工氏霸九州而不列于五帝也。义各有当，遽以乡曲之学，横肆诋諆，过矣。

五霸虽多异说，然推创此说者之意，必指东周后之强国言之。何则？五帝不兴于三皇之时，三王不起于五帝之世，为皇帝王霸之说者，原取明世运之递降，安得五霸之云，独错出于三王之代乎？《孟子》曰："五霸，桓公为盛。"（《告子》下）此乃与晋文以下比较言之，犹孔子言"晋文公谲而不正，齐桓公正而不谲"也（《论语·宪问》）。夏殷史事，传者已略，何由知昆吾、大彭、豕韦与齐桓孰盛哉？然则《白虎通》之正说，必《左氏》既出后之说，其为元文与否，颇可疑也。《谷梁》独称二伯，《谷梁》亦古文家言也。

董子《繁露》，以王者之法，必正号，绌王谓之帝，封其后以小国，存二王之后以大国，同时称帝者五，称王者三。周人之王，尚推神农为九皇，绌虞而号舜曰帝（《三代改制质文》），此《春秋》昭五端、通三统之义。诸家之称三王，不知义同儒家以否，然曰三曰五，义必有取，则可知也。司马相如《难蜀父老》："上咸五，下登三。"（《史记》本传）盖即此义。《集解》引韦昭曰："咸同于五帝，登三王之上。"《索隐》云："李奇曰：五帝之德，汉比为减，三王之德，汉出其上，故云减五登三。此说非也。虞喜《志林》云：相如欲减五帝之一，以汉盈之。然以汉为五帝之数，自然是登于三王之上也。今本减或作咸，是与韦昭之说符也。"其所谓今本者，盖后人依韦昭之说改之，李奇、虞喜解并误，然所据本，固皆作减也。

宋襄公

宋襄公泓之战，《公羊》善之，《左》《谷》非之（僖公二十二年）。《左氏》曰："明耻教战，求杀敌也，伤未及死，如何勿重？""虽及胡耇，获则取之，何有于二毛？"此纯系战国时人议论，以多杀为主，可以勿论。《谷梁》谓"道之贵者时，其行势也"，议论似较正。然宋襄是战，初非因持正而败；而其持正，亦非真不度时势也。《左氏》僖公三十三年："晋阳处父侵蔡。楚子上救之，与晋师夹泜而军。阳子患之，使谓子上曰：子若欲战，则吾退舍，子济而陈。不然纾我。乃驾而待。子上欲涉，大孙伯曰：不可。晋人无信，半涉而薄我，悔败何及，不如纾之。乃退舍。阳子宣言曰：楚师遁矣。遂归。楚师亦归。"曰晋人无信，则他国未必皆无信，此子上之所以欲涉。泓之战，宋既成列，而楚人犹济，盖亦以此也。宋虽不鼓不成列，然以逸待劳，岂有必败之理？所以败者：《孙子》曰："诸侯自战其地者为散地。"《九地》。《战国策·中山策》，武安君论楚之败曰："当此之时，秦中士卒，以军中为家，将帅为父母，不约而亲，不谋而信，一心同功，死不旋踵。楚人自战其地，咸顾其家，各有散心，莫有斗志，是以能有功也。"此《孙子》之注脚也。春秋时用兵，侵伐者多胜，御敌者多败，载在《左氏》，斑斑可考。宋之败盖亦以此。然以偏战御敌而克捷者，亦非无之，故谓宋襄以守礼而败，绝非情实。谓其守礼为不度时势，则更以成败论人，而又曲加傅会者矣。

行军务于多杀，其祸至战国时始烈，其论亦至战国时始盛。古之所谓义兵者，散见群经诸子中；《吕览·怀宠》《淮南·兵略》，言之尤详。虽时异势殊，其事不可复见，要不可谓古无其事。且即在晚近，亦未尝绝迹也。齐桓之霸也，"邢迁如归，卫国忘亡"（《左氏》闵公二年）。萧鱼之役，"赦郑囚，皆礼而归之；纳斥候，禁侵掠"（襄公十一年）。虽古之义兵，亦何以过？《孟子》曰："郑人使子濯孺子侵卫，卫使庾公之斯追之。子濯孺子曰：今日我疾作，不可以执弓，吾死矣夫！问其仆曰：追我者谁也？其仆曰：庾公之斯也。曰：吾生矣。其仆曰：庾公之斯，卫之善射者也；夫子曰吾生，何谓也？曰：庾公之斯学射于尹公之他，尹公之他学射于我。夫尹公之他，端人也，其取友必端矣。庾公之斯至，曰：夫子何为不执弓？曰：今日我疾作，不可以执弓。曰：小人学射于尹公之他，尹公之他学射于夫子。我不忍以夫子之道，反害夫子。虽然，今日之事，君事也，我不敢废。抽矢，扣轮，去其金，发乘矢而后反。"（《离娄》下）《左氏》则曰："尹公佗学射于庾公差，庾公差学射于公孙丁。二子追公。公孙丁御公。子鱼曰：射为背师，不射为戮，射为礼乎？射两出而还。尹公佗曰：子为师，我则远矣。乃反之。公孙丁授公辔而射之，贯臂。"（襄公十四年）此亦《左氏》为六国时书，务杀而不重礼之证。《檀弓》曰："工尹商阳与陈弃疾追吴师，及之。陈弃疾谓工尹商阳曰：王事也，子手弓而可。手弓，子射诸。射之，毙一人。报弓。又及，谓之，又毙二人。每毙一人，掩其目。止其御曰：朝不坐，燕不与，杀三人，亦足以反命矣。孔子曰：杀人之中，又有礼焉。"曷尝以多杀为贵哉？邲之战，"晋人或以广队不能进，楚人慧之脱扃。少进，马还，又慧之拔旆投衡。乃出，顾曰：吾不如大国之数奔也。"当两军交战之时，而教敌人以遁逃，以致反为所笑，其事殊不近情。故有训慧为毒，以"慧之""又慧之"绝句者。然如是，则晋人顾曰之语，不可解矣。读《公羊》还师佚寇之文，则知庄王之不欲多杀，故其下得教敌人以遁逃。《左氏》下文又曰："晋之余师不能军，宵济，亦终夜有声。"盖亦见庄王之宽大。杜《注》谓"言其兵众，将弗能用"，殆非也。宣公十二年。《左氏》书杂取而成，议论多战国时人语，其记事犹或出旧闻。如宣公二年论狂狄曰："失礼违命，宜其为禽也。戎昭果毅以听之之谓礼，杀敌为果，致果为毅。易之，戮也。"竟以杀人为礼。然其记齐桓、晋悼、楚庄之事，则犹是古之遗言矣。邲之战，庄王不肯为京观，而《吕览》言"齐攻廪丘，赵使孔青将死士而救之。与齐人战，大败之。齐将死，得车二千，得尸三万，以为二京"（《不广》），于此亦可见春秋战国时之变迁。在春秋时，惟齐庄公尝封少水（《左氏》襄公二十三年），则好勇之徒，不足论也。

《左氏》云："凡诸侯有四夷之功，则献于王，王以警于夷。中国则否，诸侯不相遗俘。"庄公三十一年。此亦同族间不尚杀戮之一事。宣公十五年、十六年，晋皆献狄俘于王。城濮之战，亦献楚俘（僖公二十八年）。盖犹夷狄遇之。襄公十年，"以偪阳子归，献于武宫，谓之夷俘"。杜《注》曰："讳俘中国，故谓之夷。"鞌之战，献齐捷于王（成公二年），遂为王所责矣。然齐伐山戎，子司马子讥其操之已蹙（《公羊》庄公三十年），则于异族，实亦未尝歧视也。

昭公八年，《谷梁》言蒐狩之礼曰："车轨尘，马候蹄，掩禽旅。御者不失其驰，然后射者能中。过防弗逐，不从奔之道也。面伤不献（《注》："嫌诛降。"），不成禽不献（《注》："恶虐幼小。"）。禽虽多，天子取三十焉，其余与士众，以习射于射宫。射而中，田不得禽，则得禽；田得禽，而射不中，则不得禽。是以知古之贵仁义而贱勇力也。"隐公五年云："战不逐奔，诛不填服。"即此所谓"过防弗逐"，"面伤不献"也。王良之论嬖奚也，曰："吾为之范我驰驱，终日不获一；为之诡遇，一朝而获十。诗云：不失其驰，舍矢如破。我不贯与小人乘。"（《孟子·滕文公》下）即此所谓"射而中，田不得禽则得禽；田得禽，而射不中则不得禽"也。《郊特牲》曰："季春出火，为焚也。然后简其车赋，而历其卒伍；而君亲誓社，以习军旅。左之右之，坐之起之，以观其习变也。而流示之禽，而盐诸利，以观其不犯命也。求服其志，不贪其得，故以战则克，以祭则受福。"即此"禽虽多，天子取三十焉，其余与士众"之道也。田猎之重礼如是，而况于争战乎？

《礼器》："孔子曰：我战则克，祭则受福，盖得其道矣。"即《郊特牲》之所云也。以教民为制胜之术，论者多迂之。其实军实之相去，并时之国恒无几，所争者，仍在民心之和不和耳。孟子告梁惠王曰："王如施仁政于民，省刑罚，薄税敛，深耕易耨，壮者以暇日修其孝弟忠信，入以事其父兄，出以事其长上，可使制梃以挞秦楚之坚甲利兵矣。"（《梁惠王》上）而《吕览》曰："世有言曰：锄耰白梃，可以胜人之长铫利兵，此不通乎兵者之论。"（《简选》）其言似相背而实非也。近世中国之败于外国，岂不曰兵之利弗与哉？然而外人以枪炮来，中国人未尝挟弓矢戈矛而战之也。咸丰戊午庚甲之际，欧人即愿以军械资胜清，亦有愿售诸太平天国者，彼此皆弗省。其后曾纪泽乘小汽轮归湘，湘人犹欲焚之。法越战后，经营海军，颇有端绪矣，而以那拉氏造颐和园，尽移其费，以供土木，舰械遂无新增，致有甲午之败。民国以来，军人之所浪费者，岂不足当东瀛积年之储，而至二十六七年之间，犹以士卒之血肉，当人之炮火也。嗟乎！果人为之乎，抑械为之也？不特此也，"城非不高也，池非不深也，兵革非不坚利也，米粟非不多也，委而去之"（《孟子·公孙丑》下），则数见不鲜矣！《论语》曰："足食，足兵，民信之矣。必不得已而去，于斯三者何先？曰：去兵。必不得已而去，于斯二者何先？曰：去食。自古皆有死，民无信不立。"（《颜渊》）信哉斯言也。《左氏》言晋文之霸也，曰："晋侯始入而教其民，二年欲用之。子犯曰：民未知义，未安其居。于是乎出定襄王，入务利民，民怀生矣，将用之。子犯曰：民未知信，未宣其用。于是乎伐原以示之信。民易资者，不求丰焉，明征其辞。公曰：可矣乎？子犯曰：民未知礼，未生其共。于是乎大蒐以示之礼，作执秩以正其官，民听不惑，而后用之。出谷戍，释宋围，一战而霸，文之教也。"（僖公二十七年）其言楚庄之霸也，曰："楚自克庸以来，其君无日不讨国人而训之，于民生之不易，祸至之无日，戒惧之不可以怠。在军，无日不讨军实而申儆之，于胜之不可保，纣之百克而卒无后。训之以若敖、蚡冒，筚路蓝缕以启山林。箴之曰：民生在勤，勤则不匮。"（宣公十二年）而管子作内政寄军令，使"人与人相保，家与家相爱；少相居，长相游；祭祀相福，死丧相恤，祸福相忧，居处相乐，行作相和，哭泣相哀。夜战其声相闻，足以无乱；昼战其目相见，足以相识；欢欣足以相死"（《小匡》），更无论矣。人莫不爱其身家，故"死徙无出乡，乡田同井，出入相友，守望相助，疾病相扶持"（《孟子·滕文公》上），实战守之本也。"孔子过泰山侧，有妇人哭于墓者而哀。夫子式而听之，使子路问之曰：子之哭也，壹似重有忧者？而曰：然。昔者吾舅死于虎，吾夫又死焉，今吾子又死焉。夫子曰：何为不去也？曰：无苛政。夫子曰：小子识之，苛政猛于虎也。"（《檀弓》下）夫死于虎与死于兵则奚择？死于兵者，犹或以为国殇而哀之，死于虎则人莫之恤矣，然而民三死而弗去。苟如是，复何使之而不可也。故曰："有国有家者，不患寡而患不均，不患贫而患不安；盖均无贫，和无寡，安无倾。"（《论语·季氏》）然后知"凿斯池也，筑斯城也，与民守之，效死而民弗去"之可致也（《孟子·梁惠王》下）。赵简子之于晋阳，则其效也。晋文之于原（《左氏》

僖公二十五年），荀吴之于鼓（昭公十五年），皆未尝豫而徒袭而取之者也，而史家犹播为美谈，况于"好恶不愆"于素者乎？"民知所适"而"事无不济"也宜矣。荀吴述叔向语。申叔时之责子反曰："德、刑、详、义、礼、信，战之器也。德以施惠，刑以正邪，详以事神，义以建利，礼以顺时，信以守物。民生厚而德正，用利而事节，时顺而物成。上下和睦，周旋不逆，求无不具，各知其极。故《诗》曰：立我蒸民，莫匪尔极。是以神降之福，时无灾害，民生敦庞，和同以听，莫不尽力以从上命，致死以补其阙。此战之所由克也。今楚，内弃其民，而外绝其好；渎齐盟而食话言；奸时以动，而疲民以逞。民不知信，进退罪也。人恤所底，其谁致死？"（成公十六年）可谓知战之本矣。子曰："言忠信，行笃敬，虽蛮貊之邦，行矣。言不忠信，行不笃敬，虽州里，行乎哉？"（《论语·卫灵公》）观诸葛亮之服南蛮，而知信之不可弃也。以区区之蜀，蹈涉中原，抗衡上国，使魏之君臣为之旰食，有以也哉！

　　鞌之战，齐侯"每出，齐师以帅退，入于狄卒，狄卒皆抽戈盾冒之，以入于卫师。卫师免之"。杜《注》曰："狄、卫畏齐之强，故不敢害齐侯。"非也。鄢陵之战，"晋韩厥从郑伯，其御杜溷罗曰：速从之。其御屡顾，不在马，可及也。韩厥曰：不可以再辱国君。乃止。郤至从郑伯，其右茀翰胡曰：谍辂之，余从之乘，而俘以下。郤至曰：伤国君有刑。亦止。"晋亦畏郑之强乎？是役也，"郤至三遇楚子之卒，见楚子必下，免胄而趋风。楚子使工尹襄问之以弓，曰：方事之殷也，有韎韦之跗注，君子也。识见不谷而趋，毋乃伤乎？"（《左氏》成公十六年）邲之役，"楚许伯御乐伯，摄叔为右，以致晋师。晋人逐之，左右角之。乐伯左射马而右射人，角不能进，矢一而已。麇兴于前，射麇丽龟。晋鲍癸当其后，使摄叔奉麇献焉，曰：以岁之非时，献禽之未至，敢膳诸从者。鲍癸止之，曰：其左善射，其右有辞，君子也。既免。"鞌之战，郤夏欲射韩厥，曰："射其御者，君子也。公谓之君子而射之，非礼也。"君子如此，而况于国君乎？

大抵春秋时争战，惟夷狄较为野蛮。《谷梁》僖公三十三年：晋人及姜戎败秦师于殽。不言战而言败，何也？狄秦也。其狄之何也？秦越千里之险入虚国，进不能守，退败其师徒，乱人子女之教，无男女之别（《注》："谓入滑之时纵暴乱也。"）。秦之为狄，自殽之战始也。《公羊》定公四年："吴入楚。吴何以不称子？反夷狄也。其反夷狄奈何？君舍于君室，大夫舍于大夫室，盖妻楚王之母也。"此等事，盖当时号称礼义之国所不敢为。《左氏》哀公七年：鲁入邾，"处其公宫。众师昼掠。邾众保于绎。师宵掠，以邾子益来，献于亳社，囚诸负瑕"。则几于秦、吴之所为矣。故茅夷鸿卒致死焉。春秋列国争战，惟秦穆尝止晋惠于韩（僖公十五年）；而句践与其夫人，亦入臣妾于吴；而会盟之际，则惟楚执宋公以伐宋（僖公二十一年）；而其他诸国，皆逡巡而有所不敢，有以也。《檀弓》曰："吴侵陈，斩祀杀厉。师还出竟。陈太宰嚭使于师。夫差谓行人仪曰：是夫也多言，盍尝问焉？师必有名，人之称斯师也者，则谓之何？太宰嚭曰：古之侵伐者，不斩祀，不杀厉，不获二毛。今斯师也，杀厉与？其不谓之杀厉之师与？曰：反尔地，归尔子，则谓之何？曰：君王讨敝邑之罪，又矜而赦之，师与？有无名乎？"观太宰嚭之言，知斩祀杀厉，非夷狄敢为之者犹少也，而独责宋襄为不知战，可乎？然而闻太宰嚭之言，吴王亦有悔心矣。

大同之世云遥，讲信修睦之风遂渺，然而小康之世，亦未尝不重民命，惜民力也。是以师出不逾时（《公羊》隐公六年《解诂》。《诗·小雅·何草不黄》郑《笺》同。《谷梁》隐公五年："伐不逾时。"）；行不过三十里（《诗·小雅·六月》"我服既成，于三十里"，毛《传》："师行三十里。"）；五十不为甸徒（《礼记·祭义》）；三十受兵，六十还之（《白虎通义·三军》篇："年卅受兵何？重绝人世也。师行不必反，战不必胜，故须其有世嗣也。年六十归兵何？不忍并斗人父子也。《王制》曰：六十不与服戎。"）；《春秋》刺道用师（《公羊》僖公二十六年）；重乞师（《公羊》僖公二十六年。《谷梁》成公十三年义同。又桓公十四年："宋人以齐人、蔡人、卫人、陈人伐郑。以者，不以者也。民者，君之本也。使人以其死，非正也。"）；恶一出兵为两事（《公羊》僖公二十五年《解诂》。追齐师弗及而止，则嘉其得用兵之节；《公羊》僖公二十六年《解诂》）；救成而不敢进，则许其量力而弗责（《公羊》襄公十五年《解诂》）；子之所慎：齐，战，疾。子路曰：子行三军，则谁与？子曰：暴虎冯河，死而无悔者，吾不与也。必也临事而惧，好谋而成者也（《论语·述而》）。皆此意也。至于战国之世，则大不然矣。孟子曰："争地以战，杀人盈野；争城以战，杀人盈城。"（《离娄》上）"鲁欲使慎子为将军。孟子曰：不教民而用之，谓之殃民；殃民者不容于尧舜之世。徒取诸彼以与此，然且仁者不为，况于杀人以求之乎？"（《告子》下）盖其视民命如草芥矣，此其所以谓"善战者服上刑"也。《离娄》上。不特此也，师之出也，"久者数岁，速者数月"（《墨子·非攻》下），非复"不逾时"之旧矣。魏氏之试武卒，"衣三属之甲，操十二石之弩，负矢五十个，置戈其上，冠胄带剑，赢三日之粮，日中而趋百里"（《荀子·议兵》），非复"日三十里"之程矣。《周官·地官》乡大夫之职："国中自七尺以及六十，野自六尺以及六十有五，皆征之。"无所谓"五十不为甸徒"者矣。《孙子》曰："主不可以怒而兴师，将不可以愠而致战；合于利而动，不合于利而止。怒可以复喜，愠可以复说；国亡不可以复存，死者不可以复生。"（《火攻》）岂不以爱惜民命为言，然纯以利害立论矣。乃至《韩子》曰：王良爱马，为其可以驰驱；句践爱人，乃欲用以战斗（《备内》）。则真以百姓为刍狗矣。世变之剧，不亦深可畏哉！

《公羊》言楚庄入郑，"亲自手旌，左右揃军，退舍七里。将军子重谏曰：南郢之与郑，相去数千里，诸大夫死者数人，厮役扈养死者数百人。今君胜郑而不有，无乃失民臣之力乎？庄王曰：古者杅不穿，皮不蠹，则不出于四方，是以君子笃于礼而薄于利，要其人而不要其土。"（宣公十二年）知春秋时用兵，虽久役，死者初不甚多。而其动也不纯以利，因亦无取偿于敌国之意也。至战国则又不然矣，坑降斩级，动以万计。孟子言齐之入燕也，"杀其父兄，系累其子弟，毁其宗庙，迁其重器"（《梁惠王》下）。墨子言当时之用兵也，曰："入其国家边竟，芟刈其禾稼，斩其树木，堕其城郭，以湮其沟池。攘杀其牲牷，燔溃其祖庙，剄杀其万民，覆其老弱，迁其重器，卒进而柱乎斗。曰：死命为上，多杀次之，身伤者为下，又况失列北桡乎哉？罪死无赦。"（《非攻下》。《天志下》略同）陈轸谓秦之伐也，"主必死辱，民必死虏"（《战国·齐策》）。鲁仲连谓秦"权使其士，虏使其民"（《赵策》）。盖法俗相沿，有所不忍为、不敢为者，至是则无不忍焉敢焉者矣。孟子曰："不仁哉梁惠王也！仁者以其所爱及其所不爱，不仁者以其所不爱及其所爱。梁惠王以土地之故，糜烂其民而战之，大败，将复之，恐不能胜，故驱其所爱子弟以殉之，是之谓以其所不爱及其所爱也。"（《尽心》下）事势之流，相激使然，曷足怪乎？

兵争之烈，虽至战国而甚，然春秋时已开其端矣。殽之战，匹马只轮无反者。（《公羊》僖公三十三年。《谷梁》同。）龙门之战，民死伤者满沟。（《公羊》桓公十二年《疏》引《春秋说》。）"邾娄复之以矢，盖自战于升陉始也。鲁妇人之髽而吊也，自败于台骀始也。"（《礼记·檀弓》。案升陉之战，在僖公二十一年，台骀之战，在襄公四年。）此多杀之渐也。"晋侯围曹，门焉，多死。曹人尸诸城上，晋侯患之，听舆人之谋曰：称舍于墓。师迁焉。曹人凶惧，为其所得者棺而出之。因其凶也而攻之。"（《左氏》僖公二十八年）陈之从楚伐郑也，"当陈隧者，井堙木刊"（襄公二十五年）。此肆虐之渐也。夫人孰好多杀？亦孰乐肆虐？然争之甚而惟胜之求，终必有不择术而为之者。争之烈，不必以兵之众也，而兵之众，终为争之烈。抑且争之烈，终必至尽驱其民以赴战场而后已。而好生之德，有不可复言者矣。用师之众，战国为甚。然而鞌之战，绵地五百里，侵车东至海（《谷梁》成公二年）；晋人纳捷菑于邾，长毂五百乘，绵地千里（文公十四年。《公羊》《左氏》皆云八百乘）；亦自春秋已开其端矣。

《战国·齐策》："苏秦说齐闵王曰：战者，国之残也，而都县之费也。残费已先，而能从诸侯者寡矣。彼战者之为残也：士闻战，则输私财而富军市，输饮食而待死士，令折辕而炊之，杀牛而觞士，则是路君之道也。中人祷祝，君翳酿，通都小县，置社有市之邑，莫不止事而奉王，则此虚中之计也。夫战之明日，尸死扶伤，虽若有功也，军出费，中哭泣，则伤主心矣。死者破家而葬，夷伤者空财而共药，完者内酾而华乐，故其费与死伤者钧。故民之所费也，十年之田而不偿也。军之所出，矛戟折，镮弦绝，伤弩，破车，罢马，亡矢之大半。甲兵之具，官之所私出也，士大夫之所匿，厮养士之所窃，十年之田而不偿也。天下有此再费者，而能从诸侯者寡矣。攻城之费，百姓理襜蔽，举冲橹，家杂总，身窟穴，中罢于刀金。而士困于土功，将不释甲，期数而能拔城者为呕耳。上倦于教，士断于兵，故三下城而能胜敌者寡矣。"《中山策》：武安君（对秦昭王）曰："长平之事，秦军大克，赵军大破，秦人欢喜，赵人畏惧。秦民之死者厚葬，伤者厚养，劳者相飨，饮食铺馈，以靡其财。赵人之死者不得收，伤者不得疗，涕泣相哀，勠力同忧，耕田疾作，以生其财。今王发军虽倍其前，臣料赵国守备，亦已十倍矣。"又曰："今秦破赵军于长平，不遂以时乘其振惧而灭之，畏而释之，使得耕稼以益蓄积，养孤长幼以益其众，缮治兵甲以益其强，增城浚池以益其固。主折节以下其臣，臣推体以下死士。至于平原君之属，皆令妻妾补缝于行伍之间，臣人一心，上下同力，犹句践困于会稽之时也。"观二子之言，则战胜者之祸，有不可胜道者，而战败者无论矣。然因其败而善用之，又未尝不可以为福也，故曰："其亡其亡，系于苞桑。"（《易·否卦·九五爻辞》）

宋向戌为弭兵之会，"如晋，告赵孟，赵孟谋于诸大夫。韩宣子曰：兵，民之残也，财用之蠹，小国之大菑也；将或弭之，虽曰不可，必将许之。弗许，楚将许之，以召诸侯，则我失为盟主矣。晋人许之。如楚，楚亦许之。如齐，齐人难之。陈文子曰：晋、楚许之，我焉得已？且人曰弭兵，而我弗许，则固携吾民矣，将焉用之？"可见列国皆以兵为患。子罕乃曰："凡诸侯小国，晋、楚所以兵威之，畏而后上下慈和，慈和而后能安靖其国家，以事大国，所以存也。无威则骄，骄则乱生，乱生必灭，所以亡也。天生五材，民并用之，废一不可，谁能去兵。兵之设久矣，所以威不轨而昭文德也。圣人以兴，乱人以废。废兴存亡昏明之术，皆兵之由也。而子求去之，不亦诬乎？（《左氏》襄公二十七年）"圣人以兴，乱人以废"，乃儒家义兵之论。《左氏》窃之，而未深明其旨。小国赖晋、楚威之，晋、楚失道，谁威之乎？"天生五材，民并用之，废一不可"，信矣。然兵之设，岂为杀人也哉？

《公羊》贵偏战而贱诈战。"偏，一面也。结日定地，各居一面，鸣鼓而战，不相诈。"（桓公十年《解诂》）"诈谓陷阱奇伏之类。"（哀公九年《解诂》）泓之战，宋襄即能守斯义者也。莒人以庆父之尸求赂，季子待之以偏战，《春秋》大之。僖公元年。宋皇瑗取郑师于雍丘（哀公九年），郑轩达诈反，取宋师于岩，则疾而略之。（哀公十三年。《解诂》曰："苟相报偿，不以君子正道。"）即晋人伐楚以救江，犹恶其谖（文公三年）。堂堂之陈，正正之旗，岂徒讲权谋形势者所与知哉？《公羊》曰："粗者曰侵，精者曰伐。战不言伐，围不言战，入不言围，灭不言入，书其重者也。"《解诂》曰："将兵至竟，以过侵责之。服则引兵而去；侵责之不服，推兵入竟，伐击之，益深。"（庄公十年）然则切入境时，即应声罪致讨。《吕览·怀宠》所谓"至于国邑之郊，先发声出号"是也。《谷梁》曰"苞人民、殴牛马曰侵，斩树木、坏宫室曰伐"（隐公五年）；《左氏》曰"有钟鼓曰伐，无曰侵，轻曰袭"（庄公二十九年）；盖并非《春秋》意矣。（《公羊》庄公二十八年、文公十五年并云恶以至日伐，《解诂》曰："用兵之道，当先至竟侵责之，不服，乃伐之；今日至，便以今日伐之，故曰以起其暴也。"亦与此意相发明。）

论荆轲

《史记》云：曹沫"以勇力事鲁庄公。庄公好力。"记其盟齐桓于柯事，与《公羊》畧同。《国策》亦作曹沫《谷梁》作曹刿。《左氏》于柯之盟，不记鲁劫盟事。而长勺之战，记刿之谋，与持匕首以劫人者，殊不相类。故有疑沫与刿非一人者。然《吕览·贵信》记劫齐桓事，与《公羊》大同，而亦作曹刿，则沫、刿确系一人。予谓史公所传刺客，皆非椎埋之流，观于荆卿而可知也。

《史记》言荆卿好击剑，亦言其好读书。又云："其为人沈深好书，其所游诸侯，尽与其贤豪长者相结。"而尝"以术说卫元君"。则游士挟道术者也。盖聂目摄，去不敢留；句践怒叱，默而逃去；絶非不肤挠不目逃之流。其所善田光，鞠武称其智深勇沈。高渐离，燕亡，变姓名为人庸保，久之乃出，目已暸而犹思报秦，皆非逞血气之勇者。田光度形已不逮，则自杀以激荆卿，尤能善用其勇之征也。不徒田光、高渐离也，太子丹以见陵之怨，欲批秦王之逆鳞，则鞠武止之；不忍于樊于期，则武以为不当结一人之交，不顾国家之大害；欲西约三晋，南连齐楚，北媾于单于，以为后图。其老谋深算又何如？太子丹虽曰："太傅之计，旷日弥久，心惝然恐不能须臾。"然其告荆轲曰："今计举国不足以当秦，诸侯服秦，莫敢合从。丹之私计，以为诚得天下之勇士使于秦，阚以重利；秦王贪，其势必得所愿矣。诚得劫秦王，使悉反诸侯侵地，若曹沫之与齐桓公，则大善矣；则不可，因而刺杀之，彼秦大将擅兵于外，而内有乱，则君臣相疑，以其间，诸侯得合从，其破秦必矣。"亦非徒奋短兵以求快意者。知

《史记》云：丹以秦王遇之不善，乃怨而亡归，归而求报者，为浅之乎测丈夫矣。荆轲既受命，必得樊于期首及督亢地图；既得之，又欲待其客与俱；其慎重亦可想见。《史记》载鲁句践之言曰："嗟乎，惜哉！其不讲于刺剑之术也！"《盐铁论》亦曰："荆轲怀数年之谋，而事不就者，尺八匕首，不足恃也。秦王操于不意，列断贲育者，介七尺之利也。"似乎行刺之不成，技与器皆不无遗憾，亦非得实之言。荆轲固云："事所以不成者，以欲生劫之，必得约契以报太子也。"否则以轲之勇，辅之以秦舞阳，岂不足以劫秦政？夫诸侯之为秦弱旧矣，合从之无成亦屡矣。即使当时列国有报秦之志，坚相约结，亦不敢必其有成，况于冀秦之君臣相疑，而于其间驰使以谋合从乎？丧君有君，事在旦夕，合谋结约，非经年累月不能成；成而能坚，坚而有胜与否，犹不可必。夫以秦之暴戾，太子岂不知其食言易如反手，顾望其为齐桓公乎？抑秦之臣，岂有如管仲者哉？顾以为刺杀之不如劫之使反诸侯侵地者，固知燕之君臣，处势穷力竭时，未尝不深量于彼我之间也。而轲之必欲生劫秦王，其意亦从可知矣。夫岂椎埋者流哉？推此言之，专诸、聂政所以剽刃于敌人之腹者，非寡虑也，其志固在于杀之也；荆轲必欲生劫其敌，以至于败，非失计也，其志固不在于杀之也。孟子曰："禹、稷、颜子，易地则皆然。"吾于曹、荆、专、聂亦云。成而为曹沫，不成而为荆轲，则其所遭直者不同，而非其人有智愚勇怯之异也。若以成败为优劣，则尤浅之乎测丈夫矣。

　　人虽至残，肯自杀其子者卒罕。燕王之奔辽东，虽愚夫，亦能数日而知死处矣。必非杀太子丹而献其头，可以幸免，亦愚夫知之矣。丹所不忍于樊于期者，而其父竟忍于丹，又狂夫猜之矣。公子嘉能以代存赵于既亡之后，度亦贤公子也，岂劝人以不仁不知之事哉？乃嘉以是劝燕王，而燕王亦竟从之，何也？岂丹亦慷慨引决如樊于期，而嘉与燕王亦含垢忍耻，将别有所图乎？秦烧天下《诗》《书》，诸侯史记尤甚，为其有所刺讥也。辽东遗事，谁复知之？所传之至今者，则其文畧不具之《秦记》耳。然则仁人志士，赍志九原，而其行事不白于后世者众矣。

以秦舞阳之勇，年十三，杀人，人不敢忤视，而奉图至陛，至于色变，彼岂有所爱于身哉？诚以所系者重，虑其无成也。聂政言"多人不能无生得失，生得失则语泄。"所虑者亦在此。然则临事而泰然，泰山崩于前而色不变者，不徒不爱其身，并无所顾虑于事之成败矣。孟子曰："君子创业垂统，为可继也。若夫成功，则天也。君如彼何哉？强为善而已矣！"《孟子·梁惠王》。君子亦为其所得为者而已矣，成败利钝，非所计也。其成也欤哉，天也，吾不贪天之功。其败也欤哉？亦天也，吾无所怨于命。故曰："道之将行也与？命也；道之将废也与？命也。公伯寮其如命何？"（《论语·宪问》）此则所谓浩然之气矣。其所行者，虽若一人之敌，其志则三军可夺帅，而此不可夺也。其所行，若行险以徼幸，推其心，则居易以俟命也。夫是之谓大勇。

论李斯

苏子瞻以李斯之乱天下，蔽罪于荀卿。姚姬传又谓斯未尝以其学事秦。苏氏之意，盖深疾夫高谈异论者，而以是风之；姚氏之言，则为委曲变化，以从世好者发，意皆不在古人也。若但就其言而扬榷之，则姚氏之论，较近情实。

李斯学于荀卿，史公谓其"知六艺之归"。其行事，则《史记》本传叙述最得其要。《史记》言始皇听斯计："阴遣谋士，资持金玉，以游说诸侯。诸侯名士，可下以财者，厚遗结之；不肯者利剑刺之；离其君臣之计，秦王乃使良将随其后。"此其并天下之功也。并天下之后，斯为丞相，事之荦荦大者，盖有八端：夷郡县城一，销兵刃二，废封建三，去诗书四，同文书五，治离宫别馆六，巡守七，攘四夷八也。斯之说秦王曰："今诸侯服秦，譬若郡县，夫以秦之强，大王之贤，由竈上骚除，足以灭诸侯，成帝业，为天下一统，此万世之一时也。今怠而不急就，诸侯复强，相聚约从，虽有黄帝之贤，不能并也。"一统盖斯之素志，一统固儒家之义也。夷郡县城，销兵刃，废封建，同文书，皆所以成一统，即与儒家之旨不背。去《诗》《书》百家语，若甚相背，实所以复三代政教相合、官师不分之旧。巡守所以镇抚四方，攘夷狄亦所以安中国。所最不可解者为营宫室。然王者当备制度，亦儒家所不废。始皇特失之侈，此或始皇所自为。至大营骊山，复作阿房，则赵高实为之，斯且尝进谏矣。然则秦之暴，斯固不能无罪，亦当薄乎云尔。视斯为助桀为虐之流，则过矣。（斯从狱中上书曰："臣为丞相，治民三十余年矣，逮秦地之狭隘。先王之时，秦地不过千里，兵数十万，臣尽薄材，谨奉法令，阴行谋臣，资之金玉，使游说诸侯；阴修甲兵，饰政教，官斗士，尊功臣，盛其爵禄，故终以胁韩弱魏，破燕、赵，夷齐、楚，卒兼六国，虏其王，立秦为天子，罪一矣。地非不广，又北逐胡貉，南定百越，以见秦之强，罪二矣。尊大臣，盛其爵位，以固其亲，罪三矣。立社稷，修宗庙，以明主之贤，罪四矣。更克画，平斗斛度量文章，布之天下，以树秦之名，罪五矣。治驰道，兴游观，以见主之得意，罪六矣。缓刑罚，薄赋敛，以遂主得众之心，万民戴主，死而不忘，罪七矣。"其所谓罪一者，即秦取天下之事；二即攘四夷；三、四《史记》未之及；五为同文书之类；六即治离宫别馆也。赵高之谲李斯也，曰："关东群盗多，今上急发繇，治阿房宫，聚狗马无用之物，臣欲谏，为位贱，此真君侯之事，君何不见？"李斯曰："固也，吾欲言之久矣。今时上不坐朝廷，上居深宫，吾有所言者，不可传也。欲见无间。"于是赵高许为李斯侯二世，而斯与去疾、劫卒以此死。斯居囹圄，犹曰："凡古圣王饮食有节，车器有数，宫室有度，出令造事，加费而无益于民利者禁，故能长久治安。今大为宫室，厚赋天下，不爱其费，吾必见寇至咸阳，麋鹿游于朝也。"可见斯治宫室，不过以备制度，而奢泰非其本心矣。秦之酷，实不如后世所言之甚。且六国之时，所以用其民者，曷尝不极其力，特史不尽传耳。秦之刑罚，虽较后世为急，赋敛虽较后世为重，安知较之六国，不见其缓且薄哉？况于秦之所行，非皆斯之意乎？《史记》云："人皆以斯极忠而被五刑死。"邹阳上梁王书亦曰："李斯竭忠，胡亥极刑。"固非无由也。）李由告归咸阳，李斯置酒于家，百官长皆前为寿，门廷车骑以千数。李斯喟然而叹曰：嗟乎！吾闻之荀卿曰："物禁太盛。夫斯乃上蔡布衣，闾巷之黔首，上不知其驽下，遂擢至此。当今人臣之位，无居臣上者，可谓富贵极矣。物极则衰，吾未知所税驾也。"惓惓不忘其师之言，至与中子俱执，要斩咸阳市，顾其子曰："吾欲与若复牵黄犬俱出上蔡东门逐狡兔，岂可得乎？"盖其微时，尝有是事。犹斯旨也。故斯生平学术，实未有以大异乎荀卿。古者学有专门，诵习之书少，而其体验也深。先入之言，有终身不忘者，势使然也。其论督责一书，专欲明申、韩之术，修商君之法，乃为阿意求容，（二世责斯之说，盖皆赵高之言。高以此责斯，盖正观其能曲从与否，斯乃弃所学而阿之也。）以止比疑斯之学术，则又过矣。

斯之被祸，全误于全躯保禄位之私。儒家之道，难进而易退，舍生而取义，而斯之辞荀卿也，曰："诟莫大于卑贱，而悲莫甚于穷困。久处卑贱之位，困苦之地，非世而恶利，自托于无为，此非士之情也。"其夙志如此。赵高贱人，学亦必出斯下，何足动斯；然斯竟为所诳者，则长子"即位，必用蒙恬为丞相，君侯终不怀通侯之印归于乡里"。"君听臣之计，即长有封侯，世世称孤，必有乔松之寿，孔墨之智。今释此不从，祸及子孙"等语，有以动其心耳。斯非不知忠臣孝子之义，而曰："嗟乎！独遭乱世，既以不能死，安托命哉！"遂卒听高，则非高之能误斯，而斯自误也。好生恶死，人之恒情，人亦孰不欲富贵，然求生而适以得死，求富贵而适以召危亡，以斯之智而犹如此，而安于义命，亦不必常得死与贫贱也。故知死亡贫苦，不以避而免，富贵老寿，不以求而得，君子所以浩然安于义命也。

论秦二世

秦之亡也，二世有罪焉尔乎？抑亦势已处于无可如何，而不足为二世咎乎？曰：二世，昏愚之主也。秦之亡，固势处必然。二世即贤明，亦终不可免。然无二世，其亡必不若是其速也。《始皇本纪》："二世皇帝元年，年二十一。"其后别出《秦纪》，则曰"二世生十二年而立。"统观二世所为，固不似年长之人，亦不似成童之子。二世逾年改元，立时正二十岁。"十二"二字，盖二十之倒误也？

二世之昏愚，有可见者数事。赵高之谋害李斯也，谓斯曰：

"关东群盗多，今上急发繇治阿房宫，聚狗马无用之物，此真君侯之事，君何不见？李斯曰：固也，吾欲言之久矣。今时上不坐朝廷，吾有所言者，不可传也。欲见无间。"高乃曰："君诚能谏，请为君侯上间语君。"于是待二世方燕乐，使告丞相，上方间，可奏事。丞相至宫门上谒，如此者三，二世怒曰："吾尝多闲日，丞相不来，吾方燕私，丞相辄来请事，丞相岂少我哉？且固我哉？"此纯然童騃耽于逸乐，不能自克之情。独不知己方燕私，丞相何以辄知之乎？真所谓犹有童心者矣，一也。二世既怒李斯，赵高乃乘间进谗，谓"丞相长男李由为三川守，楚盗陈胜等皆丞相傍县之子，以故楚盗公行，过三川，城守不肯击。高闻其文书相往来"云云。夫斯之在秦，富贵极矣。当时游士，惟富贵之求，而不复知有乡里旧矣。赵高之言，其为诬罔，显而易见。而二世竟不能察，二也。斯之短高也，二世恐斯杀之，乃私告高。证以汉文帝与申屠嘉、邓通之事，可见当时相权之重，即可见当时相位之尊。使宦者案丞相，乃当时必不容有之事，而二世竟以斯属高。斯从狱中上书，高使吏弃去不奏，又使其客诈为御史谒者侍中，更往秘讯斯，此在后世君权积重之世，固不足怪。其在当时，真乃非常之事。二世亦绝不能察，顾曰："微赵君，几为丞相所卖。"及斯死，竟拜高为丞相。阉人弄权，前此或有之。与士大夫齿者，曾有之乎？及竟使之总揽百揆，是全不知有故事也。二世尝从赵高学断狱矣，试问所学何事，三也。扶苏既死，二世与蒙恬安能相容？有兵力可畏者蒙恬，非扶苏也。而二世闻扶苏死，即欲释恬，是直未知何者为忧患，岂独虑患之疏而已？四也。《本纪》云：二世梦白虎啮杀其左骖马，卜曰："泾水为祟。"二世乃斋于望夷宫，欲祠泾，沈四白马。《李斯传》云："高自知权重，乃献鹿，谓之马。二世问左右：

此乃鹿也？左右皆曰：马也。二世惊，自以为惑，乃召大卜令封之。大卜曰：陛下春秋郊祀，奉宗庙鬼神，斋戒不明，故至于此。可依盛德而明斋戒。于是乃入上林斋戒，日游弋猎。有人行入上林中，二世自射杀之。赵高教其女婿咸阳令阎乐劾不知何人贼杀人移上林。高乃谏二世曰：天子无故贼杀不辜人，此上帝之禁也，鬼神不享，天且降殃，当远避宫以禳之。二世乃出居望夷之宫。"二说未知孰是？要之不离乎机祥巫祝者近是。二世之死，《斯传》谓"赵高诈诏卫士，令士皆素服，持兵内乡，入告二世曰：山东群盗兵大至。二世上观而见之，恐惧。高即因劫令自杀"。《本纪》则云："使郎中令（徐广曰：一云郎中令赵成。案成，高之弟。）为内应。诈为有大贼，令乐召吏发卒追劫，二世自杀。"盖皆居望夷宫使然，五也。斯之短高也，二世曰："朕少失先人，无所识知，不习治民，而君又老，朕非属赵君，当谁任哉？且赵君为人，精廉强力，下知人情，上能适朕，君其勿疑！"其不识不知，惟高是赖之情形如见。高之惑二世，盖全以逸乐中其心，故其责李斯曰："吾愿肆志广乐，长享天下而无害，为之奈何？"有此一念，乃不得不残杀能与己抗者，高乃教之严法刻刑，令有罪者相坐，灭大臣而远骨肉。贫者富之，贱者贵之，尽除先帝故臣，更置己所亲信。而高得藉以立威。有此一念，乃虑人窥见其短长，高乃教以天子称朕，固不闻声，锢之禁中，而高得藉以擅权。有此一念，乃得导之以泰侈，而作阿房，治驰道，外抚四夷，一切并起，赋役不得不益重，刑罪不得不愈酷矣。不惟此也，杀机一动，则虽无害于己之人，抑或肆残贼焉以为快。汉诸帝之死，皆出宫人令得嫁。盖自古相传之法，而二世谓先帝后宫非有子者，出焉不宜，皆令从死。葬始皇，既已下，或言工匠为机藏，皆知之，藏重，即泄。大事毕，已藏，闭中羡，下外羡，门尽闭，工匠藏者无复出。此等岂始皇之世所有哉？况于李斯乎？盖皆赵高为之。多杀以威下，使莫敢出气也。而二世之从之如景响，甚矣其昏愚也。

专制之世，君主之知愚贤否，于国家之治乱安危，所系甚大。往史载君主之性行，多不如臣下之详。秦、汉之世，史乘尚近传说，往往故甚其辞。亡秦之罪，一切归诸赵高，而二世之为何如人，遂因之不显，亦论史者之阙也。故畧说其状如上。

徐　福

黄公度《日本国志·国统志注》云："《梁书》言日本自称为吴泰伯后，相传亦称为徐福后，彼国纪载，本以此为荣。其后学者渐染宋学，喜言国体。宽文中，作《日本通鉴》，源光国驳议曰：谓泰伯后，是以我为附庸国也。遂削之。赖襄作《政纪》，并秦人徐福来，亦屏而不书。余谓泰伯之后本无所据，殆以日本断发文身，俗类句吴，故有此谲传欤？至徐福之事，见于《三国志》《后汉书·倭国传》，意必建武通使时，其使臣所自言。《史记》称燕、齐遣使求仙，所谓白银宫阙，员峤方壶，盖即今日本地。君房方士习闻其说，故有男女渡海之请，其志固不在小。今纪伊国有徐福祠，熊野山有徐福墓，其明征也。日本传国重器三：曰剑，曰镜，曰玺，皆秦制也。君曰尊，臣曰命，大夫曰将军，又周秦语也。自称神国，立教首重敬神；国之大事，莫先于祭；有罪则诵禊词以自洗濯，又方士之术也。崇神立国，始有规模，计徐福东渡，已及百年矣。当时主政者，非其子孙殆其徒党欤？至日本称神武开基，盖当周末，然考神武至崇神，中更九代，无事足纪，或者神武亦追王之辞乎？"予谓徐福之事，果系彼使臣自言，史家安得不明记之？重器为秦制，称谓为周秦间语，不必方士所传。敬神之俗，野人皆同，更不必出于方士。谓日本之地早为中国所知，方士习闻其说，因有渡海之请，说颇近之。

然徐福之漂流，必未能至日本。《三国·吴志》：孙权黄龙二年，"遣将军卫温、诸葛直将甲士万人浮海求夷洲及亶洲。亶洲在海中，长老传言秦始皇帝遣方士徐福，将童男童女数千人入海，求蓬莱神山及仙药，止此洲不还，世相承，有数万家。其上人民，时有至会稽货布；会稽东县人海行，亦有遭风流移至亶洲者。所在绝远，卒不可得至，但得夷洲数千人还。"传说至能使国家为发大兵，必非绝无根据。度必略有道里乡方，及沿途所经岛屿，故能循之求得夷洲；而还时亦但云亶洲所在绝远，不可得至，而不云无其地也。而其将数千人还，尤有足资寻索者，何则？谓为夸功示信，或以餍时主好奇之心，偕数人若数十人已足，不必至数千人也。然则此数千人殆本华人，而温等乃拔之以还欤？此说如确，则亶洲之有华人，亦必非虚语矣。然其是否徐福，了无征验，而其地尤不能为日本。日本之通中国，盖自汉武灭朝鲜以来，距是岁三百三十八年矣。日本情形，中国必知之已稔，其地果有徐福所将童男女之后，中国岂得不知？且日本通使南朝，实始晋末；泰始初尚朝贡北方，三国时未能通南方可知。即谓不然，偶或一至则可，又安能时至会稽货布邪？

汉之未通西域也，而邛竹杖、蜀布，业已先至其地；即以海道论，《史记·货殖列传》谓南海为珠玑、犀、玳瑁、果、布之凑，即后世西、南洋物也，则秦汉未并南越时，中国与西、南洋久相往来矣。是知民间之交通，必先于政府。谓日本通使南朝之前，南方人民与日绝无往还，非其实也。然必不能如北方之多。盖是时航海，皆依傍海岸而行，观《三国志》所述自带方入倭之路可知。是时南方至日者，非冒险之估客，则执迷之方士耳，徒侣必不能多。北方则不然。其时族制未颓，奴客尤众，移徙之际，往往相将；而自后汉末年，每每大乱，至于五胡云扰，人民之流离转徙者实多，往往相率而行，自成一部，此细读后汉至南北朝之史可知。田畴能训练其民，为故主报仇，为中国攘斥夷狄；管宁、邴原辈，所将皆流亡之徒，犹能立纲陈纪，足食之后，继以教化，职是之故。章太炎亟称此时之士材力绝人，非唐宋后所有，则欲知人而不论其世矣。知此，则知东史所纪华人入日者，皆称为某某部，俨然古者之族有世业，以氏名官，必非虚诬。又是时华人入日者，类多自托华胄：如弓月君，或谓秦始皇五世孙，或谓十三世孙；阿知使主，或谓汉灵帝三世孙，或谓四世孙；《姓氏录》所记，又有吴王夫差、汉高祖、光武、齐王肥、盖宽饶之裔，亦与是时风气相合。此等语必非日人所能造作，日人本亦无庸造作也。文化悬殊，则此方中庸之材，入彼即能开物成务，此自古以来，遐方开辟，所以必用中原之士，而亦我华人之大有造于彼者矣。

项羽将才

世皆以项羽之善战，为旷古所希，其实非也。羽固善战，亦不过历代善战者之一耳，谓其有以大过于人，固不然也。羽之战功，为世所艳称者有三：一巨鹿之战，一彭城陷后，释齐还攻汉军，一垓下之溃围南出也。垓下溃围，乃一战将之事，优为之者甚多，事极易见。巨鹿之战固剽锐，然此战在二世二年十二月，章邯至三年七月乃降，其间相距尚半年，羽初未能一战即使邯溃不成军也。邯之降楚，其真相不可知。《项羽本纪》言：邯军棘原，羽军漳南，相持未战，秦军数却，二世使人让邯，邯恐，使长史欣请事，至咸阳，留司马门三日，赵高不见，有不信之心。欣恐，还走其军，不敢出故道。高果使人追之，不及。欣至军，报曰：赵高用事于中，下无可为者。今战，能胜，高必疾妒吾功，不能胜，不免于死，愿将军熟计之。此说固不必实（高果疑邯，于欣必加礼敬矣）。然贾生过秦，言邯以三军要市于外，巨鹿之战以前，邯军看似常胜，然迄不能定东方，阅时久则耗损多，陈余遗邯书，谓其所亡失以十万数，说必不虚；加以巨鹿之战，一败涂地，秦法严，迄不易将，安知其无要市之事？要市者其孰能信之？楚、汉间事，多出传言，颇类平话，诚不可信。然所传情节可笑者，未必其事遂不实。如《史记》述沛公至鸿门见项王之事，其恢诡何以异于《三国演义》？然谓是时，沛公与项王不相猜疑，得乎？要之，赵高之不信，章邯之要市，皆为理所可有，亦即为势所必至。然则邯之降楚，乃秦之自溃，而非楚能竟定关东也。兵锋剽锐，北不逮南，以南方论，楚又不逮吴越，观春秋时事可知。楚自顷襄王以降，秦兵日肆蚕食，楚迄不能抗，然犹借东地以立国者久之。其时吴越之地，文明程度太低，故不能终与秦抗。至于项氏用江东之众，则以文明程度较高之人之训练节制，用文明程度较低之人之轻悍敢死，忠朴从令矣，其孰能御之？项梁起东阿，西北至定陶，再破秦军，以及羽巨鹿之战，彭城之役，垓下之溃围，皆是物也。亦安知项燕之破李信，所用者无江东之众哉？此岂羽之力乎？羽以汉二年四月，破汉军于彭城，汉王即退屯荥阳。明年四月，羽乃急攻。汉王使纪信诈降而遁去，其间凡历一年，楚固未尝急攻，然汉亦尝败楚于荥阳南京、索间，楚以故不能过荥阳而西，则初亦未尝不思深入，不获，乃改而急攻也。《高祖本纪》云：汉王之出荥阳，入关收兵，欲复东。袁生说汉王出武关，项羽必引兵南走，王深壁，令荥阳、成皋间且得休，使韩信等辑河北赵地，连燕、齐，君王乃复走荥阳，如此，则楚所备者多，力分；汉得休，复与之战，破楚必矣。汉王从其计，出军宛、叶间，与黥布行收兵，项羽闻汉王在宛，果引兵南，汉坚壁不与战。是时彭越渡睢水，与项声、薛公战下邳、彭城，大破楚军，项羽乃引兵东击彭越，汉王亦引兵北军成皋。当汉王之去荥阳，为楚计者，当急破其城，否则亦留兵围之，而疾行入据洛阳，则关中震动，汉即据之，亦无以定齐、燕，汉王南据宛、叶，复何能为？（吴王濞之反也，桓将军说之曰：吴多步兵，步兵利险，汉多车骑，车骑利平地，愿大王所过城邑不下，直弃去，疾西据洛阳武库，食敖仓粟，阻山河之险，以令诸侯，虽毋入关，天下固已定矣。其说是也。洛阳固可卫秦中以制东方，东方强国据之，亦可距塞秦使不得出。周之东迁，晋、郑焉依，秦犹不能肆志于洛，况于径以一强国据洛阳之地乎？）然则云汉王听袁生之说而南行，而项羽从之，殆非实录。实则荥阳、成皋间，为汉兵力所萃，项羽度不能破，又不敢轶之而西，乃变计思避实击虚，南窥武关，而汉王乃亦南行以御之耳。以彭城之役，汉高丧败之烈，而聚兵荥阳、成皋之间，项羽竟为所塞而不能越，可谓之善战乎？

楚将龙且

郦食其说齐王，言项羽非项氏莫得用事；陈平亦言：项王不信人，其所任爱，非诸项，即妻之昆弟；此项羽之所以败也。《史记·项羽本纪》言：项王闻淮阴侯已举河北，破齐、赵，且欲击楚，乃使龙且往击之。淮阴侯与战，骑将灌婴击之，大破楚军，杀龙且。《汉书·高帝纪》略同。《项籍传》则云：羽使从兄子项它为大将，龙且为禆将救齐。《史记·曹相国世家》云：从韩信击龙且军于上假密，大破之，斩龙且，虏其将军周兰。《汉书·曹参传》作亚将周兰。《史记·灌婴列传》亦以周兰为亚将，《汉书》同。师古曰：亚将，次将也。然则龙且乃末将耳。诸义所以多言龙且者，盖以其为名将，当时人争指目之，而不数项它及周兰也。龙且乃破淮南之人，其劲悍可知。陈平又称为骨鲠之臣，使项王专任之，韩信或不易得志于齐邪？

游侠郭解

郭解之得也，穷治所犯，为解所杀，皆在赦前。轵有儒生，侍使者坐。客誉郭解，生曰：郭解专以奸犯公法，何谓贤？解客闻，杀此生，断其舌。吏以此责解，解实不知杀者。杀者亦竟绝，莫知为谁。吏奏解无罪。公孙弘议曰：

解布衣，为任侠行权，以睚眦杀人。解虽弗知，此罪甚于解知杀之。当大逆无道。遂族郭解。弘之议，乃谓弗知罪甚于知，则其果知与否，可以勿问，非谓解真不知也。史言解少时阴贼，概不快意，身所杀甚众。年长，更折节为俭，以德报怨。然其阴贼着于心，卒发于睚眦如故云。则其多所贼杀，时人固皆知之，特莫能举发之耳。穷治所犯，所杀皆在赦前；杀轵儒生者，解实不知；杀者亦竟绝，未必非吏为之道地也。武夫虽犷悍，然能磊磊落落，则虽报怨过当，犹有可取。以直报怨，固非所望于此曹也。贼而曰阴，风斯下矣。然非阴险有心计者，固不能为豪杰魁首。彼杀轵儒生者，岂中心说而诚服解哉？亦以是纳交于解，而要誉于其徒党耳。自与季路、仇牧，而心计之工，虽商贾有所不若，清夜自思，不亦有觍面目乎？此所谓游侠者，所以终为盗跖之居民间者邪？史公曰："朋党宗强比周，设财役贫；豪暴侵陵孤弱，恣欲自快；游侠亦丑之。余悲世俗不察其意，而猥以朱家、郭解等，令与暴豪之徒同类而共笑之也。"以吾观之，则朱家、郭解，亦暴豪之工于术者耳。语曰：不知来，视诸往。余则曰：不知古，鉴诸今。岂不见今之所谓朱家、郭解者？其立心与暴徒，何以别乎？古以儒、墨并称，亦以儒侠并称，明墨子之徒，原即世所谓游侠。然闾巷之侠，儒、墨皆排摈不载；则侠之于墨，犹乡原之于儒也。

客或讥原涉曰：子本吏二千石之世，结发自修，以行丧、推财、礼让为名。正复仇取仇，犹不失仁义；何故遂自放纵，为轻侠之徒乎？当时轻侠之徒，有所贼杀，非为仇雠可知。此其所以为盗跖之居民间者邪？观客之所言，而世人之视游侠者可知矣。史言涉性略似郭解，外温仁谦让，而内隐好杀。人之视己，如见其肺肝然。岂有诚于心而不形于外，真可以欺世者哉？

剧孟过袁盎，盎喜待之。安陵富人有谓盎曰："吾闻剧孟博徒，将军何自通之？"盎曰："剧孟虽博徒；然母死，客送丧车千余乘，此亦有过人者。且缓急人所有。夫一旦叩门，不以亲为解；不以在亡为辞，天下所望者，独季心、剧孟。今公阳从数骑，一旦有缓急，宁足恃乎？"徙豪富茂陵也，郭解家贫不中訾，吏恐不敢不徙，诸公送者出千余万。彼有缓急，岂待叩人之门户哉？郑庄行千里不赍粮，敛客之财以养客，徒取诸彼以与此，虽鄙夫岂有爱焉？此足方季次、原宪乎？

子曰："吾未见刚者。"或对曰："申枨。"子曰："枨也欲，焉得刚？"故曰：志士不忘在沟壑，勇士不忘丧其元。今汉之所谓游侠者，欲奸公法，则相与探丸为弹：得赤丸者斫武吏，得黑者斫文吏，白者主治丧。死而不忘埋葬，可谓勇乎？然而千金之子，坐不垂堂，此为郭解报仇者之所以多与？公孙弘则可谓知治矣。

淮南王

汉人之重复仇，观淮南王事可以知之。审食其之于厉王母，特未能争于吕后耳，非有意杀之也；而厉王处心积虑，必致之死。王安躬行仁义，通达道术，必非利天下者。史言王入朝，武安侯迎之，为言上无太子而王喜；此乃武安奸诈，欲以此自结，而非王有利天下之心也。后王欲举事，诸使道从长安来，言上无男，汉不治，即喜；言汉廷治，上有男，即怒，以为妄言，亦以如此则易为变，非利天下也。抑此二者或传言之妄，而史从而书之，不然，王岂轻躁浅露若是？要之王无利天下之心，则可决矣。吴王濞宗室最长，蓄反谋数十年岂能北面朝安者？安果有利天下之心，濞之举兵，何为欲应之乎？《史记》云安时时怨、望厉王死，欲畔逆；《汉书》云江淮间多轻薄，以厉王迁死感激安。此盖安谋反之由，他皆不足信也。安之谋反也，女陵为中诇长安；太子屏其妃弗爱，王后亦与计谋；其败也，豪桀诛者数千人；其名臣则有伍被、左吴、赵贤、朱骄如等，君臣上下，同力一心。王闻伍被言反之难，曰："男子之所死者，一言耳。"其决如此。雷被告太子而不发，庄芷（《汉书》作严正）。告之而又不发，太子念事不成，则自杀以为后图，其审慎强毅又如此，皆复仇之大义，有以感激其心也。其所以能君臣上下，同力一心者，抑又王之意气慷慨，孝思出于至诚，有以感激之也。不特此也，衡山之谋叛，史言其与淮南不相能，恐为所并；又言淮南西发兵，则欲定江淮间有之。且衡山畏淮南兼并，何难发一使，以淮南反谋告汉朝，而招致宾客，求壮士，作辒车镞矢，自陷于罪戾乎？史又言元朔六年，衡山王过淮南，淮南王乃昆弟语，除前隙，约束反具。夫二国之隙已十年，岂有能除之一旦，遽共约束为反谋者？衡山之志，盖亦淮南之志也。淮南、衡山之志如此，而败其谋者，乃以辟阳侯孙，亦以怀复仇之念故也。甚矣汉人之重复仇也！

淮南王曰："吴何知反？汉将一日过成皋者四十余人。今我令楼缓要成皋之口，周被下颍川兵塞轘辕、伊阙之道，陈定发南阳兵守武关，河南太守独有洛阳耳，何足忧？"善哉谋乎！吴王蓄岁冠军，白头举事，然有桓将军、田禄伯、周丘弗能用，兵徒屯聚而西，无他奇道，盖仍年少椎锋，徒知积金钱，招亡命耳，非有大略也。王又曰："天下劳苦有间矣，诸侯颇有失行，皆自疑。我举兵西乡，必有应者；无应，即还略衡山。"被又教以南收衡山以击庐江，有寻阳之船，守下雉之城，结九江之浦，绝豫章之口，强弩临江而守，以禁南郡之下，东收江都、会稽，南通劲越，屈强江淮间，其策画之周又如此（以上均见《汉书·伍被传》）。使其举兵，其轻剽或不逮吴王，必不如吴王之可以一战覆也。汉亦危矣哉！然安终于无成者，则群臣近幸素能使众者皆前系诏狱实为之。否则公孙弘说下之如发蒙，大将军卫青亦仅和柔自守，（伍被誉大将军之言，乃汉廷狱辞，非其实也。）汉之为汉，未可知也。

《汉书·梅福传》：福上书曰："孝武皇帝好忠谏，说至言，出爵不待廉茂，庆赐不须显功；是以天下布衣，各厉志竭精，以赴阙庭自衒鬻者，不可胜数。汉家得贤，于此为盛。使孝武皇帝听用其计，升平可致。于是积尸暴骨，快心胡越，故淮南王安缘间而起。所以计虑不成而谋议泄者，以豪贤聚于本朝，故其大臣势陵不敢和从也。"云武帝时有可缘之间，是矣。云豪贤聚于汉朝，有以折淮南之谋，则福饰辞以悟时主耳，非其实也。不然，淮南之谋，岂久而始泄哉？且伍被之徒为王谋者，可谓至矣，何势陵不敢和从之有？

申　公

《史记·儒林传》云："申公者，鲁人也。高祖过鲁，申公以弟子从师入见高祖于南宫。吕太后时，申公游学长安，与刘郢同师。"《汉书》则云："申公，鲁人也，少与楚元王交，俱事齐人浮丘伯受《诗》。汉兴，高祖过鲁，申公以弟子从师入见于鲁南宫。吕太后时，浮丘伯在长安，楚元王遣子郢（即夷王）。与申公俱卒学。"于是高祖过鲁时，申公所从入见之师，本不知为何人者，变为浮丘伯。而申公之仅与夷王同师者，亦一变而与其父同学矣。案申公以武帝建元元年被征时，年八十余；则当秦焚书时，不过十岁左右。当高祖过鲁时，约及弱冠。玩《史记·儒林传》之言，申公自此以前，盖未出乡里。《汉书·楚元王传》曰："少时尝与鲁穆生、白生、申公俱受《诗》于浮丘伯，伯者，孙卿门人也；及秦焚书，各别去。"高祖崩年五十三，当秦烧书时三十二；元王若少高祖五年，亦已二十有七，与十岁左右之童子，比肩事师，恐未必然也。《盐铁论·毁学篇》：大夫曰："昔李斯与包丘子俱事荀卿；既而李斯入秦，遂取三公，据万乘之权，以制海内，功侔伊、望，名巨太山；而包丘子不免于瓮牖蒿庐，如潦岁之蛙，口非不众也，然卒死于沟壑而已。"文学曰："包丘子饭麻蓬藜，修道白屋之下，乐其志，安之于广厦刍豢，无赫赫之势，亦无戚戚之忧。"虽美刺不同，而其谓浮丘伯未尝富贵则一。争名者于朝，争利者于市，使其游于长安，安得如此？且元王既尊宠穆生、白生、申公矣，独不能厚礼迎致其师乎？然则谓高后时浮丘伯在长安，恐又子虚乌有之谈也。《楚元王传》又云："申公始为《诗传》，号《鲁诗》。元王亦次之《诗传》，号曰《元王诗》，世或有之。"元王果有《诗》，不容不登于中秘，《艺文志》何缘无之？且或即有也，古未闻有以"或有"二字连用者，则此语或恐并非《汉书》元文也。

《史记·儒林传》云："自鲁商瞿受《易》孔子，孔子卒，商瞿传《易》六世至齐人田何。"盖自商瞿以后，虽能言其传授世数，其名字则已不能具举也。而《汉书》忽为补出桥庇子庸、馯臂子弓、周丑子家、孙虞子乘四家，果其有之，《史记》何为不言乎？言群经传授源流者，大率愈后而愈详，而其说亦愈不可信。故知《史记》所谓"言《诗》：于鲁则申培公，于齐则辕固生，于燕则韩太傅；言《尚书》：自济南伏生；言《礼》：自鲁高堂生；言《易》：自菑川田生；言《春秋》：于齐鲁自胡毋生，于赵自董仲舒"者，乃汉初最蚤可溯之大师，自此以前，能言之者罕矣。

《史记·儒林传》又云："申公弟子为博士者十余人。孔安国至临淮太守，周霸至胶西内史，夏宽至城阳内史，砀鲁赐至东海太守，兰陵缪生至长沙内史，徐偃为胶西中尉，邹人阙门庆忌为胶东内史，其治官民皆有廉节，称其学。""为博士者十余人"句，未知是否冒下文诸人言之。然《孔子世家》言"安国为今皇帝博士，至临淮太守"，则安国之尝为博士审矣。叙《尚书》处言"伏生教济南张生及欧阳生。欧阳生教千乘儿宽。儿宽既通《尚书》，以文学应郡举，诣博士受业，受业孔安国"，其所受者系《诗》，可知也。下文又云："张生亦为博士。而伏生孙以治《尚书》征，不能明也。自此之后，鲁周霸、孔安国、洛阳贾嘉颇能言尚书事。"《汉书》无"孔安国"三字，此语之为妄人沾缀可知矣。《索隐》云："缪音亡救反。缪氏出兰陵。一音穆。所谓穆生，为楚元王所礼也。"一音以下，必旧说，而《索隐》引之。如此说，则穆生实申公弟子，非申公同学。一说当有所据，惜乎其详不可得闻也。

论魏武帝

从古英雄，坚贞坦白，无如魏武者。予每读《三国志注》引《魏武故事》所载建安十五年十二月己亥令，未尝不怆然流涕也。他且勿论，其曰："合兵能多得耳，然常自损，不欲多之；

所以然者，兵多意盛，与强敌争，倘更为祸始。"自清末至民国，军人纷纷，有一人知念此者乎？其引齐桓、晋文及乐毅、蒙恬之事，自明不背汉，可谓语语肝鬲。且曰："孤非徒对诸君说此也，常以语妻妾，皆令深知此意。孤谓之言：顾我万年之后，女曹皆当出嫁，欲令传道我心，使他人皆知之。"以众人之不知也，使豪杰独抱孤忠，难以自明如此，岂不哀哉？又曰："然欲孤便尔委捐所典兵众，以还执事，归就武平侯国，实不可也。何者？诚恐己离兵，为人所祸也。既为子孙计，又己败则国家倾危，是以不得慕虚名而处实祸。"又曰："前朝恩封三子为侯，固辞不受，今更欲受之，非欲复以为荣，欲以为外援，为万安计。"从古英雄，有能如是坦白言之者乎？夫惟无意于功名者，其功名乃真。公初仅欲作郡守，后又欲以泥水自蔽，绝宾客往来之望，虽至起兵讨卓之后，犹不肯多合兵是也。惟不讳为身谋者，其为公家谋乃真。使后人处公之位，必曰所恤者国家倾危，身之受祸非所计，更不为子孙计也。然其诚否可知矣。

《董昭传》载昭说太祖建封五等曰："大甲、成王未必可遭，今民难化，甚于殷、周，处大臣之势，使人以大事疑己，诚不可不重虑也。明公虽迈威德，明法术，而不定其基，为万世计，犹未至也。定基之本，在地与人，宜稍建立，以自藩卫。"此即太祖欲受三子侯封以为外援之说，意在免祸，非有所图；且太祖早自言之矣，何待昭之建议。乃传又载昭之言曰："自古以来，人臣匡世，未有今日之功。有今日之功，未有久处人臣之势者也。明公忠节颖露，天威在颜，耿算牀下之言，朱英无妄之论，不得过耳。昭受恩非凡，不敢不陈。后太祖遂受魏公、魏王之号，皆昭所创。"《荀彧传》云：建安"十七年，董昭等谓太祖宜进爵国公，九锡备物，以彰殊勋，密以谘彧。彧以为太祖本兴义兵以匡朝宁国，秉忠贞之诚，守退让之实；君子爱人以德，不宜如此。太祖由是心不能平。会征孙权，表请或劳军于谯，因辄留或，以侍中光禄大夫，持节，参丞相军事。太祖军至濡须，或疾留寿春，以忧薨。明年，太祖遂为魏公矣。"一似太祖之为魏公、魏王，实为篡逆之阶，董昭逢之，荀残沮之者，此则诬罔之辞矣。太祖果欲代汉，易如反掌，岂待董昭之逢，亦岂荀或所能沮，欲篡则竟篡矣，岂必有魏公、魏王以为之阶？《昭传注》引《献帝春秋》，谓太祖之功，方之吕望、田单，若泰山之与丘垤，徒与列将功臣，并侯一县，岂天下之所望？此以事言为极确，即以理论为至平，开建大国，并封诸子，使有磐石之安宜也，于篡夺乎何与？《或传》之说既全属讹传，即《昭传》之辞，亦附会不实。然谓公忠节颖露，耿算、朱英之谋不得过耳，则可见太祖当时守节之志甚坚，为众人所共知，故虽附会者，亦有此语也。己亥令所言之皆实，弥可见矣。

《郭嘉传》：嘉薨，太祖临其丧，哀甚，谓荀攸等曰："诸君年皆孤辈也，惟奉孝最少。天下事竟，欲以后事属之，而中年殀折，命也夫！"《注》引《傅子》载太祖与荀或书亦云："欲以后事属之。"此太祖之至心，亦即公天下之心也。然其事卒不克就，身死未几，子遂篡夺，岂郭嘉外遂无人可属哉？人之心思，恒为积习所囿。父死者必子继，处不为人臣之势，则终必至于篡夺而后已。人人之见解如此，固非一二人之力所能为也。太祖即有所属，受其属者，亦岂能安其位哉？然而太祖之卓然终守其志，则可谓难矣。英雄固非众人之所能移也。

《蜀志·李严传注》云："《诸葛亮集》有严与亮书，劝亮宜受九锡，进爵称王。亮答书曰：吾本东方下士，误用于先帝，位极人臣，禄赐百亿，今讨贼未效，知己未答，而方宠齐、晋，坐自贵大，非其义也。若灭魏斩叡，帝还故居，与诸子并升，虽十命可受，况于九邪！"如亮之言，使其为魏武帝，岂有不受九锡者哉？而李严当日，岂有劝亮为帝之理与？而以魏武帝之受九锡，进王封，必为篡夺之阶，其诬亦可知矣。

夏侯胜、桓荣

《后汉书·桓荣传》曰："荣少学长安。贫窭无资，常客佣以自给，而精力不倦。王莽败，天下乱。荣抱其经书，与弟子逃匿山谷。虽常饥困，而讲论不辍。建武十九年，年六十余，始辟大司徒府。授太子经。二十八年，为太子少傅。赐以辎车乘马。荣大会诸生，陈其车马、印绶，曰：今日所蒙，稽古之力也，可不勉哉？三十年，拜为太常。荣初遭仓卒，与族人桓元卿同饥厄。而荣讲诵不息。元卿嗤荣曰：但自苦气力，何时复施用乎？荣笑不应。及为太常，元卿叹曰：我农家子，岂意学之为利，乃至是哉？"此事最为论者所嗤鄙，以为当时为学之所愿，乃如此也？然《汉书·夏侯胜传》言："胜每讲授，常谓诸生曰：士病不明经术，经术苟明，其取青紫，如俛拾地芥耳。"其言与桓荣亦何以异？然其议武帝庙乐，谓其亡德泽于民，不宜立，讼言诏书不可用。侃侃直节，何其贤也？岂徒志于富贵者而能如是哉？事何可以一端论也？人之为学，为荣利计者，固或不免。然能有所成就者，后必稍易其初志，不然，未有能有所成就者也，亦且终不能久持之。以予所见，无不如此者。然则桓荣之不弃所学，谓其徒为垂老之荣利计，亦浅之乎测丈夫矣。

崔浩论

　　往读史，尝怪五胡人据中原，中原士大夫皆伈伈伣伣而为之下，曾未有处心积虑，密图光复者；今乃知崔浩则其人也。浩仕魏历三世，虽身在北朝，而心存华夏，魏欲南侵时，恒诡辞饰说，以谋匡救；而又能处心积虑，密为光复之图；其智深勇沉，忍辱负重，盖千古一人而已。徒以所事不成，遂致所志不白，尚论者徒以北朝名臣目之，岂不哀哉！

　　浩之败，《魏书》云以史事，此说实不待深思，即知其非实。何者？魏史之作，始于邓渊，而浩继之。浩初与史事，在神䴥二年，同作者有浩弟览、高谠、邓颖、晁继、范亨、黄辅等，秉笔者非浩一人也。平凉州后，以浩监秘书事，而高允、张伟，共参著作，则浩不过“总裁而已”。（《高允传》允之言如是，此非虚语也。）魏于史事，忌讳最甚，而其诛戮最酷，孰敢显揭其恶？浩书果触其忌，闵湛、郗標，安敢以刊石为请？恭宗素谨慎，亦安得而善其请？浩也内文明而外柔顺，为人写《急就章》以百数，必称“冯代强”，以示不敢犯国，其谨也如此，而岂轻于一掷者哉？史称浩述国事，备而不典，而石铭显在衢路，往来行者，咸以为言，（此《魏书》之辞。《北史》云：北人咸悉忿毒，相与构浩于帝，其辞较《魏书》为重。可见浩事情形，传者并不深悉，后人以其见戮之酷，臆测其触怒北人必深，加重其辞，延寿遂据之以窜易《魏书》耳。）一似浩举北人不可告人之隐，尽行宣泄者。然事发之后，浩仅伏受赇，是有虚美之辞，而无瘅恶之实也。浩之见诛，同作史者一无所问，仅高允于浩被收时召入诘责，终亦见释。后允久典史事，所续者仍浩故事也，其犯触者安

117

在？或曰：浩之死，僮吏已上死者百二十八人焉，安得云无所犯触？此亦不善读史之过。《北史·允传》载游雅之言，谓浩被诏责时，声嘶股战，不能一言；而允敷陈事理，申释是非，辞义清辩，音韵高亮。夫允之为人，岂强于浩？而是时能如是者，浩之所坐，本非史事，允实明知故也。世祖敕允为诏，自浩已下僮吏已上百二十八人，皆夷五族，允持疑不为，频诏催切，允乞更一见，及见，则曰："浩之所坐，若更有余衅，非臣敢知。直以犯触，罪不至死。"观此言，浩案之真情，跃然可见矣，允徒以史事见诘，又何惧焉？

《宋书·柳元景传》：元景河东解人。曾祖卓，自本郡迁于襄阳。从祖弟光世，先留乡里，魏以为河北太守。光世姊夫为司徒崔浩，魏之相也。元嘉二十七年，拓跋焘南寇汝、颍，浩密有异图，光世要河北义士为浩应。浩谋泄，被诛。河东大姓坐连谋夷灭者甚众。光世南奔得免。《魏书·浩传》言：浩之诛，清河崔氏无远近，范阳卢氏，太原郭氏，河东柳氏，皆浩之姻亲，尽夷其族。《卢玄传》言：玄，浩之外兄。玄子度世，以浩事，弃官逃于高阳郑罴家。罴匿之。使者囚罴长子，将加捶楚。黑戒之曰："君子杀身以成仁，汝虽死勿言。"子奉父命，遂被考掠，至乃火爇其体，因以物故，卒无所言。度世后令弟娶罴妹，以报其恩。度世四子：渊、敏、昶、尚。初玄有五子，嫡惟度世，余皆别生。崔浩之难，其庶兄弟常欲害之，度世常深忿恨。及度世有子，每戒约令绝妾孽，以防后患。至渊兄弟，婢贱生子，虽形貌相类，皆不举接，为识者所非。郑罴之于度世，交义未知如何，然亦何至杀其子以全亡命之人？疑浩之义图，度世与罴皆与焉。元丕谋逆，子隆、超皆与，而其后妻之子，绝不与闻。(《魏书·神元平文诸帝子孙传》)杨侃与庄帝图尔朱荣，尔朱荣入洛，侃时休沐，得潜窜归华阴。后尔朱天光遣招之，立盟许恕其罪。侃从兄昱，令侃出应，假其食言，不过一人身殁，冀全百口。侃往赴之，遂为天光所害。(《魏书·杨侃传》)当时士大夫之见地，固如是也。北朝严嫡妾之别，因之嫡庶兄弟，忮刻亦深，读《颜氏家训·后娶》篇可知。度世之诚妾孽，盖实由其隐痛之深，非之者未识其苦心耳。《宋书》之为实录无疑矣，而信之者绝少，司马公作《通鉴》，亦不之取，(见《考异》。)岂不异哉？

　　浩称北魏名臣，然细观所言，便见其无一不为中国计者。神瑞二年秋，谷不登，王亮、苏垣劝明元迁邺，浩力阻之，盖不欲北族荐居中国，抑亦虑其因饥而至，诒害于民也。宋武之伐姚秦，魏外朝公卿，咸欲发兵断河上流，勿令西过。又议之内朝，咸同外计。明年，晋齐郡太守王懿降魏，上书劝绝宋武后路，明元因欲遣精骑南袭彭城、寿春。以宋武当日兵锋之锐，姚秦衰弱之甚，魏即发兵，亦未必能为晋害，然究多一敌。浩又力阻之，其以存中国，更显而易见。明元使太武监国，意自别有所在，说详另条，浩之力赞之，则似以其母为汉人之故。是时太武年尚少，逮其成长，其气质乃纯乎为一鲜卑人，则非浩所能逆料也。时适闻宋武之丧，明元因欲取洛阳、虎牢、滑台，浩又力阻之。歆之以南金象齿羽毛之珍不求而至之利，怵之以裕新死，党与未离，兵行其境，必相率拒战，功不可必之害，其为中国计，又情见乎辞矣。明元不听，遂遣奚斤南伐。议于监国之前，曰：先攻城也？先略地也？公孙表欲先攻城，而浩请先略地。曰：分军略地，至淮为限。列置守宰，收敛租谷。滑台、虎牢，反在军后，绝望南救，必沿河东走。若或不然，即是囿中之物。读史者观北兵马饮长江之役，六州荒残，河南遂不可守，以此为猾夏之上策，谓浩为魏计甚深，殊不知魏是时之兵，绝非太武自将时比。宋虽将多怯懦，兵力亦尚充足。魏处代北，声援悬隔，偏师南下，安能列置守宰，至于淮上？是时之争河南，必也力攻数大镇，以破南朝设守之局。《公孙表传》言：明元欲先略地，盖尝动于浩之议，然其后自将而南，亦力攻虎牢，盖用兵形势实如是。浩之言似为北朝计，实为中国计也。太武欲用兵于僭伪诸国及北狄，浩无不力赞之，盖引其力以他向，使不专于中国；抑亦欲疲之也。攻赫连昌之役，《浩传》言：世祖次其城下，收众伪退。昌鼓噪而前，舒陈为两翼。会有风雨从东南来，扬沙昏冥。宦者赵倪进曰：今风雨从贼后来，我向彼背，天不助人；又将士饥渴，愿陛下摄骑避之，更待后日。浩叱之曰：是何言与？千里制胜，一日之中，岂得变易？贼前行不止，后已离绝，宜分军隐出，掩击不意。风道在人，岂有常也？世祖曰善，分骑奋击，昌军大溃。然据《昌传》：则昌军行五六里，世祖冲之，其阵尚不动；及分骑为左右以犄之，世祖坠马，流矢中掌；则是役实为幸胜。不顾风雨及将士饥渴而徼幸于一决，此岂用兵之法？浩殆以是误魏与？神䴥二年，议击蠕蠕，朝臣内外，尽不欲行，孙太后尤固止之，而浩坚主宜出。是时宋方议北伐，浩盖欲分魏兵力，而此役遂至大捷，柔然远遁，高车降者甚多，反为魏之大利，则宋不能乘机，魏太武之雄勇实为之，非浩谋之不臧也。俄魏南藩诸将，表宋大严，欲犯河南，请兵三万，先其未发逆击之，因诛河北流民在界上者，绝其乡道，足以挫其锐气，使不敢深入。先声夺人，实用兵之长策。浩乃訾诸将欲南抄以取赀财，为国生事，非忠臣，盖欲一举而杜武臣之口矣。太武闻赫连定与宋文帝遥分河北，欲先事定，诸将以宋师犹在河中为疑，浩又决宋无北渡意，岂能灼知其然？其欲分魏兵力，犹素志也。太武之伐沮渠牧犍也，奚斤等三十余人阻之，浩赞之。世皆多浩读书能致用，此亦为史籍所误。当时之所争者，军行有无水草，古弼、李顺等言："自温圉河以西，至于姑臧城南，天梯山上，冬有积雪，深一丈余，至春夏消液，下流成川，引以溉灌。彼闻军至，决此渠口，水不通流，则致渴乏。去城百里之内，赤地无草，又不任久停军马。"浩则曰："《汉书·地理志》称：凉州之畜，为天下饶。若无水草，何以畜牧？又汉人为居，终不于无水草之地筑城郭立郡县也。"夫李顺等所言者，乃姑臧城外之事，浩所言则凉州全州。所攻在于姑臧，城外果无水草，他处纵极丰饶，何益于事？立城郭者诚不于无水草之地，然自汉至魏，水道岂无变迁？然则太武之幸成，亦以沮渠牧犍未能决渠以困敌耳。浩之所以教太武者，实为危道，浩岂不之知，盖亦欲以是误魏也。凉州既平，浩劝不徙其民，太武不听。后搜于河西，诏浩诣行在所议军事。浩仍欲募徙豪强大家，以充实凉土，军举之日，东西齐势，以攻蠕蠕，此仍是引魏外向以疲其力之志，其为中国计，岂不深且远哉？

《浩传》言：浩从太宗幸西河太原，登憩高陵之上，下临河流，傍览川域，慨然有感，遂与同寮论五等郡县之是非，考秦始皇、汉武帝之违失，好古识治，时伏其言。寇谦之属其撰列王者治典，并论其大要，浩乃著书二十余篇，上推太初，下尽秦汉变弊之迹。大旨先以复五等为本。两晋以降，善封建者固不乏其人，然浩之言此，则似别有深意。当时世家大族，在各地方之势力颇强，其心未尝不恶北族而欲驱除之，然皆手无斧柯，故终无所成就。拓跋氏设用浩说而行封建，代北之族，受封者固必多，然必亦间以汉族之名臣宿将。客族在中国，虽据数百里之地，必无能为，而汉族之世家大族，向仅为郡县之长，堡坞之主者，各获君其土而子其民，则情势大异矣。《高允传》言：浩荐冀、定、相、幽、并五州之士数十人，各起家郡守。恭宗谓浩曰："先召之人，亦州郡选也在职已久，勤劳未答，今可先补前召外任郡县，以新召者代为郎吏。又守令宰民，宜使便事者。"浩固争而遣之。允闻之，谓东宫博士管恬曰："崔公其不免乎！苟逞其非，而校胜于上，何以能济？"以浩之深沉，岂不知为危道？然必固争之者，得毋为登高一呼四山响应之计邪？郡县虽无根柢，亦时或为合从讨伐之资，而况于封建乎？浩之言此，必别有深意矣。

不独崔浩，即寇谦之亦有心人也。《魏书·释老志》：谦之自言，尝遇仙人成公兴，将之入嵩山。历年，谓谦之曰：兴出后，当有人将药来，得但食之，莫为疑怪。寻有人将药而至，皆是毒虫臭恶之物。谦之大惧，出走。兴还问状，谦之具对。兴叹息曰：先生未便得仙，政可为帝王师耳。又言：有牧土上师李谱文，来临嵩岳，云老君之玄孙，为牧土宫主，领治三十六土人鬼之政，地方十八万里有奇。其中为方万里者有三百六十方，以嵩岳所统广汉平土方万里授谦之。而《浩传》载谦之谓浩曰：吾行道隐居，不营世务，忽受神中之诀，当兼修儒教，辅助泰平真君，继千载之绝统。其非忘情于世可知。《释老志》言：谦之以始光初奉其书而献之，时朝野闻之，若存若亡，未全信也，崔浩独异其言，因师事之，受其法术，上疏赞明其事。《浩传》亦言：谦之每与浩言，闻其论古治乱之迹，常自夜达旦，竦意敛容，无有懈倦。既而叹美之曰：斯言也惠，皆可底行，亦当今之皋陶也。但世人贵远贱近，不能深察之耳。二人之互相标榜，果何为哉？太武之攻赫连昌，太尉长孙嵩难之，乃问幽征于谦之，谦之对曰必克。神䴥二年攻蠕蠕，谦之亦赞之，且固劝太武穷讨。其于浩，可谓如骖之靳矣。浩不好老、庄之书，尤非毁佛法，而独信谦之，宁有是理？浩在道武之世，不过以工书在左右耳，及明元世，忽与军国大谋，岂真以其尝授经书哉？明元好阴阳术数，而浩中以《易筮》及《洪范五行》，彼堕其术中，固其所也。太武好用兵，浩则以征伐中其欲，然亦未尝不侈禨祥。浩之毁佛法也，《释老志》谓其以为虚诞，为世费害。谦之之虚诞，未知视佛为何如？《志》又言：恭宗见谦之奏造静轮宫，必令其高不闻鸡鸣狗吠之声，欲上与天神交接，功役万计，经年不成，乃言于世祖曰："人天道殊，卑高定分，今谦之欲要以无成之期，说以不然之事，财力费损，百姓疲劳，无乃不可乎？必如其言，未若因东山万仞之上，为功差易。"世祖深然恭宗之言，但以崔浩赞成，难违其意，沉吟者久之，乃曰："吾亦知其无成，事既尔，何惜三五百功？"于佛则病其费害，于老则助其怪迂，浩之悖至是哉？二人之相比周，其意居然可见矣。毛修之虽终没于魏，实未尝忘华夏。《传》言朱修之俘于魏，（毛）修之经年不忍问家消息，久之乃访焉。（朱）修之具答，并云："贤子元矫，甚能自处。"（毛）修之悲不得言，直视良久，乃长叹曰："呜呼！"自此一不复及。亦可哀矣。（《南史·毛修之传》）而其得不死，实以谦之营护故。谦之岂无心于中国者哉？

　　《崔玄伯传》云：始玄伯因苻坚乱，欲避地江南，于泰山为张愿所获，本图不遂，乃作诗以自伤，而不行于时，盖惧罪也。及浩诛，高允受敕收浩家，始见此诗，允知其意，允孙绰录于《允集》。然则浩之乃心华夏，实不自浩始。即其藏机于密，亦不自浩始，而终于泄露。其事因魏人讳饰之深，遂无可考见，然仍有可微窥者。《卢玄传》云：浩大欲齐整人伦，分明姓族，玄劝之曰："夫创制立事，各有其时，乐为此者，讵几人也？宜其三思。"浩当时虽无异言，竟不纳，浩败颇亦由此。然则浩谋之泄，似仍是汉人发之也。

　　浩所拥右者为王慧龙。慧龙，《传》言其自以遭难流离，尝怀忧悴，乃作祭伍子胥文以见意。生一男一女，遂绝房室。布衣蔬食，不参吉事。时制：南人入国者，皆葬桑干；而慧龙临没，乞葬河内。虽重私仇，亦非昧于民族大义者。鲁轨谓其非愉之子，殆不足信。又北方诸国中，最不服魏者为凉州人，而张湛、宗钦、段承根，皆与浩善。钦、承根皆与浩俱死，湛亦仅而得免。浩之所善者如此，其为人不弥可见哉？

山　涛

《通鉴》陈武帝永定三年：周以霖雨，诏群臣上封事极谏，左光禄大夫猗氏乐逊上言四事，其三以为选曹、补拟，宜与众共之。今州郡选置，犹集乡间，况天下铨衡，不取物望，既非机事，何足可密？（案事见《周书·逊传》，今本有阙文。）胡三省《注》曰：“以此观之，选曹、补拟，皆密奏于上，盖自晋山涛启事始也。”案《晋书·涛传》言：“涛再居选职，十有余年，每一官缺，辄启拟数人，诏旨有所向，然后显奏，随帝意所欲为先，故帝之所用，或非举首。众情不察，以涛轻重任意，或谮之于帝，故帝手诏戒涛曰：夫用人惟才，不遗疏远卑贱，天下便化矣。而涛行之自若。一年之后，众情乃寝。”涛之掌选，为世所艳称，其实上不逆人之意，而行之既久，下之人亦知用舍之皆出于上，而己不任其恩怨，乃巧于逢迎趋避之为耳。《外戚传》：王蕴，“累迁尚书吏部郎，性平和，不抑寒素，每一官缺，求者十辈，蕴无所是非。时简文帝为会稽王，辅政，蕴辄连状白之曰：某人有地，某人有才。务存进达，各随其方，故不得者无怨焉”。其所为亦涛之类也。

《陈书·徐陵传》：天康元年，迁吏部尚书，领大著作。陵以梁末以来，选授多失其所，于是提举纲维，综核名实。时有冒进求官，喧竞不已者，陵乃为书宣示曰："所见诸君，多踰本分，犹言大屈，未喻高怀。若问梁朝朱领军异亦为卿相，此不踰其本分邪？此是天子所拔，非关选序。梁武帝云：世间人言有目色，我特不目色范悌。宋文帝亦云：人世岂无运命，每有好官缺，辄忆羊玄保。此则清阶显职，不由选也。秦有车府令赵高直至丞相，汉有高庙令田千秋亦为丞相，此复可为例邪？"此犹张释之言：方其时上使使诛之则已，已下廷尉，则天下之平，不可倾也。专制之世，人主举措，诚有不能以法范围者，然此等要以少为佳。《晋书·王戎传》："南郡太守刘肇贿戎筒中细布五十端，为司隶所纠，以知而未纳，故得不坐，然议者尤之。帝谓朝臣曰：戎之为行，岂怀私苟得，正当不欲立异耳。帝虽以是言释之，然为清慎者所鄙，由是损名。"天子能颠倒赏罚，而不能移易清议；清议有力，则终足以纠正赏罚，使不至于大悖。此足见与众共之利，而秘密之终成壅蔽矣。

专制之世，人主之威，似可以为所欲为矣；然壅蔽既深，亦有时而不得行其意。《北史·景穆十二王传》：元修义，"迁吏部尚书。及在铨衡，唯事货贿，授官大小，皆有定价。时中散大夫高居者，有旨先叙，上党郡缺，居遂求之；修义私已许人，抑居不与。居大言不逊，修义命左右牵曳之。居对大众，呼天唱贼。人问居曰：白日公庭，安得有贼？居指修义曰：此坐上者，违天子明诏，物多者得官，京师白劫，此非大贼乎？修义失色，居行骂而出。后欲邀车驾论修义罪状，左仆射萧宝夤喻之，乃止。"先叙之旨不得行，邀驾论罪不得达，虽有雷霆之威，亦何所用之乎？

论沮渠牧犍之死

史事之委曲难知，无如元魏之甚者。《魏书·沮渠蒙逊传》云：世祖遣李顺迎蒙逊女为夫人，会蒙逊死，牧犍受蒙逊遗意，送妹于京师，拜右昭仪。世祖又遣李顺拜牧犍使持节侍中都督凉、沙、河三州西域羌、戎诸军事车骑将军，开府仪同三司，领护西戎校尉凉州刺史河西王。牧犍尚世祖妹武威公主。牧犍淫嫂李氏，兄弟三人传嬖之。李与牧犍姊共毒公主，上遣解毒医乘传救公主，得愈。上征李氏，牧犍不遣，厚送，居于酒泉。上大怒。既克，犹以妹婿待之。其母死，以王太妃礼葬焉，又为蒙逊置守冢三十家，改授牧犍征西大将军，王如故。初官军未入之间，牧犍使人斫开府库，取金银珠玉及珍奇异物，不更封闭，小民因之入盗，臣细荡尽。有司求贼不得。真君八年，其所亲人及守藏者告之，上乃穷竟其事。搜其家中，悉得所藏器物。又告牧犍父子多畜毒药，前后隐窃杀人，乃有百数。姊妹皆为左道，明行淫佚，曾无愧颜。始蜀宾沙门曰昙无谶，东入鄯善，自云能使鬼治病，令妇人多子，与鄯善王妹曼头陇林私通，发觉，亡奔凉州。蒙逊宠之，号曰圣人。昙无谶以男女交接之术，教授妇人。蒙逊诸女、子妇，皆往受法。世祖闻诸行人言昙无谶之术，乃召昙无谶。蒙逊不遣，遂发露其事，拷讯杀之。至此，帝知之。于是赐昭仪沮渠氏死。诛其宗族，惟万年及祖皆牧犍兄子以前先降得免。是年，人又告牧犍犹与故臣民交通，谋反，诏司徒崔浩就公主第，赐牧犍死。牧犍与主诀良久，乃自裁，葬以王礼，谥曰哀王。及公主薨，诏与牧犍合葬。公主无男有女，以国甥亲宠，得袭母爵为武威公主。此中疑实甚多。夫以魏法之酷，使牧犍早有毒公主之事，降下之日，待之安得如是其厚？河西中毒，闻于代北，遣医往救，犹获全济，毒药杀人，有如是其缓者乎？《外戚传》言：世祖平凉州，颇以公主通密计助之，故宠遇差隆，诏李惠之父盖尚焉。然主死之后，仍诏其与牧犍合葬，则其恩义未绝可知。牧犍之亡，自以兵力不敌，何待密计？公主亦未闻其聪敏能与闻政事，又何密计之能通？然则太武伐牧犍时，诏公卿为书让之，以烝淫其嫂、公行耽毒、规害公主为其罪状，乃诬罔之辞，抑此书辞犹不知其果为当日原文，抑出来后附益也？府库所藏，巨细荡尽，有司求贼不得可也，并斫开府库者而不知，无是理也。所亲人及守藏者欲告牧犍，岂不能于此时告之？即谓不然，有司岂不能拘而问之？《本纪》言：太武入姑臧，收其府库珍宝不可胜计，然则《蒙逊传》语纯为虚辞矣。《释老志》言昙无谶习诸经论于姑臧，与沙门智嵩等译涅槃诸经十余部，又晓术数禁咒，历言他国安危，多所中验。蒙逊每以国事谘之。神麚中帝命送谶诣京师，惜而不遣，既而惧魏威责，遂使人杀谶。谶死之日，谓门徒曰：今时将有客来，可早食以待之。食讫而走使至，时人谓之知命。智嵩亦爽悟，笃志经籍，后乃以新出经论于凉土，教授辩论幽旨，着涅槃义记，戒行峻整，门人齐肃，知凉州将有兵役，与门徒数人欲往胡地，道路饥馑，绝粮数日，弟子求得禽兽肉，请嵩强食，嵩以戒自誓，遂饿死于酒泉之西山，弟子积薪焚其尸，骸骨灰烬，惟舌独全，色状不变，时人以为诵说功报。《释老志》之言固难尽信，然与所谓发露其事，拷讯杀之者，何大不相类也？况蒙逊诸女、子妇皆与谶淫通，蒙逊欲杀谶，何患无辞，而必发露其淫佚之事乎？诸行人亦何敢以此术闻于世祖哉。《李顺传》言谶有方术，世祖诏顺令蒙逊送之京邑，顺受蒙逊金，听其杀之，世祖克凉州后闻而嫌顺。与前文所言世祖克统万赐诸将珍宝杂物，顺固辞，惟取书数十卷者，未免判若两人。《传》又言顺凡使凉州十有二返，世祖称其能，而蒙逊数与顺游宴，颇有悖慢之言，恐顺东还泄之朝廷，寻以金宝纳顺怀中，故蒙逊罪衅得不闻报，崔浩知之，密言于世祖，世祖未之信。大延五年议征凉州，顺议以凉州乏水草，不宜远征，与崔浩廷静，浩固执以为宜征。世祖从浩议，及至姑臧，甚丰水草，世祖与恭宗书以言其事，颇衔顺，谓浩曰：卿昔所言，今果验矣。浩曰：臣之所言虚实，皆如此类。《浩传》言凉州之役，世祖命公卿议之，奚斤等三十余人皆曰其地卤斥，畧无水草，大军既到，不得久停，彼闻军来，必完聚城守，攻则难拔，野无所掠。于是尚书古弼李顺之徒皆曰自温圉河以西，至于姑臧城南，天梯山上，冬有积雪，深一丈余，至春夏消液，下流成川，引以溉灌，彼闻军至，决此渠口，水不通流，则致渴乏，去城百里之内，赤地无草，又不任久停军，奚斤等议是也。世祖乃命浩以其前言与斤共相难抑，诸人不复余言，惟曰彼无水草。浩曰：《汉书·地理志》称凉州之畜为天下饶，若无水草，何以畜牧？又汉人为居，终不于无水草之地筑城郭立郡县也。又雪之消液，才不敛尘，何得通渠引漕溉灌数百万顷乎？李顺等覆曰：耳闻不如目见，吾曹目见，何可共辩。浩曰：汝曹受人金钱，欲为之辞，谓我目不见，便可欺也。世祖隐听闻之，乃亲出见斤等，辞旨严厉，形于神色，群臣乃不敢复言。然则谓顺受赚者，崔浩之辞也。抑此说亦非其实。夫浩所言者，凉州不得无水草，所该甚广，而顺等则专指姑臧城外而言，所攻在于姑臧城外，若无水草，军马自难久停。凉州水草纵饶，何益于事？至于雪之消液，究竟才不敛尘，抑可通渠引漕灌溉，更不待辩而自明矣。况言凉州无水草，发自奚斤，主之者三十余人，又安得独责顺也。然则世祖果嫌顺，必非以凉州无水草之议，顺之受金，自属虚诬，而谶之死，是否以其有男女交接之术，更不待辩矣。然则牧犍果曷为死哉？曰牧犍之死在真君八年三月。是时盖吴之乱方定，盖吴者，卢水胡，与沮渠氏同族。《蒙逊传》：蒙逊子秉以父故，拜东雍州刺史，险谈多端，真君中与河东蜀薛安都谋反，送至京师，付其兄弟，扼而杀之。安都者，与薛永宗同举义，永宗则与盖吴同举义者也。沮渠氏与西域关系颇密。魏晋以降，所谓胡者，种类极杂，而要以西域胡之程度为最高。盖吴之党曰白广平，白亦西域姓也。盖吴之举义也，应之者有散关氏，有李闰羌，有屠各，有蜀，有新平安定诸夷酋，吐京朔方诸胡及诸山民，盖几合北方诸族而与魏为敌矣。《释老志》言凉州自张轨后，世信佛教，敦煌地接西域，村坞相属，多有塔寺。大延中凉州平，徙其国人于京邑，沙门佛事皆俱东，像教弥增矣。世祖即位，富于春秋，锐志武功，每以平定祸乱为先，虽归宗佛法，敬重沙门，而未存览经教，深求缘报之意，及得寇谦之道，帝以清净无为有仙化之证，遂信行其术。时司徒崔浩博学多闻，帝每访以大事，浩奉谦之道，尤不信佛，与帝言，数加非毁，常谓虚诞为世费害，帝以其辩博，颇信之。会盖吴反杏城，关中骚动，帝乃西伐，至于长安。先是长安沙门，种麦寺内，御骚牧马于麦中。帝入观马，沙门饮从官酒，从官入其便室，见大有弓矢矛盾，出以奏闻。帝怒曰：此非沙门所用，当与盖吴通谋，规害人耳。命有司案诛一寺，阅其财产，大得酿酒具及州郡牧守、富人所寄藏物，盖以万计。又为窟室，与贵室女私行淫乱。帝既忿沙门非法，浩时从行，因进其说，诏诛长安沙门，焚破佛像，勅留台下四方，一依长安行事。然则佛法之废，实因盖吴举义而见疑忌，谓由崔浩进说者，亦诬。牧犍之见杀，其故更不问可知矣。所以诬之以淫乱者，以是时沙门适有淫乱之迹，而昙无谶先以见召为蒙逊所杀，遂以是诬牧犍而并及于谶。其实谶之见召及其见杀，自以其与闻国政，或借佛教之力以结援于柔然及西域故也。此与所谓斫开府库多畜毒药者，同为莫须有之辞。鲜卑习于淫乱，太武既以是诬沮渠氏，后人乃又亿测谶之见求，必以其通于房中术之故，诬人者转以自诬矣，岂不诡哉！

牧犍之平也，《本纪》言徙凉州民三万余家于京师，则其所徙者颇众，而凉州人多不服魏。据《魏书》《北史》列传，宗钦、段承根皆与崔浩同死，承根父晖以欲南奔见诛，张湛与浩甚密，赠浩诗、颂，浩常报答，及浩被诛，湛惧，悉烧之，闭门却扫，庆吊皆绝，仅而得全。湛兄铫，浩礼之亦与湛等。浩乃蓄志反魏者，牧犍既有异图，其故臣民与之交通，宜也。秉无论矣，即万年与祖，初虽背国，后仍以谋叛魏见诛，然则沮渠氏之不服魏者，亦非牧犍一人也。牧犍死，魏仍以王礼葬之，则虽以与故臣民交通见诛，而实未尝声其罪。所以然者，魏自知窃据，最讳言人之叛之，其杀崔浩以史事为名，亦由是也。

论度量

——论宋武帝与陈武帝

什麼叫度量？度是尺一类的东西，所以定长短的，量是升斗一类的东西，所以定多少的。总而言之，是所以定物之大小。这解释谁不知道？然而普通言语中所用的度量两字，却并非这个意思。普通言语中所谓度量，非以指物而指人，且非指人的身体，而系指人的心境。一个人，和其胸襟宽大，能够容纳异己，不和人分派角立，而总把人家看作自己人，这个人，在我们语言中，就称为度量大。反之则称为度量小。这亦是人人懂得的，看起来，似乎平淡无奇。然而人的事业成就之大小，甚至有无成就，都是决之于此，决不可以轻视。

章太炎先生曾经有过一句感慨的话。他说："中国的人才，愈到后世愈衰落了。所以当异族凭陵之际，出而主持国事的，只会做赵匡胤、做秦桧，却不会做魏武帝、做宋武帝。"后者是能安内，亦能攘外的，前者却只会诛锄异己，以求得苟安了。这话可谓很有道理。这种成就的大小，就是决之于其度量的大小的。

魏武帝的度量，是相当大的。历史上说他因图篡汉而逼死荀彧等，全是不正确的话。我在《三国史话》中，业经替他辩白过了。若宋武帝，则实在并不是什麽度量大的人。他于事业，虽亦有相当的成就，只是时会为之。倘使他的度量再大一些，则其所成就，必尚不止于此。这话怎样说呢？原来当五胡十六国之世，北方较强大而又占据中原之地的，只有前后赵、前后燕、前后秦六国。前后赵东西对立，前赵为后赵所并。后赵亡后，前燕、前秦又东西对立，而前燕为前秦所并。后赵和前秦，都曾一度统一北方。后赵的石虎，一味淫虐，不能再图进取。前秦的统一，还要比后赵彻底些。苻坚的为人，亦较有大志。公元三八三年的淝水战役，他倾国入犯，是有意于统一全中国的。倘使这时候，没有一支善战的北府兵，加以打击，汉族的全被异族所征服，怕不待胡元之世了。淝水之战后，前秦瓦解，北方又分为后燕、后秦两国。看似东西对立，仍和前后赵、前燕前秦对立的局面一样。实则北方累经丧乱之后，元气大伤，国势都已衰微不振了。于是后魏崛起于塞外，后燕为其所破，分而为南北燕，都变成了小国；后秦亦为后魏所破，其北边又为夏所侵扰，国力亦更疲敝了。而后魏之强，亦不过恃一好战的道武帝，逞其野蛮之气，强迫其众以作战，乘敌之弱，而取胜于一时。道武帝死后，明元帝继立，其才墨远非道武之比，国势亦中衰了。这时候，南方如能振作，恢复北方，实在并不甚难。讲到南方内部，则其土地甲兵，北方除短暂的统一时期外，本尚不能与之相比。而其名义之正，足以维系人心，更非僭偽诸国所及。自晋朝东渡以后，北方丧乱时起，可乘的机会很多。其所以不能恢复，非因时势艰难，实由内部矛盾深刻之故。原来元帝立国建康，即今之南京，对于长江上流，即今湖南北、江西地方，实非其控制之力所及，乃皆使重臣居之。而这些重臣，都只求逞个人的野心，而并不想替民族御侮。王敦、桓温算是两个最有能力的人，眼光也都只看着国内，想攘夺建康的政权。这和北洋军阀时代，皖系、直系、奉系，没有一些世界眼光，只想攘夺北京的政权，正是一样。到孝武帝之世，才有一支北府兵，兴于现在的镇江地方。这一支军队中，可谓俊人如林，所以苻坚倾国入犯，竟被他打败。东晋中央政府的声势，自此一振。上流最后的军阀桓玄，因这一支军队的首领刘牢之倒戈，获遂其篡窃之愿。他得志之后，立刻把这一支军队解散，以为没有问题了；然仍给这一支军队中的人物起义所打坍；这一派人物，于是掌握了全国的政权；而其首领，便是宋武帝。所以宋武帝是南方一个新兴的优胜的派系的首领，而兴起于北方诸国衰微不振之时的。倘使他度量大，能用人，合群策群力以向北方，恢复中原，决非难事。惜乎宋武帝度量太小，和他并肩而起的人，一个个都被他谋害或排挤掉；所信任的，只是自己手下名位较低的战将。虽亦有相当的能力，资格声望，都不免差一些，不足以独当一面。所以恢复之业，卒不能成。他所倚为心腹的，是个策士一流的刘穆之，自己出去用兵时，后方的事情，都是付托给他。他以四一〇年灭南燕，因邪教余党卢循、徐道覆在后方作乱而还，把他们平定了。四一三年又遣兵平定了现在的四川。到四一六年，又自己带兵出去，把后秦灭掉。于是长安、洛阳一时恢复。那时候的凉州，就是现在的甘肃和宁夏、青海一部分之地，虽有许多小国分立，都是无甚力量的。北燕自更不及南燕。只有后魏，打破了后燕之后，占据了现在河北省的大部分、河南省的北部和山西全省，倒是一个较为强大之国。然而正值中衰之日，亦决不能和宋武帝抵抗的。宋武帝灭后秦之后，本亦有意在北方留驻几年，经营这一带地方。倘使这一着而能够做到，北方的恢复，就真正不成问题了。不幸这时候刘穆之忽然死了。宋武帝对于后方的事情，放心不下，只得撤兵而回。那麼，新定的关中如何呢？他对于资格声望和自己差不多的人，是向来不肯重用的。所用的，都是些自己手下的人，不足以互相统摄。只得留了一个小儿子，和一班战将，留守其地。这如何守得住呢？于是实力不足，性情却很剽悍的赫连勃勃，乘机南下。留守诸将，心力不齐，内部哄争，不暇御外，长安就再失陷了。宋武帝登城北望，流涕而已，终于无力再举。恢复之图，自此成为画饼。这是何等的可怜？

虽然如此，宋武帝不甚彻底的成功，但是他的成就，也不是徼幸而致的。原来东晋的积弱，固由于兵力之不足，上流的将帅和中央政府矛盾的深刻；亦由于经济的困窘。当桓玄在上流跋扈、国内和平岌岌不可保持之日，中央的财政就穷极无聊。官员不论大小，都只能每天领到七升米的口粮。晋朝的度量衡，还沿袭着古制，只抵得现在五分之一。如此，七升米只有现在的一升四合了，这如何可以过活？其中别无门路的，自然苦得和现在的公务员一样。然而豪门资本却极活跃，这时候，并不能将现款汇存国外，亦不能到外国去买卖产业。乃挟其封建势力，加紧的向农村剥削。当时太湖流域，是全国精华所萃，国计民生都是靠它支持的。（见《宋书·孔靖传论》。）可怜，老百姓却给他们剥削得不成样子。当时的邪教徒，所以能够在这一带地方作乱，弄得元气大伤，就是这一班豪门资本的作祟。宋武帝平定桓玄之后，首先整饬纲纪。对于这一种恶势力，尽量加以惩治。这件事情，就是刘穆之帮他办的。在《宋书·刘穆之传》里，说得很为明白。所以刘穆之虽有策士的才能，却不是一个不懂得政治，而只会使些阴谋诡计的策士。而宋武帝，也不只是一个军事上的首领，而对于政治亦是有相当的能力。如其只靠兵力和策略，而政治一塌糊涂，那就连宋武帝这点成就也不会有了。

宋武帝虽因度量不足，事业的成就受到限制，然而，南北朝之世，却有一个度量很大的人。其事业，虽因所遭遇的时势，十分艰难，从表面上看来，所成就的，还不如宋武帝之大，然此乃时势为之；论其人格及能力，实在远出宋武帝之上。若非此人，汉族的全为异族所压服，真不待胡元之世了。这个人是谁？那就是陈武帝。

陈武帝是吴兴长城县人。长城就是现在浙江的长兴县。他服官岭外，做了广州刺史萧映的僚佐。当南北朝之世，现在的越南，还隶属于中国。其地称为交州。因距离中央政府远，服官其地的人，率多贪污暴虐，以致时时激起民变。梁武帝时，有个唤做李贲的，起而背叛中国，兵锋颇锐，征讨之兵多失利。陈武帝却把他打平了，因此做了冯要太守。（今广东高要县。）

梁武帝在位，年代最久。当其时，南朝平安无事，北朝却龙争虎斗，终至分为东西两国。倘使南方而早有豫备，这时候，欲图恢复，自更有机可乘。苦于梁武帝并非其人。他确是个学者，而且笃信佛教，似乎应该胸襟宽大，不甚计较利害，无如他生性狭窄，也犯了个度量太小的毛病。这只要看他属于重要的州郡，都要派自己的子、孙、弟、侄去充当刺史、太守；他的子、孙、弟、侄，好的不过是个庸才，坏的则贪污暴虐，无所不至，竟没人敢告诉他，便是个确实的证据。他既无恢复的豫备，却又想乘机侥幸。当东魏高欢死后，其专制河南的大将侯景，不服他的儿子，举地来降，梁武帝便想乘机恢复北方，派自己的侄儿贞阳侯渊明去接应他。兵力既已腐败，渊明又非将帅之才，一战而败，为魏所禽。侯景也败退到梁朝境内。又不听候梁朝的处置，而自用兵力，袭据寿阳（今安徽寿阳），梁朝亦不能加以制裁。不久，侯景竟兴兵造反，渡江攻击台城，建康宫城。各地方援兵云集，都互相观望，不能一战。到后来，只得和侯景讲和，开城放他入内。梁武帝以八十六岁的高龄，并饮食亦受其裁节，终至饿死。偏信自己子弟的结局，至于如此，真是悲惨绝伦了。

梁武帝既死，侯景立其太子简文帝为皇帝。这自然是有名无实的，京城里的大权，都在侯景手里。梁武帝的子孙，做大州刺史的本不少。其中最有实力的，是他的第七个儿子湘东王绎。此时做着荆州刺史，占据着现在湖北的江陵。其余或在侯景造反纷乱中坍台，或给湘东王吞并了。只有梁武帝的孙儿岳阳王詧，做雍州刺史，占据了湖北的襄阳，他投降了西魏，西魏拥护着他，因此未为湘东王所吞并。侯景既据建康之后，次第攻破了现在江苏、浙江两省中长江以南、浙江以北之地。又把江苏、安徽两省中长江以北的义兵，也都打破了。虽然因为他暴虐，各地方的人民，宁死不和他合作，反抗的还是纷纷不绝，然而不过是游击式的，正式的军队，几乎没有了。广大的面，虽然不能控制，点与线，可以说暂时被他控制着。他便要派遣军队，溯江而上了。他的军队，顺利地通过了江西，直达湖北。攻破了郢州，就是现在的武昌。又进攻巴陵。此时荆州的形势，可说是很为危险。幸而湘东王手下，有个大将，唤做王僧辩，把他的兵，打得大败，恢复了郢州。即向现在的江西追击。

读史的人，都说西南之地，影响到大局，是近世的事。如明桂王据云、贵、两广，以拒清兵；太平天国起于广西；孙中山革命之始，亦从西南着手；此后护国、护法，以及最近的抗战，都以西南为根据。的确，西南的影响于大局，是从近代开始的。然这只是说运用西南的地方。至于起自西南的人物，建立关系全局的大功业，则当第六世纪时，业经开始了。当侯景乱梁之日，宁州，就是现在云南的曲靖县，这是当时的中国在现在云南省里第一个重要的去处，其刺史徐文盛，即率兵数百人，北上赴难。在湘东王手下，也算是一个重要的军官。这也是一个桀出的人物。惜乎他的意志，还嫌不壳坚强。侯景的兵西上时，湘东王派他去抵御。他的家小，先被侯景所俘虏，侯景至此送还了他，他便丧失了斗志，因此兵败下狱而死。王僧辩代将，才算把侯景打败。陈武帝的为人，就大不相同了。

陈武帝亦起自偏隅，他的兵力，亦很有限，何以能建立不世之勋呢？那就是由于他抗敌意志的坚强，和其待人的豁达大度。当李贲造反之时，做交州刺史的，也是梁朝的宗室，名唤萧谘。他被李贲所逐，逃到广州。梁朝驻扎在广州的，还有一个武官，官名为南江督护。做这官的，先是卢安兴。他手下有几员勇将，那便是杜天合、杜僧明兄弟和周文育。这时候，卢安兴死了。他的兵由他的儿子卢子雄统带，而杜僧明做他的副手。萧谘逃到广州后，朝命卢子雄进攻交州。其时正值初夏，疫疠方兴，交、广之地，是不利行军的。子雄请等到秋天。而萧谘和萧映不肯，强迫他进兵，子雄不得已，率兵上道。走到如今的合浦县，兵士因患病者多，都逃散了。子雄不得已还兵。萧谘就诬他通敌。朝命赐死。军中不服，奉其弟子畧为主，进攻广州。这可说是萧谘、萧映等一班纨袴子弟，既不懂得兵机，而又性情急躁，恣意横行所撞出来的大祸，倘使当时没有陈武帝，怕不但交州不恢复，连广州也要有问题了。幸得陈武帝统兵来援，把一班叛将，打得大败。杜天合战死，杜僧明、周文育均被擒。陈武帝打算把广州先安定下来，俘获了杜僧明、周文育，不但不加迫害，而且都引用他们，做不重要的兵官。他的事业的基础，就建立在这个眼光远大、豁遂大度上了。到侯景攻破台城之后，广州刺史，业经换了元景冲。你道这元景冲是谁？他乃是北朝好战的道武帝的六世孙。他的父亲，唤做元法僧。是当北方丧乱之日，来投南朝，想借南勑之力，回去捞些油水的。梁武帝亦颇想利用他，因资助他的兵力不足而无成。这时候，元法僧已经死了，元景冲却被任为广州刺史。他本是北朝人，岂有效忠于南朝之理？而正因其本系北人，和侯景却易于勾结。侯景便想利用他，树立自己在岭外的势力。陈武帝起兵把他讨平。这时候，人心都是看重亲贵的，陈武帝乃迎接梁朝的宗室定州，（今广西郁林县）刺史萧勃，做广州刺史。谁想这萧勃又反对陈武帝。陈武帝派杜僧明带了两千个兵做先锋，驻扎在如今广东、江西的边界上，要想北出。萧勃不知何故，倒要想阻止他。陈武帝不听，萧勃便派个心腹去做曲江县的县令，叫他和当时割据南康的蔡路养合力，阻止陈武帝。陈武帝把蔡路养打败了。又有一个高州，今广东阳江县刺史李迁，名为出兵勤王，实图割据地盘，占据着吉安一带，和陈武帝相持。陈武帝也把他打败了，直进兵江西的北部。此时正值王僧辩向东追击侯景，陈武帝的兵，便和他在今江西德化县境相会，其时为五五二年。

侯景的政权，是完全建立在武力上的。巴陵一败，兵力销耗了大半，自然站立不住。大兵东下，很快就把他平定了。当他从巴陵败还之日，便更倒行逆施，把简文帝废弑，而立了他的侄儿豫章王栋。旋又废之而自立。于是湘东王亦正位江陵，是为梁元帝。梁元帝在这时候，总算是名正言顺的，理应可以自立。然而他因度量太小而又失败了。梁武帝的第六个儿子，唤做邵陵王纶。他在少年时候，也是很不谨饬的。援台的时候，却还算出力。惜因兵力不济而败。他在长江下流，不能立足，逐步退却到郢州。梁元帝忌他，派王僧辩把他逼走。他逃到今应山县境的汝南，被西魏攻杀了。于是今之湖北省，自汉水以东，全入于西魏。梁元帝不敢抵抗。到后来，却又有一个兵最精而援台最不出力的柳仲礼，投降了侯景。侯景派他西上，他又投降了梁元帝。这正和现在的偽军反正一样，原是不可轻信，不该轻赦的。梁元帝却又想利用他，以从事于内争。竟用他做雍州刺史，叫他去攻击岳阳王。岳阳王大惧。便把王妃、世子，送到西魏去做个质当，请求救援。西魏为之出兵，击擒柳仲礼。如此，梁元帝又危险了。乃亦以儿子为质于西魏，西魏乃收兵而还。梁武帝的第八个儿子武陵王纪，是久做益州刺史，雄据四川夭府之国的。当侯景篡位之后，他亦自称为帝，举兵东下。梁元帝遣兵拒之于峡口。又暗中嗾使西魏，进取益州。武陵王腹背受敌，兵败而死。益州因此亦入于西魏。梁元帝在此时，因为内争，业经失地万里了。即使宝位可以坐稳，也得"内疚神明，外惭清议"。他却志得意满，甘心做西魏的尾巴。难道相信西魏要用他做反齐基地，定要援助他，替他诛锄异己麽？真要排除异己，自己手下，也总该有一两个心腹人。梁元帝却其实没有。王僧辩总算是他最得力的大将了。然而有一次，他竟因发怒，用刀把他砍伤。当时王僧辩闷绝在地，元帝还把他送下监狱。后来因岳阳王的兵逼近了，才把他赦出，再用他的。有一个唤做王琳的，他的姊妹，都入元帝的后宫，可说是最亲切的裙带关系了。王琳自然是个不成器的小子。可是他在白相人社会中，却有些地位。他倒确是有几个心腹党徒的。他亦颇能够打仗。平侯景之时，颇有战功。他的军队，纪律坏得实在不成话了，王僧辩不能制止，言之于元帝。元帝把他唤到江陵，下之于狱。他手下的人造反了。攻陷了湘州。今长沙。元帝这个人，是吃硬不吃软的。你若无拳无勇，对他再忠赤些，他也会辜负你。你若有实力，能够胁迫他，威吓他，他倒又屈伏了，于是又把王琳赦出任用。王琳这个人除掉是元帝的小舅子之外，是别无地位的，其不会背叛，自然可以相信。元帝却还猜疑他，把他调到岭外。于是在江陵附近，有些战斗力的军队一支也没有了。当他做皇帝的时候，自巴陵以东，至于建康，江北之地，业已失尽。巴陵以西，算有一部分地方，在于江北，也只到现在湖北的荆门县为止。自此以西，四川之地，又已失去了。他却对于敌国，还是坦然不疑。当建康平定之后，便发生还都与否的问题。他手下的人，分为两派：一派主张还都，一派则主张不必。他赞成了不还都的一派。这大约因江北已失，江陵、建康，同是赤露，而建康又经兵燹，破坏太甚，就拿来做战争的根据，也是无用的。而且这时候，东魏已为高齐所篡，和南朝时有些边疆上的问题，西魏则在形式上还是和好的，虽然业经攫取广大的权利而去。这也不能算绝无理由。国际之无信义久矣，梁朝的专务内争而又无用如此，难道西魏定要他做尾巴麽？

长江下游，自侯景平定后，是王僧辩坐镇建康总持大局，而陈武帝居京口今镇江。以御北齐的。汉奸首先发难的，是侯景的北道行台郭元建，他本来驻扎在新秦（今六合），侯景平后，奔齐，发动了齐兵七万，还攻新秦，被陈武帝赴援所击却。不久广陵地方今江都有一个义民起义，被齐兵所围攻，陈武帝正在赴援，王僧辩此时大约对齐已有绥靖的意思了，和齐国信使往还，允许把广陵割让，陈武帝只得退还，这是五五二年之事。不久，因王琳部下反抗，王僧辩被征往上流，陈武帝代镇扬州，这时候，梁元帝如能把王僧辩留在下流，而将下流之事，全交给陈武帝，西魏之兵，未必敢贸然入犯，至少不敢以轻兵深入，无如梁元帝不敢轻易信任人，他和陈武帝的关系，自然较王僧辩为浅。到五五三年，郭元建又想从安徽地方，渡江袭击建康，报达江陵，梁元帝又派王僧辩东下，坐镇姑熟。今安徽当涂县。于是上流地方，全然空虚了，梁元帝自以为甘心做西魏的尾巴，西魏决不会和他无端启衅，孰知两国之间本无信义，以利害论，占有其地，总比借人家来做御敌基地好，西魏见江陵附近，守备空虚，远方虽有强兵，短时间赴援不及，遂生觊觎之心，这一年九月里，突然兴兵五万入犯，路过襄阳，岳阳王詧又起兵随从着他，兵至江陵二十八日而城陷，事在十一月中。梁元帝被俘，为敌所杀。梁元帝落得如此下场，原只是咎由自取，无足深惜，然而老百姓却因他外交政策的错误而受累了，江陵十余万人被西魏悉数虏作奴婢，得免的只有二百余家。

这是当时汉族退守南方以来，中央政府被少数族摧毁的第一次，幸亏陈武帝和王僧辩在下流，迎立元帝的小儿子敬帝于建康，汉族的朝廷才算维持不坠。然而福无双至，祸不单行，西魏既逞凶于西，高齐又造祸于东，汉族政府的命运，这时候真是千钧一发，非有天赐智勇，度量迈众之人，断不能挽此危局了。

　　高齐的南犯，性质和西魏是不同的，西魏是有深谋远虑的，他发动自己的力量，取得江陵，将岳阳王迁于其地，而把襄阳取去，又另派军队，驻守江陵，而册岳阳王为帝。如此，岳阳王在名义上是高升了，实际上已不成为国，是西魏一举而兼灭了江陵和襄阳，较之利用他们做尾巴以作御齐基地，更进一步了，若北齐，则其政府颇为腐败，并不能乘南方之危，发动大兵进取，只是想利用几个汉奸，从中取利而已。虽然如此，以是时南北实力的悬绝，汉奸的众多，其情形还是很危险的。

　　王僧辩在梁元帝时，所建立的功业，不算不大，地位也不算不高，论理，他对于自己的晚节，应该深自爱惜，然而私心太重，专替一己打算的人，总是靠不住的，到利害关头，就不免要动摇了。五五五年，北齐利用前此被俘的贞阳侯的无耻，派兵送他回国来做皇帝，王僧辩派老将裴之横，拒之于东关（在今安徽巢县境），以力尽援绝而败。东关离江南很近，南朝这时候，并不是更无兵力，王僧辩为什麽派他以孤军御敌，而不豫筹救他，这是很可疑的。没有证据的罪状，我们且不必论他，而到这时候他确是动摇了，便派人和贞阳侯接洽，以（一）齐兵不渡江，（二）立敬帝为太子为条件，允许迎立他。齐国的军队，是腐败的，未必肯渡江力战；引狼入室，放虎自卫的计划，未必有多大把握，于是贞阳侯也答应了。王僧辩就在这条件之下，把他迎入建康。贞阳侯既即僞位，宣布大赦，只有萧詧和宇文泰是例外，这不是知道国耻家雠，只是以齐人之外交为外交而已，可谓做尾巴的极致矣。

　　萧渊明是以七月入建康的。九月里，陈武帝派大将侯安都走水路，自己走陆路，去袭击王僧辩。王僧辩猝不及防，和其儿子，逃登城楼，拜伏乞命，大失体面，到底被陈武帝明正其罪，把他诛戮了。于是废渊明，复立敬帝，南朝又恢复了独立的地位。

陈武帝的大功，还不在于诛戮王僧辩。当时敌国睥睨，汉奸踊跃，加以王僧辩这样一个有大权的军人，断不能没有徒党的，于是内忧外患，相逼而来了。王僧辩死后，他的兄弟王僧智，占据了吴郡。女婿杜盒，占据了吴兴。后来王僧智不能立足，也逃到杜龛那里去了。还有一个张彪，本来是讨侯景的义兵，立场很正的，却因王僧辩很敷衍他，也起兵在浙东扰乱。还有一个韦载，是久随王僧辩的，这时候，正做义兴太守，（今宜兴县。）也起兵抗拒陈武帝。张彪的扰乱，比较不关重要。杜龛和韦载，都是处于当时的腹心之地的，不能不从速戡定。陈武帝乃派自己的侄儿借，就是后来的陈文帝，去攻杜龛，周文育去攻韦载。杜龛是个粗人，无能为的，被困了。韦载却饶有智勇，他搜寻到陈武帝的旧兵数十人，都长于弩射，他派亲信人监视着他们，和他们约明：“倘使发十支弩箭而没有两支命中，便处以死刑”，这班人技术真好，居然发无不中。周文育不能取胜，陈武帝只得自己去。刚得了初步的胜利，反动的叛将，倒又勾结着齐兵，渡江而来了。

叛将是谁？一个是王僧辩的亲戚徐嗣徽，另一个是侯景的旧将，为梁元帝所赦用，后来又叛奔北齐的任约。他俩乘江南守备空虚，以五千人渡江而来，直逼建康。这时候，留守建康的是侯安都，只用三百人，就把他们打败了。可是因为众寡悬殊，虽然战胜，不能驱逐他们，台城西北的石头城，为其所据。北齐又续发五千人，占据了姑熟，做了个后方的兵站。另派一万人，马一万匹，并运米三万石，从胡墅（今浦口）渡江，输入石头。

这真是危急存亡的时候，陈武帝的豁达大度，乃在此时显出作用来。他派韦载的族弟入城，告诉韦载以诛戮王僧辩之故。韦载这时候，大约也被国家民族的大义感动了，便开诚投降。陈武帝坦然，就把义兴交给韦载的族弟，而将韦载引置左右，使参谋议。派周文育移兵往讨杜仑，而自己回兵御敌。

陈武帝问韦载以御敌之策。韦载说："我们饱经战乱，虽然战于境内，敌兵反饱，我兵反饥，这是一个很危险的形势。东路一带，是我们仅有的资源，倘使敌兵散入其地，加以破坏，我们就大事去了。现在得赶快筑垒，守住要道，不让他们进入东路，一面派兵截断他们的粮道，才能把形势转变过来。"这的确是个良谋，陈武帝立刻采用了它。便派韦载去筑城，派兵守东路。派侯安都夜袭胡墅，烧毁了敌人的粮船。又派另一个将领，唤做周铁虎的，用水兵断其运输之路。于是齐人的接济，只得从胡墅上流的采石几而来，徐嗣徽见形势紧急了，留兵守着石头城，自己带着一支兵到采石几去迎接。不久，就和任约带了齐国的水兵万余人回来。陈武帝把他打得大败。把石头城围困起来。又把他的汲道断绝了。城中一合水要换一升米。叛将和敌兵，到这时候再难支持了，乃派人求和。

这些叛将和敌兵，本该把他彻底击溃的。在当时的形势之下，或者也非不可能。然而南朝的国势，实在衰敝极了。倘使兵连祸结，总觉得形势是不利的。所以举朝文武，都愿与北齐言和，而敌帅在这种不利的形势下，也还敢提出"要以陈武帝的子侄为质"的条件。

主持国事的人，到底是"公忠体国"的？还是只计算自己和亲戚嬖幸几个家族的利益？到这时候，就遇见了试金石了。陈武帝这个时候，并没有儿子在身边。侄儿中可以作质的，只有个年未弱冠的陈昙朗，当时尚在京口。陈武帝对众说道："敌国的和议，是靠不住的。但是我在这时候，坚持不许，诸位一定疑心我爱惜自己的子侄。我现在就把这个侄儿弃之于敌国。将来敌人如其背盟，还是要仰仗诸公的力量，一心作战的。"这种真诚的言辞，慷慨的态度，真足使百世之下，读之者感动流涕了。陈武帝怕昙朗畏惧逃走，牵动大局，自己到京口去，把他迎接了来，送到敌国。和议既定，乃释放齐兵出城。陈武帝陈列着大兵，监视他们渡江北去。这是五五五年冬天的事情。

到明年，齐人果然背盟了，三月里，徐嗣徽、任约和齐国大将五人，带了敌兵十万，从芜湖东北的裕溪口，渡江而南。这自非南兵所能阻御。北兵便从芜湖直到现在的秣陵关。跨据秦淮河，建桥而渡。这一来，建康的形势危急了。周文育、侯安都等本来被派出去御敌的，只得收兵而回，救援根本之地。

陈武帝又暗中抽出精兵三千，令其渡江，到现在的瓜步镇去，烧毁了敌人的粮船。齐兵因此大饥，至于杀驴马而食。然而恃其兵多，还是不肯就退，直越过锺山而来。

齐人不但恃其兵多。这时候，南军虽然战于国内，也是士不宿饱的。江南本是稻米的产区，然而这时候，陈武帝军中，还不如现在在东北作战的国军，仍有大米喫，而只有些麦粉。看这一端，便可推测其窘况了。也再不如现在驻扎在各地的军队，可以廉价买肉喫，仅仅乎有后方运来的三千只鸭。不患寡而患不均，鸭肉虽少，对于各军队的待遇，却是很平均的。掌管军食的人，把鸭都宰杀了，切成了块，很平均的，点明了块数，和麦粉拌在一起，用荷叶包起来，蒸成了麦饭，分发给各兵士。这是各军队都一样的，谁也不能独多。麦粉蒸鸭，真是我们民族战争的纪念食品了。虽然在当日，仅求充饥，味不必美，该比我们现在喫桂炉烧鸭，清汤整鸭有味儿些罢？

战争的时机到了，趁天未明时，人人吃饱，出兵大战，首尾齐举，把齐兵打得大败。

在阵上，把任约打死了，把徐嗣徽活捉了。敌国大将五人和其余的将领四十一人，也都被生擒了。这一次，再没有像冈村宁次、周佛海一般苟延残喘，幸遭赦免的机会。都给陈武帝把他们明正典刑。陈昙朗也就在这种情形下，作为野蛮的报复主义的牺牲品，也算是"为国捐躯"了，该比现在每天花二百美元，住在外国旅馆中的贵妇人，心安理得些罢？

经过这一次自力的胜利战争以后，北朝再不敢正视南朝，南朝便算危而复安，绝而后续了，这真是陈武帝的大功。他所以能成此大功，与其说是他战畧、战术的卓绝，还不如说是由于他有过人的度量。因此之故，在他手下，就决无所谓派系。只有本来和他敌对，而后来归附他的人，决没有本合他在一起，而分裂出去的人。前文所述及的周文育、韦载，不过是他所用敌将的两个，他手下这种人多着呢！赵瓯北先生的《廿二史札记》，曾经把他们的名氏一一列举出来。读者如不厌其详，尽可以按其所举，把《陈书》的列传翻阅，现在为避免辞费，恕不一一列举了。然而现在，我们已可得到评量英雄的试金石。"一个人能够成功与否？就要看他的度量如何。"

因为叙述陈武帝，使我猛然记起一件五十年前的事来。那时我年仅十余龄，读袁子才的《小仓山房文集》，其中有一段汉高祖论，大意是说：汉高祖灭掉项羽之后，对外妥协太早了。倘使他当时发一个命令，令韩信、彭越、英布等北向以攻匈奴，则匈奴可以早摧，而诸臣的才力，有一用之途，内部的矛盾，反可以消弭了。袁子才并不是什麽史学家，这一篇又是他十余龄时的少作，自然于史事不能尽合，然而其中仍含有甚大的道理，所以五十年前所读的书，我至今没有忘掉。"南国是吾家旧物"，不要看轻了前代的偏安，当时并无外援可得，南方较之北方，在种种方面，都居于劣势的地位，而能靠自力站定，也是不容易的。最早据南方自立的吴大帝，度量便不在小，谓予不信，有诗为证：

野旷吕蒙营，江深刘备城。寒天催日短，风浪与云平。洒落君臣契，飞腾战伐名。维舟倚前浦，长啸一含情。

这是我国第一大诗人杜子美，生当唐玄宗的时候，遭逢了安史之乱，流离到川楚地方，看见了吕蒙破荆州，陆逊败刘备的遗迹，而感慨起来的。确实，在吴大帝当日，能推心置腹，信任周瑜、鲁肃、吕蒙、陆逊一班人，也是不容易的，他固然不是什麽理想人物，然而较之唐玄宗，确是值得纪念得多了。他亦能使南方粗安，唐玄宗却怎样呢？这更有诗为证：

天宝末年时欲变，臣妾人人学圆转。中有太真外禄山，二人最道能胡旋。禄山胡旋迷君眼，兵过黄河疑未反。太真胡旋惑君心，死弃马嵬念更深。从兹地轴天关转，五十年来制不禁！

这是唐朝最以通俗着名的诗人白乐天，看见一种西域来的舞技，唤作"胡旋舞"的而感赋的。的确，外有骄将，内有嬖妇人，他们是穷奢极欲，盛极一时了，老百姓却因此铸定了苦命五十年，而还没有什麽转机，天下可交给这等人吗？

蔡子民论

　　蔡子民先生死了。先生的事业，人所共知，无待叙述。先生的功绩，亦众所共见，不烦赘论。今论其较不为人所注意者。

　　学术为国家社会兴盛的根原，此亦众所共知，无待更行申说。然要研究学术，却宜置致用于度外，而专一求其精深。此非谓学术可以无用；学术之终极目的，总不外乎有用，这是无可否认的。但以分工合力之道言之：则人之才性，各有所宜，长于应付实务者，既未必宜于探索原理。即就探索原理论、学术研究的对象，极为繁多，长于此者，亦未必长于彼。又况研究愈精，则所搜集之材料愈多；各种学问之间，其相互关系亦益密；兼收并蓄，断非一人之力所克胜。所以事功学问，不得不判为两途；而学术又不能不分科；抑且学问愈发达，则分科愈详密。中国人对于学术，非不重视，然于此，颇嫌其未达一间。所以以学术事功，相提并论，总不免有轻学术而重事功之见。而且谈起学术来，还要揭举着“有用之学”四字。其实学问只分真伪，真正的学术，哪有无用的呢？我们做一件极小的事情，可以不假思索，想到就做，稍大的，便不能不先立计划，岂能指计划一段为无用，实行一段为有用？事功学术的所以要分途；学术之中，所以又要分立科目；也不过因其规模更大，要实行计划，就得分人担任；寝假而计划之中，再分为若干部分罢了。安得有贵彼贱此之见？又安得指其某一部分为有用，某一部分为无用呢？此等浅见，成为舆论，就不免盲动而无计割，或则计划粗而不精；甚且鉴于一切事物，自谓能知，实则浮泛而不确实；要想详立计划，亦苦无所据依了。

当国家社会遭遇大变局之时，即系人们当潜心于学术之际。因为变局的来临，非由向来应付的错误；即因环境急变，旧法在昔日虽足资应付，在目前则不复足用。此际若再粗心浮气，冥行搣涂，往往可以招致大祸。昔人于此，观念虽未精莹，亦未尝毫无感觉。所以时局愈艰难，人们所研究的问题，反愈接近于根本。五胡乱华时期，玄学、佛学、极其兴盛；辽、金、元侵入时期，理学大为发达；即由于此。向来的议论，都指此为不切实际，空谈误国。其实学术之为利为害，正自难言。五胡的乱华，辽、金、元、清的侵入，其原因自极深远复杂，即使当时的学者，尽弃其幽深玄远之学不谈，岂必其短期之间，必能有济于事？而理学讲尊王攘夷，严义利之辨，重君子小人之别，遂使中国之民族主义，植下深厚的根基，异族的压迫愈甚，我族之反抗亦愈力。虽停辛苏苦，百折千回，而卒能达其目的，又安能不归功于理学的栽培呢？试看明清之际，抗节不屈，以其心力，栽培光复的根基的，全是一班理学名儒，就可知无用之用了。

自西力东侵以来，新旧相形，情见势细，正是我国的文化，需要一个大变动的时期。中国却迟迟未能走入此路。清代考据之学，极为兴盛。其人实自视为无用之学，（他们至多谓非借重于此，则不能知圣人之道而已，并不敢以知圣人之道自居。即此就比宋学家自视欿然得多了。）不过因深嗜笃好，不能自己而为之，此种精神，颇与近代科学精神相契合。倘使中国的学者，能本此精神，以治近代的新科学，必能有所发明，至少亦能尽量输入。无如向来有学问的，多不通外国语言文字。教会所翻译的书籍，则与国人机缘不相契，不能引起研究的兴味。而尽瘁于旧学的人，因时局的紧张，反有舍弃其纯粹治学的精神，而趋于应用之势。试看嘉道以后，古文经之学，转变而为今文。由庄刘而龚魏，自龚魏而廖康；梁任公是最爱好考据的人，其早年的议论，却力诋考据之学为破碎无用，（在清末，梁氏发行《新民丛报》时，此等见解，尚变化未尽。）便可知此中消息。职是故，中国近代，需要纯科学甚亟，中国近代学者的精神，其去纯科学反愈远。这是一个很严重的问题。看似无关实际，其实此为整个民族趋向转变的一个大关键。非此中消息先有转变，时局是不会有转机的。

当此之时，最为需要的，是有力者的登高一呼。最适宜于负此责任的，自然是国立大学。然而国立的学校，往往奄奄无生气，甚而至于守旧顽固，与新机为敌。于此，孑民先生的功绩，就不可没了。在他主持北京大学以前，全国的出版界，几乎没有什麽说得上研究两个字的，自然指书店而言。（私人自行刊印，在此时代，根本不会发生甚麽影响。）不是肤浅的政论，就是学校教本，或者很浅近的参考用书。当这时代，稍谈高深学术，或提倡专门研究，就会被笑为不合时宜。此种风气，在今日，年在三十左右的青年，都不会知道了。这就是受孑民先生之赐。至于我，则是在三十五岁以前，时常听到此项议论的。还记得在民国八九年之间，北京大学的几种杂志一出；若干种书籍一经印行；而全国的风气，为之幡然一变。从此以后，研究学术的人，才渐有开口的余地。专门的、高深的研究，才不为众所讥评，而反为其所称道。后生小子，也知道专讲肤浅的记诵，混饭吃的技术，不足以语于学术，而慨然有志于上进了。这真是孑民先生不朽的功绩。《秦誓》曰："若有一介臣：断断兮，无他技。其心休休焉，其如有容焉。人之有技，若己有之，人之彦圣，其心好之，不啻若是其口出，实能容之，以能保我子孙黎民，当亦有利哉！"这几句话，现在看来，似极陈旧了。其实所谓休休有容之度，不论做什麽事，都极紧要的。惟如此，才能用天下之才而不仅自用。须知一个人的聪明才力，总是有限的。"自用则小"虽出于僞《古文尚书》，确是名言至理。所以鲁欲使乐正子为政，孟子曰："吾闻之，喜而不寐。"问起他的理由来，则是"其为人也好善"。再追问他的理由，则是"人将轻千里而来，告之以善"。孑民先生主持北大，所以能为中国的学术界，开一新纪元，就由其休休有容的性质，能使各方面的学者同流并进，而给与来学者以极大的自由，使其与各种高深的学术，都有接触，以引起其好尚之心。讲学看似空虚无用，其实风气的转变，必以此为原因。风气是推动时代的巨轮。风气一转变，就无论什麼事情，都转变了。这真是昔人说璀机，所谓"其机甚微，而所动者大"。有康长素先生的私人讲学，然后有甲午战后风气的转变；有蔡孑民先生的主持北京大学，然后有五四运动以来风气的转变。将来作中国史的，必以此两位先生为推动时代的巨擘，虽然现在各人的爱恶不同。

孑民先生自己的学术，亦有其相当的价值。孑民先生的宗旨，在于提倡美育。他说：人最紧要的是"化除小己"。小己怎样化除呢？他说：人道主义的大阻力为"专己性"，而美感为专己性的良药。为什麼呢？因为美感不独曼丽的，又有刚大。人而能感觉刚大之美，则"小己益小益弱，寝至遁于意识之外"，而"所谓我相者，即此至大至刚之本体"。此项美育的宗旨，施之于一般人民，是无效的。因为其太觉抽象了，多数人所能感到的，是现实的生活，谁知道什麼本体现象呢？况且孑民先生的所谓美，不免囿于传统的思想，偏于自然方面。我则以为人最素朴的，而亦最真实的，是自己的生活。构成自己的生活的，就是环我而处的人，亦就是社会。所以社会的惨舒，社会上人的苦乐，是最足以激动我的感惜，而亦是最足以培养人们的感情的。与其引导人以认识大自然的庄严，不如指示人以现社会的苦痛。积重如山，疾苦如海，苟能深切认识，自然视当世之所谓纷华靡丽者若土苴。既视当世之纷华靡丽者若土苴，自然能认识大自然的美丽了。历代遁世的高人，无不有一段悲天悯人的苦衷，潜伏在乐水乐山之后，就是为此。历来伟大的宗教家，如释迦，如基督，所以不讲涵养性情，专讲苦行，就是为此。他并非不讲美，而是他所激发的，便是天下至美的感情。

　　以上所说的，不过是我一个人的偏见，信笔乱写罢了。但即谓我的偏见为不误，孑民先生的学说，仍有其相当的价值。因为孑民先生是为旧时的士大夫阶级说法的。旧时的士大夫阶级，自然沿袭着旧时的修养观念，是偏于责人以明理的，对于感情的价值，未免太忽视了。先生的学说，适足以救其弊。在先生当日，原是针对此等风气立说的，所谓言各有当，原不能抹杀其背景，而妄加议论。所以我以上的批评，亦不过是我在今日的意见，借此发抒而已。

　　孑民先生的言行，我亦署有所知。但在此，可以不必叙述。因为我觉得：一个人的事迹，总是在暂不发表的文字上叙述为好。如是，则作者可以无恩怨之嫌，而读者也能深信不疑了。但有一语可以特别提出的，则孑民先生是有相当的俭德的。此语，是出于我的朋友汪君千顷之口。汪君是孑民先生的弟子，而今，他已在游击区域中，抗节不屈而成仁了。藉重汪君的人格，保证我此言之非私所好。

朝　代

禅让说平议

尧舜禅让之说，予昔极疑之，尝因《史通》作《广疑古》之篇。由今思之，其说亦未必然也。予昔之所疑者，俞理初《癸巳类稿》合《孟》《庄》《韩》《吕》《淮南》五书，谓尧失一子；又据《说文》《管子》《论语》，谓鲧为尧子，不得其死。予因疑鲧为尧长子，被杀。其说之误，另见《丹朱傲辨》条。又宋于庭《尚书略说》据《周官疏序》引郑《尚书注》，暨《尚书大传》及郑《注》，谓唐虞四岳有三：始羲和四子，为四伯；后驩兜、共工、放齐、鲧等八人，为八伯；其后则《尚书大传》称阳伯、仪伯、夏伯、羲伯、秋伯、和伯、冬伯，其一阙焉。郑《注》以阳伯为伯夷掌之，夏伯弃掌之，秋伯咎繇掌之，冬伯垂掌之，余则羲和仲叔之后。宋氏谓伯夷即《左氏》隐公十一年"夫许，大岳之胤也"之"大岳"；《国语·周语》"共之从孙四岳佐禹"，《史记·齐太公世家》"吕尚其先祖尝为四岳"之"四岳"，亦即《墨子·所染》《吕览·当染》之许由、伯阳，《大传》之阳伯；由与夷，夷与阳，并声之转。伯夷封许，故曰许由。《史记》尧让天下于许由，正傅会咨四岳巽朕位之语。（《路史·发挥·汤逊解》云："其逊四岳也，则许由已在其列矣。许，四岳之祚也。说者又奚必为异，而以尧之禅虚哉？"其《余论·论许由》曰："许，四岳之祚也。尧之逊于四岳，则由既在举矣，岂得云无此人邪？"则许由即四岳，罗氏早见及之矣。）予因谓四岳之三即在四罪之中。又共工、三苗皆姜姓，既见流窜，许由亦卒不得位，盖自炎黄以降，姬姜之争，至唐虞之际而犹烈也。其实郑以驩兜等四人为四岳，已臆说无确据，且四罪之中有鲧，亦黄帝之子孙也。以许由不能践位，而疑为姬姜之争，更无据矣。又《礼记·檀弓》言舜葬于苍梧之野，各书皆同。惟《孟子》谓舜生于诸冯，迁于负夏，卒于鸣条。《孟子·万章》上篇，及史公《五帝本纪》，言尧舜事皆与《书传》相符，可决为同用《书》说。《五帝本纪》及《索隐》引《书传》，皆有就时负夏之文，疑亦当有卒于鸣条之语。《书传》今已散佚，《史记》则为后人窜乱。下文云"南巡狩，崩于苍梧之野，葬于江南九疑，是为零陵"，非后人窜入，则史公兼存异说也。此说由今思之，仍为不误。惟当时又谓鸣条当近霍山，霍山实古南岳。后人移南岳于衡山，乃并舜葬处而移之零陵。鸣条为汤放桀处，疑舜败遁至此，则殊不然。鸣条实当在《禹贡》兖域，说见《论汤放桀地域考》条。又伯翳、伯益，实为一人。说见《唐虞之际二十有二人》条。当时余谓《夏本纪》"帝禹立而举皋陶荐之，且授政焉，而皋陶卒，而后举益，任之政"，谓禹行禅让，何以所传者反父子相继？则更不足疑矣。又《淮南子》谓"有扈氏为义而亡"，高《注》谓"有扈，夏启之庶兄，以尧舜举贤，禹独与子，故伐启"；《书甘誓序疏》亦有"尧舜相承，启独继父，以此不服，故伐之"之语，以为启之继世亦有干戈之争。然高《注》实据后人设说，《义疏》当亦相同。有扈为义，盖徐偃、宋襄之俦，非奉辞伐罪之谓。至诸子书中论尧、舜、禹事迹，近乎争夺相杀者甚多，然皆属后人设说，惟《韩非·说疑》引《记》，谓尧有丹朱，而舜有商均，启有五观，商有太甲，武王有管、蔡，五王之所诛者，皆父兄子弟之亲也；又《吕览》言鲧难帝舜事，或有史实为据耳。说亦见《丹朱傲辨》条。昔时所疑，盖无甚得当者。惟果谓尧、舜、禹之禅继，皆雍容揖让，一出于公天下之心，则又不然。《韩子》所引史记之文，即其明证。古代史事，其详本不可得闻。诸子百家，各以意说。儒家称美之，以明天下为公之义；法家诋斥之，以彰奸劫弑臣之危；用意不同，失真则一。昔人偏信儒家之说，以为上世圣人绝迹后世，其说固非；今必一反之视为新莽、司马宣王之伦，亦为未当。史事愈近愈相类，与其以秦汉后事拟尧舜，自不如以先秦时事拟尧舜也。自周以前，能让国者，有伯夷、叔齐、吴泰伯、鲁隐公、宋宣公、《春秋》（隐公三年）曹公子喜时（成公十六年）、吴季札（襄公二十九年）、邾娄叔术（昭公三十一年）、楚公子启（哀公六年）之伦。（又有越王子搜，见《庄子·让王》《吕览·贵生》，惟亦系借以明养生之义，其真相不可考。）既非若儒家之所云，亦非若法家之所斥。史事之真，固可据此窥测矣。然儒家所说，虽非史事之真，而禅继之义，则有可得而言者。《书》说之传者，今惟《大传》，而亦阙佚已甚。欧阳、夏侯三家，胥无可考。自当以《孟子》为最完。今观其说，则先立天子不能以天下与人之义，然后设难以明之。曰孰与之？曰天与之。天与之者，谆谆然命之乎？曰：否。天视自我民视，天听自我民听。故舜禹之王，必以朝觐讼狱之归，启之继世亦然也。所谓天与贤则与贤，天与子则与子也。故曰："唐虞禅，夏后、殷、周继，其义一也。"然则天之于下民亦厚矣，而何以仲尼不有天下？曰：无天子荐之也。何以益、伊尹、周公不有天下？曰：继世而有天下，天之所废，必若桀纣者也。如常山蛇，击首则尾应，击尾则首应，亦足以逃难而自信其说矣。当时虽莫能行，而国为民有之义，深入人心，卒成二千年后去客帝如振箨之局，儒者之绩亦伟矣。王仲任谓世士浅论，圣人重疑（《论衡·奇怪》）；刘子玄谓因其美而美之，虽有恶不加毁；因其恶而恶之，虽有美不加誉（《史通·疑古》）；于古人之说史事最为得实。康南海托古改制之论，已嫌少过，彼亦轻事重言，用信己见而已。今之论者，举凡古人之说，一切疑为有意造作，则非予之所敢知矣。

共工、禹治水

　　《礼记·祭法》言："共工氏之霸九州也，其子曰后土，能平九州，故祀以为社。"而《周语》以共工与鲧并列，谓其治水无功。此成败论人之辞，非其实也。《书·皋陶谟》载禹之言曰："予决九川，距四海，浚畎浍距川。"九者数之极，九川但言其多；四海谓中国之外；云"浚畎浍距川"，则但开通沟渎耳，初未有疏江道河之事也。此盖禹治水实迹。《禹贡》篇末云："九州攸同，四隩既宅，九山刊旅，九川涤源，九泽既陂，四海会同。"与《周语》所谓"封崇九山，决汩九川，陂障九泽，丰殖九薮，汩越九原，宅居九隩，合通四海"者，同为泛言无实之辞，盖皆相传旧文。其前分述九州治迹，及道山道水之文，则皆后人所附益也。此等附益之文，参观诸子，颇有可以互证者。《孟子·滕文公》上篇云："禹疏九河，沦济、漯而注诸海，决汝、汉，排淮、泗而注之江。"下篇云："水由地中行，江、淮、河、汉是也。"《管子·轻重戊》云："夏人之王，外凿二十虻，渫七十湛；疏三江，凿五湖，道四泾之水，以商九州之高，以治九薮。"《墨子·兼爱》中篇云："古者禹治天下：西为西河渔窦，以泄渠孙皇之水。北为防原、泒，注后之邸嘑池之窦；洒为底柱，凿为龙门；以利燕、代、胡、貉与西河之民。东方漏之陆，防孟诸之泽；洒为九浍，以楗东土之水；以利冀州之民。南为江、汉、淮、汝，东流之注五湖之处，以利荆楚、于越与南夷之民。"《庄子·天下》曰:"墨子称道曰:昔者禹之湮洪水决江、河而通四夷九州也,名山三百,支川三千,小者无数。禹亲自操橐耜而九杂天下之川。"《吕览·爱类》云:"昔上古龙门未开,吕梁未发,河出孟门,大溢逆流,无有丘陵,沃衍,平原,高阜,尽皆灭之,名曰鸿水。禹于是疏河决江;为彭蠡之障,干东土;所活者千八百国。"《新书·修政语》上篇云:"环河而道之九牧,凿江而道之九路,洒五湖而定东海。"(《说苑·君道》《淮南·要略》略同)《淮南·本经》云:"龙门未开,吕梁未发,江、淮流通,四海溟涬。舜乃使禹疏三江、五湖,辟伊阙,道廛、涧。"《人间》云:"禹凿龙门,辟伊阙。"《修务》云:"禹沐浴淫雨,栉扶风,决江疏河,修彭蠡之防。乘四载,随山刊木,平治水土,定千八百国。"皆就已所知之地理,极意敷陈,而不计其实,《禹贡》特其尤甚者耳。《说文·川部》云:"州,水中可居者。昔尧遭洪水,民居水中高土,故曰九州。"此乃州字本义。后土之所平,禹之所同,皆不过如此。《孟子》述水患情形曰:"草木畅茂,禽兽繁殖。五谷不登,禽兽逼人,兽蹄鸟迹之道,交于中国。"(《滕文公》上)又曰:"龙蛇居之,民无所定。下者为巢,上者为营窟。"(《滕文公》下)《淮南》云:"民皆上丘陵,赴树木。"(《本经》)又曰:"时天下大雨,禹令民聚土积薪,择丘陵而处之。"(《齐俗》)其言治水之功者:《管子》曰:"民乃知城郭门闾室屋之筑。"(《轻重戊》)《淮南》曰:"使民得陆处。"(《人间》)固无异于后土之所为。其为禹之佐者:禹自言之曰:"暨益奏庶鲜食。""暨稷播奏庶艰食鲜食。懋迁有无化居,蒸民乃粒。"(《皋陶谟》)《孟子》亦曰:"益烈山泽而焚之。""后稷教民稼穑。"(《滕文公》上)此亦厉山氏之子之所为耳,柱固先弃而为稷,厉山亦即烈山也。禹、益、弃之功,何以过于前人哉？而一蒙湛乐淫佚之名，一见称以明德之远，则甚矣世之有成败而无是非，而书之不可尽信也！

　　知《禹贡》、诸子所言禹事，皆以意敷陈之辞，则知鸿水之患，实未及于西方。河患情形，古今一也。诸书侈言凿龙门，通砥柱，辟伊阙，道廛、涧者，以当时人民，避水西迁，所见奇迹，实以龙门砥柱为大；而西河、伊、洛，又为有夏之居故耳。《淮南·地形》云："阖四海之内，东西二万八千里，南北二万六千里。水道八千里，通谷。其名川六百，陆径三千里。禹乃使大章步自东极，至于西极，二亿三万三千五百里七十五步。使竖亥步自北极，至于南极，二亿三万三千五百里七十五步。凡鸿水渊薮，自三百仞以上，二亿三万三千五百五十里。有九渊。禹乃以息土填洪水，以为名山。掘昆仑虚以下地。"《时则》云："中央之极，自昆仑东绝两恒山。日月之所道，江汉之所出众民之野，五谷之所宜，龙门、河、济相贯，以息壤湮洪水之州（庄逵吉云："《太平御览》此下有注云：禹以息土湮水，以为中国九州。州，水中可居也。"）。东至于碣石，黄帝后土之所司者，万二千里。"《吴越春秋·越王无余外传》云："禹乃案《黄帝中经历》，盖圣人所记。曰：在于九山，东南天柱，号曰宛委。赤帝在阙。其岩之巅，承以文玉，覆以盘石。其书金简，青玉为字，编以白银，皆球其文。禹乃东巡，登衡岳，血白马以祭，不幸所求。禹乃登山，仰天而啸。因梦见赤绣衣男子，自称玄夷苍水使者。闻帝使文命于斯，故来候之。非厥岁月，将告以期，无为戏吟。故倚歌覆釜之山，东顾谓禹曰：欲得我山神书者，斋于黄帝岩岳之下三月。庚子，登山，发石，金简之书存矣。禹退，又斋三月。庚子，登宛委山，发金简之书。案金简玉字，得通水之理。复返归岳，乘四载以行川。始于霍山，回集五岳。遂巡行四渎。与益、夔共谋。行到名山大泽，召其神而问之山川脉理，金玉所有，鸟兽昆虫之类，及八方之民俗，殊国异域土地里数。使益疏而记之。故名之曰《山海经》。"又云："于是周行宇内。东造绝迹，西延积石，南踰赤岸，北过寒谷。回昆仑，察六扈，脉地理，名金石。写流沙于西隅，决弱水于北汉。青泉、赤渊，分入洞穴。通江东流，至于碣石。疏九河于酒渊，开五水于东北。凿龙门，辟伊阙。平易相土，观地分州。殊方各进，有所纳贡。民去崎岖，归于中国。"其敷陈与诸子书同，而又杂以荒怪。然《洪范》云："鲧湮洪水，汩陈其五行，帝乃震怒，不畀洪范九畴，彝伦攸斁。鲧则殛死，禹乃嗣兴。天乃锡禹洪范九畴，彝伦攸叙。"《禹贡》云："禹敷土。"《商颂》亦云："禹敷下土方。"实与《淮南王书》《吴越春秋》，暨前条所引《山经》之言相通。盖古事之传于后者，仅有极简略之辞（如敷土之类），其详，皆后人以意附会，而荐绅先生之言，与齐东野人之语，遂至于大有径庭。若能深窥其原，则知其所附会者不同，而其为附会，初无以异。楚固失矣，齐亦未为得也。西方史家有言曰："史事者，众所共信之故事也。"岂不然哉！岂不然哉！

以息壤湮洪水者，谓以土填平低洼之区也。《山海经》言术器复土壤以处江水。复，即《诗》"陶复陶穴"之复，则就平地增高之也。此盖古代治水诚有之事，抑亦其恒用之法。神话中仍有人事，犹之寓言中之名物，非可伪造也。太子晋言共工堕高堙卑，即取土壤以填低地之事。其云壅防百川，壅者遏绝之；欲堙卑，斯必不免于壅川矣。防者，筑为堤防，《史记》所谓鲧作九仞之城以障水也。然则鲧与共工，徒知壅防湮复，而不知疏道，此其所以终败，而禹所以克成功与？夫如是，后土安能尸平九州之名，而为百世所禋祀也？然则禹之所以克享大名者，黄帝之族战胜共工之族，乃举洪水之患，治水之劳扰，悉蔽罪焉，而功则皆归诸禹也；抑禹之时，沉灾久而自澹也；不则避水西迁，渐抵河洛，其地本无水患也；三者必居一于是矣，或且兼有之也。其治水之劳，安民之惠，必无以大过于共工可知也。《管子·揆度》曰："共工之王，水处什之七，陆处什之三，乘天势以隘制天下。"则共工氏实居水乡，后土之能平九州，犹今荷兰人之与水争地也，其劳必不让于禹矣；其为民之所禋祀也，宜哉。《管子》又曰："至于黄帝之王，谨逃其爪牙，不利其器。烧山林，破增薮，焚沛泽，逐禽兽，实以益人，然后天下可得而牧也。"（《揆度》）又曰："黄帝之王，童山竭泽，有虞之王，烧曾薮、斩群害以为民利。"（《轻重戊》）烧山林、破增薮、焚沛泽者，益烈山泽而焚之也。焚之则山童矣。谨逃其爪牙、不利其器者，以焚烧逐禽兽，不利其器以与之斗也。前此盖尝与之斗矣，不如焚烧之之善也。竭泽即禹之浚川，斩群害则其刊木。然则禹治水之法，前人久用之矣。故曰：洪水至禹而平，非沉灾之久而自澹，则西迁之业至禹而成也；而共工与鲧皆被恶名，必非其实矣。

《淮南》言"共工振滔洪水，以薄空桑"，空桑在鲁，已见《少昊》条。《禹贡》言九州治迹，惟兖州独有降丘宅土之文，亦古史实迹之仅存者也。然则西迁之业，必至禹而大成；尧都晋阳，必非事实。《尧典》《皋陶谟》皆言洪水怀山襄陵，所谓山陵，亦水中州渚耳，非真出孟门之上也。《吕览》言黄、炎固用水火矣（《荡兵》），得毋是时水灾方甚，战时多决水以灌敌；而火攻之法，亦或得之烈山泽之余与？

夏都考

夏都有二：《汉志》太原郡晋阳《注》云："故《诗》唐国。"《左》定四年，祝佗谓唐叔封于夏虚，启以夏政。服虔以为尧居冀州，虞、夏因之。是夏之都，即唐尧旧都也。（金氏鹗《禹都考》云："杜预注《左传》云：夏虚、大夏，今太原晋阳是也。本于《汉志》，其说自确。《水经》云：晋水出晋阳县西县瓮山。郦道元《注》：县故唐国也。亦本《汉志》。乃臣瓒以唐为河东永安，张守节以为在平阳。不知唐国有晋水，故燮父改唐曰晋。若永安，去晋四百里；平阳，去晋七百里；何以改唐曰晋乎？"愚按臣瓒、张守节之言，盖泥《史记》唐叔封于河汾之东致误。不知古人言地理，皆仅举大概。太原固亦可曰河汾之东也。顾亭林引《括地志》：故唐城，在绛州翼城县西二十里，尧裔子所封，成王灭之，以封唐叔，以为唐叔始封在翼。不知《括地志》此文亦误。故又有唐城，在并州晋阳县北二里。全谢山已纠之矣。）《汉志》颍川郡阳翟《注》云："夏禹国。应劭曰：夏禹都也。臣瓒曰：《世本》禹都阳城。《汲郡古文》亦云居之，不居阳翟也。"（《礼记·缁衣正义》："按《世本》及《汲郡古文》皆云禹都咸阳。"咸阳乃阳城之误。）洪氏颐煊谓阳城亦属颍川郡，与阳翟相近。或禹所都阳城，实在阳翟。金氏鹗驳之，谓"赵岐《孟子注》：阳城在嵩山下。《括地志》：嵩山，在阳城县西北二十三里。则阳城在嵩山之南，今河南府登封县是也。若阳翟则在开封府禹州，其地各异。《汉志》于偃师曰殷汤所都，于朝歌曰纣所都，于故侯国皆曰国。今阳翟不曰夏禹所都而曰夏禹国，可知禹不都阳翟矣。"愚案古代命山，所苞甚广，非如后世但指一峰一岭言之。又其时去游牧之世近，民习于移徙；宫庙民居，规制简陋，营构皆易；不恒厥居，事所恒有。稽古都邑，而出入于数十百里之间者，不足较也。《国语·周语》："伯阳父曰：伊洛竭而夏亡。"韦《注》："禹都阳城，伊洛所近。"盖据《世本》，初说不误。而金氏引《史记》吴起对魏武侯之言，谓桀都必在洛阳。其拘泥之失，亦与此同也。金氏又谓"《史记·夏本纪》：禹避舜之子于阳城，诸侯皆去商均朝禹，禹于是即天子位。知其遂都阳城，盖即所避之处以为都也。"释"于是"字亦非是。《史记》此文，大同《孟子》。《孟子》及《史记》叙舜事，皆有"之中国践天子位"语。《集解》引刘熙曰："帝王所都为中，故曰中国。"虽未知当否，然必自让避之处后归建都之处可知。不然，即位之礼，岂可行之草莽之间哉？"于是"二字，指诸侯之朝，不指让避之地也。予谓夏盖先都晋阳，后都阳城。阳城之迁，盖在太康之后。《左》哀六年引《夏书》曰："惟彼陶唐，帅彼天常，有此冀方。今失其行，乱其纪纲，乃灭而亡。"盖指太康失国之事。《伪五子之歌》曰："太康尸位以逸豫，灭厥德，黎民咸贰。乃盘游无度，畋于有洛之表，十旬弗反。有穷后羿因民弗忍，距于河。厥弟五人，御其母以从。徯于洛之汭。五子咸怨，述大禹之戒以作歌。"伪《书》此文，将羿好田猎，移诸太康；且误太康兄弟五人为厥弟五人，不直一笑。（夏之亡，由好乐太过，非以好畋也。《墨子·非乐》："于武观曰：启乃淫溢康乐，野于饮食，将将铭苋磬以力，湛浊于酒，渝食于野，万舞翼翼。章闻于天，天用弗式。"辞虽不尽可解，然夏之亡，由好乐太过，则固隐约可见。《楚辞》曰："启《九辩》与《九歌》兮，夏康娱以自纵。不顾难以图后兮，五子用失乎家巷。羿淫游以佚田兮，又好射夫封狐。固乱流其鲜终兮，浞又贪夫厥家。浇身被服强圉兮，纵欲而不忍。日康娱而自忘兮，厥首用夫颠陨。"综述太康、弈、浞始末，以好乐属夏，以好田属羿，尤极分明。《周书·尝麦》："其在殷之五子，忘伯禹之命，假国无正，用胥兴作乱，遂凶厥国。皇天哀禹，赐以彭寿，思正夏略。"似五子之间，复有作乱争夺之事。与《左》昭元年"夏有观扈"，《国语·楚语》"启有五观"之言合。韦注："五观，启子，太康昆弟也。"《汉书·古今人表》"太康，启子，兄弟五人，号五观。"《潜夫论·五德志》："启子太康、仲康更立，兄弟五人，皆有昏德，不堪帝事，降居洛汭，是为五观。"皆以太康兄弟凡五人，武五同声，即《墨子》所谓武观也。）然"须于洛汭"，亦见《史记·夏本纪》。即谓《史记》同《书序》处，为后人所窜。然《潜夫论·五德志》，亦有"兄弟五人，降居洛汭"之言。非撰《伪书》者所臆造也。《左》襄四年后羿自鉏迁于穷石，因夏民以代夏政。"鉏不可考。《淮南子·地形训》："河水出昆仑东北陬，贯渤海，入禹所道积石山。赤水出其东南陬，西南注南海。丹泽之东。赤水之东。弱水出自穷石，至于合黎，余波入于流沙。绝流沙，南至南海。洋水出其西北陬，入于南海。羽民之南。凡四水者，帝之神泉，以和百药，以润万物。"此节文字颇错乱。王引之谓："自穷石以下十三字，为后人窜改。原文当作弱水出其西南陬。而出自穷石等文，当在下江出岷山诸条间。"王说信否难遽定。然王逸注《楚辞》，郭璞注《山海经》，并引《淮南子》，谓"弱水出自穷石"，则此语虽或简错，决非伪窜。"至于合黎"十字，或后人以《禹贡》傍注，误入正文。《淮南》既云"绝流沙"，不必更衍此十字也。然窃疑《禹贡》"入于流沙"之下，亦夺"南至南海"一类语。《禹贡》雍州，"弱水既西"，其导九川，先弱水，次黑水，次河，次漾，次江。黑水即今长江、黄河上源，出于昆仑，与今所谓河源同；予别有考。导川叙次，盖自西而东。《集解》引《地记》曰："弱水西流入合黎山腹，余波入于流沙，通于南海。"《地记》古书，颇可信据（见予所撰《弱水黑水考》）。《集解》引郑玄曰："《地理志》：弱水出张掖。"又曰："《地理志》：流沙，居延西北，名居延泽。"似郑亦宗《汉志》所谓古文说者（《汉志》：张掖郡居延，"居延泽在东北。《古文》以为流沙"）。然《索隐》又云："《水经》云：合黎山在酒泉会水县东北。郑玄引《地记》，亦以为然。"合诸《集解》所载郑引《地记》之说，则郑初无所偏主矣。《禹贡》《地记》说弱水，皆仅云西流，不云北向。《古文》以居延泽当之，盖误。既云入于南海，而又在黑水西，则弱水必今澜沧江。澜沧江东南流，而《禹贡》《地记》云弱水西流者，其所指上源与今异也。《禹贡》云："道黑水，至于三危，入于南海。"《集解》引《地记》曰："三危山在鸟鼠之西南。"弱水在黑水西，穷石亦必在三危之西。然亦不越陇、蜀、青海之境。羿迁穷石，果即此弱水所出之穷石者，则当来自湟、洮之间。其地本射猎之区，故羿以善射特闻，而其部族亦强不可圉也。太康此时，盖失晋阳而退居洛汭。少康光复旧物，然曾否定居河北，了无可考。窃疑自太康之后，遂居阳城也。《周官》大司徒："以土圭之法测土深，正日景，以求地中。日至之景，尺有五寸，谓之地中，天地之所合也，四时之所交也，风雨之所会也，阴阳之所和也。然则百物阜安，乃建王国焉。"《注》："郑司农云：土圭之长，尺有五寸。以夏至之日，立八尺之表，其景适与土圭等，谓之地中，今颍川阳城地为然。"《正义》："颍川郡阳城县，是周公度景之处，古迹犹存，故云地为然也。案《春秋左氏》：武王克商，迁九鼎于洛邑，欲以为都。不在颍川地中者，武王欲取河洛之间形胜之所，洛都虽不在地之正中，颍川地中，仍在畿内。"司农父子，皆明《三统历》，所举当系历家旧说。《义疏》此言，亦当有所本。此可见阳城附近，确为历代帝都所在。而先后营建，出入于数十百里之间，则曾不足较也。然则《汉志》《世本》，非有异说；应劭、臣瓒，亦不必相非矣。

夏迁阳城之后，盖未尝更反河东。故桀时仍在阳城，而伯阳父以伊洛之竭，为夏亡之征也。郑氏《诗谱》云："魏者，虞舜、夏禹所都之地。"此亦以大较言之。乃造《伪孔传》者，见战国之魏，曾都安邑，遂以为夏都亦在安邑；又不知《史记》所谓"汤始居亳，从先王居"者，先王为契，亳为契本封之商，而以为即后来所都之偃师（见予所撰《释亳》）。于是解先王为帝喾，凿空，谓帝喾亦都偃师。《史记》云："汤自把钺，以伐昆吾，遂伐桀。桀败于有娀之虚。桀奔于鸣条。"《尚书大传》云："汤放桀也，居中野。士民皆奔汤。桀与其属五百人南徙千里，止于不齐。不齐士民往奔汤。桀与其属五百人徙于鲁。鲁士民复奔汤。桀曰：国，君之有也。吾闻海外有人。与五百人俱去。"（《周书·殷祝篇》略同。末作"桀与其属五百人去居南巢。"）其迹皆自西而东。今安邑反在偃师之西，其说遂不可通。《左》昭十二年：楚灵王谓子革曰："昔我皇祖伯父昆吾，旧许是宅。"《国语》：史伯对郑桓公曰："昆吾为夏伯矣。"韦昭云："昆吾，祝融之孙，陆终第一子，名樊，为己姓，封于昆吾。昆吾卫是也。其后夏衰，昆吾为夏伯，迁于旧许。"是则桀时昆吾之地，在今许昌，去阳城极近。故得与桀同日亡。《孟子》曰："舜生于诸冯，迁于负夏，卒于鸣条，东夷之人也。"（《离娄》下）《吕览·简选》篇："殷汤登自鸣条，乃入巢门。"《淮南·主术训》："汤困桀鸣条，禽之焦门。"《修务训》：汤"乃整兵鸣条，困夏南巢。谯以其过，放之历山。"则鸣条之地，必与南巢、历山相近。当在今安徽境。故《孟子》谓之东夷。《书·汤誓》："伊尹相汤伐桀，升自陑，遂与桀战于鸣条之野。"陑虽不知何地，度必近接鸣条。《伪传》乃谓陑在河曲之南，鸣条在安邑之西，遂生绕道攻桀、出其不意之说，费后来多少辩论。皇甫谧又谓"昆吾亦来安邑，欲以卫桀，故同日亡。"又云："今安邑见有鸣条陌、昆吾亭。"不知暂来卫桀，安暇筑邑？遂忘其自相矛盾也。不徒妄说史事，并妄造地名以实之。江艮庭谓"谧无一语可信"，诚哉其不可信矣。（西汉经说，多本旧闻。虽有传讹，初无臆造。东汉古文家，则往往以意穿凿。今日故书雅记，百不一存，无从考见其谬。然偶有可疏通证明者，其穿凿之迹，则显然可见。如予所考东汉人谬以仓颉为黄帝史官，其一事也。详见予所撰《中国文字变迁考》。魏、晋而后，此风弥甚。即如《左氏》所载，羿代夏政，少康中兴之事，据杜《注》，其地皆在山东。设羿所迁穷石，果在陇、蜀之间，则杜《注》必无一是处，惜书阙有间，予说亦无多左证，不能辞而阙之耳。）

说　商

《诗·商颂谱》云："商者，契所封之地。"《疏》云："商者，成汤一代之大号，而此云商者契所封之地，则郑以汤取契之所封，以为代号也。服虔、王肃则不然。襄九年《左传》曰：阏伯居商丘，相土因之。服虔云：商丘，地名。相土，契之孙。因之者，代阏伯之后居商丘，汤以为号。又《书序》王肃《注》云：契孙相土居商丘，故汤因以为国号（《书·汤誓疏》引同）。而郑玄以为由契封商者。契之封商，见于《书传》《史记》《中候》，其文甚明。经典之言商者，皆单谓之商，未有称为商丘者。又相土居商丘以后，不恒厥邑。相土之于殷室，虽是先公俊者，譬之于周，则公刘之侪耳，既非汤功所起，又非王迹所因，何当取其所居，以为代号也？"《左氏》襄公九年杜《注》云："商丘在宋地。"《疏》引《释例》曰："宋、商、商丘，三名一地，梁国睢阳县也。"《疏》又云："《殷本纪》云：帝舜封契于商。郑玄云：商国在大华之阳。皇甫谧云：今上洛商县是也（《书·帝告釐沃序疏》引同）。如郑玄意，契居上洛之商，至相土而迁于宋之商，及汤有天下，远取契所封商，以为一代大号。服虔云：相土居商丘，故汤以为天下号。王肃《书序注》云：契孙相土居商丘，故汤以为国号。案《诗》述后稷云：即有邰家室；述契云：天命玄鸟，降而生商；即稷封邰而契封商也。若契之居商即是商丘，则契已居之，不得云相土因阏伯也。若别有商地，则汤之为商，不是因相土矣。且经传言商，未有称商丘者。《释例》云：宋之先契佐唐、虞，封于商，武王封微子启为宋公，都商丘，是同郑玄说也。"案《疏》谓相土以后，不恒厥邑，悬揣无据，已见《自契至于成汤八迁》条。至谓契之封商见于《书传》《史记》《中候》，其文甚明，引《诗》"降而生商"为证，谓汤之代号，必非取诸相土，则其言甚允。服虔、王肃，当亦不能有异辞。伪孔、杜预多同王肃，而《尚书·汤誓伪传》谓"契始封商，汤遂以为天下号"，则王肃之意，殆不以契所封之商在大华之阳；杜预谓契封于商，启都商丘，亦未尝以为两地；《疏》谓其同于郑玄，恐非也。上洛、商丘，相去千里，契封何所，固不可不一明辨之。

自来信郑说者，以《史记·六国表》云"夫作事者必于东南，收功实者常于西北"，以汤起于亳，与禹兴西羌、周以丰镐伐殷、秦用雍州兴、汉之兴自蜀汉并举；又纬书有"太乙在亳，东观于洛"之文（《诗·商颂·玄鸟疏》引《中候格予命》云："天乙在亳，东观在洛。"《艺文类聚》及《御览》引《中候》，咸有其文。《水经·洛水注》云："黄帝东巡河，过洛，修坛沉璧，受龙图于河，龟书于洛，赤文绿字。尧帝又修坛河洛，择良即沉，荣光出河，休气四塞，白云起，回风逝，赤文绿字，广袤九尺，负理平上，有列星之分，七政之度，帝王录记兴亡之数以授之。尧又东沉书于日稷，赤光起，玄龟负书，背甲赤文成字，遂禅于舜。舜又习尧礼，沈书于日稷，赤光起，玄龟负书，至于稷下，荣光休至，黄龙卷甲，舒图坛畔，赤文绿错，以授舜，舜以禅禹。殷汤东观于洛，习礼尧坛，降璧三沉，荣光不起，黄鱼双跃，出济于坛，黑鸟以浴，随鱼亦止，化为黑玉赤勒之书，黑龟赤文之题也。汤以伐桀。故《春秋说题辞》曰：河以道坤出天苞，洛以流川吐地符，王者沉礼焉。"此说于黄帝亦言东巡，于尧亦言东沉，盖皆谓其都邑本在河洛之西。纬候妖妄之辞，不足据也）；其证据颇古也。予昔亦信是说，由今思之，汉人之言，亦未必不误。《史记·秦本纪》：宁公二年，"遣兵伐荡社。三年，与亳战，亳王奔戎，遂灭荡社。"《索隐》云："西戎之君，号曰亳王，盖成汤之胤。其邑曰荡社。"《太平御览·皇王部》引《韩诗内传》曰："汤为天子十三年，百岁而崩，葬于征；今扶风征陌是也。"此等皆汉人附会汤兴西方之由。案《秦本纪集解》引徐广曰："荡音汤。社一作杜。"《索隐》亦云："徐广云一作汤杜，言汤邑在杜县之界，故曰汤杜也。"《封禅书》："于社亳有三社主之祠。"《索隐》云："徐广云京兆杜县有亳亭，则社字误，合作于杜亳。且据文，列于下者皆是地邑，则杜是县。案：秦宁公与亳王战，亳王奔戎，遂灭汤社。皇甫谧亦云：周桓王时自有亳王号汤，非殷也。"案《说文》亳下不言汤所都；又诸书多作薄（《周书·殷祝》："汤放桀而复薄。"《管子·地数》：

"汤有七十里之薄。"《轻重甲》:"伊尹以薄之游。""汤以七十里之薄。"《荀子·议兵》:"古者汤以薄。"《吕览·具备》:"汤尝约于郭薄。"皆作薄。《墨子·非攻下》:"属诸侯于薄。""十日雨土于薄。"亦作薄。《非命上》:"汤封于亳。"则作亳。毕校亦云:当为薄),孙仲容《墨子间诂》谓"惟《孟子》作亳,盖借音字,后人依改乱之"。然则《秦本纪》之亳王、汤社,究与汤有关系与否,尚未可知;而以此证契封大华,疏矣。《御览》所引《内传》之文,绝不似《内传》之体。《史记·殷本纪集解》引皇甫谧云:"即位十七年而践天子位,为天子十三年,年百岁而崩。"与《御览》所引文极相似,恐《御览》误《世纪》为《内传》。《世纪》之言固多荒,然则谓契封上洛,汤兴西方,殊近无征不信也。王静安《说商》云:"商之国号,本于地名。宋之称商丘,犹洹水南之称殷虚。《左传》昭元年,迁阏伯于商丘,主辰,商人是因,故辰为商星。又襄九年《传》:陶唐氏之火正阏伯居商丘,祀大火,而火纪时焉。相土因之,故商主大火。又昭十七年《传》:宋,大辰之虚也。大火谓之大辰,则宋之国都,确为昭明、相土故地。顾氏《日知录》,引《左氏传》,孝惠娶于商(哀二十四年),天之弃商久矣(僖二十二年),利以伐姜,不利子商(哀九年),以证宋之得为商。阎百诗《潜邱劄记》驳之,其说甚辩。然不悟周时多谓宋为商:《左》襄九年《传》,士弱曰:商人阅其祸败之衅,必始于火。谓宋人也。昭八年《传》:自根牟至于商、卫。谓宋、卫也(案此条襄九年《疏》已引之)。《吴语》:阙为深沟,通于商、鲁之间。谓宋、鲁之间也。《乐记》:商者,五帝之遗音也。商人识之,故谓之商。"此说颇允。《韩非子·说林上篇》"子圉见孔子于商太宰",《下篇》"宋太宰贵而主断";《内储说上篇》"商太宰论牛矢","戴驩,宋太宰",《下篇》

亦云"戴驩为宋太宰";皆商、宋一字之征。契之初封,盖在商丘,后迁于蕃,昭明居于砥石,相土复返商丘。《左氏疏》言契居商丘,相土不得云因阏伯,其说似是而非。《左氏》论商主大火,不在溯其初封,故举相土不举契也。

《水经·渭水注》曰:"渭水径峦都城北,故蕃邑,殷契之所居。《世本》曰:契居蕃。阚骃曰:蕃在郑西。然则今峦城是矣。"此乃契封上洛之说既出后附会之辞,不足为据。王静安曰"疑即《汉志》鲁国之蕃县"(见《说自契至成汤八迁注》),颇为近之。砥石,《书·帝告釐沃序疏》曰:"先儒无言,不知所在。"亦当距商与蕃不远也。

近人丁山《由三代都邑论其民族文化》曰:"汉常山郡薄吾县,战国时谓之番吾,亦作蒲吾,在今平山县境,即蕃。《史记》青阳降居江水,《大戴记·帝系》作泜水。《山海经·北山经》:敦与之山,泜水出于其阴,而东流注于彭水。郭《注》:今泜水出中丘县西穷泉谷,东注于堂阳县,入于漳水。今《水经·漳水注》无泜水。全氏云:《汉志》:常山郡元氏县,沮水首受中邱穷泉谷,东至堂阳入横河。又常山郡房子县赞皇山,石济水所出,东至于廮陶入泜。以互摄通称之例言之,颇疑泜与石济下游,古有泜石水之名,昭明所居,即在其处,当在今隆平、柏乡、宁晋诸县间。"予案古代开辟,南先北后,纣都朝歌,台在沙丘(《汉志》),而《孟子》言纣之罪曰:"坏宫室以为污池,弃田以为苑囿,苑囿污池,沛泽多而禽兽至。"(《滕文公》下)武王狩禽(《周书·世俘》),盖亦其地。然则沙丘以往,殷、周之际,犹为榛莽之区,而谓契与昭明,能开拓至今平山、隆平、柏乡、宁晋之间乎?且《山经》《大戴》之泜是否一水,又是否《汉志》之泜,亦皆难质言也。

自契至于成汤八迁考

《书序》云:"自契至于成汤,八迁。汤始居亳,从先王居。"《伪传》云:"契父帝喾都亳,汤自商丘迁焉,故曰从先王居。"《疏》云:"《商颂》云:帝立子生商,是契居商也;《世本》云昭明居砥石;《左传》称相土居商丘;及今汤居亳;事见经传者,有此四迁;其余四迁,未详闻也。"又云:"孔言汤自商丘迁焉,以相土之居商丘,其文见于《左传》,因之言自商丘徙耳。此言不必然也。何则?相土,契之孙也,自契至汤凡八迁,若相土至汤,都遂不改,岂契至相土三世而七迁也?相土至汤,必更迁都,但不知汤从何地而迁亳耳。"案国都一时屡徙,或历久不迁,皆事所恒有,安得臆相土至汤,必更迁移,契至相土,不容亟徙?此言颇不近理。然犹可曰为矜慎起见也。诸侯不敢祖天子,言汤之先,似无上溯帝喾之理。且经传之文,皆后人所追叙,实执笔者之辞,故帝王等称谓,略有一定。如五帝,古书无称为王者;三王,亦无称为帝者。安得此言先王,独指帝喾?《伪传》之说,实不可通。然契本封商,不可云迁,而《疏》以当四迁之一,是于此转无异辞也。未免疑其所不当疑,信其所不当信矣。

扬雄《兖州牧箴》曰:"成汤五徙,卒归于亳。"是则汤身凡五迁,汤以前只三迁耳。三迁者,《水经·渭水注》引《世本》曰"契居蕃",一也。盖自商而徙。《荀子·成相》曰:"契玄王,生昭明,居于砥石迁于商。"言昭明迁商,不与《疏》引《世本》合。迁商盖实相土事。《成相》多三七言,为字数所限,故言之不悉。居砥石,是二迁;迁于商,是三迁也。成汤五迁者，《书序》言"汤始居亳"，盖自商而徙，一也（《吕览·慎大览》言：武王"立成汤之后于宋，以奉桑林"。桑林为汤所祷，而在宋，此汤曾居商之证）。《吕览·慎大览》曰："汤立为天子，夏民大说，亲郼如夏。"《慎势》曰："汤其无郼，武王无岐，贤虽十全，不能成功。"《具备》曰："汤尝约于郼、薄矣，武王尝穷于毕程矣。"《高义》曰："郼、岐之广也，万国之顺也，从此生矣。"《分职》曰："无费乎郼与岐周，而天下称大仁，称大义。"郼即韦。《诗》言"韦顾既伐"，盖汤尝灭而居之，此为二迁。《周书·殷祝》曰："汤将放桀，于中野（《尚书大传》曰："汤放桀，居中野。"观下文，《书传》是也。"于"当作"居"，或上夺"居"字）。士民闻汤在野，皆委货，扶老携幼奔，国中虚。桀请汤曰：国所以有国者以有家，家所以为家者以有人也。今国无家，无人矣（"无人矣"上，当夺"家"字）。君有人，请致国。君之有也（"君之有也"上，当夺"国"字）。汤曰：否。昔大帝作道，明教士民，今君王灭道残政，士民惑矣。吾为王明之。士民复致于桀。言汤致士民于桀。曰：以薄之居，济民之残，何必君更？桀与其属五百人南徙千里，止于不齐。不齐士民往奔汤于中野。桀复请汤。言君之有也（"君"上疑亦夺"国"字）。汤曰：否，我为君王明之。士民复重请之。汤复致士民于桀。桀与其属五百人徙于鲁。鲁士民复奔汤。桀又曰：国，君之有也，吾则外人有言（此即《左氏》庄公十四年"寡人出，伯父无里言"之言，言外人有招我者。《尚书大传》曰："吾闻海外有人。"）。彼以吾道是邪？我将为之。汤曰：此君王之士也，君王之民也，委之何？汤不能止桀。汤曰：欲从者从君，桀与其属五百人去居南巢。"此将汤之放桀，附会为揖让之文，言汤三让乃取桀之国也，是三迁也。《春秋繁露·三代改制质文》曰："汤受命而王，作宫邑于下洛之阳。"此放桀后作新邑，既作之，必尝居之，是四迁也。《风俗通·三王》篇曰："汤者，攘也。言其攘除不轨，改亳为商，成就王道，天下炽盛。"此即扬雄所云成汤五徙，卒归于亳者，盖营下洛后复归于亳也。是五迁也。然则自契至汤八迁，经传本具，特后人未能深思而熟考之耳。（《诗·玄鸟疏》云："自契至汤八迁者，皇甫谧云史失其传，故不得详。"案郑玄盖亦无说，故《疏》不之引。）

释 亳

《史记》曰："自契至汤八迁。汤始居亳，从先王居。"其后仲丁迁于隞，河亶甲居相，祖乙迁于邢，盘庚渡河南，复居成汤之故居。武乙立，复去亳徙河北。历代都邑迁徙，盖无如殷之数者。而亳之所在，异说尤滋。《汉书·地理志》河南郡偃师县《注》云："尸乡，殷汤所都。"《续汉书·郡国志》，偃师县下亦云"有尸乡"。《注》引《皇览》曰："有汤亭，有汤祠。"《书序疏》："郑玄云：亳，今河南偃师县，有汤亭。"此皆以亳在偃师者也。《汉志》论宋地云："昔尧作游成阳，舜渔雷泽，汤止于亳，故其民犹有先王遗风。"山阳郡薄县下《注》："臣瓒曰：汤所都。"河南郡偃师县下又载瓒说曰："汤居亳，今济阴县是也。今亳有汤冢，己氏有伊尹冢，皆相近也。"《续汉书·郡国志》：梁国薄县，汤所都。《注》："杜预曰：蒙县西北有亳城，中有汤冢。"《书序疏》："皇甫谧云：孟子称汤居亳，与葛为邻，葛伯不祀，汤使亳众往为之耕。葛即今梁国宁陵之葛乡也。若汤居偃师，去宁陵八百余里，岂当使民为之耕乎？亳，今梁国谷熟县是也。"又《立政》"三亳阪尹"《疏》："皇甫谧以为三亳三处之地，皆名为亳。蒙为北亳，谷熟为南亳，偃师为西亳。"此以薄、亳、蒙、谷熟之地为亳者也。魏氏源以《史记·六国表》以汤起于亳与禹兴于西羌，周之王也以丰镐代殷，秦之帝用雍州兴，汉之兴自蜀汉并言；又《洛予命》《尚书中候》皆有"天乙在亳，东观于洛"之文；断"从先王居"之先王为契。谓汤始居商（《帝告釐沃序疏》："郑玄云：契本封商，国在太华之阳。"），有天下后，分建三亳：徙都偃师之景亳，而建东亳于商邱，仍西亳于商州（案魏氏说三亳，虽与皇甫谧异，而其立三亳之名，以牵合《立政》"三亳阪尹"之文则同。似非。《立政疏》云"郑玄以三亳阪尹者，共为一事，云汤旧都之民服文王者，分为三邑。其长居险，故言阪尹"，盖是。此自周初事，不必牵及商代）。此又以商之地亦为亳者也（《书古微·汤誓序发微》）。王氏鸣盛《尚书后案》，谓薄县汉本属山阳郡，后汉又分其地置蒙、谷熟，与薄并改属梁国，晋又改薄为亳，且改属济阴，故臣瓒所谓汤都在济阴亳县（《尚书·胤征》"汤始居亳"《疏》引《汉书音义》），及其所谓在山阳薄县，司马彪所谓在梁国薄县，杜预所谓在梁国蒙县者，本即一说，孔颖达《书》《诗》疏皆误认为异说；皇甫谧以一亳分为南北，且欲兼存偃师旧说，以合《立政》三亳之文，实为谬误。其说甚确。然谧谓偃师去宁陵八百余里，不当使民往为之耕，则其说中理，不容妄难。（王氏论古，颇为精核，惟佞郑太过。如于此处，必执谓薄非亳；薄非亳，则蒙、谷熟可知。其所据者，谓晋人改薄为亳，乃以《汉志》谓汤当止于是，又其地有汤冢也。然《汉志》仅谓汤尝游息于此。刘向云："殷汤无葬处。"而《皇览》云："哀帝建平元年，大司空御史长卿案行水灾，因行汤冢。"突然得之,足征其妄。其说似辨矣。然于"偃师去宁陵八百里,不当使民往为之耕"之难,不能解也。此难不能解,而必谓薄非亳,则非疑《孟子》不可。尊郑而排皇甫谧可也,佞郑而疑《孟子》,则颠矣。王氏于谧说,但谓"其说浅陋,更不足辩",岂足服谧之心乎?)魏氏谓汤始居商,所举皆古据。诸侯不敢祖天子;《玄鸟》之颂,及契而不及喾;先王为契,尤为确凿也。然则亳果安在邪?予谓古本无今世所谓国名。古所谓国者,则诸侯所居之都邑而已。然四境之内,既皆属一人所统,则人之称此国者,亦渐该四境之内言之。于建专指都邑之国,乃渐具今世国名之义焉。都邑可以屡迁,而今世之所谓国名者,不容数变。于是虽迁新邑,仍以旧都之名名之。如晋之新故绛是也。商代之亳,盖亦如是。《左》襄三十年:"鸟鸣于亳社。"是春秋之宋,其都仍有亳称也。《史记·秦本纪》:宁公二年,"遣兵伐荡社。三年,与亳战,亳王奔戎,遂灭荡社"。《集解》:徐广曰:"荡音汤,社一作杜。"《索隐》:"西戎之君,号曰亳王,盖成汤之胤。其邑曰荡社。徐广云:一作汤杜。言汤邑在杜县之界,故曰汤杜也。"(《封禅书》:"于社亳有三社主之祠。"《索隐》:"徐广云:京兆杜县有亳亭,则社字误,合作于杜亳。且据文,列于下者皆是地邑,则杜是县。案秦宁公与亳王战,亳王奔戎,遂灭汤社。皇甫谧亦云:周桓王时自有亳王号汤,非殷也。")是汤后在雍州者,春秋时其都仍有亳称也。此皆亳不止一处之证。亳既不止一处,则商也,偃师也,薄县也,固无妨其皆为亳矣。予盖以汤用兵之迹证之,而知其始居商,中徙薄,终乃定居于偃师也。何以言之?案《史记》云:"葛伯不祀,汤始伐之。"又云"当是时,夏桀为虐政,淫荒,而诸侯昆吾氏为乱。汤乃兴师,以伐昆吾。遂伐桀。桀败于有娀之虚。桀奔于鸣条。夏师败绩。汤遂伐三爕。伊尹报。于是诸侯服，汤乃践天子位，平定海内。汤归至于泰卷陶，还亳"云云。葛，《汉志》陈留郡宁陵《注》："孟康曰：故葛伯国，今葛乡是。"今河南宁陵县是也。昆吾有二：一《左》昭十二年："楚灵王谓子革曰：昔我皇祖伯父昆吾，旧许是宅。"地在今河南许昌。一哀十七年："卫侯梦于北宫，见人登昆吾之观。"《注》："卫有观，在古昆吾氏之虚，今濮阳城中。"今河南之濮阳。《国语·郑语》：史伯对郑桓公曰："昆吾为夏伯矣。"韦昭《注》："昆吾，祝融之孙，陆终第一子，名樊，为己姓，封于昆吾。昆吾，卫是也。其后夏衰，昆吾为夏伯，迁于旧许。"则此时之昆吾，在今许昌，去桀都阳城极近（桀都阳城，见予所撰《夏都考》），故得同日亡也。有娀之虚不可考。鸣条，《吕览·简选篇》六："登自鸣条，乃入巢门。"《淮南·主术训》云："汤革车三百乘，困之鸣条，禽之焦门。"（注："焦，或作巢。"）《修务训》云："乃整兵鸣条，困夏南巢，谯以其过，放之历山。"注："南巢，今庐江居巢是。历山，盖历阳之山。"居巢，今安徽巢县。历阳，今安徽和县。鸣条亦当在今安徽。故舜"卒于鸣条"，《孟子》以为"东夷之人"也（《史记·夏本纪集解》："郑玄曰：南夷地名。"《书·汤誓序正义》引同）。三爕者，《续汉书·郡国志》：济阴郡定陶，"有三爕亭"。地在今山东定陶县。泰卷陶者，《集解》："徐广曰：一无此陶字。"《索隐》："邹诞生卷作坰，又作泂，则卷当为坰，与《尚书》同。"解《尚书》者以大坰为今定陶。旧本或旁记其地名，后人转写，遂衍斯字也。则泰卷亦今定陶也。《诗》云："韦、顾既伐，昆吾夏桀。"则汤伐昆吾之先，又尝伐韦、顾。《郡国志》：东郡白马县"有韦乡"。注："杜预曰：县东南有韦城，古豕韦氏之国。"今河南滑县。《郡县志》："顾城，在濮州范县东，夏之顾国。"今山东范县。《尚书大传》：汤放桀，居中野，士民皆奔汤。桀与其属五百人南徙千里，止于不齐；不齐士民往奔汤。桀与其属五百人徙于鲁；鲁士民复奔汤。桀曰：国，君之有也。吾闻海外有人，与五百人俱去（《周书·殷祝》篇略同，末云："桀与其属五百人去居南巢。"）。不齐盖即齐。鲁则周公所封也。纵观汤用兵之迹：始伐今宁陵之葛；次伐今滑县之韦，范县之顾；遂伐今许昌之昆吾，登封之夏桀。一战而胜，桀遂自齐、鲁辗转入今安徽。汤以其间，更伐今定陶之三嬰。三嬰，盖桀东方之党也。其战胜攻取之迹，皆在今河南、山东。则其所都，必跨今商丘、夏邑、永城三县境之薄矣。《礼记·缁衣》引《尹吉》曰："惟尹躬天见于西邑夏。"《注》："天，当为先字之误。"夏之邑在亳西。夏都阳城，薄县在其东，商与偃师、顾在其西，此则《孟子》"汤居亳，与葛为邻"之铁证也。（《孟子》言："伊尹五就汤，五就桀。"《史记》言："伊尹去汤适夏，既丑有夏，后归于亳。"《书大传》："夏人饮酒，醉者持不醉者，不醉者持醉者，相和而歌，曰：盍归于亳？盍归于亳？亳亦大矣。故伊尹退而闲居，深听乐声。更曰：觉兮较兮！吾大命格兮！去不善而就善，何不乐兮？伊尹入告于桀，曰：大命之亡有日矣。桀侗然叹，哑然笑，曰：天之有日，犹吾之有民也。日亡，吾乃亡矣。是以伊尹遂去夏适汤。"所谓先见也。郑释先见，谓"尹之先祖，见夏之先君臣"，似迂曲。如此，非谓夏本在亳西不可，则汤始居商之说不可通。吾旧疑西邑夏乃别于夏之既东言之，疑桀尝自阳城迁居旧许，故得与昆吾同日亡。然此说了无证据，亦不能立。似不如释尹躬先见即为尹初就夏之为直捷也。）然汤始居商，后迁偃师，亦自有其佐证。《太平御览·皇王部》引《韩诗内传》曰："汤为天子十三年，百岁而崩。葬于徵。今扶风徵陌是也。"《韩诗》当汉时，传授甚盛。刘向治《鲁诗》，与《韩诗》同属今文，《韩诗》果有此说，刘向岂得不知，而云殷汤无葬处乎？然则征陌汤冢，盖汤后裔，如《史记》亳王之类；或其先祖耳。然传者以为汤冢，则亦汤尝居关中之证也。《书大传》谓汤网开三面，而"汉南诸侯闻之归之四十国"，亦必居关中，乃能通武关之道，如周之化行江汉矣。《盘庚》："不常厥邑，于今五邦。"《正义》："郑、王皆云：汤自商徙亳，数商、亳、嚣、相、耿为五。"郑说商国在太华之阳。自商徙亳，即谓其自本封之商，徙居偃师。《春秋繁露·三代改制质文》篇："汤受命而王，作宫邑于下洛之阳。"亦指偃师言之也。《孟子》谓"伊尹耕于有莘之野，汤三使往聘之"，《史记》则谓"阿衡欲干汤而无由，乃为有莘氏媵臣，负鼎俎以滋味说汤"。《吕览·本味》云："有侁氏女子采桑，得婴儿于空桑之中，献之其君。其君令烰人养之，察其所以然，曰：其母居伊水之上，孕，梦有神告之曰：臼出水而东走，毋顾。明日，视臼，出水，告其邻，东走，十里而顾，其邑尽为水，身因化为空桑，故命之曰伊尹。此伊尹生空桑之故也。长而贤。汤闻伊尹，使人请之有侁氏。有侁氏不可。伊尹亦欲归汤。汤于是请取妇为昏，有侁氏喜，以伊尹媵女。""故命之曰伊尹"，黄氏东发所见本作"故命之曰空桑"，盖是。如今本，文义不相衔接。身化空桑，迹涉荒怪。谓阿衡得氏，由其母居伊水，难可依从。尹之氏伊，盖由后居伊水，故后人以其母事附会之邪？有莘者，周太任母家，其地在洽之阳，有渭之诶，今陕西合阳县是也。伊尹始臣有莘，后居伊水；亦汤初居商，终宅偃师之一证矣。统观诸说，汤盖兴于关中，此犹周文王之作丰，武王之宅镐也。其战胜攻取，则在薄县，犹周公之居东以戡三监也。终宅偃师，犹武王欲营洛邑，而周公卒成其志也。世之相去五百有余岁，事不必相师也，而其攻战之略，后先一揆，岂不诡者！（商、周之得天下殆同，特周文、武、周公相继成之，汤则及身戡定耳。）

论汤放桀地域考

《史记·夏本纪》云："汤遂率兵以伐夏桀，桀走鸣条，遂放而死。"《殷本纪》云："桀败于有娀之虚，桀奔于鸣条，夏师败绩。汤遂伐三嵏。"《周书·殷祝》曰："汤放桀于中野。士民闻汤在野，皆委货扶老携幼奔，国中虚。桀与其属五百人南徙千里，止于不齐；不齐士民往奔汤。桀与其属五百人徙于鲁；鲁士民复奔汤，桀与其属五百人去居南巢。"《尚书大传》略同。惟末句作"桀曰：吾闻海外有人，与五百人俱去"。《墨子·三辩》："汤放桀于大水。"《荀子·解蔽》："桀死于亭山。"《御览·皇王部》引《尸子》："桀放于历山。"《吕览·简选》："殷汤良车七十乘，必死六千人，战于郕，登自鸣条，乃入巢门。"《淮南·本经》："汤以革车三百乘伐桀于鸣条，放之夏台。"《主术》："汤革车三百乘，困之鸣条，禽之焦门。"（《注》：焦或作巢）《修务》："汤整兵鸣条，困夏南巢，谯以其过，放之历山。"《列女·孽嬖夏末喜传》："战于鸣条。桀师不战，汤遂放桀，与末喜嬖女同舟流于海，死于南巢之山。"（《夏本纪正义》云："《淮南子》云：汤败桀于历山，与妹喜同舟，浮江，奔南巢之山而死。"今《淮南子》无之。疑兼引此文，而传写夺佚。）合诸文观之，则有娀之虚桀初败处；鸣条再败处；南巢被禽处；亭山即历山，亦曰南巢之山，则其被放处也。《墨子·尚贤下篇》言"傅说居北海之洲，圜土之上"，则古放逐人，固有于水中洲上者。《左氏》哀公八年，吴囚邾子于楼台，栫之以棘，则夏台即在亭山之上，正洲上之圜土也。参看《妇人无刑》《圜土即谪作》两条。（《楚辞·天问》云："汤出重泉，夫何罪尤？"则桀囚汤亦于水中。）

《山海经·大荒西经》："有人无首，操戈盾立，名曰夏耕之尸。故成汤伐夏桀于章山，克之。斩耕厥前。耕既立，无首，走厥咎，乃降于巫山。"章山疑亭山之误。郭《注》云"于章，山名"，似非，或亦有讹误也。

《孟子》曰："舜生于诸冯，迁于负夏，卒于鸣条，东夷之人也。"《离娄》下。其地迄无确释。今观《吕览》"登自鸣条乃入巢门"之语，则鸣条地势必高，巢门或亦天然形胜，而非巢国之门与？抑巢固因山为郭也？予又疑《书序》所谓升自陑者，或即指此。《书序》虽伪，亦当采古籍为之也。陑当即春秋时之郕国，见隐公五年。《公羊》作成。后汉时为成县。《左氏》杜《注》云"东平刚父县西南有郕乡"，地在今山东宁阳，于鲁颇近。桀都河洛，其败顾在齐、鲁，殊为可疑。案《左氏》昭公十一年，叔向言"桀克有缗，以丧其国；纣克东夷，而陨其身"，有缗即有仍，已见《亳》条。《说苑·权谋》曰："汤欲伐桀。伊尹曰：请阻乏贡职，以观其动。桀怒，起九夷之师以伐之。伊尹曰：未可。彼尚能起九夷之师，是罪在我也。汤乃谢罪请服，复入贡职。明年，又不供贡职。桀怒，起九夷之师。九夷之师不起。伊尹曰：可矣。乃兴师伐桀而残之。"则桀于东方亦颇有威力，《天问》"桀伐蒙山"，傥即《诗》"奄有龟、蒙"之蒙与？宜其败于鲁也（《韩非子·难四》："桀索岷山之女。"岷山亦即蒙山也）。

汤 冢

　　《水经·坂水注》曰："崔骃曰：汤冢在济阴薄县北。《皇览》曰：薄城北郭东三里平地有汤冢。冢四方，方各十步，高七尺，上平也。汉哀帝建平元年，大司空史郤长卿案行水灾，因行汤冢。（以上《史记·殷本纪集解》引略同。惟"汤冢在济阴亳县北"句，亦在"《皇览》曰"之下。"大司空史郤长卿"作"大司空御史长卿"。《索隐》曰长卿，诸本皆作劫姓。按《风俗通》有御氏，为汉司空御史，其名长卿，明劫非也。亦有劫弥，不得为御史。"）在汉属扶风，今征之迴渠亭有汤池、征陌是也。然不经见，难得而详。按秦宁公，《本纪》云二年伐汤，三年与亳战，亳王奔戎，遂灭汤。然则周桓王时自有亳王号汤，为秦所灭，乃西戎之国，葬于征者也，非殷汤矣。刘向言殷汤无葬处为疑。杜预曰：梁国蒙县北有薄伐城，城中有成汤冢，其西有箕子冢。今城内有故冢方坟，疑即杜元凯之所谓汤冢者也。而世谓之王子乔冢。冢侧有碑，题云仙人王子乔碑，曰：王子乔者，盖上世之真人，闻其仙，不知兴何代也，博问道家，或言颍川，或言产蒙。初建此城，则有斯邱，传承先民，曰王氏墓。暨于永和之元年，冬十二月，当腊之时，夜上有哭声，其音甚哀。附居者王伯怪之，明则祭而察焉。时天鸿雪，下无人径，有大鸟迹，在祭祀处，左右咸以为神。其后有人，着大冠，绛单衣，杖竹立冢前，呼采薪孺子伊永昌曰：我王子乔也，勿得取吾坟上树也。忽然不见。时令泰山万熹，稽故老之言，感精瑞之应，乃造灵庙，以休厥神。于是好道之俦，自远方集，或弦琴以歌《太一》，或覃思以历丹邱。知至德之宅兆，实真人之祖先。延熹八年秋八月，皇帝遣使者奉牺牲致礼，祠濯之敬肃如也。国相东莱王璋，字伯仪，以为神圣所兴，必有铭表，乃与长史边乾遂树之玄石，纪颂遗烈。观其碑文，意似非远；既在径见，不能不书存耳。"案《御览·皇王部》引《韩诗内传》云："汤为天子十三年，百岁而崩，葬于征，今扶风征陌是也。"《汉志》征属左冯翊，不属右扶风，韩傅、郦生，未审缘何同误，足见其辞不谛。征陌地在关中，果有汤冢，刘向岂得不知？语及汤之卒葬，亦非《内传》之体。《史记·殷本纪集解》引皇甫谧曰："即位十七年而践天子位，为天子十三年，年百岁而崩。"与《御览》所引《韩诗》之文略同，恐实《内传》而《御览》误为《韩诗》也。薄城方冢，盖旧有汤冢之说，然亦非其实，故刘向不之取。以为王子乔，道家附会之说，更不必论矣。（据碑，口实相传，只知为王氏墓耳，而无王子乔之说也。）汤池、征陌，盖因西方传说附会，如禹生石纽之类，不徒非汤，并不必定是《史记·秦本纪》之亳王、汤社也。

又《泗水注》：泡水，"又东径己氏县故城北，王莽之己善也。县有伊尹冢。崔骃曰：殷帝沃丁之时，伊尹卒，葬于薄。《皇览》曰：伊尹冢在济阴己氏平利乡（《史记集解》引《皇览》同）。皇甫谧曰：伊尹年百余岁而卒，大雾三日。沃丁葬以天子之礼，亲自临哀，以报大德焉。"案《史记》亦有葬伊尹于亳之语，则伊尹葬亳，或较可信，然亦未必《皇览》所指之伊尹冢也。

盘庚五迁

《书序》："盘庚五迁，将治亳殷。"《伪传》云："自汤至盘庚，凡五迁都。盘庚治亳殷。"《疏》云："《经》言不常厥邑，于今五邦，故《序》言盘庚五迁。《传》嫌一身五迁，故辨之，云自汤至盘庚，凡五迁都也。上文言自契至于成汤八迁，并数汤为八；此言盘庚五迁，又并数汤为五；故班固云殷人屡迁，前八后五，其实正十二也。此《序》云盘庚将治亳殷，下《传》云殷，亳之别名，则亳殷即是一都，汤迁还从先王居也。《汲冢古文》云：盘庚自奄迁于殷，殷在邺南三十里。束皙云：《尚书序》盘庚五迁，将治亳殷，旧说以为居亳，亳殷在河南。孔子壁中《尚书》云将始宅殷，是与古文不同也。《汉书·项羽传》云：洹水南殷墟上。今安阳西有殷。束皙以殷在河北，与亳异也。然孔子壁内之书，安国先得其本，亳字摩灭，容或为宅；治皆作乱，其字与治不类，无缘误作始宇，知束皙不见壁内之书，妄为说耳。"汲冢书传于后者，尽系伪物，此与孔壁古文，同为作伪者所依附，辗转不可究诘。《疏》所引说，果出束皙与否，亦难断言也。《太平御览·皇王部》引《竹书纪年》云：仲丁自亳迁于嚣，河亶甲自嚣迁于相，祖乙居庇，南庚自庇迁于奄，盘庚自奄迁于北蒙，曰殷（《水经·洹水注》引同），盖即不满旧说者所改。其所不满者，殷人屡迁，前八后五，皆并数汤，故益一南庚；又不以殷为在河南，故改盘庚所迁为北蒙也。《史记·殷本纪》述殷迁徙之事曰："帝仲丁迁于隞；河亶甲居相；祖乙迁于邢；帝盘庚之时，殷已都河北，盘庚渡河南，复居成汤之故居；帝武乙立，殷复去亳，居河北。"（《世表》云殷徙河北）仲丁、河亶甲、祖乙、盘庚之事，《书序》全同，惟隞作嚣，迁于邢作圮于耿耳。撰《书序》者盖即据《史记》为说，否亦据与《史记》同类之书。盖殷代迁徙，可考者不过如此。《书序》固伪物，然时代究较早，异说尚未甚滋也。

汤灭桀前尝居郼，已见《自契至于成汤八迁考》条引《吕览》。高《注》云："郼读如衣，今兖州人读殷氏皆曰衣。"则郼即殷，造《竹书》者谓殷在河北，似亦有据。然夏居洛汭，而《周书》称殷之五子，胥兴作乱（见《夏太康失国少康中兴》条），则河洛之间，久有殷名。《盘庚上》"盘庚迁于殷"，《疏》云"郑玄云：商家自徙此而号曰殷。郑以此前未有殷名也"，固未必确，然盘庚后居殷地，则事实也，不必牵引河北为说，河南固亦殷地也（《世表》亦云盘庚徙河南）。

《书序疏》云："李颙云嚣在陈留浚仪县；皇甫谧云仲丁自亳徙嚣，在河北也，或曰今河南敖仓。二说未知孰是。"《御览·州郡部》引《帝王世纪》曰："《世本》言太甲徙上司马，在邺西南。"果有此说，谧不当谓仲丁自亳徙嚣。《吕览·音初》曰："殷整甲徙宅西河，犹思故处，实始作为西音。"钱宾四《子夏居西河辨》引此；又引《史记·孔子世家》：卫灵公问孔子：蒲可伐乎？对曰：可。其男子有死之志，妇人有保西河之志，吾所伐者不过四五人。《索隐》曰：此西河在卫地，非魏之西河也。及《艺文类聚》六十四、《文选》左太冲《招隐诗》注，并引《尚书大传》子夏对夫子云"退而穷居河济之间"，以证子夏居西河，不在龙门汾州，其说甚确。然则《世本》所谓太甲，实河亶甲之误也。

"祖乙迁于邢"，《书序》作"祖乙圮于耿"。《伪传》云："圮于相，迁于耿。"此大不辞。《疏》云："知非圮毁于耿，更迁余处。必云圮于相地，迁于耿者，亶甲居于相，祖乙居耿，今为水所毁，更迁他处，故言毁于耿耳，非既毁乃迁耿也。《盘庚》云不常厥邑，于今五邦；及其数之，惟有亳、嚣、相、耿四处而已。知此既毁于耿，更迁一处，盘庚又自彼处而迁于殷耳。《殷本纪》云祖乙迁于邢，马迁所为说耳。郑玄云祖乙又去相居耿，而国为水所毁，于是修德以御之，不复徙也。录此篇者，善其国圮毁修政而不徙，如郑所言，稍为文便。但上有仲丁、亶甲，下有盘庚，皆为迁事作书，述其迁意。此若毁而不迁，《序》当改文见义，不应文类迁居，更以不迁为义。《汲冢古文》云盘庚自奄迁于殷者，盖祖乙圮于耿，迁于奄，盘庚自奄迁于殷；亳、嚣、相、耿，与此奄五邦者。此盖不经之书，未可依信也。"《疏》虽斥《竹书》未可依信，然必谓既毁于耿，更迁一处，正造《竹书》者之见解也。不曰迁而曰圮，既已改文见义矣，又责其文类迁居，更以不迁为义，不几深文周内乎？窃疑郑玄所据《书序》作"圮于耿"，伪孔本实作"迁于耿"，后人妄改伪《传》正文，乃至生此曲说也。邢为春秋时国名，盖后人据其时地名以述古事，皇甫谧以河东皮氏县耿乡当之（见《疏》），殆非也。

《盘庚序疏》云："郑玄云：祖乙居耿，后奢侈逾礼，土地迫近山川，尝圮焉。至阳甲立，盘庚为之臣，乃谋徙居汤旧都。又《序注》云：民居耿久，奢淫成俗，故不乐徙。王肃云：自祖乙五世至盘庚，元兄阳甲，宫室奢侈，下民邑居垫隘，水泉泻卤，不可以行政化，故徙都于殷。皇甫谧云：耿在河北，迫近山川，自祖辛已来，民皆奢侈，故盘庚迁于殷。"案《汉书·翼奉传》："奉以为祭天地于云阳、汾阴，及诸寝庙不以亲疏迭毁，皆烦费，违古制；又宫室苑囿，奢泰难供，以故民困国虚，无累年之畜，所繇来久，不改其本，难以末正。"乃上疏请迁都成周，首言"盘庚改邑以兴殷道"，则以盘庚迁都，为能革奢淫之俗，经生固旧有此说也。

《史记》曰："帝盘庚之时，殷已都河北。"又曰："帝武乙立，殷复去亳，徙河北。"明武乙所徙，即盘庚未迁时之居。《水经·沁水注》："《韩诗外传》曰：武王伐纣，到邢邱，更名邢邱曰怀。"（今本作怀宁，误。《荀子·儒效》曰：武王之伐纣也，至怀而坏。）《史记》言"纣益广沙丘苑台"，又言其"大聚乐戏于沙丘"，沙丘亦邢分。扬子云《兖州牧箴》曰："盘庚北迁，牧野是宅。"谓盘庚所居者，即后来纣之所居。知相以外，古不谓殷在河北更有两都。自《竹书》出，乃凿言殷虚为殷都，于是有朝歌、北蒙之别。以其距沙丘太远也，《正义》又谓"纣时稍大其邑，南距朝歌，北据邯郸及沙丘，皆为离宫别馆"，以资调停，可谓心劳日拙矣。（《周本纪正义》引《帝王世纪》曰："帝乙复济河北，徙朝歌，其子纣仍都焉。"亦不同《竹书》之说。）

《国语·楚语》：白公曰："昔殷武丁能耸其德，至于神明，以入于河，自河徂亳。"此殷自武丁以前仍居河南之证。《纪年》乃云"自盘庚徙殷，至纣之灭，更不徙都"，盖由不知河洛为殷，故造为此说也。

综观殷世，都邑多在河北。《史记·秦本纪》云："蜚廉为纣石北方，还，无所报，为坛霍太山而报，得石棺。"则纣时声威，尚达河东，故西伯虽戡黎，而仍未能胜之。至武王渡孟津，而后克集大勋，岂武乙北迁以后，河南地稍空虚欤？《殷本纪》言：西伯献洛西之地，以请纣去炮烙之刑。《正义》云："洛水，一名漆沮水，在同州。洛西之地，谓洛西之丹、坊等州也。"其地似非纣之力所能及。此洛疑实是伊洛之洛。然则亳殷之地，至纣时已成殷、周争夺之区矣，此武王之所以卒渡孟津而戡戎殷与？武乙猎于河渭之间，暴雷震死，亦甚似昭王之南征而不复也。

殷兄弟相及

女系社会，恒兄弟相及。盖兄弟为一家人，父子非一家人也。《春秋繁露·三代改制质文》云："主天法商而王，立嗣予子，笃母弟。地法夏而王，立嗣予孙，笃世子。"《公羊》隐公七年："母弟称弟，母兄称兄。"《解诂》云："母弟，同母弟；母兄，同母兄。分别同母者，《春秋》变周之文，从殷之质。质家亲亲，明当亲厚，异于群公子也。"知殷制之必相及矣。

相及之制，同母兄弟尽，则还立长兄之子。今顿卡人（Thonga）及墨西哥之亚兹得族（Aztec）皆然（据林惠祥《文化人类学》）。殷人盖亦如是。故中壬崩，立大丁之子大甲；沃甲崩，立祖辛之子祖丁也。殷自成汤至辛三十王，兄弟相及者多，而遗立长兄之子者，惟此二王；自契至汤十四世，则更无相及者；疑史传世系，或有谬误也。

殷人兄弟相及之俗，犹有存于后世者。《公羊》庄公三十二年：公子牙谓庄公曰："鲁一生一及，君已知之矣。"（《史记·鲁世家》："叔牙曰：一继一及，鲁之常也。"）庄公以告季子。季子曰："夫何敢？是将为乱乎？"今案《史记·鲁世家》，自庄公以前，皆一生一及，则牙之言非诬也。（案庄公适夫人哀姜无子，其娣叔姜生闵公。果欲立子立闵公正也，立盂女之子班实非正。）公仪仲子舍其孙而立其子，郑康成云："公仪盖鲁同姓。"（《礼记·檀弓》）而公孙婴齐，实后归父（《公羊》成公十五年）。则鲁居东方，渐殷俗久矣。檀弓问公仪仲子之立子于子服景伯，子服景伯曰："仲子亦由行古之道也。昔者文王舍伯邑考而立武王，微子舍其孙腯而立衍也。"知殷人入周，犹沿故俗。其后宣公命其弟和曰："父死子继，兄死弟及，天下通义也。"其视二者，犹无所轩轾也（《史记·宋世家》）。吴诸樊、余祭、夷昧、季札同母兄弟四人，欲行相及之制。夷昧卒而季札让。夷昧之子僚立。诸樊子阖庐公子光。杀而代之。《公羊》载阖庐之言曰："将从先君之命与？则国宜之季子者也。不从先君之命与？则我宜立者也。僚恶得为君乎？"（襄公二十九年）《史记·吴世家》言：光以为"季子即不受国，光父先立。即不传季子，光当立"。其告专诸曰我真王嗣，当立。"（《刺客列传》同。又曰："光曰：使以兄弟次邪，季子当立；必以子乎，则光真適嗣，当立。"）此亦殷人同母兄弟尽，还立长兄之子之法。又言季札逃去，吴人曰：王余昧后立，其子当代。盖非实录。不然，亦胁于僚云尔，非法也。《世家》又云：诸樊摄行事当国。已除丧，让位季札。《左氏》亦云：诸樊既除丧，将立季札（襄公十四年）。此盖与鲁隐公摄政以待桓公同，特桓公年少，故隐公归政较晚耳。（《史记·鲁世家》云："惠公卒，长庶子息摄，当国，行君事。"又云："鲁人共令息摄政，不言即位。"又《公羊》隐公三年，亦载宋缪公之言曰："吾立乎此，摄也。"）吴居东南，盖亦沿殷俗。《公羊》云季子弱而才，兄弟同欲立之；襄公二十九年。《史记》云寿梦欲立之；必非其实也。

　　《公羊》云："鲁一生一及。"《史记》作"一继一及"。案《孟子·万章》上篇言："唐、虞禅，夏后、殷、周继。"则继可该生与及言之。又《礼记·礼运》言："大人世及以为礼。"则父子相继，又可云世也。

　　《公羊》曰："为人后者为之子。"成公十五年。盖"臣继君，犹子继父"（文公二年《解诂》），故文公跻僖公，《春秋》讥其"先祢而后祖"也。（文公二年。闵公元年《谷梁》曰："亲之非父也，尊之非君也，继之如君父也者，受国焉尔。"）《史记·殷本纪》："自中丁以来，废适而更立诸弟子，弟子或争相代立。"此適字当兼弟与子言。適者，当立之弟与子；诸弟子，则其不当立者也。女系社会之俗，不容以男系社会之俗绳之。殷世庙制，亦必有成法可循，特非后世所知耳。然后世若行相及之法，礼固可以义起。汉成帝议立太子，孔光谓立嗣以亲，欲援殷"及王"之例，立中山王，帝谓兄弟不相入庙，卒立哀帝（见《汉书》宣元六王及光本传）。则已拘于周制矣。

　　《韩诗外传》曰："五帝官天下，三王家天下。家以传子，官以传贤。故自唐、虞以上，经传无太子称号。夏、殷之王，虽则传嗣，其文略矣。至周，始见文王世子之制。"（《太平御览》一百五十九。案又见《初学记》）盖宗法实至周始严也。周重嫡长，而楚国之举，恒在少者，（《左氏》文公元年子上之言。又昭公十三年叔向亦曰："芈姓有乱，必季实立。"哀公六年，楚昭王在城父，命公子申为王，不可；则命公子结，亦不可；则命公子启。杜《注》："申，子西；结，子期；启，子闾；皆昭王兄。"）知南方诸族，皆不行周法。然行周法之国，亦有兄弟相及，或受国于兄，复致诸其子者。如赵襄子传代成君。此正见传子之俗，深入人心，事虽同而心则异，不得妄相比附也。

　　《史记·鲁世家》："武公与长子括、少子戏西朝周宣王。宣王爱戏，欲立戏为鲁太子。樊仲山父谏曰：废长立少，不顺；不顺，必犯王命；犯王命，必诛之。故出令不可不顺也。令之不行，政之不立；行而不顺，民将弃上。夫下事上，少事长，所以为顺。今天子建诸侯，立其少，是教民逆也。若鲁从之，诸侯效之，王命将有所壅；若弗从而诛之，是自诛王命也。诛之亦失，不诛亦失，王其图之！宣王弗听，卒立戏为鲁太子。武公归而卒，戏立，是为懿公。懿公九年，括之子伯御与鲁人攻弑懿公而立。伯御即位十一年，周宣王伐鲁，杀伯御，而问鲁公子能道顺诸侯者以为鲁后。樊穆仲曰：鲁懿公弟称，肃恭明神，敬事耆老，赋事行刑，必问于遗训，而咨于固实；不干所问，不犯所知。宣王曰：然则能训治其民矣。乃立称于夷宫，是为孝公。自是后，诸侯多畔王命。"《国语》略同。韦《注》曰："伯御，括也。"疑误。又窃疑括实前卒，依一生一及之制，懿公当立，伯御犯法而弑之，宣王依鲁法而讨其罪，仍依鲁法立孝公。史所传樊仲山父、樊穆仲之言，则拘于周法不达殷故者所附会也。

周先世世系

《周本纪》云："封弃于邰，号曰后稷，别姓姬氏。后稷之兴，在陶唐、虞、夏之际，皆有令德。后稷卒，子不窋立。"此三十四字之中，"后稷"二字，凡有三解："号曰后稷"之"后稷"，指弃；"后稷之兴"之"后稷"，指弃以后不窋以前居稷官者；"后稷卒"之"后稷"，则不窋之父也。《索隐》云："《帝王世纪》云后稷纳姞氏生不窋，而谯周按《国语》云世后稷，以服事虞、夏，言世稷官，是失其代数也。若不窋亲弃之子，至文王千余岁，唯十四代，亦不合事情。"盖士安以不窋即弃之子，而小司马驳之也。《正义》引《毛诗疏》云："虞及夏、殷，共有千二百岁。每世在位皆八十年，乃可充其数耳。命之短长，古今一也，而使十五世君，在位皆八十许载，子必将老始生，不近人情之甚。"其误与士安同。

《本纪》又云："不窋末年，夏后氏政衰，去稷不务，不窋以失其官，而奔戎狄之间。不窋卒，子鞠立。鞠卒，子公刘立。公刘虽在戎狄之间，复修后稷之业。"《匈奴列传》曰："夏道衰，而公刘失其稷官，变于西戎，邑于豳。"盖自不窋失官，至公刘迄未复。《匈奴列传》不叙鞠以前事，故径云"公刘失其稷官"，所谓"变于西戎"，即《本纪》所云"虽在戎狄之间复修后稷之业"者也。其说本相符合，乃《正义》云：《周本纪》云不窋失其官，此云公刘，未详。"亦疏矣。

古代父子祖孙同蒙一号者甚多。《封禅书》："伊陟赞巫咸，巫咸之兴自此始。"《索隐》云："《尚书》伊陟赞于巫咸（孔安国云：赞，告也；巫咸，臣名）。今此云巫咸之兴自此始，则以巫咸为巫觋。然《楚词》亦以巫咸主神，盖太史公以巫咸是殷臣，以巫接神事，太戊使禳桑谷之灾，所以伊陟赞巫咸，故云巫咸之兴自此始也。"《索隐》文义不甚明白，疑有讹误，然大意则可知，谓巫咸为巫觋之名，其兴自大戊时。"伊陟赞巫咸"之巫咸，为臣名，"巫咸之兴自此始"之巫咸，为巫觋，其说是也。又不独人臣之世其家者也，虽方技之家亦有之。《扁鹊列传》曰："扁鹊者，勃海郡郑人也，姓秦氏，名越人，少时为人舍长。舍客长桑君过，扁鹊独奇之，常谨遇之。长桑君亦知扁鹊非常人也。出入十余年，乃呼扁鹊私坐，间与语曰：我有禁方，年老欲传与公，公毋泄。扁鹊曰：敬诺。乃出其怀中药与扁鹊：饮是以上池之水，三十日当知物矣。乃悉取其禁方书尽与扁鹊，忽然不见，殆非人也。扁鹊以其言饮药三十日，视见垣一方人。以此视病，尽见五藏症结，特以诊脉为名耳。"此言扁鹊得术于长桑君之始末也。下云："为医或在齐，或在赵。在赵者名扁鹊。"则泛言受扁鹊之术者，不指秦越人一人。曰"在赵者名扁鹊"，则在他国，固有不名扁鹊者矣。下文言起虢太子者，自称越人，当系受术于长桑君者。视赵简子及客齐桓侯者，则无文以知之，不必其为一人也。乃傅玄以史叙虢太子事次赵简子下，齐桓侯事又次虢太子下，议之曰："虢是晋献所灭，先此百二十余年，此时焉得有虢？"又曰："是时齐无桓侯。"裴骃则曰是田和之子桓公午，欲以是为调停，亦不达矣。且古国之灭而复建者甚多，如陈、蔡等皆是。庸有其灭见于史而其复建不见者，亦不得谓虢一灭之后，即定无虢也。至以秦越人直赵简子时传其术者，自不能及齐桓公；然古人轻事重言，此等传说，但取一著名之人以实之耳，固不必为齐桓公，亦不必其定为田午也。故读古书，非知古书之义例不可。

武王克商

《孟子》曰："尽信书，则不如无书。吾于《武成》，取二三策而已矣。仁人无敌于天下，以至仁伐至不仁，而何其血之流杵也？"（《尽心》下）此古人见古书变乱史实之辞也。古史之传于后，经此等改易删削，而失其真者，盖不知凡几矣。

《史记》多取《书》说，予已累言之，无待更述。今观其述殷周间事，多与《周书》相出入，而《尚书》家之变乱史实有可微窥者焉。《周书·克殷》云：

"周车三百五十乘，陈于牧野。帝辛从。武王使尚父与伯夫致师。王既誓以虎贲戎车驰商师。商师大崩。"如此而已矣，《史记》则曰："纣师虽众，皆无战之心，心欲武王亟入；皆倒兵以战，以开武王。武王驰之，纣兵皆崩，畔纣。"增入纣师倒兵之说矣。《周书·世俘》曰："武王狩禽：虎二十有二，猫二，麋五千二百三十五，犀十有二，牦七百二十有一，熊百五十有一，罴百一十有八，豕三百五十有二，貉十有八，麈十有六，麝五十，麇三十，鹿三千五百有八。"世皆疑其诞而不之信，然此即《孟子》所谓"驱虎豹犀象而远之"者也（《滕文公》下）。《孟子》言纣之罪曰："坏宫室以为污池，民无所安息。弃田以为园囿，使民不得衣食。园囿污池，沛泽多而禽兽至。"同上。古多旷地，园囿污池，岂待坏宫室弃田而为之？齐宣王之囿，方七十里，杀其麋鹿者，如杀人之罪，《孟子》讥其为阱于国中（《梁惠王》下），亦故山泽之区，禁御之，使刍荛雉兔者不得往焉耳，未闻其坏宫室弃田而为之也。纣早于宣王七百余年，安得有此？盖纣都朝歌，台在沙丘（《汉书·地理志》），地偏东北，本皆旷废之区，纣乃因以为苑囿耳。虽曰禽荒，其恶未至如《孟子》所言之甚也。而武王则尤而效之者也，或且变本加厉焉。顾美其"兼夷狄驱猛兽而百姓宁"（《滕文公》下），天下真无复是非矣。"兼夷狄"者，《孟子》所谓"灭国者五十"，同上。《世俘》所记太公望命御方来等是也。皆云"告以馘俘"，又总计之曰："武王遂征四方。凡憝国九十有九国。馘魔亿有十万七千七百七十有九。俘人三亿万有二百三十。凡服国六百五十有二。"世或又疑其诞。然俘馘本有虚数。憝国九十有九，盖以九为数之究而云然。灭国者五十，则举成数言之。虽不必实，然其数必不少矣。憝云灭云者，破坏其国，杀戮其君；服则望风归款者也。即谓不然，亦师速而疾略之而已。灭者五十，憝者九十有九，而服者六百五十有二，正不必怪其多矣。不特此也，纣既自燔矣，武王又射之三发，下车击之以轻吕，斩之以黄钺，悬之大白之旗。又适二女之所，二女既缢矣，又射之三发，击之以轻吕，斩之以玄钺，悬之小白之旗（《克殷》）。二女，《史记》云嬖妾；《世俘》则曰："武王燎于周，大师负商王纣悬首白旗，妻二首赤旗，乃以先馘，入燎于周庙。"案殷俗多同有虞，而《孟子》言舜"二女裸"（《尽心》下），或殷俗亦二妻，《世俘》之言是也。亲加刃于敌国帝后之尸，其虐，过于邾人之戕鄫子（《春秋》宣公十八年）。不归其元而用之于庙，则秦不果施之于晋惠公（《史记·晋世家》），吴不忍行之于齐国书者也（《左氏》哀公十一年）。赧王入秦，顿首献地，犹获归正首丘（《史记·周本纪》）。何其仁暴之殊也？大史公曰："论秦之德义，不如鲁、卫之暴戾。"论周则又居何等焉？

臧哀伯曰："武王克商，迁九鼎于洛邑，义士犹或非之。"（《左氏》桓公二年）《克殷》曰："命南宫伯达、史佚迁九鼎三巫。"盖始迁之三巫，卒又营洛邑而居之也。《世俘》又记其"荐俘殷王鼎"，又云："商王纣，取天知玉琰瑤身厚以自焚。凡厥有庶，告焚玉四千。武王乃俾于千人求之。四千庶玉则销。天知玉五，在火中不销。凡天知玉，武王则宝与同。凡武王俘商旧玉，亿有百万。"周之所求可知矣。而曰散鹿台之财，发巨桥之粟，何其诬也？抑粟帛不可载以行，亦非野人所宝，乃从而破散之邪？

《楚辞·天问》曰："到击纣躬，叔旦不嘉。"盖谓武王亲加刃于纣之尸，周公不以为然也。周公之为人，盖较武王少知礼义，故摄政七年之后，传有制礼作乐之事焉。《金縢》册祝曰："乃玄孙不若旦多材多艺，不能事鬼神。"足见武王为一武夫，一无所知也。《天问》又曰："授殷天下，其位安施？反成乃亡，其罪伊何？"授殷天下，言复封武庚也。其位安施，言武庚败亡也。反成而亡，言周公东征而归，属党见执，身奔楚也。此周家争夺相杀之事也。《天问》又曰："会晁争盟，何践吾期？苍鸟群飞，孰使萃之？"此即《诗》所谓"维师尚父，时惟鹰扬，凉彼武王，肆伐大商，会朝清明"者。苍鸟群飞，亦如乌流幄、鱼跃舟之类，以为瑞应耳。足见周初所传，本无信史，后人称诵，悉出文饰，虽诗人所咏，已非其实也。《天问》又曰："稷惟元子，帝何竺之？投之于冰上，鸟何燠之？"此即《诗·生民》所咏。又曰："何冯弓挟矢，殊能将之。"则后稷非农师，亦斗士耳。教民稼穑，树艺五谷之言，皆因其居稷官而附会者也。而"文王卑服，即康功田功"（《书·无逸》）视此矣。又曷怪周人之好杀戮，事攘夺哉？

《贾子·连语》曰："纣将与武王战。纣陈其卒，左臆右臆，鼓之不进，皆还其刃，顾以乡纣也。纣走还于寝庙之上，身斗而死，左右弗肯助也。纣之官卫，舆纣之躯，弃之玉门之外。民之观者，皆进蹴之，蹈其腹，蹵其肾，践其肺，履其肝。周武王乃使人帷而守之。民之观者，搴帷而入，提石之者，犹未肯止。"此说谓纣卒倒兵同于《书》家，而纣尸为商民所残，而武王且有帷守之惠，其讳饰弥工矣。

惟周公诞保文武受命惟七年

《诗·文王序疏》云："伏生、司马迁以为文王受命七年而崩；刘歆作《三统历》，考上世帝王，以为文王受命九年而崩。

班固作《汉书·律历志》载其说。于是贾逵、马融、王肃、韦昭、皇甫谧皆悉同之。《帝王世纪》引《周书》，称文王受命九年，惟暮之春，在镐，召太子发，作《文传》。九年犹召太子，明其七年未崩，故诸儒皆以为九年而崩。"是诸儒之说原于歆，歆之说实原于《周书》也。今案《周书》一字之误，遂启后来无限之争，然推其本，则《周书》之所据，实未尝与《诗》、《书》之说有异同也（司马迁文王受命七年而崩之说，见《史记·周本纪》，《周本纪》云"诗人道西伯"，盖举《诗》说也）。何则？《史记·周本纪》言文王受命七年而崩。"九年，武王上祭于毕。东观兵，至于盟津。为文王木主，载以车，中军。武王自称太子发，言奉文王以伐，不敢自专。"自七年至九年，二年矣，故刘歆《世经》，亦谓再期在大祥而伐纣。然《伯夷列传》曰："西伯卒，武王载木主，号为文王，东伐纣。伯夷、叔齐叩马而谏曰：父死不葬，爰及干戈，可谓孝乎？"岂有再期而犹不葬者？《楚辞·天问》曰："武发杀殷何所悒？载尸集战何所急？"《淮南·齐俗》曰："武王伐纣，载尸而行，海内未定，故不为三年之丧始。"（《注》言始废于武王也）其非再期大祥时明矣。武王当日，盖秘文王之丧以伐纣，不克还归，居二年而又东伐也。所以居二年而复东伐者，非如《史记》所言闻纣昏乱暴虐滋甚，实以已于是时免丧故耳。然则武王观兵，当在文王受命七年；遍告诸侯东伐，当在九年。后周人自讳其不葬而用兵，乃将其事悉移下二年，然文王死即东兵，犹为后人所能忆，作《周书》者遂误将文王之死，移下二年也。载主而行，固古人用兵通礼。

《周书·明堂解》曰："大维商纣暴虐，脯鬼侯以享诸侯，天下患之。四海兆民，欣戴文武。是以周公相武王以伐纣，夷定天下。既克纣六年而武王崩。成王嗣，幼弱，未能践天子之位。

周公摄政，君天下，弭乱。六年而天下大治。乃会方国诸侯于宗周，大朝诸侯。制礼作乐，颁度量，而天下大服，万国各致其方贿。七年，致政于成王。"此文全与《礼记·明堂位》同，所多者，"既克纣六年而武王崩"一语耳。武王在位凡七年，其死当在受命十四年，若以克殷在九年，则自九年至十四年，固适得六年也。古人记年代固甚疏，然周公诞保文武受命，惟七年，其数甚巧，周人于此，当不得误记，故《诗》《书》皆无异说。《周书·武儆》曰："惟十有二祀，四月，王告梦。丙辰，出金枝郊宝《开和》细书，命诏周公旦立后嗣，属小子诵文及宝典。"此篇乃记武王将殁时事，二当为四之误。（或曰："作是篇者，明知文王之死，为人误移后二年，然不知其自受命七年移至九年，误谓文王受命七年而崩之说，业经延长二年，乃将文王受命后年岁，缩短至五年，如是，则武王在位七年，其死适当受命之十二年矣。"此虽见巧思，然未免穿凿，不可从也。）

《明堂位疏》云："周公制礼摄政，孔、郑不同。孔以武王崩，成王年十三，至明年摄政，管叔等流言。故《金縢》云：武王既丧，管叔及其群弟流言于国曰：公将不利于孺子。时成王年十四。即位摄政之元年，周公东征管蔡，后二年，克之，故《金縢》云：周公居东二年，则罪人斯得。除往年，时成王年十六，摄政之三年也。故《诗序》云：周公东征三年，而归摄政。七年，营洛邑，封康叔而致政，时成王年二十。故孔注《洛诰》，以时成王年二十是也。郑则以为武王崩，成王年十岁（《文王世子疏》："郑注《金縢》云：文王崩后，明年生成王，则武王崩时，成王年十岁。"）。《周书》以武王十二月崩，至成王年十二，十二月丧毕，成王将即位，称己小，求摄，周公将代之，管、蔡等流言，周公惧之，辟居东都。故《金縢》云：武王既丧，管叔等流言，周公乃告二公曰：我之不辟，无以告我先王。既丧，谓丧服除；辟，谓辟居东都。时成王年十三。明年，成王尽执拘周公属党。故《金縢》云：周公居东二年，则罪人斯得。罪人，谓周公属党也。时成王年十四。至明年秋，大熟，有雷风之异。故郑注《金縢》云：秋大熟谓二年之后。明年秋，迎周公而反，反则居摄之元年，时成王年十五。《书传》所谓一年救乱。明年，诛武庚、管、蔡等，《书传》所谓二年克殷。明年，自奄而还，《书传》所谓三年践奄。四年，封康叔，《书传》所谓四年建侯卫，时成王年十八也。故《康诰》云孟侯，《书传》云天子，天子十八称孟侯。明年，营洛邑，故《书传》云五年营成周。六年，制礼作乐。七年，致政于成王，年二十一。明年乃即政，时年二十二也。"案《史记·周本纪》言武王崩，"成王少，周初定天下，周公恐诸侯畔，乃摄行政当国。管叔、蔡叔群弟疑周公，与武庚作乱，畔周"。明流言即在武王崩、成王初立之时，若摄政待诸二年之后，则国事既大定矣，周公有无篡夺之心，亦既为众所共见矣，若欲徐图篡弑，其经营亦既巩固矣，管叔等顾于此时流言何为？况谓居丧二年中，成王能自为政邪？服除何反求摄？谓周制亦如殷，谅阴听于冢宰，故丧中不待求摄邪？则孔子于子张之问，何不曰殷周皆然，顾曰"古之人皆然"也？（《论语·宪问》）《鲁世家》曰："管叔及其群弟流言于国曰：周公将不利于成王。周公乃告太公望、召公奭曰：我之所以弗辟而摄行政者，恐天下畔周，无以告我先王太王、王季、文王。三王之忧劳天下久矣，于今而后成。武王蚤终，成王少，将以成周，我所以为之若此。于是卒相成王，而使其子伯禽代就封于鲁。"此文解"弗辟"二字，何等文从字顺？且有卒相成王，而使伯禽就封之事为证；岂比郑以丧服除释"既丧"，辟居东都释"辟"之牵强邪？

且成王而既疑周公矣，疑之而既能执其属党矣，岂有倒持干戈，授人以柄，反迎之而请其居摄之理？谓此系设说，周公实挟兵力以入，则自辟居讫复入，为时三年，武庚、管、蔡安得不以此时力攻东都，而听其再奠镐京，养成气力？且周公甫戡大难，亦何能即出兵以诛武庚、管、蔡也？故郑之所言，无一而合情理者。《周书·作洛》曰："武王既归成岁，十二月崩镐，建于岐周。周公立，相天子。三叔及殷东徐奄及熊盈以略。周公、召公内弭父兄，外抚诸侯。"所谓"一年救乱"也。"元年夏六月，葬武王于毕。二年，又作师旅，临卫政殷，殷大震溃。降辟三叔。王子禄父北奔。管叔经而卒。乃囚蔡叔于郭凌。"所谓"二年克殷"也。曰："凡所征熊盈族十有七国，俘维九邑。"所谓"三年践奄"也。曰："俘殷献民，迁于九毕，俾康叔宇于殷，俾中旄父宇于东。"所谓"四年建侯卫"也。曰："及将致政，乃作大邑成周于土中。"所谓"五年营成周"也。《明堂解》："六年而天下大治，乃会方国诸侯于宗周，制礼作乐，颁度量，而天下大服。"所谓"六年制礼作乐"也。终之曰"七年致政于成王"，所言无不与《书传》合者，故知《书说》皆原本古史，非凭臆为说也。

《鲁世家》言："武王有疾，不豫，群臣惧，太公、召公乃缪卜。周公曰：未可以戚我先王。周公乃自以为质。令史策告太王、王季、文王，欲代武王，藏其策金滕匮中，诚守者弗敢言。及东土既集，周公归报成王，乃为诗贻王，命之曰《鸱鸮》。七年，还政于成王。初，成王少时，病，周公乃自揃其蚤，沉之河，以祝于神，曰：王少，未有识，奸神命者乃旦也。亦藏其策于府。成王病有瘳。及成王用事，人或谮周公，周公奔楚。成王发府，见周公祷书，乃泣，反周公。周公在丰，病，将没，曰：必葬我成周，以明吾不敢离成王。周公既卒，成王亦让，葬周公于毕，从文王，以明予小子不敢臣周公也。周公卒后，秋，未获，暴风雷雨，禾尽偃，大木尽拔，周国大恐。成王与大夫朝服以开金縢书，王乃得周公所自以为功代武王之说，二公及王乃问史百执事，史百执事曰：信有，昔周公命我勿敢言。成王执书以泣，曰：自今后其无缪卜乎？昔周公勤劳王家，惟予幼人弗及知，今天动威，以彰周公之德，惟朕小子其迎，我国家礼亦宜之。王出郊，天乃雨，反风，禾尽起。二公命国人，凡大木所偃，尽起而筑之，岁则大熟。"史公此文，全取《尚书·金縢》，而周公奔楚一节，则为《金縢》所弗具。平心论之，成王既能拘执周公之属党，岂有听其反而摄政之理？谓此事在成王用事后，则正合情理。然则郑之所云，殆亦有所本，特其学无师承，经文既阙，不能借口说以补之，遂误以此释《鸱鸮》之诗，而系之于摄政前耳，口说之足贵如此。

周公奔楚，《索隐》云："经典无文，其事或别有所出。而谯周云秦既燔书，时人欲言金縢之事，失其本末。乃云成王少时病，周公祷河欲代王死，藏祝策于府，成王用事，人谮周公，周公奔楚，成王发府见策，乃迎周公。又与《蒙恬传》同，事或然也。"然则谯周亦信周公欲代成王事为真，而以《金縢》为不具也。周非守章句之学者，而其言如此，可以知所从矣。

春秋时人以畜比君

《左氏》宣公四年：郑子公欲弑灵公，子家曰："畜老，犹惮杀之，而况君乎？"成公十七年：晋乐书、中行偃欲弑厉公，韩厥曰："古人有言曰：杀老牛莫之敢尸，而况君乎？"以畜类喻君，人莫不以为骇，其实无足骇也。畜者，养也。臣之于君，固有孝养之义。古人言养，亦恒以畜类为喻，不以为亵也。《论语·为政》："子游问孝，子曰：今之孝者，是谓能养；至于犬马，皆能有养；不敬，何以别乎？"（《坊记》："子云：小人皆能养其亲，君子不敬，何以辨？"）孟子曰："缪公之于子思也，亟问，亟馈鼎肉。子思不悦。于卒也，摽使者出诸大门之外，北面稽首再拜而不受，曰：今而后知君之犬马畜伋。"（《万章》下）又曰："食而弗爱，豕交之也；爱而不敬，兽畜之也。"（《尽心》上）虽不以为然，然可见徒以养言，固恒以畜类为喻。孟子又谓"理义之悦我心，犹刍豢之悦我口"。（《告子》上）刍豢者，牛羊之食，亦未尝不引伸为凡食之称，而以施诸人也。齐景公召太师曰："为我作君臣相悦之乐。其诗曰：畜君何尤？畜君者，好君也。"（《梁惠王》下，《孟子》此六字即系解释《诗》义。《集注》谓臣能畜止其君之欲，乃是爱君，非也。《吕览·适威》引《周书》曰："民善之则畜也，不善则仇也。"高《注》："畜，好。"）刍豢为人之所好，好之者必饮食之，故自养义引伸为好也。固亦施之于君，且以为歌颂之辞矣。

《左氏》襄公二十一年："齐庄公为勇爵，殖绰、郭最欲与焉。州绰曰：二子者，譬于禽兽，臣食其肉而寝处其皮矣。"意虽近于自夸，然未闻以其言为狎侮，则古人之贱禽兽，固不若后世之甚也。

中　山

　　中山者，春秋战国间之大国也。《左氏》载中山与晋相竞，始于昭公之十二年，而迄于哀公之六年，其间凡四十二年。其后八十二年，而魏文侯灭中山，使太子击守之。（魏文侯十七年。见《史记·魏世家》。）其后中山复国（见《乐毅列传》）。自魏文侯灭中山之后三十一年，为赵敬侯十年，赵与中山战于房子；其明年，伐中山，又战于中人（见《赵世家》）。越三十四年，而中山君为魏惠王相。（见《六国年表》，在魏惠王二十九年。《魏世家》作二十八年。）此时中山虽为魏弱，然赵武灵王之告公子成曰："先时中山负齐之强兵，侵暴吾地，系累吾民，引水围鄗，微社稷之神灵，则鄗几于不守也。先王丑之，而怨未能报也。"（见《赵世家》）则其力犹足与赵为敌，春秋末叶连齐以掎晋之志，未尝衰也。中山君相魏惠王之后三十五年，为赵武灵王之十九年，始胡服骑射，以必取胡地、中山为志。其明年，略中山地，至宁葭。又明年攻中山，中山献四邑请和。王许之，罢兵。二十三年，攻中山。二十六年，复攻之。二十七年，传国于惠文王。惠文王三年，乃灭中山，迁其王于肤施（均见《赵世家》）。自鲁昭公十二年至此，凡二百三十五年，中山之与晋相抗，可谓久矣。

　　中山之亡，《赵世家》在惠文王三年，而《六国年表》在四年。《表》云："与齐、燕共灭中山。"《燕世家》及《表》皆不载此事，《齐世家》及《表》，皆系湣王二十九年，与《表》作惠文王四年者合。盖迁其君在三年，而尽服其众而定其地，实在四年也。赵惠文王四年，为秦昭王十二年，而《秦本纪》昭王八年："赵破中山，其君亡，竟死齐。"或以此疑《秦纪》及《六国表》相龃龉。案此不徒与惠文王四年中山灭非一事，即与三年中山君之迁，亦非一事。故《秦纪》昭王十一年，中山尚与齐、韩、魏、赵、宋共攻秦。（《史记·秦纪》云："齐、韩、魏、赵、宋、中山五国共攻秦。"《正义》云："盖中山此时属赵，故云五国也。"案中山苟为赵私属，即不必特举其名，盖或五字误，或衍他字也。《正义》说未安。）明其亡竟死齐之后，尚有一君，盖即迁于肤施者也。

《六国表》云齐湣王佐赵灭中山，《乐毅列传》亦云齐湣王助赵灭中山；《范雎列传》：说秦王曰："昔者中山之国，地方五百里，赵独吞之，功成名立，而利附焉，天下莫之能害也。"则湣王之佐赵，乃烛之武所谓"亡郑以倍邻"者耳。夫中山去赵近，而去齐远，其于赵，腹心之患也（武灵王告楼缓曰："今中山在我腹心。"）；则赵之于中山，亦腹心之患也。连齐以拒赵，在中山策固宜然；抚中山以拒晋，于齐计亦良得。昭、定、哀间之已事及围鄗之役，资中山以强兵，盖齐之素计，非漫然而为之也。弃累世之遗策，灭与国以资邻敌，湣王之所为若此，欲以求伯，不亦难乎？（燕是时亦助赵者。昭王方欲报齐，盖以此结欢于赵，非徒为赵用也，与齐湣王之劳民助敌者不同。）

范雎云：中山"地方五百里"。中山与燕、赵为王，齐闭关不通中山之使，其言曰："我，万乘之国也；中山，千乘之国也。"（见《中山策》）然则中山之为国，盖鲁、卫之伦也。方五百里，在周初为大国，至春秋以降，则不足数矣。而中山独累世雄张，为齐、燕、赵、魏所重，盖以其地险故。赵武灵王胡服骑射以取中山，非谓中山亦林胡、楼烦之伦，将以轻骑与之驰逐于原野，乃欲以是深入其阻耳。武灵王之告公子成曰："今吾国东有河、薄洛之水，与齐、中山同之，无舟楫之用；自常山以至代、上党，东有燕、东胡之境而西有楼烦、秦、韩之边；今无骑射之备，故寡人无舟楫之用，夹水居之，民将何以守河、薄洛之水？变服骑射，以备燕、三胡、秦、韩之边。"是赵与中山角逐，仍重在平地，其胡服骑射则所以防燕、三胡、秦、韩也。然又曰"今骑射之备，近可以便上党之形而远可以报中山之怨"，则以中山地险，惟骑兵乃能深入其阻，一举而两利存焉。然其本意，固以备燕、三胡、秦、韩，非以为中山也。胡服骑射之后，明年而有事于中山，史记其事云："略中山地，至宁葭。"略者师速而疾，盖犹仅拂其境。是年，使代相赵固主胡，致其兵。明年，又攻中山，赵祒为右军，许钧为左军，公子章为中军，王并将之；牛翦将车骑，赵希并将胡、代、赵，与之陉；合军曲阳，攻取丹邱、华阳、鸱之塞，王军取鄗、石邑、封龙、东垣。中山献四邑请和（均见《赵世家》）。四邑，盖即鄗、石邑、封龙、东垣。是役也，以赵固有之军为三军，王并将之，以攻中山之邑，而以新练之骑兵（牛翦所将），与所致胡、代之兵（赵希所将。云并将胡、代、赵者，赵为主军，胡、代为客军，并将是三国之兵也），与之陉，徐庚曰"一作陆"，窃疑作陉为是。陉者，山绝之名所谓塞者，盖在于是。豫许赵希攻下，即以之为赏也。赵希，或致胡兵之赵固之父兄子弟。攻中山之塞，始深入其阻矣。其后之攻中山，当仍祖是策，故不数年而中山遂亡。（惠文王二年，主父行新地，遂出代西，遇楼烦王于西河而致其兵。明年，遂灭中山。致楼烦之兵，盖亦所以攻中山也。）

《中山策》曰："乐羊为魏将攻中山，其子时在中山，中山君烹之作羹，致于乐羊，乐羊食之。古今称之。"甘茂谓秦武王曰："魏文侯令乐羊将而伐中山，三年而拔之。乐羊返而论功，文侯示之谤书一箧。"（《史记》本传，亦见《秦策》）中山之难攻可知，盖以其险也。《中山策》又曰："魏文侯欲残中山，常庄谈谓赵襄子曰：魏并中山，必无赵矣。公何不请公子倾以为正妻，因封之中山，是中山复立也。"（据《六国表》，襄子之卒，在魏文侯元年前一年）文侯之欲残中山，得无恶其险，故欲破坏之，使之不复能立邪？乐羊之灭中山，文侯封之以灵寿。乐羊死，葬于灵寿（《史记·乐毅列传》）。则文侯固尝拔其地以封有功之将，而乐羊亦能抚其封邑之民。然中山无几卒复国，又百余年而后亡，则甚矣灭国之不易，而险之果足恃也？吴起曰"在德不在险"，固也，然此亦为大无道者言之耳，若得中主，恃险固亦足以延命矣。（《史记·穰侯列传》，须贾说穰侯曰："宋、中山数伐割地，而国随以亡。"四邑之献，即中山好割地之一证。然仅此一事，不得云数，其前此如是者，盖多矣。地数割，而犹后亡，亦地险使之也。）

赵献侯十年，中山武公初立。此事既见《赵世家》，又见《六国赵表》。其立也，盖赵立之也。是年，为魏文侯十一年，又五年而献侯卒。其明年，魏遂使太子伐中山，盖闻赵之丧也。此事亦记于《赵世家》及《六国表》赵下，盖循赵史记之旧，可见赵视中山之重。

中山武公，徐广曰：定王之孙，西周桓公之子。而《索隐》以《世本》不言谁之子孙，疑徐广之言为无据。然徐广不得凿空，盖自有所据，而小司马时已无考也。

中山尝筑长城，事在赵成侯六年，亦见《赵世家》。古长城之筑，多文明之国，以此防野蛮部族之侵扰，故疑中山亦林胡、楼烦之类者，非也。赵主父使李疵视中山可攻不也，李疵告主父曰："中山之君见好岩穴之士，所倾盖与车以见穷闾隘巷之士以十数，优礼下布衣之士以百数矣。"（《韩非子·外储说左上》）。案亦见《中山策》。）是好文之主也。《说苑·权谋》曰："中山之俗，以昼为夜，以夜继日，男女切踦，固无休息，淫昏康乐，歌讴好悲。"是其熹音沉湎，亦文明之国之流矣，非穹庐之君，旃裘之民，所能有也。敝以中山为林胡、楼烦之伦者，非也。诸侯失地名灭同姓名，中山与赵，厥罪惟钧，而引夷狄以伐中国，则武灵王有罪焉尔矣。

秦焚书（上）

《史记·秦始皇本纪》载李斯焚书之议曰："若有欲学法令，以吏为师。"《集解》引徐广曰："一无法令二字。"案《李斯传》无之，则无之者，是也。"法令"二字，盖注语，阑入正文。其为史公原文，抑后人羼入，未敢定；然要无背于李斯本意。论者或谓秦实未尝废学，所谓吏者，即博士也，则又误矣。秦惟恶人以古非今，故欲燔《诗》《书》；若仍许博士传授，则其燔之，为无谓矣。斯之奏，明言"士则学习法律辟禁"，《斯传》言始皇可其议，收去《诗》《书》百家之语，以愚百姓。使天下无以古非今，明法度，定律令，皆以始皇起。"其许民传习者，不得出于法令以外可知。

《始皇本纪》载斯议，但言"《诗》《书》百家语"，而《斯传》曰："臣请诸有文学《诗》《书》百家语者，蠲除去之。"文学盖与《诗》《书》百家语同为经籍之通称。古者文字用少，凡民盖多不通知。其略知之者，亦仅以供眼前记事达意之用。书之较古，或涵义较深者，即非其所能读，能从事于此者，则谓之文学之士，其学即谓之文学，其书因亦被文学之称，孔门四科中文学，即是物也。后世各种学问，皆用文字，故文学不能成为一种学问之名。（古代学问，用文字者少，不用文字者多，则即其用文字者而名之曰文学，亦势使然也。《易·系辞传》曰："上古结绳而治，后世圣人易之以书契，百官以治，万民以察。"《九家易注》曰："百官以书治职，万民以契明其事。"案此释书契二字最确；狱吏仅知当世之法律禁辟，则以书治职之类也。项羽曰："书足以记名姓而已。"此犹今略识文字之人，仅能记账、作书函、写券契，则以契明事之类也；文字通常之用，不过如此。用以载道、记大事、前人以之垂后，后人以之识古，本非人人所能，今日犹然，况古昔乎？《论语》："子曰：行有余力，则以学文。"所学者即以供通常之用，非游夏所通之文学也。）然则所谓文学士者，即通知古今，而不仅囿于当世法律辟禁之人矣。《纪》又载始皇之语曰："吾前收天下书不中用者，尽去之。悉召文学方术士甚众，欲以兴太平。方士欲练以求奇药。""欲以致太平"上，盖有夺文，此五字指文学言。焚其书而用其人者，特采取其谋议，用舍之权在我，若听其私相传授，则学者多，而非上之所建立者众，主势降乎上，党与成乎下矣，此始皇、李斯之所深恶也，而恶得听之？故若有欲学法令之"法令"二字，是否史公原文不可知，而其无背于当日焚书之意，则可断也。

焚书之议，不外乎欲齐一众论。夫欲齐一众论者，不独始皇、李斯也，董仲舒对策曰："春秋大一统者，天地之常经，古今之通谊也。今师异道，人异论，百家殊方，指意不同，是以上亡以持一统；法制数变，下不知所守。臣愚以为诸不在六艺之科，孔子之术者，皆绝其道，勿使并进。邪辟之说灭息，然后统纪可一，而法度可明，民知所从矣。"与李斯议何异？特斯欲一之以当世之法律辟禁，而仲舒则欲一之以孔子之道耳。孔子之道，非吏之所知，欲以此一天下，自不得不用通知古今之博士。始皇令民以吏为师，而汉武独为五经博士置弟子，其所以教民者异，其使之必出于一则同矣。

庄子曰："藏舟于山，夜半，有力者负之而走。"甚矣，世变之不可达也。世事日新，而人之所知，恒域于古，其所斟酌损益，以为可措之当世者，皆其鉴于已往而云然者也，而世事则已潜移矣。人之所为，终不能与时势尽合以此。李斯论当时之弊，谓"语皆道古以害今，饰虚言以乱实"；又谓"五帝不相复，三代不相袭，各以治，非其相反，时变异也"。而谓淳于越曰："越言乃三代之事，何足法也。"善矣。抑此法家之公言，非斯一人之私言也：虽儒家亦恶处十横议。而曰三王之道若循环，终而复始，则亦恶夫道古以害今，饰虚言以乱实者矣。然而斯之所为，则欲复古政教不分、官师合一之旧者也。虽董仲舒亦曷尝不愿之哉？未能致耳。亦何以异于淳于越乎？却行而笑人之北，岂不悲哉？

李斯之负谤久矣，仲舒昔人称之，今亦以其抑黜百家为罪状，其实立言各以其时，不必相非也。后人生于专制已久，思想已统一之世，但患在上者之威权过大，在下者之锢蔽过深，不察时势之异，乃皆奋笔以诋李斯、仲舒，其实思想锢蔽固有弊，思想太披猖亦有弊。今也遇人于路，刺而杀之，则司败将执而致诸辟，虽途之人，亦莫之哀也，是以莫敢刺人而杀之也。若斯世之风气，十里五里而不同，有杀人于国门之外者，或訾其暴，或誉其勇，司败执而戮之，则或聚徒而篡之，而是邦也，不可以一朝居矣。此墨翟所以有尚同之论也，非独儒法也，一异道与异论，固晚周、秦、汉之世，人人之所同欲也。

秦焚书（下）

　　李斯议焚书之奏曰："所不去者，医药、卜筮、种树之书。"《斯传》同。则当时所不焚者，以此为限。此不及政治，不得藉以是古非今者也。乃《论衡·书解》谓"秦确无道，不燔诸子，诸子尺书，文篇俱在"。赵岐《孟子题辞》亦谓"秦焚书，其书号为诸子，故篇籍得不泯绝"。王肃《家语后序》又云："李斯焚书，《家语》与诸子同列，故不见灭。"

　　近人因谓秦之焚书，限于六艺，六艺为古文，诸子书皆今文，故有秦废弃古文之说。案此说非也，果如所言，"百家语"三字何指？仲任虽有特见，而于史事甚疏，往往摭拾野言，信为实在，观其论群经传授，语多诬妄可知。其所谓秦人燔书，不及诸子者，盖亦流俗相传之说，而仲任误采之。流俗所谓诸子，即医药、卜筮、种树之书，而非《汉志·诸子略》之所著也。邵卿、子雍误皆与仲任同，亦见汉人论事之疏矣。

　　卫宏《古文奇字序》云："秦改古文，以为篆隶，国人多诽谤。秦患天下不从，而召诸生，至者皆拜为郎，凡七百人。又密令冬月种瓜于骊山硎谷之中温处，瓜实，乃使人上书曰：瓜冬有实。有诏天下博士诸生说之，人人各异，则皆使往视之，而为伏机。诸生方相论难，因发机从上填之以土，皆终命也。"（《书疏序》。《汉书·儒林传注》引略同，而作诏定《古文官书序》。《隋志·小学类》：《古文官书》一卷，后汉议郎卫敬仲撰，盖其书一名《古文奇字》也。）其说之不经，真堪发笑，乃引之以序诏定之书。刘歆之《让太常博士》曰："信口说而背传记，是未师而非往古。"坑儒之事，明见《太史公书》，敬仲熟视无睹，乃引此齐东野人之言，其信末世之口说，而背往古之《史记》，抑何其更甚于博士也？卫宏为古学名家，其言如此，亦何怪王充之本不专精，赵岐之稍为固陋（语见阮元《十三经注疏校勘记》）、王肃之有意作伪者乎？

秦始皇筑长城

秦始皇帝筑长城，誉之者以为立万古夷夏之防，毁之者以为不足御侵略，皆不察情实之谈也。《史记·匈奴列传》曰："士力能弯弓，尽为甲骑。"又曰："自左右贤王以下至当户，大者万余骑，小者数千。凡二十四长，立号曰万骑。"则匈奴壮丁，尚不足二十四万。《史记》又云：冒顿"控弦之士三十万"，盖其自号之虚词也。（《新书·匈奴篇》曰："窃料匈奴控弦，大率六万骑，五口而出介卒一人，五六三十，此即户口三十万耳。"此则其数太少。或贾生所计，非匈奴全国之众。）南部之并北部也，领户三万四千，口二十三万七千三百，胜兵五万一百十七人。所谓胜兵，即力能弯弓之士也。然则匈奴壮丁，居其民数五之一弱（与贾生五口而出介卒一人之说合）。今即以匈奴兵数为二十四万，以五乘之，其口数亦不过百二十万耳。贾生谓匈奴之众，不当汉千石大县；中行说谓匈奴人众，不能当汉之一郡，非虚词也。冒顿尽服从北夷时，口数如此，头曼以前当何如？《史记》曰："自陇以西，有绵诸、绲戎，翟獂之戎。岐梁山、泾、漆以北，有义渠、大荔、乌氏、朐衍之戎。而晋北有林胡、楼烦之戎，燕北有东胡、山戎，各分散居溪谷，自有君长；往往而聚者，百有余戎，然莫能相一。"头曼以前之匈奴，则亦如此而已。此等小部落，大兴师征之，则遁逃伏匿，不可得而诛也；师还则寇钞又起；留卒戍守，则劳费不资；故惟有筑长城以防之。长城非起始皇，战国时，秦、赵、燕三国，即皆有之。皆所以防此等小部落之寇钞者也。齐之南亦有长城，齐之南为淮夷，亦小部落，能为寇钞者也。若所邻者为习于战陈之国，则有云梯隧道之攻，虽小而坚如福阳，犹惧不守，况延袤至千百里乎？然则长城之筑，所以省戍役，防寇钞，休兵而息民也。本不以御大敌。若战国秦时之匈奴，亦如冒顿，控弦数十万，入塞者辄千万骑，所以御之者，自别有策矣。谓足立万古夷夏之防，几全不察汉后匈奴、鲜卑、突厥之事，瞽孰甚焉。责其劳民而不足立夷夏之防，其论异，其不察史事同也。

秦营南方（上）

《秦始皇本纪》："三十三年，发诸尝逋亡人、赘婿、贾人，略取陆梁地，为桂林、象郡、南海，以适遣戍。""三十四年，谪治狱吏不直者，筑长城及南越地。"（《六国表》略同）其所戍及所筑，皆即所略取之地，非中国与陆梁间之通道也，而《集解》引徐广曰"五十万人守五岭"，疏矣。

徐广之言，盖本于《淮南子》。《淮南子·人间训》曰：秦皇"利越之犀角、象齿、翡翠、珠玑，乃使尉屠睢发卒五十万，为五军：一军塞镡城之领，一军守九嶷之塞，一军处番禺之都，一军守南野之界，一军结余干之水，三年不解甲弛弩，使监禄无以转饷。又以卒凿渠而通粮道，以与越人战。杀西呕君译吁宋，而越人皆入丛薄中，与禽兽处，莫肯为秦虏。相置桀骏以为将，而夜攻秦人，大破之。杀尉屠睢，伏尸流血数十万，乃发谪戍以备之"。案此事亦见淮南王《谏伐闽越书》(《汉书·严助传》)，而无发卒五十万之语。《汉书·严安传》载安上书，则谓秦使尉屠睢将楼船之士，南攻百越，既败，乃使尉佗将卒以戍越，《史记·淮南王传》伍被谏王之辞，又谓秦"使尉佗逾五岭攻百越，尉佗知中国劳极，止王不来"。今案尉佗本传，佗在秦时仅为龙川令，及任嚣病且死，召佗，被佗书，行南海尉事，佗乃因以自王，安有将兵征戍之事？更安得当秦始皇时，即止王不来乎？发卒与谪发大异；且略地遣戍，同在一年，即谪筑亦在其明年，安有所谓三年不解甲弛弩者？古载籍少，史记又非民间所有，称说行事，率多传闻不审之辞。淮南谏书，自言闻诸长老，明非信史。严安、伍被之辞，盖亦其类。徐广不察，率尔援据；且缪以淮南所言发卒之数为《史记》所云谪戍之数，亦疏矣。

淮南王谏伐闽越之辞曰："不习南方地形者，多以越为人众兵强，能难边城。淮南全国之时，多为边吏，臣窃闻之，与中国异。限以高山，人迹所绝，车道不通，天地所以隔外内也，其入中国，必下领水，领水之山峭峻，漂石破舟，不可以大船载食粮下也。越人欲为变，必先田余干界中，积食粮，乃入伐材治船。边城守候诚谨，越人有入伐材者，辄收捕，焚其积聚，虽百越，奈边城何？"此虽言闽越，南越亦无以异，即有丧败，安用发大兵为备乎？兵有利钝，战无百胜，当时用兵南越，天时地利，皆非所宜，偏师丧败，事所可有，然以大体言之，则三郡之开，辟地万里，越人固未尝敢以一矢相加遗，安用局促守五岭乎？使一败而至于据岭以守，则三郡之不属秦久矣，何以陈胜既起，任嚣犹能挈南海以授赵佗；而佗既行尉事，南海犹多秦吏，而待佗稍以法诛之邪？（见佗本传）《陈余传》载武臣等说诸县豪桀之辞，谓秦南有五岭之戍。盖汉通南越岭道有五，故为此辞者云尔，非必武臣当时，语本如此。《佗传》言佗檄横浦、阳山、湟溪绝道聚兵以守，则似秦与南越往来，惟有三道耳。

汉武帝之通夜郎也，拜唐蒙为中郎将，将千人，食重万余人（《史记·西南夷传》）。王莽之击益州也，发天水、陇西骑士，广汉、巴、蜀、犍为吏民十万人，转输者合二十万。（犹以军粮前后不相及，致士卒饥疫，三岁余死者数万，见《汉书·西南夷传》。）知当时南方，道路艰阻，运饷者恒倍花于士卒。始皇若发五十万人以攻越，疲于道路者，不将逾百万乎？又淮南谏书，言"自汉初定已来，七十二年，吴越人相攻击者不可胜数"；而《史记·东越列传》：闽越围东瓯，东瓯告急天子，天子问太尉田蚡，蚡对亦曰"越人相攻击固其常"；《汉书·高帝纪》十一年诏亦曰"粤人之俗，好相攻击"；知当时越人，尚分散为众小部落，此其所以有百越之称也，安用发大兵攻之？彼亦岂能聚大兵来攻，而待发大兵以守乎？

秦所遣谪戍之数，虽不可考，然必不能甚多，故任嚣告赵佗，谓"颇有中国人相辅"（《佗传》）；而陆贾说佗，亦谓"王众不过数十万，皆蛮夷"也（《史记·贾传》）。《汉书·两粤传》载佗《报文帝书》，言"西有西瓯，其众半羸，南面称王；东有闽粤，其众数千人，亦称王；西北有长沙，其半蛮夷，亦称王"。羸当作赢，《史记》作其西瓯骆裸国，（师古曰："羸，谓劣弱也。"竟未一考《史记》，疏矣。）"其众数千人"，《史记》作"千人众"。东瓯之降也，其众四万余（《史记·汉兴以来将相名臣年表》：建元三年，"东瓯王广武侯望率其属四万余人来降，处庐江郡。"），闽越强于东瓯，众不得较东瓯为少。知佗于西瓯、闽粤、长沙，皆以中国之众，与"蛮夷"分别言之。陆生所谓众数十万者，必不苞中国人矣。汉高帝之王尉佗也，诏曰："前时秦徙中县之民南方三郡，使与百粤杂处。会天下诛秦，南海尉佗居南方，长治之，甚有文理，中县人以故不耗减。"（《汉书·高帝本纪》十一年）则佗自王后，中国人在南方者，初无所损。而陆生不之及者，其数微，不足计也。知秦时所谪，其数必不能多矣。

《史记》所谓筑越地者，盖谓筑城郭宫室也。中县民初至，必不能处深山林丛，势不能不筑宫室以居，城郭以守。然则秦人之徙中县民，其意虽欲使与越杂处以化之，实仍自为聚落，故其数不耗减易知也。长沙开辟最久，盖犹不免焉，而闽越无论矣，故尉佗于此，并以中国人与"蛮夷"分言之也。

汉人引秦事以讥切当世者甚多，而皆莫如晁错之审。错之论守备边塞也，曰："臣闻秦时，北攻胡貉，筑塞河上；南攻扬粤，置戍卒焉。夫胡貉之地，积阴之处也，木皮三寸，冰厚六尺，食肉而饮酪，其人密理，鸟兽毳毛，其性能寒。扬粤之地，少阴多阳，其人疏理，鸟兽希毛，其性能暑。秦之戍卒不能其水土，戍者死于边，输者偾于道。秦民见行，如往弃市，因以谪发之，名曰谪戍，先发吏有谪及赘婿、贾人，后以尝有市籍者，又后以大父母、父母尝有市籍者，后入闾，取其左。"此即《史记》所谓发诸尝逋亡人、赘婿、贾人，适治狱吏不直者也。然错之言曰："臣闻古之徙远方以实广虚也，相其阴阳之和，尝其水泉之味，审其土地之宜，观其草木之饶；然后营邑立城，制里割宅，通田作之道，正阡陌之界。先为筑室，家有一堂二内，门户之闭，置器物焉，民至有所居，作有所用，此民所以轻去故乡而劝之新邑也。"秦之徙民，其虑之虽不能如是之备，然其适筑越地，盖犹存此意焉。错又言：人情非有匹敌，则不能久安其处，故亡夫若妻者，欲县官买予之。今案伍被言：尉佗止王南越，使人上书，求女无夫家者三万人，以为士卒衣补，秦始皇帝可其万五千人。被言不谛，说已见前。然传闻之辞，虽不尽实，亦不能全属子虚。果若所言，则秦之徙民，得古之遗意者多矣，其迫而徙之虽虐，而既徙之后，固未尝不深虑之而力卫之也。此其所以三郡之地，能永为中国之土欤？

当时居越中者，中国人虽少，而越人之数，则初非寡弱。尉佗报文帝书，自称带甲百万有余。今案《汉书·地理志》，汉所开九郡，除珠崖、儋耳外，其余七郡，口数余百三十万；而珠崖、儋耳，户亦二万三千余，见于《贾捐之传》。然则百万虽虚辞，而淮南王谓越甲卒不下数十万；吴王濞遗诸侯书，谓"寡人素事南越三十余年，其王君不辞分其卒以随寡人，可得三十余万"（《史记》本传），则非夸饰之语矣。唐蒙谓"夜郎所有精兵，可得十余万"。案《汉志》，犍为郡口四十八万九千，牂柯郡口十五万三千，则其辞亦不虚。《史记·西南夷列传》谓"滇小邑"，又谓滇王"其众数万人"；又《建元以来侯者年表》：湘成侯监居翁，"以南越桂林监，闻汉兵破番禺，谕瓯骆兵四十余万降侯"，知南方文化程度虽低，生齿数实不弱，盖由气暖而地腴使然。秦所徙中县民，区区介居其间，而能化之以渐，使即华风，而未尝自同于剪发文身之俗，亦可谓难矣。抑秦之所以使之者，固自有其道，而后人过秦之论，有不尽可信者欤？

秦营南方（下）

　　《史记·南越尉佗列传》："秦时已并天下，略定扬越，置桂林、南海、象郡，以谪徙民，与越杂处十三岁。"《集解》引徐广曰："秦并天下，至二世元年十三年。并天下八岁，乃平越地，至二世元年六年耳。"案此所谓略定扬越者，乃指秦灭楚后，平江南之地言之，即秦所置会稽郡地，而非桂林、南海、象郡之地也。《楚世家》及《六国表》，皆谓秦始皇二十三年，王翦击破楚军，杀项燕；二十四年，虏其王负刍，而《秦始皇本纪》则云：二十三年，王翦虏荆王，秦王游至郢陈。荆将项燕立昌平君为荆王，反秦于淮南。二十四年，王翦、蒙武攻荆，破荆军，昌平君死，项燕遂自杀。二十五年，王翦遂定荆江南地，降越君，置会稽郡。其记负刍之虏，早于《表》及《世家》一年；而立昌平君及定江南地事，则《表》及《世家》无之。今案《表》既记负刍于始皇二十四年见虏，而于二十五年又云秦灭楚，盖指昌平君之亡；而《王翦传》亦谓翦杀项燕后岁余，乃虏荆王，与《表》及《世家》合；则《秦本纪》之记事，实误移上一年，如此，则王翦定江南地，降越君，当在二十六年，正秦并天下之岁；至二世元年，正十三年也。会稽与桂林、南海、象郡之置，虽相距八年，然二者同为扬越之地，事实相因，故史原其始而言之耳。

　　项燕之死，《项羽本纪》亦与《六国表》及《世家》同，而《始皇本纪》独相违异，未知孰是。（案军中奏报，往往不实。窃疑《表》及《世家》均沿战后奏报之辞。当时谓燕已死，而不知其实生。《始皇本纪》独记立昌平君事，乃遂删此语也。至《项羽本纪》则因燕与翦战败而死，与为翦所戮无异，乃遂粗言之，古人固

217

多如此。）然昌平君之反，则固当确有其事。《表》及《世家》，皆谓考烈王二十二年，"徙都寿春，命曰郢"。此即《本纪》"秦王游至郢陈"之郢，《世家》云："王翦、蒙武遂破楚国，虏楚王负刍，灭楚，名为郡。"楚国亦指寿春言之，盖即其地以立郡治。《本纪》记江南之定，在昌平君死后一年；《王翦传》亦云："竟平荆地为郡县，因南征百越之君。"则知平荆地与征百越，自属两事。盖虏负刍之时，秦人虽破寿春，兵力实尚仅及淮北也，然则昌平君所据，必为淮南无疑，徐广曰："淮一作江。"作江者恐非矣。

《尉佗传》云："自尉佗初王后，五世，九十三岁，而国亡焉。"初王，谓佗自立为南越武王，别于汉十一年遣陆贾立佗为南越王言之也。其时在高帝五年，距二世元年，又七年矣。

夜郎侯见杀

《后汉书·西南夷夜郎传》云："初有女子浣于遯水，有三节大竹流入足间，闻其中有号声，剖竹视之，得一男儿，归而养之。及长，有才武，自立为夜郎侯，以竹为姓。武帝元鼎六年，平南夷，为牂柯郡，夜郎侯迎降。天子赐其王印绶，后遂杀之。夷獠咸以竹王非血气所生，甚重之，求为立后。牂柯太守吴霸以闻，天子乃封其三子为侯。死，配食其父。今夜郎县有竹王三郎神是也。"案《史记》言"西南夷君长以百数，独夜郎、滇受王印"，似不至遽杀之。《汉书》言成帝河平中，夜郎王兴与钩町王禹、漏卧侯俞相攻击，汉遣使和解，不听。乃以陈立为牂柯太守。立因行县，召斩兴。《后汉书》所谓后遂杀之，疑指此。当时仍封其三子为侯，则其胤嗣初未尝绝。然《后汉书》言公孙述时，牂柯大姓龙、傅、尹、董氏与郡功曹谢暹保境为汉，而不及夜郎侯，则封爵虽存，亦已无足重轻矣。

华　夏

　　汉族之称，起于刘邦有天下之后。近人或谓王朝之号，不宜为民族之名。吾族正名，当云华夏。案《书》曰："蛮夷猾夏。"（《尧典》，今本分为《舜典》）《左氏》曰："戎狄豺狼，诸夏亲昵。"（闵元年）又曰："裔不谋夏，夷不乱华。"（定十年）又载戎子驹支对晋人之言曰："我诸戎饮食衣服，不与华同。"（襄十四年）《论语》曰："夷狄之有君，不如诸夏之亡也。"（《八佾》）《说文》亦曰："夏，中国之人也。"则华夏确系吾族旧名。然二字音近义同，窃疑仍是一语，（二字连用，则所谓复语也。"裔不谋夏，夷不乱华"二语，意同辞异，古书往往有之，可看俞氏樾《古书疑义举例》。）以《列子》黄帝梦游华胥附会为汉族故壤，未免失之虚诬。夏为禹有天下之号，夏水亦即汉水下流。禹兴西羌（《史记·六国表》），汉中或其旧国，则以此为吾族称号，亦与借资刘汉相同。且炎刘不祀，已越千年。汉字用为民族之名，久已不关朝号。如唐时称汉、蕃，清时称满、汉；民国肇建，则有汉、满、蒙、回、藏五族共和之说是也。此等岂容追改。夏族二字，旧无此辞，而华族嫌与贵族混。

汉都关中

世皆以背关怀楚，为项羽之所以亡，此乃为汉人成说所误，在今日，知其非者渐多矣，然犹以汉都关中，为高祖之远见长策，亦非也。《史记·刘敬列传》载：敬说高祖之辞曰："秦地被山带河，四塞以为固，卒然有急，百万之众可具也。"其说似善矣。然后高祖使敬往匈奴结和亲之约，敬从匈奴来，因言匈奴河南白羊、楼烦王，去长安近者七百里，轻骑一日一夜可以至秦中。秦中新破，少民，地肥饶，可益实。夫诸侯初起时，非齐诸田、楚昭、屈、景莫能兴，今陛下都关中，实少人，北近胡寇，东有六国之族，宗强，一日有变，陛下亦未得高枕而卧也。臣愿陛下徙齐诸田、楚昭、屈、景、燕、赵、韩、魏后，及豪杰名家居关中，无事可以备胡，诸侯有变，亦足率以东伐，此强本弱末之术也。上曰：善。乃使敬徙所言关中十余万口。然则曩所谓卒然有急，百万之众可具者，将安从而具之乎？汉初诸政皆与秦异，独其从刘敬说徙六国后，及豪杰名家，则与秦徙天下豪富于咸阳同。然则秦中人少，殆非因其新破？抑秦本地广人希，故得招来三晋之人任耕，而使秦人任战，则其患寡，殆自战国以来，至汉初而未有改也。何以守位曰人，何以聚人曰财，秦果何所恃而能兼并六国哉？则自东周以来，六国地日广，人日多，益富且强，而其荒淫亦益甚，而秦居瘠土，其政事较整饬，《荀子·强国篇》所言，可以复按，夫固人事，而非地与民之资之独异于其余诸国也。天下大势，实在东方，此秦始皇灭六国后，所以频岁东游，即二世初立时亦然。楚怀王以空名称义帝，而项羽为霸王，正犹周天子以空名称王，政由五霸，夫安得不居彭城？汉王所以背戏下约与项王争者，亦曰不能郁郁久居巴蜀、汉中耳，而安得如史家所言，关中本最善之地，为诸将所共歆羡，故在出兵之初，怀王已指是立约；而楚之不居关中，亦徒以秦宫室残破，其本意未尝不歆羡之，至以此怨怀王不肯令与沛公俱西入关而北救赵，后天下约哉？汉所以都关中者，其在东方，本无根柢，非如项氏之世为楚将，项氏尚为齐、赵之叛所苦，而况汉王？于楚尚尔，楚之外，更何地可以即安？独关中则据之已数年，治理之方粗具，故遂因而用之，所谓非择而取之，不得已也。西都之策，发自刘敬，而成于张良，良之言曰：关中之地，诸侯安定，河渭漕挽天下，西给京师。诸侯有变，顺流而下，足以委输。使其本居东方富庶之地，何待漕挽以自给？如其东方皆叛，徒恃河渭之顺流，亦何益哉？汉王既灭项氏，仍岁劳于东方，有叛者必自讨之，亦犹秦皇之志也。高祖之灭项氏无足称，两雄相争，固必有一胜一负，独其灭项氏之后，频岁驰驱东方，并起诸雄，皆为所翦灭，使封建复归于郡县，虽世运为之，而其乘机亦可谓敏矣。此无他，知天下之大势在东方，驰驱于东方，犹战于敌境，安居关中，则待人之来攻矣。东方所以为大势所系，以其富庶也。东方定，高祖亦无禄矣。使其更在位数年，亦安知其不为东迁之计哉？

楚释汉击齐

楚汉相争，汉卒成而楚卒败，其道或多端，然汉尝一入彭城，后虽败退，终据荥阳、成皋，楚迄不能下，而汉之后路安定，且可使韩信下齐、赵，彭越扰梁地，以犄楚后，要其大焉者也。然谓汉王夙有覆楚之计则非也。《项羽本纪》言：羽闻汉王皆已并关中，且东；齐、赵叛之，大怒。乃以故吴令郑昌为韩王以距汉，汉使张良徇韩，乃遗项王书曰：汉王失职，欲得关中，如约即止，不敢东。又以齐、梁反，书遗羽曰：齐欲与赵并灭楚。楚以此故无西意而北击齐。论者皆以此为楚之失策，为汉所欺，其实非也。汉之降申阳，使韩太尉信降郑昌，在其二年十月。十一月，立信为韩王。汉王还归，都栎阳。至三月，乃复出兵，降魏王豹，虏殷王邛，劫五诸侯兵东伐楚。其间相距凡三阅月，盖闻项羽不能定齐地而然？然则张良谓汉王欲得关中即止，殆非虚语。《高祖本纪》云：汉王之国，项王使卒三万人从，楚与诸侯之慕从者数万人，从杜南入蚀中，去辄烧绝栈道，以备诸侯盗兵袭之，亦示项羽无东意。当是时，项羽安知汉王之欲东？使其知之，相王时何不置诸东方，地近易制御，乃置之巴蜀、汉中，成鞭长莫及之势哉？（汉王所以敢并三秦者，亦以关中距东方远，项羽不易再至。韩信故襄王孽孙，王诸韩，距楚为有辞也。）且汉王果欲东，安有烧栈道自绝其路之理？《淮阴侯列传》载其说汉王之辞，谓秦民怨三秦王，痛入骨髓，无不欲得大王王秦，今大王举而东，三秦可传檄而定。此附会之辞，非实录。汉王以其元年四月就国，五月即出袭雍。章邯盖出不意，故败走。然犹据废丘。司马欣、董翳至八月乃降。章邯则明年六月，汉王自彭城败归，引水灌废丘，乃自杀。然则谓三秦可传檄而定者安在也？情势如此，汉王岂能以一身孤居秦民之上？其烧栈道盖所以防楚诸侯人附从者之逃亡？抑或以诈三秦王而还袭之也。汉王之入彭城，收其货宝美人，日置酒高会，此岂入咸阳，封府库，还军霸上者之所为？而为之者，所谓思东归之士，所愿固不过如此，既至其地，则不可抑止矣。此等兵，可以千里而袭人乎？汉王亦岂不知之？而犹冒险为之，而亦足以害楚，况乎齐、赵之怨深而地近者哉？安得不释汉而先以齐为事也？

巧　吏

汉宣帝号留意吏治，然所奖进者，王成、黄霸，皆作伪之徒也。《晋书·良吏传》：王宏，"泰始初，为汲郡太守，抚百姓如家，耕桑树艺，屋宇阡陌，莫不躬自教示，曲尽事宜"。武帝下诏，称其"督劝开荒，五千余顷，而熟田常课，顷亩不减。比年普饥，人不足食，而宏郡界，独无匮乏"，则合王成、黄霸为一人矣。然俄迁卫尉、河南尹、大司农，无复能名，而暮年且以谬妄获讥于世。今迹其所为，"桎梏罪人，以泥墨涂面，置深坑中，饿不与食"；代刘毅为司隶校尉，"检察士庶，使车服异制，庶人不得衣紫绛及绮绣锦缋。帝常遣左右微行，观察风俗，宏缘此复遣吏科检妇人衪服，至褰发于路"，此亦黄霸之所为耳。且使黄霸之事，而使张敞记之，其可发笑，必尤甚于今之《汉书》也。然而此等人之获浮名者，至今犹不乏矣。

汉吏治之弊

章帝元和二年诏曰："俗吏矫饰外貌，似是而非，揆之人事则悦耳，论之阴阳则伤化。安静之吏，恂恂无华，日计不足，月计有余。如襄城令刘方，吏人同声谓之不烦，虽未有他异，斯亦殆近之矣。夫以苛为察，以刻为明，以轻为德，以重为威，四者或兴，则下有怨心。"案贡禹言汉世吏治之弊曰：习于计簿能欺上府者为右职，勇猛操切苛暴者居大位（《汉书》本传）。左雄曰：谓杀害不辜为威风，聚敛整辨为贤能，以理己安民为劣弱，以奉法循理为不化（《后汉书》本传）。李固论吏治之弊曰：伏闻诏书务求宽博，疾恶严暴。而今长吏多杀伐致声名者，必加迁赏；其存宽和、无党援者，辄见斥逐（《后汉书》本传）。皆即章帝诏之所云也。盖欲考绩而不知其方，"观政于亭传，责成于期月"，亦左雄语。则求进者不得不苟饰外表急图见功矣。当时所谓循吏若黄霸等，其所行亦未尝非涂饰表面，特其所以涂饰之者异耳。然此等人卒少，而以杀戮立威者多，则又秦世吏治之余敝也。

秦世吏治何以严酷邪？盖吏之所行者有二：一民间固有之纲纪，后以国家之力维持之，虽已不如人民自治时之善，然其利害与人民之利害犹不甚相违，人民亦自能维持之，不待官以强力行之守之也，故其施政可宽。一则在上者有求人，其利害与人民适相反，如是则非以强力行之守之不可矣，如糜烂其民以战之，刻剥其民以自奉皆是也。战争愈烈，奢侈愈甚，则此等事愈多。吏治严急，殆六国之通弊，秦特其尤甚者耳。

蒋琬为广都长，先主因游观奄至，见琬众事不理，时又沉醉，大怒，将加罪戮。诸葛亮请曰："蒋琬，社稷之器，非百里之才也。其为政以安民为本，不以修饰为先，愿主公重加察之。"（《三国·蜀志》本传）骆统上疏孙权曰："方今长吏亲民之职，惟以辨具为能，取过目前之急，少复以恩惠为治，副称殿下天覆之仁，勤恤之德者。官民政俗，日以凋弊，渐以陵迟，势不可久。"（《三国·吴志》本传）事荒废而见称，辨具而见斥者，辨具者徒修饰，荒废者乃实仁惠也。所以荒废得为仁惠者，以所谓辨具者不过以国之所求民所不利者，强力而推行之耳，此茧丝保障之异也。

马贵与言：自孝文策晁错之后，贤良方正，皆承亲策；至孝昭年幼未即政，无亲策之事，乃诏有司，问以民所疾苦，所议者盐铁均输榷酤，皆当时大事，令建议之臣，与之反复诘难，讲究罢行之宜。又谓汉武帝之于董仲舒也，意有未尽，则再策之，三策之；晋武帝之于挚虞、阮种也亦然（《文献通考·选举考》）。今案淮南王安受诏作《离骚传》；河间献王亦对诏策所问三十余事；安帝永初二年诏谓："间令公卿郡国举贤良方正，而所对皆循尚浮言，无卓尔异闻。其百僚及郡国吏人，有道术明习灾异阴阳之度璇玑之数者，各使指变以闻。二千石长吏明以诏书，博衍幽隐，朕将亲览，待以不次，冀获嘉谋，以承天诫。"顺帝阳嘉三年，河南三辅大旱，五谷灾伤，亦以周举才学优深，特加策问（《后汉书·周举传》）。可见策问之始，实非疑其人之冒滥而思有以考试之，乃诚以其人为贤能而咨询之也。然章帝建初五年诏引建武诏书曰："尧试臣以职，不直以言语笔札。"则时之重言语笔札也久矣。人人面问，事烦而难行，故终必又偏重笔札。《汉书·尹翁归传》：田延年召翁归辞问，甚奇其对，除补卒史。师古注："为文辞而问之。"此亦策之类也。然则即守相之试其下，亦有不能尽用语言者矣。葛洪言格言不吐庸人之口，高文不堕顽夫之笔。此自今日文辞冒滥之世观之，或疑其不实，然亦由衡鉴者之无识。言为心声，诚不可掩。苟司衡文之责者，诚为学识超群之士，亦未尝不可衡其文而知其人也。特以观其人之志识趣向则有余，欲知应变之才，则终须试之以事耳。

资格用人之始

资格用人，始于北魏崔亮，乃为应付武夫起见，人皆知之矣；然其事，实不始于此。《后汉书·董卓传》言李傕、郭汜、樊稠皆开府，与三公合为六府，皆参选举。《注》引《献帝起居注》曰："傕等各欲用其所举，若一违之，便忿恚恚怒。主者患之，乃以次第用其所举，先从傕起，汜次之，稠次之；三公所举，终不见用。"此虽与崔亮"以停解日月为断"异然其用意则一也。

汉不守秦制

《汉书·百官公卿表》云："大率十里一亭，亭有长。十亭一乡，乡有三老、有秩、啬夫、游徼……县大率方百里，其民稠则减，稀则旷，乡、亭亦如之，皆秦制也。列侯所食县曰国，皇太后、皇后、公主所食曰邑，有蛮夷曰道。凡县、道、国、邑千五百八十七，乡六千六百二十二，亭二万九千六百三十五。"案县方百里，为方十里者十，当有十乡，乡有十亭，则千五百八十七县，当得万五千八百七十乡，十五万八千七百亭。表所载乡亭之数，去此甚远，岂皆以民稀故乎？案《续汉志》注引应劭《汉官》云：三边始发，武皇帝所开，县户数百而或为令。荆扬江南七郡，唯有临湘、南昌、吴三令耳。及南阳穰中，土沃民稠，四五万户而为长。盖汉之不能守秦制久矣，官以治事，事生于有人，随人户多少而置官，于理最得，而汉之不能守旧制如此知。

汉世选举之弊

　　《汉书·何武传》云："武为郡吏时，事太守何寿。寿知武有宰相器，以其同姓故，厚之。后寿为大司农，其兄子为庐江长史。时武为（扬州刺史）奏事在邸，寿兄子适在长安，寿为具，召武弟显及故人杨覆众等；酒酣，见其兄子，曰：此子扬州长史，材能驽下，未尝省见。显等甚惭，退以谓武。武曰：刺史古之方伯，上所委任，一州表率也，职在进善退恶。吏治行有茂异，民有隐逸，乃当召见，不可有所私问。显、覆众强之，不得已，召见，赐卮酒。岁中，庐江太守举之。"师古曰："终得武之力助也。"夫终得武之力助，则不可谓之大公也。《后汉书·第五伦传》："或问伦曰：公有私乎？对曰：昔人有与吾千里马者，吾虽不受，然三公有所选举，心不能忘，而亦终不用也。"伦之峻峭，盖无可疑。既不受其马，而犹不能忘者，则其时习以选举为报，已成习俗也。亦可见积弊之深矣。

汉末名士

　　东汉之末，士之矫俱极矣。何武为京兆尹，举方正，所举者召见，盘辟雅拜，有司以为诡众虚伪，武坐左迁（《汉书·何武传》）。而赵壹举郡上计，到京师，司徒袁逢受计，计吏数百人，皆拜伏庭中，壹独长揖而已。既出，往造河南尹羊陟，不得见。壹以公卿中非陟无足以托名者，乃日往到门，陟自强许通，尚卧未起，壹径入上堂，遂前临之，举声哭。西还，道经弘农，过候太守皇甫规。门者不即通，壹遂遁去（《后汉书·文苑传》）。其诡众虚伪，视何武所举者何如？使有纪纲，必蒙大戮。郡守且当坐选举不实之罪，而逢等方共奖借之，为之延誉，其时所谓名士，尚可问哉！

《后汉书·符融传》云："汉中晋文经、梁国黄子艾，并恃其才智，炫曜上京，卧托养疾，无所通接。洛中士大夫好事者，承其声名，坐门问疾，犹不得见。三公所辟召者，辄以询访之，随所臧否，以为与夺。融察其非真，乃到太学，并见李膺，二子行业无闻，以豪桀自置，遂使公卿问疾，王臣坐门。融恐其小道破义，空誉违实，特宜察焉。膺然之。二人自是足名论渐衰，宾徒稍省，旬日之间，惭叹逃去。"夫赵壹逃去，而皇甫规追书以谢，已异矣；乃至三公辟召访诸晋、黄，岂不甚哉！徐干言："桓灵之世，自公卿大夫，州牧郡守，王事不恤，宾客为务，冠盖填门，儒服塞道，饥不暇餐，倦不获已，殷殷沄沄，俾夜作昼；下及小司，列城墨绶，莫不相商以得人，自矜以下士。星言夙驾，送往迎来，亭传常满，吏卒传问，炬火夜行，阍寺不闭，把臂揿腕，扣天矢誓，推托恩好，不较轻重；文书委于官曹，系囚积于图圄，而不皇省也。详察其为也，非欲忧国恤民，谋道讲德也，徒营己治私，求势逐利而已。"（《中论·谴交》）盖既结党连群，则或能有所轻重，于是或倚之求进取，或则惧其谤毁，故其势至于如此也。卒之求食者多，禄位有限，求度者十一未能得，身没他邦，长幼不归，父母怀茕独之思，室人抱《东山》之哀，亲戚隔绝，闺门分离，无罪无辜，亡命是效（亦《谴交》篇语）。亦何为哉！此九品中正之制，所以不得不继之而起也。

黄允以隽才知名，司徒袁隗欲为从女求姻，见允而叹曰：得婿如是，足矣。允闻而黜遣其妻夏侯氏。妇谓姑曰：今当见弃，方与黄氏长辞，乞一会亲属，以展离诀之情。于是大集宾客三百余人，妇中坐攘袂，数允隐匿秽恶十五事，言毕，登车而去。允以此废于世（《郭太传》）。李充家贫，兄弟六人，同食递衣，妻窃谓充曰：今贫居如此，难以久安，妾有私财，愿思分异。充伪酬之曰：如欲别居，当酝酒具会，请呼乡里内外，共议其事。妇从充，置酒燕客，充于坐中前跪白母曰：此妇无状，而教充离间母兄，罪合遣斥。便呵叱其妇，逐令出门，妇衔涕而去（《独行传》）。此两事可以参观。夫不听其妇可也，伪酬之而显逐之，又何为乎？《记》曰：不可怒子放妇出而不表礼焉。充后为博士，所行如此，岂无隐慝哉？其妇不起而数之，何也？人固有强弱乎？夫好名之士之得名，非必人人皆心服之也，固有劫于势，不得发口言者。使其人而其时而未合败，虽数其罪百五十事，犹无伤也。何者？众人固戢戢如羊，虽心知善恶，口不能言也。然则若黄允者，沽名之才，则有之矣，劫众之术，犹未工也，能不为李充所笑乎？

李充后遭母丧，行服墓次，人有盗其墓树者，充手自杀之。此大辟之罪也，而太守鲁平请署功曹。延平中，诏公卿、中二千石各举隐士大儒，务取高行，以劝后进，特征充为博士。时鲁平亦为博士，每与集会，常叹服焉。迁侍中。大将军邓骘贵戚倾时，无所下借，以充高节，每卑敬之。知当时之所谓高节者，如此而已。岂特以薄屋为高，藿食为清邪？（仲长统语，见本传。）

鲁平之请充署功曹也，充不就，平怒，乃援充以捐沟中，因谪署县都亭长，似过矣。不特此也，公孙述之于谯玄、李业，皆以死胁之，于王皓、王嘉，则系其妻子；业、皓、嘉竟以是死，皎并累及家属（亦见《独行传》），似尤过矣。然桥玄贤者，召姜岐为吏不就，敕吏逼之，曰：岐若不至，趣嫁其母。则亦有激而然也。观迫之者之激，而知为之者之伪也。

蜀汉先主薄许靖不用，法正说曰：天下有获虚誉而无其实者，许靖是也。然人不可户说，靖之浮称，播流四海，若其不礼，人以主公为贱贤也；宜加敬重，以眩远近。先主乃厚待靖（《三国志·法正传》）。此虚名之士所以获处也。大抵欲养望者，不宜身任事，当多以虚誉奖进人；必审其人实不能自立，乃从而贬议之，亦所谓推亡固存之道也。如是，则党与多，而仇怨我者，皆焉能为有无之人也，则名誉可以长保，而权利可以获处矣。权豪秽恶，当与之疏，以免讥议。至其人怀忿，实欲相仇，则又宜下之，所谓勿以虚名受实祸也。苟其虚誉隆洽，私党众多，人自莫我訾议，我固不难设辞以自解也。故陈寔、郭泰、徐稺、申屠蟠，皆术之最工者也。若黄允、晋文经、黄子艾者则下矣。允何以败？以耆利冒进太甚也。文经、子艾何以败？以矫激太甚，据非所据也。大抵好立名者当远利；于声势货财，必能勿亟取，然后名高而不危。故虽矫伪之士，亦不能令废自克之功也。

孔融之称盛宪也，曰："天下谭士，依以扬声。"又曰："今之少年，喜谤前辈，或能讥平孝章，孝章要为有天下大名，九牧之民，所共称叹。"（《三国·吴志·孙韶传注》引《会稽典录》）亦何惭于许靖哉？然终已不免，则所遇者之异也。少年喜谤前辈，何也？曰：不谤人，不足以立名。故立虚誉者多危，欲图保之亦非易也。

名高易招嫉忌，故多危。荀爽就谒李膺，因为其御，既还，喜曰：今日乃得御李君矣。郭泰行陈梁间，遇雨，巾一角垫，时人乃故折巾一角，以为林宗巾。膺以声名自高，士有被其容接者，名为登龙门。泰名显，士争归之，载刺常盈车。其为众所归附，指目同而祸福异者，瘖持风裁，而泰不为危言覈论也。故真能免患者必乡原。袁阆不修异操，致名当时（见《王龚传》）；法真逃名而名随，避名而名追（见《逸民传》）；皆术之最工者也。

史叔宾少有盛名，后以论议阿枉败（《郭太传》）。所谓论议阿枉者，扶翼所不当扶翼之人，未知推亡固存之道者也。然此等人必犹顾念私交，未肯落阱下石，故其人实未必大恶。若乃见私党之将败，从而攻之，以冀自免，或且徼利焉，则又叔宾之徒所不忍为矣。或曰：凡人说话不可太切实；平时说话太落边际，至缓急时，更欲改变则难矣。故处世之道，莫如模棱两可，貌似慷慨激昂，而实不着边际，以狂猖之行，饰乡原之心，此处世之术之最工者也。叔宾之不克自拔于阿枉，亦其平时议论，太落边际故与？

何以诬人？曰：莫如开昧不明之事。非必谓帷薄之不修也。门以内事，世之所重，而其真伪，则非门以外人所得悉也。以是立名，以是造谤，术至工矣。许武举为孝廉，以二弟晏、普未显，欲令成名，乃割财产以为三分，武自取肥田广宅、奴婢强者，二弟所得，并悉劣少。乡人皆称弟克让而鄙武贪婪，晏等以此并得选举。武乃会宗亲，泣曰：吾为兄不肖，盗声窃位，二弟年长，未豫荣禄，所以求得分财，自取大讥；今理产所增，三倍于前，悉以推二弟，一无所留。于是郡中翕然，远近称之（《循吏·许荆传》）。高凤名声著闻，太守连召请，恐不得免；自言本巫家，不应为吏，又诈与寡嫂讼田，遂不仕（《逸民传》）。骆秀被门庭之谤，众论狐疑，赖有谢渊，乃得证明（《三国·吴志·陆逊传注》引《会稽典录》）。则其事也。许靖与从弟劭俱知名，而私情不协。劭为郡功曹，排摈靖不得齿叙，以马磨自给（《三国志·许靖传》）。靖岂默然受谤之士？所以难于自明者，盖亦

231

以谤之者为门内人也。张劭之丧，至圹将窆，柩不肯进，范式执引，于是乃前（《后汉书·独行传》）。有是理乎？会葬千人，纵为所蔽，执绋者岂不知其情，犹莫能发其覆也，况于门以内事哉！

陈蕃年十五，闲处一室，庭宇芜秽，父友候之，谓曰：孺子何不洒扫以待宾客？蕃曰：大丈夫处世，当扫除天下，安事一室乎！为豫章太守，性方峻，不接宾客，士民亦畏其高。征为尚书令，送者不出郭门。蕃丧妻，乡人毕至，惟许子将不往，曰：仲举性峻，峻则少通，故不造也（《陈蕃传》并《注》）。此犹白日出而鬼魅匿形也。《易》曰：诬善之人其辞游，失其守者其辞屈。结党造作声誉之人，必畏严气正性之士。

谢甄、边让，并善谈论，共候林宗，未尝不连日达夜。符融每见李膺，幅巾奋袖，谈辞如云（《郭太传》）。此《易》所谓躁人之辞多也。仇览与融同郡，入太学，又与融比宇；融宾客盈室，览常自守，不与融言。融谓曰：今京师英雄四集，志士交结之秋，虽务经学，守之何固？览正色曰：天子修设太学，岂但使人游谈其中！高揖而去，不复与言。后融以告郭林宗，林宗与融赍刺就房谒之，遂请留宿。林宗嗟叹，下床为拜（《循吏传》）。览其陈仲举之俦乎？符融虽为所拒，犹能屈己下之，林宗亦为下拜，此又二人之所以能获盛名也。何者？严气正性之人，容或持正论不阿，造次之间，为所败也；先为之下，则敌寡矣。故盛名之下，必无骨鲠之士。

《三国·魏志·杜畿传注》引《杜氏新书》曰："杜恕少与冯翊李丰俱为父任，总角相善。及各成人，丰砥砺名行以要世誉，而恕诞节直意，与丰殊趣。丰竟驰名一时，京师之士多为之游说。而当路者或以丰名过其实，而恕被褐怀玉也。由是为丰所不善。恕亦任其自然，不力行以合时。丰以显仕朝廷，恕犹居家自若。"明知其名过其实，而仍畀之臃仕者，毛羽既丰矣，为之游说者既众矣，孰肯逆舆情为国家正选拔哉？即为游说者，宁不知其非实，然拔茅茹以其汇征，所谓以同利为朋也。《潜夫论·实贡篇》曰："志道者少与，逐俗者多俦，是以朋党用私，背实趋华。其贡士者，不复依其质干，准其才行，但虚造声誉，妄生羽毛。"（《后汉书·王符传》）声誉可以虚造，况其人本能矫情伪饰者乎？

《实贡篇》又曰："略计所举，岁且二百。览察其状，则德侔颜、冉；详核厥能，则鲜及中人。夫士者贵其用也，不必求备。故四友虽美，能不相兼；三仁齐致，事不一节。今使贡士必核其实，其有小疵，勿强衣饰，出处默语，各因其方，则萧、曹、周、韩之伦，何足不致，吴、邓、梁、窦之属，企踵可待。"诸葛恪与陆逊书曰："君子不求备于一人，自孔氏门徒，大数三千，其见异者七十二人，然犹各有所短，师辟由喭，赐不受命，岂况下此而无所阙？加以当今取士，宜宽于往古，何者？时务从横，而善人单少，国家职司，常苦不充。苟令性不邪恶，志在陈力，便可奖就，骋其所任。若于小小宜适，私行不足，皆宜阔略，不足缕责。"（《三国·吴志·诸葛恪传》）观此，知当时选举之弊，全在才不核其所长，德则务于求备。才不核其所长，故无能者得以滥竽；德则务于求备，则真率者寡得自全，此选政之所以大坏，风俗之所以日偷也。恪又曰："自汉末以来，中国士大夫如许子将辈，所以更相谤讪，或至于祸，原其本起，非为大仇，惟坐克己不能尽如礼，而责人专以正义。夫己不如礼，则人不服；责人以正义，则人不堪。内不服其行，外不堪其责，则不得不相怨。相怨一生，则小人得容其间。得容其间，则三至之言，浸润之潜，纷错交至，虽使至明至亲者处之，犹难以自定，况已为隙，且未能明者乎？是故张、陈至于血刃，萧、朱不终其好，本由于此而已。夫不舍小过，纤微相责，久乃至于家户为怨，一国无复全行之士也。"然则当时以行取人，而行之所以难全，又正因造谤者多故也。杜恕、李丰，总角之交，后更不善，其去张、陈、萧、朱亦无几矣，危哉！即许劭，亦幸其终处广陵、豫章，而未尝与许靖同客蜀也。法正入蜀，为州邑俱侨客者所谤无行，志意不得，及为蜀郡太守，擅杀毁伤己者数人。太史公曰："怨毒之于人甚矣哉！"（《史记·伍子胥列传》）其本皆以求名而已。凡求名者，未有不实为利者也。故曰："放于利而行，多怨。"

《后汉书·荀彧传》："父绲，畏惮宦官，为彧取中常侍唐衡女。彧以少有才名，故得免于讥议。"《三国志·彧传注》引《典略》曰："衡欲以女妻汝南傅公明，公明不娶，转以与彧。父绲慕衡势，为彧娶之，彧为论者所讥。"裴氏辩之曰："案《汉纪》云唐衡以桓帝延熹七年死，计彧于时年始二岁，则彧婚之日，衡没久矣，慕势之言为不然也。"魏文帝非苟作者，而其言舛误如此，悠悠之说，尚可信哉？《后汉书·郭太传》曰：太名闻天下，"后之好事，或附益增张，故多华辞不经，又类卜相之书。今录其章章效于事者，著之篇末。"观其所录，亦无以征其必信也。夫史之不可信久矣，亦曷尝不多载虚誉？观其多载虚誉，又知名闻天下之徒，事之丑恶不传者众也。

《太传》所录，太之所拔擢者，非贱人，则恶人也。人伦之鉴，未必全无，然亦以太声势既盛，故所拔擢，易于成名也。丁谓出于役伍，张秉生于庶民，吴粲、殷礼起乎微贱，顾邵皆拔而友之，为立声誉，事亦由此（《三国·吴志·顾雍传》）。太史公曰："闾巷之人，欲砥行立名者，非附青云之士，恶能施于后世哉？"（《史记·伯夷列传》）岂独施于后世为然，此植党要名之事，所以不绝于世与！

　　顾亭林訾魏武帝崇奖跅弛之士，于是权诈迭进，奸逆萌生。谓经术之治，节义之防，光武、明、章数世为之而未足；毁方败常之俗，孟德一人变之而有余。《日知录·两汉风俗》。亭林欲敬教善俗，其心良苦。然所论史事，则全非其真。汉武帝元封五年，诏曰："盖有非常之功，必待非常之人，故马或奔踶而致千里，士或有负俗之累而立功名。夫泛驾之马，跅弛之士，亦在御之而已。其令州郡察吏民有茂材异等，可为将相及使绝国者。"（《汉书》《本纪》）魏武建安十五年春、十九年十二月、二十二年八月令，意与此全同，所求者皆非常之才也。古之用人，必由乡举，乡里之评，率本行实，此固《周官》六德六行之旧，然徒能得束身自好之上，不能得才足济变之人也，且亦不能无矫饰。故扬雄自序云不修廉隅以徼名当世；虞延不拘小节，则无乡曲之誉；杜笃不修小节，亦不为乡人所礼。《史记·淮阴侯列传》云："始为布衣时，贫无行，不得推择为吏。"所谓无行，亦不过不能修饰，以要世誉，非必有恶行为乡里所患苦也。太史公《报任安书》，亦自言长无乡曲之誉。若太史公者，岂犹不足任使与？邵国廉孝，岁以百计，若汉武帝、魏太祖所求非常之才，不知天下能得一二人否？安能变及风俗？亭林言："董昭太和之疏，已谓当今年少，不复以学问为本，专更以交游为业；国士不以孝弟清修为首，乃以趋势求利为先；至正始之际，而一二浮诞之徒，骋其知识，蔑周、孔之书，习老、庄之教，风俗又为之一变。"昭之所言，乃汉末奔竞之俗，党祸起时，太学中久如此矣，于魏武之令乎何与？而习老、庄而蔑周、孔，亦与奔竞之俗何涉哉？

执金吾

执金吾，应劭曰："吾者，御也。掌执金革，以御非常。"师古曰："金吾，鸟名也，主辟不祥。天子出行，职主先导，以御非常，故执此鸟之象，因以名官。"案应说是也。《古今注》曰："金吾，亦棒也；以铜为之，黄金涂两末。御史大夫、司隶校尉亦得执焉。御史、校尉、郡守、都尉、县长之类，皆以木为吾。"盖有金吾，有木吾，金吾或象鸟以为饰，非取义于鸟也。

汉武用将

贾生谓匈奴之众，不过汉一大县；中行说、桑弘羊谓匈奴之众，不当汉之一郡。其辞非诬，予既著之《匈奴人口》条矣。王恢之策匈奴也，曰："臣闻全代之时，北有强胡之敌，内连中国之兵，然尚得养老长幼，种树以时，仓廪常实，匈奴不轻侵也。今以陛下之威，海内为一，天下同任"，是为"万倍之资，遣百分之一以攻匈奴，譬犹以强弩射且溃之痈也"（《汉书·韩安国传》），非虚词也。然武帝用兵匈奴，至于海内疲弊，而匈奴卒不可灭者，其故何也？是则其用人行政，必有不能不负其责者矣。

汉武之大攻匈奴，莫如元狩四年之役。是役也，出塞者官及私马凡十四万匹，入塞不满三万匹，汉自是遂以马少，不复能大出击匈奴矣。果战争之死亡至于如此乎？李陵以步卒五千出塞，及其败也，士尚余三千人，脱至塞者四百余人。而贰师之再攻大宛，出敦煌者六万人，牛十万，马三万匹；军还，入玉门者万余人，马千余匹而已。史称"后行非乏食，战死不甚多，而将吏贪，不爱士卒，侵牟之，以此物故者众"（《汉书·李广利传》）。然则元狩四年之役，马亡失之多，可推而知矣。以贰师之事比例之，其士卒之亡失又可知，史莫之传也。史称霍去病"少而侍中，贵，不省士。其从军，天子为遣太官赍数十乘，既还，重车余弃粱肉，而士有饥者。其在塞外，卒乏粮，或不能自振，而骠骑尚穿域蹋鞠。事多此类"（《史记·卫将军骠骑列传》）。此士马丧亡之所以多也。李广之将兵也；"乏绝之处，见水，士卒不尽饮，广不近水；士卒不尽食，广不尝食。"（《史记·李将军列传》）。使如广者将，士卒有丧亡至此者乎？史又言："诸宿将所将士马兵，不如骠骑；骠骑所将常选，然亦敢深入；常与壮骑先其大军，军亦有天幸，未尝困绝也。"（《史记·卫将军骠骑列传》）。夫其所以未尝困绝者，以其所将常选，而每出皆为大举，匈奴避其锋不敢婴耳。使亦如李广等居一郡，恐蚤为虏所生得矣。史又云："天子尝欲教之孙吴兵法，对曰：顾方略何如耳，不至学古兵法。"（同上）此其所以敢深入，既不如李广之远斥候，亦不如程不识之正部曲行伍营陈也；其不困绝，诚天幸而已。使此等人将，几于弃其师矣，贰师之殁匈奴是也。

太史公曰："予睹李将军悛悛如鄙人，口不能道辞。及死之日，天下知与不知，皆为尽哀。彼其忠实心诚信于士大夫也？谚曰：桃李不言，下自成蹊。此言虽小，可以谕大也。"（《史记·李将军列传》）。又言："骠骑将军为人少言不泄。"（《史记·卫将军骠骑列传》）。夫其少言，非其沉毅，乃其本不能言。其不泄也，非其重厚，乃其本无所知，不知有何事可泄也。此非予之厚诬古人，所谓贵不省士者，固多如此，予见亦多矣。荀子论为将之道曰："可杀而不可使处不完，可杀而不可使击不胜，可杀而不可使欺百姓。"故曰："受命于主而行三军，三军既定，则主不能喜，敌不能怒。"（《议兵》）故将非以从令为贵也。而史谓大将军（卫青）"以和柔自媚于上"，此所谓容悦于其君者也。此等人而可使将乎？李广之杀霸陵尉，暴矣；然武夫之暴也。元朔六年，卫青之出定襄也，"苏建尽亡其军，独以身得亡去，自归大将军。大将军问其罪正闳、长史安、议郎周霸等：建当云何？霸曰：自大将军出，未尝斩裨将。今建弃军，可斩以明将军之威。闳、安曰：不然。兵法：小敌之坚，大敌之禽也。今建以数千当单于数万，力战一日余，士尽，不敢有二心，自归；自归而斩之，是示后无反意也。不当斩。大将军曰：青幸得以肺腑待罪行间，不患无威，而霸说我以明威，甚失臣意。且使臣职虽当斩将，以臣之尊宠而不敢自擅专诛于境外，而具归天子，天子自裁之，于是以见为人臣不敢专权，不亦可乎？军吏皆曰：善。遂囚建诣行在所。"（《史记·卫将军骠骑列传》）夫青之不杀苏建是也。其所以不杀苏建者，则非也。果如所言，信赏必罚何？且既不敢专擅矣，何以擅徙李广部也？元狩四年之出也，《李将军列传》云："广数自请行，天子以为老，弗许；良久乃许之，以为前将军。既出塞，青捕虏，知单于所居，乃自以精兵走之，而令广并于右将军军，出东道。广自请。大将军青亦阴受上诫，以为李广老，数奇，毋令当单于，恐不得所欲。"故弗之许。夫既以为李广老，数奇，何为以为前将军？则天子以为老弗许之语，不足信也。青时以公孙敖新失侯，欲使与俱当单于耳。《卫将军骠骑列传》云："元狩四年春，上令大将军青、骠骑将军去病将各五万骑，步兵转者踵军数十万，而敢力战深入之士皆属骠骑。骠骑始为出定襄，当单于。捕虏言单于东，乃更令骠骑出代郡，令大将军出定襄。"然则上本不令大将军当单于，而乌得有毋令李广当单于之诚？上本不令青当单于，而青知单于所居，乃徙李广也而自以精兵走之，是违上命而要功也，可无诛乎？而天子不之责。李敢怨青之恨其父，击伤之，骠骑又射杀敢，而上又为之讳，此岂似能将将者邪？

《李将军列传》言陵之降，"李氏名败，而陇西之士居门下者皆用为耻焉"；其《报任安书》亦云"李陵生降，隤其家声"。以李广之含冤负屈，而陵犹愿心为汉武效力。及其败也，汉不哀其无救，而又收族其家，可谓此之谓寇仇矣，而其门下与友人犹以为愧。知汉承封建余习，士之效忠于其君者，无一而非愚忠也。有此士气，岂唯一匈奴可平？虽平十匈奴、大宛，中国之损失犹未至如元狩、太初两役之甚也。而武帝专任椒房之亲以败之。夏侯胜之议武帝也，曰："虽有攘四夷广土斥境之功，亡德泽于民。"（《汉书·夏侯胜传》）恶知夫武帝之失，不在其思拓境土，而别有所在乎？

《诗》曰："琐琐姻娅，则无膴仕。"（《小雅·节南山》）吾尝见民国初年以来，武人之所任者，非其嬖幸，则其乱党，然后叹汉世之任卫青、霍去病、公孙敖、李广利，前后如出一辙；而卫青和柔自媚，则又以姻戚而兼嬖幸者也。（《史记·佞幸·李延年传》言：李延年之后，"内宠嬖臣大抵外戚之家，然不足数也。卫青、霍去病亦以外戚贵幸，然颇用材能自进"。则当时之视卫、霍，本以为佞幸之流。）夫用法贵于无私。汉武之析狄山，责功效矣。然李陵欲自当一队，则臆其恶属贰师；路博德羞为陵后距，则疑陵教其上书；司马迁盛言李陵之功，则又疑其欲沮贰师，为陵游说；皆所谓逆诈臆不信者也。惟公生明，岂有逆诈臆不信而能先觉者乎？然既有私其姻戚矣，焉能无逆信哉？

李陵虽生降，然其非畏死偷生，而欲得其当以报汉，此人人之所可信者也。然卒不获收其效者，则收族其家，为世大修，君臣之义已绝矣。子思曰："毋为戎首，不亦善乎？又何反服之礼之有？"（《礼记·檀弓》）李陵之于汉，厚于子胥之于楚矣，此盖民族不同为之，非汉君之能得此于陵也。卒之为匈奴深谋者卫律也，李延年之所荐也，举大军以降匈奴者贰师也，亲李夫人之兄也，姻娅之效何如哉？

《史记·淮南衡山列传》：淮南王谓伍被曰："山东即有兵，汉必使大将军将而制山东，公以为大将军何如人也？"被曰："被所善者黄义，从大将军击匈奴，还，告被曰：大将军遇士大夫有礼，于士卒有恩，众皆乐为之用；骑上下山若蜚，材干绝人。被以为材能如此，数将习兵，未易当也。及谒者曹梁使长安来，言大将军号令明，当敌勇敢，常为士卒先。休舍，穿井未通，须士卒尽得水，乃敢饮；军罢，卒尽已渡河，乃渡。皇太后所赐金帛，尽以赐军吏，虽古名将弗过也。"此被自首之词，多引汉美，以求苟免；抑被烈士，未必出此，或汉人改易之，以为信然，则谬矣。（《汲郑列传》曰："淮南王谋反，惮黯，曰：好直谏，守节死义，难惑以非，至如说丞相弘，如发蒙振落耳。"此亦汉人附会之辞。公孙丞相之高节，决非策士所能动也。）

《汉书·卫霍传赞》曰："苏建尝说责大将军至尊重，而天下之贤士大夫无称焉；愿将军观古名将所招选者，勉之哉！青谢曰：自魏其、武安之厚宾客，天子尝切齿。彼亲待士大夫，招贤黜不肖者，人主之柄也。人臣奉法遵职而已，何与招士？骠骑亦方此意，为将如此。"此与伍被言大将军遇士大夫有礼者，适相反矣。

山泽堡坞

　　古之为"盗"者，率多保据山泽。贾山言秦"群盗满山"；严安言秦穷山通谷，豪士并起；其见于史者：桓楚亡在泽中；高祖隐芒砀山泽间；彭越常渔巨野泽中为"盗"；黥布论输骊山，率其曹耦亡之江中为"群盗"；陈余不得封王，亦与其麾下数百人之河上泽中渔猎，皆是。汉高帝五年五月诏曰："民前或相聚保山泽，不书名数。今天下已定，令各归其县，复故爵田宅。"案《后汉书·刘玄传》言："王莽末，南方饥谨，人庶群入野泽，掘凫茈而食之，更相侵夺。新市人王匡、王凤为平理诤讼，遂推为渠帅，众数百人。于是诸亡命马武、王常、成丹等往从之；共攻离乡聚，藏于绿林中。数月间至七八千人。"则其初原不过相聚求食，其后人多势众，乃乘机为"盗"。若聚众不多，或无渠帅，则亦始终为隐民矣。此武陵所以有桃花之源也。然观汉高帝之诏，则其入山泽，不过为暂时之计。此乱世隐居山泽者虽多，而至治平即复出。山泽之地，终不得开辟，盖当时人力犹未足以语于此也。

　　《汉书·武帝纪》：天汉二年，"泰山、琅邪群盗徐𡹧等阻山攻城，道路不通。遣直指使者暴胜之等衣绣衣杖斧，分部逐捕。刺史郡守以下皆伏诛。"《王尊传》："南山群盗傰宗等数百人为吏民害，拜故弘农太守傅刚为校尉，将迹射士千人逐捕，岁余不能禽。"《萧望之传》："鄠名贼梁子政阻山为害，久不伏辜。"又言："哀帝时，南郡江中多盗贼。"《儒林传》：东门云为荆州刺史，"坐为江贼拜辱命，下狱诛"。则为群"盗"者，犹是以山泽为依阻之所。然至前后汉间，则人民颇有能结营垒自固者：《后

241

汉书·刘盆子传》言赤眉入长安城，"三辅郡县营长遣使贡献，兵士辄剽夺之。又数虏暴吏民百姓保壁，由是皆复固守"。《郭伋传》言："更始新立，三辅连被兵寇，百姓震骇，强宗右姓各拥众保营，莫肯先附。"《樊宏传》言："宏与宗家亲属作营堑自守，老弱归之者千余家。"《冯鲂传》言："王莽末，四方溃畔，鲂乃聚宾客，招豪桀，作营堑，以待所归。"《第五伦传》言："王莽末，盗贼起，宗族闾里争往附之。伦乃依险固，筑营壁，有贼，辄奋厉其众，引强持满以拒之。铜马、赤眉之属前后数十辈，皆不能下。"《酷吏·李章传》言："光武即位，拜阳平令。时赵魏豪右往往屯聚，清河大姓赵纲遂于县界起坞壁，缮甲兵，为在所害。"《儒林传·孙堪》："王莽末，兵革并起，宗族老弱在营保间，堪常力战陷敌，无所回避。数被创刃，宗族赖之，郡中咸服其义勇。"《文苑传》夏恭："王莽末，盗贼纵横，攻没郡县。恭以恩信为众所附，拥兵固守，独安全。"此等结营垒自保之事，前此似罕所见。岂莽末乱势盛，故民之图自保者亦力邪？

《三国·魏志·许褚传》："汉末，聚少年及宗族数千家，共坚壁以御寇。"当时北方"山贼"亦多，然此等保据自固者尚不少也。

至保据山泽为"盗贼"者，莽末亦自非无之。如《后汉书·侯霸传》言："王莽初，迁随宰。县界旷远，滨带江湖，而亡命者多为寇盗。霸到，即案诛豪滑，分捕山贼，县中清静。"《郭伋传》言："颍川盗贼群起，征拜颍川太守。召见辞谒，帝劳之曰：君虽精于追捕，而山道险阨，自斗当一士耳，深宜慎之。伋到郡，招怀山贼，阳夏赵宏、襄城召吴等数百人，皆束手诣伋降，悉遣归附农。"是也。

《史记·田儋列传》："田横与其徒属五百余人入海，居岛中。高帝闻之，以为田横兄弟本定齐，齐人贤者多附焉；今在海中，不收，后恐为乱；乃使使赦田横罪而召之。"此所谓"为乱"者，盖虑其招引郡县，再图割据，非虑其为"海盗"也。《后汉书·刘盆子传》言："吕母入海中，招合亡命，还攻破海曲。"此为据海岛为"盗"之始。其后遂稍多。安帝永初中，有"海贼"张伯路等（详见《法雄传》）；顺帝阳嘉元年，又有"海贼"曾旌。法雄之讨伯路也，"赦诏到，贼犹以军甲未解，不敢归降。御史中丞王宗召刺史太守共议，皆以为当遂击之。雄曰：贼若乘船浮海，深入远岛，攻之未易也。及有赦令，可且罢兵，以慰诱其心，势必解散，然后图之，可不战而定也。宗善其言。即罢兵，贼闻大喜，乃遗所略人。而东莱郡兵独未解甲，贼复惊恐，遁走辽东，止海岛上。五年春，乏食，复抄东莱间。雄率郡兵击破之。贼逃还辽东，辽东人李久等共斩平之。于是州界清静"。

开国之主必亲戎

《晋书·王鉴传》：鉴劝元帝亲征杜弢，疏曰："当五霸之世，将非不良，士非不勇，征伐之役，君必亲之，故齐桓免胄于邵陵，晋文摄甲于城濮。昔汉高、光武二帝，征无远近，敌无大小，必乎振金鼓，身当矢石，栉风沐雨，壶浆不瞻，驰骛四方，匪皇宁处，然后皇基克构，元勋以融。今大弊之极，剧于曩代，崇替之命，系我而已。欲使銮旗无野次之役，圣躬远风尘之劳，而大功坐就，鉴未见其易也。魏武既定中国，亲征柳城，扬旗卢龙之岭，顿辔重塞之表，非有当时烽燧之虞，盖一日纵敌，终己之患，虽戎辂蒙崄，不以为劳，况急于此者乎？刘玄德躬登汉山而夏侯之锋摧，吴伪祖亲诉长江而关羽之首悬，袁绍犹豫后机，挫衄三分之势，刘表卧守其众，卒亡全楚之地。历观古今，拨乱之主，虽圣贤，未有高拱闲居，不劳而济者也。"其言可谓深切著明。晋元帝、宋高宗皆沉潜有谋，勤于政理，然终仅就偏安之业，且并此亦几岌岌不可保者，不能驾御武人实为之。王敦之患，人所共知。然宋高宗而不能替三宣抚司，江东亦未必能自立也。人皆以汉高祖能灭项羽为有大略，其实不然。高祖之大略，不在于其能灭项羽，而在于项羽灭后，六七年间，能尽灭同时并起之异姓诸王，何者？项羽战绩，为史所艳称者，不过巨鹿、彭城、垓下三役耳。垓下之战，乃匹夫之勇，无足称。巨鹿一战，确有摧坚陷阵之能，亦藉楚众之精锐；吴夫差、越句践固尝再用之以振威于北方；虽项燕亦用之大破秦军于楚垂亡之日矣，非尽羽之能也。彭城之役，则汉自不整耳，盖汉所用者为思东归之士，至此已为散地，而五诸侯之兵，亦心力不齐，号令不一也。汉高入关，财帛无所取，妇女无所幸，而至此，乃收楚货宝美人，日置酒高会，此犹项羽去关中时，不能禁其众无暴掠，屠咸阳，杀子婴，烧秦宫室，亦非羽之所欲也。汉王以四月败彭城，五月即收兵屯荥阳，六月又还攻章邯，至八月乃复东出；于斯时也，项羽何难急攻破之，长驱西上，而羽竟不能，是其昧于乘机矣。明年汉三年五月，破荥阳，六月，下成皋，而仍未能深入，徒隔河相持，汉王遂得以其间虏魏豹，下赵、代，破燕、齐，且结彭越以扰楚后。虽黥布，亦观望形势而叛楚。是时所事惟汉，非如汉初出时之犹重齐也。汉坚守以老楚师，而藉信、越以攻其后，为楚计者，宜集全力击破汉王之军，深入穷追，直抵二周之郊，而叩函谷之关，使其不复能立，则信、越无与图功，必也转而从楚，他诸侯更不必论矣。而羽竟不能然，是不徒无远略，并野战亦不足取也，故曰，汉之亡楚，不足为异也。乃其既灭楚之后，则汉高与诸功臣，君臣之分未定也，秦灭六国，父兄有天下，而子弟为匹夫，在当时之人视之，实为变局而非常理，故秦一亡而天下复分，戏下之会，以义帝之空名奉楚怀王，其视之，犹周之天子也，项籍为西楚霸王，犹东周之桓、文也，特王侯之名异耳，其余大者为王，小者为侯若君，亦六国时之遗法也，当时之人，视此必以为彝典，谓有一人将如秦皇，尽灭同列，独有天下，必非意想所及。项羽使人说韩信以三分天下，而信不听，蒯彻劝之又不听，史言信自以功高，汉终不夺我齐，此乃附会之谈，非其实。当时之人，自以兵力据地而王，岂待他人之与之，既不待人之与之，又何虑人之夺之。尸皇帝之名，遂可任意树置夐灭侯王，亦岂当时之人意想所及？此项羽亡后，韩信等所由不惜以皇帝之名畀汉王与？几曾见周之武、成，能任意夐灭齐、楚哉？故汉高之铲除异姓诸王，非以君替其臣，乃敌国之相灭耳，其能奏功如是之速，则以身恒在行间，赴机疾捷也。且汉高以五年十月灭楚，正月王韩信、彭越、英布、张耳、韩王信，是年九月，即击臧荼。明年十月，禽韩信，正月，王荆王贾、楚王交，并王喜于代，子肥于齐，而徙韩王信于太原，信请徙治马邑，许之。七年十月，信反，高祖自将击之，深入至平城，虽以轻敌致败，然其果锐亦甚矣，围既解，仍击信余寇于东垣。十年九月，击陈豨，自至邯郸。十一年冬，破之，其年三月，复使掩捕梁王，即以其地王子恢及友，七月黥布反，又自将击之。十二年十月，破之，王兄子濞于吴。未几，卢绾反，使樊哙击之，帝之不亲戎者惟此役，盖其时已疾病矣。综观楚灭之后，七年之中，高帝盖未尝一日安居也。以当时人心之习于分裂，汉初王室形势之弱，使帝少濡滞苟安，身没之后，诸侯之合纵缔交，圜视而起，岂待问哉？然则天下之克定于其一，其功信不成于灭楚之日，而成于其后之七年中也。而其所以成功，亦实由其驰骛四方，匪皇宁处，鉴之言，可不谓之知言哉？鉴所引证诸王霸之主，事皆易明，独汉高之成功，少隐曲而难见，故具论之如上。

汉唐边防之策

中国古代，盖为湖居之族？古称人所居之处曰"州"，即后世之"洲"字，其音则与岛相同。汉世公玉带献明堂图，水环宫垣，上有楼，从西南入，《周官》师氏居虎门之左，保氏守王闱。蔡邕说："南门称门，西门称闱，明堂者，古天子之居。"盖犹沿其遗像。古之人盖四面凭水以为固，故至后世筑城，犹必环之以池也，此最古之边防也。

湖居之族，盖以渔为业，后乃渐进于农耕。中国之文明，盖肇始于是？故《易》称包牺氏作网罟，神农氏斫木为耜，揉木为耒也，包牺氏、神农氏非实有其人，古言氏犹后世言族，言有如是之部族二耳；如是之部族，实为文明所由肇，故特举之也。然其后此等部族，尝为田猎畜牧之部族所击服焉，观古君大夫士以牛羊犬豕为食，庶人则食谷与鱼鳖可知。畜牧之族，其初恒事田猎，畜牧时或居原隰，田猎时必处山林。人之好战斗，其习恒自田猎之世来，其后所居虽易，至于守御，则犹沿是以为固。《易》曰："王公设险以守其国。"《诗》曰："畇畇原隰，曾孙甸之。"《孟子》曰："域民不以封疆之界，固国不以山谷之险。"

皆治人而食于人者居山，食人而治于人者居平地之证，此边防形势之一变也。

农耕愈重，治人而食于人者，亦皆以是为业，则其人必降丘宅土。斯时之所虑者，邻近野蛮之族，每喜乘间抄略。出兵征之乎？彼无定居，不易犁其巢穴。屯兵防之乎？我又不胜其劳费。所幸者，此等野人，部族率皆寡小，不能兴大兵，一水一山之隔，即非其所能越，乃因山川自然之阻以为防，其不周匝处，则以人力筑墙补之。此等营建，环绕四面者为郭，专于一面者即长城也，此所以防小寇。战国之世，秦、赵、燕三国北边皆有长城，其时匈奴尚未大，他骑寇盖尤小；齐之南亦有长城，盖所以备淮泗夷者也。

战国末造，内地文化较低之族，殆悉化为冠带之民，如淮泗夷，高长城以防之，至秦有天下，乃悉散为人户，（见《后汉书·东夷传》。）其言盖有所本。其一端也。斯时之所虑者，六国之民，非心服而反侧，秦人防之之策，一益固其本国之境，贾生所谓践华为城，因河为池者也，设使新服之地皆叛，其故国则犹可守，赵高弑二世，立子婴，盖尝欲取是策，留侯劝汉高祖都关中，犹未脱此等见解也。一于新服之地，择其要害之处而据之，贾生所谓信臣精卒，陈利兵而谁何者也，至汉文帝之世，通关梁，一符传，而此法乃除。二者皆一统之初，钳制国内之术，以不切于时势，故不旋踵而其法遂废也。

城外之防，北边为极，以其地为游牧之族所居，利抄略，且强悍也。防之之策，秦初仍袭旧猷，乃举本国所固有及燕、赵二国之长城，连接之，扩充之，修补之，以成一引弓之民与冠带之族之大界焉。然人心犹率其归，世变已启其新；长城者，可以御小寇，而不可以防大敌者也。汉初冒顿崛起，破东胡，走月氏，并白羊、楼烦二王，服浑窳、屈射、丁零、鬲昆、新犁诸国，其形势已非复前世之骑寇，更无论山戎矣。其大入塞，骑至数万，少亦数千，虽不长于攻城，然优足批亢捣虚，亦可时时肆扰，或逆绝外援，以困一坚城，断非备多力分之长城，所能遏其焰也。故汉世虽勤北边，迄无修筑长城之事。

斯时之边防当如何？曰：已不复能言守，而唯有向外开拓。汉世之能免于匈奴之患也，则以武、昭、宣之世，数大举深入穷追故也。甚至以断其右臂之故，不恤劳民以通西域焉，其取势亦可谓远矣。至是，则汉室之边防，不在边境而在边境之外。树边防于边境之外若之何？一曰控其道路，今人所谓线也，若汉置西域都护，并护天山南北两道是也一曰据其要害，今人所谓点也，若唐设诸都护府是也。大抵汉唐之于外夷也，利其弱不利其强，利其分不利其合，睹其强大也，必谋所以早摧挫之，唐太宗之于薛延陀是也。彼其互相吞并也，必遏止之，使不得遂。西域本三十六国，后稍分为五十余，莽世都护覆没，莎车王贤遂乘机吞并，后汉定西域，又悉复之，其显而易见者也；若其桀骜，将驯至于逆命，尤必有以豫折其荫，为虺弗摧，为蛇若何？默啜之中兴突厥，使中原士大夫为之旰食，其殷鉴矣。历代盛时，防边之策，大抵如此。唯明代武功不振，仅恃筑长城为防守之计，为统一后一变局。

汉、唐盛时之所为，其可谓之上策乎？犹未也，兵家之言曰："善守者不恃人之不我攻，而恃我之不可攻。"善已，然犹不能懈于守也。兵有利钝，战无百胜，岂徒两军相争时为然，两国相持亦如是。人固有利不利时，国岂能无饥谨寇盗？丁斯时也，安能为不可胜以待敌？且外夷亦必有兴盛之时，安能终锢之？汉、唐盛时，所守非不远，卒之或以我之弱，或以彼之强，所守终不能不撤，则犹未足以语于"守在四夷"之义也。然则如之何而可？曰：不分彼我之界，非以我防彼也，而与彼偕进于大道，愚者教之，困者赈之，使之利与我合而不利与我分，彼欲祸我乎？是自祸也，世岂有乐自祸者乎？是彼为我守也，此则守在四夷之义。道则高矣美矣，孰能副之，吾未之见也。太史公所由叹《司马法》闳廓深远，虽三代征伐，未能竟其义邪？

郡县送故迎新之费

郡县送故迎新之费，自昔有之。《汉书·循吏传》：黄霸为颍川守。许丞老，病聋，督邮白欲逐之，霸不听。或问其故，霸曰："数易长吏，送故迎新之费，及奸吏缘绝簿书，盗财物，公私费耗甚多，皆当出于民。"是其事也。《游侠传》言：哀帝时，"天下殷富，郡二千石死官，赋敛葬送，皆千万以上"。《后汉书·张禹传》：禹父歆，终于汲令。"汲吏人赙送，前后数百万。"则当汉世，数已甚侈，魏、晋已后，斯风弥扇。晋初，傅咸即以长吏到官未几便迁，吏卒疲于送迎为病。《晋书·虞预传》："太守庾琛命为主簿，预上记陈时政所失，曰：自顷长吏轻多去来，送故迎新，交错道路。受迎者惟恐船马之不多，见送者惟恨吏卒之常少。穷奢竭费谓之忠义，省烦从简呼为薄俗，转相仿效，流而不反，虽有常防，莫肯遵修。加以王途未夷，所在停滞，送者经年，永失播植。一夫不耕，十夫无食，况转百数，所妨不赀。愚谓宜勒属县，若令尉先去官者，人船吏侍皆具条列，到当依法减省，使公私允当。"言其弊尤为痛切。《南史·恩幸·吕文显传》云："晋、宋旧制，宰人之官，以六年为限。近世以六年过久，又以三周为期，谓之小满。而迁换去来，又不依三周之制，送故迎新，吏人疲于道路。"则其弊降而益甚矣。

《汉书·高惠高后文功臣表》：清安侯奂，"元鼎元年，坐为九江太守受故官送免"。似受送本为非法，然虞预病送迎者虽有常防，莫肯遵修，又欲使去官者具自条列，依法减省，则其习为故常久矣。《隋书·百官志》：梁世，郡县吏有迎新送故之员，各因其大小而置；陈世，郡县官之任代下，有迎新送故之法，饷馈皆百姓出，并以定令。盖守令多异地人，国家既不给以道途之费，原不能责以自具也。此以理论，实不为过；既有定法，遵守不渝，亦不能谓取非其义，然能合于常防者则寡矣。

送迎之费，廉吏亦间有不受者，则史家以为美谈。如《梁书·良吏传》：范述曾，以齐明帝时出为永嘉太守，郡送故旧钱二十余万，一无所受。始之郡，不将家属，及还，吏无荷儋者。《南史·范岫传》：为安成内史，见征，吏将送一无所纳，是也。此虽高节，亦未可责诸人人。若王衍父卒于北平，送故甚厚，为亲识之所借贷，因以舍之，数年之间，家资馨尽。（《晋书》本传）沈怀文，父宣为新安太守，丁父忧，郡送故丰厚，奉终礼毕，余悉班之亲戚，一无所留。（《南史》本传）虽合不易于丧之义，已非大法小廉之旨。若齐豫章王嶷为荆州刺史，史称其务在省约，停府州仪迎物，东归部曲亦不赍府州物；而其后斋库失火，烧荆州还赀，评直三千余万，（《齐书》本传）则不取也，而取过毕矣。刘悛，史称其强济有世调，善于流俗。为武陵内史。齐明帝崩，表奔赴，敕带郡还都，吏民送者数千人。悛人人执手，系以涕泣，百姓感之，赠送甚厚。（《齐书》本传）胁肩谄笑，病于夏畦，以是求贷，不其恶与！

《南史·王僧达传》："与兄锡不协，锡罢临海郡还，送故及俸禄百万以上，僧达一夕令奴辇取无余。"有以分施鸣高者，又有任情攘夺者，士大夫之所为，真可发一噱。

虞预言当时之送迎者，"穷奢竭费谓之忠义，省烦从简呼为薄俗"。此虽自托于忠厚，实则豪富之民，每欲献媚于官吏，以为宠荣；又赀费之来必由科率，或由经手侵渔者，乃鄙俗势利之见耳。然风气诚朴之区，亦或有能得民心，馈遗出于真诚者；必峻却之，又非人情也。谢朏子谖为东阳内史，及还，五官送钱一万，止留一百，答曰：数多刘宠，更以为愧。(《南史·谢弘微传》)颇堪媲美古人。

后世官员所用器物，有由地方或属员供给者，濒行每携之而去。需用时由当地供给，犹不失随身衣食悉仰于官之义；携之而去，则成臧物矣。然古亦有如是者。《南史·宋宗室及诸王传》：衡阳王义季为荆州，"发州之日，帷帐器服诸应随刺史者，悉留之，荆楚以为美谈"。曰"应随"，则其取之亦成成例矣。《梁书·江革传》：除武陵王长史、会稽郡丞、行府州事。"将还，民皆恋惜之，赠遗无所受。送故依旧订舫，革并不纳，惟乘台所给一舸。"曰"依旧"，则舟车亦有成例也。

《梁书·刘季连传》：季连之受命高祖，"饬还装。高祖以西台将邓元起为益州刺史。元起，南郡人，季连为南郡之时，素薄元起。典签朱道琛者，尝为季连府都录，无赖小人，有罪，季连欲杀之，逃叛以免。至是，说元起曰：益州乱离已久，公私府库必多耗失，刘益州临归空竭，岂能远遣候递。道琛请先使检校，缘路奉迎；不然，万里资粮，未易可得。元起许之。道琛既至，言语不恭，又历造府州人士，见器物辄夺之。有不获者，语曰：会当属人，何须苦惜。于是军府大惧，谓元起至必诛季连，祸及党与，竞言之于季连。季连亦以为然，又恶昔之不礼元起也，遂召佐史，矫称齐宣德皇后令，聚兵复反。收朱道深杀之"。《元起传》：季连既平，"元起以乡人庾黔娄为录事参军，又得荆州刺史萧遥欣故客蒋光济，并厚待之，任以州事。黔娄甚清洁，光济多计谋，并劝为善政。元起之克季连也，城内财宝无所私，勤恤民事，口不论财色。性本能饮酒，至一斛不乱，及是绝之。蜀土翕然称之。元起舅子梁矜孙，性轻脱，与黔娄志行不同，乃言于元起曰：城中称有三刺史，节下何以堪之。元起由此疏黔娄、光济，而治迹稍损。在州二年，以母老乞归供养，诏许焉，征为右卫将军，以西昌侯萧渊藻代之。是时，梁州长史夏侯道迁以南郑叛，引魏入，白马戍主尹天宝驰使报蜀，魏将王景胤、孔陵寇东西晋寿，并遣告急。（此处史文有误。《南史·邓元起传》云："时梁州长史夏侯道迁以南郑叛，引魏将王景胤、孔陵攻东西晋寿，并遣告急。"据《魏书·邢峦传》，则王景胤为梁晋寿太守，孔陵亦梁将，为王足所破者。疑梁书元文，当作魏将某寇东西晋寿，太守王景胤、某官孔陵并遣告急。文有夺佚，传写者以意连属之，以致误谬；《南史》误据之，而又有删节也。）众劝元起急救之。元起曰：朝廷万里，军不卒至，若寇贼侵淫，方须扑讨，董督之任，非我而谁？何事匆匆便救？黔娄等苦谏之，皆不从。高祖亦假元起都督征讨诸军，将救汉中。比至，魏已攻陷两晋寿。渊藻将至。元起颇营还装，粮储器械，略无遗者。渊藻入城，甚怨望，因表其逗留不忧军事，收付州狱，于狱自缢。"是元起先以虑阙迎资激季连之叛，继又以厚营还装自丧其生也。案元起佳士，其入蜀也，在道久，军粮乏绝，或说以检巴西籍注，因而罚之，所获必厚，元起然之，以李膺谏而止。史又言其"少时又尝至西沮田舍，有沙门造之乞，元起问田人曰：有稻几何？对曰：二十斛。元起悉以施之。时人称其大度"。此其所以能克城之日，财宝无所私，在州二年，口不论财色。岂有不攘窃于兵乱之日，聚敛于在州之时，顾侵渔于临去之际者乎！季连之败也，史称蜀中丧乱已二年矣，城中食尽，升米三千，亦无所籴，饿死者相枕，无亲党者，又杀而食之。季连食粥累月，饥窘无计，因此乃降。夏侯道迁之叛，魏以邢峦为梁、秦二州刺史，峦力求取蜀，其表云："益州顷经刘季连反叛，邓元起攻围，资储散尽，仓库空竭，今犹未复。"《南史·元起传》，略同《梁书》，惟不云渊藻诬其不忧军事而下诸狱，而云："萧藻入城，求其良马。元起曰：年少郎子，何用马为。藻恚，醉而杀之。元起麾下围城哭，且问其故。藻惧曰：天子有诏。众乃散。遂诬以反，帝疑焉。有司追劾削爵土，诏减邑之半，封松滋县侯。故吏广汉罗研诣阙讼之，帝曰：果如我所量也。使让藻曰：元起为汝报仇，汝为仇报仇，忠孝之道如何？乃贬藻号为冠军将军，赠元起征西将军，给鼓吹，谥忠侯。"元起功臣宿将，即不忧军事，岂藻所可擅囚？藻亦岂能忧国持正如是。盖实因求货不得，妄加杀害。逮其麾下围城，则厚诬君父以自解，又因是举，遂以反诬元起。诈虽不雠，梁武亦不能明正其罪，乃转以不忧军事莫须有之辞罪元起，而为之掩饰耳，其失刑甚矣。藻既临州，民齐苟儿叛，以十万众攻城，既解，藻弟渊猷嘲罗研曰："卿蜀人乐祸贪乱，一至于此。"（民穷如是，其兄之负罪如是，而为是嘲谑之辞，可见是时贵族之无人心。）研对曰："蜀中积弊，实非一朝。百家为村，不过数家有食。穷迫之人，什有八九；束缚之使，旬有二三。贪乱乐祸，无足多怪。若令家畜五母之鸡，一母之豕，床上有百钱布被；甑中有数升麦饭，虽苏、张巧说于前，韩、白按剑于后，将不能使一夫为盗，况贪乱乎。"（见《南史·罗研传》。）然则蜀中困敝，由来已久。《梁书·刘季连传》曰："初元起在道，惧事不集，无以为赏。士之至者，皆许以辟命，于是受别驾、治中檄者将二千人。"盖实由财帛不给，以至于此。检罚巴西籍注，或亦势不得已，然元起卒以李膺之言而止，可见其深恶诛求，宁肯作茧丝于为州之日。休养生息，原非旦夕可期。其去州之时，粮储器械，一无所有，盖实以创夷未复；不能应机出兵，实亦由是。夏侯道迁之叛也，巴西人严玄思附魏，魏将王足，又所乡辄克，蜀中势实岌岌。以宣武固不听邢峦之谋，又以羊祉为益州，王足闻而引退，后反降梁。(《魏书》王足事附见《崔延伯传》。)而邢峦遣守巴西之李仲迁，亦以荒于酒色，为城人所杀反正，乃获幸免。当时情势，所急在外，宁以代者不卒至而自安哉！然则元起遣朱道琛先使检校，或诚为激变之由，然事或迫于不得已；其见戕于渊藻，则必以求货不得，致遭枉害也。然皆因送故迎新之侈有以启之，陋规之贻祸，不亦溥乎！

梁武帝大同九年张缵刺湘州，中大同元年岳阳王詧刺雍州，太清元年湘东王绎刺荆州。太清二年，帝改以缵刺雍州，而以河东王誉为湘州刺史。缵素轻少王，州府候迎及资待甚薄，誉深衔之。及至州，遂托疾不见缵，及检括州府庶事，留缵不遣。时湘东王与誉各率所领入援台，缵乃诒湘东书曰："河东戴樯上水，欲袭江陵，岳阳在雍，共谋不逞。"湘东信之，三藩之衅始构。河东与缵，不旋踵而丧其身，湘东、岳阳，辗转相仇，卒致江陵之奇变。此真所谓以睚眦之衅而致滔天之祸者。然溯其原，则亦送迎之费有以阶之厉也。

北朝郡县，送迎之弊，与南朝同。《魏书·高祖纪》：延兴二年，十二月诏曰：《书》云：三载一考，二考黜陟幽明。顷者已来，官以劳升，未久而代。牧守无恤民之心，竞为聚敛，送故迎新，相属于路，非所以固民志，隆治道也。自今牧守温仁清俭、克己奉公者，可久于其任；岁积有成，迁位一级。其有食残非道、侵削黎庶者，虽在官甫尔，必加黜罚。著之于令，永为彝准。"此诏之意，虽在久任以观治效，速黜以去贪残，然送故迎新之烦扰，亦其所欲革之一端也。《任城王云传》：除徐州刺史，以太妃盖氏薨，表求解任。"性善抚绥，得徐方之心，为百姓所追恋。送遗钱货，一无所受。"此事不足证云之廉，适足证徐方送遗之厚尔。《邓渊传》：曾孙羡，出为齐州长史，"在治十年，经三刺史，以清勤著称。齐人怀其恩德，号曰良二千石。及代还，大受民故送遗，颇以此为损"。《北史·循吏·孟业传》："魏彭城王韶，齐神武之婿也，拜定州刺史，除业为典签。及韶代下，业亦随还，赠送一无所受。"则非徒刺史，即其僚属，亦有因送迎而受馈遗者矣。《魏书·陆俟传》：子馥，出为相州刺史，假长广公。征为散骑常侍。其还也，"吏民大敛布帛以遗之，馥一皆不受，民亦不取，于是以物造佛寺焉，名长广公寺"。此虽不受，何益于民！《北齐书·酷吏传》：宋游道，"父季预，为渤海太守。游道弱冠随父在郡。父亡，吏人赠遗，一无所受。"《周书·薛端传》：转基州刺史，至州未几卒，"遗诫薄葬，府州赠遗，勿有所受"。能如是者盖寡矣。

江南风气之变

项籍以江东子弟八千人渡江而西，其在北方，战必胜，攻必取，未知其绩出于此八千子弟者，究有几何，然巨鹿之战，距籍出兵未远，史所谓战士一以当十，兵呼声动天者，其中必有江东之士，则揆诸事理，似无足疑者也。汉人论各地方风气及兵事，称南方剽锐者甚多，固未必皆指江东，然《地理志》言吴越之士，轻死好用剑，则江东风气，仍甚勇悍可知，此孙策所由能以一旅之众，定三分之业欤。乃自晋室东渡以后，江南遽以柔弱闻，何哉？用与不用之殊也。所以或用或不用，则以一国之民，或事生产，或备攻战，亦有其分工协力之道焉，民风强弱，非天之降才尔殊也，人事则使之然。

《宋书·武帝纪》：隆安五年，孙恩向沪渎，高祖弃城追之，（高祖时筑城于海盐故治。）海盐令鲍陋遣子嗣之，以吴兵一千，请为前驱。高祖曰："贼兵甚精，吴人不习战，若前驱失利，必败我军，可在后为声援。"不从，果为贼所没。又自序：元凶弑立，分江东为会州，以随王诞为刺史，沈正说诞司马顾琛，以江东义锐之众，为天下唱始，琛曰："江东忘战日久。士不习兵，当须四方有义举，然后应之。"此皆江东之民，欠阙训练之证，然其风气则实未遽变，宋武之讨南燕，慕容超见群臣，议距王师。公孙五楼言："吴兵轻果，初锋勇锐不可当。"此固未必皆吴人，其中亦未必无江东之士也。顾颙之于宋文帝坐论江东人物，及顾荣，袁淑谓颙之曰："卿南人怯懦，岂办作贼。"误矣。自晋灭吴以来，吴人之叛者踵相接。据《晋书》本纪，武帝太康二年九月，有吴故将莞恭帛奉举兵反，攻害建业令，遂围扬州。八年十月，有南康平固县吏李丰反。十一月，有海安令萧辅聚众反。十二月，又有吴兴人蒋迪聚党反。至元帝大兴元年，尚有孙皓子璠以谋反伏诛。《五行志》云：武帝平吴后，江南童谣曰："局缩肉，数横目，中国当败，吴当复。"又曰："宫门柱，旦当朽，吴当复在三十年后。"又曰："鸡鸣不拊翼，吴复不用力。"于是吴人皆谓在孙氏子孙，故窃发为乱者相继，则似纪所不书者尚多。《华谭传》：谭举秀才，武帝策之曰："吴蜀恃险，今既荡平，蜀人服化，无携贰之心，而吴人越睢，屡作妖寇，岂蜀人敦朴，易可化诱，吴人轻锐，难安易动乎？"亦可见是时江表情势之岌岌也。陈敏起兵，实有割据江东之志，顾荣、甘卓等皆从之，以子弟凶暴而敢，后来周现父子，仍有倾覆执政之谋，其成败，亦间不容发耳。晋初北方兵力，虽似强盛，实则诸将皆已骄淫，不可复用。观树机能之乱，功臣宿将，莫能陈力，卒藉新进疏逖之马隆募兵平之可知。齐万年之叛，关中危殆，六陌之战，周处虽以无继败亡，然能寒氏贼之胆者，惟此一战耳。"洒落君臣契，飞腾战伐名"，缅想周瑜决策以拒曹公，又欲羁刘备而挟关羽、张飞以攻战。鲁肃最称持重，亦不为关羽所弱，至吕蒙，卒取羽而定荆州。陆逊又有猇亭之捷，英风浩气，盖非魏、蜀所克比伦。东晋之不振，乃正以北来世族，把持政权，而不能任江东英锐之士耳。设以吴桓王、大帝处此，五胡岂足平哉，乌乎！

过江以后，称善战者必曰伧楚。《宋书·殷孝祖传》：太宗初即位，普天同逆，朝廷惟保丹阳一郡，永世县寻又反叛，义兴贼垂至延陵，内外忧危，咸欲奔散，孝祖忽至，众力不少，并伧楚壮士，人情于是大安。《齐书·崔慧景传》：慧景向京师，子觉及崔恭祖领前锋，皆伧楚善战，是其二事也。吴人谓中州人曰伧。（语见《晋书·周处传》。）楚者，江淮之间，乃楚之旧壤也。《晋书·祖逖传》云：京师大乱，逖率亲党数百家，避地淮泗。少长咸宗之，推为行主。达泗口，元帝逆用为徐州刺史，寻征军咨祭酒，居丹徒之京口。逖以社稷倾覆，常怀振复之志，宾客义徒，皆暴桀勇士，逖遇之如子弟。时扬土大饥，此辈多为盗窃，攻剽富室。逖抚慰问之曰："比复南塘一出否？"或为吏所绳，逖辄拥护救解之，谈者以少逖，然自若也。《郗鉴传》：鉴寝疾，上疏逊位曰："臣所统错杂，率多北人，或逼迁徙，或是新附，百姓怀土，皆有归本之心。臣宣国恩，示以好恶，处与田宅，渐得少安。闻臣疾笃，众情骇动，若当北渡，必启寇心。太常臣谟，平简贞正，素望所归，谓可以为都督徐州刺史。臣亡兄息晋陵内史迈，谦爱养士，甚为流亡所宗，又是臣门户子弟，堪任兖州刺史。公家之事，知无不为，是以敢希祁奚之举。"此等流亡暴桀之士，即当时之所谓伧，《梁书·陈伯之传》：幼有膂力，年十三四，好着獭皮冠，带刺刀，候伺邻里稻熟，辄偷刈之。尝为田主所见，呵之云："楚子莫动。"将执之，伯之因杖刀而进，将刺之曰："楚子定何如？"田主皆反走。伯之徐担稻而归。此等家贫无行之徒，则当时之所谓楚也。流亡暴桀之士，家贫无行之徒，自易于轻悍好斗，故欲求武用者多资焉。如齐王融欲辅竟陵王子良，招集江西诸伧楚，始安王遥光谋叛，亦召诸伧楚是也。刘牢之败苻坚之师，陈庆之送元颢之众，其中伧楚，必不少矣。然当时精兵中亦非遂无江东之士，沈田子青泥之战，实为勘定关中一大关键，而《宋书自序》称其所领江东勇士，便习短兵，知公孙五楼称宋武之众为吴兵，非无由也。轻死好用剑之风，谁谓其已消歇哉？

未经训练临时征发之士，当时谓之白丁。《宋书·邓琬传》：安成太守刘袭举郡归顺，琬遣廖琰率数千人并发庐陵白丁攻袭。《沈攸之传》：索虏南寇，发三吴民丁，攸之亦被发，至京都，诣领军刘遵考求补白丁队主是也。《齐书·王敬则传》：敬则以旧将举事，百姓担篙荷锸随逐之，十余万众，遇左兴盛、刘山阳二寨，尽力攻之，官军不敌，欲退，而围不开，各死战。胡松领马军突其后，白丁无器仗，皆惊散，敬则军遂大败。此亦犹鲍嗣之之众，牵动宋武之军。唐宇之举事，富阳发男丁防县，会稽太守沈文季发吴、嘉兴、海盐盐官民丁救之，亦败。及齐武帝遣禁兵数千人、马数百匹东讨，至钱塘，乃擒斩宇之，（见《齐书·文季传》。）亦白丁不可用之证也。然此自由其阙于训练之故，苟加以训练，即白丁亦成精兵。征姚泓也，拓跋氏发兵缘河随大军进止，宋武所遣先渡河者，即白直队主丁旿也，（胡三省《通鉴》注曰：选白丁之壮勇者人直左右，使旿领之。）亦可见训练所系之重矣。

《宋书·刘敬宣传》：孙恩举事，牢之自表东讨，军次虎聈，敬宣请以骑并南山趣其后，吴人畏马，又惧首尾受敌，遂大败。此与唐宇之之败于齐禁兵，如出一辙，吴人畏马，亦以不习骑战故也。

缺训练而不能战，则何地不然。《梁书·杨公则传》：攻东昏时，公则所领多湘溪人，性怯懦，城内轻之，以为易与，每出荡，辄先犯公则垒。公则奖励军士，克获更多。湘溪何以蒙懦怯之称，亦以地处腹里不习战斗故也。《宋书·沈昙庆传》论曰：江南之为国，外奉贡赋，内充府实，止于荆、扬二州，扬部分析，境极江南；考之汉城，惟丹阳、会稽而已。地广野丰，民勤本业，一岁或稔，则数郡忘饥。会土带海旁湖，良畴亦数十万顷，膏腴上地，亩直一金，鄠杜之间，不能比也。荆城跨南楚之富，扬部有全吴之沃，鱼盐杞梓之利，充牣八方，丝绵布帛之饶，覆衣天下。此所云者，乃自今两湖至江、浙缘江沼泽之地，在当时，已为南朝举国财富之所自出矣。而淮南、江北之地，自吴魏来久为争战之场，其民之习于战伐亦宜也。故曰民风之强弱，非天之降才有殊，用与不用之异也。何以或用或不用，则一国之民，或事生产，或备攻战，分工协力之道也，势使之然也。

诸葛亮治戎

《三国志·诸葛亮传》：亮卒于军，及军退，宣王案行其营垒处所，曰：天下奇才也。此非虚美之辞。《晋书·职官志》曰：武帝甚重兵官，故军校多选朝廷清望之士居之。先是陈勰为文帝所待，特有才用，明解军令。帝为晋王，委任使典兵事。及蜀破后，令勰受诸葛亮围陈用兵倚伏之法，又甲乙校标帜之制，勰悉闇练之，遂以勰为殿中典兵中郎将，迁将军。久之，武帝每出入，勰持白兽幡在乘舆左右，卤簿陈列齐肃。太康末，武帝尝出射雉，勰时已为都水使者，散从，车驾逼暗乃还，漏已尽，当合函停乘舆，良久不得合，乃诏勰合之，勰举白兽幡指麾，须臾之间而函成，皆谢勰闲解，甚为武帝所任。此事足见诸葛亮之治戎，确有法度也。

诸葛亮南征考

诸葛亮之南征，《三国志》记其事甚略。《亮传注》引《汉晋春秋》曰：亮在南中，所在战捷。闻孟获者，为夷汉所服，募生致之。既得，使观于营陈之间。问曰："此军何如？"获对曰："向者不知虚实，故败。今蒙赐观看营陈。若只如此，即定易胜耳。"亮笑，纵使更战。七纵七禽，而亮犹遣获，获止不去，曰："公天威也，南人不复反矣。"遂至滇池。南中平。皆即其渠师而用之。或以谏亮；亮曰："若留外人，则当留兵，兵留则无所食，一不易也，加夷新伤破，父兄死伤，留外人而无兵者，必成祸患，二不易也。又夷累有废杀之罪，自嫌衅重，若留外人，终不相信，三不易也。今吾欲使不留兵，不运粮，而纲纪粗定，夷汉粗安故耳。"《马谡传注》引《襄阳记》曰：亮征南中，谡送之数十里。亮曰："虽共谋之历年，今可更惠良规。"谡对曰："南中恃其险阻，不服久矣。虽今日破之，明日复反耳。今公方倾国北伐，以事强贼。彼知官势内虚，其叛亦速。若殄尽遗类，以除后患，既非仁者之情，且又不可仓卒也。夫用兵之速，攻心为上，攻城为下；心战为上，兵战为下；愿公服其心而已。"亮纳其策，赦孟获以服南方，故终亮之世，南方不敢复反。攻心攻城，心战兵战，后世侈为美谈，其实不中情实。案当时叛者，牂牁朱褒、益州雍闿、越巂高定。褒之叛在建兴元年，闿、定则尚在其前。（《后主传》：建兴元年夏，牂牁太守朱褒反。先是益州郡大姓雍闿反，流太守张裔于吴。越巂夷王高定亦叛。据《张裔传》及《马忠传》，则闿前次已杀太守正昂。《吕凯传》云：雍闿等闻先主薨于永安，骄黠恣甚，又载亮表凯及王伉，谓其执忠绝域，十有余年，则当先主之世，闿亦未尝服从也。闿又系为吴所诱。见《蜀志·张裔、吕凯传》《吴志·步骘、士燮传》。）其答李严书，辞绝桀慢。（见《吕凯传》）盖其蓄叛谋久矣。其心岂仓卒可服？《李恢传》云：为庲降都督，住平夷县，先主薨，高定恣睢于越巂，雍闿跋扈于建宁，朱褒反叛于牂牁。丞相亮南征，先由越巂，而恢案道向建宁。诸县大相纠合，围恢军于昆明。恢出击，大破之。追奔逐者，南至盘江，东接牂牁，与亮声势相连。南土平定，恢军功居多。《吕凯传》：永昌不韦人也。仕郡五官掾功曹，雍闿降于吴，吴遥署闿为永昌太守，永昌既在益州郡之西，道路壅塞，与蜀隔绝，而郡太守改易。凯与府丞蜀郡王伉，帅厉吏民，闭境拒闿。及丞相亮南征讨闿，既发在道，而闿已为高定部曲所杀。亮至南，表以凯为云南太守，（亮平南之后，改益州郡为建宁郡。分建宁、永昌郡为云南郡，又分建宁、群舸为兴古郡。）王伉为永昌太守。《马忠传》云：亮入南，拜忠群河太守。郡丞朱褒反，叛乱之后，忠抚育恤理，甚有威惠。昆明种落，西至楪榆，其距越巂，已不甚远。亮兵自越巂而出，至云南附近，必已与李恢、吕凯相接。永昌本未破坏。自昆明以东，又为恢所平定，则亮之战绩，当在越巂、云南之间。既抵云南，遂可安行至滇池矣。亮之行，盖至滇池为止。自此以东，盖因李恢兵势，更遣马忠往抚育之。《后主传》仅云：南征四郡，四郡皆平；《亮传》亦仅云：率众南征，其秋悉平；不详述其战绩者，亮军实无多战事也。七纵七擒事同儿戏，其说信否，殊难质言。即谓有之，亦必在平原，非山林深阻之区。且以亮训练节制之师，临南夷未经大敌之众，胜算殆可预操。孟获虽得众心，实非劲敌。累战不捷，强弱皎然，岂待七擒而后服？况攻心攻城，心战兵战，乃庙算预定之策，非临机应变之方，谋之历年，当正指此，安得待出军之日，然后问之？马谡亦安得迟至相送之日，然后言之乎？《李恢传》云：军还，南夷复叛，杀害守将。恢身往扑讨，锄尽恶类，徙其豪帅于成都，赋出叟、濮耕牛战马、金银犀革，充继军资，于时费用不乏。此所谓军还者，当指亮南征之军。所谓费用不乏，亦即《亮传》所谓军资所出，国以富饶。其事相距不远，故承其秋悉平之下终言之。则是亮军还未几，南夷即叛也。《后主传》：建兴十一年，南夷刘胄反，将军马忠讨平之。《马忠传》亦云：建兴十一年，南夷豪帅刘胄反，扰乱诸郡。征庲降都督张翼还，以忠代翼，忠遂斩胄，平南土。而据《张翼传》，则翼之为庲降都督，事在建兴九年，刘胄作乱，翼已举兵讨胄，特未破而被征。然则胄之乱尚未必在十一年；即谓其在十一年，而亮之卒实在十二年八月，相去尚几两年也。《马忠传》又云：初建宁郡杀太守正昂，缚太守张裔于吴，故都督常驻平夷县。至忠，乃移治味县。又越巂郡亦久失土地，忠率将太守张嶷，开复旧郡。《张嶷传注》引《益都耆旧传》云：忠之讨胄，嶷属焉。战斗常冠军首。遂斩胄平南。事讫，牂牁、兴古僚种复反。忠令嶷领诸营往讨。此事当在建兴十一、二年间，亮亦尚未卒。又《后主传》：延熙三年春，使越巂太守张嶷平定越巂郡。《张嶷传》云：自丞相亮讨高定之后，叟夷数反，杀太守龚禄、焦璜。是后太守不敢之郡，只住安定县，去郡八百余里，其郡徒有名而已。时论欲复旧郡，除嶷为越巂太守。嶷在官三年，乃徙还故郡。定莋、台登、卑水三县，旧出盐铁及漆，夷徼久自固。嶷乃率所领夺取，署长吏。郡有旧道，经旄牛中至成都，既平且近。自旄牛绝道，已百余年，更由安上，既险且远。嶷乃与旄牛夷盟誓，开通旧道，复古亭驿。又《霍峻传》：子弋。永昌郡夷僚，恃险不宾，数为寇害。乃以弋领永昌太守，率偏军讨之。遂斩其豪师，破坏邑落，郡界宁静。此事在弋为太子中庶子之后，太子璿之立，事在延熙元年，则弋之守永昌，当略与嶷之守越巂同时，然则不但终亮之世，南方不敢复反为虚言；抑亮与李恢、吕凯等，虽竭力经营，南夷仍未大定，直至马忠督庲降，张嶷守越巂，霍弋守永昌，然后竟其令功也。诸人者，固未尝不竭抚育之劳，亦未闻遂释攻战之事，此又以见攻心心战之策，未足专恃矣。要之亮之素志，自在北方；其于南土，不过求其不为后患而止。军国攸资，已非夙望，粗安粗定，自系本怀。一出未能殄平，原不足为亮病，必欲崇以虚辞，转贻致讥失实矣。

诸葛亮随身衣食悉仰于官不别治生

诸葛亮自表后主曰："成都有桑八百株，薄田十五顷，子弟衣食，自有余饶。至于臣在外任，无别调度，随身衣食，悉仰于官，不别治生，以长尺寸，若臣死之日，不使内有余帛，外有赢财，以负陛下。"及卒，如其所言。（见《三国志》本传。）读史者以为美谈。其实当时能为此者，非亮一人也。夏侯惇"性清俭，有余财，辄以分施，不足资之于官，不治产业"。徐邈"赏赐皆散与将士，无入家者"。嘉平六年，诏与田豫并褒之。（以上均见《三国志》本传。）邓芝"为大将军二十余年，身之衣食，资仰于官，不苟素俭，然终不治私产，妻子不免饥寒。死之日，家无余财"。吕岱"在交州，历年不饷家，妻子饥乏"。其所为皆与亮同。陈表"家财尽于养士，死之日，妻子露立"。朱桓"爱养吏士，赡护六亲，俸禄产业，皆与共分。及桓疾困，举营忧戚"。（见《三国志》本传。）则尤有进焉者矣。君子行不贵苟难，不以公家之财自私则可矣；禄尽于外，而妻子饥寒则过矣。要之治生自治生，廉洁自廉洁，二者各不相妨也。

袁涣"前后得赐甚多，皆散尽之，家无所储，终不问产业，乏则取之于人，不为皦察之行，然时人服其清"。（见《三国志》本传。）有袁涣之行则可也。无之则有借通财之名，行贪取之实者矣。随身用度，悉仰于官，而无节度，亦不能保贪奢者之不恣取也。为之权衡斗斛，则并权衡斗斛而窃之，于私产之世而求清廉，终无正本之策也。是故督责之术之不可以少弛也，于财计尤然。

羊续为南阳太守，妻与子秘俱诣郡舍，续闭门不纳。妻自将秘行，其资藏惟有布衾、敝衹裯，盐麦数斛而已。顾敕秘曰：

"吾自奉若此，何以资尔母乎？"使与母俱归。刘虞"以俭素为操，冠敝不改，乃就补其穿。及遇害，攒兵搜其内，而妻妾服罗纨，盛绮饰，时人以此疑之"。（均见《后汉书》本传。）步骘"被服居处有如儒生。然门内妻妾，服饰奢绮，颇以此见讥"。（见《三国志》本传。）夫虞与骘非必其为伪也，和洽曰："夫立教观俗，贵处中庸，为可继也。今崇一概难堪之行以检殊涂，勉而为之，必有疲瘁。"（见《三国志》本传。）俭者之家人，不必其皆好俭也。身安于俭焉，习于俭焉，勉于俭焉，皆无不可，必欲强其家人以同好，则难矣。迫其家人为一概难堪之行，以立己名，尤非真率平易者所能为。故居官者携家室以俱行，未为失也，必欲使之绝父子之恩，忘室家之好，如世所称妻子不入官舍者，亦非中庸之行矣。然身俭素而家人奢泰，以此累其清节者，亦非无之。妻子不入官舍，亦有时足为苞苴滥取之防，以此自厉，究为贤者，较之以家自累者，则远胜矣。（《三国志》载：蒋钦，"权尝入其堂内，母疏帐缥被，妇妾布裙。权叹其在贵守约。"则家人能俱安于俭者，亦有之，然非可概诸人人也。）

治生之道，循分为难。何谓循分？曰：耕而食，织而衣，有益于己，无害于人者是已。然在交易既兴之后则难矣。无已，其廉贾乎？然身处阛阓之中，为操奇计赢之事，而犹能不失其清者，非有道者不能，凡人未足以语此也。士大夫之家，既不能手胼足胝，躬耕耘之业，又不能持筹握算，博蝇头之利；使为农商，必将倚势陵人，滞财役贫矣。陈化敕子弟废田业，绝治产，仰官廪禄，不与百姓争利，（见《三国志·孙权传》黄武四年《注》引《吴书》。）以此也。若其财果出于廪禄，虽治产亦何伤？所以必绝之者，正以士大夫而治生，易有妨于百姓故也。诸葛亮之不别治生，其以此欤？

　　《三国志·孙休传》注引《襄阳记》言："（李）衡每欲治家，妻辄不听。后密遣客十人，于武陵龙场泛洲上作宅，种甘橘千株。临死，敕儿曰：汝母恶我治家，故穷如是。然吾州里有千头木奴，不责汝衣食，岁上一匹绢，亦可足用耳。衡亡后二十余日，儿以白母，母曰：此当是种甘橘也。汝家失十户客来七八年，必汝父遣为宅。汝父恒称太史公言，江陵千树橘，当封君家。吾答曰：且人患无德义，不患不富，若贵而能贫，方好耳，用此何为？吴末，衡甘橘成，岁得绢数千匹，家道殷足，晋咸康中，其宅址枯树犹在。"患无德义而不忧贫，衡之妻何其贤也？然勤树艺之利，而不剥削于人，衡之治生，亦可谓贤矣。然自吴末至咸康，五十年耳，木已枯矣，信乎树木之利，不如树人也。

　　士之能厉清节者寡矣，乱世尤甚，以法纪荡然，便于贪取也。《三国志·王修传》言：袁氏政宽，在职势者多畜聚。太祖破邺，籍没审配等家财物以万数。此袁氏所由亡欤？（《郭嘉传注》引《傅子》，谓嘉言绍有十败，曹公有十胜，汉末政失于宽，绍以宽济宽，公纠之以猛。然则绍之宽，非宽于人民，乃宽于虐民者耳。）然虽太祖，亦未能使其下皆厉廉节也。太祖为司空时，以己率下，每岁发调，使本县平资。于时谯令平曹洪资财与公家等，太祖曰："我家资那得如子廉邪？"（《三国志·曹洪传注》引《魏略》）洪之多财可知矣。诸葛瑾及其子恪并质素，虽在军旅，身无采饰；而恪弟融，锦罽文绣，独为奢绮。潘璋"性奢泰，末年弥甚，服物僭拟，吏兵富者，或杀取其财物"。均见《三国志》本传。其不法如此。然非独武人也，曹爽等实不世之才，而卒以奢败。魏之何晏，蜀之刘琰，吴之吕范，并以豪汰称，而其风且传于奕世。（何曾，晏之子也。）晋治之不善，王、石等之奢汰实为之，而其风则仍诸魏末者也。以魏武帝、诸葛武侯之严，吴大帝之暴，而不能绝，亦难矣。

太祖父嵩之死，《武帝纪注》引《世语》《吴书》，其说不同。《世语》云："嵩在泰山华县。太祖令泰山太守应劭送家诣兖州，劭兵未至，陶谦密遣数千骑掩捕。嵩家以为劭迎，不设备。谦兵至……阖门皆死。"《吴书》言："太祖迎嵩，辎重百余两。陶谦遣都尉张闿将骑二百卫送，闿于泰山华、费间杀嵩，取财物，因奔淮南。"谦虽背道任情，谓其与阙宣合从寇钞，似失之诬，当以《吴书》之言为是。然无论其为谦遣骑掩捕，抑卫送之将所为，嵩之慢藏海盗则一也。处乱世者，可不戒欤？

鲁肃指囷，读史者亦久传为美谈，然亦非独肃也。先主转军广陵海西，糜竺进奴客二千，金银货币，以助军资。于时困匮，赖以复振，亦肃指囷之类也。知《管子》谓丁氏之粟足食三军之师，为不诬矣。然用财贵得其当，刘备、周瑜，皆末世好乱之士，助之果何为哉？

如其不才君可自取

蜀先主谓诸葛亮曰："若嗣子可辅，辅之；如其不才，君可自取。"（《三国志·诸葛亮传》）世皆以为豁达大度推心置腹之言，实亦不然也。孙策临亡，以弟权托张昭。《吴志·张昭传注》引《吴历》曰："策谓昭曰：若仲谋不任事者，君便自取之。正复不克捷，缓步西归，亦无所虑。"其言与备亦何以异？董昭建议："宜修古建封五等。"太祖曰："建设五等者，圣人也，又非人臣所制，吾何以堪之？"昭曰："自古以来，人臣匡世，未有今日之功；有今日之功，未有久处人臣之势者也。"（《三国志》

本传）此乃明白晓畅之言，势之所迫，虽圣人将奈之何哉？菁华已竭，褰裳去之，为是言易，欲行是事，不可得也。古来圣贤豪杰有盖世之才智，卒不能自免于败亡以此。

君与王之别

《三国志·乌丸传注》引《魏书》曰："常推募勇健能理决斗讼相侵犯者为大人，邑落各有小帅，不世继也。数百千落自为一部，大人有所召呼，刻木为信，邑落传行，无文字，而部众莫敢违犯。"《后汉书·乌桓传》本之，而曰"有勇健能理决斗讼者，推为大人，无世业相继，邑落各有小帅"云云。知《魏书》"不世继也"句，当在"邑落各有小帅"之上，今本误倒也。邑落小帅，君也，不可无，亦不能无。或禅或继，各当自有成法。大人则邑落所共推，犹之朝觐讼狱之所归也，有其人则奉之，无则阙。德盛则为众所归，德衰则去之。三代以前，王霸之或绝或续，一国之所以忽为诸侯所宗，忽云诸侯莫朝以此。

《三国志·鲜卑传注》引《魏书》述檀石槐事曰："乃分其地为中东西三部。从右北平以东至辽东，接夫余、貊为东部，二十余邑，其大人曰弥加、阙机、素利、槐头。从右北平以西至上谷为中部，十余邑，其大人曰柯最、阙居、慕容等，为大帅。从上谷以西至敦煌，西接乌孙为西部，二十余邑，其大人曰置鞬落罗、日律推演、宴荔游等，皆为大帅，而制属檀石槐。"此大人盖亦邑落所共推。而《后汉书》云："分其地为三部，各置大人主领之。"一若本无大人，而檀石槐始命之者，误矣。《魏书》于乌丸，述其法俗甚详，于鲜卑则甚略，以乌丸、鲜卑法俗多同，述其相异者，同者则不及也。然则鲜卑亦当数百千落乃为一部。而檀石槐三部，中部十余邑，东西各二十余而已。而其大人皆非一人，则大人侔于小帅矣。檀石槐之众，合计不过五六十落，安能称强北边？然则所谓十余邑二十余邑云者，乃其大人所治之邑，即中部有大人十余，东西部各有二十余耳。属此诸大人之邑落，自在其外。此诸大人者，乃一方之主，犹之周初周、召分陕，一治周南，一治召南。太公所治，则东至于海，西至于河，南至于穆陵，北至于无棣也。其后吴、楚称王，犹自各王其域，彼此各不相干。曰天无二日，民无二王，乃冀望之辞，非事实也。《魏书》又曰：自檀石槐死后，诸大人遂世相袭，则犹周衰而齐、晋、秦、楚不随之而俱替耳。

《魏书》及《后汉书》所谓大人，即后世所谓可汗，檀石槐乃大可汗也。越之亡也，诸族子或为王，或为君，滨于江南海上，服朝于楚。其为王者，犹之鲜卑之诸大人；楚之君则犹檀石槐也。蒙古自成吉思汗以前，哈不勒忽图剌皆有汗号，成吉思亦先见推为汗，后乃更见推为成吉思汗。其初称汗也，与哈不勒忽图剌同，犹是小可汗，后则大可汗矣。回绝诸部尊唐太宗为天可汗，则又驾于诸大可汗之上，虽其等级不同，其理则一也。

孙氏父子轻佻

陈寿言孙坚及策皆以轻佻果躁，陨身致败。其实非独坚及策如此，即孙权亦然。建安十八年正月，曹公攻濡须，权与相拒月余。《吴主传注》引《吴历》言："权乘轻船，从濡须口入公军。诸将皆以为是挑战者，欲击之。公曰：此必孙权欲身见吾军部伍也。敕军中皆精严，弓弩不得妄发。权行五六里，回还作鼓吹。公见舟船器仗军伍整肃，喟然叹曰：生子当如孙仲谋，刘景升儿子若豚犬耳！"又引《魏略》曰："权乘大船来观军，公使弓弩乱发，箭着其船，船偏重将覆，权因回船，复以一面受箭，箭均船平，乃还。"二说未知孰是。要之身乘船以入敌军，危道也。十九年，权征合肥。合肥未下，彻军还。兵皆就路，权与凌统、甘宁等在津北为魏将张辽所袭，统等以死扞权，权乘骏马越津桥得去。《注》引《献帝春秋》曰："张辽问吴降人：向有紫髯将军，长上短下，便马善射，是谁？降人答曰：是孙会稽。辽及乐进相遇，言不早知之，急追自得。举军叹恨。"又引《江表传》曰："权乘骏马上津桥，桥南已见彻，丈余无版。谷利在马后，使权持鞍缓控，利于后着鞭，以助马势，遂得超度。权既得免，即拜利都亭侯。"《贺齐传》《注》引《江表传》曰："权征合肥还，为张辽所掩袭于津北，几至危殆。齐时率三千兵在津南迎权。权既入大船，会诸将饮宴，齐下席涕泣而言曰：至尊人主，常当持重。今日之事，几致祸败，群下震怖，若无天地，愿以此为终身诫。"此役盖权生平最危险之一役，然特邂逅致之。《张纮传》言权是时率轻骑，将往突敌，以纮谏而止。果使遂往，其危险又当如何也。不特此也，《权传》黄武五年《注》引《江表传》曰："权于武昌新装大船，名为长安，试泛之钓台圻。时风大盛，谷利令柂工取樊口。权曰：当张头取罗州。利拔刀向柂工曰：不取樊口者斩。工即转柂入樊口，风遂猛不可行，乃还。权曰：阿利畏水，何怯也？"《张昭传》云："权每田猎，常乘马射虎，虎常突前攀持马鞍。昭变色而前曰：将军何有当尔？……权谢昭曰：年少虑事不远，以此惭君。然犹不能已，乃作射虎车，为方目，间不置盖，一人为御，自于中射之。时有逸群之兽，辄复犯车，而权每手击以为乐。昭虽谏争，常笑而不答。"盖其不能自克如此。案坚之死也，以单马行岘山。而《虞翻传》言策好驰骋游猎，翻谏以从官不暇严，吏卒常苦之。白龙鱼服，困于豫且。策曰："君言是也。然时有所思，端坐恺恺，有裨谋草创之计，是以行耳。"此文过之辞也。《注》引《吴书》曰："策讨山越，斩其渠帅，悉令左右分行逐贼，独骑与翻相得山中。翻问左右安在，策曰：悉行逐贼。翻曰：危事也！令策下马：此草深，卒有惊急，马不及紫策，但牵之，执弓矢以步。翻善用矛，请在前行。得平地，劝策乘马。翻步随之。得一鼓吏，策取角自鸣之，部曲识声，小大皆出。"其后策之死，果以出猎驱驰逐鹿，所乘马精骏，从骑绝不能及，单骑与许贡客遇故。是诚虞翻之所虑也。而权之不知以父兄为鉴，身屡蹈危，而犹不知戒如故，此无他，一时之风气使之也。《孙翊传》言其骁悍果烈，有兄策风。《注》引《典略》曰："翊名俨，性似策。策临卒，张昭等谓策当以兵属俨，而策呼权，佩以印绶。"使翊而果，其轻躁当尤甚于权。建安二十五年，权下令诸将曰："夫存不忘亡，安必虑危，古之善教。昔隽不疑，汉之名臣，于安平之世，而刀剑不离于身，盖君子之于武备，不可以已。况今处身疆畔，犲狼交接，而可轻忽不思变难哉？顷闻诸将出入，各尚谦约，不从人兵，甚非备虑爱身之谓。夫保己遗名，以安君亲，孰与危辱？宜深警戒，务崇其大，副孤意焉。"则当时诸将，亦莫非轻佻果躁之徒也。故曰一时之风气使然也。

孙策欲袭许

孙策欲袭许之说，见于《三国·魏志·武帝纪》，又见于《吴志·策传》，《策传》且谓其欲袭许迎汉帝。注引《江表传》，则谓"策前西征，陈登阴遣间使，以印绶与严白虎余党，图为后祸，以报陈瑀见破之辱。（登，瑀从兄子。）策归复讨登，军到丹徒，须待运粮，见杀"，《九州春秋》及《傅子》又谓"策闻曹公将征柳城，而欲袭许"，异说纷如。夫策见杀在建安五年，而柳城之役在十二年。《九州春秋》及《傅子》之谬，不待辨矣。孙盛《异同评》谓："策虽威行江外，略有六郡，然黄祖乘其上流，陈登间其心腹，且深险强宗，未尽归服，曹、袁虎争，势倾山海，策岂暇远师汝、颍，而迁帝于吴、越哉？"又谓"绍以建安五年至黎阳，策以四月遇害"。而《志》云策闻曹公与绍相距于官渡，谬矣。谓伐登之言为有证，其说是也。而裴松之谓："黄祖始被策破，魂气未反，刘表君臣，本无兼并之志，强宗骁帅，祖郎、严虎之徒，禽灭已尽，所余山越，盖何足虑。若使策志获从，大权在手，淮、泗之间，所在可都，何必毕志江外，迁帝扬、越？"又致"武帝建安四年已出屯官渡，策未死之前，久与袁绍交兵"，因谓策之此举，理应先图陈登，而不止于登，《国志》所云不谬，则误矣。刘表、黄祖，庸或不能为策患，江南之强宗骁帅，则虽处深险之区，实为心腹之疾，策虽轻狡，岂容一无顾虑，即谓其不足为患？抑策并不知虑此。然以策之众，岂足与中国争衡，即谓袁、曹相持，如鹬蚌两不得解，策欲袭许，亦未有济，况徒偏师相接乎？淮、泗之间，岂足自立？策之众，视陶谦、袁术、刘备、吕布何如？若更远都江表，则义帝之居郴耳，岂足有济。况汉至献帝之世，威灵久替，扶之岂足有济？曹公之克成大业，乃由其能严令行，用兵如神，非真天子之虚名也。不然、因献帝而臣伏于操者何人哉？以曹公之明，挟献帝而犹无所用，而况于策乎？况以策之轻狡，又岂足以知此乎？

《吴志·吕范传》云："下邳陈瑀，自号吴郡大守，住海西，与强族严白虎交通。策自将讨虎，遣范与徐逸攻瑀于海西，枭其大将陈牧。"而《孙策传》注引《江表传》谓："建安二年，诏以策为骑都尉，袭爵乌程侯，领会稽太守。又诏与领徐州牧温侯布，及行吴郡太守安东将军陈瑀，共讨袁术。"则瑀行吴郡太守，乃朝命，非自号也。《传》又言："是时陈瑀屯海西，策奉诏治严，当与布、瑀参同形势，行到钱塘，瑀阴图袭策，遣都尉万演等密渡江，使持印传三十余细贼与丹阳、宣城、泾、陵阳、始安、黟、歙诸险县大帅祖郎、焦己，及吴郡乌程严白虎等，使为内应，伺策军发，欲攻取诸郡，策觉之，遣吕范、徐逸攻瑀于海西，大破瑀，获其吏士妻子四千人。"案：策之渡江，本为袁术，汉朝命吏，如刘繇、王朗、华歆等，无不为其所逐。是时虽有与吕布、陈璃同讨袁术之命，特权宜用之，非信其心也。有隙可乘，加以诛翦，夫固事理所宜。《吕范传》注引《九州春秋》曰："初平三年，扬州刺史陈祎死，袁术使瑀领扬州牧，后术为曹公败于封丘，南人叛瑀，瑀拒之。术走阴陵，好辞以下瑀，瑀不知权，而又怯，不即攻术，术于淮北集兵向寿春，瑀惧，使其弟公琰请和于术。术执之而进，瑀走归下邳。"然则瑀实乃心王室者。陈登之结白虎余党，盖亦欲继其从父之志，戡翦乱人，非徒为雪家门之耻也。《张邈传》注引《九州春秋》言：登甚得江淮间欢心，有吞灭江南之志，孙策遣军攻登，再败，而迁为东城太守。

孙权遂跨有江外。太祖每临大江而叹，恨不早用陈元龙计，而令封豕养其爪牙，则登之才，盖非刘繇、王朗等比，而任之不专，致使大功不竟，轻狡之子，坐据江外数十年，岂不惜哉。

张纯之叛

《三国志·公孙瓒传》云："光和中，凉州贼起，发幽州突骑三千人，假瓒都督行事传，使将之。军到蓟中，渔阳张纯诱辽西乌丸丘力居等叛，劫略蓟中，自号将军，略吏民，攻右北平、辽西属国诸城，所至残破。瓒将所领，追讨纯等有功，迁骑都尉。属国乌丸贪至王率种人诣瓒降。迁中郎将，封都亭侯，进屯属国，与胡相攻击五六年。丘力居等钞略青、徐、幽、冀，四州被其害，瓒不能御。朝议以宗正东海刘伯安既有德义，昔为幽州刺史，恩信流著，戎狄附之，若使镇抚，可不劳众而定，乃以刘虞为幽州牧。"案云瓒与胡相攻击五六年，则张纯之叛，不得在中平四年可知。而《后书·灵帝纪》记纯、举之叛在是年。《后书·乌桓传》亦云："中平四年前中山太守张纯畔入丘力居众中者，以举称天子，纯称弥天安定王"，在是年也。《后书·瓒传》云："中平中，以瓒督乌桓突骑车骑将军张温讨凉州贼，会乌桓反畔，与贼张纯等攻击蓟中，瓒率所领追讨纯等有功，迁骑都尉。"《注》云："凉州贼即边章等。"案边章之叛，事在中平元年。明年乃命张温讨之，下距中平四年，决不足五六年，《后书》之说误也。（中平二年瓒或尝奉随张温讨边章之命，然张纯之叛，必不在此事之后。《刘虞传》谓纯、举之叛，在凉州贼起之后，更不足信。）

边章、韩遂

　　《后汉书·董卓传》云："北宫伯玉等劫致金城人边章、韩遂，使专任军政，共杀金城太守陈懿，攻烧州郡。"《注》引《献帝春秋》曰："梁州义从宋建、王国等反，诈金城郡降，求见凉州大人故新安令边允、从事韩约。约不见，太守陈懿劝之，国等便劫质约等数十人。金城乱，懿出，国等扶以到护羌营，杀之，而释约、允等。陇西以爱憎露布，冠约、允名以为贼，州购约、允各千户侯。约、允被购，约改为遂，允改为章。"《三国志·魏武纪》："建安二十年，西平、金城诸将麹演、蒋石等共斩送韩遂首。"《注》引《典略》曰："遂字文约，始与同郡边章俱著名西州。章为督军从事。遂奉计诣京师，何进宿闻其名，特与相见。遂说进使诛诸阉人，进不从，乃求归。会凉州宋扬、北宫玉等反，举章、遂为主，章寻病卒，遂为扬等所劫，不得已，遂阻兵为乱，积三十二年，至是乃死，年七十余矣。"又引刘艾《灵帝纪》曰："章一名元。"案元疑当作允。遂字文约，亦可见其本名约。宋建亦名扬，北宫伯玉亦名玉，盖边郡之事，传闻不能甚审，故名字或有异同也。自建安二十年上溯三十二年，为灵帝中平元年，与《后书》本纪、《董卓传》俱合。何进之谋诛阉人，当在灵帝崩后，而《典略》云："遂说进诛阉人，"即传闻不审之一证。然据《献帝春秋》及《典略》观之，则章、遂本不欲叛，似皆可信也。

曹嵩之死

　　《三国志·魏武帝本纪》兴平元年云："初，太祖父嵩去官后还谯，董卓之乱，避难琅玡，为陶谦所害，故太祖志在复仇东伐。"《后汉书·陶谦传》云："初，曹操父嵩、避难琅玡，时谦别将守阴平，士卒利嵩财宝，遂袭杀之。"董卓之乱，未尝及谯，而嵩须避难者，以太祖合兵诛卓也。嵩所避居之琅玡，盖今山东诸城县东南之琅玡山，而非治开阳、在今临沂县境之琅玡郡，僻处海隅，为耳目所不及，故可避卓购捕之难。汉阴平县治在今江苏沭阴县东北，相距颇近，故为陶谦别将戍此者所害也。《三国志注》引《世语》曰："嵩在泰山华县，太祖令泰山太守应劭，送家诣兖州，劭兵未至，陶谦密遣数千骑掩捕。嵩家以为劭迎，不设备，谦兵至，杀太祖弟德于门中，嵩惧，穿后垣先出其妾，妾肥不能得出，嵩逃于厕，与妾俱被害，阖门皆死。"又引韦曜《吴书》曰："太祖迎嵩，辎重百余两，陶谦遣都尉张闿将骑二百卫送，闿于泰山、华、费间杀嵩，取财物，因奔淮南。"案：初平四年下邳阙宣聚众数千人，自称天子。谦与共举兵取泰山、华、费，略任城，太祖乃征谦，则兖徐构衅，祸始泰山、华、费。或又以为操与谦有不共戴天之仇，遂妄谓嵩之见杀，为在泰山、华、费之间也。初平三年《纪》云："袁术与绍有隙，术求援于公孙瓒，瓒使刘备屯高唐，单经屯平原，陶谦屯发干，以逼绍。太祖与绍会击，皆破之。"盖是时之相争者，袁绍与刘表为朋，袁术与公孙瓒为伍，太祖据兖州，绍之党也。田楷据青州，陶谦据徐州，皆瓒之与也。发干之屯，谦既躬进兵以逼绍；泰山之略，谦又合阙宣以图操，则自初平四年夏以前，陶谦皆攻取之师，袁绍与魏太祖仅备御之师而已。初平四年之秋，兴平元年之夏，魏祖始再举攻谦，谓之徼利之师可，谓之除害之师，亦无不可；谓之复仇则诬。嵩之死，固由谦之不能约束所部，然不能约束所部者亦多矣，究与躬行杀害者有别也。

《后汉书·应劭传》六年拜泰山太守。"兴平元年，前太尉曹嵩及子德，从琅玡入太山，劭遣兵迎之，未到，而徐州牧陶谦素怨嵩子操数击之，乃使轻骑追嵩、德，并杀之于郡界，劭畏操诛，弃郡奔冀州牧袁绍。"

《三国志·陶谦传》注引《吴书》谓：曹公父于泰山被杀，归咎于谦，欲伐谦而畏其强，乃表令州郡一时罢兵。谦被诏，上书拒命，曹公得谦上书事，知不罢兵，乃进攻彭城。裴松之谓此时天子在长安，曹公尚未秉政，罢兵之诏，不得由曹氏出。

关羽欲杀曹公

《华阳国志·刘先主志》：建安五年，公东征先主。先主败绩，妻子及关羽见获。公壮羽勇锐，拜偏将军。初，羽随先主从公围吕布于濮阳，时秦宜禄为布求救于张杨。羽启公："妻无子，下城乞纳宜禄妻。"公许之。及至城门，复白。公疑其有色，自纳之。后先主与公猎，羽欲于猎中杀公，先主为天下惜，不听，故羽常怀惧。公察其神不安，使将军张辽以情问之。羽叹曰："吾极知曹公待我厚，然我受刘将军恩，誓以共死，不可背之，要当立功以报曹公。"公闻而义之。案关羽壮士，与刘备誓共死，不肯背之，其夙心也，然其怀惧不安，则自以初求秦宜禄妻，而曹公自纳之，及尝欲杀曹公之故。《三国志·关羽传》于此均未叙及，则情节漏略矣。《注》引《蜀记》与《华阳国志》之事略同，然但言公留宜禄妻，而羽心不自安，更不言羽因欲杀曹公而怀惧，情节亦为不全。羽初欲取宜禄妻，其当怀惧，固不如尝欲杀公之深也。惟云："猎中众散，羽劝备杀公。"众散二字，又可补常璩之阙。知古人叙事，多不甚密，欲求一事之真，非互相校勘不可也。

袁曹成败

袁、曹成败，昔人议论孔多，然皆事后傅会之辞，非其实也。建安五年，曹操之东征刘备也，《武帝纪》曰："诸将皆曰：与公争天下者袁绍也，今绍方来，而弃之东，绍乘人后，若何？公曰：夫刘备，人杰也，今不去，后必为患。袁绍虽有大志，而见事迟，必不动也。郭嘉亦劝公。（嘉传无此语。）遂东击备，破之……公还官渡，绍卒不出。"绍传亦云："太祖自东征备，田丰说绍袭太祖后，绍辞以子疾，不许，丰举杖击地曰：夫遭难遇之机，而以婴儿之病失其会，惜哉。"皆病绍之用兵，不能乘时逐利。案用兵各有形势，轻兵掩袭，乘时逐利，与持重后进，专以摧破敌人之大军为主旨者，各一道也。绍之计，盖为先定河北，然后蓄势并力，以与强者争衡。当操与吕布相持于兖州时，强敌在前，饥军不立，欲从袁绍之说，遣家居邺。（《三国志·魏书·程昱传》）其势可谓危矣，然以程昱之谏而遂止，袁绍亦不之问。其后吕布为操所败，张邈从布走，张超犹守雍丘，臧洪以故吏之谊，欲乞兵往救。绍当是时大可存超以为牵制，而犹终不听许，至反因此与洪构衅，诚欲专力于河北，未欲问鼎于河南也。建安四年，绍既并公孙瓒，将进军攻许，则既遣人招张绣，复与刘备连和，其明年，两军既相持，则有刘辟等应绍略许下，绍又使刘备助之，则绍于牵制操耳，亦不为不力矣。然终不发大兵为之援者，许下距河北远，多遣兵则势不能捷，少则无益于事，徒招挫折，故绍不肯遣大兵，即操亦知其如此，度其时日，足以定备，是以敢于轻兵东骛，非真能逆臆绍之昧机而不动也。

绍之南也，田丰说绍曰："曹公善用兵，变化无方，众虽少，未可轻也，不如以久持之，简其精锐，分为奇兵，乘虚迭出，以扰河南，救右则出其左，救左则出其右，使敌疲于奔命，民不得安业，我未劳而彼已困，不及二年，可坐克也。今释庙胜之策，而决成败于一战，若不如志，悔无及也。"及兵既接，沮授又曰："北兵数众，而果劲不及南；南谷虚少，而货财不及北；南利在于急战，北利在于缓搏，宜徐持久，旷以日月。"一以兵之不逮，一以将之不及，不欲速战，而主持久以敝敌。盖时河北虽云凋敝，然其空乏初不如河南之甚，田丰违旨，终遭械系，沮授之策，则绍实不可谓不用。绍传云："太祖与绍相持日久，百姓疲乏，多叛应绍，军食乏。"《武帝纪》亦谓：操以粮少，与荀彧书，议欲还许。而绍则连谷车为徐晃、史涣所邀击者数千乘。又使淳于琼等五人，将兵万余人送之，悉为操所烧，乃致大溃。则其粮储之丰可知，使徐晃、史涣功不成，操攻琼而之诛不启，抑或不克济，事之成败，固未可知。或传太祖军粮方尽，书与彧议，欲还许以引绍，彧曰："今军食虽少，未若楚、汉在荥阳、成皋间也。是时刘、项莫肯先退，先退者势屈也。公以十分居一之众，划地而守之，扼其喉而不得进，已半年矣。情见势竭，必将有变，此用奇之时，不可失也。"夫楚汉相持，汉以兵多食足见长，楚兵少食尽，其势与曹操之势正相反，安得举以为喻。陆逊之策刘备曰："备是猾虏，更尝事多，其军始集，思虑精专，未可干也。今住已久，不得我便，兵疲意沮，计不复生，掎角此寇，正在今日。"此即荀彧所谓情见势绌，用奇之时。徐晃、史涣之邀击，及操之自将以攻淳于琼，正是其事。然亦幸而获济耳，使绍而虑精专，此等竟不能遂，则其后之成否，固犹未可知也。然则袁绍之成败，亦间不容发耳。所谓还许以引绍者，即是不支而退，使其竟尔如此，而绍以大兵乘其后，曹军之势必土崩瓦解，不复支矣。然则绍之筹策，固亦未尝可谓其不奏功也。

《满宠传》云：时袁绍盛于河朔，而汝南绍之本郡，门生宾客布在诸县，拥兵拒守。太祖忧之，以宠为汝南太守。宠募其服从者五百人，率攻下二十余壁，诱其未降渠帅，于坐上杀十余人，一时皆平。得户二万，兵二千人，令就田业。《李通传》云建安初，通举众诣太祖于许。释通振威中郎将，屯汝南西界。太祖讨张绣，刘表遣兵以助绣，太祖军不利。通将兵夜诣太祖，太祖得以复战，通为先登，大破绣军。拜裨将军，封建功侯。分汝南二县，以通为阳安都尉。通妻伯父犯法，朗陵长赵俨收治，致之大辟。是时杀生之柄，决于牧守，通妻子号泣以请其命。通曰："方与曹公戮力，义不以私废公。"嘉俨执宪不阿，与为亲交。太祖与袁绍相拒于官渡。绍遣使拜通征南将军，刘表亦阴招之，通皆拒焉。通亲戚部曲流涕曰："今孤危独守，以失大援，亡可立而待也，不如亟从绍。"通按剑以叱之，即斩绍使，送印绶诣太祖。又击郡贼瞿恭、江宫、沈成等，皆破歼其众，送其首。遂定淮、汝之地。《赵俨传》云：袁绍举兵南侵，遣使招诱豫州诸郡，诸郡多受其命。惟阳安郡不动，而都尉李通急录户调。俨见通曰："方今天下未集，诸郡并叛，怀附者复收其绵绢，小人乐乱，能无遗恨！且远近多虞，不可不详也。"通曰："绍与大将军相持甚急，左右郡县背叛乃尔。若绵绢不调送，观听者必谓我顾望，有所须待也。"俨曰："诚亦如君虑；然当权其轻重，小缓调，当为君释此患。"乃书与荀彧，彧报曰："辄白曹公，公文下郡，绵绢悉以还民。"上下欢喜，郡内遂安。此可见操之多忠亮死节之臣，刘辟等之所以不能摇动以此也。《后汉书·绍传》云：绍与操相持，许攸进曰："曹操兵少而悉师拒我，许下余守势必空虚，若分遣轻军，星行掩袭，许拔则操为成禽，如其未溃，可令首尾奔命，破之必也。"夫遣骑轻则如曹仁等优足拒之矣，安得使操疲于奔命而况佟言拔许哉！

曹操之攻淳于琼也，袁绍闻之谓长子谭曰："就彼破琼等，吾攻拔其营，彼固无所归矣！"乃使张郃、高览攻曹洪，此亦未为非计。（《三国志·魏书·武帝纪》）而郃谓曹公营固，攻之必不拔，（《三国志·张郃传》）其后果然，则操之备豫不虞不为不至。安得如书生谈兵谓一即可袭取哉。

要之两汉三国时史所传，惟一大纲，余皆事后傅会之辞，遽信为事实则值矣。《蜀志》又谓曹公北征乌丸，先主说表袭许，表不能用其说，当时又谓孙策闻公与绍相持，乃谋袭许，未发为刺客所杀，（《三国志·魏书·武帝纪》）则近于子虚乌有矣。（参《孙策欲袭许》条。）

《荀彧传》载彧论曹公较之袁绍有四胜，又曰不先取吕布，河北亦未易图也。《郭嘉传》注引《傅子》又谓嘉料绍有十败，公有十胜，其所谓十败十胜者，实与彧之辞无大异，特敷衍之，多其节目耳。又曰："嘉曰绍方北击公孙瓒，可因其远征，东取吕布，不先取布，若绍为寇，布为之援，此深害也。"两人之言有若是其如出一口者乎，其为事后傅会，而非其实，审矣。然此等综括大体之辞，较之专论一事者差为近理。要之当时之史尚系传述之辞，多所谓某人之语，未必可即作其人之辞观。然以此为其时人之见解，固无不可也。《史》《汉》之《留侯传》，《三国志》之《荀彧传》均可作如是观。

李　邈

《华阳国志·先贤士女总赞》云：李邈，守汉南，邵兄也。牧璋时，为牛鞞长，先主领牧，为从事。正旦命行酒，得进见，让先主曰："振威以讨贼元功，未效，先寇而灭，邈以将军之取鄙州，甚为不宜也。"先主曰："知其不宜，何以不助之？"邈曰："匪不敢也，力不足耳。"有司将杀之，诸葛亮为请，得免，为犍为太守、丞相参军、安汉将军。建兴六年，亮西征，马谡在前，亮将杀之。邈谏，以为秦赦孟明，用霸西戎；楚诛子玉，再世不竞，失亮意，还蜀。十三年亮卒。（案亮卒在十二年。）后主素服发哀三日。邈上疏曰："吕禄、霍禹，未必怀反叛之心，孝宣不好为杀臣之君，直以臣惧其逼，主畏其威，故奸萌生。亮身杖强兵，狼顾虎臣，五大不在边，臣常危之。今亮殒殁，盖宗族得全，西戎静息，大小为庆。"后主怒，下狱诛之。夫好恶之不可一久矣。今读《三国志》，诸葛亮为朝野所好，更无异辞，此岂实录乎？邈几为先主所诛，亮为请得免，则于亮非有私憾，其言如此，则当时同邈所危者，必不止一人也。特莫敢以为言，若有私议，则史不传耳。然邈则可谓直矣，纵不然其言，何至下狱诛之？后主之闇，亦可谓甚矣。岂邈素好直，怨者孔多，而借此陷之欤？君子是以知直道之不见容也。

姜维不速救成都

《三国志·姜维传》：维保剑阁拒钟会，列营守险，会不能克。粮运县远，将议还归。而邓艾自阴平由景谷道旁入，遂破诸葛瞻于绵竹。后主请降于艾，艾前据成都。维等初闻瞻破，或闻后主欲固守成都，或闻欲东入吴，或闻欲南入建宁，于是引军由广汉、郪道以审虚实。寻被后主敕令，乃投戈放甲，诣会于涪军前，将士咸怒，拔刀斫石。《华阳国志》则谓维未知后主降，谓且固城，素与执政者不平，欲使其知卫敌之难而后逞志，乃回由巴西出郪五城。案维当诣会之后，犹欲杀会而复蜀，其无意于降魏可知。成都雄郡，邓艾孤军，安知后主之遽降？维既无意降魏，岂有不捧漏沃焦，与艾争一旦之命者？而顾迟曲其行，则常璩之言是也。王崇谓邓艾以疲兵二万入江油，姜维举十万之师，案道南归，艾为成擒，擒艾已讫，复还拒会，则蜀之存亡，未可量也。乃回道之巴，远至五城，使艾轻进，径及成都，兵分家灭，己自招之，其言允矣。故知文武不和，未有不招覆亡之祸者也；而武人褊隘，欲望其休休尽匪躬之节难矣。

司马宣王征辽东

《传》曰："虽鞭之长，不及马腹。"此为兵家所最忌。司马宣王之征辽东也，策之曰："弃城预走，上计也。据辽水以距大军，次计也。坐守襄平，此成擒耳。"又曰："惟明者能深度彼己，预有所弃，此非其所及也。今悬军远征，将谓不能持久，必先距辽水而后守，此中下计也。"既至襄平，大雨，贼恃水，樵牧自若。诸将欲取之，皆不听。曰："自发京师，不忧贼攻，但恐贼走。今贼粮垂尽，而围落未合，掠其牛马，抄其樵采，此故驱之走也。夫兵者诡道，善因事变。贼凭众恃雨，故虽饥困，未肯束手，当示无能以安之。取小利以惊之，非计也。"其惧渊之走如此。盖悬远之地，少用师则力不足，多用师则馈运不继；即敌窜伏不敢抗，而分军搜捕为难，多军填厌又不易；师尽撤，则敌复出而前功尽弃，甚或乘吾之敝，击其莫归，其患有不可胜言者；故必视之以弱，聚而歼旃也。

《兵法》曰："用兵之法……诸侯自战其地者为散地。"(《孙子·九地》第十一)此言征之于史而屡验。司马宣王之征辽东，兵少于公孙渊，亦其一事也。然此非自度兵强于敌，知虑谋略皆出敌上，足以制其死命不可。故悬师远征，究非易事也。(围之未合也，司马陈珪曰："昔攻上庸，八部并进，昼夜不息，故能一旬之半拔坚城，斩孟达。今者远来，而更安缓，愚窃惑焉。"宣王曰："孟达众少而食支一年；将士四倍于达，而粮不淹月；以一月图一年，安可不速？以四击一，正令半解，犹当为之；是以不计死伤，与粮竞也。今贼众我寡，贼饥我饱，水雨乃尔，功力不设，虽当促之，亦何所为？""与粮竞"之言甚精。宣王所以不肯多用师以运粮难也。此非兵精于敌，知虑谋略，皆出敌上，后患有不可胜言者；而专恃兵多而又不精者无论矣。杨镐之征辽是已。此等用兵，即使幸胜，亦不足贵。以其所费多，不易再举，又不能久驻以殄余敌也。论者徒咎其分兵为四，未为知言。）

渊之穷也，使其相国王建、御史大夫柳甫乞降，请解围面缚，不许。皆斩之。檄告渊曰："昔楚、郑列国，而郑伯犹肉袒牵羊而迎之。孤为王人，位则上公，而建等欲孤解围退舍，岂楚、郑之谓邪？必传言失旨，已相为斩之。若意有未已，可更遣年少有明决者来。"渊复遣侍中卫演乞克日送任。宣王谓演曰："军事大要有五：能战当战，不能战当守，不能守当走，余二事惟有降与死耳。汝不肯面缚，此为决就死也。不须送任。"此等处，以言用兵，诚可谓当机立断；以言乎军礼，则古人遗意，荡焉尽矣，亦可以观世变矣。

司马宣王之忍

孟子曰："不仁哉，梁惠王也！仁者以其所爱，及其所不爱；不仁者以其所不爱，及其所爱。"（《尽心下》）吴起杀妻以求将，义士非之。然古说流传，率多失实，不足信也。拓跋力微，欲图兼并，手刃其妻，并害妻之兄弟。此在夷狄，不足责也。司马宣王固云服膺儒教者，其托风痹以辞魏武之辟也，暴书遇雨，不觉自起收之。家惟一婢，见之。张夫人恐事泄致祸，手杀之以灭口，而亲执爨。密勿同心，可谓至矣。（《安平献王传》云：汉末丧乱，与兄弟处危亡之中，箪食瓢饮。盖宣王家素贫，张夫人所谓糟糠之妻也。）乃后宠柏夫人，张夫人遂罕得进见。卧疾往省，罟以老物可憎，致几自杀。以诸子不食，乃惊而致谢。退谓人曰："老物不足惜，虑困我好儿耳。"（《晋书·宣穆张皇后传》）其天性凉薄，可以见矣。景皇又以其妃魏氏之甥，鸩而杀之。（《景怀夏侯皇后传》）仍世凶德如此。明帝问前世所以得天下。王导陈宣帝创业之谋，及文王末高贵乡公事。明帝以面覆床，曰："若如公言，晋祚安得长远？"盖其所为，有鲜卑黄须奴所不忍问者矣。记曰："其所厚者薄，而其所薄者厚，未之有也。"汉高推堕孝惠、鲁元公主车下，视太公居俎上；漠然无所动于其中。唐太宗亲推刃同气，而取其妃；千古奸雄，如出一辙，岂仁之果不胜不仁哉？世习于争夺相杀之已久，非阻兵安忍者，不足以有所诀而取济于一时也。

晋武帝不废太子

唐甄曰："善治必达情，达情必近人。人君之于父母，异宫而处，朝见以时，则曰天子之孝，与庶人异；人君之于子孙，异宫而处，朝见以时，则曰天子之慈，与庶人异；人君之于妻，异宫而处，进御有时，则曰天子之匹，与庶人异；骨肉之间，骄亢习成，是以养隆而孝衰，教疏而恩薄。谗人间之，废嗣废后，易于反掌。不和于家，乱之本也。"善哉言乎！天子之家，犹庶人之家也。而其家事，往往牵动国事，至于毒痛四海，则政制不善，将一人一家之事，与国事并为一谈致之也。而其家之所以易乱，则淫侈之积，有以成之。伊川之言曰："天下之害，无不由末之胜也。峻宇雕墙，本于宫室；酒池肉林，本于饮食；淫酷残忍，本于刑罚；穷兵黩武，本于征伐；凡人欲之过者，皆本于奉养，其流之远，则为害矣。"惟权力亦然。越人男女同川而浴；而号称冠带之国，则必深宫固门，阍寺守之。秦人父子同室而居；而山东礼义之邦，则由命士以上，父子异宫。方春翘然独异于人，岂不顾盼自意，而不知兵刃之随其后也。故曰："高明之家，鬼阚其室。"晋武帝疑太子不堪政事，悉召东宫官属，使以尚书事令太子决之。太子不能对。贾妃遣左右代对，多引古义。给事中张泓曰：太子不学，陛下所知，今宜以事断，不可引书。妃从之。泓乃具草，令太子书之。武帝览而大悦。太子遂安。夫疑太子之不堪政事，何难召与之言？乃必出之以纸墨，假手于传达，亦可谓迂而不近情者矣。无他，习之已成，不自知也。《易》曰："崇高莫大乎富贵。"积而至于崇高，则危矣。由其与下隔也。《吕览·达郁》之篇，可以深长思矣。

史事失实

子贡曰：纣之不善、不如是之甚也，是以君子恶居下流，天下之恶皆归焉。善哉言乎。《晋书·贾充传》言：充妇郭槐，性妒忌，子黎民，年三岁，乳母抢之当阁。黎民见充入，喜笑，充就而抌之，槐望见，谓充私乳母，即鞭杀之。黎民恋念，发病而死。后又生男，过期复为乳母所抱，充以手麾其头，郭疑乳母，又杀之，儿亦思慕而死，充遂无胤嗣。天下有此刻板事乎？三岁及过期小儿，知恋念乳母至于发病而死乎？亦罕矣。所谓欲甚其恶者，史犹采之，亦不免于失实矣。

刘庸祖、麦铁杖

传说之辞，往往辗转附会，不得其实。而昔人修史，好奇爱博，过而取之，遂至显然不足信者，亦有所不暇计矣。《宋书·刘庸祖传》云：便弓马，膂力绝人。每犯法，为郡县所录，辄越屋踰墙，莫之能擒。夜入人家，为有司所围，突围去，并莫敢追。因夜还京口，半夕便至。明旦，守门诣府州要识，俄而建康移书录之。府州执事者，并证庸祖其夕在京，遂得无恙。《隋书·麦铁杖传》云：骁勇有膂力，日行五百里，走及奔马。陈大建中，结聚为群盗。广州刺史欧阳頠俘之，以献。没为官户，配执御伞。每罢朝后，行百余里，夜至南徐州，踰城而入，行光火劫盗。旦还及时，仍又执伞。如此者十余度。物主识之，州以状奏。朝士见铁杖每旦恒在，不之信也。后数告变，尚书蔡征曰：此可验耳。于仗下时，购以百金，求人送诏书与南徐州刺史。铁杖出应募，赍敕而往。明旦及奏事，帝曰：信然，为盗明矣。惜其勇捷，诚而释之。合观两事，明明皆非实录。特有此一类传说，随事增饰附会耳。其不足信，显而易见，而李延寿修《南、北史》，亦俱取之。岂真见不及此哉，亦所谓与其过而废之，毋宁过而存之也。

马 钧

古今巧士，莫过马钧。然裴秀难之，曹羲复与之同，何哉？傅玄之说义曰：马氏所作，因变而得。是则初所言者，不皆是矣。其不皆是，因不用之，是不世之巧，无由出也。曰"因变而得"，曰"初所言者不皆是"：则钧之所就，亦皆屡试而后成；而试之无成者，亦在所不免。度秀、羲等必以是而忽之也。此固为浅见。然自来长于巧者，多短于言。巧者之所成就，多非其所自传，而长于言者传之，其人不长于巧也。不知其事之曲折，不著其屡试屡易之艰苦；而但眩其成就之神奇，遂若凡有巧制，皆冥思而得，一蹴而成矣。此古来备物致用立成器以为天下利者，其事之真，所以多无传于后也。

前人巧制，每多不传于后，浅者每咎后人之不克负荷，此亦不然。凡物之能绵延不绝者，必其能有用于时者也。三国之世，诸葛亮作连弩，而马钧欲五倍之；钧又欲发石车；亮又作木牛流马；时蜀又有李撰，能致思于弓弩机械；而吴亦有张奋能造攻城大攻车，（奋，昭弟子，见昭传。）盖时攻战方亟，故军械及运粮之具，相继而兴也。天下一统矣，攻战无所复事；而运粮以当时之情形，亦无须乎木牛流马，则其器安得而传哉？不观今世所谓机械者之于穷乡僻壤乎？人力既贱，资本家斥资以购机械，其赢曾不如用人力之为多也，则机械见屏矣。昔时巧制之不传，不与此同理乎？故机械之发明改革，实与群治相关。徒谓机械足以改革社会，亦言之不尽也。

王景文

读宋明帝答王景文求解扬州诏，其通达可谓无以复加，论祸福之不应趋避，无可趋避，不必趋避，尤可谓洞见真际，宜乎其必不为无益之举矣。然终不免于杀景文，以景文之亟求退让，以蕲免祸，似乎临命必悲皇不能自主矣，而其从容乃殊出意计之外，则知人之善恶，不系乎其能明理与否，而系乎其能循理与否也。抑以景文之淡定，而犹不免祸，岂祸真无可避邪？古岂无获全于危乱之世者乎？孔子曰：危邦不入，乱邦不居，岂皆临时而求去乎？景文屡陈退让，而卒不获去，岂于避祸之道，犹有图之不夙者邪？故曰：介于石，不终日，贞吉。

柳仲礼

侯景之围台城也，四面援军云集，虽不皆精锐，然其数十倍于景，谓其不能解围，无是理也。所以无功者，全误于柳仲礼之怀挟异志。仲礼之为大都督，乃韦粲所推，粲虽无功，然赴援甚速，死事甚烈，一子三弟，皆及于难，亲戚死者数百人，谓非乃心王室不可也。仲礼为粲外弟，粲当知其为人，而执欲推之甚固，其故殊不可解。案此无难解也。《柳仲礼传》云："侯景潜图反噬，仲礼先知之，屡启求以精兵三万讨景，朝廷不许，及景济江，朝野便望其至，兼蓄雍司精卒，与诸蕃赴援，见推总督。景素闻其名，甚惮之。"《韦粲传》云：粲建议推仲礼为大都督，报下流众军，裴之高自以年位高，耻居其下。乃云：柳节下已是州将，何须我复鞭板，累日不决。粲乃抗言于众曰："今同赴国难，义在除贼，所推柳司州者，政以久扞边疆，先为侯景所惮，且士马精锐，无出其前，若论位次，柳在粲下，语其年齿，亦少于粲，直以社稷之计，不得复论，今日贵在将和，若人心不同，大事去矣。裴公朝之旧齿，岂应复挟私以沮大计，粲请为诸君解释之。"乃舸至之高营，切让之。之高泣曰："吾荷国荣，自应率先士卒，顾恨衰老，不能效命，跂望柳使君，共平凶逆，前谓众议已定，无俟老夫尔。若必有疑，当剖心相示。"于是诸将定议，仲礼方得进军。合观二传，则仲礼当时兵最强，必得大都督而后肯进，粲不得已而推之，而之高之泥之，亦非必自负年位，不肯相下，盖亦前知其为人矣。仲礼，骑将也，以其兵强，不得已而用之，而卒为所误，故骑将必不可用。

曹景宗、韦叡

南北朝时，南北构兵，南多败衄。梁武帝天监六年邵阳洲之战，北方以元英之重兵，杨大眼之勇将，而皆溃败，决裂不可收拾，实南方之一奇捷也。是役之功，实在韦叡，而曹景宗不与焉。

是役也，元英违邢峦之议，逆世宗之诏，志在必取寿阳，固曰愎谏以要功，然守者之力已穷，攻者之势方烈，设无邵阳洲之捷，昌义之不为朱修之、蔡道恭之续者亦仅耳。是役也，武帝实先使曹景宗往援，诏其顿道人洲，待众军齐集俱进，而景宗欲专其功，违敕而进，逮遇风沉溺，则又还守先顿，使无韦叡以促之，景宗必逗桡不进，亦如其救司州时矣。《曹景宗传》言叡受景宗节度，而《南史·韦叡传》言景宗未敢进。帝诏叡会焉，赐以龙环御刀，曰："诸将有不用命者，斩之。"则实使叡督促景宗也。叡之受命也，自合肥径阴陵大泽，遇涧谷辄飞桥的济师。人畏魏军盛多，劝叡缓行，叡曰："钟离今凿穴而处，负户而汲，车驰卒奔，犹恐其后，而况缓乎？"旬日而至邵阳，于景宗营前二十里，夜掘长堑，树鹿角，截洲为城，比晓而营立。元英大惊，以杖击地曰："是何神也！"非此捧漏沃焦之势，又何及于事乎？是时，魏人先于邵阳洲两岸，为两桥，树栅数百步，跨淮通道，其难克者在此。《韦叡传》云：叡装大舰，使梁郡太守冯道根、庐江太守裴邃、秦郡太守李文钊等为水军，值淮水暴涨，叡即遣之。斗舰竞发，皆临敌垒，以小船载草，灌之以膏，从而焚其桥，风怒火盛，烟尘晦冥，敢死之士，拔栅斫桥，水又漂疾，倏忽之间，桥栅尽坏。而道根等皆身自搏战，军人奋勇，呼声动天地，无不一以当百，魏人大溃。《曹景宗传》言：高祖诏景宗等，预装高舰，使与魏桥等，为火攻计。令景宗与叡，各攻一桥。叡攻其南，景宗攻其北。六年三月，春水生，淮水暴长六、七尺，叡遣所督将冯道根、李文钊、裴邃、韦寂等，乘舰登岸击魏，洲上军尽殪。景宗因使众军皆鼓噪乱登诸城，呼声震天地。大眼于西岸烧营，英自东岸弃城走，诸垒相次土崩，悉弃其器甲，争投水死，淮水为之不流。合观两传，先登者实叡军，而景宗特继之耳。

周弘正

　　从古学人之无行者，周弘正其最乎？台城陷，弘正谄附王伟，又与周石珍合族，避侯景讳，改姓姬氏，拜为太常。景将篡，使掌礼仪。及王僧辨东讨，元帝谓之曰："王师近次，朝士孰当先来？"僧辨曰："其周弘正乎，弘正智不后机，体能济胜，无妻子之顾，有独决之明，其余碌碌不逮也。"俄而前部传云，弘正至。记曰："其所厚者薄，而其所薄者厚，未之有也。"人情孰不念父母，顾妻子，至激于义理者不然，乃有所不得已也。弘正既已屈节于景矣，所谓不得已者安在？于此而称其无妻子之顾，有独决之明。然则知不后机，体能济胜者，乃惟明于一身之利害，而果以行其趋避之计乎？弘正之来也。僧辨飞骑迎之，即日启元帝，帝手书与弘正，仍遣使迎之，及至，礼数甚优，朝臣无比。帝尝著《金楼子》曰："余于士大夫，重汝南周弘正。"君若臣之所重者如此，安得不亡国败家，并丧其身乎。王克仕侯景，景败，迎候僧辨，僧辨曰：劳事夷狄之君。何不以此语诘弘正？他日一败而臣于渊明，所遣往迎者，即弘正也，岂不哀哉？抑元帝性多猜忌，于名无所假人，微有胜己者，必加毁害，而于弘正，独优礼之，何也？则以其似直而实谀也。史称弘正俳谐似优，刚肠似直，简文之立为太子，弘景奏记，请其抗目夷之义，执子臧之节，明知其时为不能以是加罪也。元帝不肯归建邺，弘正骤谏，似逆帝意，且忤近臣，然当时谏者甚多，朱买臣，帝之亲昵也，而亦谏，则非帝之所甚恶，亦非近臣之所深忌也。此所谓刚肠似直者也。其归元帝也，授之显官，而以着犊鼻裈、衣朱衣，为有司所弹，其平时之行类俳优可想。君子正其衣冠，尊其瞻视，宁必以此示异于人，内重者外自不得而轻也，观人者必于其威仪，岂无故哉？或曰：娖娖谨威仪者，遂可以有为乎？曰：不必其有为也。而庶几有所不为，有所不为者，必始于介也，介不足以限奇士，而恒人要不可不以此自勉，故以威仪观人者，或失之于奇士，必不失之于恒人。

弘正在武帝时，有罪应流徙，敕以赐干陁利国，未去，寄系尚方，于狱上武帝讲武诗，降敕原罪，仍复本位。当时用法甚宽，至欲屏之四夷，其所犯之重可知，此等人宥之何为哉？

张雕不择所事

张雕为齐后主所委信，遂以澄清为己任，意气甚高，贵幸皆侧目。尚书左丞封孝琰与侍中崔季舒，皆为祖珽所厚。孝琰尝谓珽曰：公是衣冠宰相，异于余人。近习闻之，大以为恨。会齐主将如晋阳，季舒与雕议，以为寿阳被围，大军出拒，信使德还，须禀节度；且道路小人，或相惊恐，以为大驾向并州，畏避南寇；若不启谏，恐人情骇动，遂与从驾文官，连名进谏。时贵臣赵彦深、唐邕、段孝玄等，意有异同，季舒与争未决。韩长鸾遽言于帝曰：诸汉官连名总署，声云谏章并州，其实未必不反，宜加诘戮。齐主遂悉召已署名者集含章殿，斩季舒、雕、孝琰及散骑常侍刘逖、黄门侍郎裴泽、郭遵于殿庭。郊忠异族之祸，至于如此。张雕颇有抱负，奈何不择所事邪？（张雕《儒林传》亦作张雕武。）

盖本名雕虎，避唐讳去下一字，或改虎为武。

杀人自杀

《北齐书·废帝纪》云："文宣登凤台，召太子使手刃囚，太子恻然有难色，再三不能断其首，文宣怒，亲以马鞭撞太子三下，由是气悸语吃，精神时复昏扰。"《孝昭记》言孝昭入云龙门，至昭阳殿"庭中及两廊下卫士二千余人，皆被甲，待诏，武卫娥永乐武力绝伦，又被文宣重遇，抚刃思效，废帝性吃讷兼仓卒不知所言"，遂不能用。然则文宣之教子杀人，乃正所以杀其子也。夫欲杀人者，不过以求自存。然人所以自存之道，岂徒在杀人而已哉？人未有孑然独存于世者，而欲有以鸠其群而不涣，则必有道矣。故曰：不嗜杀人者能一之，然则君子之所以存心者又可知矣。古之人未尝不事田猎也，而又曰君子远庖厨，有以也夫！

藉手报仇

陈武帝遣文帝攻杜龛，王清援之，欧阳頠同清援龛，中更改异，杀清而归武帝。清子猛，终文帝之世，不听音乐，疏食布衣，以丧礼自处。宣帝立，乃始求位。（《南史·王准之传》）人或议之，然无可议也。文帝之后嗣，为宣帝所替，猛盖谓其仇已雪，抑且视宣帝为代己报仇者矣。梁武助齐明以倾郁林亦是道也。然则人不可以妄杀也。妄杀而骨肉之间，或为仇人所藉手矣。孟子曰："杀人之父者，人亦杀其父；杀人之兄者，人亦杀其兄。"然则非自杀之也，一间耳，犹未若此之可畏也。

纨袴狎客

《通鉴》：长城公祯明二年，隋师将至。帝从容谓侍臣曰："王气在此，齐兵三来，周师再来，无不摧败，彼何为者邪。"孔范曰："长江天堑，古以为限隔南北，今日虏军，岂能飞渡邪。边将欲作功劳，妄言事急，臣每患官卑，虏若渡江，臣定作太尉公矣。"或妄言北军马死。范曰："此是我马，何为而死。"帝笑以为然。案时临平湖草久塞，忽然自开，帝恶之，乃自卖于佛寺为奴以厌之，则亦未尝不知事势之亟。而临危之际，又藉王气在此以自宽，突弱之人，往往如是。至孔范，则惟知献媚，罔恤大局，强敌压境，而以谈笑道之，更可谓全无心肝矣。此等情态，吾于今世所谓纨袴子弟及狎客者屡见之。

晋人之矫诞

自后汉以名取士，而当世遂多矫伪之人，色取行违，居之不疑，至易代而犹未革。《晋书》所载，居丧过礼、庐墓积年、负土成坟、让产让财、抚养亲族、收恤故旧之士甚多，岂皆笃行，盖以要名也。而其尤矫诞者，要莫如邓攸。《攸传》云："石勒过泗水。攸乃斫坏车，以牛马负妻子而逃。又遇贼掠其牛马，步走。担其儿及其弟子绥，度不能两全，乃谓其妻曰：吾弟早亡，惟有一息，理不可绝，止应自弃我儿耳。幸而得存，我后当有子。妻泣而从之，乃弃之。其子朝弃而暮及，明日，攸系之于树而去。攸弃子之后，妻不复孕，过江纳妾，甚宠之。讯其家属，说是北人遭乱，忆父母姓名，乃攸之甥。攸素有德行，闻之感恨，遂不复蓄妾，卒以无嗣。时人义而哀之，为之语曰：天道无知，使邓伯道无儿。"史臣论之曰："力所不能，自可割情忍痛，何至豫加徽纆，绝其奔走者乎？斯岂慈父仁人之所用心也？卒以绝嗣，宜哉！"其言善矣，然犹未尽也。夫云"朝弃暮及"，则儿已自能奔走，何待负担？此而系之，是自杀其子也。不徒不足称义，抑当服上刑矣。礼：买妾不知其姓则卜之。攸纵不知此，而当买纳之初，岂不讯其家属？必待宠幸既久，然后及之邪？史之所云，无一语近于情理。而众口相传，誉为义士，固知庸众之易欺；而当时愤世之士，必欲违众而蔑礼，至于贾祸而不悔，固亦有激之使然者也。

《隐逸·郭翻传》云："尝坠刀于水。路人有为取者，因与之。路人不取，固辞。翻曰：尔乡不取，我岂能得？路人曰：我若取此，将为天地鬼神所责矣。翻知其终不受，复沉刀于水。路人怅焉，乃复沉没取之。翻于是不逆其意，乃以十倍刀价与之。其廉不受惠，皆此类也。"孔子曰："鲁道衰，洙泗之间，龂龂如也。"若翻之所为，岂特龂龂而已。孟子曰："可以取，可以无取，取伤廉；可以与，可以无与，与伤惠。"若翻者，己既伤惠，而又伤人之廉，虽市井薄俗有不忍为，而谓隐者为之乎？然当日知名之士，亦间有天性笃厚之人。《刘驎之传》云："去驎之家百余里，有一孤姥，病将死，叹息谓人曰：谁当埋我？惟有刘长史耳。何由令知？驎之先闻其有患，故往候之。直其命终，乃身为营棺，殡送之。"若驎驎之者，不敢谓其无徼名之心，然就其事论之，则诚凡民有丧，匍匐救之之仁人矣。世岂遂无仁人？以徼名而勉为仁者，盖亦不乏，则名亦未始不足以奖进人也。然终以矫伪之士为多。是以君子尚玄德，不贵偏畸之行也。

晋人不重天道

汉世灾异，策免三公，上言者亦多援引天道。至魏晋以后，则异是矣。《晋书·挚虞传》：虞对策东堂。策曰："顷日食正阳，水旱为灾，将何所修，以变大眚？"虞对曰："古之圣明，原始以要终，体本以正末。故忧法度之不当，而不忧人物之失所；忧人物之失所，而不忧灾害之流行。诚以法得于此，则物理于彼；人和于下，则灾消于上。其有日月之眚，水旱之灾，则反听内视，求其所由，远观诸物，近验诸身……推之于物则无怍，求之于身则无尤。万物理顺，内外咸宜，祝史正辞，言不负诚，而日月错行，夭疠不戒，此则阴阳之事，非吉凶所在也。期运度数，自然之分，固非人事所能供御，其亦振廪散滞，贬食省用而已矣。是故诚遇期运，则虽陶唐殷汤，有所不变；苟非期运，则宋卫之君，诸侯之相，犹能有感。"《郗诜传》载诜对策，实同时事。其言曰："水旱之灾，自然理也。故古者三十年耕必有十年之储，尧汤遭之而人不困，有备故也。自顷风雨，虽颇不时，考之万国，或境土相接，而丰约不同；或顷亩相连，而成败异流。固非天之必害于人，人实不能均其劳苦。失之于人，而求之于天，则有司惰职而不劝，百姓殆业而咎时，非所以定人志，致丰年也。宜勤人事而已。"其论虽亦古人所有，然古者勤修人事，实畏天心，二者或未易轩轾，此专以劝人事为言，固与两汉拂士异其趣矣。

州郡秩俸供给

送故迎新之费，特郡县之吏取之于民之一端耳，自此而外，禄秩供给，盖无一不取之当地者。人不能自携资财以作官，以当地之财供当地之用，宜也。然立法不严，则因之以贪取者亦多矣。

《齐书·豫章王嶷传》："宋氏以来，州郡秩俸及杂供给，多随土所出，无有定准。嶷上表曰：伏寻郡县长尉俸禄之制，虽有定科，而其余资给，复由风俗，东北异源，西南各绪，习以为常，因而弗变。缓之则莫非通规，澄之则靡不入罪。臣谓宜使所在各条公用公田秩石迎送旧典之外，守宰相承，有何供调，尚书精加洗窍，务令优衷。事在可通，随宜开许，损公侵民，一皆止却。明立定格，班下四方，永为恒制。从之。"此即后世陋规归公之说也。《南史·范云传》："迁零陵内史。零陵旧政，公田俸米之外，别杂调四千石。及云至郡，止其半，百姓悦之。"又《王延之传》："在江州，禄俸外一无所纳。"此已为贤者。《梁书·良吏传》：孙谦，以宋明帝时为巴东、建平二郡太守，"俸秩出吏民者，悉原除之"。禄俸岂可不取，得无贤知之过乎？岂其取之之法，固未尽善邪？《齐书·王秀之传》："出为晋平太守。至郡期年，谓人曰：此邦丰壤，禄俸常充，吾山资已足，岂可久留，以妨贤路。上表请代。时人谓王晋平恐富求归。"丰壤禄俸常充，则瘠土有不给者矣。所谓东北异源，西南各绪也。

《梁书·裴邃传》："迁北梁、秦二州刺史，开创屯田，省息边运，民吏获安，乃相率饷绢千余匹。邃从容曰：汝等不应尔，吾又不可逆，纳其绢二匹而已。"又孙谦："齐初为钱塘令，去官。百姓以谦在职不受饷遗，追载缣帛以送之，谦却不受。"此等饷遗，并非常例。非常例，则既非秩俸所应得，亦非公用之所资，其却之宜也。然肆行贪取者亦多。《南史·宗元饶传》："迁御史中丞。时合州刺史陈襃赃污狼藉，遣使就渚敛鱼，又令人于六郡乞米，百姓甚苦之，元饶劾奏免之。"又《梁宗室传》：始兴王檐，"拜益州刺史。旧守宰丞尉，岁时乞丐，躬历村里，百姓苦之，习以为常。憺至，停断严切，百姓以苏"。此等乞取，尚复成何事体。又《谢朏传》："朏为吴兴，以鸡卵赋人，收鸡数千。"畜马乘不察于鸡豚，况于赋民而使之畜。食人二鸡卵，而卫以是弃干城之将，况于赋民以卵而责其鸡乎！

《陈书·孔奂传》："除晋陵太守。曲阿富人殷绮，见奂居处素俭，乃饷衣一袭，毡被一具。奂曰：太守身居美禄，何为不能办此；但民有未周，不容独享温饱耳。劳卿厚意，幸勿为烦。"此盖富人每喜献媚官吏，藉相往来，自以为荣也。然有因此遂见诛求者。《南史·孝义传》：赵拔扈（新城人）。兄震动，富于财，太守樊文茂求之不已，震动怒曰："无厌，将及我！"文茂闻其语，聚其族诛之。拔扈走免，亡命聚党，杀文茂。非夙与官府交关，虽有诛求，岂容过甚。非谓慢藏诲盗者邪？

裴邃、孙谦、孔奂等却吏民之馈，廉矣。然《陈书·文学传》：褚玠除山阴令，"在任岁余，守禄俸而已；去官之日，遂乃不堪自致，因留县境，种蔬菜以自给"。则徒恃禄俸，诚有不能自活者。《南史·裴昭明传》：元徽中，出为长沙郡丞，罢任，刺史王蕴之谓曰：卿清贫，必无还资。湘中人士，有须一礼之命者，我不爱也。此后世之陋规，所以虽云非法而卒不可绝也。朱修之刺荆州，百城贶赠，一无所受，惟以蛮人宜存抚纳，有饷皆受，得辄与佐吏赌之，未尝入己。《南史》本传。赌虽非法，可谓曰廉。然去镇之日，秋豪不犯可也，计在州以来，然油及私牛马食官谷草，以私钱六十万偿之，则贤知之过矣。伏暅为东阳太守，郡多麻苎，家人乃至无以为绳，（《梁书·良吏传》）其失惟钧。萧琛频莅大郡，不治产业，有阙则取，不以为嫌。（《梁书》本传）此则古人随身衣食，悉仰于官，不别治生之义也。（《南史·何远传》："迁武昌太守，馈遗秋豪无所受。武昌俗皆汲江水，盛夏，远患水温，每以钱买人井寒水，不取钱者，则捶水还之。"此亦贤知之过。昏莫叩人之门户，求水火，无弗与者，至足矣，受者与之不受者亦可以无还也。）

伏暅之守东阳也，民赋税不登者，辄以太守钱米助之。何思澄父敬叔，为齐长城令，在县清廉，不受礼遗。夏节至，忽牓门受饷。数日中，得米二千余斛，他物称是。悉以代贫人输租。（《南史·文学传》）此以其乘舆济人于溱洧之类也，固不如为法以遗后嗣矣。而如敬叔之所为，尤足使巧者借口也。

有贪取于民，流俗顾不责其贪，犹以他事称道之者。《梁书·张率传》："率嗜酒，事事宽恕，于家务尤忘怀。在新安，遣家僮载米三千石还吴宅；既至，遂耗大半。率问其故，答曰：雀鼠耗也，率笑而言曰：壮哉雀鼠！竟不研问。"三千石米，不为不多，新安、吴中之路，不为近矣，果皆出于禄俸，不烦民力乎？家僮侵蚀，置诸不问，以是为高，则何如陶潜之公田半以种秫也？

朱修之，史美其百城贶赠，一无所受。是为州郡者，不徒贪取于民，又取之于下僚也。《南史·傅昭传》："迁临海太守。县令尝饷栗，置绢于簿下，昭笑而还之。"是其事矣。大官贪取于僚属，则僚属不得不益诛求于吏民。斯时之以食货闻者，刺史如益州刘悛、梁州阴智伯，并藏货巨万。（《梁书·江淹传》）县令如山阴虞肩，亦藏污数百万。（《梁书·陆杲传》）事实相因也。萧洽仕梁为南徐州从事，近畿重镇，职吏千人，前后在者，皆致巨富，洽清身率职，馈遗一无所受，妻子不免饥寒，诚可谓难矣。

不独上官食取于下也，即朝廷亦责郡县以献遗。《齐书·明帝纪》，建武元年十一月诏曰："邑宰禄薄俸微，不足代耕，虽任土恒贡，亦为劳费，自今悉断。"可见其名为土贡，实则出之令长矣。《南史·垣阅传》："孝武帝即位，以为交州刺史。时交土全实，阅罢州遗，资财巨万。孝武末年贪欲，刺史二千石罢任还都，必限使献奉，又以蒲戏取之，要令罄尽乃止。阅还至南州，而孝武晏驾，拥南资为富人。明帝初，以为司州刺史。出为益州刺史，蜀还之货，亦数千金，先送献物，倾西资之半，明帝犹嫌其少。及阅至都，诣廷尉自簿，先诏狱官留阅，于是悉送资财，然后被遣。凡蛮夷不受鞭罚，输财赎罪，谓之赎，时人谓阅为被赎刺史。"又《张兴世传》：宋元徽中，"兴世在家，拥雍州还资，见钱三千万，苍梧王自领人劫之，一夜垂尽，兴世忧惧病卒。"又《孔靖传》：子琇之，"为临海太守。在任清约，罢郡还，献干姜二十斤。齐武帝嫌其少；及知琇之清，乃叹息"。又《崔慧景传》："慧景每罢州，辄倾资献奉，动数百万，武帝以此嘉之。"皆可见其诛求无艺，更甚于唐世之进奉也。《萧惠开传》："惠开妹当适桂阳王休范，女又当适孝武子，发遣之资，应须二千万，乃以为豫章内史，听其肆意聚纳，由是在都著贪暴之名。"此何异纵虎兕以噬人欤？

北魏之初，百官无禄，故其恣取于下，尤为有辞。《魏书·崔宽传》：（附《崔玄伯传》）"拜陕城镇将。三崤地险，民多寇劫。宽性滑稽，诱接豪右、宿盗魁帅，与相交结，倾衿待遇，不逆微细，是以能得民庶忻心，莫不感其意气。时官无禄力，惟取给于民。宽善抚纳，招致礼遗，大有受取，而与之者无恨。”此取之于豪猾，似无伤于细民。然因此，能无宽纵豪滑邪？《景穆十二王传》：任城王云，“出为冀州刺史，留心政事，甚得下情。合州请户输绢五尺，粟五升，以报云恩。”此名为乐输，实亦未尝不出献媚也。《北齐书·阳州公永乐传》：“罢豫州，家产不立。神武问其故，对曰：裴监为长史，辛公正为别驾，受王委寄，斗酒只鸡不入。神武乃以永乐为济州，仍以监、公正为长史、别驾。谓永乐曰：尔勿大贪，小小义取莫复畏。”神武颇有意于整饬吏治，而其言犹如是，可见其恬不为怪矣。《周书·裴侠传》：“除河北郡守。旧制有渔猎夫三十人，以供郡守。侠曰：以口腹役人，吾所不为也。乃悉罢之。又有丁三十人，供郡守役使，侠亦不以入私，并收庸直，为官市马。岁月既积，马遂成群。去职之日，一无所取。民歌之曰：肥鲜不食，丁庸不取。裴公贞惠，为世规矩。”此自奉养之出于民者也。《北齐书·裴让之传》：弟谳之，“为许昌太守。客旅过郡，出私财供给，民间无所与”。则凡吏之宗族交游，亦无不烦民供应矣。《周书·申徽传》：“出为襄州刺史。时南方初附，旧俗官人皆通饷遗，徽性廉慎，乃画杨震像于寝室以自戒。”北人之贪取如是，而乃诿其罪于南方旧俗，何其立言之巧也。

苻洪因谶改姓之诬

东汉以后，谶纬之说甚行，外夷之窃据中原者，亦相率傅会，殊可笑也。《晋书·苻洪载记》云：“始其家池中蒲生，长五丈，五节如竹形，时咸谓之蒲家，因以为氏焉。洪以谶文有草付应王，又其孙坚背有草付字，遂改姓苻氏。"案《三国·蜀志·后主传》：建兴十四年，"徙武都氐王苻健及氐民四百余户于广都。"《张嶷传》："十四年，武都氐王苻健请降，遣将军张尉往迎，过期不到，大将军蒋琬深以为念。嶷平之曰：苻健求附款至，必无他变。素闻健弟狡黠，又夷狄不能同功，将有乖离，是以稽留耳。数日，问至，健果将四百户就魏，独健来从。"《晋书·宣帝纪》：青龙三年，"武都氐王苻双强端帅其属六千余人来降。"青龙三年，在建兴十四年之前一年，是时武都已有苻氏。洪死于晋穆永和六年，年六十六，则当生于武帝太康六年，上距青龙三年，尚五十年也。（草付应王之谶，既系妄言；蒲生五丈之说，必为矫诬，从可知矣。）

后魏吏治

《廿二史札记》谓魏入中原，颇以吏治为意，及其末造，国乱政淆，宰县者乃多厮役，入北齐而更甚。卷十五。此误也。拓跋氏非知治体者，其屡诏整饬吏治，必其虐民实甚，更难坐视。此不足见其留意吏治，适足见其吏治之坏耳。据《魏书·本纪》，道武天兴元年，定都平城，即遣使循行郡国，举守宰之不如法者。此承北方僭伪之后，其政治本极苟简，又新遭丧乱，或不能尽为后魏咎。然其后历代诏令频繁，所述守宰贪暴之状，悉出意表，即可知其吏治之坏，实为古今所罕觏矣。明元帝神瑞元年十一月，诏使者巡行诸州，校阅守宰资财，非自家所赍，悉簿为赃；又诏守宰不如法，听民诣阙告言之。已可见其贪残之甚。二年三月诏曰："刺史守宰，率多逋慢，前后怠惰，数加督罚，犹不悛改。今年赀调悬违者，谪出家财充之，不听征发于民。"是其时刺史守宰，不徒下朘民膏，亦且上亏国课也。太武始光四年十二月，行幸中山，守宰以贪污免者十数人。明年（神䴥元年）正月，又以天下守令多行非法，精选忠良悉代之。可见贪暴者之多。太延三年五月诏曰："比年以来，屡诏有司班宣惠政，与民宁息。而内外群官及牧守令长，不能忧勤所司，纠察非法，废公党私，更相隐置，浊货为官，政存苟且。夫法之不用，自上犯之，其令天下吏民，得举告守令不如法者。"此可见当时监察之司，悉成虚语。文成太安四年五月，诏曰："朕即阼至今，屡下宽大之旨，蠲除烦苛，去诸不急，欲令物获其所，人安其业。而牧守百里，不能宣扬恩意，求欲无厌，断截官物，以人于己。使课调悬少，而深文极墨，委罪于民，苟求免咎，曾不改惧。国家之制，赋役乃轻，比年已来，杂调减省。而所在州郡，咸有逋悬，非在职之官绥导失所，贪秽过度，谁使之然？自今常调不充，民不安业，宰民之徒，加以死罪。"观此，可知神瑞二年之诏之所由来，而其弊迄未尝革矣。明年九月，又诏曰："牧守莅民，侵食百姓，以营家业，王赋不充，虽岁满去职，应计前逋，正其刑罪。而主者失于督察，不加弹正，使有罪者优游获免，无罪者妄受其辜，是启奸邪之路，长贪暴之心，岂所谓原情处罪，以正天下？自今诸迁代者，仰列在职殿最，案制治罪，克举者加之爵宠，有想者肆之刑戮，使能否殊贯，刑赏不差，主者明为条制，以为常楷。"盖时于逋负，督责严切，去职者乃蒙蔽监司，嫁其罪于后人也。和平二年正月，诏曰："刺史牧民，为万里之表，自顷每因发调，逼民假贷，大商富贾，要射时利，旬日之间，增赢十倍。上下通同，分以润屋。故编户之家，困于冻馁，豪富之门，日有兼积，为政之弊，莫过于此。其一切禁绝，犯者十疋以上皆死。布告天下，咸令知禁。"昔时发调，多用实物，编户之家，不能咸备，诛求之亟，惟有乞假于积贮之家，驵贾豪商，遂乘之以要利。此弊由来已久，乃至官吏与之通同，则更不成事体矣。四年三月诏曰："今内外诸司，州镇守宰，侵使兵民，劳役非一。自今擅有召役，逼雇不程，皆论同枉法。"役之厉民，实尤甚于赋，虐取之余，重之以召役逼雇，民复何以自存哉？孝文延兴二年七月，诏州、郡、县各遣二人，才堪专对者，赴九月讲武，常亲问风俗。三年六月诏曰："往年县召民秀二人，问以守宰治状，善恶具闻，将加赏罚，而赏者未几，罪者众多，肆法伤生，情所未忍。今特垂宽恕之恩，申以解网之惠，诸为民所列者，特原其罪，尽可贷之。"所谓民秀，盖即去岁七月所召。太和七年正月诏曰："朕每思知百姓之所疾苦，以增修宽政。故具问守宰苛虐之状于州郡使者、秀孝、计掾，而对多不实，甚乖朕虚求之意。宜案以大辟，明罔上必诛。然情犹未忍，可恕罪听归，申下天下，使知后犯无恕。"州郡使者、秀孝、计掾，自不免与官吏扶同，然民秀果敢尽言乎？乃能使赏者希，罚者众，魏之吏治可想矣。

《魏书·张衮传》：显祖诏诸监临之官，所监治受羊一口，酒一斛者，罪至大辟，与者以从坐论。纠告得尚书已下罪状者，各随所纠官轻重而授之。衮玄孙白泽表谏，谓"周之下士，尚有代耕，况皇朝贵仕，而服勤无报，请依律令旧法，稽同前典，班禄酬廉"。案魏初百官无禄，论者或以是为其时官吏之贪取恕；然昔时郡县之吏，之任代下，所赀悉取于民，所谓送故迎新也。在任时随身衣食，悉仰于官，亦为相沿成法，则无禄者虽不能有所得，亦不至有所耗。而且送迎及供应所入，必不能仅足而无余，岂可以是为贪求之口实乎？魏之班禄，事在太和八年。而延兴三年，诏县令能静一县劫盗者，兼治二县，即食其禄；能静二县者，兼治三县，三年迁为郡守；二千石能静二郡上至三郡亦如之，三年迁为刺史。此所谓禄，即其出于地方，法令亦许之不以为罪者也，岂真枵腹从公哉！

　　州郡弊政之深，一由督察之不力，一由选用之太轻。《北齐书·元文遥传》云："齐因魏朝，宰县多用厮滥，至于士流耻居百里。文遥以县令为字人之切，遂请革选，于是密令搜扬贵游子弟，发敕用之。犹恐其披诉，总召集神武门令赵郡王叡宣旨唱名，厚加慰喻。士人为县，自此始也。"赵氏引此，以证魏末之弊。然据《魏书·辛雄传》：雄以肃宗时转吏部郎中，上疏曰："助陛下治天下者，惟在守令，最须简置，以康国道。但郡县选举，由来共轻，贵游俊才，莫肯居此，宜改其弊，以定官方。请上等郡县为第一清，中等为第二清，下等为第三清。选补之法，妙尽才望，如不可并，后地先才；不得拘以停年，竟无铨革。三载黜陟，有称者补在京名官，如前代故事，不历郡县不得为内职。"则其弊实不始魏末也。《北史·元文遥传论》云："汉氏官人，尚书郎出宰百里。晋朝设法，不宰县不得为郎。后魏令长，多选旧令史为之，故缙绅之流耻居其位，爰逮有齐，此途未改。"亦不云其事始于魏末也。《周书·于谨传》言谨屏居闾里，未有仕进之志，或劝之，谨曰："州郡之职，昔人所鄙；台鼎之位，须待时来。吾所以优游郡邑，聊以卒岁耳。"此亦魏盛时之俗，非其末叶始然也。《晋书·傅玄传》：诏群僚举郡县之职以补内官，玄子咸上书曰："才非一流，职有不同。中间选用，惟内是隆，外举既颓，复多节目，竞内薄外，遂成风俗，此弊诚宜亟革。"则当魏晋之世，外选业已寖轻矣，况于拓跋氏之不知治体者乎！

魏、齐、周三朝中，北周最能模仿中国之治法，其能灭齐而开隋、唐之先路，非无由也。宇文泰任苏绰，立法改制，模拟《周官》，其事并无足取，而其整顿吏治，则实为致治之大端。苏绰制文案程序及计账户籍之法，又为六条诏书奏施行之，是也。北齐亦有班五条诏书之法。（见《隋书·礼仪志》四。）殊无益于吏治者，彼行之以文，此行之以实也。然周时刺史，多以功臣为之，其弊颇著。《周书·令狐整传》：弟休，与整同起兵，入为中外府乐曹参军。时诸功臣多为本州刺史，晋公护谓整曰："以公勋望，应得本州，但朝廷藉公委任，无容远出，然公门之内，须有衣锦之荣。"乃以休为敦煌郡守。此可见其习为故常矣。《隋书·柳彧传》：迁治书侍御史。于时刺史多任武将，类不称职。彧上表曰："伏见诏书，以上柱国和平子为杞州刺史。其人年垂八十，钟鸣漏尽，前任赵州，阇于职务，政由群小，贿赂公行，百姓吁嗟，歌谣满道，乃云老禾不早杀，余种秽良田。古人有云：耕当问奴，织当问婢。此言各有所能也。平子弓马武用，是其所长，治民莅职，非其所解。如谓优老尚年，自可厚赐金帛；若令刺举，所损殊大。"上善之，平子竟免。此亦周世之余弊也。又《北齐书·高隆之传》曰："魏自孝昌已后，天下多难，刺史太守，皆为当部都督，虽无兵事，皆立佐僚，所在颇为烦扰。隆之表请：自非实在边要，见有兵马者，悉皆断之。"夫置吏猥多，则扰民必甚。此等皆当时弊政，正不独郡县选任之轻也。

魏立子杀母

　　《廿二史札记》云："《魏书·道武宣穆皇后传》：魏故事，后宫产子，将为储贰，其母皆赐死，故后以旧法薨。然考纪传，道武以前，未有此事。《明元本纪》载道武将立明元为太子，召而告之曰：昔汉武将立其子而杀其母，不令妇人与国政也。汝当继统，故吾远同汉武。于是刘贵人死，明元悲不自胜。据此，则立子先杀其母之例，实自道武始也。遍检《魏书》，道武以前，实无此例。而传何以云魏故事邪？《北史》亦同此误。"今案魏自道武以前，曷尝有建储之事，况云欲立其子而杀其母乎？往史之诬，不待辩也。然云其例始于道武亦误。道武曷尝立明元为太子。《明元纪》言：刘贵人死，明元哀泣，不能自胜，太祖怒之。帝还宫，哀不自止，日夜号泣。太祖知而又召之。帝欲入，左右曰：孝子事父，小杖则受，大杖避之，今陛下怒甚，入或不测，不如且出，待怒解而进。帝惧，从之，乃游行逃于外。此盖既杀其母，又欲诛其子耳，非欲立之也。《齐书·魏虏传》云：初，佛狸母是汉人，为木末所杀，佛狸以乳母为太后。自此以来，太子立，辄诛其母。今案，自佛狸以后，文成元皇后为常太后所杀，孝文贞皇后则为文明皇后所杀，惟献文思皇后为良死，则其人之有无不可知。《齐书》之言，信有征矣。然明元之杀太武母，亦非以虑妇人与政而然也。

　　《魏书·皇后传》云：明元密皇后，杜氏，邺人，阳平王超之姊也。初以良家子选人太子宫，有宠，生世祖。及太宗即位，拜贵嫔，泰常五年薨。世祖保母窦氏，初以夫家坐事诛，与二女俱入宫，太宗命为世祖保母，性仁慈，勤抚导，世祖感其恩训，奉养不异所生，及即位，尊为保太后，后尊为皇太后，与《齐书》佛狸以乳母为太后之说合，与其母为木末所杀之说则乖。今案，魏太武以泰常七年摄政，时年十五。密后果殁于泰常五年，太武年已十三，尚何待窦氏之保育，其感恩安得如是其深？然则谓密皇后殁于泰常五年，其说殆不足信，一语既虚，满盘是假。《杜超传》谓其泰常中为相州别驾，奉使京师，以法禁不得与后通问，亦子虚乌有之谈。太武之母在魏宫，盖本无位号，亦难考其以何时见杀。太武之获长大，非得窦氏保全之力，则必得其养育之功，故其德之如是其深也。《胡灵后传》云：召入掖庭，为承华世妇，椒掖之中，以国旧制，相与祈祝，皆愿生诸王公主，不愿生太子。唯后每谓夫人等言，天子岂可独无儿子，何缘畏一身之死，而令皇家不育冢嫡乎？及肃宗在孕，同列犹以故事相恐，劝为诸计，后固意确然，幽夜独誓云："但使所怀是男，次第当长，子生身死，所不辞也。"此乃附会之谈。献文及废太子怕母之见杀，未知何故，要必非遵行故事，疑当时宫掖之中，有此等惨酷之事，欲藉辞于先世，乃造作道武欲法汉武之说。不徒《魏史》不能发其覆，即南国传闻，亦不免为其所误也。《太宗纪》：泰常七年四月，甲戌，封皇子焘为泰平王。初、帝素服寒食散，频年动发，不堪万几。五月，诏皇太子临朝听政。是月，泰平王摄政。《世祖纪》：泰常七年四月，封泰平王。五月，为监国。太宗有疾，命帝总摄百揆。《崔浩传》载浩对明元之问曰："自圣化龙兴，不崇储贰，是以永兴之始，社稷几危，今宜早建东宫，选公卿忠贤，陛下素所委仗者，使为师傅，左右信臣，简在圣心者，以充宾友，入总万机，出统戎政，监国抚军，六柄在手。若此，则陛下可以优游无为，顾神养寿，进御医药。万岁之后，国有成主，民有所归，则奸宄息望，旁无觊觎，此乃万世之令典，塞祸之大备也。今长皇子焘，年渐一周，明叡温和，众情所系，时登储副，则天下幸甚。"浩辞中虽有早建东宫，时登储副等语，然传言太宗纳之，使浩奉策告宗庙，命世祖为国副主，居正殿临朝，绝无立为太子之说。然则本纪中诏皇太子临朝听政一语，乃史家措辞不审，抑或原文实系皇长子，后人传写，误长为太，皆未可知。要之，明元未尝立太武为太子也。《浩传》又载太武监国后，明元谓左右侍臣，以长孙嵩等六人辅相，吾与汝曹，游行四境，伐叛柔服，可得志于天下矣。会闻宋武帝之丧，遂欲取洛阳、虎牢、滑台，其后卒自将南下。世岂有不能听政，顾能躬履行阵者？然则明元使太武监国，意实别有所在，其死于明年，特偶然之事，初非当退居西宫之日，即有不可救药之病。《浩传》及《北史·长孙嵩传》等皆谓明元因病，而命太武监国，又事后附会之谈也。序纪言：昭帝之时，分国为三部，帝与桓、穆二帝，各主其一。其时昭帝未闻外出，而桓、穆二帝，则皆躬出经略，穆帝且历五年而后归。其后献文传位于孝文，亦曾北征蠕蠕。然则大酋或主国政，或亲戎马，实拓跋氏之旧习，故文明太后迫献文传位，而当时不以为篡也。然则拓跋氏自献文以前，始终未有建储之事，安得云道武欲立明元而杀其母，况又谓道武系奉行故事乎？

神武得六镇兵

北齐神武帝之所以兴，实缘得尔朱兆所分六镇之众，而所以得此众者，魏、齐二书记载皆欠明耳。今综核其文而臆测之。

《齐书·神武纪》云：费也头纥豆陵步藩入秀容，逼晋阳。兆征神武。神武将往。贺拔焉过儿请缓行以弊之。神武乃往，逗留，辞以河无桥，不得渡。步藩军盛，兆败走。兆又请救于神武，神武内图兆，复虑步藩后之难除，乃与兆悉力破之，藩死。兆深德神武，誓为兄弟。时世隆、度律、彦伯共执朝政，天光据关右，兆据并州，仲远据东郡，各拥兵为暴，天下苦之。葛荣众流入并，肆者二十余万，为契胡陵暴，皆不聊生。大小二十六反，诛夷者半，犹草窃不止。兆患之，问计于神武。神武曰："六镇反残，不可尽杀。宜选王素腹心者，私使统焉。若有犯者，直罪其帅，则所罪者寡。"兆曰：善。遂以委焉。神武以兆醉，醒后或致疑贰，遂出。宣言"受委统州镇兵，可集汾东受令"，乃建牙阳曲川，陈部分。兵士素恶兆而乐神武，莫不皆至。居无何，又使刘贵请兆：以"并，肆频岁霜旱，降户掘黄鼠而食之，皆面无谷色，徒污人国土。请令就食山东，待温饱而处分之。"兆从其议。其长史慕容绍宗谏曰："今四方扰扰，人怀异望，高公雄略，又握大兵，将不可为。"兆曰："香火重誓，何所虑也？"绍宗曰："亲兄弟尚尔难信，何论香火？"时兆左右已受神武金，因谮绍宗与神武旧有隙。兆乃禁绍宗而催神武发。神武乃自晋阳出滏口。路逢永朱荣妻北乡长公主自洛阳来，马三百匹，尽夺易之。兆闻，乃释绍宗而问焉。绍宗曰："犹掌握中物也。"于是自追神武。至襄垣，会漳水暴涨，桥坏。神武隔水拜曰："所以借公主马，非有他故，备山东盗耳。王受公主言，自来赐追。今渡河而死不辞，此众便叛。"兆自陈无此意。用轻马渡，与神武坐幕下，陈谢。遂授刀引颈，使神武砍己。神武大哭曰："自天柱薨背，贺六浑更何所仰？愿大家千万岁，以申力用。今旁人构间至比，大家何忍复出此言？"兆投刀于地，遂刑白马而盟，誓为兄弟。留宿夜饮。尉景伏壮士欲执之，神武啮臂止之，曰："今杀之，其党必奔归聚结，兵饥马瘦，不可相支。若英雄崛起，则为害滋甚。不如且置之。兆虽劲捷，而凶狡无谋，不足图也。"旦日，兆归营，又召神武。神武将上马诣之。孙腾牵衣，乃止。兆隔水肆詈，驰还晋阳。如此说是神武受委统众在平步蕃之后也。《魏书·尔朱兆传》云：初荣既死，庄帝召河西人纥豆陵步蕃等，令袭秀容。兆入洛后，步蕃兵势甚盛，南逼晋阳。兆所以不服留洛，回师御之。兆虽骁果，本无策略，频为步藩所败。于是部勒士马，谋出山东。令人频征献武王于晋州。乃分三州、六镇之人，令王统领。既分兵别营，乃引兵南出，以避步蕃之锐。步蕃至于乐平郡，王与兆还讨破之，斩步蕃于秀容之石鼓山。其众退走。兆将数十骑诣王，通夜宴饮。后还营召王。王知兆难信，未能显示，将欲诣之。临上马，长史孙腾牵衣而止。兆乃隔水责骂腾等。于是各去。王遂自襄垣东出，兆归晋阳。是神武受委统众在破步蕃之先也。《齐书》本纪虽与《魏书》岐异，而其《慕容绍宗传》曰：纥豆陵步藩逼晋阳，尔朱兆击之，累为所破，欲以晋州征高祖，共图步藩。绍宗谏曰："今天下扰扰，人怀觊觎，正是智士用策之秋，高晋州才雄气猛，英略盖世，譬诸蛟龙，安可藉以云雨？"兆怒曰："我与晋州，推诚相待，何忽辄相猜阻，横生此言？"便禁止绍宗，数日方释。遂割鲜卑隶高祖。高祖共讨步藩，灭之。

亦谓割众隶神武，在破步蕃之先，与《魏书》合。今案《魏书·孝庄纪》永安三年十二月，河西人纥豆陵步蕃、破落韩常大败尔朱兆于秀容山。盖即兆传所云，兆入洛后，步蕃进逼之事，兆因此反旆拒之，其战事犹在秀容，未至晋阳也。其后盖因兆部勒士马谋出山东，乃后乘虚南逼至于晋阳，兆于此时盖又反旆御之，而又屡为所败，乃欲征神武以自助。《齐书》本纪直言步蕃入秀容，逼晋阳，一似长驱直下，所向无前者固非。《魏书》兆传亦将步蕃南逼晋阳，误叙于兆欲部勒土马，谋出山西之前，信如是亦为非是。兆当自顾不遑，何暇更谋东略乎？神武在尔朱荣时，即刺晋州。而《慕容绍宗传》言兆欲以晋州征高祖，一似待步蕃既灭之后，乃以此酬庸者，措语亦殊粗略，观称神武为晋州可知。推原其故，盖兆之入洛，神武不从，嫌隙既构，兆入洛后，盖有夺神武晋州之意，至是又仍旧职。故诸家记载，有以晋州征之语，作史者振其单辞，而未计其与全文不合也，亦可谓疏矣。兆所分神武之众，盖即其部勒之，欲率以出山东者，继因晋阳见逼，乃又率之回援，其众素怨，是以累败。大小二十六反，正在此时，非谓统入并、肆后并计之也。其众本以乖离而败，故分之神武而即克，然则兆之分兵，盖亦有不得不然者，非因酒醉而然矣。三州盖谓并、肆及兆所刺汾州，其中并、肆之众，盖以葛荣降户为多。三州六镇之兵，虽非必鲜卑种人，亦必为所谓累世北边，习其俗遂同鲜卑者。（《齐书·神武纪》言神武如此。）故绍宗传称为鲜卑，神武起兵实藉此众，故其誓师有不得欺汉儿之语也。兆分神武之众究若干，不可知。然必不能甚多。神武起兵时，虽恃此众为主，必不能此外一无所有。（韩陵之役，高昂所将，即非鲜卑，此外率部曲与于此役者尚多。）然韩陵之战，犹云马不满二千，兵不满三万。则受委时，可知本纪侈言其数为二十余万。盖承上文尔朱氏诸人为暴，遂并凡葛荣降众言之，而不悟兆所分诸神武者，止就其隶行伍，并止就其当时所统率者而言也。上言凡降户，而下言受委统州镇兵，可谓一简之中，自相抵牾矣。神武之受委统众，自当在破步蕃之先，其建牙阳曲，令士集汾东，则当在就食山东得请之后。《齐书·神武纪》误其受委在破步蕃之后,《魏书·尔朱兆传》则漏去请就食山东一节,其事之始末,遂不可知矣。慕容绍宗之谏,在兆分兵畀神武,抑许其东出时,不可知。(此虽难必然,窃疑当在分兵之时,《神武纪》言神武请选腹心统众时,兆曰:善,谁可行也?贺拔允时在坐,请神武。神武拳殴之,折其一齿,曰:生平天柱时,奴辈伏处分如鹰犬,今日天下,安置在王,而阿鞠泥敢诬下罔上,请杀之。兆以神武为诚,遂以委焉。窃疑当时实公议之欲用神武者固多,反之者亦不少,兆则决用神武。故一怒而禁绍宗,此特借以摄众,非有恶于绍宗也。史所载绍宗谏兆之辞,固非众议之语,然绍宗特亦不然分兵于神武者之一,其辞盖出后来附会,非当时语实如是也。)然必因其征神武,以图步蕃而发。征神武以图步蕃,神武且为兆用,何嫌何疑,而须强谏。绍宗传上言绍宗之谏,以兆之征神武,而下言兆之距谏,不云遂征神武而云割鲜卑以隶,更矛盾不可通矣。六朝史书之疏略,大率如此,恨不能一一校正之也。并州逼近晋阳,神武居此,必不能叛。一出山东,则真所谓蛟龙得云雨者矣。当时山东不服尔朱氏者固多,此兆所以部勒其众而欲亲出,神武之请就食,未尝不以前驱陈力尝寇为辞,此兆之所以许之。至夺北乡之马,则其非信臣可知,故又悔而自追之。然卒无如何者,则为神武此众便叛一语所胁,兆固自度必不能善驭此众也。六镇之师武臣力实,尔朱氏所由兴,而虐用其众以资敌;兴亡之故,亦可鉴矣。

宇文氏先世

《周书》谓周之先，出自炎帝。炎帝为黄帝所灭，子孙遁居朔野。其后有葛乌兔者，雄武多算略。鲜卑奉以为主。遂总十二部落，世为大人。其裔孙日普回，因狩，得玉玺三纽，文曰皇帝玺。其俗谓天子曰宇文，故国号宇文，并以为氏。普回子莫那，自阴山南徙，始居辽西，为魏甥舅之国。自莫那九世至侯豆归，为慕容晃所灭。出自炎帝乃妄语。自莫那至侯豆归，世次事实亦不具。当以《魏书·宇文莫槐传》正补之。《宇文莫槐传》，谓其先出自辽东塞外，世为东部大人。莫槐虐用其民，为部下所杀。更立其弟普拨。普拨传子丘不勤。丘不勤传子莫廆。莫廆传子逊昵延。逊昵延传子乞得龟。丘不勤取魏平帝女，逊昵延取昭帝长女，所谓为魏甥舅之国也。莫廆、逊昵延、乞得龟三世皆与慕容廆相攻，皆为廆所败。乞得龟时，廆乘胜长驱，入其国，收资财亿计，徙部人数万户以归。别部人逸豆归，遂杀乞得龟自立。与慕容晃相攻，为所败，远遁漠北，遂奔高句丽。晃徙其部众五千余落于昌黎，自是散灭矣。逸豆归即侯豆归。侯、逸同声。侯应议罢边备塞吏卒，谓"北边塞至辽东，外有阴山，东西千余里"，则阴山之脉，远接辽东。《周书》谓莫那自阴山南徙，《魏书》谓莫槐出辽东塞外，似即一人。惟自莫槐至逸豆归，仅得七世。《周书》世次既不具，所记或有讹误也。《晋书》以宇文莫槐为鲜卑；《魏书》谓南单于之远属；又谓其语与鲜卑颇异。疑宇文为匈奴、鲜卑杂种，语亦杂匈奴也。又《魏书》以奚、契丹为宇文别种，为慕容晃所破，走匿松漠之间，则逸豆归败亡时，慕容廆所徙五千余落，实未尽其众，奚、契丹之史，亦可补宇文氏先世事迹之阙矣。奚事迹无考。契丹事迹可知者，始于奇首可汗，别见《契丹部族》条。奇首遗迹，在潢、土二河流域，已为北徙后事，不足补宇文氏先世事迹之阙。惟《辽史·太祖本纪赞》，谓"辽之先，出自炎帝，（此即据《周书》言之）。世为审吉国。其可知者，盖自奇首云"。审吉二字，尚在奇首以前，或宇文氏故国之名欤？然事迹无可征矣。

周人畏突厥之甚

《隋书·苏威传》：威有从父妹，适河南元雄。雄先与突厥有隙，突厥入朝，请雄及其妻子，将甘心焉，周遂遣之。威曰：夷人昧利，可以赂动。遂标卖田宅，罄家所有以赎雄，论者义之。案柔然之亡也，其余众千余家奔关中，突厥请尽杀以甘心焉。周文遂收缚其主已下三千余人，付突厥使者于青门外斩之。亦既不仁且不武矣，犹得曰柔然故为中国患，乘此殄之也。若元雄，固中国之人也，乃虏使一来，其受命也如响。弃子民以快夷狄之欲，不亦重愧为民父母之义乎？周武帝号雄主，而其所为如此，周之畏突厥，可谓甚矣。其交涉之事，不可告人者必尚多，史皆削之耳。汉高祖被围于平城，卒其所以得脱者，世莫得而言也。唐高祖尝称臣于突厥，《唐书》亦仅微露其辞。屈辱于外，而伪饰于内，所谓临民者，不亦重可笑哉！

魏时将帅之骄

　　《三国·魏志·董昭传》：文帝三年，"征东大将军曹休临江在洞浦口，自表：愿将锐卒虎步江南，因敌取资，事必克捷；若其无臣，不须为念。帝恐休便渡江，驿马诏止。时昭侍侧，因曰：今者渡江，人情所难，就休有此志，势不独行，当须诸将。臧霸等既富且贵，无复他望，但欲终其天年，保守禄祚而已，何肯乘危自投死地，以求徼幸？苟霸等不进，休意自沮。臣恐陛下虽有救渡之诏，犹必沉吟，未便从命也。是后无几，暴风吹贼船，悉诣休等营下，斩首获生，贼遂迸散。诏敕诸军促渡。军未时进，贼救船遂至"。案《贾逵传注》引《魏略》言太祖之崩，"太子在邺，鄢陵侯未到，士民颇苦劳役，又有疾疠，于是军中骚动。群寮恐天下有变，欲不发丧。逵建议以为不可秘，乃发哀，令内外皆入临，临讫，各安叙不得动。而青州军擅击鼓相引去。众人以为宜禁止之，不从者讨之。逵以为方大丧在殡，嗣王未立，宜因而抚之。乃为作长檄，告所在给其饮食。"《臧霸传》："（孙）权乞降，太祖还，留霸与夏侯惇等屯居巢。文帝即王位，迁镇东将军，进爵武安乡侯，都督青州诸军事。及践阼，进封开阳侯，徙封良成侯。与曹休讨吴贼，征为执金吾，位特进。"《注》引《魏略》曰："建安二十四年，霸遣别军在洛。会太祖崩，霸所部及青州兵，以为天下将乱，皆鸣鼓擅去。文帝即位，以曹休都督青、徐，霸谓休曰：国家未肯听霸耳！若假霸步骑万人，必能横行江表。休言之于帝，帝疑霸军前擅去，今意壮乃尔，遂东巡，因霸来朝而夺其兵。"然则当时所虑者，曹休之不能制霸，非休之欲渡江也。《魏略》谓休表言霸意，而董昭谓休自欲渡江，失其实矣。《王基传》：明帝时，基上疏曰："昔汉有天下，至孝文时，惟有同姓诸侯，而贾谊忧之曰：置火积薪之下而寝其上，因谓之安也。今寇贼未殄，猛将拥兵，检之则无以应敌，久之则难以遗后，当盛明之世，不务以除患，若子孙不竞，社稷之忧也。使贾谊复起，必深切于曩时矣。"读此知魏时将帅之骄，统一之业之不克早成，良有以也。

将帅之骄也，由于法之不行。诸葛亮所谓"宠之以位，位极则贱，顺之以恩，恩竭则慢"也。（《三国志》本传《注》引《蜀记》。）《武帝纪》建安八年五月己酉令曰："《司马法》：将军死绥。故赵括之母，乞不坐括。是古之将者，军破于外，而家受罪于内也。自命将征行，但赏功而不罚罪，非国典也。其令诸将出征，败军者抵罪，失利者免官爵。"案《史记·项羽本纪》言：章邯降，"项羽乃立章邯为雍王，置楚军中；使长史欣为上将军，将秦军为前行。秦吏卒多窃言曰：章将军等诈吾属降诸侯，今能入关破秦，大善；即不能，诸侯虏吾属而东，秦必尽诛吾父母妻子"。然则战败受诛者，不独将军也。而将军战败受罪，直至建安八年始行，何其慢哉？岂以所将者多群盗若臧霸之流，不容操之过急欤？

又《武帝纪》："建安七年正月，公军谯，令曰：吾起义兵，为天下除暴乱。旧土人民，死丧略尽，国中终日行，不见所识，使吾凄怆伤怀。其举义兵已来，将士绝无后者，求其亲戚以后之，授土田，官给耕牛，置学师以教之。为存者立庙，使祀其先人，魂而有灵，吾百年之后何恨哉！"十二年二月，"丁酉，令曰：吾起义兵诛暴乱，于今十九年，所征必克，岂吾功哉？乃贤士大夫之力也。天下虽未悉定，吾当要与贤士大夫共定之；而专飨其劳，吾何以安焉！其促定功行封。于是大封功臣二十余人，皆为列侯，其余各以次受封，及复死事之孤，轻重各有差。"
《注》引《魏书》载公令曰："昔赵奢、窦婴之为将也，受赐千
金，一朝散之，故能济成大功，永世流声。吾读其文，未尝不慕
其为人也。与诸将士大夫共从戎事，幸赖贤人不爱其谋，群士不
遗其力，是以夷险平乱，而吾得窃大赏，户邑三万。追思窦婴散
金之义，今分所受租与诸将掾属及故戍于陈、蔡者，庶以畴答众
劳，不擅大惠也。宜差死事之孤，以租谷及之。若年殷用足，租
奉毕入，将大与众人悉共飨之。"十四年七月，"辛未，令曰：
自顷已来，军数征行，或遇疫气，吏士死亡不归，家室怨旷，百
姓流离，而仁者岂乐之哉？不得已也。其令死者家无基业不能自
存者，县官勿绝廪，长吏存恤抚循，以称吾意"。夫此三令，可
谓至诚恻怛，其于将士之恩，亦不为不厚矣。文帝即王位后，延
康元年十月癸卯，下令曰："诸将征伐，士卒死亡者或未收敛，
吾甚哀之；其告郡国给槥椟殡敛，送致其家，官为设祭。"（《文
帝纪》。亦可谓能肯堂肯构者。《汉书·高帝纪》：四年八月，
"汉王下令：军士不幸死者，吏为衣衾棺敛，转送其家，四方归
心焉"。）则知魏氏之于将士，不为不厚；而将帅之骄如此，治
军者贵威克厥爱，信哉！

魏太祖征乌丸

魏武帝之征乌丸也，堑山堙谷五百余里。《本纪》《注》引
《曹瞒传》曰："时寒且旱，二百里无复水，军又乏食，杀马数千
匹以为粮，凿地入三十余丈乃得水。"亦可谓危矣。"既还，科问

前谏者，皆厚赏之，曰：孤前行，乘危以徼幸，虽得之，天所佐也，故不可以为常。诸君之谏，万安之计，是以相赏，后勿难言之。"是公亦自知其危也。然而必征之者，《夏侯惇传》《注》引《魏书》言："韩浩迁护军。太祖欲讨柳城，领军史涣以为道远深入，非完计也，欲与浩共谏。浩曰：今兵势强盛，威加四海，战胜攻取，无不如志，不以此时遂除天下之患，将为后忧。"善夫，夷狄最虑令其养成气，毫毛勿拔，将寻斧柯□□□□之死。清太祖曾何能为，明不以此特除恶务尽，至其戡尼堪外兰、灭哈达、犯叶赫，而势不易除矣。□□□□□而乘兵威以"除天下之患"，此太祖君臣之志夫，亦可谓神武矣！

文臣轻视军人

《三国·蜀志·刘巴传注》引《零陵先贤传》曰："张飞尝就巴宿，巴不与语，飞遂忿恚。诸葛亮谓巴曰：张飞虽实武人，敬慕足下。主公今方收合文武，以定大事；足下虽天素高亮，宜少降意也。巴曰：大丈夫处世，当交四海英雄，如何与兵子共语乎？备闻之，怒曰：孤欲定天下，而子初专乱之。其欲还北，假道于此，岂欲成孤事邪？"案《彭羕传》言：羕左迁为江阳太守。"闻当远出，私情不悦，往诣马超。超问羕曰：卿才具秀拔，主公相待至重，谓卿当与孔明、孝直诸人齐足并驱，宁当外授小郡，失人本望乎？羕曰：老革荒悖，何复道邪！"《注》曰："古者以革为兵，故语称兵革，革犹兵也。羕骂备为老革，犹言老兵也。"然则当时士夫视备，亦不足齿数，无怪备谓刘巴特欲假道还北矣。《费诗传》："先主为汉中王，遣诗拜关羽为前将军。羽闻黄忠为后将军，怒曰：大丈夫终不与老兵同列！"是不惟士夫轻军人，即军人亦自相轻也。《吴志·孙坚传注》引《吴录》言：王叡"与坚共击零、桂贼，以坚武官，言颇轻之"。知文臣之轻视武人，由来已久。

梁元帝杀刘之遴

《南史·梁元帝纪》云："性好矫饰，多猜忌，于名无所假人，微有胜己者，必加毁害。帝姑义兴昭长公主子王铨，兄弟八九人，有盛名，帝妒害其美，遂改宠姬王氏兄珩名琳，以同其父名。忌刘之遴学，使人鸩之，如此者甚众，虽骨肉亦遍被其祸。"《之遴传》言："之遴避难还乡，湘东王绎尝疾其才学，闻其西上至夏口，乃密送药杀之，不欲使人知之，乃自制志铭，厚其赙赠。"

元帝之猜忌固矣，然谓之遴为其所杀，恐或所谓语增，何者？之遴乃一学人，颇好佛法，与世无争，不容为元帝所忌，若谓忌其才名学问，则世之有才名学问者多矣，可得而尽杀乎？虽甚猜忌，无是理也。盖世自有一种议论，谓人以争名而相杀，之遴死因暧昧，遂以是附会之，此正如谓隋炀帝杀薛道衡耳。之遴即果为元帝所杀，其故亦不可知也。至谓忌姑子盛名，而改宠姬兄名，以同其父名，则更可笑矣，此岂足以败其名邪？

隋文不肯自逸

　　《通鉴》长城公至德四年三月己未，洛阳男子高德上书，请隋主为太上皇，传位皇太子。帝曰："朕承天命，抚育苍生，日旰孜孜，犹恐不逮，岂效近代帝王，传位于子，自求逸乐哉。"十月，隋主每旦临朝，日昃不倦。礼部尚书杨尚希谏曰："周文王以忧勤损寿，武王以安乐延年。愿陛下举大纲，责成宰辅，繁碎之务，非人主所宜亲也。"帝善之而不能从。案至德元年，柳彧上疏劝不勤细务，已有圣躬有无疆之寿之语矣。帝亦览而善之，而终不能改者，则其勤劳出于天性故也。逸豫者未必延年。然世俗之见，固也为如是。隋文不肯自逸。以求民瘼，拟之邠文公之知命，又何愧哉。

炀帝雁门之围

　　始毕可汗围炀帝于雁门，《旧唐书·太宗纪》云：时太宗年十八，"应募救援，隶屯卫将军云定兴营，将行，谓定兴曰：始毕敢围天子，必以国家仓卒无援。我张军容，令数十里旗幡相续，夜则钲鼓相应，虏必谓救兵云集，望尘而遁矣。不然，彼众我寡，悉军来战，必不能支矣。定兴从焉。师次崞县，突厥候骑驰告始毕曰：王师大至。由是解围而遁"。此唐人之饰说也。始毕敢围天子，岂其慑于虚声？据《隋书·炀帝纪》，帝之见围，齐王暕以后军保于崞县。云定兴军盖亦隶焉，其军实仅能自保，未能赴援也。

又《萧瑀传》言，瑀于是时进谋曰："汉高祖解平城之围，乃阏氏之力。若发一单使以告义成，假使无益，事亦无损。于后获其谍人，云义成公主遣使告急于始毕，称北方有警，由是突厥解围，盖公主之助也。"此亦妄言。当时告变即由义成，其乃心宗国可知，然竟不能尼始毕之兵。且时留守之事，不闻由义成主之。即北方有警，告急之使，亦岂得出自义成哉？

唐高祖称臣于突厥

唐高祖称臣于突厥，新旧《唐书》皆不载其事。然《旧唐书·李靖传》谓：太宗初闻靖破颉利，大悦，谓侍臣曰："朕闻主忧臣辱，主辱臣死。往者国家草创，太上皇以百姓之故，称臣于突厥，朕未尝不痛心疾首，志灭匈奴。今者暂动偏师，无往不捷，单于款塞，耻其雪乎？"《新唐书·突厥传》云：李靖等出讨，捷书日夜至，帝谓群臣曰："往国家初定，太上皇以百姓故，奉突厥，诡而臣之，朕尝痛心病首，思一刷耻于天下，今天诱诸将，所乡辄克，朕其遂有成功乎？"《通鉴》贞观三年："十二月，突利可汗入朝，上谓侍臣曰：往者太上皇以百姓之故，称臣于突厥，朕常痛心。今单于稽颡，庶几可雪前耻。"三文所本者同，单于稽颡，自指突利入朝之事。《通鉴》叙述，最为明析。《旧唐书》虽不逮，犹留单于款塞之文，使人可以推较。《新唐书》删去此语，顾移"无往不捷"之语于前，改为"捷书日夜至"，谓太宗此语，乃为闻捷而发，可谓疏矣。观此，知高祖尝称臣于突厥不疑。《旧唐书·张俭传》："贞观初，以军功，累迁朔州刺史，时颉利可汗自恃强盛，每有所求，辄遣书称敕，缘边诸州，递相承禀。及俭至，遂拒不受，太宗闻而嘉之。"（《新唐书》略同。）彼之称敕于诸州，盖正由高祖之称臣于彼。《新唐书·突厥传》言：高祖初待突厥用敌国礼，武德八年，乃"命有司，更所与书为诏若敕"。疑称臣之礼，实至是而始罢，然亦不过用敌国礼。云用诏若敕者，史家讳前此之称臣为用敌国礼，则不得不改是时之用敌国礼者为用诏敕也。《通鉴》：高祖之起，命刘文静使于突厥以请兵，私谓曰：胡骑入中国，生民之大蠹也，吾所以欲得之者，恐刘武周引之，共为边患。数百人之外，无所用之。及文静以突厥兵五百人、马二千匹来至，高祖喜其缓，谓曰：吾西行及河，突厥始至，兵少马多，皆君将命之功也。（恭帝义宁元年）此或史家文饰之辞，高祖未必及此。然唐初确未藉突厥兵以为用，则高祖之智，虽不及此，群臣之中，必有能为是谋者矣。夷狄利厚实，非爱虚名，既非急于求人，何乃无端屈己。盖唐室先世，出自武川，其自视原与鲜卑无异，以中国而称臣于突厥，则可耻矣，鲜卑则何有焉！此正犹石敬瑭称臣于耶律德光，沙陀之种，原未必贵于契丹也。

唐太宗除弊政

　　《旧唐书·太宗纪》：贞观元年三月，诏曰：崔季舒子刚、郭遵子云、韦孝琰子君遵，并以门遭时遣，淫刑滥及，宜从褒奖，特异常伦，可免内侍，量才别叙。（《新书》同）此自齐历周、隋至唐，市朝已三易矣。

又二年九月丁未，诏侍臣曰："妇人幽闭深宫，情实可悯，隋氏末年，求采无已，至于离宫别馆，非幸御之所，多聚宫人，皆竭人财力，朕所不取；且洒扫之余，更何所用？今将出之，任求伉俪，非独以惜费，亦人得各遂其性。"于是遣尚书左丞戴胄、给事中杜正伦等，于掖庭宫西门简出之。此亦隋代弊政，至太宗而后除者，可见武德时之政事，殊不足观也。

太宗停薛延陀婚

《旧唐书·薛延陀传》：延陀请婚，"太宗谓侍臣曰：北狄世为寇乱，今延陀崛强，须早为之所。朕熟思之，惟有二策：选徒十万，击而虏之，灭除凶丑，百年无事，此一策也；若遂其来请，结以婚姻，缓辔羁縻，亦足三十年安静，此亦一策也；未知何者为先？司空房玄龄对曰：今大乱之后，创夷未复，且兵凶战危，圣人所慎。和亲之策，实天下幸甚。太宗曰：朕为苍生父母，苟可以利之，岂惜一女？遂许以新兴公主妻之。因征夷男备亲迎之礼，仍发诏将幸灵州与之会。夷男大悦，谓其国中曰：我本铁勒之小帅也，天子立我为可汗，今复嫁我公主，车驾亲至灵州，斯亦足矣。于是税诸部羊马以为聘财。或说夷男曰：我薛延陀可汗与大唐天子俱一国主，何有自往朝谒？如或拘留，悔之无及。夷男曰：吾闻大唐天子圣德远被，日月所照，皆来宾服。我归心委质，冀得睹天颜，死无所恨。然碛北之地，必当有主，舍我别求，固非大国之计。我志决矣，勿复多言。于是言者遂止。太宗乃发使受其羊马。然夷男先无府藏，调敛其国，往返且万里，既涉沙碛，无水草，羊马多死，遂后期；太宗于是停幸灵州。既而其聘羊马来至，所耗将半，议者以为夷狄不可礼义畜，若聘财未备而与之婚，或轻中国；当须要其备礼。于是下诏绝其婚。"《新唐书》略同，且曰："或曰：既许之，信不可失。帝曰：公等计非也。昔汉匈奴强，中国不抗，故饰子女嫁单于。今北狄弱，我能制之；而延陀方谨事我者，顾新立，倚我以服众；彼同罗、仆骨力足制延陀而不发，惧我也；我又妻之，固中国婿，名重而援坚，诸部将归之。戎狄野心，能自立，则叛矣。今绝婚，使诸姓闻之，将争击延陀，亡可待也。"《旧唐书·契苾何力传》云："何力母姑臧夫人、母弟贺兰州都督沙门，并在凉府。诏许何力觐省其母，兼抚巡部落。（何力父入龟兹，居热海上，死。）何力随母诣沙州内附，太宗置其部落于甘、凉二州。时薛延陀强盛，契苾部落皆愿从之。何力至，闻而大惊曰：主上于汝有厚恩，任我又重，何忍而图叛逆！诸首领皆曰：可敦及都督已去，何故不行？何力曰：我弟沙门孝而能养，我以身许国，终不能去也。于是众共执何力至延陀所，置于可汗牙前。何力箕踞而坐，拔佩刀东向大呼曰：岂有大唐烈士受辱蕃庭，天地日月，愿知我心！又割左耳以明志不夺也。可汗怒，欲杀之，为其妻所抑而止。初，太宗闻何力之延陀，明非其本意。或曰：人心各乐其土，何力今入延陀，犹鱼之得水也。太宗曰：不然。此人心如铁石，必不背我。会有使自延陀至，具言其状。太宗泣谓群臣曰：契苾何力竟如何？遽遣兵部侍郎崔敦礼持节入延陀，许降公主，求何力。由是还，拜右骁卫大将军。太宗既许公主于延陀，行有日矣。何力抗表，固言不可。太宗曰：吾闻天子无戏言，既已许之，安可废？何力曰：然。臣本请延缓其事，不谓总停。臣闻六礼之内，婿合亲迎，宜告延陀亲来迎妇；纵不敢至京邑，即当使诣灵州。畏汉必不敢来，论亲未可有成，日既忧闷，臣又携离，不盈一年，自相猜忌。延陀志性很戾，若死，必两子相争，坐而制之，必然之理。太宗从之，延陀恐有诈，竟不至灵州，自后常怏怏不得志，一年而死。两子果争权，各立为主。"（《新唐书》亦同。）案太宗初以亲女许延陀，其欲抚之之意，可谓甚厚；而后忽决然绝婚，其间必有为之谋者。同罗、仆骨力足以制延陀，许之，则名重而援坚；绝，则诸姓将争击之，此惟固其族类，且新自其中来者，为能知其情，谓其谋出自何力，似也。然六礼婿当亲迎，恐非契苾所知；藉此召至京邑，不则使诣灵州，此等深计远图，亦非武夫所及；恐何力徒请绝婚，而措置之方，则别有为之谋者。《何力传》既为何力攘功，《突厥传》又为太宗掠美耳。何力之不顺延陀，盖其早入中国，久习华风，非必尽忠唐室。部落既已从顺，延陀亦何爱于一夫，而欲固留之。且拔刀割耳，谁则见之。则其本传所云，殆皆谀墓之词类耳。夷男浅虑，盖当如其本传所言，谓其疑忌不来，恐亦故神其说；且志性很戾者，岂为失一公主怏怏而死哉？亦明为附会之辞也。是时言婚不宜绝者为褚遂良，其意亦重用兵，与房玄龄同。太宗之事四夷，文臣多尼之，武夫则多赞之。征辽之役，谏者孔多，而顺之者，独一李勣，亦是物也。

唐初封建之敝

唐初如李靖、李勣、尉迟敬德、秦叔宝等战功，皆只封公，其膺王爵，唯外番君长内附，（如突利封北平郡王，思摩封怀化郡王）以及群雄中有来降者（如高开道封北平郡王，罗艺封燕郡王）而已。自武后欲大其族，武氏封王者二十余人，于是王爵始贱。中宗复位，遂亦封敬晖、张柬之等五王并李多祚亦王，韦后外戚追王者亦五人。《新唐书·韦嗣立传》：中宗时恩幸食邑者众，封户凡五十四州县，皆据天下上腴，随土所宜，牟取利入，为封户者，急于军兴。嗣立极言其弊，请以丁课，尽送大府，封家诣左藏支给，禁止自征，以息重困。宋务光亦言滑州七县而分封者五，国赋少于侯租，人家倍于输国，乞以封户均余州，并附租庸使岁送停封使，息驿使。是征租者，并乘驿矣。《宋璟传》：武三思封户在河东，遭大水，璟奏灾地皆蠲租。有陷三思者，谓谷虽坏而蚕桑故在，请以代租，为璟所折。《张廷珪传》：宗楚客、纪处讷、武延秀、韦温等封户在河南北，讽朝廷诏两道蚕产所宜，虽水旱得以蚕折，廷珪固争得免。可见唐时封户之受困，虽国赋不至此也。

唐宫人至朝廷

《文昌杂录》云：唐制，天子坐朝，宫人引至殿上。故杜甫诗有"户外昭容紫袖垂，双瞻御坐引朝仪"之句。盖自武后临朝，女官随侍，后遂相沿为定制耳。《宋史》吕大防疏，称"唐入阁图有昭容位"，可见当日著为朝仪，至形之图画也。按《唐书》天祐二年十二月诏曰：宫妃女职，本备内任，今后每遇延英坐日，只令小黄门祗候引从，宫人不得出内，由此遂罢。则唐末始革除。

唐将帅之贪

赵瓯北《陔余丛考》有论宋南渡后将帅之富一条，往者读之，未尝不叹息于国家之败，由官邪；官之失德，宠赂彰；宠赂之彰，武人尤甚；恢复之无成，未始不由于武夫之贪黩也。然何必宋，唐中叶后将帅之贪侈，恐有甚于宋之南渡者矣。如郭子仪非其首邪？论者乃称其侈穷人欲，而君子不之罪，何阿私所好之甚也！

安、史之败亡，乃安、史之自败，非唐人之能亡之也。当禄山、思明未死时，唐兵实未能进取，观滍水之败可知。然则朔方之兵力，实非范阳之敌，所以然者，侈为之也。肃宗之幸灵武，杜鸿渐等奉迎，而留魏少游缮治宫室。少游时为朔方水陆转运副使。少游大为殿宇幄帝皆象宫阙，诸王公主，悉有次舍，供拟穷水陆；又有千余骑，铠帜光鲜，振旅以入。帝见宫殿，不悦曰：我至此，欲就大事，安用是为？稍命去之。肃宗非恭俭之君，而犹以为过，朔方军之侈可知矣。杜陵之诗曰："朔方健儿好身手，昔何勇锐今何愚？"岂无故哉？或曰："云帆转辽海，秔稻来东吴，越罗与楚练，照耀舆台躯。"范阳之军则不侈乎？不知禄山之能用其众者，啖之以虏掠也。何千年尝劝贼令高秀岩以兵三万出振武，下朔方，诱诸蕃取盐、夏、鄜、坊。果如是，朔方军之根本且覆。唐是时方镇兵力，可用者惟朔方；朔方覆，抗敌且益难，禄山岂不之知？而卒不用其说者，毋亦其众歆于中国之富，驱之南向易，驱之西向难邪？其众之所以顺之者，以中国是时不习兵革，肆行虏掠，莫之亢也。逮其既入两京，所哀敛者当不少，然可掠取乎？黄巢之入长安也，其众见穷民，或抵金帛与之，其所哀敛，亦云多矣。唐之士有歆之而思起而掠取之者乎？则执山寨之民，粥诸贼人，获数十万钱而已。朔方军之所能，则随回纥剽河南，使其民以纸为裳而已矣。茹柔吐刚，是则武夫之德也！

　　不必安、史乱后也，即唐初亦已如此。唐初名将，莫如李靖。靖之平颉利也，《新唐书》云萧瑀劾靖持军无律，纵士大掠，散失奇宝。《旧唐书》云温彦博害其功，潛靖军无纲纪，致令虏中奇宝，散于乱兵之手。太宗大加责让，久之乃解。奇宝果散入乱兵之手乎？侯君集之入高昌也，史言其"私取宝物，将士知之，亦竞来盗窃，君集恐发其事，不敢制"。突厥奇宝之散失，得毋亦如是乎？《岑文本传》言孝恭之定荆州，军中将士，咸欲大掠，文本进说，孝恭乃止之。《靖传》云：是行也，"高祖以孝恭未更戎旅，三军之任，一以委靖"。则诸将之请孝恭，实请靖也。《靖传》云：诸将请孝恭而靖止之。足见孝恭能左右之也。靖陈图萧铣十策，高祖乃有攻铣之举，始谋实出于靖，得毋亦有所歆？特性较谨愿，不如君集之卤莽。又内地肆掠，事易彰露，有所顾虑而中止欤？君集之还也，有司请推其罪，诏下之狱。岑文本上疏讼之，引李广利、陈汤事，言古者万里征伐，不录其过。又曰："将帅之臣，廉慎者寡，贪求者众。"可谓切中事情矣。万里征伐，不录其过，岂太宗所不知？而大责让靖者，文本《疏》言：高昌之役，"议者以其地在遐荒，咸欲置之度外，惟陛下运独断之明，授决胜之略"。则是役主之者帝也，怒君集而下之狱，得毋所歆亦有在正辞伐罪之外者乎？观其因失奇宝，而大责让靖，则其伐突厥，亦岂徒以其父尝诡而臣之，而思雪其耻哉？此无足诡。太宗亦武人也。建成之图太宗也，谓元吉曰："秦王且遍见诸妃，彼金宝多有以赂遗之也，吾安得箕踞受祸？"彼秦王之金宝，果何自来哉？

文本《疏》引黄石公《军势》曰："使智，使勇，使贪，使愚。故智者乐立其功，勇者好行其志，贪者邀趋其利，愚者不计其死。"黄石公《军势》，自为依托之书，然此数语，亦颇有理。夫战非恶事也，除旧布新实以之，以之伐罪则仁，以之御暴则义，战所以行仁义也，然以之行仁义者寡矣。

《新唐书·阿史那社尔传》曰：龟兹之役，郭孝恪之在军，"床帷器用，多饰金玉，以遗社尔。社尔不受。"此金玉岂出军时所赉邪？以遗社尔，得毋使俱有所取，则不能发其事邪？此又一侯君集也。

魏元忠论武后时之将帅也，曰："薛仁贵、郭待封受阃外之寄，奉命专征，不能激厉熊罴，乘机扫扑；败军之后，又不能转祸为福，因事立功；遂乃弃甲丧师，脱身而走。幸逢宽政，罪止削除，国家网漏吞舟，何以过此？"可谓痛切矣。又曰："仁贵自宣力海东，功无尺寸，坐玩金帛，黩货无厌。"（《旧唐书·魏元忠传》）则知将帅之不职，无不以好贿者。仁贵始从征辽，以白衣陷陈自旌显，似亦勇者欲行其志。然观魏元忠之言，则贪者之邀趋耳，非有志而欲行之者也。其白衣陷陈也，所谓患不得之；及既得之，自无所不至矣。故曰"鄙夫可与事君也与哉"！

《旧唐书·裴行俭传》曰："初，平都支、遮匐，大获瑰宝，蕃酋将士愿观之，行俭因宴设，遍出历示。有马脑盘，广二尺余，文采殊绝。军吏王休烈奉盘，历阶趋进，误蹴衣，足跌便倒，盘亦随碎，休烈惊皇，叩头流血。行俭笑而谓曰：尔非故也，何至于是？更不形颜色。"似乎大度矣，然其始之藏之何为哉？何不以所获分赐将士乎？"诏赐都支等资产金器皿三千余事，驼马称是，并分给亲故并副使已下，数日便尽。"岂不以瑰宝多，金与驼马不足贵邪？马燧之救邢州、临洺也，将战，约众，胜则以家赀赏；及围解，殚私财赐麾下。德宗嘉之，诏出度支钱五千万偿其财。（《旧唐书·马燧传》）此固可逆知，然则其赏士也，犹储之外府也。不然，燧没后，何由以赀甲天下哉？饥岁之春，幼弟不饷；穰岁之秋，过客必食。人之情，固因其所处而异。行俭之碎马脑盘，而不形于色，果大度也哉？且果形颜色，亦岂当在宴设之际乎？《孟子》曰："好名之人，能让千乘之国；苟非其人，箪食豆羹见于色。"（《尽心》下）

富弼劝辽兴宗不用兵

事有不谋而合者，辽兴宗求关南地于宋，宋使富弼报之。《宋史》记其事，谓弼说契丹主曰："北朝与中国通好，则人主专其利，而臣下无获，若用兵，则利归臣下，而人主任其祸，故劝用兵者，皆为身谋耳。"契丹主惊曰："何谓也？"弼曰："晋高祖欺天叛君，末帝昏乱，土宇狭小，上下离叛，故契丹全师独克；然壮士健马，物故大半。今中国提封万里，精兵百万，法令修明，上下一心，北朝欲用兵，能保其必胜乎？就使其胜，所亡士马，群臣当之欤？抑人主当之欤？若通好不绝，岁币尽归人主，群臣何利焉？"契丹主大悟，首肯者久之。明日，刘六符谓弼今惟有结婚可议耳。弼曰："婚姻易生嫌隙。本朝长公主出降，赍送不过十万缗，岂若岁币无穷之利哉？"其后弼再往契丹，遂不复求婚，专欲增币。夫就宋辽二史观之，兴宗皆似有大志，非可以区区岁币饵者。读史者或疑《宋史·弼传》之辞为不实。然《辽史·兴宗纪》亦云弼为兴宗言，大意谓辽与宋和，坐获岁币，则利在国家，臣下无与；与宋交兵，则利在臣下，害在国家。兴宗感其言，和好始定。《辽史》未必取材于宋，则《宋史·弼传》之言初非不实矣。《旧唐书·郑善果传》：从兄元綎，突厥寇并州，高祖令元璹充使招慰。元璹谓颉利曰："汉与突厥，风俗各异。汉得突厥，既不能臣；突厥得汉，复何所用？且抄掠资财，皆入将士，在于可汗，一无所得；不如早收兵马，遣使和好，国家必有重赍，币帛皆入可汗，免为劬劳，坐受利益。大唐初有天下，即与可汗结为兄弟，行人往来，音问不绝。今乃舍善取怨，违多就少，何也？"颉利纳其言，即引还。与富弼之折辽兴宗，如出一辙。然则兴宗亦颉利之伦，宋辽两史所载，一似志在拓地之雄主，盖未得其实也。果其志在拓地，富弼安得以财利为言，取笑异国？而兴宗亦安能遽听之乎？然则史事之增饰不实者多矣。兴宗之求地，未必不出于臣下之怂恿；而其臣下之怂恿，未必不以虏掠之利动之。富弼固窥见其微，乃以是折之也。夫弼岂知郑元璹之所为而师之哉？其所遇者同，其所以应之之术自不得不同也。

金初官制

《金史·百官志》："金自景祖，始建官属，统诸部，以专征伐，嶷然自为一国。其官长皆称曰勃极烈。故太祖以都勃极烈嗣位，太宗以谙班勃极烈居守。谙班，尊大之称也。其次曰国论忽鲁勃极烈。国论，言贵，忽鲁，犹总帅也。又有国论勃极烈，或左右置，所谓国相也。其次诸勃极烈之上，则有国论，乙室，忽鲁，移赉，阿买，阿舍，吴，迭之号，以为升拜宗室功臣之序焉。其部长曰孛堇，统数部者曰忽鲁。凡此，至熙宗定官制皆废，其后惟镇抚边民之官曰秃里。乌鲁图之下，有扫稳，脱朵。详稳之下，有么忽，习尼昆。此则具于官制而不废。皆踵辽官名也。"此段文字，殊欠清晰。其《国语解》云："都勃极烈，总治官名，犹汉云冢宰。谙版勃极烈，官之尊且贵者。国论勃极烈，尊礼优崇，得自由者。胡鲁勃极烈，统领官之称。移赉勃极烈，位第三曰移赉。阿买勃极烈，治城邑者。乙室勃极烈，迎迓之官。札失哈勃极烈，守官署之称。昃勃极烈，阴阳之官。迭勃极烈，倅贰之官，诸纠详稳，边戍之官。诸移里堇，部落墟寨之首领。秃里，掌部落词讼，察非违者。乌鲁古，牧圈之官。"胡鲁，即忽鲁。国论勃极烈，忽鲁勃极烈，据解乃两官，而《志》误合为一。下又重出国论勃极烈之名。"则有国论，乙室，忽鲁，移赉，阿买，阿舍，吴，迭之号"句，国论，忽鲁又重出。阿舍，即《解》之札失哈。吴为昃字之误。盖此诸号，至熙宗皆废，故作史者亦不可能了然也。《桓赧散达传》："国相雅达之子也。雅达之称国相，不知其所从来。景祖尝以币与马求国相于雅达。雅达许之。景祖得之，以命肃宗。其后撒改亦居是官焉。"案《辽志》：属国职名，有左相、右相。又载景宗保宁九年，女直国来请宰相，夷离堇之职，以次授者二十一人。则雅达之国相，必受诸辽，故须以币与马求之。然则金初国论勃极烈为最尊之官，都勃极烈，谙版勃极烈，皆后来所设，故移赉勃极烈位居第三也。

《志》又云："诸纠详稳一员，掌戍守边堡。么忽一员，掌贰详稳。习尼昆，掌本纠差役等事。""诸移里堇司。移里堇一员，分掌部族村寨之事。""诸秃里。秃里一员，掌部落词讼，访察违背等事。""诸群牧所，国言谓乌鲁古。提控诸乌鲁古一员。又设扫稳，脱朵，分掌诸畜，所谓牛马群子也。"此等序谓踵辽官名，其下皆无勃极烈字。然则凡有勃极烈字者，皆女真之旧也。金初官制大略可见矣。

明末贪风之害

《明史·梁廷栋传》：崇祯三年秋，"廷栋以兵食不足，将加赋。因言今日闾左虽穷，然不穷于辽饷也。一岁中阴为加派者，不知其数。如朝觐、考满、行取、推升，少者费五六千金，合海内计之，国家选一番守令，天下加派数百万。巡抚查盘、访缉，馈遗谢荐，多者至二三万金。合天下计之，国家遣一番巡方，天下加派百余万。而曰民穷于辽饷，何也？臣考九边额设兵饷，兵不过五十万，饷不过千五百三十余万，何忧不足？故今日民穷之故，惟在官贪，使贪风不除，即不加派，民愁苦自若。使贪风一息，即再加派，民欢忻亦自若。"此说最为痛快，历代民之所病，未有在于法令之所明取者。使以私租为官赋，此外遂绝无所取，民未必其疾首蹙额也。但必不能所取耳。

清建储之法

清圣祖时，诸子争立，允礽再废，其后遂未立储。雍正元年，世宗亲书所欲立者之名，藏诸正大光明扁额之后，后遂沿为成法。此虽不必遂善，然亦家天下之世防弊之一法也。然此法实因内宠而后立。《清史稿·诸王传》："端慧太子永琏，高宗第二子，乾隆三年十月殇，年九岁，十一月，谕曰："永琏乃皇后所生，朕之嫡子。聪明贵重，气宇不凡，皇考命名，隐示承宗器之意。朕御极后，恪守成式，亲书密旨，召诸大臣藏于乾清宫正大光明榜后。是虽未册立，已命为皇太子矣。今既薨逝，一切典礼，用皇太子仪注行。旋册赠皇太子，谥端慧。"又："哲亲王永琮，高宗第七子，与端慧太子同为嫡子，端慧太子薨，高宗属意焉。乾隆十二年十二月，以痘殇，方二岁。上谕谓先朝未有以元后正嫡绍承大统者，朕乃欲行先人所未行之事，邀先人不能获之福，此乃朕过耶？命丧仪视皇子从优，谥曰悼敏。"观此，知二子不死，世宗所立之法，未必不又废于高宗时也。

异族间兼并

财利无国界也，故虽异国异族之间，亦有互相兼并之事。《宋史·蔡挺传》：知渭州。"蕃部岁饥，以田质于弓箭手，过期辄没。挺为资官钱，岁息什一。后遂推为蕃、汉青苗助役法。"又《贾昌朝传》：判大名府。"边人以地外质，契丹故稍侵边界。昌朝为立法：质地而主不时赎，人得赎而有之。岁余，地悉复。"又《西南溪峒诸蛮传》：乾道十一年，"禁民毋质瑶人田，以夺其业。俾能自养，以息边衅。从知沅州王镇之请也"。足见南北皆有其事矣。蔡挺能体恤质举者，甚善。然官吏能如是者绝鲜，且身亦图利，遂至积涓涓之流，成滔天之祸焉。《圣武记·乾隆湖贵征苗记》云："苗之未变也，畏隶如官，官如神。兵民利焉，百户、外委利焉，司土者利焉。""初，永绥厅悬苗巢中，环城外寸地皆苗。不数十年，尽占为民地。兽穷则啮，于是奸苗倡言逐客民，复故地，而群寨争杀，百户响应矣。"指欲复故土者为奸，可乎？清世"内乱"之炽，实始于其所谓川楚"教匪"者，而川楚"教匪"之炽，实以湖贵苗起事掣其兵力之故。所谓积涓涓之流，而成滔天之祸者也。虽然，兼并之召祸，初不自乾隆中始。雍正之西南土司改流，盖亦以是为先驱焉。《清史稿·杨名时传》：名时于乾隆元年疏言："御夷之道，贵在羁縻，未有怨毒猜嫌而能长久宁帖者。贵州境内，多与苗疆相接。生苗在南，汉人在北，而熟苗居中，受雇直为汉人佣，相安已久。生苗所居，深山密箐，有熟苗为之限，常声内地兵威以慑之，故亦罔敢窥伺。自议开拓苗疆，生苗界上，常屯官兵，干戈相寻，而生苗始不安其所。至熟苗，无事则供力役，用兵则为乡导。军民待之若奴隶，生苗疾之若寇仇。官兵胜，则生苗乘间抄杀以泄忿；官兵败，又或屠戮以冒功。由是熟苗怨恨，反结生苗为乱。如台拱本在化外，有司迎合要功，辄谓苗民献地，上官不察，竟议驻师，遂使生苗煽乱，屡陷官兵，蹂躏内地。间有就抚熟苗，又为武臣残杀，卖其妻女。是以贼志益坚，人怀必死。为今日计，惟有弃苗疆而不取。撤重兵还驻内地，要害筑城，俾民有可依，兵有可守。来则御之，去则舍之。明悬赏格，有能擒首恶及率众归顺者，给与土官世袭，分管其地。更加意抚绥熟苗，使勿为生苗所劫掠，官兵所侵陵，庶有俛首向化之日。不然，臣恐兵端不能遽息也。"熟苗所耕，当亦苗地，顾为汉人之佣，其地盖为汉人所巧取豪夺。既已奴役熟苗矣，乃又以之为介，而进侵生苗之地，苗人安得不反抗？名时云："为今日计，惟有弃苗疆而不取。"明苗地当还诸苗矣。又《孙嘉淦传》：嘉淦于乾隆七年疏言："内地武弁，不得干与民事，苗疆独不然。文员不敢轻入峒寨，但令差役催科，持票滋扰而已。争讼、劫杀之案，皆委之于武弁。威权所及，摊派随之。于是因公科敛，文武各行其令；因事需索，兵役竞逞其能；甚至没其家赀，辱及妇女。苗民不胜其忿，与之并命，而嫌衅遂成。为大吏者，或剿或抚，意见各殊，行文查勘，动经数月。苗得闻风豫备，四处句连，饮血酒，传木刻，乱起甚易，戡定实难。幸就削平，而后之人仍蹈前辙，搜捕株连，滋扰益甚。苗、瑶无所告诉，乘隙复动，惟力是视。历来治苗之官，既无爱养之道，又乏约束之方。无事恣其侵渔，有事止于剿杀。剿杀之后，仍事侵渔，侵渔既久，势必又至剿杀。长此循环，伊于胡底？语曰：善为政者，因其势而利导之。苗人散居，各有头人。凡作奸、窝匪之处，兵役侦之而不得者，头人能知之；斗争、劫杀之事，官法绳之而不解者，头人能调之。故治苗在治头人。令各寨用头人为寨长。一峒之中，取头人所信服者为峒长，使各约束寨长而听于县令。众苗有事，寨长处之不能，以告峒长；又不能，以告县令。如是，则于苗疆有提纲挈领之方，于有司自收令行禁止之效。且峒长数见牧令，有争讼可告官区处，而无仇杀之举。牧令数见峒长，有条教可面饬遵行，而无吏役荧蔽之患。扰累既杜，则心志易孚。所谓立法简易，因其俗而利导者也。"其谓苗地当还诸苗，实与名时如出一辙。孟子曰：善战者服上刑。鄂尔泰、张广泗等其人也。

《清史稿·循吏传》：李大本，（附《谢仲玩传》）乾隆时为宝庆府理瑶同知。"横岭峒苗乏食，吁官求粟。大本多方振之。复为苗民筹生计。请于上官曰：横岭峒自逆渠授首，安插余苗，因恶其人，故薄其产，每口授田，才三十穧至四十穧。每穧上田获米六升，中田五升，下田四升，得米无多；又峒田稍腴者，尽与堡卒，极恶者方畀苗民；岁入不足，男则斫柴易米，女则劚蕨为粉，给口实。年来生齿日繁，材木竭，米价益昂，饥饿愁叹，深可怜闵。恐不可坐视而不为之所。见有人官苗田一千三百四十八亩。旧募汉民佃种，出租供饷。奸良不一，屡经淘汰。请视苗民家贫丁众者书诸簿。有汉佃应除者，即书簿之苗丁，次第受种，出租如故，则苗民得食，而饷亦无亏。乃补救之一端。议上，不许。后巡抚陈宏谋见之，曰：此识时务之言也。将陈其事。会他迁，未果。"此汉人战胜苗、瑶后攘夺其土地之一事也。

又《徐本传》：雍正十年，擢安庆巡抚。十一年，疏言："云、贵、广西改流土司，安置内地，例十人给官房五楹，地五十亩，安庆置二十一人，地远在来安。请变价别购，俾耕以食。"改流后之土司，殆古所谓寓公也。诸侯不臣寓公，而清人遇之之薄如此。

不徒内地也，即台湾亦有兼并之患。《清史稿·陈大受传》：乾隆十一年，调福建巡抚。十二年，疏言："台湾番民生业艰难，向汉民重息称贷。子女、田产，每被盘折。请拨台谷二万石，分贮诸罗、彰化、淡水诸县，视凤山例接济。其不愿借者听。报可。"重利盘剥之无孔不入如此。

汉人每能盘剥他族者，以其生利之力较强也。《清史稿·常明传》：嘉庆十五年，为四川总督。"宁远府属夷地，多募汉人充佃，自教匪之乱，川民避入者增至数十万人，争端渐起。十七年，常明疏请汉民移居夷地及佃种者，编查入册，不追既往。此后严禁夷人招佃与汉民转佃。报可。"此数十万人之入"夷地"，必多由"夷人"招募者矣。又《吴杰传》：道光十三年，川南叛夷犯边，师久无功。疏言：夷族"不谙农事，汉民租地，耕作有年，既渐辟硗卤为膏腴，群夷涎其收获，复思夺归。构衅之原，不外于此。今当勘丈清厘。凡汉民屯种夷地，强占者勒令退还，佃种者悉令赎归；无主之田，垦荒已久，聚成村落，未便迁移，画为汉界，禁其再行侵占，庶争端永息"。观此，知汉人侵占，事实有之，然夷族召募，亦不可云无。既化硗卤为膏腴，复艳收获而思攘夺，自非事理之平。然则汉、夷龃龉，咎固多在汉人，而亦不可云尽在汉人也。

《宋史·西南溪峒诸蛮传》：嘉定七年，臣僚言："辰、沅、靖三州之地，多接溪峒。其居内地者谓之省民，熟户、山瑶、峒丁，乃居外为捍蔽。其初区处详密，立法行事，悉有定制。峒丁等皆计口给田，多寡阔狭，疆畔井井。擅鬻者有禁，私易者有罚。一夫岁输租三斗，无他繇役，故皆乐为之用。边陲有警，众庶云集，争负弩矢前驱，出万死不顾。比年防禁日弛。山瑶、峒丁，得私售田。田之归于民者，常赋外复输税，公家因资之以为利，故谩不加省。而山瑶、峒丁之常租仍虚挂版籍，责其偿益急，往往不能聊生，反寄命瑶人，或导其入寇，为害滋甚。宜敕湖广监司檄诸郡，俾循旧制毋废，庶边境绥靖，而远人获安也。"此熟户、山瑶、峒丁，正与清时贵州之熟苗同。

《清史稿·冯光熊传》：为贵州巡抚。嘉庆三年，春，疏请"申禁汉民典买苗田，及重债盘剥，驱役苗佃"。光熊与于平苗之役，足见苗叛实由汉人侵夺其土地也。又《谢启昆传》：嘉庆四年，擢广西巡抚。"广西土司四十有六，生计日绌，贷于客民，辄以田产准折。启昆请禁重利盘剥，违者治罪，田产给还土司。其无力回赎者，俟收田租满一本一利，田归原主，五年为断；其不禁客民入苗地者，廉土民驯愚，物产稀少，藉贩运以通有无也。"此可见所盘剥者不仅苗民，并及其酋长，而从事盘剥者，又非仅农民而兼有商人矣。又《甘肃土司传》，言其"输粮供役，与民无异。惟是生息蕃庶，所分田土多鬻民间，与民错杂而居，联姻而社，并有不习土语者。故土官易制"云。此乃逐渐受汉人之剥削，不待干戈而灭亡者。知土地可以买卖为封建之大敌也。

《清史稿·鄂尔达传》：乾隆四年，调川陕总督。"疏言榆林边民，岁往鄂尔多斯种地，牛具、籽种、日用，皆贷于鄂尔多斯。秋收余粮易牛羊皮，入内地变价，重息还债。请于出口时，视种地多寡，借以官银，秋收以粮抵，俾免借贷折耗之苦，仓储亦可渐充。上从之。"此又塞外部落酋豪，招致汉民，加以剥削者也。然中原之主，亦有剥削外族者。《金史·世宗纪》：大定十七年，十月，"诏以羊十万付乌古里、右垒部畜，收其滋息，以予贫民"。此则汉武帝之出牝马亭矣。

历史上之迁都与还都

查考我国的历史，迁都之事多，而还都之事少；即或有之，亦和现在的还都，意义大不相同；所以我们这一次的还都，确可以说是空前的盛事。

唐虞以前，都邑已不可深考了。夏代都城，究在何处，亦还是问题，但《世本》说禹都阳城，又说桀都阳城，则夏代的都邑，似乎无多迁徙，但夏代有太康失国的一个动乱，其都城又不能全无变动，《左氏》襄公四年说：羿因夏民以代夏政，夏民为羿所因，夏之都城，必曾一度为羿所据，而哀公元年，又说少康祀夏配天，不失旧物，则少康恢复夏业时，似乎把旧都也恢复过来，而仍还居于其地，这一个推测如确，少康便是历史上可考的光荣还都的第一人了。殷代的都邑，迁徙最多，其中盘庚的涉河南治亳，《史记》上说他是回复成汤的旧居，这也可称为还都，盘庚也是殷代的贤君，如此，在三代以后，倒已有足资纪念的还都两次了。但夏殷两代，年代究竟太远了，史料传者太少，其时之真相如何，究竟不易评论。

因不能还都而蒙受极大的损失的，历史上最早可考的，便要推东周。东周平王元年，为西元前七七〇年，下距秦始皇尽灭六国的前二二一年，凡五百四十九年，其时间不可谓不长。西周之世，西畿应为声明文物之地，然直至战国时，论秦者尚称其杂戎狄之俗，在秦孝公变法自强以前，因此为东方诸侯所排攒，不得与于会盟之列，可见西周之亡，西畿之地，遭受破坏的残酷。当西畿未失之时，周朝合东西两畿之地，犹足以当春秋时之齐、晋、秦、楚，此其所以在西周时，大体上，能够维持其为共主的资格。到西畿既失之后，形势就大不相同了。昔人论周之东迁，恒以为莫大之失策，诚非无所见而云然。

三代以下，秦朝运祚短促，自不会有还都之事。前汉二百十年，亦始终未能移都。莽末大乱，后汉光武起，不光复旧物而建都洛阳。这就继承汉的基业说，也可以说是未能还都。光武所以不都长安，大概因赤眉乱后，三辅之地，破坏得利害了，修复迁移，所费太巨之故。这未尝非爱惜民力之意，然通前后而观之，则光武的不能还都，中国在国势上，实颇受到损失。中国在前代，建国的重心，实在黄河流域。当这时期，能向西、北两方面拓展，则规模远大，而国势可以盛强，若退居河南，徒和当时富力的重心山东相联络，则未免易即于晏安，而国势亦渐以陵替。

这一点，近人钱宾四君考论得最为深切着明，详见其所着之《国史大纲》，商务印书馆本。兹因限于篇幅，不能备引，然原书殊有参考的价值，甚望得之者能够一读。后汉末年，董卓乱政，为东方州郡所讨伐；卓乃迫胁献帝，还都长安，此乃所以避兵锋，作负隅之势，并非能恢复前汉的规模，自然说不上还都。董卓败后，李催、郭汜攻陷长安，献帝为所劫持，更不自由，后乃设法逃归洛阳。这亦是逃难而已，更说不上还都，既非能够还都，自然不能自立，所以不久，又被曹操劫迁到许昌去了。曹魏篡汉，还都洛阳，而西晋因之，迄亦未能再振。怀愍之难，洛阳、长安相继沦陷，而中国在北方的政权遂中断。

东晋元帝，以西元三一七年立国江东，自此至五八九年陈亡，凡约二百七十三年，迄未能光复旧物。其中惟桓温于三五六年击破姚襄，曾一度恢复洛阳。当时温曾抗表请还都旧京。然此时河南破坏已甚，不易立足，遑论进取？自非有不世出之畧者，不易为此非常之举。当时东晋的朝廷，则何足以语此？而且桓温的请还都，亦非真有恢复中原之意，不过上流的势力，全在其手中，如果还都，则中央的政权，亦必归其掌握罢了。所以晋朝诸臣所筹画者，倒是如何拒绝他的请求。桓温此时的实力，还未能迫胁晋朝北迁，还都之说，自然成为空论。到三六五年，洛阳就又为前燕所陷了。四一六年，刘裕破后秦，又恢复洛阳。其明年，并复长安，晋南北朝时中国之兵威，实以此时为最振。但裕已年老，后方又有问题，驻节北方，经畧赵魏之议，终于不能实行。师还未几，长安再陷。宋文帝时，屡次北伐，皆遭惨败，驯至胡马饮江，洛阳自亦无从保守了。这是有可以恢复的机会，因内部的矛盾而失之的。

宋、齐、梁、陈四朝，南方的形势，迄较北方为弱，然都城则从未动摇过。惟五四九年，台城尝为侯景所陷，侯景此时，名义上虽系梁臣，实系北来的势力，这亦不啻都城陷于敌手了。元帝立国江陵，赖王僧辩和陈武帝之力，得以恢复建康。此时理应即行还都。然而濡滞不决，遂使敌国生心，汉奸作俍。元帝之侄岳阳王詧，联合西魏，乘江陵兵备空虚，将其攻陷。此时敌我兵力悬殊，元帝理应出走，即不能达到建康，暂避在今湖南境内，亦是无妨的，西魏未必再有兵力进取。乃又不能决计，而徒为不足恃之守备，这不可谓非失策了。岳阳王自此立国江陵，在其境内称帝，望北朝则称臣，这是十足的一个伪组织了。王僧辩和陈武帝，立元帝之子敬帝于建康，南朝的统绪，赖以不坠，然又出了一个汉奸：梁武帝之子贞阳侯渊明，先以战败为东魏所俘，此时东魏已为齐所篡，又发兵送之来，王僧辩拒战不胜，竟降之，把他迎接进来，奉之为君，而废敬帝为太子。王僧辩是削平侯景的元勋，陈武帝的资望，还在他之下，乃固一战不胜，甘心从逆，这和现在汪兆铭、陈公博等以党国要人而甘心附敌，颇有些相像，而此时建康的政府，亦不能不谓为伪组织了。幸得陈武帝密定大计，讨杀王僧辩，废黜渊明，重立敬帝，而南朝乃得恢复其独立。然还有一班汉奸，勾结敌兵，大举入犯，业经渡江打到建康了。此时的形势，可谓极其危急。幸又得陈武帝奋其智勇，百姓齐心，将士效命，把他们一举歼灭。这一次的战役，和民国十六年国民政府保卫首都的龙潭战役，颇为相像。然龙潭战役，究竟还是阋墙之争，这一次则其所打击的直接是异族，其关系实更为重大了。所以陈武帝实在是一个民族伟人。

拓跋魏的根据地，本在平城。自孝文帝迁都洛阳，乃能大接受中国的文化。这本是鲜卑民族的一个大进步。但因其属于北边，措置不甚妥帖，又其南迁的政府，腐败不堪，遂至引起北方武力的再度南下。洛阳累遭兵燹。孝文帝旋为高欢所逼，弃之而入关，临行时，望着黄河向臣下说道：此水东流，而朕西上，若获还复旧都，卿等之力也。则其意未尝不渴望着还都。然此时关中全在宇文氏之手，安有容其展布的余地？孝文一入关，即为宇文泰所弑，往后诸君，自然更不必说起了。此时西方的重点，仍在长安，东方则在晋阳及邺，洛阳初无关轻重。及隋唐三世，乃又以长安为西都，洛阳为东都，恢复到周、汉时代的旧观。

隋朝运祚短促，不足论。到唐代，属外的声威，也恢复到汉朝的老样子了。唐朝的盛运，大约自贞观至开元，天宝以后，则长安全失其长驾远驭的作用了。同一都邑，而盛衰前后不同，此中原因固多，然有一点，关系甚为重要，而读史者能注意到的颇少，今特为指出之。案汉唐盛时，守卫皆非仅在边境。汉朝对漠南北，屡次出兵，威棱远怆，使其地的野蛮民族，无从养成气力，固不必论。唐朝的出兵，虽不如汉朝的频数，然平突厥、薛延陀后，亦设立两都护府，以管理漠南北之地。此外汉朝设立西域都护，以维护天山南北两条通路；唐朝设立西域四镇，亦在西域地方，造成四个据点。此等线的维护，点的占据，固然不足语于民族同化。然拓殖的大业，管理夷狄而即在夷狄之地，防其跋扈，制止其互相吞并及勾结；把小变消弭了，大变自无从发生，此即古语所谓守在四夷。所以唐初边境上的守兵，是极少的。到开元时，虽看似武功烦赫，然此等规模，业已失坠，于是为了要控制四夷，保卫边境，不得不设立节度使，藩镇之权重，而内地守备空虚，就引起安史之乱，此后节镇遍于内地，所忧者专在萧墙之内了。长安的形势，足以长驾远驭，诚如钱宾四君所云，然亦须国家之政策，有以与之配合，断非徒恃都邑之形势而已足。此点，凡侈谈都邑的形势者，皆不可不注意及之。

　　唐朝安史乱时，玄宗奔蜀。其后僖宗又以黄巢之乱奔蜀。代宗以吐蕃入犯，曾一度幸陕州。德宗以朱波背叛奔兴元，李怀光叛，再奔奉天。僖宗自蜀还后，又为叛臣所逼，奔宝鸡。昭宗亦曾数次播迁。后皆复还长安，然此等亦只是逃难，并非迁都，既非迁都，自然无所谓还都了。

　　当外敌凭陵之际，都城有宜于迁徙的，有不宜于迁徙的。敌人的力量，本属有限，我一摇动，所损失者甚大。且在专制之世，国民向不问国事，抗敌的意志，纵或坚强，因没有组织，无路以自效于国家，反攻的整备，即非旦夕所可完成。因一个动摇，势如崩山，沦陷之区，势必加广，倘使能够坚持一下，这种损失，都是可以免掉的。在此情形之下，自以坚守为是，这是宋朝澶渊之役，明朝土木之役，寇莱公、于忠肃公之功所以不可没。若都城实不能守，而政府必坚守之以与之俱亡，则一朝沦陷，国政反失其中枢，退守反攻，更加无人策画，糜烂之局，遂益无从收拾，则自以在适当时期，脱出为是，此明思宗之煤山殉国，所以虽然壮烈，而论者仍讥为失计。当明末，满人虽席方兴之势，其实力实极有限。试看他乘南都之荒淫，诸将之不和，流寇之不成气候，宜若可以席卷中原，然仍只能打到江南及陕西为止，此后的进展，全然是一班汉奸替他效力，便可知明思宗当日，如其迁都南京，其局面，必不至如后来弘光帝之糟了。

　　中国历代，所谓南北分裂，总是以长江流域和黄河流域对抗的，若南岭以南，则根本未能为轻重于天下。据此以与异族对抗的，当自宋之益王、卫王始，然其细已甚了。明唐王据福建，桂王据滇桂，声势始稍壮。太平天国起于广西，讨伐几遍十八行省，事虽无成，其声势，又非桂王之比了。辛亥革命之成功，虽若系于武汉的起事，然其根原，实在来自南方的。此次抗战，又以西南西北为根据地，卒奏克捷之烈，而有今日光荣还都。这是世运的转变，要合前后而观之，然后才知其伟大。

大凡一个国家，总有其一个或若干个重要地点，此等重要地点，或为财富之所萃，或为兵力之所存，或为文化之所寄。其中文化一端，尤为重要。因为这是民族的灵魂，虽无形而其力量实极伟大。罗马帝国之所以衰亡，断不能谓其和罗马之丧失，没有关系。大食帝国文治武功之灿烂，至近世乃渐即衰微，其和报达之遭受蹂躏，亦决不能是没有关系的。不必文明的大国，即较落后的民族，亦是如此。五胡之中，鲜卑慕容氏，程度要算最高，然自侵入中原以后，其在辽西的许多根据地，一时丧失，即其极意经营的龙城，亦不能保持，则其亡也忽焉。拓跋魏的文化，要比慕容氏落后得多，然平城之一据点，保存较久，则其命运亦较长。契丹泱泱大风，一朝瓦解，亦因天祚帝荒于游畋，置国家之重心临潢一带于不顾之故。历代侵入中国的异族，知道要保存其根据地的，莫如女真，金世宗惓惓于上京旧俗，要想加以保持，尚未有何等设施。到清朝，就要封锁东北，不许汉人移殖，然仍为汉族伟大的移殖力所突破。若元朝，虽失其在中国之地，然蒙古地方，依旧保存，则至今日仍不失为一大族。此可见每一民族根据地关系之重要。此等重要地点，幅员广大，人口众多，文化分布平均之国，要多一些。所以洛阳、长安，在中国所发生的作用，不如罗马、报达等在西方的重要。然其中仍有最重要的，如现在的首都南京即是。因为在现在，全国财富和文化的重心，还在长江下游一带，这一带，我们必须保持，民族的精神，才觉健全，而亦易发挥其威力，所以这一次的还都，是有极伟大的意义的。

还都之事，历史上虽非无有，然其意义，都是和现在不同的，所以这一次的还都，确是空前的盛事。所以能成此伟烈，则（一）由民族主义的昌盛。全国人民，抗敌的意志，一致坚强，所以任何地方，都成为抗敌有力的根据地。首都虽然沦陷，不怕没有凭藉，以图恢复。（二）亦由于当局领导的得法。以中国之大，断不是任何一个国家，所能够毁灭的。有时国土沦陷而不能恢复，不是他人力量的强大，倒是自己意志薄弱。或则恢复之图，长期停顿，如东晋、南朝之所为。或则腼颜事敌，如南宋之所为。一经泄气，自然现有的力量，无从发挥，新增的力量，无从培养了。我们这一次所以克奏伟绩，就在抗战始终没有一日停顿过。所以敌人的力量，虽亦不可不谓之相当强大，终于给我们打倒了。此等政策的转变，亦即历史文化伟大的转变，身当其境者不自觉，将来的史家，自能言之。

南京为什么成为六朝朱明的旧都

国府还都，普天同庆。《正言报》诸君，要我写一篇文字，罨述南京的文献。南京的文献，一时无从说起的，因为言其大者，则人人所知，无待赘述；言其详细，则数万字不能尽，既非报纸之篇幅所能容，亦非研究时事者知识之所急。

都邑的选择，我是以为人事的关系，重于地理的。南京会成为六朝和明初的旧都，这一点，怕能言其真相者颇少。读史之家，往往把史事看得太深了，以为建都之时，必有深谋远虑，作一番地理上的选择，而不知其实出于人事的推移，可谓求深而反失之。所以我在这里，愿意说几句话，以证明我的主张，而再附述一些我对于建都问题的意见。

南京为什麽成为六朝的都邑？东晋和宋、齐、梁、陈，不过因袭而已。创建一个都邑，不是一件容易的事情；又当都邑创建之初，往往是天造草昧之际，人力物力，都感不足，所以总是因仍旧贯的多，凭空创造的少，这是东晋所以建都南京的原因。至于宋齐梁陈四代，则其政权本是沿袭晋朝的，更无待于言了。然则在六朝之中，只有孙吴的建都南京，有加以研究的必要。

孙吴为什麽要建都南京呢？长江下流的都会，是本来在苏州，而后来迁徙到扬州的。看秦朝会稽郡的治所，和汉初吴王源的都城，就可知道。孙吴创业，本在江东，其对岸，到孙策死时，还在归心曹操的陈登手里，自无建都扬州之理。然则为什麽不将根据地移向长江上流，以便进取呢？须知江东定后，他们发展的方向，原是如此的，然其兵力刚进到湖北边境时，曹操的兵，已从襄阳下江陵，直下汉口了。上流为曹操所据，江东断无以自全，所以孙权不能不连合刘备，冒险一战。赤壁战后，上流的形势稳定了，然欲图进取，则非得汉末荆州的治所襄阳不可。而此时荆州，破败已甚，庞统劝刘备进取益州，实以"荆州荒残，人物凋敝"为最大的理由。直至曹魏之世，袁淮尚欲举襄阳之地而弃之，（见《三国魏志·齐王纪》正始七年《注》引《汉晋春秋》。）其不能用为进取的根据可见。然吴若以全力进取，魏亦必以全力搏击，得之则不能守，不得则再蹈关羽的覆辙，所以吴虽得荆州，并不向这一方面发展，孙权曾建都武昌，后仍去之而还江东，大概为此。居长江下流而图发展，必先据有徐州。关于这一个问题，孙权在袭取关羽时，曾和吕蒙研究过，到底取徐州与取荆州，熟为有利？吕蒙说：徐州，北方并无重兵驻守，取之不难，然其地为"骁骑所骋"，即七八万人，亦不易守，还是全据长江的有利。如此，才决计袭取荆州。可见在下流方面，孙吴亦不易进取，而曹魏在这方面的压力却颇重，原来刘琮降后，曹操要顺流东下，不过一时因利乘便之计。若专欲剿灭孙吴，自以从淮南进兵为便，所以赤壁战后，曹操曾四次征伐孙权，（建安十四年，十七年，十九年，二十一年。）都是从这一方面来的，而合肥的兵力尤重。孙吴所以拒之者，实在今濡须口一带，此为江东的生死所系，都金陵，则和这一带声势相接，便于指挥。又京口和广陵相对，亦为长江津渡之处，曹丕曾自将自此伐吴，此路亦不可不防，居金陵与京口相距亦近，有左顾右盼之势，孙权所以不居吴郡而居金陵，其理由实在于此。此不过一时战事形势使然，别无深意。东晋和宋齐梁陈四朝，始终未能恢复北方，论者或谓金陵的形势，欲图进取，尚嫌不足。后来宋高宗建都临安，或又嫌其过于退婴，谓其形势尚不如金陵，此等议论，皆太偏重地理。其实南朝之不能恢复，主因实在兵力之不足，当时兵力，南长于水，北长于陆，水军之力，虽犹足防御，或亦可乘机为局部的进取，然欲恢复中原，则非有优良的陆军，作一两次决定胜负的大战不可。这和这一次对日战役，虽可用游击战术，牵制敌人，使成泥足，然欲恢复失地，则非有新式配备的军队不可一般，与都城所在之地何与。且身临前敌，居于适宜指挥之地，乃一将之任，万乘之君，初不必如此。孙权虽富有谋略，实仍不脱其父兄剽悍轻率之性质，观建安二十年攻合肥之役可知。此其所以必居金陵。若宋高宗，则初不能自将，居金陵与居临安何异？小国寡民之世，则建都之地，要争出入于数百里之间，至大一统之世则不然，汉高祖欲都洛阳，留侯说："其小，不过数百里，田地薄，四面受敌，不如关中，沃野千里，阻三面守，独以一面制诸侯。"此乃当统一之初，尚沿列国并立时代之习，欲以都畿之地，与他人对抗，故有此说。若大一统之世，方制万里，都在一个政府统制之下，居长安与居洛阳，又何所择？然则政治及军事的指挥，地点孰为适宜，必计较于数百千里之间，亦只陆恃马力，水恃帆力之世为然。今有轮船、火车、飞机、摩托、电信，数千里之间，又何足计较？昔时的地理形势，早给现在的交通工具打破了，而还多引前人之说，以论今日之事，宁非梦呓？

明初为什麼要建都南京呢？那是由于其起兵之初，还没有攘斥胡元的力量，而只是要在南方觅一根据地，那麼自濠州分离别为一军而渡江，自莫便于集庆（元集庆路）。太祖的取天下，其兵力，用于攘斥胡元者实少，用于勘定下流之张士诚、上流之陈友谅者转多。胡元遁走以后，南方之基础已固，又何烦于迁都？论者或谓明之国威，以永乐时为最盛，实由成祖迁都北平使然，此亦不考史实之谈，论其实，则永乐时之边防，实较洪武时为促。明初，北方要塞，本在开平，今多伦。自成祖以大宁畀兀良哈而开平卫势孤，宣宗乃移之于独石，自此宣、大遂成极边，北方的边防线，成为现在的长城线了。明初胡元虽退出北平，然仍占据漠南北，为中国计，欲图一劳永逸，必如汉世发兵绝漠，深入穷追，然度漠之事，太祖时有之，成祖时则未之闻。其后有也先之难，俺答之患，中国何尝不都北平？现在还有说欲图控制东北，非都北平不可的，宁非梦呓？

自中国历代兵争之成败观之，似乎北可以制南，南不可以制北，故论建都之地者，多谓北胜于南。而同一北方，则又谓西胜于东，汴梁不如洛阳，洛阳不如长安，此皆以成败之原因，一断之于军事，而言军事之成败，则又一断之于地理形势，殊为失实。只有黄梨洲所见能与众不同，他在《明夷待访录》上说："秦汉之时，关中风气会聚，田野开辟，人物殷盛，吴楚方脱蛮夷之号，故不能与之争胜。今关中人物，不及吴会久矣。东南粟帛，灌输天下，天下之有吴会，犹富室之有仓库匮箧也。千金之子，仓库匮箧，必身守之，而门庭则以委之仆妾，舍金陵而弗都，是委仆妾以仓库匮箧，昔日之都燕，则身守夫门庭矣，曾谓治天下而智不千金之子若欤？"他知道天下之"重"，在财力，在文化，而不单在兵事，其识可谓胜人一筹。孙中山要定都南京，理由亦在于此。试问三十五年来，领导全国，以从事于革命者，南方乎？北方乎？而尚有盛唱迁都北平之论者，宁非梦呓？

总而言之：在今日谓全国的政治、军事，必在某地乃可以指挥，乃便于指挥，实无其事。讲指挥，是什麽地方都可以的，都便利的。所争者，则当建国之初，万端待理，必得公忠体国，时时到处巡阅，使人心振奋，而吏治及军纪亦可以整饬。如此，我仍维持去岁五都并建的主张（见十二月十九日《正言报》），即首都仍在南京，而西南之重庆，东南之泉州，西北之兰州，东北之北平，并建为陪都；而且扩充巡阅所及之地，西南则崑明、大理，西北则迪化、宁夏，东北则渖阳、长春、张北。

还有一端，在今日倒也值得一提的。古人有治，首重风化。以今语言之，即国家之所注重者，不徒在政治、军事，而尤重视社会风纪，人民道德，此义论政之家，久已视为迂腐，然在今日国家职权扩大之时，似亦不可不加考虑。欲善风俗，必有其示范之地，以理以势言之，自以首都为最便，故京师昔称首善之区。自教化二字，国家全不负责以来，人口愈殷繁，财力愈雄厚之地，即其道德风纪愈坏，京师几成为首恶之地。人总是要受社会影响的，居淫靡之地，精神何能振作？所耗费既多，操守安得廉洁？吏治之不饬，道德和风纪之败坏，实为之厉阶。值此官僚政治为举世所诟病之秋，安可不为改弦更张之计？然欲图更化，旧都邑实不易着手，则首都所在，似以改营新都为宜。昔时论建都者，多注重于政治军事，而罕注重于化民成俗，有之者，则惟汉之翼奉，唐之朱朴，宋之陈亮。翼奉当汉元帝时，他对元帝说：文帝称为汉之贤君，亦以其时长安的规模，尚未奢广，故能成节俭之治，若在今日，亦"必不能成功名"，他主张迁都成周，重定制度，"与天下更始"。朱朴，当唐末亦说"文物资货，奢侈僭偪已极"，非迁都不可。陈亮当宋高宗时，上书说："钱塘终始五代，被兵最少，二百年之间，人物繁盛，固已甲于东南，而秦桧又从而备百司庶府，以讲礼乐于其中，士大夫又从而治园囿台榭，以乐其生；干戈之余，而钱塘遂为乐国矣。"窥其意，宴安鸩毒，实为不能恢复的大原因。三家之言，皆可谓深切着明，而陈亮之言，实尤为沉痛。我国今日，正当百孔千疮之际，和种种困难搏斗，实与和敌人作战无殊，安得不想改良环境，以图振作士气呢？且使官司庶府，完好无缺，尚不免弃之可惜，今日者等是重建，又何不舍旧图新？在南京附近之地，别建新邑呢？刍尧之言，有谋国之责者，倘不视为河汉？

民　族

越之姓

　　《史记·世家》云："越王句践，其先禹之苗裔，而夏后帝少康之庶子也，封于会稽，以奉守禹之祀。"《吴越春秋》说同。《汉书·地理志》曰："粤地，牵牛、婺女之分野也，今之苍梧、郁林、合浦、交阯、九真、南海、日南，皆粤分也。其君禹后，帝少康之庶子云，封于会稽。"亦本旧说。臣瓒曰："自交阯至会稽七八千里，百越杂处，各有种姓，不得尽云少康之后也。按《世本》，越为芈姓，与楚同祖，故《国语》曰芈姓夔、越，然则越非禹后明矣。又芈姓之越，亦句践之后，不谓南越也。"案《汉志》所谓其君禹后者，自指封于会稽之越言之，不该百越。臣瓒实误驳。至谓越为芈姓，则《左氏》宣公八年《正义》亦据《外传》而疑越非夏后之后（《正义》：《谱》引《外传》曰：芈姓归越。是越本楚之别封也，或非夏后氏之后也）；《国语·吴语》韦《解》亦云："句践，祝融之后，允常之子，芈姓也。"引《郑语》及《世本》为证。《墨子·非攻下篇》："越王繄亏（卢校改为翳亏，毕、孙二氏并从之）出自有遽，始邦于越。"孙仲容《间诂》曰："《楚世家》云：熊渠立少子执疵为越章王。《左》僖二十六年，夔子曰：我先王熊挚；《汉书·古今人表》及《史记正义》引宋均《乐纬注》并谓熊挚亦熊渠子；窃疑夔、越同出。此出自有遽，或当云出自熊渠。"案渠、遽古字通，孙说似是；然必谓禹后之说为误，亦未必然。闽越王无诸及越东海王摇皆句践后，而姓驺氏（见《史记》本传。徐广曰"驺一作骆"，非也。《汉书》亦作驺，下文有将军驺力，盖其同姓）。疑越俗或从母姓。句践先世尝与芈姓通昏姻，故为楚之所自出，而云芈姓。

然以父系言之，则固禹之苗裔而少康之庶子也。《春秋》之世，楚越常通婚姻而吴越相攻击甚烈。夫差之仇越，自以阖庐见杀之故。阖庐、允常之相仇，则其故殊不可知，岂以越出于楚，故助楚以谋吴欤？若然，则楚之用越，正犹晋之通吴矣。

《史记》云："夫余之后二十余世，至于允常。"自夏至春秋，年代虽难质言，必不止二十余世。《正义》引《舆地志》云："越侯传国三十余叶，历殷至周。敬王时，有越侯夫谭，子曰允常，拓土始大，称王。"三十余世亦尚嫌其不足，岂其世数实自紧亏计之邪？

《后汉书·岑彭传》："更始遣立威王，张邛与将军徭伟镇淮阳。"《注》引《风俗通》曰："东越王徭，句践之后。其后以徭为姓。"此则以王父宇为氏之伦，中国所谓庶姓也。

匈奴为夏后氏苗裔

《史记·匈奴列传》曰："匈奴，其先祖，夏后氏之苗裔也，曰淳维。"此非无稽之谈也。《索隐》引张晏曰："淳维以殷时奔北边。"（颜师古《汉书注》："以殷时始奔北边。"盖本诸此）又引乐产《括地谱》云："夏桀无道，汤放之鸣条，三年而死。其子獯粥妻桀之众妾，避居北野，随畜移徙。中国谓之匈奴。"二说未知所本。（"避居北野，随畜移徙"，似因《史记》"居于北蛮，随畜牧而转移"之文附会者。然《史记》明言匈奴先祖名淳维，而此谓其名为獯粥，径以部名为人名，则非袭《史记》也。特其所本与《史记》大同耳。）然《史记》又云："自淳维以至头曼，千有余岁,时大时小,别散分离,尚矣;其世传不可得而次云。然至冒顿而匈奴最强大,尽服从北夷,而南与中国为敌国,其世传国官号乃可得而记云。"玩此数语,便知匈奴为夏桀之后,说非无据。盖此数语之意,谓自淳维至头曼,其世传虽不可得而次;其时大时小,别散分离之事,虽亦不能尽记;然要皆不如冒顿时之强大,则犹有可知。然则匈奴史事非尽无征,特其详不可得而闻耳。以此推之,则其世传虽不可得而次,固无害其为夏后氏之苗裔之确有可征也。古者系世之职,掌于史官,虽书阙有间,然其荦荦大者,后之人类能道之,特其世次不能尽具耳。如五帝世次见于《大戴礼记》及《史记》。尧禅舜,舜禅禹,其年岁当略相次,而尧与禹同为黄帝玄孙,舜乃为黄帝九世孙,盖自尧、禹以上其世次并有脱落矣。《殷》《周本纪》所载世系,殷自契至汤皆具,而《周本纪》曰:"封弃于邰,号后稷,别姓姬氏。后稷之兴,在陶唐、虞、夏之际,皆有令德。后稷卒,子不窋立。"此三十余字之间,后稷二字,凡有三解:"号曰后稷"之"后稷"指弃;"后稷之兴"之"后稷",括弃以后居稷官者;"后稷卒"之"后稷"则不窋之父也。盖自弃至不窋之间,其名与世次皆不可考矣。然不得因此遂谓五帝及周之世系皆不足信也。匈奴为夏后氏之后之可信,理正同此。

长狄考

孟子曰:"其事则齐桓、晋文,其文则史,孔子曰:其义则丘窃取之矣。"斯言也,实治《春秋》者之金科玉律也。能分别其事与义，则《春秋》作经读可，作史读亦可。而不然者，则微特不能明《春秋》之义，于春秋时事，亦必不能了也。

春秋事之可怪者，莫如长狄。文十一年《经》云："叔孙得臣败狄于咸。"但云狄而已，而《公羊》及《左》《谷》皆以为长狄。《左氏》所载，但云长狄有名缘斯者，获于宋；有曰侨如者，毙于鲁叔孙得臣；侨如之弟焚如获于晋，荣如获于齐，简如获于卫；鄋瞒由是遂亡而已。无荒怪之说也。《公羊》云"记异"，而不言其所以异。《谷梁》则云"弟兄三人，佚宕中国，瓦石不能害。叔孙得臣最善射者也，射其目，身横九亩，断其首而载之，眉见于轼"，其荒怪甚矣。

注家之言，《谷梁》范《注》但循文敷衍，无所增益。《左氏》杜《注》亦然（其云"盖长三丈"，乃本《国语》。《国语》《左氏》固一家言也）。何休之意，则不以长狄为人，故注"兄弟三人"曰："言相类如兄弟。"又曰："鲁成就周道之封，齐、晋霸，尊周室之后。长狄之操，无羽翮之助，别之三国，皆欲为君。比象周室衰，礼义废，大人无辅佐，有夷狄行。事以三成，不可苟指一，故自宣、成以往，弑君二十八，亡国四十。"（二十八当作二十，四十当作二十四，见《疏》）《疏》引《关中记》曰："秦始皇二十六年，有长人十二，见于临洮，身长百尺，皆夷狄服。天诚若曰：勿大为夷狄行，将灭其国。"《谷梁疏》引《考异邮》曰："兄弟三人，各长百尺，别之国，欲为君。"《汉书·五行志》引《公》《谷》说，而曰："刘向以为是时周室衰微，三国为大，可责者也。天戒若曰：不行礼义，大为夷狄之行，将至危亡。其后三国皆有篡弑之祸，近下人伐上之痾也。"又引京房《易传》曰："君暴乱，疾有道，厥妖长狄入国。"又曰："丰其屋，下独苦。长狄生，主为虏。"《五行志》又曰："史记秦始皇帝二十六年有大人长五丈，足履六尺皆夷狄服，凡十二人，见于临洮。天戒若曰：勿大为夷狄之行，将受其祸。后十四年而秦亡。亡自戍卒陈胜发。"其义皆与何休同。

以长狄为非人，似极荒怪。然束阁三传，独抱遗经，以得臣所败，亦寻常之狄则可；否则以之为人，其怪乃甚于非人也。记事荒怪，《谷梁》为甚。然《公羊》谓其"兄弟三人，一者之齐，一者之鲁，一者之晋。其之齐者，王子成父杀之；之鲁者，叔孙得臣杀之；则未知其之晋者也"，其说全与《谷梁》同，特不云其"侄宕中国，瓦石不能害"，又不言其长若干而已。然《谷梁》云："不言帅师而言败，何也？直败一人之辞也。一人而曰败，何也？以众焉言之也。"（范《注》："言其力足以敌众。"）《公羊》曰："其言败何？大之也。其日何？大之也。其地何？大之也。"意亦全同。以得臣所败为一人，则非谓其瓦石不能害，身横九亩，断其首而载之，眉见于轼不可矣。故《公》《谷》之辞，虽有详略，其同出一本，盖无疑也（《谷梁》曰"《传》曰"云云，盖据旧传也）。惟《左氏》之说，最为平正。其曰"富父终甥摏其喉以戈，杀之"，特记其杀之之事，非有"瓦石不能害"，必"射其目"之意也。详记齐、鲁二国埋其首之处，则杜氏所谓"骨节非常，恐后世怪之"，更未尝有"身横九亩""眉见于轼"之说也。虽杜《注》谓"荣如以鲁桓十六年死，至宣十五年一百三岁，其兄犹在，《传》言既长且寿，有异于人"，然年代舛讹，古书恒有，此乃杜推《左氏》之意如此，《左氏》之意，初未必如此也。然则《左氏》果本诸国史，记事翔实，而《公羊》《谷梁》皆不免口说流行之消邪！

盖《公羊》所云"记异"者，乃《春秋》之义也。何休所言，则发明《公羊》之所谓异者也，与事本不相干。至《公》

《谷》之记事，与《左氏》之记事，则各有所取。古事之传于今，有出史官之记载，士夫之传述者；亦有出于东野人之口，好事者之为者。有传之未久，即著竹帛者；亦有辗转传述，乃形简策者。由前之说，其言恒较雅，其事亦较确。由后之说，则其词多鄙，其事易芜。《左氏》所资，盖属前说；《公》《谷》所本，则属后说也。以记事论，《左氏》诚为近实；然以义论，则公羊子独得圣人之传已。

　　《左氏》之记事，诚近实矣，然长狄究为何如人，《左氏》未之言也，则请征之《国语》。《国语·鲁语》：吴伐越，堕会稽，得骨专车，使问仲尼。仲尼曰：昔禹致群神于会稽山，防风氏后至，禹杀而戮之，其节专车。客曰：防风何守？仲尼曰：汪罔国之君也，守封、嵎之山，漆姓，在虞、夏、商为汪罔氏，于周为长翟氏，今谓之大人。客又曰：人长之极几何？仲尼曰：僬侥氏三尺，短之至也。长者不过十之，数之极也。（《史记·孔子世家》《说苑》《家语·辨物》篇略同。惟《说苑》漆姓作釐姓，又云"在虞、夏为防风氏，商为汪芒氏"耳。《说文》亦曰"在夏为防风氏，殷为汪芒氏"。）如此说，则长狄之先，有姓氏及封土可稽；身长三丈，乃出仲尼推论，非谓其人实如是，了无足怪矣。《义疏》（《左》文十一年杜《注》"长狄之种绝"孔《疏》）云："如此《传》文，长狄有种；种类相生，当有支胤。惟获数人，云其种遂绝，深可疑之。命守封、嵎之山，赐之以漆为姓，则是世为国主，绵历四代，安得更无支属，惟有四人？且君为民心，方以类聚，不应独立三丈之君，使牧八尺之民。又三丈之人，谁为匹配？岂有三丈之妻，为之生产乎？人情度之，深可惑也。"又引苏氏云："《国语》称今日大人，但迸居夷狄，不在中国，故云遂亡。"案苏氏所疑，盖同孔《疏》，故以是为解。然窃谓无足疑也。《疏》之所疑，首由不知身长三丈，乃出仲尼推论而非其实；若知此义，自不嫌以三丈之君牧八尺之民，更不疑乏三丈之妻为之生产矣。次则不知郐瞒遂亡，惟指防风一族。盖泰伯、仲雍审身扬越，君为姬姓，民则文身，设使当日弟昆，并被异邦戕杀，南国神明之胄，固可云由是而亡。汪芒本守会稽，长狄佚宕兖、冀，盖由支裔北徙，君临群狄，昆弟迭见诛夷，新邑遂无遗种，此亦不足为怪。至于封、嵎旧守，原未尝云不祀忽诸也。

　　一九二一年十月八日，予客沈阳，读是日之《盛京时报》，有云：北京西城大明濠，因治马路，开掘暗沟。有工人在下冈四十号民家墙根下，掘得巨人骸骨八具，长约八尺余，头大如斗，弃之坑内，行人观者如堵。监者虑妨工作，乃命工人埋之。该报但云日前，未确记其日。此事众目昭彰，不容虚构。知史籍所云巨人、侏儒，纵有过当之辞，必非子虚之说矣。长狄之长，何休云百尺盖本之《关中记》等书；杜云三丈，本诸《国语》；范云五丈四尺，则就九亩之长计之，并非其实。窃谓《左氏》"富父终甥舂其喉以戈"一语，即所以状长狄之长，谓恒人举戈，仅及其喉也。然则长狄之长，断不能越北京西城所得之骨矣，岂当日北京西城之地，亦古代长狄埋骨之区邪？

　　夫语增则何所不至？《公》《谷》记事之缪悠，亦不足怪，彼其所资者则然也。故借长狄之来以示戒，《春秋》之意也。古有族曰防风，其人盖别一种类，颇长于寻常人，事之实也。曰百尺，曰三丈，曰五丈四尺，事之传讹，说之有托者也。曰瓦石不能害，弟兄三人即能佚宕中国，致兴大师以获一人，则又身长之《传》语既增，因而辗转附会焉者也。——分别观之，而《春秋》之义得，而春秋之事亦明矣。故曰：分别其事与义，乃治《春秋》者之金科玉律也。

鬼方考

　　《左氏》僖公二十二年，"秦晋迁陆浑之戎于伊川。"三十三年，"遽兴姜戎，败秦师于殽。"襄公十四年，"将执戎子驹支，范宣子亲数诸朝，曰：来，姜戎氏！昔秦人迫逐乃祖吾离于瓜州，乃祖吾离被苫盖，蒙荆棘，以来归我先君。我先君惠公有不腆之田，与女剖分而食之。对曰：昔秦人负恃其众，贪于土地，逐我诸戎。惠公蠲其大德，谓我诸戎是四岳之裔胄也，毋是翦弃。赐我南鄙之田，狐狸所居，豺狼所嗥。我诸戎除翦其荆棘，驱其狐狸豺狼，以为先君不侵不叛之臣，至于今不贰。昔文公与秦伐郑，秦人窃与郑盟而舍戍焉，于是乎有殽之师。晋御其上，戎亢其下。秦师不复，我诸戎实然。"昭公九年，"周甘人与晋阎嘉争阎田。晋梁丙、张趯帅阴戎伐颍。王使詹桓伯辞于晋曰：先王居梼杌于四裔，以御螭魅。故允姓之奸，居于瓜州。伯父惠公归自秦，而诱以来。使偪我诸姬，入我郊甸，则戎焉取之。戎有中国，谁之咎也？"观此诸文，陆浑之戎、姜戎、阴戎，异名同实，事至明白。驹支自称四岳之胄，而周人称为允姓之奸，则其人实有二姓。杜《注》谓四岳之后皆姓姜，又别为允姓者，说自不误。惟谓瓜州即敦煌，（襄十四、昭九年《注》两言之。说出杜林，《汉书·地理志》：敦煌，杜林以为古瓜州，地生美瓜。）则不无可疑耳。

　　河西四郡，乃汉武所开。春秋时，秦国疆域，盖西不逾河，安得远迹至敦煌哉？宋于庭谓《诗》"我征自西，至于艽野"之艽野，即"覃及鬼方"及《易》"高宗伐鬼方"之鬼方，又即《礼记·文王世子》"西方有九国焉"之九国。《史记·殷本纪》，以西伯昌、九侯、鄂侯为三公。《礼记·明堂位》："脯鬼侯以享鄂侯。"《正义》曰："鬼侯，《周本纪》作九侯。"盖西方九国之诸侯，入为殷之三公。《列子》称"相马者九方皋"，九方当即鬼方，以国为氏。愚案《左氏》昭公二十二年，"晋籍谈、荀跞帅九州之戎，以纳王于王城。"下言前城人败陆浑于社。则杜《注》谓九州戎即陆浑戎者不误。九州即九国，亦即芄野、鬼方，盖陆浑戎之故国；所谓瓜州，疑亦其地也。

《汉书·贾捐之传》："武丁、成王，殷、周之大仁也，然地东不过江黄，西不过氐羌。"此以氐羌即武丁所伐之鬼方也。《文选·赵充国颂》李《注》引《世本注》："鬼方，于汉则先零戎是也。"《潜夫论·边议》篇论羌乱曰："破灭三辅，覃及鬼方。"并以汉时之羌当古之鬼方。干宝《易注》，谓在北方（《周易集解》），盖误。

氐羌者，《周书·王会解》："氐羌以鸾鸟。"孔《注》："氐地羌。羌不同，故谓之氐羌。今谓之氐矣。"盖羌之一种也（《吕览·义赏篇》高《注》，谓"氐与羌二种夷民"，盖误）。案经典有但言羌者，《书·牧誓》"及庸、蜀、羌、髳、微、卢、彭、濮人"是也。有兼言氐羌者：《诗·商颂》"昔有成汤，自彼氐羌，莫敢不来享，莫敢不来王"；《大戴记·五帝德》述舜所抚者，析支、渠搜、氐羌是也。羌为大名，氐为种别。但言羌者，辞略也。盖亦指氐羌矣。

《大戴记·帝系》："陆终氏娶于鬼方氏。鬼方氏之妹，谓之女隤氏。"陆终为颛顼之后，则鬼方在古代，实与中国相昏姻。故武丁伐之，至于劳师三年；其后又入为纣之三公也。宜武王以抚有之为萝祥矣。《诗》："文王曰咨，咨女殷商。如蜩如螗，如沸如羹。小大既丧，人尚乎由行。内奰于中国，覃及鬼方。"

《毛传》仅训鬼方为远方，未能实指其事。今知鬼方即鬼侯，则知"覃及鬼方"，正指脯鬼侯事也。女隤，《世本》及《风俗通》皆作嬇，《汉书·古今人表》作溃。鬼、贵同音，故魄字亦通作馈。则陨字疑即隗字。《春秋》狄人为隗姓，戎狄固以方位言，非以种族言。迁古公于岐者，书传皆称狄，其地固在秦陇间也。（汉隗嚣，天水成纪人。魏隗禧，京兆人。秦始皇时有丞相隗状，当亦秦人也。隗禧，见《三国·魏志·王肃传》。）《国语·郑语》：史伯谓郑桓公曰："当成周者，西有虞、虢、晋、隗、霍、杨、魏、芮。"则东迁后犹资其翊卫，周大夫之行役芜野，固无足怪矣。（《左》僖二十二年杜《注》，但云"允姓之戎居陆浑，在秦、晋西北"。）

《左》昭九年杜《注》："允姓，阴戎之祖，与三苗俱放三危者。"盖因阴戎、三苗皆姜姓云然。《禹贡疏》："郑玄引《地记书》云：三危之山，在鸟鼠之西，南当岷山。"《水经注》卷四十引《山海经》，亦云"在鸟鼠山西"。又云："江水东过江阳县，洛水从三危道广魏洛县南，东南注之。"洛县，今广汉也。然则三危之脉，实在陇蜀之间。《续书·郡国志》谓首阳有三危，三苗所处，虽不中，当不远矣。孔晁谓"氐地羌谓之氐羌，今谓之氐"，则汉时所谓氐者，即古所谓氐羌。《汉书·西南夷传》曰："自莋以东北，君长以十数，冉駹最大。自駹以东北，君长以十数，白马最大。皆氐类也。"《地理志》，陇西有氐道，广汉有甸氐道、刚氐道。蜀郡有湔氐道。古所谓鬼方者必去此不远矣。

陆浑之戎，杜《注》谓在当时之陆浑县。僖二十二年。又有伊洛之戎，《注》谓杂戎居伊水、洛水之间者。（僖十一年。《疏》引《释例》："河南洛阳县西南有戎城。"）又有蛮氏，《注》云：

戎别种也。河南新城东南有蛮城（成公六年）。案成公六年侵宋之役，《左氏》以伊洛之戎、陆浑、蛮氏并举，则自系三族。然秦、晋迁陆浑之戎于伊川，则实与伊洛之戎杂处。《左氏》之伊洛之戎，《春秋》但作洛戎，得毋洛戎在洛，陆浑之戎在伊川，云伊洛之戎者，实两种既混合后之总称与？哀公四年，蛮子赤奔晋阴地。阴地之命大夫士蔑，致九州之戎，将裂田以与蛮子而城之，且将为之卜。蛮子听卜，遂执之，与其五大夫，以畀楚师于三户。则蛮子所奔者，实陆浑之戎，（陆浑以昭十七年为晋所灭，然其部落自在，故二十二年，籍谈、荀跞仍帅其众以纳王也。）二者之关系亦极密。庄公二十八年，晋侯娶二女于戎，大戎狐姬生重耳，小戎子生夷吾。杜《注》谓"小戎，允姓之戎"，其言当有所据。献公是时，未必越秦而远婚于西垂。又僖二十二年《疏》云："十一年《传》称伊洛之戎同伐京师，则伊洛先有戎矣。"疑允姓之戎，本有在伊洛之间者，惠公之处吾离，特使之从其类也。然则蛮氏之戎或亦氏羌之族矣。此皆鬼方之类，播迁而入中国者邪？

氏羌之俗，有与中国类者。《左》庄二十一年，"王以后之鞶鉴与之"。杜《注》云："鞶，带而以镜为饰也。今西方羌胡犹然，古之遗服。"定六年"定之鞶鉴"《注》同。《诗》"在其板屋，乱我心曲"，《毛传》曰："西戎板屋。"《正义》："《地理志》曰：天水、陇西，山多林木，民以板为屋。故《秦诗》云在其板屋。然则秦之西垂，民亦板屋。"则衣服居处，西戎与中国，极相类矣。此皆其久相往来之征，宜高宗之勤兵力于此也。《后汉书》谓巴俗喜歌舞。高祖观之，曰：此武王伐纣之歌也。乃命乐人习之，所谓巴渝舞也。《尚书大传》，称武王伐纣之师，前歌后舞，所用者盖即巴人？巴亦氏类也。殆果"终抚九国"欤？驹支谓"我诸戎饮食衣服，不与华同；贽币不通，言语不达"（《左氏》襄公十四年），达亦通也，谓无使命往来，非谓其人不知华语也。不然，安能赋《青蝇》之诗邪？

《三国志注》引《魏略》："氐语不与中国同，及羌杂胡同。"胡者，匈奴。氐与习，故亦通其语。羌则其本语也。《荀子·大略》曰："氐羌之虏也，不忧其系垒也，而忧其不焚也。"《注》："氐羌之俗，死则焚其尸。"（《吕览·义赏》："氐羌之民，其虏也，不忧其系累，而忧其死不焚也。"）《后汉书》谓羌人死则烧其尸。皆氐、羌同族之证。

《山海经·海内经》："伯夷父生西岳。西岳生先龙，先龙是始生氐羌，氐羌乞姓。"西岳疑四岳之误。乞姓疑亦允姓之讹。又《海内南经》："氐人国，在建木西。其为人，人面而鱼身，无足。"《大荒西经》："有互人之国。炎帝之孙，名曰灵恝。灵恝生互人，是能上下于天。有鱼偏枯，名曰鱼妇颛顼。死即复苏。风道北来，天乃大水泉，蛇乃化为鱼，是为鱼妇颛顼。死即复苏。"《图赞》："炎帝之苗，实生氐人。死则复苏，厥身为鳞。云南疑当作雨。是托，浮游天津。"灵恝，《注》云："音如券契之契。"与乞姓之乞，音同字异。《山海经》固不足信，亦氐羌姜姓之一左证。颇疑姜、羌实一字也。

鬼方所在，古人虽不审谛，率皆以为在西。自《诗序》以《殷武》之诗为祀高宗，《毛传》以"挞彼殷武，奋伐荆楚"为指武丁，乃有以鬼方为在楚者。今本《竹书纪年》，"武丁三十有二祀，伐鬼方，次于荆"，即据此等说伪造。下又云"三十有四祀，王师克鬼方，氐羌来宾"，遂忘其自相矛盾也。近世邹叔绩，推波助澜，又据红岩摩崖石刻，谓鬼方在贵州，则去之愈远矣。红崖碑者，在"贵州永宁东六十里红岩后山诸葛营旁。字大者周尺三四尺，小者尺余。深五六寸许。共二十五字。土人以其在诸葛营旁，称为《诸葛碑》。又传云：不知刻自何年。诸葛征南，营其下，读而拜焉，使蛮人护之，故谓之《诸葛碑》。蛮人因岁祀之，以占晴雨瘴疫。其碑在岩上最高处，非重木叠架，不能上拓。"（以上据邹氏《红崖碑释文》）其文诡异而初不古，不知何世好事者所为。邹氏一一钩摹而强释之，附会为高宗征鬼方所刻，亦可谓好奇之过矣。邹氏之说曰："汉之先零羌，即今青海。汉代之羌，有今藏地喀木。故《前汉书·地理志》云：桓水南行羌中，入南海。桓水，即今澜沧江也。案此说亦误。羌之种落，又延蔓于武都，越巂，所谓参狼、白马、牦牛诸羌是也。以《竹书》《世本》《后汉书》证之，鬼方即羌明甚。是则今青海，藏地喀木，及滇蜀之西徼，皆商代鬼方。故虞仲翔谓坤为鬼方。坤西南，且好寇窃，亦同羌俗也。（案虞《注》"襦有衣袽终日戒"云："伐鬼方三年乃克，旅人憔劳。衣服皆败，鬼方之民，犹或寇窃，故终日戒也。"）今云贵罗罗种，自谓其先出于牦牛，殆亦羌种？其俗有鬼主，见《唐书》《宋史·南蛮传》。愈以知鬼方也。（案罗罗乃古之濮人，予别有考。羌以父名母姓为种号，所谓牦牛，或人名，如蒙古始祖孛儿帖赤那，译言苍狼之例，非必谓其先为牦牛所生也。《三国志注》引《魏略》，谓"氐种非一，或号青氐，或号白氐，或號蚺氐，此盖虫之类，中国即其服色而名之"，盖氐羌有图腾之俗。又部落各别其衣色。青氐、白氐之称，由衣色而生；牦牛、白马、蚺氐之名，皆以图腾而立。图腾之制，部各不同，断不能谓汉代之西羌，同于今日之罗罗也。至以鬼主附会鬼方，则尤为曲说矣。）高宗之伐鬼方也，自荆楚深入，始入其地，历今黔、滇审矣。三年克之而还，盖仍从故道，会诸侯于南岳也。此则其东还过西方而刻石纪功之作。"案邹氏以羌为鬼方，是也。乃举后世羌人所居之地，悉指为殷时之鬼方，则近于儿戏矣。古者师行日三十里，六军一万五千人，如何历湘、鄂、滇、黔以入青、藏邪？

山戎考

《管子·大匡》篇曰："桓公遇南州侯于召陵，曰：狄为无道，犯天子令，以伐小国。以天子之故，敬天之命，令以救伐。北州侯莫至，上不听天子令，下无礼诸侯。寡人请诛于北州之侯。诸侯许诺。桓公乃北伐令支，下凫之山，斩孤竹，遇山戎。"《小匡》篇曰："北伐山戎，制泠支，斩孤竹，而九夷始听。海滨诸侯，莫不来服。"又曰："桓公曰：北至于孤竹、山戎、秽貉，拘秦夏。"《霸形》篇曰："北伐孤竹，还存燕公。"《戒》篇曰："北伐山戎，出冬葱与戎菽，布之天下。"《轻重甲》篇曰："桓公曰：天下之国，莫强于越。今寡人欲北举事孤竹、离枝，恐越人之至，为此有道乎？""桓公终北举事于孤竹、离枝，越人果至。"皆以山戎在北方，与燕及孤竹、令支相近。燕召公封地在今蓟县。《汉志》：辽西郡令支，有孤竹城，（《注》引应劭曰："古伯夷国。今有孤竹城。"）则今迁安县也。然《小问》篇曰："桓公北伐孤竹，未至卑耳之溪十里。"《小匡》篇曰："西征，攘白狄之地，遂至于西河。方舟投柎，乘舟济河。至于石沈，悬车束马，逾大行与卑耳之貉。拘秦夏。"又曰："北至于孤竹、山戎、秽貉，拘秦夏。""卑耳之貉"之貉，当系溪字之误。注随文妄说为"与卑耳之貉共拘秦夏之不服者"，误也。秽貉初在今陕西北境，予别有考。然则卑耳之溪，实在西河、大行附近；

与汉之令支县，风马牛不相及矣。《轻重戊》篇曰："桓公问于管子曰：代国之出何有？管子对曰：代之出，狐白之皮，公其贵买之。代民必去其本，而居山林之中。离枝闻之，必侵其北。"则离枝又在代北，亦非汉令支地也。《谷梁》谓齐桓"越千里之险，北伐山戎，为燕辟地"，又曰："燕，周之分子也，而贡职不至，山戎为之伐矣。"（庄三十年）其释齐侯来献戎捷曰："军得曰捷，戎，菽也。"三十一年。皆与《管子》合。（《史记·匈奴列传》谓"山戎越燕而伐齐"。又云："山戎伐燕，燕告急于齐，齐桓公北伐山戎。山戎走。"亦以山戎在北方，与燕近。）然《公羊》谓其"旗获而过我"，《疏》云："齐侯伐山戎而得过鲁，则此山戎不在齐北可知。盖戎之别种，居于诸夏之山，故谓之山戎耳。"自来说山戎者，多主《左》《谷》，鲜措意《公羊》。然《左氏》于齐侯来献戎捷，但云"诸侯不相遗俘"，无戎菽之说。其说公及齐侯遇于鲁济曰："谋山戎也，以其病燕故也。"虽似与《谷梁》合。然山戎果去齐千里，何为与鲁谋之？则其消息，反与《公羊》相通矣。《礼记·檀弓》："孔子过泰山侧，有妇人哭于墓者而哀。"《新序》亦记此事，而云"孔子北之山戎"。《论衡·遭虎》篇云："孔子行鲁林中。"《定贤》篇云："鲁林中哭妇。"俞氏正燮谓俱称林中，殆齐配林之类（《癸巳存稿》）。明山戎实在泰山附近，故齐伐之，得旗获而过鲁也。《管子》一书，述齐桓、管仲事，多不可据。即如一孤竹也，忽谓其在燕之外，忽焉伐孤竹所济卑耳之溪，又近西河、大行，令人何所适从邪？盖古书本多口耳相传，齐人所知，则管仲、晏子而已，辗转增饰，遂不觉其词之侈也。然谓伐山戎而九夷始听，则亦见山戎之在东而不在北矣。

杜预《释例·土地名》，以北戎、山戎、无终三者为一。（昭元年《疏》。僖十年《注》曰："北戎，山戎。"襄四年《注》曰："无终，山戎国名。"昭元年《注》曰："无终，山戎。"庄三十年《注》则曰"山戎，北狄"）《汉志》："右北平，无终，故无终子国。"地在今蓟县。然襄四年，无终子嘉父使孟乐如晋，请和诸戎。魏绛劝晋侯许之，曰："戎狄荐居，贵货易土，土可贾焉。"又曰："边鄙不耸，民狎其野，穑人成功。"则无终之地，必密迩晋。故昭元年，荀吴得败无终及群狄于太原。若谓在今蓟县，则又渺不相及矣。故《义疏》亦不信其说也。

　　北戎之见于《春秋》者，僖十年："齐侯、许男伐北戎。"其见于《左氏》者，隐九年北戎侵郑；桓六年北戎伐齐。亦绝无近燕之迹。且隐九年郑伯之患北戎，昭元年魏舒之策无终，皆云"彼徒我车"；而《小匡》篇亦以"北伐山戎，制泠支，斩孤竹，而九夷始听"，与"中救晋公，禽狄王，败胡貉，破屠何，而骑寇始服"对举。胡者，匈奴东胡，貉即濊貉。屠何者，《墨子·非攻中篇》曰："虽北者且不一著何，其所以亡于燕、代、胡、貉之间者，亦以攻战也。"孙氏诒让以且不一着何，当作且，不着何。"一"字疑衍。其言曰："且，疑相之借字。《国语·晋语》：献公田，见翟相之氛。韦《注》云：翟相，国名是也。不著何，亦北胡国。《周书·王会》篇云：不屠何青熊。又《王会·伊尹献令》，正北有且略、豹胡。且略即此且及《左传》翟相。豹胡，亦即不屠何。豹、不，胡、何，并一声之转。不屠何，汉为徒何县，属辽西郡。故城在今奉天锦州府锦县西北。相，据《国语》，为晋献公所灭，所在无考。"案孙说近之。古代异族在北徼者多游牧，杂居内地者则否。胡貉，屠何，为骑寇，而山戎、令支、孤竹不然，又以知其非一族矣。

　　戎之名，见于《春秋》者甚多。隐二年，"春，公会戎于潜"，"秋八月庚辰，公及戎盟于唐"。（又是年，"无骇帅师入极"。《疏》云："极，戎邑也。"）七年，"冬，天王使凡伯来聘。戎伐凡伯于楚丘，以归"。桓二年，"公及戎盟于唐"。庄十八年，"夏，公追戎于济西"。二十四年，"冬，戎侵曹"。二十六年，"春，公伐戎"。其地皆在今山东境。虽不云山戎，亦近鲁之地多戎之证也。窃疑山戎占地颇广，次第为诸国所并。至战国时，惟近燕者尚存。后人追述管子之事，不知其时之山戎疆域与后来不同也，则以为在燕北而已矣。记此事者独《公羊》不误，亦足雪口说流行之诬矣。

山戎考续篇

读史者多以战国时之东胡为春秋时之山戎，此误也。推厥由来，实缘误以齐桓公伐山戎所救之燕为北燕，遂误以北燕北之东胡与南燕北之山戎，合并为一矣。

《春秋》庄公三十年冬，公及齐侯遇于鲁济。齐人伐山戎。三十有一年六月，齐侯来献戎捷。鲁济之会，《公》《谷》皆不言其与燕有关，惟《左氏》曰：谋山戎也，以其病燕故也。伐山戎之齐人，《公》《谷》皆以为齐侯献戎捷。《公羊》曰：威我也，旗获而过我也。《谷梁》曰：军得曰捷，戎菽也。案《说苑·权谋》曰：齐桓公将伐山戎、孤竹，使人请助于鲁。鲁君进群臣而谋，皆曰："师行数千（十）里，入蛮夷之地，必不反矣。"于是鲁许助之而不行，齐已伐山戎、孤竹而欲移兵于鲁。管仲曰："不可。诸侯未亲，今又伐远而还诛近邻，邻国不亲，非霸王之道。君之所得山戎之宝器者，中国之所鲜也，不可以不进周公之庙乎？"桓公乃分山戎之宝，献之周公之庙。明年，起兵伐莒，鲁下令丁男悉发，五尺童子皆至。孔子曰："圣人转祸为福，报怨以德。"此之谓也。则齐桓之伐山戎，确曾与鲁谋之，确系桓公亲行，而其还亦确曾过鲁。《左氏》及《公》《谷》之言，皆非无据矣。夫鲁在齐之南，而北燕在齐之北，山戎所病者，果为北燕，何为与鲁谋之，而其还亦安得枉道而过鲁邪？

　　以桓公伐山戎，所救之燕为北燕，始于《谷梁》而实不始于《谷梁》也。《谷梁》曰：燕，周之分子也。贡职不至，山戎为之伐矣。《史记·齐大公世家》：山戎伐燕，燕告急于齐，齐桓公救燕，遂伐山戎，至于孤竹而还，命燕君复修召公之政，纳贡于周，如成康之时。《燕召公世家》曰：山戎来侵我，齐桓公救燕，遂北伐山戎而还。使燕共贡天子，如成周时。三者如出一口。《谷梁》晚出之书，盖据传记，左右采获，非真有所受之，其以齐侯所献为戎菽，实沿《管子·戒》篇"出冬葱与戎菽，布之天下"之文，即其一证。观《史记》齐燕世家之文，知以桓公所救之燕为北燕，西汉初年已有此误，《谷梁》之所采者，盖亦此等书。然传记之较古者，固犹未尝以此燕为北燕也。

赤狄、白狄考

　　狄之见于《春秋》者，或止称狄，或称赤狄、白狄。宣十五年："六月癸卯，晋师灭赤狄潞氏。"《注》："潞，赤狄之别种。"《疏》云："狄有赤狄、白狄，就其赤白之间，各自别有种类。

此潞是国名，赤狄之内别种一国。夷狄祖其雄豪者，子孙则称豪名为种，若中国之始封君也。谓之赤、白，其义未闻，盖其俗尚赤衣、白衣也。"（案两爨蛮亦称乌白蛮。《唐书》谓"初裒五姓，皆乌蛮也。妇人衣黑缯。""东钦蛮二姓，皆白蛮也。妇人衣白缯。"《疏》盖据后世事推之。）如《疏》意，则凡狄非属于赤，即属于白矣，窃谓不然。

赤狄种类见于《春秋》者有三：潞氏及甲氏、留吁是也。宣十六年："晋人灭赤狄甲氏及留吁。"《左氏》云："晋士会帅师灭赤狄甲氏及留吁、铎辰。"（杜《注》"铎辰不书，留吁之属"，似以意言之。）又成三年："晋郤克、卫孙良夫伐廧咎如。"《左氏》曰："讨赤狄之余焉。"是《左氏》所称为赤狄者，较《春秋》多一铎辰、一廧咎如也（廧咎如，《公羊》作将咎如）。至东山皋落氏，则《左氏》亦不言为赤狄，杜《注》云："赤狄别种也。"（《史记·晋世家》：献公"十七年晋侯使太子申生伐东山"。《集解》："贾逵曰：东山，赤狄别种。"）《疏》云："成十三年《传》，晋侯使吕相绝秦，云白狄及君同州，则白狄与秦相近，当在晋西；此云东山，当在晋东。宣十五年，晋师灭赤狄潞氏，潞则上党潞县，在晋之东，此云伐东山皋落氏，知此亦在晋东，是赤狄别种也。"其说似属牵强。

白狄种类，《春秋》及《左氏》皆未明言。昭十二年，杜《注》曰："鲜虞，白狄别种。""肥，白狄也。"十五年，《注》又曰："鼓，白狄之别。"《疏》云："宣十五年，晋师灭赤狄潞氏，十六年，晋人灭赤狄甲氏及留吁，成三年，晋郤克、卫孙良夫伐廧咎如，《传》曰：讨赤狄之余焉。是赤狄已灭尽矣；知鲜虞与肥，皆白狄之别种也。"其说之牵强，与前说同。案《春秋》《左氏》言赤狄种类，虽似不同，然铎辰之名，《春秋》无之。

"讨赤狄之余焉"，语有两解：刘炫以为"廧咎如之国，即是赤狄之余"（见《疏》）。杜预则谓"宣十五年，晋灭赤狄潞氏，其余民散入廧咎如，故讨之"。揆以文义，杜说为长。以《春秋》《左氏》于潞氏、甲氏、留吁、铎辰，皆明言为赤狄，于廧咎如则不言也。然则《左氏》之意，盖不以廧咎如为赤狄。《左》不以廧咎如为赤狄，而铎辰为《春秋》所无，则《春秋》《左氏》言赤狄，初无歧异矣。然则赤狄自赤狄，白狄自白狄，但言狄者，自属非赤非白之狄，安得谓凡狄皆可分属赤狄、白狄乎？杜说盖失之也。

予谓赤狄、白狄，乃狄之两大部落。其但称狄者，则其诸小部落。小部落时役属于大部落则有之，若遂以赤、白为种类之名，谓凡狄皆可或属诸赤，或属诸白，则非也。《左》宣十一年云："众狄疾赤狄之役，遂服于晋。"必赤狄之名，不苞众狄，乃得如此措辞。若众狄亦属赤狄，当云疾潞氏之役，安得云疾赤狄之役乎？此《春秋》及《左氏》凡言狄者，不得以为赤狄或白狄之明征也。

然则赤狄、白狄，果在何方乎？曰：赤狄在河内，白狄在圁洛之间。何以知之？曰：以《史记·匈奴列传》言"晋文公攘戎翟，居于河内、圁洛之间，号曰赤翟、白翟"知之也。居河内者盖赤狄，居圁洛之间者盖白狄也。曰：《史记》上云"攘戎翟"，而下云"号曰赤狄、白狄"，明赤狄、白狄为两种之总称，所苞者广矣。曰：《史记》之言，盖举其大者以概其余，非谓凡狄皆可称为赤狄或白狄也。若谓凡狄皆可称为赤狄或白狄，则无解于《春秋》之或称赤狄，或称白狄，或但称狄矣。盖狄在《春秋》时，就大体言之，可区为二：一在东方，一在西方。在东方者，侵轶于周、郑、宋、卫、齐、鲁之间，其地盖跨今河北之保定、大名两道，山西冀宁道之东境，河南之河北道，或且兼及河洛、开封道境。其中以居河内之赤狄为最大。居西方者，其地盖跨今山西冀宁道之西境及河东道，陕西之榆林道及关中道，其中以居圆洛之间之白狄为最大，故史公特举之也。言《春秋》时狄事者，莫详于《左氏》，今请举以为证。

狄之居东方者，莫张于庄、闵、僖之间。庄三十二年伐邢，闵二年入卫，以齐桓公之威，纠合诸侯，迁邢于夷仪，封卫于楚丘。然及僖十二年，诸侯复以狄难故，城卫楚丘之郛。其明年狄侵卫，又明年侵郑，则其势初未弱也。齐桓公之卒也，宋襄公伐齐而纳孝公，虽曰定乱，实有伐丧之嫌，诸侯莫能正，惟狄人救之（僖十八年）。是时邢附狄以伐卫，（《左》"卫侯以国让父兄子弟及朝众曰：苟能治之，毁请从焉。众不可，而从师于訾娄。狄师还。"可见是时狄势之盛。）至二十五年而为卫所灭，狄虽不能救，然二十年尝与齐盟于邢，《左氏》曰：为邢谋卫难也。二十一年狄侵卫，三十一年又围卫，卫为之迁于帝丘，狄之勤亦至矣。先是僖公十年："狄灭温。"温者，苏子封邑，周初司寇苏忿生之后也。见成十一年。十一年，王子带召扬拒、泉皋、伊洛之戎以伐周，入王城，焚东门，秦、晋伐戎以救周。晋侯平戎于王。十二年，王讨王子带，王子带奔齐。齐侯使管夷吾平戎于王，使隰朋平戎于晋。（僖十四年秋，狄侵郑，无传。）十六年："王以戎难告于齐，齐征诸侯而戍周。"此所谓戎，不知与狄有关否。然及僖二十四年，王以狄师伐郑，冬，遂为狄所伐，王出居于郑。大叔以狄女居于温，则必即九年灭温之狄矣。晋文勤王，取大叔于温，杀之于隰城，王以温锡晋。三十二年："狄有乱，卫人侵狄，狄请平焉。"其在河内者，至是当少衰。然三十年及文四年、九年、十一年迭侵齐，七年伐鲁西鄙，十年侵宋，十三年又侵卫，则东方之狄，亦未尝遂弱也。凡此者，《春秋》及《左氏》皆但称为狄，惟文七年侵鲁之役，《左氏》云："公使告于晋，赵宣子使因贾季问酆舒，且让之。"酆舒、潞氏相似，其事由赤狄，然此只可谓侵鲁之狄役属于赤狄，不能谓侵鲁者，即赤狄也。

赤狄见《春秋经》，始于宣公三年之侵齐。四年又侵齐；六年伐晋；七年又侵晋，取向阴之禾。十一年晋侯会狄于欑函，《左氏》：："众狄服也。""众狄疾赤狄之役，遂服于晋。"观文七年，赵宣子之让酆舒，则知赤狄是时所役属之狄颇众，故其势骤张也。及是党与携离，势渐弱矣。宣十三年虽伐晋及清，及十五年潞氏遂为晋所灭，晋侯治兵于稷，以略狄土。明年灭甲氏、留吁及铎辰，成三年又伐廧咎如，以讨赤狄之余焉。赤狄之名，自是不复见。盖赤狄本居河内，是时强盛，故兼据潞氏、甲氏、留吁、铎辰之地也（据《左氏》伯宗之言，则潞氏又夺黎侯之地）。其本据地河内，未知灭亡或否，然纵幸存，其势力亦无足观矣。

东方之狄，自晋灭赤狄后，不见于《春秋》及《左氏》者若干年。至昭、定以降，鲜虞、肥、鼓乃复与晋竞。《左》昭十二年，晋荀吴伪会齐师者，假道于鲜虞，遂入昔阳。秋八月壬午，灭肥，以肥子绵皋归。十三年，晋荀吴以上军侵鲜虞及中人。十五年，荀吴伐鲜虞，围鼓，以鼓子戴鞮归。既献而反之，又叛于鲜虞。二十二年六月，荀吴灭之。定三年，鲜虞人败晋师于平中，获晋观虎。四年，晋士鞅、卫孔圉伐鲜虞。五年冬，士鞅围鲜虞，报观虎之役也。哀元年，齐、卫会于乾侯，救范氏也。鲁师及齐师、卫孔圉、鲜虞人伐晋，取棘蒲。三年，齐、卫围戚，求援于中山（杜《注》：中山，鲜虞）。四年十一月，邯郸降，荀寅奔鲜虞。十二月，齐国夏会鲜虞，纳荀寅于柏人。六年春，晋伐鲜虞，治范氏之乱也。鲜虞、肥、鼓地与潞氏、甲氏、留吁、铎辰相近，与齐、晋、鲁、卫皆有关系，其形势正与自庄公至宣公时之狄同，《春秋》及《左氏》皆绝不言为白狄（《谷》昭十二《注》：鲜虞，姬姓，白狄也。《释》曰：《世本》文），不知杜氏何所见而云然。以予观之，毋宁谓为与赤狄相近之群狄为较当也。

白狄本国盖在圁洛之间。然西方之狄，跨据河之东西者亦甚众，非止一白狄也。晋之建国也，籍谈追述其事曰："晋居深山之中，戎狄之与邻，而远于王室。王灵不及，拜戎不暇。"昭十五年。是唐叔受封之时，已与此族为邻矣。二五之说晋献公使重耳居蒲，夷吾居屈也，曰："蒲与二屈，君之疆也。疆埸无主，则启戎心。"又曰："狄之广莫，于晋为都。晋之启土，不亦宜乎？"（庄二十八年）则蒲、屈所与为界者，即狄人也。僖五年，晋侯使寺人披伐蒲，重耳奔狄。明年，贾华伐屈，夷吾将奔狄，郤芮曰："后出同走，罪也。不如之梁，梁近秦而幸焉。"乃之梁。重耳、夷吾盖皆欲借资于秦以复国，夷吾不果奔狄，仍奔近秦之梁，则狄之近秦可知也。晋文公让寺人披之辞曰："予从狄君，以田渭滨。"则晋文所奔、夷吾所欲奔而未果之狄，即与蒲、屈为界之狄，其地自渭滨跨河而东界于蒲、屈也。《左》闵二年"虢公败犬戎于渭汭"，虽未知即此狄否，然其地则相近矣。（僖二年："虢公败戎于桑田。"《注》："桑田，虢地，在弘农陕县东北。"）重耳之奔狄也，狄人伐廧咎如，获其二女叔隗、季隗，纳之公子。成十三年，吕相绝秦之辞曰："白狄及君同州，君之仇雠，而我之昏姻也。"杜《注》："季隗，廧咎如赤狄之女也。白狄伐而获之，纳诸文公。"杜氏此《注》，殊属牵强，故《疏》亦游移其辞，不敢强申其说也。凡此等狄，其地皆与白狄近，然《春秋》及《左氏》皆不明言为白狄，则亦西方之众狄，与白狄相近者耳。僖八年："晋里克帅师，梁由靡御，虢射为右，以败狄于采桑。梁由靡曰：狄无耻，从之，必大克。里克曰：惧之而已，无速众狄。虢射曰：期年，狄必至；示之弱矣。夏，狄伐晋，报采桑之役也。复期月。"曰"无速众狄"，明西方狄亦甚众，如东方赤狄所役属也。西方之狄，与晋相近，故争阋颇烈。僖十六年，因晋韩原之败，侵晋取狐厨、受铎，涉汾及昆都。二十八年，晋作三行以御狄。三十一年，又作五军以御狄。三十三年："晋侯败狄于箕，郤缺获白狄子。"曰获白狄子，而不言所败者即白狄，盖白狄与他狄俱来也。范文子曰："吾先君之亟战也有故，秦、狄、齐、楚皆强，不尽力，子孙将弱。"（成十六年）以狄与秦、齐、楚并举，可以见其强盛矣。（襄二十六年："子灵奔晋，晋人与之邢，以为谋主，扞禁北狄。"）此等狄人，东为晋人所攘斥；又秦穆修政，东境至河（《史记·六国表》），其在渭滨及河东之地，盖皆日蹙。昭十三年，晋人执季孙意如，使狄人守之。定十四年，晋人围朝歌，析成鲋、小王桃甲率狄师以袭晋，战于绛中。盖皆其服属于晋者也。《史记》云："秦穆公得由余，西戎八国服于秦。"（此《匈奴列传》文，《秦本纪》云："益国十二，开地千里。"与《韩非子·十过》《说苑·反质》篇同。《李斯传》作"并国二十"，二十字疑倒。《汉书·韩安国传》作"并国十四"，四亦疑二之误。古文一二三四，皆积画也。《盐铁论·论勇》："秦穆公得百里奚、由余，西戎八国服。"与《匈奴列传》同。）穆公所服，盖多岐以东之地，即太王所事之獯粥，文王所事之昆夷，及灭幽王之犬戎也。然则同、蒲间之狄，盖尽为秦、晋所并矣。白狄居阎洛之间，其地较僻，盖至魏开河西、上郡而后亡？

白狄之见《春秋》，始于宣公八年与晋伐秦，成九年与秦伐晋。十三年吕相绝秦之辞曰："白狄及君同州，君之仇雠，而我之昏姻也。君来赐命曰：吾与女伐敌。寡君不敢顾昏姻，畏君之威，而受命于吏。君有二心于狄，曰晋将伐女，狄应且憎，是用告我。"《左氏》亦曰："秦桓公既与晋厉公为令狐之盟，而又召狄与楚欲道以伐晋。"白狄盖叛服于秦、晋之间者也。《春秋》襄十八年春，"白狄来"。《左氏》云："白狄始来。"盖至是始通于鲁。可见所谓白狄者，惟指闾洛间一族，若凡在西北者，皆可称白狄，前此似不得迄无往来也。二十八年，白狄朝晋；昭元年，祁午称赵文子服齐、狄；杜《注》谓指此事，其重视之可知。《管子·小匡》篇谓齐桓公"西征，攘白狄之地，遂至于西河"。《小匡》述事，不甚可信，然白狄之在西河，则因此而得一左证也。（《左》僖三十三年，杜《注》："白狄，狄别种也。故西河郡有白部胡。"）

《左》襄四年："无终子嘉父使孟乐如晋，因魏庄子纳虎豹之皮以请和诸戎。"杜《注》谓无终，山戎国名。其《释例》又谓山戎、北戎、无终三者是一。案山戎、北戎在东方，别见予所撰《山戎考》。杜氏之云，未知何据。（昭元年之《疏》，亦不信之。）观魏绛劝晋侯和戎，谓"戎狄荐居，贵货易土，土可贾焉"。又曰："边鄙不耸，民狎其野，穑人成功。"（《左》襄公四年）则其地与晋密迩。昭元年："晋荀吴帅师败狄于大卤。"《左氏》云："败无终及群狄于太原。"则无终即在太原附近，疑亦西方之狄而能役属群狄者也。（《左》襄五年："王使王叔陈生诉戎于晋。"未知即四年所谓诸戎之一否。）

泾洛诸戎

　　《史记·匈奴列传》所述北狄，匈奴、林胡、楼烦而外，居泾、洛者为一支，居圁、洛者为一支，东胡、山戎又为一支。居泾、洛者，以犬戎及义渠为大；居圁、洛者，以赤白狄为大；赤白狄及山戎，已有考，今考其居泾、洛之一支如下：

　　《史记》云："自陇以西，有绵诸、绲戎、翟　之戎；岐、梁山、泾、漆之北，有义渠、大荔、乌氏、朐衍之戎。"绲戎即犬夷，上文所谓"周西伯昌伐畎夷氏"者也。《绵》之诗，"昆夷脱矣"，《说文·马部》駼字下引同今诗，《口部》呬字下，则引作"犬夷呬矣"。《皇矣》之诗曰："串夷载路。"《郑笺》：串夷即混夷。《正义》："《书传》作畎夷，盖畎混声相近，后世而作字异耳。或作犬夷，犬即畎字之省也。"《采薇序》："西有昆夷之患。"《正义》引《尚书大传注》：犬夷，昆夷也。又《史记索隐》引韦昭谓畎夷，"《春秋》以为犬戎"，《正义》引韦昭谓绲戎，"《春秋》以为犬戎"，又云："颜师古云：混夷也。"然则犬也，畎也，昆也，混也，绲也，串也，皆一音之异译。《山海经》谓："黄帝生苗，苗生龙，龙生融，融生吾，吾生并明，并明生白，白生犬，犬有二牡，是为犬戎。"(《史记·索引》引。《汉书·匈奴列传注》引，则作"黄帝生苗龙，苗龙生融吾，融吾生弄明，弄明生白犬，白犬有二牝牡，是为犬戎。")昆夷、猃狁，系一种人。犹汉时既称匈奴，亦称胡也。《孟子》"文王事昆夷"，"太王事獯粥"，乃变文言之耳。《诗序》"文王之时，西有昆夷之患，北有猃狁之难"，竟以为两族人，误矣。《出车》之诗曰："赫赫南仲，猃狁于襄。"又曰："赫赫南仲，薄伐西戎。"

又曰："赫赫南仲，狁猃于夷。"狁猃在西北，可称戎，亦可称狄，诗取协韵也。《笺》云："此时亦伐西戎；独言平狁猃者，狁猃大，故以为始以为终。"已不免拘滞序析狁猃、昆戎而二之，益凿矣。

此族强盛最早，《尚书大传》谓文王囚于羑里，散宜生之犬戎氏取美马以献纣；又谓文王受命一年伐混夷。（见《绵诗笺》。《笺》云："混夷见文王之使者将士众过己国，则惶怖惊走奔突，入柞棫之中而逃，甚困剧也。"《正义》："《帝王世纪》云：文王受命四年，周正丙子，混夷伐周。一日三至周之东门，文王闭门修德而不与战。王肃同其说以申毛义。"案文王受命后征伐先后，诸书互有异同，今不必深考。郑、王是非，更可弗论。要之，混夷在当时，为周强敌也，则当周初已蒜然见头角矣。）《史记》云："后十有余年，武王伐纣而营洛邑，复居于丰、鄗，放逐戎夷泾、洛之北，以时入贡，命曰荒服。其后二百有余年，周道衰，而穆王伐畎戎，得四白狼四白鹿以归。自是之后，荒服不至。于是周遂作《甫刑》之辟。"上云"命曰荒服"，下云"荒服不至"，则武王之所放，即穆王之所伐。《周本纪》载祭公谋父谏穆王之辞，曰："先王之制，邦内甸服，邦外侯服，侯卫宾服，夷蛮要服，戎狄荒服。甸服者祭，侯服者祀，宾服者享，要服者贡，荒服者王。今自大毕、伯士之终也，犬戎氏以其职来王，天子曰予必以不享征之，且观之兵，毋乃废先王之训，而王几顿乎？吾闻犬戎树敦，率旧德而守终纯固，其有以御我矣。"古人轻事重言，所载言辞，类经后人润饰，不必当时情实。犬戎盖自武王时服于周，其后稍以桀骜，故穆王征之也。因此而作《吕刑》之辟者，金作赎刑，所以足兵也。周与犬戎之强弱，可以微窥矣。

穆王之后二百余年，而有骊山之祸。是役也，《周本纪》曰：

“申侯与缯、西夷犬戎攻幽王。”《秦本纪》则云：“西戎犬戎与申侯伐周。”然则是时西方戎甚多，而犬戎为大。案当时所谓西戎者，《周本纪》及《匈奴列传》述之皆不甚详，惟《秦本纪》载其情形最悉，以秦之先世与西戎为缘也。秦为伯益之后。伯益，舜妻之以姚氏之玉女，固遥遥华胄也。然伯益之子曰若木，其玄孙费昌，子孙已或在中国，或在夷狄，则其与西戎为缘旧矣，伯益又有子曰大廉，大廉玄孙曰中衍，中衍之后曰胥轩。申侯告周孝王之言曰：“昔我先郦山之女为戎胥轩妻，生中潏。以亲故，归周，保西垂。西垂以其故和睦。”案《左氏》言：“晋伐骊戎，骊戎男女以骊姬。”则骊戎实周同姓之国，中潏不啻周之所自出，故能为周保固西垂也。中潏之子曰蜚廉，虽与其子恶来俱事纣，然蜚廉又有子曰季胜，季胜生孟增，幸于周成王。孟增之孙曰造父，实为周穆王御而西巡守。古书言穆王、造父事，多诞谩不足信，臆其实则造父盖以其为中潏之后，能得西戎之和，故能御穆王以西征也。造父以宠，别封于赵城，自是其族与西戎少交涉。而恶来之玄孙曰大骆，有子曰非子，居犬丘，周孝王召使主马于汧渭之间，马大蕃息。孝王欲以为大骆适嗣。而申侯之女为大骆妻，生子成为适。申侯言于孝王，孝王乃分土，邑非子于秦，而亦不废申侯之女子为骆适者，以和西戎。观此知申与西戎关系之深，此其所以能搂犬戎以弑幽王也。自中潏至大骆父子为周保固西垂者，盖三百年，其根据地为犬丘，在今陕西兴平县，在泾、渭二水之间，此时之戎，盖犹在泾、洛以北。非子之曾孙曰秦仲，值周厉王时，西戎始叛，犬丘大骆之族，为戎所灭，则戎始渡泾水而南，非复武王放逐时之旧壤矣。自是大骆之适嗣灭，转藉其支庶之分封于秦者，与戎相枝拄。秦仲为戎所杀，子庄公始破戎。宣王并与以犬丘之地，仍为西垂大夫，传子襄公。襄公之七年，而周幽王为犬戎所灭。案庄公三子，其长男世父。世父曰："戎杀我大父仲，我非杀戎王，则不敢入邑。"遂将击戎，而让其弟襄公。《史记》云："襄公二年，戎围犬丘世父，世父击之，为戎人所虏。岁余，复归世父。"又云："周避犬戎难，东徙雒邑。襄公以兵送周平王，平王封襄公为诸侯，赐之岐以西之地。曰：戎无道，侵夺我岐、丰之地。秦能攻逐戎，即有其地。"窃疑当时世父居犬丘，襄公居秦，故称犬丘世父。世父之见获于戎而复归，不知仍归其犬丘之地否。然及骊山之祸作，则犬丘之地，必复入于戎。故《匈奴列传》谓其"遂取周之焦获而居于泾渭之间"也。且戎即复归世父地，世父亦必已弱而不克御戎；不然，犬戎之地，为周之藩篱者数百年矣，以世父之孝且勇，犬戎安能长驱至于骊山哉？且使犬丘而犹有嬴秦之族，平王必不仅以岐以西之地赐襄公也。以岐以西赐襄公，而曰"能攻逐戎即有其地"，明东兵至于岐且不易也。自骊山之役以前，史皆但曰戎，不曰犬戎；至是役，乃曰西夷犬戎，曰西戎犬戎。盖前此戎无强部，故自大骆以后能抚绥之，至此而大毕、伯士树敦之后复强，为诸戎率，将遂非嬴、赵之族所能驭也。襄公十二年伐戎，至岐而卒（《年表》。《本纪》同）。子文公立。文公十六年，伐戎，戎败走，始收周余民有之，地至岐，岐以东献之周。文公营邑于汧渭之间。孙宁公继立，居平阳，灭荡社。子武公伐彭戏氏，至华山下，伐邦、冀戎，初县之。又县杜、郑，灭小虢。武公卒，弟德公立，居雍。梁伯、芮伯来朝。德公三子，宣公、成公、穆公以次立。宣公与晋战河阳，胜之。穆公元年，自将伐茅津。其后再置晋君，虏惠公而归之，惠公献其河西地，而秦地始东至河。盖自文公以后，专意于东略，其于西戎似少宽。然《左氏》闵公二年，虢公败犬戎于渭汭，此所谓渭汭者，必不在渭水上流，则当时泾渭之域，殆全为犬戎所据，秦文公以后之东略，乃正所以挫戎势也。穆公三十四年，戎王使由余于秦，秦人间而降之。三十七年，用其谋伐戎王，益国十二，开地千里，此戎王不知其为何戎，然自此以后，则戎遂弱，其地仅限于陇以西，如上《史记》所云者矣。

《汉书·杨敞传》："恽报孙会宗书曰：安定山谷之间，昆戎旧壤。"此即《史记》所谓"自陇以西，有绵诸、绲戎、翟獂之戎"之绲戎也。

《六国表》：厉共公六年，义渠来赂，緜诸乞援；二十年，公将师与绵诸战；惠公五年，伐诸緜。《本纪》皆不载。緜诸疑绵诸之误，诸緜则误而又倒也。

翟獂之戎，《汉书》作狄獂。师古曰："皆在天水界，即绵诸道及豲道是也。"意以狄獂为一。《索隐》引《地理志》："天水有绵诸道、狄道。应劭以獂戎邑。"则以翟、獂为二。《续汉书·郡国志》汉阳郡，陇州刺史治，有大坂，名陇坻；獂坻聚又有獂道。《注》："《史记》秦孝公西斩戎王。"案事见《秦本纪》。孝公元年，"西斩戎之獂王"。

义渠者，诸戎之最强者也。试就《本纪》及《六国表》列其事如下：

厉共公六年，义渠来赂。（《表》。《纪》无。）

三十三年，伐义渠，虏其王。（《纪》。《表》同。）

躁公十三年，义渠来伐，至渭南。（《纪》。《表》作侵至渭阳。）

惠文王七年，义渠内乱，庶长操将兵定之。（《表》。《纪》无。）《周书·史记》："嫛子两重者亡。昔者义渠氏有两子，异母皆重。君疾，大臣分党而争，义渠以亡。"案昭王时，义渠之亡，其君先为宣太后所诈杀，不以疾终，此所云疑指此时事也。

十一年，县义渠，(《纪》。《表》无。) 义渠君为臣。(《纪》。《表》同。)

《张仪列传》：义渠君朝于魏。犀首闻张仪复相秦，害之。犀首乃谓义渠君曰：道远不得复过，请谒事情。曰：中国无事，秦得烧掇焚杆君之国；有事，秦将轻使重币事君之国。其后五国伐秦，会陈轸谓秦王曰：义渠君者，蛮夷之贤君也，不如赂之，以抚其志。秦王曰：善。乃以文绣千纯，妇女百人遗义渠君。义渠君致群臣而谋曰：此公孙衍所谓邪？乃起兵袭秦，大败秦人李伯之下。《索隐》云："按《表》：秦惠王后元七年，楚、魏、齐、韩、赵五国共攻秦，是其事也。" 案此事采自《战国策》。《战国策》乃纵横家之书，多设辞，非事实。义渠当时未必能越秦而朝魏也。

后十年，伐取义渠二十五城。(《纪》。《表》十一年：侵义渠，得二十五城。《匈奴列传》："其后义渠之戎筑城郭以自守，而秦稍蚕食，至于惠王遂拔义渠二十五城。")

武王元年，伐义渠。(《纪》。《表》无。)

《匈奴列传》："秦昭王时，义渠戎王与宣太后乱，有二子。宣太后诈而杀义渠戎王于甘泉，遂起兵伐残义渠。" 案此事《纪》《表》皆不载。《范雎列传》载昭王谢雎之辞曰："寡人宜以身受命久矣，会义渠之事急，寡人旦暮自请太后；今义渠之事已，寡人乃得受命。" 范雎之见秦王，《传》谓在昭王四十一年；其明年，宣太后亦薨矣。

自厉共公六年，至昭王四十一年，凡二百有七年，义渠与秦之相持，不可谓不久矣。

大荔，《汉志》谓在临晋，《续汉书·郡国志》、徐广、《括地志》皆因之，其地实不在岐、梁山泾、漆之北。案《秦本纪》：

厉共公十六年，堑河旁，以兵二万伐大荔，取其王城。《六国表》作堑阿旁，伐大荔，补庞戏城。《集解》：徐广曰：临晋有王城。《续汉书·郡国志》：临晋有王城。《注》曰：《史记》曰：秦厉恭公伐大荔，取其王城，即此城也。《括地志》谓朝邑县东三十步故王城，大荔近王城邑。案王城为凡列国称王者所居之城，安知其必属大荔。《六国表》：孝公二十四年，秦、大荔围合阳。（《表》。《纪》无。）合阳诚近临晋，然是时劳师远役者甚多，不能以此谓大荔之必在临晋也。窃疑大荔本国亦当在义渠附近。

乌氏，汉为县，属安定。《货殖列传》云："乌氏倮畜牧，及众，斥卖，求奇缯物，间献遗戎王；戎王什倍其偿，与之畜。畜至用谷量马牛。"此所谓戎王，盖即乌氏戎之君长也。

惟朐衍事无可考见。

论吴越文化

论吴越古代文化，求之传记，可征者甚少，必发掘之业益盛，乃能明之，今仅能言其崖略而已。盖民之资生，莫急于衣食居处。居寒地者多食鸟兽之肉，居热地者多食草木之实。中国古代，二者兼有，究以食草木之实者为多。耕稼之业，实自兹而起。皮服与卉服并行，卉服亦必较盛，故农夫皆黄衣黄冠，绩麻盖由此发明。蚕桑古称盛于北，其原起亦必在南。以《易》言黄帝、尧、舜垂衣裳，其时固犹在东南，未迁西北也。南方巢居，北方穴居，而言宫室者必曰上栋下宇，不闻以陶复陶穴自居，则亦以南方之居高明，革北方之处卑闇也。更进言之，生计之舒，必藉通功易事。《史记》谓自大皞以来，则有钱矣，固臆说不足据；《说文·贝部》，云"古者货贝而宝龟，周而有泉，至秦废贝行钱"，说较可信。泉币至周始有，则殷以前皆用贝矣。此实隆古民族起自海滨之铁证也。《说苑》云："子路鼓瑟，有北鄙之声。孔子曰：先王之制音也，奏中声，为中节，流入于南，不归于北。"（《修文》）礼乐为化民之具，二者相为表里，乐主南则礼可知。《楚辞·天问》一篇，备摄宗教哲学之义，先秦诸子言宇宙论者，曾莫能加。是则道德学术，亦皆原于南也。

　　古代文化，盖初植于扬州，西渐于荆、梁，而大盛于徐、兖。何以言？古言出治，必始人皇。人皇者，遂人也。（天皇、地皇，乃后来附会之说，余别有考。）遂人始知用火，实进化之大原也。《春秋纬》言遂人出旸谷，分九河，绝无他证，恐据万物始于东方之义臆言之，"九河"并恐系"九州"之误。继遂人者伏羲，其后有任、宿、须句、颛臾；继伏羲者神农，即大庭，鲁有大庭氏之库，则地皆确实可征矣。《礼运》言后圣有作，修火之利，范金合土；《御览·皇王部》引《古史考》，谓遂人钻燧出火，教人熟食，铸金作刃；观后来冶铸之业，南盛于北，则遂人当在扬州。抑古代帝王，功德在民，有实迹可指者，遂人而外，莫如有巢。《韩子·五蠹》，即以二者并言。《庄子·盗跖》，无遂人之名，所谓"知生之民"，即指遂人也。有巢氏地亦无考。《遁甲开山图》谓在琅邪，然此书全不足信。巢居必依茂林，疑亦当在扬州矣。然则华族初兴，实在江海之会，羲、农乃其分枝北出者耳。此北出之枝派，文明反盛于其故乡，则以古代徐、兖，下隰宜农之故。夫下隰之地，非修沟洫无以事耕耘；而苟事耕耘，亦不虑其无刈获。水功勤则人治修，刈获丰则资生厚，而文明大启矣。此隆古开化之情形，可以追想者也。

　　黄帝崛兴，实为史事一大变。黄帝诛蚩尤于涿鹿，而身仍处于涿鹿之阿。涿鹿所在，旧说有三：一上谷，二涿郡，三彭城也。余初信涿郡之说，以史言黄帝迁徙往来无常处，又其战也，教熊罴貔貅貙虎，类于游牧人之为。阪泉、涿鹿之战，实河北游牧之族，扰河南耕稼之民也。由今思之，殊不其然。迁徙往来无常处，特言其武功之盛，非谓其为行国；不然，何又曰邑于涿鹿之阿乎？教熊罴貔貅貙虎，正足征其尚在南方。《孟子》言尧时水患曰："兽蹄鸟迹之道，交于中国。"《滕文公》上。其言纣之罪状曰："园囿汙池，沛泽多而禽兽至。"计周公之功曰："驱虎豹犀象而远之。"（《滕文公》下）而《周书·世俘》，言武王狩禽，猫虎熊罴，多至千百。则自商奄至江南仍为禽兽逼人之地，盖水患甚而农业荒也。洪水之患，为古代文明自东南转入西北之一大关键。其事似始于炎、黄之际。《管子》言黄帝之王，烧山林，破增薮，焚沛泽，正与《孟子》言"益烈山泽而焚之"同（《滕文公》上）。《周书》言阪泉氏徙居独鹿（《史记集解》）。阪泉者，神农之末世；独鹿即涿鹿，盖蚩尤之居，其地实在彭城。蚩尤既灭，则黄帝居之，而使其子弟分治神农氏故地。

　　史言青阳降居江水，昌意降居若水，是也。江水、若水，后人以今四川之长江、雅砻江释之，此实大误。《汤诰》曰："东为江，北为济，西为河，南为淮。"（《史记·殷本纪》引）则古以江在东方，青阳之所居可知。《吕览·古乐》言颛顼生自若水，实处空桑。空桑者，《左氏》昭公二十九年，蔡墨言少昊氏有四叔，世不失职，遂济穷桑；定公四年，祝鮀谓伯禽封于少皞之虚；则杜《注》谓穷桑地在鲁北者，不误。王筶友云："盖𣎵本作𣎵。若字盖亦作𣓾，即𣎵之重文；加口者，如斋字之象根形。"《释例》。此说甚精。古谓日出榑桑，若水盖亦桑水之误，其当在东方不疑也。然则蜀山即涿鹿之山，昌意盖取蚩尤氏女，故《大荒北经》《风俗通义》，咸以颛顼为黎苗之先。然昌意虽与蜀山昏媾，而姬、姜二姓之争，则仍未已。传记言颛顼共工之争则是。《祭法》曰："共工氏之霸九州也，其子曰后土，能平九州。"《管子》曰："共工氏之王，水处十之七，陆处十之三，乘天势以隘制天下"（《揆度》），则共工在当时，实为姜姓一强国。《淮南》言"共工振滔洪水，以薄空桑"，其所争者，正神农氏故地也。自颛顼至尧，绵历年岁，卒见流于幽州。盖姜姓丧败之余，终不敌姬姓方张之焰。然姬姓虽克定共工，而兖州之地，卒亦不可复处。传记言禹之治水，时愈晚则愈侈。遂至谓江、淮、河、济，罔不施功，实则非是。禹之自言曰："予决九川，距四海，浚畎浍距川。"（《皋陶谟》）九者数之究，九川特言其多。四海者，中国之外。中国无定境，则四海亦无定在。浚畎浍距川，则孔子所谓尽力乎沟洫者也。后土与禹，治水不可谓不力，然终不能澹沉灾。华族之居兖州者，乃稍稍西北徙。尧都究在何处，今难质言，舜之传说甚多，孟子谓为东夷之人，实最可信。舜在东，则尧不得在西。后世谓尧都晋阳，或谓都平阳，盖以叔虞封于河汾，因唐之旧云尔；此或尧之后裔，必非尧身处于是也。武王谓有夏之居，自洛汭延于伊汭，则西迁之业，实至禹而告成；华族文化，自此浸盛于西北矣。然徐、兖之间，遗徽未沬，故夏甫衰而殷又自东方起。汤居亳，亳之所在，异说纷如，王静安谓即《左氏》庄公十一年公子御说奔亳之亳，最为近之。盖古事传于后者，率经春秋战国时人之手，必据其时之地名，以述古事也。仲丁迁于隞，或曰在河北，或曰敖仓，未知孰是，要在亳西北；河亶甲居相；祖乙迁邢；盘庚渡河南，复成汤之故居；武乙复徙河北；盖始终向西北进。而东南之地，据前所引《周书》《孟子》，仍为旷废之区，盖水患后迄未能兴复也。周初之奄，中叶之徐偃王，虽声势甚张，卒不能与周敌，盖以此。然齐、楚未兴以前，徐、兖之地，固东南之名区，而西北之劲敌也。当兹雍、豫、徐、兖，纷变化之时，华族之留居荆、扬者，以火耕水耨，渔猎山伐，饮食还给，不忧冻饿，稍流于些窳偷生，治化遂落后，转藉北迁之族，南归为之反哺焉。楚自荆山开拓至郢，泰伯、无余之后人于吴则是也。文化之传播岂不异哉！职是故，南方所传古史，实仍与北方无异。读《离骚》《天问》及伍子胥谏夫差之辞可知。舜生姚上，为后世之上虞；耕历山在余姚；渔雷泽在具区；避尧子在百官桥；大禹陵在山阴；巫咸冢在常熟；泰伯城在无锡；皆是物也。谓夏、殷、周之后，有播迁至是者，而其史迹随之以传则可；谓其人本居是，事即在是，则实不可。故谓吴、越古代文化，传记可考者甚少也。然则遂无可考乎？曰：是亦不然。盖无可考者，其氏族部落若国家之行事；而有可考者，则其民间开化之迹也。且如冶铸之技，械器之所由利，耕作之所资，亦战斗之所赖也。蚩尤尸作兵之名，固非黄帝之族弦木为弧、剡木为矢者所能逮，其遗迹之在南方者，则如《水经·浙江水注》曰："石帆山西连会稽，东带若邪溪，《吴越春秋》所谓欧冶涸以成五剑。溪水下注太湖，湖水自东亦注江通海，其东有铜牛山。"又如《资水注》，谓益阳有井数百口，皆古人采金沙处。可见南方坑冶夙兴。此并非蚩尤之所教，必其民族久闲于是，蚩尤乃因以作兵也。《浙江水注》又谓秦望山南有樵岘，岘里有大城，越王无余之旧都。此未必然，然古代南方，久有都邑，则可知矣。《庐江水注》言西天子障，犹有宫殿故基，可想见障名所由得。《述异记》言庐山上有康王谷，巅有一城，号为刽城，传云周康王之城。城中每得古器大鼎弓弩之属。傅诸康王非是，然亦必古代南方名国，声明名物颇盛者也。此等皆并国名而不传，无论系世行事矣。南方史迹之难知，实由简策之传太少。然南方固非无文字。《庐江水注》言："庐山之南，有上霄石。上霄之南，又有大禹刻石。"此实南方古国铭刻，正如登封、泰岱之有刻石。将来此等物发见较多，必可补史籍之阙。

山　越

　　山越为患，起于灵帝建宁中。《后汉书·本纪》：建宁二年九月，丹阳山越贼围太守陈夤，夤击破之。至后汉之末，而其势大盛。孙吴诸将，无不尝有事于山越者。(《三国·吴志·孙权传》：黄武五年，置东安郡，以全琮为太守，平讨山越。据琮本传，则前此已尝为奋威校尉，授兵数千人，以讨山越矣。权徐夫人兄矫，以讨平山越，拜偏将军。孙贲，袁术尝表领豫州刺史，转丹阳都尉，行征虏将军，讨平山越。顾雍孙承，为吴郡西部都尉，与诸葛恪等共平山越。黄盖，诸山越不宾，有寇难之县，辄用为守长，又迁丹阳都尉，抑强扶弱，山越怀附。韩当，领乐安长，山越畏服。蒋钦，尝为讨越中郎将。陈武庶子表，嘉禾三年，诸葛恪领丹阳太守，讨平山越，以表领新安都尉，与恪参势。董袭，尝拜威越校尉。凌统父操，守永平长，平治山越。朱治，丹阳故鄣人也，年向老，思恋土风，自表屯故鄣，镇抚山越。吾粲与吕岱讨平山越。均见《吴志》本传。徐陵子平，诸葛恪为丹阳太守，以平威重思虑，可与效力，请平为丞，见《虞翻传注》引《会稽典录》。以上皆明言其为山越者。其不明言为山越，而实与山越同者，则不可胜举。如《周泰传》云："策入会稽，署别部司马，授兵。权爱其为人，请以自给。策讨六县山贼，权住宣城，使士自卫，不能千人，意尚忽略，不治围落，而山贼数千人卒至。权始得上马，而贼锋刃已交于左右，或斫中马鞍，众莫能自定。惟泰奋击，投身卫权，胆气倍人，左右由泰并能就战。贼既解散，身被十二创，良久乃苏。"《周鲂传》云："贼帅董嗣负阻劫钞，豫章、临川并受其害。吾粲、唐咨尝以三千兵攻守，连月不能拔。鲂表乞罢兵，得以便宜从事。鲂遣间谍，授以方策，诱狙杀嗣。嗣弟怖惧，诣武昌降于陆逊，乞出平地，自改为善，由是数郡无复忧惕。"《钟离牧传》云："建安、鄱阳、新都三郡山民作乱，出牧为监军使者，讨平之。贼帅黄乱、常俱等出其部伍，以充兵役。"《陆凯传》云：弟胤，"为交州刺史、安南校尉。贼帅百余人，民五万余家，深幽不羁，莫不稽颡，交域清泰。就加安南将军，复讨苍梧建陵贼，破之，前后出兵八千余人，以充军用"。此等虽或言贼，或言民，实与言越者无别。以其皆与越杂处，而越已为其所化也。见后。）张温、陆逊、贺齐、诸葛恪，特其尤佼佼者耳。山越所据，亘会稽、吴郡、丹阳、豫章、庐陵、新都、鄱阳，几尽江东西境。（《孙权传》："策薨，以事授权。是时惟有会稽、吴郡、丹阳、豫章、庐陵，然深险之地犹未尽从。权乃分部诸将，镇抚山越，讨不从命。"《诸葛恪传》："恪求官丹阳，众议以丹阳地势险阻，与吴郡、会稽、新都、鄱阳四郡邻接，周旋数千里，山谷万重"云云。案江南本皆越地，越皆山居，故其蟠结之区，实尚不止此。特僻远之地，不必其皆为患；即为患亦无关大局，不如此诸郡者处吴腹心之地，故史不甚及之耳。是时南北交争，无不思藉以为用。孙策之逐袁胤也，袁术深怨之，乃阴遣间使，赍印绶与丹阳宗帅陵阳祖郎，使激动山越，图共攻策。见《孙辅传注》引《江表传》。太史慈之遁芜湖也，亡入山中，称丹阳太守。已而进驻泾县，立屯府，大为山越所附。是孙策未定江东时，与之争衡者，莫不引山越为助也。策之将东渡也，周瑜将兵迎之。及入曲阿，走刘繇，策众已数万。乃谓瑜曰："吾以此众取吴会、平山越已足。卿还镇丹阳。"孙权代策，即分部诸将，镇抚山越，讨不从命。是孙氏未定江东时，视山越为劲敌；及其既定江东，仍兢兢以山越为重也。不特此也，孙权访世务于陆逊，逊建议："山寇旧恶，依阻深地。夫腹心未平，难以图远。"而权之遣张温使蜀也，亦曰："若山越都除，便欲大构于丕。"其欲亲征公孙渊也，陆瑁疏谏，谓"使天诛稽于朔野，山虏乘间而起，恐非万安之长虑"。则当江东久定之后，仍隐然若一敌国矣。以上所引，皆见《吴志》各本传。）无怪曹公以印缓授丹阳贼帅，使扇动山越，为作内应也（见《陆通传》）。而吴人亦即思藉是以谲敌。《周鲂传》云："为鄱阳太守，被命密求山中旧族名帅为北敌所闻知者，令谲挑曹休。"鲂虽谓民帅不足仗任，事或漏泄，遣亲人赍笺七条以诱休；然其三曰："今此郡民，虽外名降首，而故在山草，看伺空隙，欲复为乱，为乱之日，鲂命讫矣。"当时山越之强，可以想见。宜乎张温、陆逊、诸葛恪之徒，咸欲取其众以强兵也。（《逊传》云：部伍东三郡，强者为兵，羸者补户，得精卒数万人。《恪传》：自诡三年可得甲士四万，其后岁期人数，皆如本规。《温传》孙权下令罪状温曰："闻曹丕出自淮、泗，故豫敕温有急便出，而温悉内诸将，布于深山，被命不至。"然骆统表理温曰："计其送兵，以比许晏，数之多少，温不减之，用之强羸，温不下之，至于迟速，温不后之，故得及秋冬之月，赴有警之期。"则温所出兵，已不为少矣。夫老弱妇女，数必倍蓰于壮丁。逊得精卒数万，恪得甲士四万，则总计人数，当各得二三十万。然《陈武传》言武庶子表，领新安都尉，与恪参势，在官三年，广开降纳，得兵万余人，则此等参佐之徒所得之众，又在主将所得之外。《逊传》言逊建议："克敌宁乱，非众不济。"主大部伍，取其精锐，而《周瑜传注》引《江表传》，载黄盖欺曹公之辞曰："用江东六郡山越之人，以当中国百万之众。"则吴之用山越为兵，由来旧矣，可见所谓山越者，不徒其人果劲，即其数亦非寡弱也。）夫越之由来亦旧矣。乃终两汉之世，寂寂无闻，至于汉魏之间，忽为州郡所患苦、割据者所倚恃如此，何哉？曰：此非越之骤盛，乃皆乱世，民依阻山谷，与越相杂耳。其所居者虽越地，其人固多华夏也。何以言之？案《后汉书·循吏·卫飒传》曰："迁桂阳太守。先是含洭、浈阳、曲江三县，越之故地，武帝平之，内属桂阳。民居深山，滨溪谷，习其风土，不出田租。去郡远者，或且千里。吏事往来，辄发民乘船，名曰传役。每一吏出，徭及数家，百姓苦之。飒乃凿山通道，五百余里，列亭传，置邮驿，于是役省劳息，奸吏杜绝。流民稍还渐成聚邑，使输租赋，同之平民。"云"习其风土"，则其本非越人审矣。诸葛恪之求官丹阳也，众议以丹阳地势险阻，"逋亡宿恶，咸共逃窜"。骆统之理张温也，亦曰："宿恶之民，放逸山险，则为劲寇，将置平土，则为健兵。"夫曰"逋亡"，曰"宿恶"，固皆中国人也。《贺齐传》曰："守剡长。县吏斯从，轻侠为奸，齐欲治之，主簿谏曰：从，县大族，山越所附，今日治之，明日寇至。齐闻大怒，便立斩从。从族党遂相纠合，众千余人，举兵攻县。齐率吏民，开城门突击，大破之，威震山越。"又曰："王朗奔东冶，侯官长商升为朗起兵。策遣永宁长韩晏领南部都尉，将兵讨升，以齐为永宁长。晏为升所败，齐又代晏领都尉事。升畏齐威名，遣使乞盟。齐因告喻，为陈祸福，升遂送上印绶，出舍求降。贼帅张雅、詹强等不愿升降，反共杀升。贼盛兵少，未足以讨，齐住军息兵。雅与女婿何雄争势两乖，齐令越人因事交构，遂致疑隙，阻兵相图。齐乃进讨，一战大破雅，强党震惧，率众出降。"夫能附中国之大族以为乱，且能交构于两帅之间，其名为越而实非越，尤可概见。（周鲂被命，密求山中旧族名帅以诳曹休，则并有旧族入居山中者。）盖山深林密之地，政教及之甚难。然各地方皆有穷困之民，能劳苦力作者，此辈往往能深入险阻，与异族杂处。初必主强客弱，久则踵至者渐多，土虽瘠薄，然所占必较广；山居既习俭朴，又交易之间，多能胶夷人以自利，则致富易而生齿日繁。又以文化程度较高，夷人或从而师长之。久之，遂不觉主客之易位。又久之，则变夷而为华矣。此三国时山越之盛，所以徒患其阻兵，而不闻以其服左衽而言侏离为患；一徙置平地，遂无异于齐民也。使其服左衽而言侏离，则与华夏相去甚远，固不能为中国益，亦不能为中国患矣。然则三国时之山越，所以能使吴之君臣旰食者，正以其渐即于华，名为越而实非越故。前此史志所以不之及者，以此辈本皆安分良民，蛰居深山穷谷之中，与郡县及齐民，干系皆少，无事可纪也。此时所以忽为郡县患者，则以政纲颓弛，逋逃宿恶，乘间恣行故耳。亦以世乱，阻山险自保者多，故其众骤盛而势骤张也。然溯其元始，固皆勤苦能事生产之民，荒徼之逐渐开辟，异族之渐即华风，皆此辈之力也。

古书简略，古人许多经论，往往埋没不见，是在善读书者深思之。诸葛恪之求官丹阳以出山民也，众议咸以为难。以为"丹阳地势险阻，与吴郡、会稽、新都、鄱阳四郡邻接，周旋数千里，山谷万重，其幽邃民人，未尝入城邑，对长吏，皆仗兵野逸，白首于林莽。逋亡宿恶，咸共逃窜。山出铜铁，自铸甲兵。俗好武习战，高尚气力，其升山赴险，抵突丛棘，若鱼之走渊，猿狖之腾木也。时观间隙，出为寇盗。每致兵征伐，寻其窟藏。其战则蜂至，败则鸟窜，自前世以来，不能羁也"。即恪父瑾闻之，亦以事终不逮，叹曰："恪不大兴吾家，将大赤吾族也！"而恪盛陈其必捷。其后山民相携而出，岁期人数，皆如本规。（恪为丹阳太守，讨山越，事在孙权嘉禾三年八月；其平山越事毕，北屯庐江，在六年十月。见《权传》。）问其方略，则曰"移书四郡属城长吏，令各保其疆界，明立部伍，其从化平民，悉令屯居。乃分纳诸将，罗兵幽阻，但缮藩篱，不与交锋，候其谷稼将熟，辄纵兵芟刈，使无遗种"而已。读之，亦似平平无奇者。然以分据之兵，卫屯聚之民，当好武习战必死之寇，至于三年，而能使将不骄惰，兵不挫衄，民不被掠；且山民当饥穷之时，必不惜出其所有，以易谷食，而恪能使"平民屯居，略无所入"；其令行禁止，岂易事哉？恪之治山越，德意或不如清世之傅鼐，其威略则有过之矣。

《后汉书·抗徐传》（附《度尚传》）。曰："试守宣城长，悉移深林远薮椎髻鸟语之人，置于县下。由是境内无复盗贼。"此所谓"盗贼"，即山越之流也。古人入夷狄者，大率椎髻，不足为异。云"鸟语"则必不然。果皆鸟语，安能徙置县下。徐所徙，盖亦华人之入越地者耳。《后汉书》措辞，徒讲藻采，不顾事实，难免子玄妄饰之讥矣。

《史记·秦始皇本纪》：三十三年，"发诸尝逋亡人、赘婿、贾人略取陆梁地。"《正义》曰："岭南之人多处山陆，其性强梁，故曰陆梁。"案《尔雅·释地》："高平曰陆。"而《春秋》时晋有高梁之虚，楚沈诸梁字子高，则梁亦有高义。疑"陆梁"是复语，《正义》分疏未当也。华阳之地称梁州，盖亦以其高而名之。《太康地记》曰："梁州，言西方金刚之气强梁，故名。"（《尔雅·释地释文》引）亦近望文生义。蜀以所处僻远，不习战斗，故其风气最弱。读司马相如《喻巴蜀檄》可知，何强梁之有？乱离之世，民率保据山险，初不必百越之地而后然。特越地山谷深阻，为患尤深，而平之亦较难耳。《魏志·吕虔传》："领泰山太守。郡接山海世乱，闻民人多藏窜。袁绍所置中郎将郭祖、公孙犊等数十辈，保山为寇，百姓苦之。虔将家兵到郡，开恩信，祖等党属皆降服，诸山中亡匿者尽出安土业。简其强者补战士，泰山由是遂有精兵，冠名州郡。"此所谓亡匿山中者，亦南方山越之类也。又《杜袭传》："领丞相长史，随太祖到汉中讨张鲁。太祖还，拜袭驸马都尉，留督汉中军事。绥怀开道，百姓自乐出徙洛、邺者，八万余口。"云乐出，则其初亦必亡匿山谷矣。

山越当三国时大致平定，然未尝遂无遗落也。《晋书·杜预传》：平吴还镇，"攻破山夷"。山夷即山越也。《陶侃传》：屯夏口。"时天下饥荒，山夷多断江劫掠。侃令诸将诈作商船以诱之。劫果至，生获数人，是西阳王素左右。侃即遣兵逼素，令出向贼，侃整陈于钓台为后继。素缚送帐下二十人，侃斩之。自是水陆肃清，流亡者归之盈路，侃竭资振给焉。又立夷市于郡东，大收其利。"夫至藩王左右杂处其中，且能诣郡与华人交市，其非深林远薮、椎结鸟语之徒明矣。永嘉丧乱以来，北方人民，亦多亡匿山谷者，以其与胡人杂处也，亦称为山胡；迄南北朝，未能大定，亦山越之类也。

《隋书·苏孝慈传》："桂林山越相聚为乱，诏孝慈为行军总管击平之。"（《北史》同）《唐书·裴休传》："父肃，贞元时为浙东观察使。剧贼栗锽，诱山越为乱，陷州县。肃引州兵破禽之，自记《平贼》一篇上之，德宗嘉美。"《旧唐书·王播传》：弟起，起子龟，咸通十四年，"转越州刺史、浙东团练观察使。属徐泗之乱，江淮盗起。山越乱，攻郡，为贼所害"。又《卢钧传》："为广州刺史、岭南节度使。山越服其德义，令不严而人化。"此等山越，未必魏晋屯聚之遗，特史袭旧名名之耳。然其与华人相杂，则前后如出一辙。《旧书》言卢钧之刺广州也，先是土人与蛮僚杂居，昏娶相通，吏或挠之，相诱为乱。钧至，立法，俾华夷异处，昏娶不通；蛮人不得立田宅。由是徼外肃清，而不相犯焉。三国时之山越，乃华人入居越地，此则越人出居华境，其事殊，然其互相依倚，致成寇患则一也。一时之禁令，岂能遏两族之交关，久而渐弛，可以推想，凡此等，皆足考民族同化之迹也。

匈奴古名

匈奴在古代，盖与汉族杂居大河流域，其名称：或曰猃狁（亦作獫狁），或曰獯鬻（獯亦作熏作荤，鬻亦作粥），或曰匈奴，皆一音之异译。（《史记索隐》："应劭《风俗通》曰：殷时曰獯粥，改曰匈奴。又曰匈奴，荤粥其别名。"《诗·采薇》毛传："俨狁，北狄也。"《笺》云："北狄，匈奴也。"《吕览·审为篇》高注："狄人，猃允，今之匈奴。"案伊尹四方令径作匈奴。又案《史记》："唐虞以上，有山戎、猃狁、荤粥。"荤粥两字，盖系自注，史公非不知其为一音之转也。）又称昆夷、畎夷、串夷，则胡字之音转耳。（昆，又作混，作绲。畎，亦作犬。又作昆戎，犬戎。《诗·皇矣》："串夷载路。"郑《笺》："串夷，即混夷。"《正义》："书传作畎夷，盖犬混声相近，后世而作字异耳。或作犬夷，犬即畎字之省也。"案《诗·采薇》序疏引《尚书大传》注："犬夷，昆夷也。"《史记·匈奴列传》：

"周西伯昌伐畎夷氏。"又"自陇以西，有绵诸、绲戎。"《索隐》《正义》皆引"韦昭曰：《春秋》以为犬戎"，足征此诸字皆一音异译。《索隐》又引《山海经》云："黄帝生苗，苗生龙，龙生融，融生吾，吾生并明，并明生白，白生犬，犬有二牡，是为犬戎。"又云："有人面兽身，名犬夷。"则附会字义矣。狄、貉、蛮、闽等字，其初或以为种族所自生。故《说文》有犬种、豸、虫种之说。然其后则只为称号，不含此等意义。至于犬戎之犬，则确系音译，诸家之说可征也。昆夷、猃狁系一种人，犹汉时既称匈奴，亦称胡也。《孟子》："文王事昆夷"，"大王事獯粥"，乃变文言之耳。《诗序》："文王之时，西有昆夷之患，北有玁狁之难"，竟以为两族人，误矣。《出车》之诗曰："赫赫南仲，玁狁于襄。"又曰："赫赫南仲，薄伐西戎。"又曰："赫赫南仲，玁狁于夷。"玁狁在西北，可称戎，亦可称狄，《诗》取协韵也。《笺》云："时亦伐西戎。独言平玁狁者，玁狁大，故以为始，以为终"，已不免拘滞。序析玁狁、昆戎而二之，益凿矣。）

匈奴风俗

匈奴风俗，与中国相类者极多，此亦其出于夏桀之一旁证也。《史记》谓匈奴之俗，岁正月诸长少会单于庭，祠；五月大会龙城，祭其先、天地、鬼神；秋大会蹛林，课校人畜计。《后汉书》称其俗："岁有三龙祠，尝以正月、五月、九月戊日祭天神。"合二书观之，则此三会，皆祭天地鬼神。《史记》又曰："单于朝出营，拜日之始生，夕拜月。"此即朝日夕月之礼，皆极与中国类。犹得曰天地日月先祖鬼神，为凡民族所同尊，不必受之中国也。从古北族无称其君曰天子者，皆曰汗。汗，大也。盖译其音则曰汗，译其意则曰大人。而匈奴独称其君曰撑犁孤涂单于。撑犁，天也；孤涂，子也；单于，广大之貌也；言其象天单于然也。老上遗汉书，自称"天地所生日月所置匈奴大单于"；狐鹿姑遗汉书，亦曰"胡者天之骄子也"，谓非中国之法得乎？韩昌、张猛之送呼韩邪出塞也，见单于民众益盛，塞下禽兽尽，单于足以自卫，不畏郅支；闻其大臣多劝单于北归者，恐北去后难约束，即与为盟约，曰："自今以来，汉与匈奴，合为一家，世世毋得相诈相攻。有窃盗者，相报，行其诛，偿其物；有寇，发兵相助。汉与匈奴敢先背约者，受天不祥，令其世世子孙尽如盟。"俨然见古者束牲载书之辞焉。董仲舒谓如匈奴者，非可说以仁义也，独可说以厚利，结之于天耳。故与之厚利以没其意，与盟于天以坚其约，非偶然也。夫盟誓，亦中国之古俗也。不特此也，日上戊己，祭天神以戊日；其围高帝于平城也，其骑，西方尽白，东方尽駹，北方尽骊，南方尽骍；此五行干支之说，决不能谓为偶合。夫五行，固出于夏者也。尤足见淳维胄裔之说，不尽虚诬矣。

　　贰师之降也，"卫律害其宠。会母阏氏病，律饬胡巫言：先单于怒曰：胡故时祠兵，常言得贰师以社，今何故不用？遂屠贰师以祠。"（《汉书·匈奴列传》）案以人为牺，中国亦有此俗。《左氏》僖公三十三年，"孟明曰：君之惠，不以累臣衅鼓。"则古固有以俘衅鼓者。岂匈奴之祠兵而许以人为牺，亦其类邪？又匈奴之法，汉使不去节，不黥面，不得入穹庐，则以黥为戮，亦与中国同。

　　古谓地道尊右，故以右为尚；又天子之立，左圣、乡仁、右义、背藏（《礼记·乡饮酒义》），而匈奴，其坐长左而北向，适与中国相反。然此等风俗，中国本不能画一，君子行礼，不求变俗，固未尝不修其国之故而慎行之也，不得以小异而疑其大同也。

匈奴之俗，持以与中国尚文之世校，诚若不相容；而返诸尚质之世，则有若合符节者。其送死，有棺椁、金银、衣裳，而无封树丧服，此古者不封不树、丧期无数之俗也。有名不讳而无字；幼名、冠字、五十以伯仲、死谥，本乃周道也；《史记》曰："冒顿死，子稽粥立，号曰老上单于。"徐广曰："一云稽粥第二单于，自后皆以第别之。"（《匈奴列传》）老上其号，稽粥其名，直斥之曰稽粥，即所谓有名不讳者。而自稽粥之后，皆以第计，则即嬴政所谓朕为始皇帝，后世以数计者，得毋中国未有谥之世，亦有此法邪。

《左氏》成公十六年，晋郤至谓楚有六闲，陈不违晦其一，《注》曰："晦，月终，阴之尽，故兵家以为忌。"又昭公二十三年，"戊辰晦，战于鸡父"。《注》曰："七月二十九日。违兵忌晦战，击楚所不意。"《史记》谓匈奴常随月盛壮以攻战，月亏则退兵，亦中国古法也。又曰"利则进，不利则退，不羞遁走"，此则与中国异。然勇者不得独进，怯者不得独退，乃行陈既严后事，其初争战类似田猎时，则亦人人自为趋利而已。孙卿讥齐人隆技击，若飞鸟然，倾侧反复无日，表海大风，盖犹未能免此也，而何讥于匈奴？

《记》曰："虞夏之质，殷周之文，至矣。虞夏之文，不胜其质；殷周之质，不胜其文。"（《表记》）哀公问于周丰曰："有虞氏未施信于民，而民信之；夏后氏未施敬于民，而民敬之；何施而得斯于民也？"（《檀弓》下）夏人尚忠，其风气之诚朴，可以想见。《史记》称匈奴"狱久者不过十日，一国之囚不过数人"；中行说称匈奴"急则人习骑射，宽则人乐无事，其约束轻，易行也。君臣简易，一国之政犹一身也"，孰与夫宫室冠带之国，上下相蒙，法令滋章，盗贼多有哉？"虞、夏之道，寡怨于民；殷、周之道，不胜其敝"（《表记》），盖自古患之矣。此岂淳维之后皆能率乃先古以填抚其民哉？其奉生者薄，则其社会之组织简，而俗随之以淳也。维内和辑，乃能强圉于外。匈奴以不当汉一大县之众，而能与中国抗衡，非偶然矣。

仓海君

《史记·留侯世家》："良尝学礼淮阳，东见仓海君。"《集解》引如淳曰："秦郡县无仓海。或曰东夷君长。"案或说是也。《越世家》言：无强之亡也，"诸族子争立，或为王，或为君，滨于江南海上，服朝于楚。后七世，至闽君摇，佐诸侯平秦。汉高帝复以摇为越王，以奉越后"。《东越列传》曰："闽越王无诸及越东海王摇，其先，皆越王句践之后也。秦已并天下，皆废为君长，以其地为闽中郡。及诸侯畔秦，无诸、摇率越归鄱阳令吴芮，从诸侯灭秦。当是之时，项籍主命，弗王，以故不附楚。汉击项籍，无诸、摇率越人佐汉。汉五年，复立无诸为闽越王，王闽中故地。孝惠三年，举高帝时越功，曰闽君摇功多，其民便附，乃立摇为东海王。"曰"或为王，或为君"；曰"皆废为君长"；曰"弗王，以故不附"；曰"复以摇为越王"；"复立无诸为闽越王"；则王之与君，尊卑迥判。盖能号令他部落者为王，独自臣其部落者为君。今之土司，皆有其所莅之民，皆君也；其桀黠者，尝觊兼主他部落，则欲为王者也。《记》曰："天无二日，民无二王。"此言号令不可不出于一。然号令所加，亦其部落之酋长耳；若其部民，则固一听命于其君，而王者之政令，初不之及。故各部落各有酋长，初无害于王者之治，惟不当与王者争发号施令之权耳，此秦之立闽中郡，所以必废无诸、摇为君长也，无诸、摇盖皆《越世家》所谓"或为王"者，故汉之王之，《史记》皆言复也。《魏略·西戎传》，谓氐"今虽都统于郡国，然故自有王侯在其墟落间"（《三国·魏志·乌九鲜卑东夷传注》引）。此王侯为虚名，其为君则实矣，何害于治？卫贬号曰君，而最后亡，由此也。然则始皇时，淮阳以东，得有东夷君长，亦固其所。晋灼以仓海君为海神，说近怪迂，犹知君非凡人之称；师古谓当时贤者之号，则误矣。贤者虽有才德，非有土、子民，则不称君。师古盖误谓下文"得力士"云云，与上相属，以为必贤者而后能知奇士，故谓良既见之，因而求得力士，而不知《史》《汉》此文，初不与上相属也。（良之见仓海君，未知其所为。然必非徒求一力士。或欲用其徒众以报秦，如吴芮之用越人邪？）

谓仓海君为东夷君长，是也，而姚察谓即武帝时所置仓海郡，则又非。"东见仓海君"，与下"得力士"云云，不必相属，而与上"学礼淮阳"，则必相属。所谓东者，自淮阳而东也。若武帝时之苍海郡，则因藏君之降而置者也（《汉书·武帝纪》元朔元年）。《平准书》言"彭吴贾灭朝鲜，置仓海之郡"（《汉书·食货志》作"彭吴穿濊貊、朝鲜，置沧海郡"。）；宣帝诏丞相御史，亦言武帝"东定薉貉，朝鲜"（《汉书·夏侯胜传》），皆与朝鲜并举，安得在淮阳之东邪？

闽越王郢之诛也，诏曰："郢等首恶，独无诸孙繇君丑不与谋焉。""乃使中郎将立丑为越繇王。余善已杀郢，威行于国，国民多属，窃自立为王，繇王不能矫其众持正。天子闻之，为余善不足复兴师，曰：余善数与郢谋乱，而后首诛郢，师得不劳。因立余善为东越王，与繇王并处。"（《史记·东越列传》）丑未王时已称君，可见其自有部属；而余善所谓国民多属者，则繇为王后所当矫正之众也，不归繇而归余善，则繇虽王，实仍君而已矣。

《史记·吴王濞传》："发使遗诸侯书曰：寡人素事南越三十余年。其王君皆不辞分其卒以随寡人，又可得三十余万。""其王君"，《汉书》作"其王诸君"，盖是。《史记》疑夺。王一也，而所属之君则多矣。

《汉书·高帝纪》：五年，诏曰："故衡山王吴芮与子二人、兄子一人，从百粤之兵，以佐诸侯诛暴秦，有大功，诸侯立以为王。项羽侵夺之地，谓之番君。其以长沙、豫章、象郡、桂林、南海立番君芮为长沙王。"又曰："故粤王亡诸世奉粤祀。秦侵夺其地，使其社稷不得血食。诸侯伐秦，亡诸身帅闽中兵以佐灭秦。项羽废而弗立。今以为闽粤王，王闽中地，勿使失职。"称亡诸为故粤王，可知《史记》所谓"废为君长"者，即夺其王位之谓；而项羽夺吴芮地，而仍谓之番君，亦即所谓废为君长者也。

倭人国

《后汉书·鲜卑传》：言檀石槐"种众日多，田畜射猎不足给食。檀石槐乃自徇行，见乌集秦水，广从数百里，水停不流；其中有鱼，不能得之。闻倭人善网捕，于是东击倭人国，得千余家，徙置秦水上，令捕鱼以助粮食"。案乌集即今言窝集；乌集秦水，谓乌集中有水名秦也；其为何水不可知。然鲜卑东界，仅接夫余、秽貊，安得越海而伐日本，则此所谓倭者必非日本也。盖倭乃种族之称，日本虽倭人，倭人不仅于日本。此倭人国，必倭族分支早近于东北窝集者也。

《东夷传》言：马韩"其南界近倭，亦有文身者"；弁辰"其国近倭，故颇有文身者"。文身即倭人，此亦倭人不限于日本地方之一证。东北诸族乌桓、鲜卑及濊貊等，实皆自南而北，予别有考。如东北亦有倭人，则深足证予倭为嵎夷之说之确矣。（《后汉书》之语，实本《魏书》，见《三国·魏志·鲜卑传注》引。乌集秦水作乌侯秦水，倭人国作汗国。又云："至于今，乌侯秦水上有汗人数百户。"乌侯似即乌洛侯之异译，其地在那河西南，见《旧唐书·室韦传》。那河即今嫩江。）

鲜　卑

鲜卑出于东胡，读史者无异词。近人或曰："通古斯 Tungus 者，东胡之音转也。不译为东胡，而译为通古斯，则何不称孔子曰可夫沙士也？"窃有疑焉。《后汉书》曰："乌桓者，本东胡也。汉初，匈奴冒顿灭其国，余类保乌桓山，因以为号焉。""鲜卑者，亦东胡之支也。别依鲜卑山，故因号焉。"（《三国志注》引《魏书》略同，盖《后汉书》所本也）然则东胡之亡，众分为二。乌桓、鲜卑大小当略相等。顾鲜卑部落，自汉以后，绵延不绝，而乌桓自魏武柳城一捷，遂不复见于史，（仅《唐书》所载，有一极小部落曰乌丸，亦作古丸，在乌罗浑之北。《辽史·太祖纪》，诏撒剌讨乌丸。穆宗时，乌丸叛，盖即此乌丸也。然其微已甚矣。乌桓当汉时，遍布五郡塞外，岂有柳城一捷，所余仅此之理？《通考》云：西晋王浚为幽州牧，有乌桓单于审登；前燕慕容儁时，有乌桓单于薛云；后燕慕容盛时，有乌桓渠帅莫贺咄科勃。亦其微已甚，不足数也），何耶？案拓跋氏之先实来自西伯利亚（别有一条考之。）《魏书》谓其国有大鲜卑山。希腊、罗马古史，谓里海以西，黑海之北，古有辛卑尔族居之。故今黑海北境，有辛卑尔古城；黑海峡口，初名辛卑峡；而俄人称乌拉岭一带曰西悉毕尔（《元史译文证补·西域古地考·康居奄蔡》）。辛卑尔即鲜卑也。此岂东胡灭后余众所居邪？抑鲜卑山自欧、亚之界，绵亘满、蒙之间也？（乌桓、鲜卑二山，以地里核之，当即今苏克苏鲁、索岳尔济等山。）案《史记·匈奴列传索隐》引服虔曰：“东胡，在匈奴东，故曰东胡。”《后汉书·乌桓传》：“氏姓无常，以大人健者名字为姓。”《索隐》又引《续汉书》曰：“桓以之名，乌号为姓。”（此八字或有讹误，然大意可见）然则东胡者，吾国人貤匈奴之名以名之，而加一方位以为别，犹称西域诸国曰西胡尔，非译名也。乌桓盖彼族大人健者之名姓，乃分部之专号，非全族之通称。彼族本名，舍鲜卑莫属矣。此族古代，盖自欧、亚之界，蔓延于匈奴之北及其东。实在丁令之北。其所居之地，皆以种人之名名之。故里、黑海，乌拉岭，西伯利亚及满、蒙之间，其名不谋而合也。（《史记》以东胡、山戎分言。《索隐》引服虔曰：“山戎盖今鲜卑。”又曰：“东胡，乌丸之先，后为鲜卑。”又引胡广曰：“鲜卑，东胡别种。”则乌桓、鲜卑虽大同，似有小别。）

　　近人或又云：鲜卑，即《禹贡》之析支。说颇可通。然惟据音译推度，未能详列证据。予昔尝为之补证，曰：“析支者，

河曲之地，羌人居之，所谓河曲羌也（《后汉书·西羌传注》引
应劭）。羌与鲜卑习俗固有极相类者。羌俗氏姓无常，或以父名
母姓为种号，则母有姓父无姓可知。乌桓亦氏姓无常，以大人健
者名氏为姓。又怒则杀其父兄，而终不害其母，以母有族类，父
兄无相仇报故也。一也。羌俗父死则妻后母，兄亡则纳厘嫂。乌
桓亦妻后母，报寡嫂。二也。羌以战死为吉利，病终为不祥。乌
桓俗亦贵兵死。三也。此皆鲜卑与河曲羌同族之证也。"由今思
之，此等习俗，蛮族类然，用为证据，未免专辄。且如匈奴父死
妻其后母，兄弟死，皆取其妻妻之，复可云与羌及鲜卑同祖邪？
然此说虽不足用，而鲜卑出于析支，其说仍有可立者。《禹贡》
析支与渠搜并举，则二族地必相近。《汉志》朔方郡有渠搜县，
蒋廷锡谓后世种落迁被，说颇近之。《管子·轻重戊》篇："桓
公问于管子曰：代国之出何有？管子对曰：代之出，狐白之皮。
公其贵买之。代人必去其本，而居山林之中。离枝闻之，必侵其
北。"离枝即析支，是析支在代北也。《大匡》篇："桓公乃北伐
令支，斩孤竹，遇山戎。"《小匡》篇："北伐山戎，制泠支，斩
孤竹。"又曰："北至于孤竹、山戎、濊貉，拘秦夏。"令支，泠
支，亦即析支。《汉志》：辽西郡，令支，有孤竹城。地在今河
北迁安县。是析支在今河北境矣。濊貉者，即《诗·韩奕》之追
貊（陈氏奂说，见所撰《诗毛氏传疏》。未知信否。予谓追未必即
濊，然追貊之貊，必即濊貊之貊也）。《诗》曰："王锡韩侯，其
追其貊。"郑以韩在韩城，追貊为雍州北面之国。又曰："其后
追也，貊也，为獫狁所逼，稍稍东迁。"说颇可信。予别有考。
渠搜者，《禹贡》析支之邻国，而汉时迹在朔方；濊貉者，周时
地在离枝之东，而其后居今东三省境；然则自夏至周，青海至于
辽东，种落殆有一大迁徙。离枝、渠搜，何事自今青海迁至雍、

冀之北不可知。若濊貉之走辽东西，鲜卑之处今蒙古东境，则殆为匈奴所逼也。又燕将秦开，袭破东胡，燕因置上谷、渔阳、右北平、辽西、辽东五郡。此五郡者，其初亦必离枝、濊貉诸族所杂居矣。《后汉书·乌桓传》："若亡畔，为大人所捕者，邑落不得受之，皆走逐于雍狂之地，沙漠之中。其土多蝮蛇，在丁令西南，乌孙东北焉。"丁令所居，北去匈奴庭安习水七千里，南去车师五千里，见《史记索隐》引《魏略》。安习水，今额尔齐斯河；乌孙则今伊犁地也。乌桓区区，流放罪人，安得如是之远？得毋居西方时，故以是为流放罪人之地，东迁后犹沿其法邪？然则吐谷浑附阴山逾陇而入青海，非拓新疆，乃归故国矣。此说虽似穿凿，然析支、渠搜、濊貉同有迁徙之迹，则亦殊非偶然也（又肃慎古代，亦不在今吉林境。予别有考）。

卑弥呼

　　魏时通中国之倭女王卑弥呼，昔人谓即神功皇后，今人则谓不然。此说也，日人颇乐闻之，因日人甚讳其曾臣事中国也。然无论卑弥呼为神功皇后与否，汉魏时自达于中朝者，必日本之共主，而非其小侯，则无足疑，亦不能讳也。

　　日本之通中国始于汉。《汉书·地理志》云："乐浪海中有倭人，分为百余国，以岁时来献。"《后汉书·东夷传》云："倭在韩东南大海中，依山岛为居。凡百余国。自武帝灭朝鲜，使驿当作译。通于汉者三十许国。"《三国·魏志·东夷传》云："倭人在带方东南大海之中，依山岛为国邑。旧百余国，汉时有朝见者，今使译所通三十国。"带方即乐浪，公孙康所分。可见自汉至魏，倭人之隶属不变。此其仅通于郡县者也。《魏志》云：从郡至倭，循海岸水行，历韩国，乍南乍东，到其北岸狗邪韩国，七千余里，始度一海，千余里至对马国。又南，渡一海千余里，名曰瀚海，至一大国。又渡一海，千余里至末卢国。东南陆行五百里，到伊都国。东南至奴国百里。东行至不弥国百里。南至投马国，水行二十日。南至邪马台国，女王之所都，水行十日，陆行一月。自女王国以北，其户数道里可得略载，其余旁国，远绝，不可得详。次有斯马国，次有已百支国，次有伊邪国，次有都支国，次有弥奴国，次有好古都国，次有不呼国，次有姐奴国，次有对苏国，次有苏奴国，次有呼邑国，次有华奴苏奴国，次有鬼国，次有为吾国，次有鬼奴国，次有邪马国，次有躬臣国，次有巴利国，次有支维国，次有乌奴国，次有奴国。此女王境界所尽。其南有狗奴国，男子为王，不属女王。所述国名，适得三十，当即使译所通。其初朝见之国，盖尚不逮此数。故《国志·魏书》以今字别之。《汉志》云"分为百余国，以岁时来献"，一似百余国皆来献；《后汉书》云"自武帝灭朝鲜，使驿通于汉者三十许国"，一似三十许国一时俱通者；其措词，皆不如《国志》之审矣。三十国使译所通，故《魏志》能举其名，其余则自汉至魏，皆但能知其共有若干国而已，不能道其详也。

倭人之自达中国，始于后汉。《后汉书》云："建武中元二年，倭奴国奉贡朝贺，使人自称大夫，倭国之极南界也。光武赐以印绶。安帝永初元年，倭国王帅升等献生口百六十人，愿请见。桓、灵间，倭国大乱，更相攻伐，历年无主，有一女子，名曰卑弥呼，年长不嫁，事鬼神道，能以妖惑众，于是共立为王。"《三国志》云："其国本亦以另子为王，住七八十年，倭国乱，相攻伐历年，乃共立一女子为王，名曰卑弥呼。"建武中元二年，下距桓帝建和元年九十年，灵帝建宁元年一百十一年，与所谓住七八十年，更相攻伐历年者，数略相合。然则《国志》所谓本亦以男子为王，住七八十年者，乃即自其奉贡之年计之，而非谓倭之有王，始于是时也。此所谓王者，岂即倭奴国之君与？《国志》述诸国之名，当自北而南，而《后汉书》云倭奴为倭国之极南界；又以弥奴、姐奴、苏奴、华奴苏奴、鬼奴、乌奴例之，奴国之名，亦甚似倭奴国之夺。然建武时倭国南界，与女王南界，是否相符，殊难质言；而《后汉书》于帅升称为倭国王，于倭奴则无王称，又似本无王号者，故倭奴是否日本共主，究难断定也。至帅升则不然矣。日本木宫泰彦作《中日交通史》，引其国博士内藤氏之说云："北宋本《通典》有倭面土国王师升；日本古本《后汉书》有倭面土国王师升、倭面国王师升；异称《日本传》引《通典》，有倭面土地王师升；盖本作倭面土国王，后省称倭面国王，又省为倭国王，或误为倭面土地王。倭面土当读为ヤマト，即大和国。"其说颇允。《后汉书》称大倭王居邪马台国，邪马台似亦ヤマト译音。《国志》云："自女王国以北，特置一大率，检察诸国，诸国畏惮之，常治伊都国。"伊都与倭奴，似亦同音异译。窃疑邪马台，倭奴，乃诸国中之强者，而邪马台之势尤张，故早有王称。大乱之后，更晋为大倭王，而伊都则为大率治所也。四夷之或通于中朝，或仅达郡县，实因缘事势，非出偶然。盖通中朝者，路逮而费多，僻陋之邦，或力不能胜，或亦本无此愿，而中朝于外国之使，送迎亦颇劳费，非好大喜功之主，未有务于招致者。古附庸之不达于天子，盖亦以此也。邪马台倭奴之能自达，岂偶然哉？《三国志》又言："王遣使诣京都、带方郡，诸韩国及郡使倭国，皆临津搜露，传送文书赐遗之物诣女王，不得差错。"则倭人之通中华，实颇利其赏赐，安有藩属小国，敢冒大倭王之名而自通者乎？

《三国志》又云："卑弥呼以死，更立男王，国中不服，更相诛杀，当时杀千余人。复立卑弥呼宗女壹与，年十三为王，国中遂定。"案《汉书·地理志》言："齐地，始桓公兄襄公淫乱，姑姊妹不嫁。于是令国中民家长女不得嫁，名曰巫儿，为家主祠。嫁者不利其家，民至今以为俗。"以此俗之成，归诸齐君，其不足信，自不待论。卑弥呼年长不嫁，能事鬼神，正巫儿之俗也。亦足证倭人即峭夷，嵎夷本在山东之说矣（见《嵎夷》条）。《国志》又谓卑弥呼"有男弟共治国"，此又今社会学家所谓舅权也。足见日本之有女主，乃其社会使然，而非偶然之事矣。如是，则日本女主，必不止卑弥呼、壹与二人。木宫泰彦云《记纪》有神功皇后征新罗事，酷类小说，原不能视为信史。然公历四稘后半，日人兵陵新罗，则事确有之。案《广开土王陵碑》云："辛卯，倭渡海，破百残、新罗，己亥，百残违誓，与倭通。新罗使白倭人满国境。庚子，遣救新罗，倭退。甲辰，倭入带方界。"百残即百济。辛卯为晋武帝太元十六年，己亥为安帝隆安三年，庚子四年，甲辰为元兴三年，上距魏明帝景初二年卑弥呼遣使之岁，百五十余年矣。以卑弥呼为神功皇后，年岁相距，诚未免太遥。然日本，高丽，皆本无史籍，其古史皆依傍我国之史为之，年代安足征信？碑文年月，虽若可信，然日本是时与新罗有兵争，不能谓其兵争之仅在是时也。故卑弥呼究为神功皇后与否，诚只能置诸存疑之列，然谓其非倭人之大长，则必不可矣。

木宫泰彦释带方郡至邪马台之路云："狗邪韩国即迦罗。对马国即对马。一大国，宜据《北史·倭国传》改一支，即壹岐。末卢国即肥前之松浦。伊都国即筑前之怡土。奴国即筑前之傩。

不弥国即筑前之宇弥，投马国即筑后之三潴。"黄公度《日本国志·邻交志注》云："日本天明四年，筑前那珂郡人掘地，得一石室，上覆巨石，下以小石为柱。中有金印一，蛇纽方寸，文曰汉委奴国王。予尝于博览会中亲见之。日本学者皆曰：那河郡古为怡土县。《日本仲哀纪》所谓伊都县主，即《魏志》所谓伊都国也。上古国造百三十余国，在九州者分十九国，在四海者分为十国。《汉书·地理志》：倭人分为百余国。《三国志》：倭人旧邑百余国，汉时有朝见者，今使译所通三十国。二书所谓百余国，与《国造本纪》相符，所谓三十国，盖指九州四海之地，地在日本西南海滨，距朝鲜最近。此委奴国意必古伊都县主，或国造之所为，并非王室之所遣。其曰委奴，译音无定字云。余因考《魏志》云：到伊都国，世有王，皆统属女王国，郡使往来常所驻。《后汉书》云：委奴国，倭国之极南界也。又云：其大倭王居邪马台国。邪马台即大和之译音，崇神时盖已都于大和矣。谓委奴国非其王室，此语不诬。"予案日史所言，恐正依傍中史，以此证中史之不误，恐不足信。黄氏之说，与余说颇相合，正足证并卑弥呼而指为小侯非王室者，只是日人褊浅之见也。

慕容、拓跋

晋世五胡，率好依附中国，非徒慕容、拓跋称黄帝之后，宇文托于炎帝，苻秦自称出于有扈，羌姚谓出于有虞也；即其部落旧名，亦喜附会音义，别生新解。如慕容廆曾祖莫护跋，魏初率其诸部，入居辽西，从宣帝征伐有功，拜率义王，始建国于棘城之北，此盖慕容氏有土之始，后人遂以其名为氏。慕容二字，固明明莫护转音也，乃《晋书·慕容廆载记》曰："时燕、代多冠步摇冠，莫护跋见而好之，乃敛发袭冠，诸部因呼之为步摇，其后音讹，遂为慕容焉。"岂诸部皆解华语乎？（步摇二字，固不难知，然诸部于汉人之冠，未必不能自造一名以名之，亦未必皆用汉名也。况禹入裸国，裸入衣出；莫护跋岂必敛发袭冠，以其名诸部乎？）《秃发氏载记》云："其先与后魏同出。"秃发，拓跋，盖同音异译，魏人又自附会为后土，其谬同此。《秃发氏载记》云："寿阗之在孕，母胡掖氏因寝而产于被中，鲜卑谓被为秃发，因而氏焉。"此亦附会。秃发二字，盖覆被之义。

后魏出自西伯利亚

五胡诸族，多好自托于古帝之裔，其说殊不足信。然其自述先世事迹，仍有不尽诬者。要当分别观之，不得一笔抹杀也。《魏书》谓"后魏之先，出自黄帝。黄帝子曰昌意。昌意少子，受封北国。其后世为君长，统幽都之北，广漠之野。黄帝以土德王，北俗谓土为拓，谓后为跋，故以为氏"。又谓"其裔始均，仕尧时，逐女魃于弱水北，人赖其勋，舜命为田祖"。此全不可信者也。然谓"国有大鲜卑山，因以为号"，则其说不诬。已见《鲜卑》条。又云："积六七十代，至成帝毛，统国三十六，大姓九十九，威振北方。五传至宣帝推寅，南迁大泽，方千余里。厥土昏冥沮洳。谋更迁徙，未行而崩。又七传至献帝邻，有神人，言：此土荒遐，宜徙建都邑。献帝年老，以位授其子圣武帝诘汾，命南移。山谷高深，九难八阻，于是欲止。有神兽似马，其声类牛，导引历年乃出。始居匈奴故地。其迁徙策略，多出宣、献二帝，故时人并号为推寅，盖钻研之义也。"此为拓跋氏信史，盖成帝强盛，故传述之事，始于其时也。（《魏书》云："时事远近，人相传授，如史官之有记录焉。"）

今西伯利亚之地，自北纬六十五度以北，地理学家称为冻土带。自此南至五十五度，称森林带。又南，称旷野带。最南，称山岳带。其山，即西伯利亚与蒙古之界山也。冻土带极寒，人不能堪之处甚多。森林带多蚊虻。旷野带虽沃饶，然卑湿，多疫疠，亦非乐土。拓跋氏盖始处冻土带，以苦寒南徙，复陷旷野带中，最后乃越山岳带而至今外蒙古也。大泽方千余里，必旷野带中数泽。或谓今拜喀勒湖，非也。拜喀勒湖乃古北海，为丁令所居，汉时服属匈奴，匈奴囚苏武即于此，可见往来非难，安有山谷高深，九难八阻之事？

拓跋氏先世考（上）

晋世五胡，多好自托于神明之胄，其不足信，自无待言。而魏人自述先世，荒渺尤甚，又尝以史事诛崔浩，故其说弥不为人所信。然其中亦略有事实，披沙拣金，往往见宝，所贵善为推求，不当一笔抹杀也。《魏书·序纪》云："昌意少子，受封北土，国有大鲜卑山，因以为号。"此因汉世乌丸、鲜卑，史皆云以山为号，因有是言，不足信者也。又云："积六十七世，至成帝毛统国三十六，大姓九十九。"九十九者，合己为百姓也。统国三十六者，四面各九国。自受封至成帝六十七世，又五世至宣帝，又七世至献帝，又二世至神元，其数凡八十一。八十一者，九九之积也。（自成帝至神元十五传，为三与五之积，盖取三才五行之义，比拟三皇五帝也。）世数及所统国姓，无一非九之积数，有如是巧合者乎？况自神元以前，除成帝、宣帝、献帝、圣武帝外，绝无事迹可见。世有事迹传述如是其疏，顾于受封以来之世数，及成帝以降十余世之名讳，独能识之弗忘者乎？其为伪造，夫复奚疑！然安帝统国有九十九姓之说，亦见于《官氏志》。九十九之数，虽不足信，其曾统有诸姓，则必不尽诬，特不当造作成帝其人，而系之于其时耳。至云：宣帝"南迁大泽，方千余里，厥土昏冥沮洳，谋更南迁，未行而崩"。献帝时，"有神人言于国曰：此土荒遐，未足以建都邑，宜复徙居。帝时年老，乃以位授子"。"圣武帝诘汾，献帝命南移，山谷高深，九难八阻，于是欲止。有神兽，其形似马，其声类牛，先行道引，历年乃出。始居匈奴故地。（亦见《魏书·灵征志》。）其迁徙策略，多出宣、献二帝，故人并号曰推寅，盖俗云钻研之义。"此中圣武帝其人，及献帝之名，又为伪造；而其迁徙之事，及先后有两推寅，则不尽诞。"诘汾无妇家，力微无舅家"，造作者盖亦微示人以圣武以上，悉无其人。至推寅则所谓以德为号者。以德为号而无其名，又傅以神兽道引荒诞之说，正与野蛮部落十口传说之性质相符，故知其非子虚也。

《礼志》云："魏先之居幽都也，凿石为祖宗之庙于乌洛侯国西北。自后南迁，其地隔远。真君中，乌洛侯国遣使朝献，云石庙如故，民常祈请，有神验焉。其岁，遣中书侍郎李敞诣石室告祭天地，以皇祖先妣配。"《乌洛侯传》云："真君四年来朝。（据本纪，事在是年三月壬戌。）称其国西北，有国家先帝旧墟。石室南北九十步，东西四十步，高七十尺。室有神灵，民多祈请。世祖遣中书侍郎李敞告祭焉，刊祝文于室之壁而还。"此云旧墟，盖是。《礼志》云凿石为庙则诬矣。魏之先，能兴如是大工乎？然云其地为魏之故土，则自不诬，此固无庸造作也。乌洛侯在地豆干之北，去代都四千五百里。其国西北有完水，东北流合于难水。其地小水，皆注于难，东入于海。又西北二十日行，有于己尼大水，所谓北海也。难水今嫩江；完水今额尔古讷河；北海即贝加尔湖；于己尼盖入湖之巨川也。魏人编发，故称索虏；而乌洛侯绳发；地豆干在失韦西千余里，失韦丈夫索发；可见自失韦以西北，其俗皆同。谓魏人曾居黑龙江、贝加尔湖之间，必不诬也。然其初所居，尚当在此之北。今西伯利亚：自北纬六十五度以北，地理学家称为冻土带；自此南至五十五度曰森林带；又南曰旷野带；极南曰山岳带，则蒙古与西伯利亚之界山也。冻土带极寒，人不能堪之处极多。

魏人盖自此南徙。森林带多蚊虻，亦非乐土，不可居；且鲜卑习骑射，亦不似林木中人也。魏人当时，似自冻土带入旷野带。其地沃饶，然卑湿多疫疠，所谓昏冥沮洳者也。终至山岳带定居焉。后又踰山南出，则所谓匈奴故地者，其地当在漠北。自此至漠南，尚当多历年岁。其事，魏人都不能记矣。（自后推寅至神元，历时必久，世数亦必非一。）

魏人此等矫诬之说，果始自何时乎？《卫操传》谓桓帝崩后，操为立碑于大邗城南，以颂功德。云魏为轩辕之苗裔。皇兴初，雍州别驾雁门段荣于大邗掘得此碑。此说而信，则拓跋氏之自托于轩辕，尚在惠、怀之世；（桓帝死于惠帝永兴二年，卫操卒于怀帝永嘉四年。）然不足信也。《灵征志》云："真君五年二月，张掖郡上言：往曹氏之世，丘池县大柳谷山石表龙马之形，石马脊文曰大讨曹，而晋氏代魏。今石文记国家祖宗讳，著受命之符。乃遣使图写其文。大石有五，皆青质白章，间成文字。其二石记张、吕之前已然之效。其三石记国家祖宗以至于今。其文记昭成皇帝讳，继世四六天法平，天下大安，凡十四字；次记太祖道武皇帝讳，应王载记千岁，凡七字；次记太宗明元皇帝讳，长子二百二十年，凡八字；次记太平天王，继世主治，凡八字；次记皇太子讳，昌封太山，凡五字。初上封太平王，天文图录又受太平真君之号，与石文相应。太宗名讳之后，有一人象，携一小儿。见者皆曰：上爱皇孙，提携卧起，不离左右，此即上象灵契，真天授也。"此事诬罔，无待于言。又《皇后传》云："高宗初，穿天渊池，获一石铭，称桓帝葬母封氏，远近赴会二十余万人。有司以闻。命藏之太庙。"部落会葬，事所可有，何当举部偕来，至于二十余万乎？其为诬罔，殆与丘池获石等矣。观此二事，则知造作石刻以欺人，实为魏人惯技。桓帝时虽稍知招徕晋人，恐尚未知以文辞自炫。且卫操、卫雄、姬澹、莫含等，皆乃心华夏，其于拓跋氏，特欲借其力以犄匈奴耳，何事道谀贡媚，为作诬辞乎？《操传》又云："卫雄、姬澹、莫含等名皆见碑。"一似惟恐人之不信，故列多人以为征验者，其情亦大可见矣。然则此等矫诬之说，果始何时乎？案道武定国号诏曰："昔朕远祖，总御幽都，控制遐国，虽践王位，未定九州，"此为魏人自言其先世可考之始。僭位之后，即追尊成帝已下及后号谥。诏有司议定行次。崔玄伯等奏从土德。盖一切矫诬之说，皆起于此时。所以自托于轩辕者，以从土德；所以从土德，则以不欲替赵、秦、燕而承晋故也。（太和十四年高闾之议如此，见《礼志》。崔玄伯立说虽异，用意当同，盖不敢替异族以触拓跋氏之怒也。）世祖册沮渠蒙逊曰："昔我皇祖，胄自黄轩。"（见《蒙逊传》。

辞出崔浩。据本纪，事在神麚四年。）高祖时，秘书令高祐、丞李彪等奏曰："自始均以后，至于成帝，其间世数久远，是以史弗能传。"（《魏书·高祐传》）皆与《魏书·序纪》合。知道武之世，造作久定，后人特祖述其说而已。

隋文诏魏澹别成《魏史》，义例多与魏收不同。其二曰："魏氏平文以前，部落之君长耳。太祖远追二十八帝，并极崇高，违尧、舜宪章，越周公典礼。但道武出自结绳，未师典诰。当须南董直笔，裁而正之。反更饰非，岂是观过？但力微天女所诞，灵异绝世，尊为始祖，得礼之宜。"（《隋书·魏澹传》）然则拓跋氏先世可考者止于神元，固人人所共知也。道武天兴二年，祠上帝，以神元配，瘗地于北郊，以神元宝后配；（见《礼志》。）太武使祭告天地石室，仅云以皇祖先妣配，而不援昌意、始均、成帝之伦；傥亦不欲厚诬其祖乎？然两推寅固当确有其人也。

拓跋氏事有年可考者，当始文帝入质之岁，实曹魏景元二年。《魏书》以是年为神元四十二年者，上推神元元年为庚子，取与曹魏建国同时也。亦不足信。

或曰：神元能遣子入侍，其部落当不甚微，何至父祖名号，亦无省记？独不观《南史·侯景传》乎？景僭位后，王伟请立七庙，并请七世讳。景曰："前世吾不复忆，惟阿耶名摽。"景党有知景祖名乙羽周者；自外悉伟别制其名位。神元之初，声名文物，岂能逾于侯景之时？况神元依妻家以起，乃赘婿之伦；其部落之大，盖自并没鹿回始；前此盖微不足道矣。推寅神兽而外，一无省记，又何足怪乎？

《晋书》谓秃发氏之先，与后魏同出，其说最确。《魏书·源贺传》：世祖谓贺曰："卿与朕同源，因事分姓，今可为源氏。"（《唐书·宰相世系表》：源氏出自后魏圣武帝诘汾长子匹孤。七世孙秃发傉檀据南凉。子贺降后魏。太武见之曰："与卿同源，可改为源氏。"）魏人固自言之矣。乌孤五世祖树机能，略与神元同时。其八世祖匹孤，始自塞北迁于河西。以三十年为一世计之，匹孤早于神元约百年，其时在后汉中叶，正北匈奴败亡、鲜卑徙居其地之时也。西伯利亚南边部落，盖亦以此时蹦山南出。

《宋书·索虏传》云："其先汉将李陵后也。陵降匈奴，有数百千种，各立名号，索虏亦其一也。"《齐书·魏虏传》云："匈奴种也。"又云："匈奴女名托跋，妻李陵。胡俗以母名为姓，故虏为李陵之后。虏甚讳之，有言其是陵后者辄见杀。"胡俗以母名为姓，说无征验。若援前赵改姓刘氏为征，则其时入中国已久，非复胡人故俗矣；况亦母姓而非其名也？匈奴与鲜卑相混，事确有之。《魏书·官氏志》中有须卜氏、林氏其证；而宇文氏出于匈奴，事尤明显，（《隋书·李穆传》自云："陇西成纪人，汉骑都尉陵之后也。陵没匈奴，子孙代居北狄。其后随魏南迁，复归汧、陇。祖斌，以都督镇高平，因家焉。"此则出于依托矣。）然不得云拓跋氏为匈奴种也。魏太武与宋文帝书曰："彼年已五十，未尝出户。虽自力而来，如三岁婴儿，复何知我鲜卑常马背中领上生活？"合诸世祖命源贺之言，拓跋氏固明以鲜卑自居也。

拓跋氏先世考（下）

《魏书》谓桓帝葬母，远近赴者二十万人，说不足信，既已辞而辟之矣，然《序纪》中类此之言尚多，请一一辩之。《序纪》云：神元之时，控弦上马二十余万。案神元吞并没鹿回，部落诚稍大，然谓有二十余万，则必诬也。《晋书·卫瓘传》曰：除征北大将军、都督幽州诸军事、幽州刺史、护乌丸校尉。至镇，表立平州。后兼督之。于时幽、并东有乌桓，西有力微，并为边害。瓘离间二虏，遂致嫌隙。于是乌桓降而力微以忧死。考《武帝纪》，平州之立，事在泰始十年。其明年为咸宁元年，六月，力微即遣使来献。三年正月，又使瓘讨力微。是年，即《魏书》文帝被害而神元死之年也。《魏书》云：文帝为神元信谗所杀，盖饰辞，实则部落离叛，子见杀而父以忧死耳。此岂似拥众二十万者乎？神元之后，传章帝、文帝、平帝三世，凡十六年，拓跋氏盖其微已甚。思帝死，昭帝、桓帝、穆帝三分其众，势顾稍张。然云控弦骑士四十余万，则又诬也。是年，为晋惠帝元康五年。《魏书》云：穆帝始出并州，迁杂胡，北徙云中、五原、朔方。又西渡河，击匈奴、乌丸诸部。越二年，桓帝度漠北巡，因西略诸国，积五岁始还。史云诸降附者二十余国，盖其经略颇勤，故其势稍振。然穆帝七年，即晋愍帝建兴六年，与刘琨会于平阳，会石勒禽王浚，国有匈奴杂胡万余家，多勒种类，闻勒破幽州，谋为乱，欲以应勒，发觉，伏诛，讨聪之计，于是中止。此即元康五年之所迁也，不过万余家，而主部之势，既不足以制之矣，而《序纪》谓昭帝十年（晋惠帝永兴元年），桓帝以十余万骑会司马腾，昭帝同时大举以助之；穆帝三年（晋怀帝永嘉四年），平文以二万骑助刘琨攻铁弗；是年得陉北之地徙，十万家以充之；五年（永嘉六年），又躬统二十万众以击刘粲；不尤诬乎？

穆帝之死也，《序纪》云：卫雄、姬澹率晋人及乌丸三百余家随刘遵南奔并州。此事亦见《雄》《澹传》。云时新旧猜嫌，迭相诛戮。雄、澹并为群情所附，谋欲南归，言于众曰：闻诸旧人忌新人悍战，欲尽杀之，吾等不早为计，恐无种矣。晋人及乌丸惊惧，皆曰：死生随二将军。于是雄、澹与刘琨任子遵率乌丸、晋人数万众而叛。案《晋书·琨传》云：遵与澹帅卢众三万人，马牛羊十万，悉来归琨；下文云：琨悉发其众，命澹领步骑二万为前驱；则《雄》《澹传》之言，为得其实。《序纪》所云，盖讳饰之辞也。《官氏志》云：昭成新中国成立后，诸方杂人来附者，总谓之乌丸。分为南北部，帝弟觚监北部，子寔君监南部，分民而治，若古之二伯焉。太祖登国元年，因而不改，南北犹置大人，对治二部。诸方来附，总谓乌丸，盖其众实以乌丸为多，他部莫足与比也。魏初西部龉龊最甚，东部即慕容、宇文，（亦见《官氏志》。）较拓跋氏为强，不得为之臣属。然则拓跋氏之所有者，南北部耳。而乌丸之盛如此，库贤沮众，而神元云亡；普洛唱叛，而道武出走；其无足怪。然则拓跋氏之本部亦微矣。遵、澹南归，几于鱼烂，平文绥抚，未知遗落几何，而《序纪》云西兼乌孙故地，东吞勿吉以西，控弦上马，将有百万，不尤言之不怍乎？

《燕凤传》云：苻坚问凤：代王何如人？凤对曰：宽和仁爱，经略高远，一时之雄主，常有并吞天下之志。坚曰：卿辈北人，无刚甲利器，敌弱则进，强即退走，安能并兼？凤曰：北人壮悍，上马持三仗，驱驰若飞。主上雄隽，率服北土，控弦百万，号令若一。军无辎重樵爨之苦，轻行速捷，因敌取资，此南方所以疲敝，而北方所以常胜也。坚曰：彼国人马，实为多少？凤曰：控弦之士数十万，马百万匹。坚曰：卿言人众可尔，说马太多，是虚辞耳。凤曰：云中川自东山至西河二百里，北山至南山百有余里，每岁孟秋，马常大集，略为满川。以此推之，使人之言，犹当未尽。此言经后人增饰，非其实。坚当日，盖问凤以北方诸部人马多少，非专问拓跋氏。不然，昭成时敢自夸于秦，谓有并吞之志邪？然《魏书》侈言部众之多，则可由是知其来历。盖皆并计当时北方部族之数，指为己有耳。说虽夸大，仍略有事实为凭，善求之，未必不可藉考当日朔陲形势也。

昭成之世，势亦小张。其所由然，则以其服高车之众也。《序纪》：昭成二十六年，讨高车，大破之，获万口，马牛羊百余万头。明年，讨没歌部，破之，获牛马羊数百万头。三十年，征卫辰，卫辰与宗族西走，收其部落而还，俘获生口及马牛羊数十万头。三十三年，征高车，大破之，史不言其有所俘获。然北狄专以俘掠为务，未必此役独不然也。（非史失纪，则其所俘较少，未之及。）三十九年，符洛来侵，昭成避于阴山之北，高车杂种，四面寇钞，不得刍牧，乃复度漠南。《献明皇后传》云：符洛之内侮也，后与太祖及故臣吏避难北徙。俄而高车奄来钞掠，后乘车与太祖避贼而南。中路失辖。后惧，仰天而告曰：国家胤胄，岂止尔绝灭也？惟神灵扶助。遂驰。轮正不倾，行百余里，至七介山南，而得免难。可见是时情势之危。高车之数，盖远逾于其旧部矣。

道武之骤盛，其事亦与昭成同。道武之初立也，辅之者惟贺兰，旋即叛去。其众仅南北部，犹怀反侧。刘显来侵，北部大人复率乌丸而叛，其不为昭成之续者几希。当时所以获免，盖惟赖慕容贺骍之援。然刘显既败，不数年遂至盛强，则实由其胁服之众也。道武之破窟咄，事在登国元年十月。明年五月，复征师于慕容垂，垂又使贺辚来。六月，遂破刘显于马邑南，尽收其部落。其明年五月，北征库莫奚，六月，破之，获其四部杂畜十余万。十二月，西征解如部，破之，获男女杂畜十数万。四年正月，袭高车诸部落；二月，讨叱突邻部；皆破之。五年三月，西征，袭高车袁纥部，破之，虏获生口，马牛羊二十余万。四月，与贺骍讨贺兰、纥突邻、纥奚诸部落，破之。九月，破叱奴部于襄曲河。十月，破高车豆陈部于狼山，十一月，纥奚部大人库寒，十二月，纥突邻大人屈地鞬皆举部内属。六年三月，遣讨黜弗部，破之。十二月，灭卫辰。簿其珍宝畜产，名马三十余万匹，牛羊四百余万头。山胡酋大幡颓、业易于等率三千余家内附。八年三月，西征侯吕邻部，四月，破之。六月，遣救慕容永，破类拔部帅刘曜等。类拔，（疑当作颊拔。《太宗纪》：永兴五年正月，颊拔大渠帅四十余人诣阙奉贡。）徙其部落。八月，征薛干部帅太悉佛，徙其民而还。至十年，遂与慕容氏构兵矣。（以上均见《太祖纪》。）盖虏获既多，诸部又间有内附者，得其人足以为强，得其畜足以为富，故其势骤张也。然则慕容氏之助拓跋，不几于藉寇兵赍盗粮乎？（道武以皇始元年八月出兵攻燕，至天兴元年正月克邺，事乃粗定。是年六月，迁都平城。十二月僭号。明年正月，即复分兵袭高车矣。自此至天赐元年，仍岁出兵北略；二年乃无闻，则以散发故也。明元立，其勤北略复如故。讫太武世不变。非徒建都平城，形势不得不尔，亦其所以致盛强者，本由于此也。）

　　游牧部落，易合易离。有雄主兴，数十百万之众，可以立集；及其亡也，则其土崩瓦解亦忽焉。檀石槐之已事，其明征也。虽契丹之亡，其道亦不外是。拓跋氏所以屡仆复起者，实缘先得陉北，根基稍固之故。然则刘琨之有造于拓跋氏大矣。

拓跋氏之虐

　　拓跋氏之专以裹胁为强，不独其于北族然也，即于中国亦然。道武之定河北，即徙山东六州民吏及徙何、高丽杂夷三十六万，百工伎巧十万余口，以实云中。旋又徙六州二十二郡守宰、豪杰、吏民二千家于代都。皆天兴元年事。自此至太武，破中原之国，无不徙其民。而内地酋豪以及郡县长吏，亦颇有苦于乱，自归以托庇者，而其势不可遏矣。然道武遇中原之人实虐，所加意抚绥者，则北方部族之众耳。天赐元年，距河北之定已六年矣，而是年三月，限县户不满百罢之，当时郡县之凋残可想。太武太延元年，诏长安及平凉民徙在京师，其孤老不能自存者，听还乡里。以魏人之视民如草芥，而犹有此诏，徙民之流离失所，可知也。而天赐元年，大选朝臣，令各辨宗党，保举才行，诸部子孙失业赐爵者二千余人。其于汉人及部族厚薄，为何如乎？然亦于其旧部则尔，于新降之众，遇之未尝不虐。天兴二年，获高车之众，即令起鹿苑于南台阴，北距长城，东苞白登，属之西山，广轮数十里，凿渠引武川水注之苑中，疏为三沟，分流宫城内外，又穿鸿雁池。此与甫定河北，即发卒治直道，自望都铁关凿恒岭至代，（天兴元年事。）后又屡勤其力，以起宫室苑囿者何异？宜乎高车之众，时有叛服也。

　　抑于旧有部族加意抚绥，亦道武僭位以后则然，若上溯诸昭成以前，则其虐用其民，亦与新降之众无异。《序纪》云：穆帝"忿聪、勒之乱，志欲平之。先是，国俗宽简，民未知禁；至是明刑峻法，诸部民多以违命得罪，凡后期者，皆举部戮之；或有室家相携而赴死所，人问何之？答曰：当往就诛"。（此事亦见《刑罚志》，云"死者以万计"。蛮人性质固多残酷，然拓跋氏等起于塞外者似尤甚。符坚之厚抚羌与鲜卑，固非本心；然究犹能伪为之也。至慕容暐谋杀坚事露，乃并鲜卑在城者尽诛之，少长无遗，本心露矣。然究犹退败而然也。至于柔然败投西魏，已无能为，乃徒以突厥之求，执其君民三千余人尽付之，使之并命，此则不徒中国所不

为，稍沾中国之化者，亦必不能为矣。屈丐之败奔薛干也，道武使求
之，部帅太悉佛出屈丐以示使者曰：今穷而见投，宁与俱亡，何忍遣
之。）所谓后期，盖后师期，乃欲强发其众南犯也。时穆帝长子
六修领南部，召之不至，怒讨之，失利遂死。盖南部亦不从其命
也。（此为六修弑父，抑穆帝战败自死，尚未可知。盖普根攻灭六
修，则不得不以六修弑父为口实耳。）普根先守外境，闻难来赴，
攻六修，灭之。普根立月余而薨，子始生，桓帝后立之，其冬又
薨。其为良死与否，尚未可知。而平文立，又欲迫其众南下。平
文二年，闻晋愍帝为刘曜所害，顾谓大臣曰："今中原无主，天
其资我乎？"刘曜遣使请和，不纳。明年，石勒请为兄弟，斩其
使以绝之。其决意如此。五年，晋元帝使韩畅加崇爵服，亦绝
之。史谓其治兵讲武，有平南夏之意，桓帝后以帝得众心，恐不
利于己子，害帝，遂崩，大臣死者数十人。夫苟得众心，一妇人
何能为？盖亦以违众取败也。桓帝中子贺傉立，是为惠帝，未
亲政事，太后临朝，即遣使与石勒通和，其情事可见。昭成帝
十三年，冉闵杀石鉴自立。十四年，昭成曰："石胡衰灭，冉闵
肆祸，中州纷梗，莫有匡救。吾将亲率六军，廓定四海。"乃敕
诸部各率所统，以俟大期。诸大人谏，乃止。昭成所为，犹之穆
帝，特较能从谏，故未及祸。然则当道武南伐以前，拓跋氏之觊
觎中原旧矣，而其众皆不同。固知芸芸之民，特欲安居乐业，父
子相保，未有无故觊杀掠者，虽游牧之族犹然。而骄暴之主，每
以私意驱之。此墨子所由焦唇敝舌以游说于王公大人者邪？道武
之军九门也，中山拒守，饥疫并臻，群下咸思还北。道武乃谓之
曰："斯固天命，将若之何！四海之人，皆可与为国，在吾所以
抚之耳，何恤乎无民！"真视民如草芥矣。陈留王虔之子悦说太
宗，谓京师杂人，不可保信，宜诛其非类者；又雁门人多诈，并

可诛之。史称悦怀奸计，故为是言，其实乃拓跋氏之积习也。

　　夫天下不可以力服也。芮芮之于拓跋，亦切近矣，而终魏之世不服。魏人屡勤大兵以讨之，而烽火犹时通于平城。虽乘阿那瓌时内乱，一臣伏之，末造复畏之如虎。则魏人因酷虐所丧者多矣。抑魏之兵力，非真足畏也。宋文而后，南风不竞，自不足与之敌耳。宋武北伐，道武之众非减于曩时，而竟坐视后秦之亡而不能救；赫连氏之取长安，而不能议其后，则后燕之奔溃，亦其自亡而非魏之能亡之也。北方众虽犷悍，而无训练节制，乏坚甲利兵，故苻坚谓其不足畏。观其累败于羯石、氐苻，卫雄、姬澹之众，桓帝所倚以征伐者，而不足当石勒之一击，而以道武方兴之锐，慕容垂垂死之年，犹能唾手而入平城，则知坚之言为不诬。假使中国安宁，将卒用命，命一大将，严兵守塞上，而以贾生五饵之策，招其携贰之民，当穆帝、平文之世，民有不归之如水，诸部落有不自相剪灭，虽道武能不为神元之续乎？而诸将猜疑，长安即失，谋臣武将，或以叛乱受戮，或以猜忌见诛，坐使胡马饮江，燕巢林木，天之方愦，无然泄泄，莫肯念乱，不亦悲乎！

突厥之先

　　突厥强盛，始于土门，然其先，尚有可考者三世，讷都六设、阿贤设、大叶护是也。《北史》载突厥缘起三说：第一说谓始率部落出于穴中者为阿贤设，至大叶护种类渐强，当后魏之末，而有伊利可汗。第二说谓本平凉杂胡阿史那氏，魏太武灭沮渠氏，阿史那以五百家奔蠕蠕。居金山之阳，为蠕蠕铁工，金山形似兜鍪，俗号兜鍪为"突厥"，因以为号。第三说则以讷都六设为伊质泥师都之大儿，阿贤设为讷都六设之幼子。《新唐书·西突厥传》云："其先讷都陆之孙吐务，号大叶护，长子曰土门伊利可汗，次子曰室点蜜，亦曰瑟帝米。"讷都陆即讷都六，显而易见。伊质泥师都，不知果有其人否？而《唐书》之大叶护，即《北史》之大叶护，则无可疑。其名及其为讷都陆之孙，土门之父，《北史》皆不具，而《唐书》著之。是土门之前可考者确得三世也。特不知大叶护是否阿贤设之子耳。

《北史》之说，《周书》具载之。惟将其第一、第二两说并为一说，而无"本平凉杂胡阿史那氏，魏太武灭沮渠氏，阿史那以五百家奔蠕蠕"之说，不知后人传写有所刊落邪？抑其辞本如此，而《北史》又有增益也？《周书》曰："其后曰土门，部落稍盛，始至塞上市缯絮，愿通中国。大统十一年，太祖遣酒泉胡安诺槃陀使焉。十二年，土门遂遣使献方物。时铁勒将伐茹茹，土门率所部邀击，破之，尽降其众五万余落。恃其强盛，乃求婚于茹茹。"《隋书》则云："伊利可汗以兵击铁勒，大败之，降五万余家，遂求婚于茹茹。"其辞虽有详略，其事则无异也。《北史》前录《隋书》之文，后又袭《周书》之语，则其辞重出矣。度《北史》并录两说，必有自注，为传写者所删耳。

《隋书》曰："伊利可汗卒，弟逸可汗立，病且卒，舍其子摄图，立其弟俟斗，称为木杆可汗。"逸可汗，《北史》作阿逸可汗，俟斗作俟叔，木杆作水杆。外夷单语甚少，疑《隋书》夺阿字；俟斗、俟叔，并俟斤之误；水杆为木杆之误，显而易见。《周书》曰："土门死，子科罗立，号乙息记可汗。科罗死，弟俟斤立，号木汗可汗。"《北史》亦同其文，而曰"科罗舍其子摄图，并其弟俟斤"，则乙息记之与阿逸，其为一人，亦凿然无疑。乙息记，《周书》云为伊利子，《隋书》谓为伊利弟，则《周书》是而《隋书》非也。《北史》云：木杆舍其子大逻便，而立其弟他钵。他钵病且卒，复命其子庵逻避大逻便。及卒，国中将立大逻便，以其母贱，众不服，竟立庵逻为嗣。大逻便不得立，不服，庵逻不能制，遂让位于摄图。摄图立，是为沙钵略可汗，以大逻便为阿波可汗；已而袭破之，杀其母。阿波西奔达头可汗。《隋书》曰："达头者，名玷厥，沙钵略之从父也。"《北史》同。《新唐书》曰："瑟帝米之子曰达头可汗，亦曰步迦可汗。"必乙息记为土门之子，达头乃得为沙钵略从父；若为土门弟，则达头与沙钵略为昆弟行矣。摄图以子雍虞闾惗，遗令立弟处罗侯。摄图卒，雍虞闾使迎处罗侯。处罗侯曰："我突厥自木杆可汗来，多以弟代兄，以庶夺嫡，失先祖之法，不相敬畏，汝当嗣位，我不惮拜汝也。"明兄弟相及，始于木杆之于乙息记，土门不得传弟也。

《隋书》曰："佗钵以摄图为尔伏可汗，统其东面。又以其弟褥但可汗子为步离可汗，居西方。"《北史》无子字，案《北史》是也。步离即步迦，此即西突厥之达头可汗耳。都蓝时曾遣母弟褥但特勒献于阗玉杖。褥但，盖可汗介弟之尊称也。

《隋书》曰：摄图号伊利俱卢设莫何始波罗可汗，一号沙钵略可汗。下文载其致书隋文帝，自称伊利俱卢设莫何始波罗，而文帝报书则称为伊利俱卢设莫何沙钵略，然则沙钵略即始波罗之异译，中国于四夷名字，恒截称其末数字以求简，非有二号也。（今人简称，多截取首数字，此古今语法不同。然俗人犹沿旧习，如上海法租界有路名勃来泥蒙马浪，俗人简称为马浪路，不曰勃来路也。）

称秃发氏为汉儿

《通鉴》陈宣帝大建五年，源师为左外兵郎，摄祠部，尝白高阿那肱，龙见当雩。阿那肱惊曰："何处龙见，其色如何？"师曰："龙星初见，礼当雩祭，非真龙也。"阿那肱怒曰："汉儿多事，强知星宿。"遂不祭。师出，窃叹曰："礼既废矣，齐能久乎？"注曰：诸源本出于鲜卑秃发，高氏生长于鲜卑，自命为鲜卑，未尝以为讳，鲜卑遂自谓贵种，率谓华人为汉儿，率侮诟之。诸源世仕魏朝，贵显，习知典礼，遂有雩祭之请，冀以取重，乃以取诟。《通鉴》详书之，又一慨也。案《通鉴》是年，又载韩长鸾尤疾士人，朝夕宴私，惟事谮诉，尝带刀走鸟，未尝安行，瞋目张拳，有唤人之势，朝士咨事，莫敢仰视，动致呵叱。每骂云："汉狗不可耐，惟须杀之。"其轻视汉人，可谓甚矣。诸源本出鲜卑，而高阿那肱等亦以汉人视之，盖以其已同于汉也。此可见民族异同，只论法俗，不论种姓。春秋之义，用夷礼则夷之，进于中国则中国之，诚有由也。

古称汉民族曰华。《左氏》：夷不谋夏，裔不乱华，又戎子驹支谓：我诸戎饮食衣服，不与华同是也。古者民族之义，尚未光昌，故称我民族者，率以其朝代之名。如《汉书·匈奴传》言：卫律为单于谋，穿井筑城治楼以藏谷，与秦人守之。《西域传》言：匈奴缚马前后足置城下，驰言秦人我匄若马是也。汉有天下久，秦人之称，遂渐易为汉人。此时民族之义渐著，知民族之与王朝，非是一物，遂沿称汉民族为汉人。（朝名犹氏名，以朝名名其民，盖知有氏族，而未知有民族也。在本国中，诸氏族之界限渐泯，而又与异民族遇，则民族之义渐昌矣。）魏晋之世，作史者犹沿旧例，称汉族人为魏人、晋人，而语言则迄未尝改。故鲜卑人犹称汉族人为汉人也。自此相沿，遂为定称。如唐时称汉蕃不曰唐蕃是也。故汉族之名，实至汉以后而渐立。

秃发与拓跋

《魏书·源贺传》：世祖谓贺曰："卿与朕同源，因事分姓，今可为源氏。"《廿二史考异》云：古读轻唇如重唇，发从发得声，与跋音正相近。魏伯起书尊魏而抑凉，故别而二之。《晋书》亦承其说。案此盖魏人迻译时有意用不同之字，亦未必伯起为之也。《魏书·乌孤传》云：初母孕寿阗，因寝产于被中，乃名秃发。其俗为被覆之义。此说似较可信。或谓寿阗为树机能之祖。元魏与秃发氏之分携安得如是其晚。然无妨秃发为被覆之义真，而其出于寿阗为附会也。《晋书·载记》言：乌孤八世祖匹孤，率其部自塞北迁于河西。元魏与秃发氏之分携，或当在是时也。

隋唐胡化之残迹

自金行失驭，五胡扰乱中原者垂三百年，至隋兴而后结其局。然谓隋唐之世，腥膻之迹，业已荡涤无余，则又不可。试观《唐书·宰相世系表》，其族类之出于胡者几何？（河南刘氏

431

出于匈奴，独孤氏亦自托于匈奴，然不必可信。盖当时不独华夏，即匈奴亦以为较胜于北方诸族，而攀附之矣。唐世浑氏明为铁勒，而亦自托于浑邪王，其明证也。元氏、长孙氏皆出拓跋，源氏出于秃发，明白无疑。宇文氏为南单于之裔，似非虚构，别见《宇文氏先世》条。然臣属俟豆归之费野头氏，亦从其主称宇文氏，令狐氏又尝赐姓为宇文氏，则亦非尽南单于胄胤矣。窦氏自托于窦氏，其实即没鹿回尝赐姓曰纥豆陵。河南房氏自谓系出清河，使北房留而不遣，虏族谓房为屋引，因改为屋引氏，后世随魏南迁，乃复为房氏，其实房之改为屋引不可知，屋引之改为房，则真耳。而侯氏之实为侯伏氏，河间张氏之实为比罗氏，于氏之实为万纽于氏，阎氏之实为大野氏。视此矣，京兆高氏自谓与北齐同祖，北齐之出渤海不可信，则京兆高氏之出渤海，亦不可信也。丙氏自托与李陵，兼援胡汉族于假托中，又别创一格。）而有唐一代用藩将尤盛。夫辅弼必资客族，则是异族之政权，未尝见削也。战斗多恃藩将，则是异族之武力未尝遂衰也。然则隋唐两代不过蹑九五而制幽夏者，不出异族而已。谓汉族之文治武功已尽复两汉以前之旧，固不可也。抑隋唐先世皆出武川，其自托于汉族信否不可知，而其与异族关系之密，则不诬矣。谓其有以大异于北齐，吾不信也。

契丹先世

鲜卑部落兴起最后者，时曰契丹。契丹者，宇文氏别种，为慕容氏所破，窜于松、漠之间。又为元魏道武帝所破，乃分为二：西曰奚（本称库莫奚，隋以后去库莫，但称奚），东曰契丹。

奚众依土护真水（今老哈河），盛夏徒保冷陉山。在妫州西北。契丹在潢水之西、土河之北，（潢水，今西拉木伦河，土河，即老哈河。）奚众分为五部，契丹分为八部焉。魏孝文时，有部族曰地豆干者，（在室韦西千余里。）欲与高句丽、柔然分其地。契丹惧，内附，止白狼水东。（亦今老哈河，《辽史·营卫志》云：是时始去奇首可汗故壤。）北齐文宣帝之世，击破之，虏其男女十余万口。又为突厥所逼，仅以万家寄于高句丽。隋时，乃复来归，依托纥臣水吐护真之异译。以居。分为十部。唐初，其酋长窟哥内属，以其地置松漠都督府。又有辱纥主曲据者，亦来归，以其地为玄州。奚酋可度者内附，以其地为饶乐都督府。又以八部、五部皆为州，而以营州治柳城。统饶乐、松漠二府焉。唐时，君临契丹者为大贺氏，继为遥辇氏，最后为世里氏。《辽史·地理志》谓唐以大贺氏窟哥为使持节都督十州军事，窟哥殆大贺氏之始主邪？窟哥死，契丹连奚叛。行军总管阿史德枢宾执松漠都督阿卜固，献于京师。阿卜固盖亦大贺氏，窟哥后也。窟哥孙曰尽忠，为松漠都督。先是高祖时，契丹别部酋帅孙敖曹内附。诏于营州城旁安置。即以其地为归诚州。尽忠，敖曹孙，万荣之妹婿也。武后时，尽忠、万荣反，陷营州，进攻幽、冀。武后发大兵讨之，不能克。会尽忠死，其众为突厥默啜所袭破，万荣亦败于奚，为其家奴所杀，其余众不能立，遂附于突厥。契丹是时，虽见破坏，然其兵力，则已崭然见头角矣。玄宗开元二年，尽忠从父弟失活，以默啜政衰，来归。奚酋李大酺亦降。（时奚亦服默啜。）仍置松漠、饶乐二府，复营州都督。失活卒，（开元六年）从父弟婆固袭。有可突干者，勇悍。婆固欲除之，不克，奔营州。都督许钦澹发兵及李大酺攻之，败绩。婆固、大酺皆死，钦澹惧，徙军入榆关。是为奚人见弱于契丹之始。可突干立婆固从父弟郁干，卒，（开元十年。）弟吐干袭。复与可突干猜阻，来奔。国人立吐干弟邵固。（《辽史》。《唐书》云李尽忠弟，必误。）为可突干所弑，胁奚众共附突厥。奚酋鲁苏（大酺弟。）不能拒，亦来奔。幽州击可突干，破之。可突干走。奚众降。可突干复盗边，朝廷擢张守珪为幽州长史，经略之。守珪善将，可突干惧，阳请臣，而稍趋西北倚突厥。有过折者，亦契丹部长，与可突干俱掌兵，不相能。守珪使客阴邀之，即斩可汗屈列及可突干来降，时开元二十二年也。以过折为松漠都督。未几，为可突干余党泥礼所弑，屠其家。泥里，即雅里，亦作涅里，辽太祖七世祖也。《辽史·百官志》载遥辇氏可汗九世：曰洼，曰阻午，曰胡剌，曰苏，曰鲜质，曰昭古，曰耶澜，曰巴剌，曰痕德堇。《营卫志》以屈列当洼可汗，则自邵固以上，皆大贺氏矣。（《辽史·耶律曷鲁传》：说奚曰："契丹与奚，言语相通，实一国也。我夷离堇于奚，岂有陵轹之心哉？汉人杀我祖奚首，奚离堇怨次骨，日夜思报汉人，顾力微弱，使我求援于奚耳。"此奚离堇指太祖，则奚首者，太祖先世，为汉人所杀者也，疑即可突干。）辽人立迪辇阻里，唐赐姓名曰李怀秀，妻以宗室之女，时天宝四年也。是岁，杀公主，叛去。迪辇阻里，《辽史》以当阻午可汗。安禄山讨破之。更封其酋李楷落。（禄山又出兵讨契丹，大败。《辽史·营卫志》："太祖四世祖耨里思，时为迭剌部夷离堇，遣只里姑逆战潢水南，禄山大败。"《萧塔葛传》："八世祖只鲁，遥辇氏时，尝为虞人，当安禄山来攻，只鲁战于鲁山之阳，败之。以功为北府宰相。"即其事也，可见契丹是时兵力之强。）自是契丹中衰，附奚以通于唐。其酋长曰屈戍。武宗会昌二年，回纥破，来降。《辽史》以当耶澜。习尔，咸通中再贡献。《辽史》以当巴剌，曰钦德，即痕德堇也。嬗于辽太祖。

　　太祖七世祖曰雅礼，即弑过折之泥礼，已见前。据《太祖本纪》，雅礼之子曰昆牒，昆牒之子曰颏领，颏领之子曰肃祖耨里思，肃祖之子曰懿祖萨剌德，懿祖之子曰玄祖匀德，玄祖之子曰德祖撒剌的，德祖之子，即太祖也。当大贺氏之亡，推戴雅里者颇众。雅里让不有国，而立遥辇氏。（见《耶律易鲁传》。）时则契丹八部，仅存其五，雅里仍更析为八。又析三耶律为七，二审密为五。三耶律者，曰大贺，曰遥辇，曰世里，即相次居汗位者。二审密者，曰拔里，曰乙室已，即后来之国舅也。三耶律之析为七也，大贺、遥辇二氏分为六，而世里氏仍合为一。是为迭剌部。故终遥辇氏之世，强不可制云。契丹之初，草居野次，靡有定所。雅里始制部族各有分地。又立制度，置官属，刻木为契，画地为牢，政令大行。《地理志》：庆州，"辽国五代祖勃突，貌异常。有武略，力敌百人。众推为主，生勃突山，因以为名。没葬山下"。以世数核之，当为颏领。以音译求之，则于昆牒为近。案雅里为太祖七世祖，并太祖数之，实当云八世。明白无疑。而《兵卫志》误作六世，岂《地理志》亦误差一世，因以昆牒为五世欤？肃祖大度寡欲，令不严而人化。懿祖尝与黄室韦挑战，矢贯数扎。玄祖教民稼穑，又善畜牧，国以殷富。德祖仁民爱物，始置铁冶。其弟述澜，亦称释鲁，（《皇子表》：述澜为玄祖三子，德祖第四。）为于越。遥辇氏岁贡于突厥，至是始免。（疑当作回纥，屈戌时事。）述澜北征干厥、室韦，南略易、定、奚、霫。始兴版筑，置城邑。教民种桑麻，习织组。已有广土众民之志。至太祖，乘遥辇氏之衰，又值晚唐之乱，遂崛起而成大业焉。（以上辽先世事迹，大抵见《营卫志》。兼据《兵卫志》《食货志》及《皇子表》。）太祖东北灭渤海，服室韦、女直；西北服黠戛斯；西南服党项、沙陀、鞑靼、吐谷浑、回鹘；远至吐蕃、于阗、波斯、大食，亦通朝贡，其声威可谓极广。《辽史·地理志》称其地"东至海，西至金山，暨于流沙，北至胪朐河，南至白沟"，犹仅以疆理所及言之也。

契丹部族

契丹部族，见于史者，在元魏及唐五代时，其数皆八，惟隋时分为十部，而逸其名。元魏八部：曰悉万丹，亦作欣服万丹。曰何大何，曰伏弗郁，曰羽陵，曰日连，曰匹洁，曰黎，曰吐六干。唐时八部：曰达稽，曰纥便，曰独活，曰芬问，曰突便，曰芮奚，曰坠斤，曰伏。《五代史》八部：曰旦利皆，曰乙室活，曰实活，曰纳尾，曰频没，曰纳会鸡，曰集解，曰奚唱。其名前后皆不同。《辽史·营卫志》云："奇首八部，为高丽、蠕蠕所侵，仅以万口附于元魏。生聚未几，北齐见侵，掠男女十余万口，继为突厥所逼，寄处高丽，不过万家。部落离散，非复古八部矣。"又谓大贺氏之亡，八部仅存其五。太祖七世祖雅里，更析为八，似乎契丹部族，时有变更，然唐之置羁縻州也，达稽部为峭落州，纥便部为弹汗州，独活部为无逢州，芬问部为羽陵州，突便部为日连州，芮奚部为徒河州，坠斤部为万丹州，伏部为匹黎、赤山二州，则芬问部即羽陵，突便部即日连，芮奚部即何大何，坠斤部即悉万丹，伏部即匹洁，惟达稽、纥便、独活三部，不能知其与元魏时何部相当耳。然则部众虽更，部名虽改，而其分部之法，则后实承前。《五代史》部名之异于唐，（此八部盖即雅里就五部所析。）当亦如是矣。《辽史·地理志》：永州，"有木叶山，上建契丹始祖庙。奇首可汗在南庙，可敦在北庙。绘塑二圣并八子神像。相传有神人，乘白马，自马盂山浮土河而东。有天女，驾青牛，由平地松林泛潢河而下，至木叶山，二水合流，相遇，为配偶，生八子。其后族属渐盛，分为八部"。盖八部之分，由来甚旧，所托甚尊，故累遭丧败，其制不改耶？（《太祖本纪》："辽之先世，出自炎帝，世为审吉国。其可知者，盖自奇首云。奇首生都庵山，徙潢河之滨。太祖七年，登都庵山，抚奇首可汗遗迹，徘徊顾瞻而兴叹焉。"《地理志》：上京道，龙化州，"奇首可汗居此，称龙庭。"《营卫志》："潢河之西，土河之北，奇首可汗故壤也。"又云："奇首可汗、胡剌可汗、苏可汗、昭古可汗，皆辽之先，世次不可考。"白马青牛，说虽荒诞，然奇首则似非子虚乌有之流。）然隋时何以独分为十部？又唐置羁縻州之先，契丹酋长窟哥及辱纥主曲据皆来归，唐以窟哥之地置松漠都督府，以辱纥主曲据所部为玄州，合八部亦十部也。（《辽史·营卫志》说如此。）此又何说耶？曰：八部者，所以象奇首八子；八部外之二部，则所以象奇首可汗及其可敦，即《辽史》所谓三耶律、二审密者也。并三耶律二审密言之，则曰十部；去此二部言之，则曰八部。汉人言之有异，契丹之分部，则未尝变也。何以知之？曰：以太祖创业之事知之。

《五代史》述太祖之创业也，曰："契丹部族之大者曰大贺氏。后分为八部。部之长号大人。而常推一大人，建旗鼓，以统八部。至其岁久，或其国有疾疫而畜牧衰，则八部共议，以旗鼓立其次而代之。被代者以为约本如此，不敢争。某部大人遥辇次立，时刘仁恭据有幽州，数出兵摘星岭攻之。秋霜落，则烧其野草。契丹马多饥死，即以良马赂仁恭，求市牧地，请听盟约，甚谨。八部之人，以为遥辇不任事，选于其众，以阿保机代之。阿保机，不知其何部人也。是时刘守光暴虐，幽、涿之人，多亡入契丹。阿保机又间入塞，攻陷城邑，俘其人民，依唐州县置城以居之。汉人教阿保机曰：中国之王，无代立者。由是阿保机益以威制诸部而不肯代。其立九年，诸部以其久不代，共责诮之。阿保机不得已，传其旗鼓，而谓诸部曰：吾立九年，所得汉人多矣，吾欲自为一部，以治汉城，可乎？诸部许之。汉城在炭山东南滦河上，有盐铁之利，乃后魏滑盐县也。其地可植五谷。阿保机率汉人耕种，为治城郭、邑屋、廛市，如幽州制度。汉人安之，不复思归。阿保机知众可用。用其妻述律策，使人告诸部大人曰：我有盐池，诸部所食。然诸部知食盐之利，而不知盐有主人，可乎？当来犒我。诸部以为然。共以牛酒会盐池。阿保机伏兵其旁。酒酣，伏发，尽杀诸部大人。遂立不复代。"似契丹共主，本由选立，至辽太祖乃变为世袭者。然据《唐书》及《辽史》，则遥辇诸汗，世次相承，初无大贺氏亡，分为八部之说。《辽史·太祖纪》：唐天复元年，痕德堇可汗立，为本部夷离堇，专征讨。十月，授大迭烈府夷离堇。三年十月，拜于越，总知军国事。天佑三年十二月，痕德堇可汗殂。明年正月，即皇帝位。其汗位受诸遥辇，又彰彰也。此又何说邪？曰：太祖之所争，乃夷离堇之职，而非汗位也。夷离堇者，后来之北南二大王，《辽史》谓其统部族军民之政。《五代史》所谓建旗鼓以统八部者，盖即指此？（世宗之立，即由北南二大王。李胡争之，卒不胜，可见北南二王权力之大。）契丹虽有共主，然征伐决之会议，田猎部得自行，其权力实不甚完，况于遥辇氏之仅亦守府？《五代史》之所纪，盖得之汉人传述。斯时述契丹事者，知有夷离堇而不知有可汗，正犹秦人之知有穰侯而不知有王，其无足怪。然太祖之汗位，则固受之痕德堇，非由八部所推之大人而变，谓太祖变公推之夷离堇为专任则可，谓其变嬗代之共主为世袭，则不可也。

《辽史·营卫志》谓雅里析八部为王，立二府以总之。又析三耶律为七，二审密为五。三耶律者，曰大贺，曰遥辇，曰世里，即相次居汗位者。二审密者，曰乙室己，曰拔里，即耶律氏所世与为婚姻者也。二府，盖即后来之北南二宰相府：北宰相府，皇族四帐，世预其选。南宰相府，国舅五帐，世预其选。然则是时之总八部者，盖即三耶律，二审密；以其象奇首，故世汗位；以其象奇首可敦，故世婚皇族也。隋时，十部。唐时八部之外，别有松漠，玄州，其故盖亦如此？《五代史》谓八部之长，皆号大人；又谓推一大人，建旗鼓以统八部；似建旗鼓之大人，即在八部大人之中者。然又谓阿保机不知何部人，又谓太祖请自为一部，则太祖实非八部大人；其部族且在八部之外，亦隐隐可见也。

突厥、契丹宗教类乌桓

乌桓之俗，"敬鬼神，祠天地、日月、星辰、山川及先大人之有健名者，祠用牛羊，毕，皆烧之"。（《后汉书·乌桓传》）"有病，知以艾灸，或烧石自熨，烧地卧其上，或随痛病处，以刀决脉出血，及祝天地山川之神，无针药。"（《三国·魏志·乌丸传注》引《魏书》）盖重巫，而医术则方在萌芽也。"俗贵兵死，敛尸以棺，有哭泣之哀。至葬，则歌舞相送。肥养一犬，以彩绳缨牵；并取死者所乘马衣物，皆烧而送之，言以属累犬，使护死者神灵归赤山。赤山，在辽东西北数千里，如中国人死者魂神归岱山也。"（《后汉书·乌桓传》《三国·魏志·注》引《魏书》："至葬日，夜聚亲旧员坐，牵犬马历位，或歌哭者，掷肉与之，使二人口诵咒文，使死者魂神径至，历险阻，勿令横鬼遮护，达其赤山，然后杀犬马衣物烧之。"）

契丹旧俗，亦敬天而尊祖。《辽史·地理志》："永州，有木叶山，上建契丹始祖庙，奇首可汗在南庙，可敦在北庙，绘塑二圣并八子神像。相传有神人，乘白马，自马盂山浮土河而东；有天女，驾青牛车由平地松林泛潢河而下；至木叶山，二水合流，相遇为配偶，生八子。其后族属渐盛，分为八部。"《述律后传》："尝至辽、土二河之会，有女子乘青牛车，仓猝避路，忽不见。未几，童谣曰：青牛姬，曾避路。盖谚谓地祇为青牛姬云。"青牛姬为地祇，则白马神人必天神矣。凡举兵，必率文武臣僚，以青牛白马祭告天、地、日神，惟不拜月。分命近臣告太祖以下陵及木叶山神，乃诏诸道征兵焉。（《辽史·兵卫志》）《辽史》谓"终辽之世，郊丘不建"，（《仪卫志》二）乃不用汉礼祭天，非其俗本不祭天也。

《礼志》："冬至日，国俗，屠白羊、白马、白雁，各取血和酒，天子望拜黑山。黑山在境北，俗谓国人魂魄，其神司之，犹中国之岱宗云。每岁是日，五京进纸造人马万余事，祭山而焚之。俗甚严畏，非祭不敢近山。"黑山，似即乌桓之赤山。契丹旧地，在潢、土二水合流处；其北，正在辽东西北数千里也。又云："岁十月，五京进纸造小衣甲、枪刀、器械万副。十五日，天子与群臣望祭木叶山。用国字书状，并焚之。国语谓之戴辣。戴，烧也；辣，甲也。"似亦乌桓送死烧乘马衣物之俗。（《北史·契丹传》云："父母死而悲哭者，以为不壮，但以其尸置于山树之上，经三年后，乃收其骨而焚之。因酹酒而祝曰：冬月时，向阳食。若我射猎时，使我多得猪鹿。"与《后汉书》所述乌桓之俗不合。《后汉书》云鲜卑"其言语习俗，与乌桓同"。契丹，鲜卑部落，不应殊异至此。或魏时契丹尝与他族杂处，《北史》误以他族之俗，为契丹之俗也。辽俗东向而尚左，东西为经，南北为纬，故御帐东向而横帐，此亦乌桓穹庐东开向日之习。）

其丧葬之礼，有足见其俗之右武者。《北史·高车传》，"其死亡葬送，掘地作坎，坐尸于中，张臂引弓，佩刀挟稍，无异于生，而露坎不掩"，是也。《突厥传》："死者，停尸于帐，子孙及亲属男女各杀羊马，陈于帐前祭之。远帐走马七匝，诣帐门，以刀剺面，且哭，血泪俱流。如此者七度，乃止。择日，取亡者所乘马及经服用之物，并尸俱焚之，收其余灰，待时而葬。春夏死者，候草木黄落；秋冬死者，候华茂，然后坎而瘗之。（案古之为丧服者，至亲以期断，取天地已易，四时已变，凡在天地之中者，莫不更始之义也。士庶人三月而葬，亦取天道一时而小变之义也。突厥之所谓时者，虽与中国异，然其候时之变而葬，则与中国同。可以见礼之缘起，大略相类也。）葬日，亲属设祭及走马、剺面，如初死之仪。表木为茔，立屋其中。图画死者形仪及其生时所战陈状。（此可知壁画之缘起。）尝杀一人，则立一石，有至千百者。又以祭之羊马头，尽悬于标上。"案突厥丧仪，颇类乌桓，惟焚尸为异。岂以近接西胡，故染其俗邪？抑古氏、羌之俗也？（羌族本有火葬之俗。）

蒙古之由来

蒙古，《辽史》作朦古，亦作萌古；《金史》作朦骨；《契丹事迹》作朦古；《松漠纪闻》作盲骨子；《西游记》始作蒙古，明时修元史沿用之，遂为定称焉。此种人即唐时室韦之蒙兀部。（《元史译文证补》卷二十七下）然宋时已称此种人为鞑靼，明时蒙人亦自去蒙古之号，称为鞑靼，则蒙古之与鞑靼，亦必有关系矣。今试一考鞑靼之起源如下：

《五代史》：靺鞨之遗种，本在奚、契丹之东北，后为契丹所攻，而部族分散，或属契丹，或属渤海，别部散居阴山者，自号鞑靼，后从克用入关，破黄巢，由是居云、代之间。

据《唐书》《五代史》及《辽史》，渤海盛强时，靺鞨悉役属之。契丹当太祖以前，初无攻破靺鞨之事。惟据《册府元龟》黑水帅突地稽随末率部落千余家内属，处之营州，唐武德初以其部落置燕州，此为黑水靺鞨之分处营州者，为契丹所攻，分居阴山，必即此一支也。

《黑鞑事略》："黑鞑之国，号大蒙古，沙漠之地有蒙古山，鞑语谓银曰蒙古，女真名其国曰大金，故鞑名其国曰大银。"

《古今纪要逸编》：鞑靼与女真同种，皆靺鞨之后，其居混同江者曰女真，居阴山北者曰鞑靼。鞑靼之近汉者曰熟鞑靼，远汉者曰生鞑靼。鞑靼有二，曰黑，曰白，皆事女真。黑鞑靼至忒没真叛之，自称成吉思皇帝。又有蒙古国，在女真东北，我嘉定四年，鞑靼始并其名号，称大蒙古国。

《蒙鞑备录》：鞑靼始起，地处契丹之西北，族出于沙陀别种，故历代无闻。其种有三：曰黑，曰白，曰生。（案生熟自以其距汉远近言之，不得与黑白并列为种别，此说盖误。）所谓白鞑靼者，颜貌稍细；所谓生鞑靼者，其贫且拙且无能为，但知乘马随众而已。今成吉思皇帝及将相大臣皆黑鞑靼也。

黄震谓鞑靼与女真同种，孟珙谓其地处契丹西北，均与《五代史》相合，至谓其族出于沙陀别种，则因二族居地相近，血统混淆而然。鞑靼所以有黑白之别，或即由此。惟蒙兀室韦，《唐书》谓在室建河南，成吉思之兴，亦在斡难河畔，（今鄂诺河）与阴山相距甚远，而彭大雅谓黑鞑国号大蒙古。黄震又谓鞑靼之外，别有蒙古，鞑靼并其名以自号，为可疑耳。案《蒙鞑备录》又云：鞑人在本国时，金虏大定间，燕京及契丹地有谣言云：鞑靼去，赶得官家没处去。虏酋雍宛转闻之，惊曰：必是鞑人为我国患，乃下令，极于穷荒，出兵剿之，每三岁遣兵向北剿杀，谓之灭丁。迄今中原尽能记之。鞑人逃遁沙漠，怨入骨髓，至伪章宗明昌年间，不令杀戮，以是鞑人稍稍还本国，添丁兵育。

因童谣而出兵剿杀，语涉不经，然世宗初年，北边曾有移刺窝斡之乱，牵动甚众，仍岁兴师，说非无据。鞑靼之北走而与蒙古合，盖盛于此时，此漠北部族之所以骤强也。而其前此之非绝无交往，抑可推已。抑蒙古种族之与鞑靼相混合，尚有一证。据拉施特《蒙古全史》云：（《元史译文证补》卷一）相传古时蒙兀与他族战，全军覆没，仅遗男女各二人，遁入一小山，斗绝险巇，惟一径通出入，而此中壤地宽平，水草茂美，乃携牲畜辎重往居，名其山曰阿儿格乃衮。二男一名脑古，一名乞颜。乞颜义为奔瀑急流，以其膂力迈众，一往无前，故以称名。乞颜后裔繁盛，称之曰乞要特。乞颜变音为乞要，曰特者，统类之词也。后世地狭人稠，乃谋出山，而旧径芜塞，且苦艰险，继得铁矿，洞穴深邃。爰伐木炽炭，篝火穴中，宰七十牛，剖革为筒，鼓风助火，铁石尽镕，衢路遂辟，后裔于元旦锻铁于炉，君与宗亲次第捶之，著为典礼。此段事实之怪诞，无待于言，然拉施特身仕宗藩之朝，亲见捶铁典礼，断不能指为虚诬。且乞要特即《元史》之奇渥温，有元帝室得氏之由，实由于此，尤不能目为无据。惟其说与《北史》所述突厥起源极为相类，洪侍郎因疑蒙人拾突厥唾余，以自叙先德。然拉施特修史时，尽出先时卷牍，此资考核，后命蒙古大臣谙掌故者襄事，何等郑重，焉得作此谓他人父之语？且突厥之在当日，亦败亡奔北之余耳，引为同族，岂足为荣。反复思之，然后知蒙古部落，实为鞑靼与室韦之混种，而鞑靼则为靺鞨与沙陀、突厥之混种。拉施特《蒙古全史》所载，盖沙陀、突厥相传之神话也。

元室之先世

元室先世，或疑出自吐蕃。《蒙古源流考》云土伯特智固木赞博汗为奸臣隆纳木所弑，其三子皆出亡。第三子布尔特斋诺渡腾吉思海东行，至拜噶所属之布尔干哈勒图纳山下必塔地方，人众尊为君长，是也。《源流考》之作意在阐扬喇嘛教，援蒙古以入吐蕃，殊不足信。《秘史》但云自天而生之孛儿贴赤那，与其妻豁阿马兰勒同渡腾吉思水，东至斡难沐涟之源不儿罕合勒敦山而已。孛儿贴赤那即布尔纳斋诺，译言苍狼。阿马兰勒译言惨白牝鹿也。腾吉思水不可考。不儿罕哈勒敦山，即今车臣、土谢图两部之布尔罕哈勒那都岭也。

孛儿贴赤那之子曰巴塔赤罕，巴塔赤罕生塔马察，塔马察生豁生豁里察儿蔑儿干，豁里察儿蔑儿干生阿兀站孛罗温，阿兀站学罗温生撒里合察兀，撒里合察兀生也客你敦，也客你敦生挦锁赤，挦锁赤生合儿出，合儿出生孛而只吉歹蔑儿干，孛而只吉歹蔑儿干妻曰忙豁勒真豁阿。忙豁勒真犹言蒙古部人，豁阿，女子美称。盖孛儿帖赤那之后，至是娶蒙古部女，遂以蒙古为部名。犹金始祖函普娶完颜部女而以完颜为部名也。孛儿只吉歹蔑儿干之子曰脱罗豁勒真伯颜，生二子，长曰都蛙锁豁儿，次曰朵奔蔑儿干，朵奔蔑儿干娶豁里秃马敦部人豁里剌儿台蔑儿干之女，（拉施特云秃马敦为巴儿忽真之一种，居巴儿忽真脱古木之地，在拜喀勒湖东。《秘史》云：豁里剌儿台蔑儿干居阿里黑兀孙，即今伊尔库斯克省之伊尔库河，地在拜喀勒湖西，此族后以豁里剌儿为氏，即《元史》之火鲁剌思也。）曰阿阑豁阿。（《元史·本纪》《世系表》作阿阑果火，《蒙古源流考》作阿抢郭斡。）生二子，曰别勒古讷台，曰不古讷台。既寡又生三子，曰不忽合塔吉，曰不合秃撒勒只，曰孛端察儿蒙合黑。初朵奔蔑儿干猎于脱豁察黑温都儿（温都儿译言高山），遇兀良哈人，即鹿林中乞其余，已而遇马阿里黑伯牙兀歹（马阿里黑其名，伯牙兀歹其氏，即《元史》之伯岳吾，《辍耕录》作伯要歹）。《源流》：玛哈赍携子而行，饥困请以子易肉，与一股肉，而携其子归以为奴。别勒古讷台、不古讷台疑其母私于奴，母知之，春日烹伏腊之羊，召五子赐食曰：夜见白黄色人穿穹庐顶孔入，摩挲我腹，光明透腹中，其去也以昧爽，我窃窥之如黄犬然，遂生此三子，后日必有贵者。不忽合塔吉之后为合答斤氏；不合秃撒勒只之后为撒勒只兀惕氏；孛端察儿蒙合黑之后为孛儿只斤氏。孛儿只斤译言灰色目睛，以与神人同也。此三族蒙兀人称之曰尼伦，义谓洁清；别派为多儿勒斤，犹言常人也。孛端察儿子曰合必赤把阿秃儿，合必赤把阿秃儿子曰蔑年土敦，蔑年土敦七子，而长子合赤曲鲁克为成吉思汗七世祖，幼子纳臣把阿秃儿生兀鲁兀歹及忙忽台，兀鲁兀歹之后为兀鲁兀惕氏，忙忽台之后为忙乎惕氏，成吉思汗戡定漠北，得此二族之力为多。合赤曲鲁克子曰海都，则成吉思汗六世祖也。（以上皆据《秘史》。孛端察儿《元史·本纪》作孛端叉完，孛儿只斤《源流考》作博尔济锦，葳年土敦《元史》本纪作咩撚笃敦云。妻莫拿伦生七子，为押剌伊而人所败，灭其家，惟长孙海都及幼子纳真得免。《宗室世系表》葳年土敦作咩麻笃敦，七子长曰既挐笃儿罕，七曰纳真，二至六皆失名。既挐笃儿罕子曰海都。拉施特《史》押剌伊儿作札剌亦儿，载其被难之事迹略同，惟谓孛端察儿二子，长曰布格，次曰布克台，布格子曰土敦迈宁，布克台子曰纳臣，土敦迈宁生九子，其妻莫奴伦，居诺赛儿吉及黑山之地，而遭扎拉亦儿之难。莫拿伦及其八子皆被害，惟幼子海都被匿得免。《源流考》合必赤把阿秃儿作哈必斋已图尔，其子曰伯特尔巴图尔。案土敦迈宁似即葳年土敦之倒误，伯格尔似即布格，下三字，乃其称号也。）

海都三子，长曰伯升忽儿多黑申，（《元史》本纪拜姓忽儿，《世系表》《辍耕录》同，而姓伪为住，拉施特《史》拜桑古儿，《源流考》作拜星呼尔多克斯，以为哈斋库鲁克子。）次曰察剌合领忽，（《辍耕录》及《宗室世系表》均作察剌罕宁儿，案儿字当是昆字形近之误，拉施特《史》作扯勒黑领昆。）次曰抄真斡儿帖该。（《宗室世系表》作獠忽真兀秃选葛。）伯升忽儿多黑申为成吉思汗五世祖，察剌合为辽令稳，故称领忽，领忽者，令稳音转也。其子曰想昆必勒格，想昆亦详稳对音。（《宗室世系表》察剌罕宁儿之子为直挐斯，拉施特《史》作莎儿郭图赤那。按赤那即直挐斯。李文田云必勒格即贝勒对音。盖莎儿郭图鲁赤那其名，想昆必勒格，皆其称号也。）想昆必勒格子曰俺巴孩，其后以泰亦赤兀为氏。（《元史》作咸补海军，拉施特书作俺巴该。）伯申豁儿多黑申之子曰屯必乃薛禅，薛禅，蒙古语聪明之称也。（《元史·本纪》《世系表》均作敦必乃，拉施特《史》作托迈乃。）是为成吉思汗四世祖，屯必乃子曰合不勒可汗。《元史》《辍耕录》均作葛不寒。合不勒可汗子曰把儿坛把阿秃儿。(《元史》《辍耕录》作八里丹,《源流考》作巴尔达木巴图尔。)把儿坛把阿秃儿子曰也速该把阿秃儿,(《源流考》作伊苏凯巴图尔。)是生成吉思汗。

元兴以前北方诸部族

自回纥之亡,北方无大部族,今略叙成吉思汗兴起以前形势如下。

一、翁吉刺部,亦作弘吉刺,(《元史》及《亲征录》。)又作鸿吉刺。(《源流考》)蒙古甥舅之国也。据《秘史》,此族与主因塔塔儿战,地在捕鱼儿、阔涟两海子间,则其居地当在今呼伦贝尔附近。《元史·特薛禅传》谓弘吉刺氏居于苦烈,儿温都儿斤、迭烈捕儿、也里古纳河之地。案今根河出伊勒呼里山,西流百余里,径苦烈业尔山之南,其北有特勒布尔河,略与平行。苦烈业尔即苦烈儿之异译。温都儿,蒙古语为高山也。特勒布尔即迭烈不二儿,也里古纳乃额尔古讷河之音差也。

二、塔塔儿部,即鞑靼之异译,此族与蒙古世为仇雠,其分部颇多。据《秘史》所载有主因塔塔儿,阿亦里兀惕塔塔儿,备鲁兀惕塔塔儿等。主因即朱邪之异译,可证其为沙陀、突厥与靺鞨之混种,其居地当在捕鱼儿海附近。

三、蔑儿乞部,此种人居斡儿垣、薛凉格二水流域。斡儿垣,今鄂尔坤河。薛凉格,今色楞格河也。其分部之名,见于《秘史》者,有兀都亦惕、兀洼思、合阿惕等。

四、兀良孩部,《明史》作兀良哈,即今乌梁海。西人谓其容貌近土耳其人，当系突厥种。据《秘史》当时游牧之地，亦在不儿罕山。

五、客列部，亦作克烈，(《元史·本纪》及《亲征录》)怯烈，(《元史》列传)又作克里叶特，(《源流考》)始居欠欠州，(亦曰谦河，在唐弩乌梁海境内，详见《元史译文证补》卷二十六下。)其部长曰默儿忽斯，生二子，长曰忽而察忽思，是为不亦鲁黑汗。(《亲征录》作忽儿札胡思盂禄可汗。)次古儿罕。(《亲征录》作菊儿可汗。)不亦鲁黑卒，子脱邻斡勒，此从《秘史》，拉施特作脱忽鲁儿。性猜忌，杀其诸弟台帖木儿、太石不花帖木儿等，又欲杀母弟额儿客哈喇，《亲征录》作也力可哈刺。额儿客哈喇奔乃蛮，古儿罕攻之，脱邻斡勒奔也速该，也速该速为起兵，逐古儿罕，始建牙于土兀喇沐涟上，土兀喇沐涟，今土拉河也。客列或云即康里转音，则亦属突厥族。

六、汪古部，即《辽史》之乌古也。其部名见于《辽史·百官志》者，有乌古涅剌、斡特经乌古、限乌古、三河乌古等，又有乌隈乌骨、里乌濊等部，疑亦乌古之转音，此亦白鞑靼，为金守长城。(《元史译文证补》卷一)地在今归绥县北，《马祖常月乃合神道碑》云：雍古部族居净州之天山，净州故城在今归绥县北四子部落内，祁连山即天山也。

七、乃蛮部，亦作乃满，又作乃马，据《元史·地理志》，本居吉利吉思(唐黠嘎斯之地)，其部长曰亦难察可汗，(《亲征录》作亦难赤。)生二子，长曰太赤不合，(拉施特作太亦布哈。)是为塔阳可汗。(《元史》《亲征录》作太阳汗。)次曰古出古敦，是为不亦鲁黑汗。(《元史》作不鲁欲罕，《亲征录》作盂禄可汗。)兄弟交恶，分国而治，塔阳居金山之阳，忽里牙速兀(今鸟里雅苏台河)、札八儿今匝盆河。二水间，南近沙漠，不亦鲁黑居兀鲁黑塔黑之地，北近金山。

八、斡亦剌部，此种人均居今西伯利亚南境，其种名见于《秘史》者，有不里牙惕、巴儿浑、兀儿速惕、合卜合纳思、康合思、秃巴昔等，不里牙惕在萨拜喀勒省之巴尔古精河上，阿穆尔省之牛满河上亦有之，牛满河一名布里雅特河，即不里牙惕之异译也。兀儿速惕在谦河之北，《西北地附录》称为乌斯，谓以水为名，盖即乌苏里之异译。合卜合纳思《西北地附录》作撼合纳云，在乌斯东，谦河所从出，则在今多特淖尔附近。康合思地在今杭爱山之北，秃巴思在今俄领托波儿斯克省境。此种人种类盖甚多，故《秘史》统称之曰秃绵斡亦剌，秃绵亦作土绵，译言万也。

九、乞儿吉速部，亦作吉利吉思，即唐时之黠戛斯也。当时居地在也儿的石河流域，即今额尔齐斯河。

十、失必儿部，鲜卑之异译，盖西伯利本鲜卑之故土也。据多桑地图在乞儿吉思正北，则在今鄂毕河流域。

以上乃当时漠南北诸部分布之大略情形也，自此以西南，即皆回纥种人之地矣。

蒙古之渐强

蒙古之初，盖服属于辽，故察剌合必勒格再世受辽令稳、详稳之职，及哈不勒始有汗号，统辖蒙兀全部，威望甚盛。金主闻其名，召至礼遇甚优，一日酒醉，鼓掌欢跃，持金主须，金主释不问，厚赠遣归。大臣谓纵此人，将为边患，遣使邀以返，哈不勒不从，词意强横。金主再使往，哈不勒谋于妇及部众杀之。万户胡沙虎来讨，粮尽而还，追败之海岭，时宋高宗绍兴七年，金天会十五年也。（见《续纲目》。）哈不勒可汗疾，亟念诸子无足付大事者，令部众议立俺巴孩，时翁吉剌氏与主因塔塔儿构衅，哈不勒七子助母族与战，杀其酋木秃儿把阿秃儿，已而俺巴孩嫁女于阿亦里纳惕、备鲁兀惕两种，塔塔儿身送之，主因塔塔儿乘机抱怨，执送金，金以木驴杀之。命从者巴剌合赤（拉施特作布勒格赤）归告忽图剌及合答安太石。（俺巴孩子，《亲征录》作阿丹汗，拉施特《蒙古全史》作哈丹大石。）于是诸部族会议，共立忽都剌为汗（哈不勒可汗第四子）。入金界，败其兵，大掠而归。都元帅兀尤来讨，连岁不能克，乃议和，割西平河今胪朐河。以北二十七团寨与之，岁遣牛羊米豆，时宋绍兴十七年，金熙宗皇统七年也。（《续纲目》据《大金国志》又云：册其长熬罗孛极烈为蒙辅国王，不受，自号大蒙古国。熬罗孛极烈自称太祖元明皇帝，改元天兴。孟珙《蒙鞑备录》引李大谅《征蒙记》亦云：蒙人尝改元天兴，自称太祖元明皇帝，孟氏疑之，谓蒙古先时不识汉字，无符玺文书，改元建号将安用之。然《蒙鞑备录》亦云：鞑国所邻前有钇族，左右乃沙陀等部，旧有蒙古斯国，在金人伪天会间，亦尝扰金，房为患，金人尝与之战，后乃多与金币和之。据此则当时北方，确有所谓蒙古国者，虽其先无文书建号，改元似无所用，然亦即抗衡上国，崛沙寒之北，则安知不有降人教以妄窃帝号，以自尊大，且太祖乃庙号，生时岂可自称？则亦适成其为蒙人之称帝而已。至敖罗孛极烈自称，自与忽都剌音异，然蒙人称名多系官号。今按《金史·百官志》官兵皆称勃极烈。又云忽鲁犹总帅也。又云部长曰孛堇，统数部者曰忽鲁，则熬罗孛极烈当即忽鲁勃极烈之异译，义谓数部之总贝勒耳。）忽都剌可汗与合答安太石谋复主因塔塔儿之仇，与其部长阔端巴剌合及札里不花前后十三战，竟不能克，惟乙亥岁一役，也速该战败之，获其酋帖木真兀格（《亲征录》作帖木真干怯）豁里不花（《亲征录》作忽鲁不花，拉施特《蒙古全史》作库里不花）。而成吉思汗适生，因名之曰帖木真，志武功也。（据《年寿考》成吉思汗生于宋高宗绍兴二十五年，《源流考》谓生于壬申即绍兴三十三年，与《元史·本纪》合。）

忽都剌可汗卒后，蒙兀无共主，复衰。（案忽都剌长子拙赤，《亲征录》作术赤可汗，拉施特《蒙古全史》亦作拙赤罕，似亦曾蒙汗号者。然观忽都剌卒后，全族离遁情形，则纵袭汗位，亦必并无威力。）而也速该又适于是时卒，于是成吉思少年困陀之运至矣。

成吉思平定漠南北

成吉思十三岁时，父挈之省舅家为乞昏，途遇翁吉剌惕德薛禅，奇其状貌，要与俱归，字以女孛儿帖。（《元史·后妃表》作孛儿台，《源流考》作布尔德。）也速该独返，为主因塔塔儿人所毒，驰归遂卒。时宋乾道三年也。也速该生时，尝统辖尼伦全部，同族隐忌之，故其卒后，事变即生。而泰亦赤乌氏与成吉思龃龉尤甚，也速该部族亦多叛去，成吉思尝为泰亦赤兀所执，命荷校徇军中。成吉思伺其会饮，以校击守者而遁，泰亦赤兀来追，沉身水道中，又匿毳车中，乃得免。初克烈部长脱邻斡勒常蒙也速该救援，故相结为安答（蒙古语交物之友）。成吉思既娶孛儿帖，乃以其黑貂之裘献之，脱邻斡勒喜，许缓急相助，自是始有外援矣。初忽图剌可汗末年，也速该飞猎斡难沐涟上，遇兀都亦惕蔑儿乞也客赤列都,(《源流考》作伊克齐垿图,云是塔塔儿人,误。)娶妇归纂之,即成吉思母诃额仑也。(《元史》《亲征录》作身伦,《源流考》作乌格楞哈屯,拉施特《蒙古全史》作夸伦云,义为云幹勒忽讷惕翁吉剌氏。)及是也客赤列都兄脱黑脱阿(《亲征录》作脱脱)为弟复仇,与兀佳思蔑儿乞答亦儿兀孙及合阿惕蔑儿乞合阿台答儿马剌来袭,得孛儿帖去,成吉思乞师于脱邻幹勒及札答剌部长札木哈,(孛端察儿尝虏一孕妇,所生前夫之子,曰札只剌歹,其后为札答剌氏。)袭其庭,复得孛儿帖,始与札木哈同牧年余,窥札木哈有厌薄意,弃之他徙,诸部族弃札木哈,从之者颇多,共推为汗。(是年称汗,见《源流考》。驻牧合剌只鲁格小山名,今车臣汗右翼前旗哈剌莽鼐山支阜。)之阔阔纳语儿(译言青海子),时宋淳熙十六年也。札木合约泰亦赤兀等十三部来袭,汗亦分军为十三翼,迎之战于答阑巴泐渚纳,史称答闻版朱思之野,(今黑龙江呼伦淖尔西南巴泐渚纳乌苏鄂模,东北出为班朱尼水注呼伦淖尔。)败绩退至幹难河北哲烈捏之隘。(今呼伦贝尔西北界上第五十三鄂博则林图。)札木合乃还,行经赤那思牧地,获诸部长之附帖木真者,为七十镬烹之,众益恶其残暴,归心于汗者愈多,时主因塔塔儿蔑古真薛兀勒图(《元史》《亲征记》作蔑里真笑里徒,拉施特《蒙古全史》作摩勒苏里徒。)叛金,金丞相完颜襄出讨,汗与脱邻幹勒助金攻杀之,襄喜援汗札兀忽里,封脱邻幹勒为王,札兀惕蒙语谓百,忽里者忽鲁转音,犹云百夫长者。(《金史·百官志》部长曰孛堇,统数部者曰忽鲁。《亲征记》原注若金招讨使,据《秘史》王京又对太祖说,我回去金国皇帝行奏知,再大的名分招讨使,教你做者,则札兀忽里非即招讨使。)脱邻幹勒自此亦称王罕。

王罕之攻塔塔儿也,乃蛮亦难察汗乘之,纳其弟额儿客合剌，王罕还战不胜，奔西辽。其弟札哈敢不及，其余众多来归，久之王罕东归，至古泄兀儿纳兀儿（今库苏古尔），饥困，使人与汗相闻，汗使勇士速克该往援，躬迓之于客鲁涟，命其众还事之，已而伐兀都亦惕蔑儿乞大获，以馈王罕，王罕由是复振，袭蔑儿乞破之，脱黑脱阿奔巴儿忽真（今地属俄，仍名巴儿忽真），汗遂与王罕伐乃蛮，袭不亦鲁黑罕，不亦鲁黑罕奔欠欠州，翁吉剌诸部会于刊沐涟州（今根河），立札木合为古儿罕，潜师来袭，汗逆击破之，札木合遁，翁吉剌惕来降，已而不亦鲁黑汗及脱黑脱阿之子忽秃（拉施特《蒙古全史》作忽图）泰亦赤兀阿兀出把阿秀儿（《亲征录》作阿忽出拔都），干亦剌惕（即卫拉特，见后），朵儿别（都蛙锁豁儿四子之后，《元史》及《亲征录》作朵鲁班）、塔塔儿合答斤（朵奔蔑儿幹子不忽合塔吉之后，《元史》《亲征录》、拉施特《蒙古全史》皆作哈塔斤，《源流考》作哈塔锦），诸部连师来伐，汗与王罕连兵逆之，会大雨雪，敌军引退，至阔亦田之野（今呼伦贝尔南奎腾河），士马僵冻，纷坠山涧，不复成列，札木哈率众来应，见事败即退，诸部皆奔溃，汗自追阿兀出把阿秀儿杀之，泰亦赤乌亡，已而王罕子你勒合桑昆，（《录》亦剌合鲜昆，《纪》亦猎喝翔昆。）与汗有隙来袭，时汗军士马不足三千，王罕众数倍，兀鲁兀忙忽二族力战，矢中鲜昆面，王罕乃敛兵罢，然王罕军势仍盛，乃连夜退军，于是徙牧巴泐渚纳（俄界内幹难河北巴儿潜纳泊），出不意袭王罕，尽俘其民，王罕父子以数骑走，至乃蛮界上，王罕为其戍将豁里速别赤所杀，函首塔阳罕；鲜昆辗转至曲先（《源流考》作龟兹），为喀剌赤（焉者番名哈剌沙尔）部主黑邻赤哈剌所杀，（见《亲征录》。）客列部亡，地西接乃蛮矣。

乃蛮塔阳罕使告汪古部长阿剌忽失的吉惕忽里（《亲征录》

王孤部长阿剌兀思的乞火力,《元史·本纪》白达达部主阿剌忽里,《本传》作阿剌兀思剔吉忽里。)共伐蒙古,汪古部长以告,岁甲子,(宋宁宗嘉泰四年)汪自将伐之,太阳罕迎敌,置营康孩山合池儿水上,(杭爱山中哈随河)脱黑脱阿札合敢不王罕弟。及泰亦赤兀酉阿邻大石幹亦剌惕酉忽都合别乞札木合等咸从,塔阳以蒙兀马瘦,议退军,诱蒙兀深入,然后还击,其子古出鲁克及其将豁里速别诮其怯,塔阳怒,疾驱渡斡儿洹水,战于纳忽山东麓,乃蛮败绩,豁里速别赤死之,俘塔阳罕。古出鲁克脱黑脱阿、札木合先后奔不亦鲁黑,追之,驻军金山,明年袭不亦鲁黑,擒杀之,乃蛮亡。古出鲁克、脱黑脱阿西走,追及之额儿的失(即也儿的石),脱黑脱阿中流矢死,古出鲁克奔西辽,札不哈转徙入倘鲁山(唐努山),左右执以献杀之,漠南北尽平,岁丙寅(宋宁宗开禧二年)诸部大会于幹难沐涟之源,上尊号曰成吉思汗。

蒙古传说本于回纥

唐人取福山石坏回纥风水,因之灾异迭起,迁于西州,说出虞集《高昌王碑》,而《元史·亦都护传》因之。于国家兴替之故,一无所记,而造为此怪迁之说,亦可笑矣。然蒙古人之传说,有与之相类者。《辍耕录》万岁山条云:“浙省参政赤德尔尝云:向任留守司都事时,闻故老言:国家起朔漠日,塞上有一山,形势雄伟,金人望气者谓此山有王气,非我之利,金人谋欲厌胜之,计无所出。时国已多事,乃求通好入贡,既而曰：他无所冀，愿得某山以镇压我土耳。众皆鄙笑而许之。金人乃大发卒凿掘，辇运至幽州城北，积累成山，因开挑海子，栽植花木，营构宫殿，以为游幸之所。未几，金亡，世皇徙都之。至元四年，兴筑宫城，山适在禁中，遂赐今名云。"此说与畏吾传说极相类，非畏吾人造作以媚元人，则元人习于畏吾者造作之以自张，更无足疑也。又《受佛戒》条云："累朝皇帝先受佛戒九次，方正大宝，而近侍陪位者必九人或七人，译语谓之暖答世，此国俗然也。今上之初入戒坛时，见马哈剌佛前有物为供，因问学士沙剌班，曰：此何物？曰：羊心。上曰：曾闻用人心肝者，有诸。曰：尝闻之而未尝目睹，请问剌马。剌马者，帝师也。上遂命沙剌班传旨问之，答曰：有之，凡人萌歹心害人者，事觉，则以其心肝作供耳。上再命问曰：此羊曾害人乎？帝师无答。"

元人初兴时程度

《辍耕录》皇族列拜条曰："己丑秋八月，太宗即皇帝位，耶律文正王时为中书令，定册立仪礼，皇族尊长，皆令就班列拜，尊长之有拜礼，盖自此始。"记曰：族人不敢以其戚戚君，尊君也。盖亦非一日之致矣。又朝仪条曰："至元初，尚未遑兴建宫阙，凡遇称贺，臣庶皆集帐前，无尊卑贵贱之辨。执法官厌其喧杂，挥杖出逐之，去而复来者数次。翰林承旨王文忠公磐，时兼太常卿，虑将诒笑外国，奏请立朝仪，遂如其言。"元代制作皆起世祖，终不免沐猴而冠，此时则并未知冠，直是沐猴而已矣。又贞烈条言："宋之亡，安定夫人陈氏、安康夫人朱氏，与二小姬沐浴整衣，焚香自缢死。"明日奉闻，世祖命断其首，悬全后寓所，在己欲其詈人，则在人不能禁其詈己，此理之甚易明者也，而犹不能知，亦沐猴而冠之一端也。

九姓

突厥、回纥皆有所谓九姓者，然名同而实不同。《旧唐书·李勣传》：白道之战，突厥败，屯营于碛口，遣使请和。诏鸿胪卿唐俭往赦之。勣与李靖军会，相与议曰："颉利虽败，人众尚多，若走渡碛，保于九姓，道遥阻深，追则难及；今诏使唐俭至彼，其必弛备；我等随后袭之，此不战而平贼矣。"《狄仁杰传》：仁杰于神功元年入相，上疏论西戍四镇东戍安东之弊云："近贞观年中，克平九姓，册李思摩为可汗，使统诸部者，盖以夷狄叛则伐之，降则抚之，得推亡固存之义，无远戍劳人之役。"《铁勒传》言：延陀之败，"西遁之众，共推夷男兄子咄摩支为可汗，西归故地，乃去可汗之号，遣使奉表，请居郁督军山北。诏兵部尚书崔敦礼就加绥抚。而诸部铁勒素服薛延陀之众，及咄摩支至，九姓渠帅莫不危惧；朝议恐为碛北之患，复令李勣进加讨击。勣率九姓铁勒二万骑至于天山。咄摩支见官军奄至，惶骇不知所为。且闻诏使萧嗣业在回纥中，因而请降。"《突厥传》："伏念既破，骨咄禄鸠集亡散，入总材山聚为群盗，有众五千余人。又抄掠九姓，得羊马甚多，渐至强盛。"此北突厥之九姓也。其名无可考。《传》又言：开元三年默啜与九姓首领阿布思等战于碛北，九姓大溃，人畜多死，阿布思率众来降。四年，默啜又北讨九姓拔曳固，战于独乐河，拔曳固大败。默啜负胜轻归而不设备，遇拔曳固迸卒颉质略于柳林中，突出击默啜，斩之。"《新唐书》略同，惟无阿布思之名，而云思结等部来降，则阿布思似系思结酋长。《旧唐书·张说传》：开元八年，"朔方大使王晙诛河曲降虏阿布思等千余人。时并州大同、横野等军有九姓同罗、拔曳固等部落，皆怀震惧。说率轻骑二十人，持旌节直诣其部落，宿于帐下，召酋帅慰抚之。九姓感义，其心乃安。"似思结、拔曳固、同罗，皆九姓之一。白眉可汗之死，《新唐书·突厥传》云："始突厥国于后魏大统时，至是灭。后或朝贡，皆旧部九姓云。"是阿史那氏虽亡，九姓犹在。突厥缘起，《周书》云："突厥者，盖匈奴之别种，姓阿史那氏。别为部落，后为邻国所破，尽灭其族。有一儿，年且十岁；兵人见其小，不忍杀之，乃刖其足，弃草泽中。有牝狼以肉饲之，及长，与狼合，遂有孕焉。彼王闻此儿尚在，重遣杀之。使者见狼在侧，并欲杀狼。狼遂逃于高昌国之北山。山有洞穴，穴内有平壤茂草，周回数百里，四面俱山，狼匿其中，遂生十男。十男长大，外托妻孕，其后各有一姓，阿史那即一也。或云突厥之先出于索国，在匈奴之北。其部落大人曰阿谤步，兄弟十七人。其一曰伊质泥师都，狼所生也。谤步等性并愚痴，国遂被灭。泥师都既别感异气，能征召风雨，娶二妻，云是夏神、冬神之女也。一孕而生四男，其一变为白鸿；其一国于阿辅水、剑水之间，号为契骨；其一国于处折水；其一居践斯处折施山，即其大儿也。山上仍有阿谤步种类，并多寒露，大儿为出火温养之，咸得全济，遂共奉大儿为主，号为突厥，即讷都六设也。讷都六有十妻，所生子皆以母族为姓。阿史那是其小妻之子也。讷都六死，十母子内欲择立一人，乃相率于大树下，共为约曰：向树跳跃，能最高者，即推立之。阿史那子年幼而跳最高者，诸子遂奉以为主，号阿贤设。"（《突厥传》）二说不同，而同以阿史那为十姓之一，窃疑所谓九姓者，乃彼所以为阿史那九昆之后者也。西突厥，《旧唐书》本传云："其人杂有都陆及弩失毕、歌逻禄、处月、处密、伊吾等诸种，风俗大抵与突厥同，惟言语微差。"都陆亦作咄陆，又作咄六。咥利失之立也，"其国分为十部，每部令一人统之，号为十设；每设赐以一箭，故称十箭焉。又分十箭为左右厢，一厢各置五箭。其左厢号五咄六部落，置五大啜，一啜管一箭；其右厢号五弩失毕，置五大俟斤，一俟斤管一箭，都号为十箭"。盖此十部，直隶可汗，余皆西迁。后杂处者虽同，曰相杂，仍有亲疏之差。《传》又云："室点密统领十大首领，有兵十万众，往平西域诸胡国，自为可汗，号十姓部落。"此所率之俱往者。咄六、弩失毕，殆即其所率之俱往者欤？沙钵罗可汗时，"统摄咄陆、弩失毕十姓。其咄陆有五啜：一曰处木昆律啜，二曰胡禄居阙啜，三曰摄舍提暾啜，四曰突骑施贺罗施啜，五曰鼠尼施处半啜。弩失毕有五俟斤：一曰阿悉结阙俟斤，二曰哥舒阙俟斤，三曰拔塞干暾沙钵俟斤，四曰阿悉结泥孰俟斤，五曰哥舒处半俟斤"。（同上。）盖即此十部落之姓也。此十部虽较歌逻禄、处月、处密、伊吾等为亲，而其非突厥种姓则一。故武后时陈子昂上疏言："国家能制十姓者，由九姓强大臣服中国也。"（《新唐书》本传）其后西突厥终于不振者，乃由突骑施葛逻禄之强，实即本与杂居诸族代之而兴耳。然则西突厥之九姓，殆与东突厥无异也。此突厥之九姓也。若夫回纥，则《旧唐书》本传云："有十一都督，本九姓部落，一曰药罗葛，即可汗之姓，二曰胡咄葛，三曰咄罗勿，四曰貊歌息讫，五曰阿勿嘀，此字疑有误。六曰葛萨，七曰斛嗢素，八曰药勿葛，九曰奚耶勿。每一部落一都督。破拔悉密，收一部落；破葛逻禄，收一部落；各置都督一人，统号十一部落。每行止斗战，常以二客部落为军锋。"《新唐书》九姓之名同，又云："药罗葛，回纥姓也，与仆骨、浑、拔野古、同罗、思结、契苾六种相等夷，不列于数。"拔野古、同罗、思结，既皆可拟为突厥九姓之一，而仆骨、浑、契苾，回纥与之相等夷，则九姓已得其七。薛与延陀本异部，更以益之，岂即突厥之始所谓九姓者欤？书阙有间，难以质言矣。药罗葛虽于九姓独尊，然亦不相殊绝。太和公主之下降也，《旧唐书》谓"九姓相分负其舆，随日右转于庭者九"。九姓相，盖即九姓都督。又云："上元元年九月己丑，回纥九姓可汗使大臣俱陆莫达干等入朝奉表起居。"九姓可汗之名，盖据其所自称也。《新唐书·回纥传》言："德宗立，使中人告丧，且修好。时九姓胡劝可汗入寇，可汗欲悉师向塞，见使者不为礼。宰相顿莫贺达干谏，不听。顿莫贺怒，因击杀之，并屠其支党及九姓胡几二千人，即自立为合骨咄禄毗伽可汗，使长建达干从使者入朝。建中元年，诏京兆少尹源休持节册顿莫贺为武义成功可汗。始回纥至中国，常参以九姓胡，往往留京师，至千人，居赀殖产甚厚。会酋长突董、翳蜜施、大小梅录等还国，装橐系道，留振武三月，供拟珍丰，费不赀。军使张光晟阴伺之，皆盛女子以橐。光晟使驿吏刺以长锥，然后知之。已而闻顿莫贺新立，多杀九姓胡人，惧不敢归，往往亡去，突董察视严亟。群胡献计于光晟，请悉斩回纥，光晟许之，即上言回纥非素强，助之者九胡尔，今其国乱，兵方相加，而虏利则往，财则合，无财与利，一乱不振。不以此时乘之，复归人与币，是所谓借贼兵，资盗粮也。乃使裨校阳不礼，突董果怒，鞭之。光晟因勒兵尽杀回纥群胡，收橐它、马数千，缯锦十万。"此文以回纥与九姓对举，似九姓纯为西胡者然。二书列举九姓，药罗葛皆与焉，岂不自相矛盾？盖自默啜之盛，回纥稍引而西，久与群胡相杂，故其九姓中皆杂有胡人，驯致喧宾夺主，而史家遂径称九姓为九姓胡耳，固非谓其本无区别也。然而回纥西迁之后，杂居之群胡盛，而本种转微，则于此可以微窥矣。突厥、回纥皆以得西胡之教道兴，亦以染其嗜利之习，寖陵夷衰微，以至于亡，亦北族之龟鉴也。

吐蕃缘起

吐蕃缘起，《新旧唐书》之说不同，《旧唐书》云："其种落莫知所出也，或云南凉秃发利鹿孤之后也。利鹿孤有子曰樊尼，及利鹿孤卒，樊尼尚幼，弟傉檀嗣位，以樊尼为安西将军。后魏神瑞元年，傉檀为西秦乞佛炽盘所灭，樊尼招集余众，以投沮渠蒙逊，蒙逊以为临松太守。及蒙逊灭，樊尼乃率众西奔，济黄河，逾积石，于羌中建国，开地千里。樊尼威惠夙著，为群羌所怀，皆抚以恩信，归之如市。遂改姓为窣勃野，以秃发为国号，语讹谓之吐蕃。其后子孙繁昌，又侵伐不息，土宇渐广。历周及隋，犹隔诸羌，未通于中国。"《新唐书》云："吐蕃本西羌属，盖百有五十种，散处河湟、江岷间；有发羌、唐旄等，然未始与中国通。居析支水西。祖曰鹘提勃悉野，健武多智，稍并诸羌，据其地。蕃、发声近，故其子孙曰吐蕃，而姓勃窣野。或曰南凉秃发利鹿孤之后，二子，曰樊尼，曰傉檀。傉檀嗣，为乞佛炽盘所灭。樊尼挈残部臣沮渠蒙逊，以为临松太守。蒙逊灭，樊尼率兵西济河，逾积石，遂抚有群羌云。"《旧唐书》之窣勃野，窣勃二字，当系误倒。二书所说实同，惟《新唐书》析出于西羌与出于南凉之说为二，谓其姓及部族之名，皆为羌所固有；《旧唐书》则合二说为一，谓姓为樊尼所改，部族之名，为秃发音转耳。衡量二说，自以《新唐书》为是。何者？羌人本以父名母姓为种号，（德宗时，吐蕃赞普乞立赞，《新唐书》云"姓户卢提氏"，或亦如研种之后更号烧当，非必易姓。若秃发氏则久渐汉化，未必更沿此习，且遗播之余应有也。）沦亡之痛，正当眷念宗邦，何故忽焉改姓，一也。五胡之渐染汉化者，虽或失其所据，亦未必遂即于夷，观沮渠、无讳等辗转西域时可知。秃发氏即或不逮，亦何至遂亡其祖，而后奔亡之迹，开拓之功，一无省记，徒令后人为传疑不审之辞乎？二也。河湟小族，通于中国者多矣，开地千里，在彼中已为泱泱大风，何乃不思款塞？况其侵伐不息，则异族之受其侵扰者必多，纵令币赟不通，亦岂传闻无自？三也。然则樊尼建国羌中，其事庸或可有，而其后必已寝微，绝与吐蕃无涉也。《新唐书》下文云："其后有君长曰疲悉董摩，董摩生佗土度，佗土生揭利失若，揭利生勃弄若，勃弄生讵素若，讵素生论赞索，论赞生弃宗弄赞。"其后之"其"字，当指鹘提勃悉野而言。此说与前第一说，当即采自一书，文本相承，子京次序不审，中间以述吐蕃法俗之语，遂使后人不知董摩究为谁后耳。此则文士之不可以修史也。

《旧唐书》云："其国都城号为逻些城。"《新唐书》云："其赞普居跋布川，或逻娑川。"逻娑即逻些，其城盖在川侧。《新唐书·地理志》："逻些在东南，距农歌二百里。又经盐池、暖泉、江布灵河，百一十里渡姜济河，经吐蕃垦田，二百六十里至卒歌驿。乃渡臧河，经佛堂，百八十里至勃令驿鸿胪馆，至赞普牙帐，其西南跋布海。"（见鄯州下。）跋布海盖跋布川之所入也。逻些盖即今之拉萨。长庆初，刘元鼎使吐蕃，《旧唐书》云："初见赞普于闷悇卢川，盖赞普夏衙之所。其川在逻娑川南百里，臧河之所流也。"《新唐书》作闷怛卢川，又曰："河之西南，地如砥，原野秀沃，夹河多栫柳，山多柏。度悉结罗岭，凿石通车，逆金城公主道也。至麋谷，就馆臧河之北川，赞普之夏牙也。"此更在逻些之表，逆金城公主经此，则弃宗弄赞已居之矣。然其初疆则不在此，即后来亦恒居此。《旧唐书》云："吐蕃在长安之西八千里。"《新唐书》同。似可指拉萨。然《新唐书》又云："距鄯善五百里。"此岂拉萨地邪？惟析支、积石，乃与相当耳。沙州之为唐守也。赞普徙帐南山，使尚绮心儿攻之。南山者，祁连山也。苟赞普恒居拉萨，岂有因攻一残破之州，远迹至此者乎？达摩之乱，史言其国中地震裂，水泉涌，岷山崩，洮水逆流，鼠食稼，人饥疫，死者相枕藉，鄯、廓间夜闻鼙鼓声，人相惊。然则岷山之于吐蕃，犹沙麓之在晋，洮水犹伊洛之在周，鄯、廓乃正其东鄙耳。《新唐书》又云："浑末，亦曰嗢末，吐蕃奴部也。虏法，出师必发豪室，皆以奴从，平居散处耕牧。及恐热乱，无所归，共相啸合数千人，以唱末自号，居甘、肃、瓜、沙、河、渭、岷、廓、迭、宕间，其近蕃牙者最勇，而马尤良云。"奴之耕牧，必迩其主。然则吐蕃豪，正在此诸州之间，蕃牙亦当在是也。恐热自称举义兵，其攻思罗乃在渭州，又力攻鄯州之尚婢婢，盖正以其地近蕃牙。若乞离胡亦居逻娑，则思罗、婢婢皆疆场之臣，不必以为先务矣。《旧唐书》云逻些城"屋皆平头，高者至数十尺。贵人处于大毡帐，名为拂庐"。《新唐书》云："有城郭庐舍不肯处，联毳帐以居，号大拂庐，容数百人，其卫候严，而牙甚隘。部人处小拂庐。"贵人、部人，皆外来游牧之族；居平头屋者，则其地之土著。有城郭庐舍而不居，其迁徙往来自易。然则吐蕃者，析支水西之羌，南牧至今雅鲁藏布江者耳。正犹起丹淅之会，荜路蓝缕，以启山林，终至江陵、秭归也。

《新唐书·吐蕃传》云："妇人辫发而縈之。"此固羌俗。又云："妇人无及政。"亦与东女之以女为君者不同，足证其起青海，非起西藏。其信佛教，亦后起之事。《新唐书》又云："其俗重鬼右巫，事羱羝为大神。喜浮屠法，习呪诅，国之政事，必以桑门参决。"乃综其前后言之，非其初即如是也。张镒之盟尚结赞也，盟毕，结赞请镒就坛之西南隅佛幄中焚香为誓，(《旧唐书·吐蕃传》)此在德宗贞元四年。其遣使求五台山图，(《旧唐书·本纪》及《吐蕃传》)则在穆宗长庆四年。《新唐书·吐蕃传》：宪宗元和五年，"以祠部郎中徐复往使，并赐钵阐布书。钵阐布者，虏浮图与国事者也，亦曰钵掣逋。"刘元鼎之见赞普，钵掣逋立于右。亦皆中晚唐时事，开元、天宝中，犹不闻有是也。

吐蕃兵力，在河湟、青海间者，实远较其在西域为强。王孝杰能取四镇，而素罗汗山之战，不免败绩，其明证也。钦陵之扰乱中原，何所不至，然素罗汗山战后，复遣使来请和，不过为好语，求罢四镇戍兵，索分十姓之地而已。武后使郭元振往察之，元振请要其归青海及吐浑旧封以相易，可谓深协机宜。盖度钦陵之必不能许，而钦陵亦竟不能以兵力取之，则由其距西域远，鞭长莫及也。若其腹心之地在今拉萨，则其距河湟、青海亦远，其扰乱必不能如是之深矣。

唐代吐蕃兵力

《旧唐书·陆贽传》：贽于德宗时，上疏论兵事曰："今四裔之最强盛为中国甚患者，莫大于吐蕃。举国胜兵之徒，才当中国十数大郡而已，其于内虞外备，亦与中国不殊，所能寇边，数则盖寡。"此非虚言也。《郭子仪传》：子仪于大历九年入朝，召对延英，言"今吐蕃充斥，势强十倍。兼河陇之地，杂羌浑之众。"然语其兵数，则亦不过曰"近入内地，称四节度，每将盈万，每贼兼乘数匹"而已。《韩滉传》：贞元二年，"滉上言吐蕃盗有河湟，为日已久，大历已前，中国多难，所以肆其侵轶。臣闻其近岁已来，兵众寖弱，西迫大食之强，北病回纥之众，东有南诏之防，计其分镇之外，战兵在河陇者，五六万而已。"而其明年，入蕃使崔翰奏：于蕃中诱问给役者，求蕃国人马真数，云凡五万九千余人，马八万六千匹，可战者仅三万人，余悉老幼。(《德宗纪》。案此文亦见《吐蕃传》，崔翰作崔瀚。马八万六千匹，作八万六千余匹。余悉老幼，作余悉童幼，备数而已。)徒循其名，未核其实也。此固其在河陇兵数，非其举国兵数，然亦杂羌、浑等众，非尽其本族人也。

吐蕃之寡如此，而能为中国甚患者，以其所裹胁之杂种多也。《旧唐书·吐蕃传》云，大历十一年，剑南节度使崔宁破吐蕃四节度兼突厥、吐浑、氐、蛮、羌、党项等二十余万众。《新唐书·南诏传》云，贞元十七年，韦皋将杜毗罗破吐蕃，康、黑衣大食等皆降。搂突厥以寇西川，率康、大食而犯南诏，其用之可谓竭其力矣。神川之败，乃由其与回鹘争北庭，死伤众，而欲征万人于异牟寻，亦犹是矣。

惟患寡也，故其用兵专以俘掠为务。贞元三年五月平凉劫盟之后，率羌、浑之众犯塞，遣羌、浑之众衣汉戎服，伪称邢君牙之众（代李晟节），奄至吴山及宝杂北界，焚烧庐舍，驱掠人畜，百姓丁壮者驱之以归，羸老者咸杀之，或断手凿目，弃之而去。九月，吐蕃大掠汧阳、吴山、华亭等界人庶男女万余口，悉送至安化峡西，将分隶羌、浑等。乃曰："从尔辈东乡哭辞乡国。"众遂大哭，一恸而绝者数百人，投崖谷死伤者千余人。攻陷华亭，虏士众十三四，收丁壮，弃老而去。北攻连云堡，又陷之，驱掠其众及邠、泾编户逃窜山谷者，并牛畜万计，悉其众送至弹筝峡。四年五月，三万余骑犯塞，分入泾、邠、宁、庆、麟等州，焚彭原县廨舍，所至烧庐舍，人畜没者约二三万计。先是，吐蕃入寇，恒以秋冬，及春则多遇疾疫而退。是来也，方盛暑，而无患，盖华人陷者，厚其资产，质其妻子，为戎虏所将而侵轶焉。（《旧唐书·吐蕃传》。《本纪》云："吐蕃入寇以秋冬，今盛暑而来，华人陷蕃者道之也。"措辞不如《吐蕃传》之审。徒道之，不能免其疾疫也。）此可见其兵之不出本族者多也。以华人而转为所劫质，来为寇贼，率其子弟，攻其父母，岂不哀哉！然为所劫质者，固未尝自忘其国也。《新唐书·吐蕃传》言：沙州之陷也，"州人皆胡服臣虏，每岁时祀父祖，衣中国之服，号恸而藏之"。此即香山《新乐府》所云"惟许正朝服汉仪，敛衣整巾潜泪垂"者。又云："誓心密定归乡计，不使蕃中妻子知。暗思幸有残筋力，更恐年衰归不得。蕃候严兵鸟不飞，脱身冒死奔逃归。昼伏宵行经大漠，云阴月黑风沙恶。惊藏青冢寒草疏，偷渡黄河夜冰薄。忽闻汉军鼙鼓声，路旁走出再拜迎。游骑不听能汉语，将军遂缚作蕃生。配向江南卑湿地，料无存恤空防备。念此吞声仰诉天，若为辛苦度残年。凉原乡井不得见，胡地妻儿虚弃捐。"宣宗大中四年,沙州首领张义潮以瓜、沙、伊、肃、鄯、甘、河、西、兰、岷、廓十一州归,《新唐书·吐蕃传》记其事曰:"始义潮阴结豪英归唐,一日,众摄甲噪州门,汉人皆助之,虏守者惊走,遂摄州事,缮甲兵,耕且战,悉复余州。"相与戮力者,犹汉人也。《新唐书》又述长庆中刘元鼎为盟会使入蕃事云:"踰成纪、武川,抵河广武梁,故时城郭未隳,兰州地皆杭稻,桃李榆柳岑蔚,户皆唐人,见使者麾盖,夹道观。至龙支城,耆老千人拜且泣,问天子安否,言顷从军没于此,今子孙示忍忘唐服,朝廷尚念之乎? 兵何日来? 言已皆呜咽。密问之,丰州人也。"香山《新乐府》又咏《西凉伎》曰:"贞元边将爱此曲,醉坐笑看看不足,娱宾犒士宴监军,师子胡儿长在目。有一征夫年七十,见弄《凉州》低面泣。泣罢敛手白将军,主忧臣辱昔所闻。自从天宝兵戈起,犬戎日夜吞西鄙,凉州陷来四十年,河陇侵将七千里。平时安西万里疆,今日边防在凤翔;缘边空屯十万卒,饱食温衣闲过日。遗民肠断在凉州,将卒相看无意收,天子每思常痛惜,将军欲说合惭羞。奈何仍看西凉伎,取笑资欢无所愧,纵无智力未能收,忍取《西凉》弄为戏。"遗民肠断,其如将帅之不知愧耻何? 工部诗:"安得廉耻将,三军同晏眠。"耻一作颇。顾亭林谓以作耻为长。虽武夫,则以知耻为本,岂不重可念哉? 贞元十七年七月,吐蕃寇盐州,又陷麟州,杀刺史郭锋,毁城隍,大掠居人,驱党项部落而去。次盐州西九十里横槽烽顿军,呼延州僧延素辈七人,称徐舍人召。其火队吐蕃没勒,遽引延素等疾趋至帐前,皆马革梏手,毛绳缳颈,见一吐蕃年少,身长六尺余,赤髭大目,乃徐舍人也。命解缚,坐帐中,曰:"师勿惧,余本汉人,司空英国公五代孙也。属武后斲丧王室,高祖建义中泯,子孙流播绝域,今三代矣。虽代居职位，世掌兵要，思本之心无涯，顾血族无由自拔耳。此蕃、汉交境也，复九十里至安乐州，师无由归东矣。又曰：余奉命率师备边，因求资食，遂涉汉疆，展转东进，至麟州，城既无备，援兵又绝，是以拔之，知郭使君是勋臣子孙，必将活之，不幸为乱兵所害。适有飞鸟使至，飞鸟，犹中国驿骑也，云术者上变，召军亟还，遂归之。"（《旧唐书·吐蕃传》）斯人可谓有丘首之思矣。然君子之泽，五世而斩，终不见拔，亦安能不化为异类哉？

或曰：吐蕃之所以雄张者，以其人虽少而皆强悍善战也。《旧唐书》述其俗云：其人"弓剑不离身。重壮贱老，母拜于子，子倨于父，出入皆少者在前，老者居其后。军令严肃，每战，前队皆死，后队方进。重兵死，恶病终。累代战没，以为甲门。临阵败北者，悬狐尾于其首，表其似狐之怯，稠人广众，必以徇焉，其俗耻之，以为次死"。夫其激厉其民如此，其民安得不死不旋踵？一夫善射，百夫决拾，一人致死，万夫莫当。况于举国如此乎？是则魏元忠言之矣。元忠之言曰："凡人识不经远，皆言吐蕃战，前队尽，后队方进，甲坚骑多，而山有氛瘴，官军远入，前无所获，不积谷数百万，无大举之资。臣以为吐蕃之望中国，犹孤星之对太阳，有自然之大小、不疑之明暗，夷狄虽禽兽，亦知爱其性命，岂肯前尽死而后进哉？由残迫其人，非下所愿也。必其战不顾死，则兵法许敌能斗，当以智算取之。何忧不克哉！向使将能杀敌，横尸蔽野，敛其头颅以为京观，则此房闻官军钟鼓，望尘却走，何暇前队皆死哉！自仁贵等覆师丧气，故房得跳梁山谷。又师行必藉马力，不数十万，不足与房争。臣请天下自王公及齐人挂籍之口，人税百钱；又弛天下马禁，使民得乘大马，不为数限，官籍其凡，勿使得隐，不三年，人间畜马可五十万，即诏州县以所税口钱市之，若王师大举，一朝可用。且虏以骑为强，若一切使人乘之，则市取其良，以益中国，使得渐耗虏兵之盛，国家之利也。"（《新唐书》本传）然则虏使其民，岂遂足以为强乎？况其所劫而用之者，又不皆本族人哉？弃宗弄赞之寇松州也，众号二十万。此固为虚辞，然在破吐浑、党项及白兰诸羌之后，又本娄羊同以来，其数亦必不寡，然牛进达之师，才以前锋挠之，即惧而却走矣。亦由其所裹胁者，多异族人，不为之用故也。不特此也，强征异国之兵，又足以激其怨叛，其于南诏即是也。《旧唐书·郭元振传》：元振于神龙中疏论阿史那忠节欲引吐蕃以击娑葛事，曰："往者吐蕃所争，惟论十姓、四镇，国家不能舍与，所以不得通和。今吐蕃不相侵扰者，不是顾国家和信不来，直是其国中诸豪及泥婆罗门等属国自有携贰。故赞普躬往南征，身殒寇庭，国中大乱，嫡庶竞立，将相争权，自相屠灭。兼以人畜疲疬，财力困穷，人事天时，俱未称惬。所以屈志，且共汉和。"国中大乱，未必非赞普南征不反召之。赞普之南征不反，则国中诸豪及属国之携贰致之；国中诸豪及属国之携贰，恐亦用其力太过，有以召之也。然则虐用其民者，又足以为强乎！以欲从人则可，以人从欲鲜济，其分崩离析，可立而待也。此以其人论也。以其械器论，则《新唐书·吐蕃传》云："其铠胄精良，衣之周身，窍两目，劲弓利刃，不能甚伤。"此即魏元忠所云之凡人所以称其甲坚。然陆贽则谓其器非犀利，甲不坚完，盖凡人徒见其制之新异而称之，实亦未足深恃也。此制，宋时之西夏尚如此，固不闻宋人以为足畏。惟其马多，则系事实。郭子仪夸称开元、天宝中朔方戎备之盛，曰："战士十万，战马三万。"马数才当人数什三，而吐蕃入寇，则人兼乘数四矣。子仪自云："所统将士，不当贼四分之一，所有征马，不当贼百分之二。"是则十余人才得一马耳。走不逐飞，其为不敌，无待言矣。何以致之，曰：不修马复之令，且禁民乘大马。然则士之不足，人为之乎？自为之乎？故曰：国必自伐，而后人伐之。虽然，好侵伐人者，果其民皆愿欲之乎？抑亦黩武者残迫其人，非下所愿也。吐蕃之大为中国患，一在高宗、武后之世，一在德宗之时；若玄宗时之兵衅，则可谓启自吐蕃，亦可谓启自中国。肃、代时河陇之陷，则承玄宗时兵事而然，抑为仆固怀恩所诱，不能专责吐蕃也。高宗、武后时之边祸，禄东赞父子为之；德宗时之兵祸，则尚结赞实为之。（尚结赞专权祸国，见贞元九年南诏遗韦皋书，载《新唐书·南诏传》。韦皋台登之捷，杀其青海大酋乞臧遮遮，实为尚结赞之子，见《新唐书·韦皋传》。足见南北兵衅，皆其一家所为，正犹禄东赞之有钦陵赞婆也。）苟非此等权臣擅国之时，修好寻盟之使，固亦相继于道。然则孰为好战者可见矣。

西山八国

　　唐中叶后，西南内附诸戎落，有所谓西山八国者。其事始于贞元九年韦皋之出师西山，皋因此加统押西山八国使名。其后为剑南西川节度使，若以副大使兼节度事者，率兼此名不替。（如元和元年之高崇文，大中十一年之白敏中，光化三年之王达皆是，皆见《旧唐书》本纪。）使名之仍旧，固不足证藩属之长存，然《新唐书·路岩传》，述岩为剑南西川节度时，仍有西山八国来朝之事，其时已在咸通中，则八国之服属确颇久。吐蕃之猾夏，初非由其种姓之强，实由西北夷落为所胁服者众。贞元以后，吐蕃固已就衰，不能大为边患，然其所以就衰，亦以为所胁制者稍即携离之故，若是乎韦皋招抚之功，亦不可没也。然此八国究为何国，至今仍有疑义，此则不能不叹史文之阙佚矣。今试哀录诸史之文，略志所疑如下。

《旧唐书·东女传》："贞元九年七月，其王汤立悉与哥邻国王董卧庭、白狗国王罗陁忽、逋租国王弟邓吉知、南水国王侄薛尚悉曩、弱水国王董辟和、悉董国王汤息赞、清远国王苏唐磨、咄霸国王董藐蓬，各率其种落诣剑南西川内附。其哥邻国等皆散居山川。弱水王即国初女国之弱水部落。其悉董国在弱水西，故亦谓之弱水西悉董王。旧皆分隶边郡，祖、父例授将军、中郎、果毅等官；自中原多故，皆为吐蕃所役属。其部落，大者不过三二千户，各置县令十数人理之。土有丝絮，岁输于吐蕃。至是悉与之同盟，相率献款，兼赍天宝中国家所赐官诰共三十九通以进。西川节度使韦皋处其众于维、霸、保等州，给以种粮耕牛，咸乐生业。立悉等数国王自来朝，召见于麟德殿。授立悉银青光禄大夫、归化州刺史；邓吉知试太府少卿兼丹州长史；薛尚悉曩试少府少监兼霸州长史；董卧庭行至绵州卒，赠武德州刺史，命其子利啰为保宁都督府长史，袭哥邻王。立悉妹乞悉漫颇有才智，从其兄来朝，封和义郡夫人。其大首领董卧卿等，皆授以官。俄又授女国王兄汤厥银青光禄大夫、试太府卿；清远王弟苏历颠银青光禄大夫、试卫尉卿；南国王（疑当作南水国王，夺"水"字。）薛莫庭及汤息赞、董藐蓬，女国唱后汤拂庭、美玉钵、南郎唐，（此十一字或有讹误。）并授银青光禄大夫、试太仆卿。其年，西山松州生羌等二万余户，相继内附。其黏信部落主董梦葱，龙诺部落主董辟忽，皆授试卫尉卿。立悉等并赴明年元会讫，锡以金帛，各遣还。寻诏加韦皋统押近界羌、蛮及西山八国使。其部落代袭刺史等官，然亦潜通吐蕃，故谓之两面羌。"案乞悉漫云从兄来朝，则其国虽以女为称，而汤立悉实系男子，必与女弟偕来者；岂其国法实当以女为王，汤立悉实系摄位，若鲁之隐、桓欤？史文阙略，难以质言矣。女与哥邻等国凡九，云悉与之同盟，似乎女国实为盟主，而其地位特尊。《德宗本纪》：贞元十二年十二月癸未，回纥、南诏、剑南、西山国、女国王并来朝贺。"西山"之下，傥夺"八"字，则女国亦叙于八国之外，此说可无疑矣。然或"西山国"之"国"为衍字，而"西山女国"四字连文，则此说又难遽定也。（《新唐书·南诏传》，异牟寻诏书韦皋，述吐蕃之暴有云："西山女王，见夺其位。"西山女王可连称，则女国亦得冠以西山两字也。）

《新唐书·东女传》："贞元九年，其王汤立悉与白狗君及哥邻君董卧庭、逋租君邓吉知、南水君薛尚悉曩、弱水君董避和、悉董君汤息赞、清远君苏唐磨、咄霸君董藐蓬，皆诣剑南韦皋求内附。其种散居西山、弱水，虽自谓王，盖小小部落耳。自失河陇，悉为吐蕃羁属，部数千户，辄置令，岁督丝絮。至是犹上天宝所赐诏书。皋处其众于维、霸等州，赐牛、粮，治生业。立悉等入朝，差赐官禄。于是松州羌二万口相踵入附。立悉等官刺史，皆得世袭，然阴附吐蕃，故谓两面羌。"案此文无白狗君之名，维、霸、保三州缺保州，其为传写夺落，抑子京疏漏，无从知之。其甚谬者，邓吉知、薛尚吉曩，不著其为王之弟侄，而径称为君，与余六国同，恐不容诿于钞胥矣。董卧庭，唐命其子袭王，明当时有王之称，无君之号，而子京于八国皆称为君，岂以其为小小部落，名实不副而黜之欤？历来称帝称王，名实不副者多矣，可尽黜欤？女国较之八国，未必特大，独仍王称，抑又何欤？

《旧唐书·德宗本纪》，贞元九年七月，"剑南西川羌女国王杨立志、哥邻王董卧庭、白狗王罗陀忿、弱水王董避和、逋租王弟邓告知、南水王俭尚悉曩等六国君王，自来朝贡。六国初附吐蕃，韦皋出西山讨吐蕃，故六蛮内附，各授官敕遣之。"案此文杨立志、罗陀忿、邓告知之名，皆与《东女传》异，证以武德初东女之王为汤滂氏，垂拱时所遣之使为汤剑左，似乎杨当作汤。《通鉴》罗陀忿作罗陀匆，亦似匆为讹文，忿为正字。若悉与志，吉与告，则未能知其孰是也。薛尚悉曩但云尚悉曩者，吐蕃国法，不呼本姓，但王族则曰论，官族则曰尚，疑尚悉曩为其役属吐蕃时之称，薛则其本姓也。四国之王亲行，二国但遣弟俭，概云自来，似欠分别。岂君、王二字，王指其国主，而君指其弟俭欤？

又十一年九月丁巳，加韦皋统押近界诸蛮及山西八国、云南安抚等使。案《本纪》，皋加统押八国使名，始见于此，观下引《通鉴》，乃知其非始于此也。山西，疑当作西山。

又《韦皋传》："九年，朝廷筑盐州城，虑为吐蕃掩袭，诏皋出兵牵维之。乃命大将董勔、张芬出西山及南道，破峨和城、通鹤军。吐蕃南道元帅论莽热率众来援，又破之，杀伤数千人，焚定廉城。凡平堡栅五十余所，以功进位检校右仆射。皋又招抚西山羌女、河陵、白狗、逋租、弱水、南王等八国酋长，入贡阙廷。十一年九月，加统押近界诸蛮、西山八国兼云南安抚等使。"案此文哥邻作诃陵，夷语无正字也。南王疑当作南水。虽云八国，实止有六，其名皆与《本纪》同，盖此六国之王，或身入朝，或遣弟俭，余国当时实未来也。

《新唐书·韦皋传》："九年，天子城盐州，策虏且来桡袭，诏皋出师牵维之。乃命大将董勔、张芬出西山、灵关，破峨和、通鹤、定廉城，踰的博岭，遂围维州，搏栖鸡，攻下羊溪等三城，取剑山屯焚之。南道元帅论莽热来援，与战，破其军，进收白岸，乃城盐州。诏皋休士，以功为检校尚书右仆射、扶风县伯。于是西山羌女、诃陵、南水、白狗、逋租、弱水、清远、咄霸八国酋长，皆因皋请入朝。乃遣幕府崔佐时由石门趣云南，而南诏复通。石门者，隋史万岁南征道也。天宝中，鲜于仲通下兵南溪，道遂闭。至是，蛮径北谷，近吐蕃，故皋治复之。繇黎州出邛部，直云南，置清溪关，号曰南道。乃诏皋统押近界诸蛮、西山八国、云南安抚使。"案此文述皋招抚诸国，略因旧传之文。（观哥邻亦作诃陵可知。）益清远、咄霸而无悉董。云因皋请入朝，而不曰来朝，则似当时请朝者八国，即来者六国，而悉董独后者。西山八国中，其无悉董欤？然观《旧唐书·东女传》，则当时授官，所阙者乃弱水而非悉董，则又未可遽定也。

《通鉴》贞元九年七月，"剑南西山诸羌女王汤立志、哥邻王董卧庭、白狗王罗陀匆、弱水王董辟和、南水王薛莫庭、悉董王汤悉赞、清远王苏唐磨、咄霸王董邈蓬及逋租王，先皆役属吐蕃，至是各率众内附。韦皋处之于维、保、霸州，给以耕牛种粮。立志、陀匆、辟和入朝，皆拜官，厚赐而遣之"。案此文与《旧唐书·本纪》，或当同本实录；彼作剑南西川羌，此作西山，恐当以此为是。诸国王之名，无可考者，独一逋租耳。

又十年，"春，正月，剑南西山羌、蛮二万余户来降。诏加韦皋押近界羌、蛮及西山八国使"。十一年，"九月丁巳，加韦皋云南安抚使"。案《旧唐书·本纪》，韦皋统押近界诸蛮及西山八国、云南安抚使名，首见于贞元十一年九月，新旧《唐书·韦皋传》，皆与之同。观《通鉴》此条及《旧唐书·东女传》，乃知使名之加，非一时事。所谓近界羌、蛮者，指黏信、龙诺言之，西山八国，自指女、哥邻、白狗、逋租、南水、弱水、悉董、清远、咄霸九国中之八。至云南安抚，则因南诏之来服而加。新旧《唐书·皋传》，皆并叙其招抚西山诸国及南诏之功，故不加分别而总书之。《旧唐书·本纪》不书十年正月加皋使名之事，则自系漏略也。八国，《通鉴》十年胡《注》云："即前女王、哥邻等。弱水最弱小，不得豫八国数。"未知何据。《旧唐书·东女传》云："弱水王，即国初女国之弱水部落。"案《隋书·附国传》云："有嘉良夷，即其东部，所居种姓自相率领，土俗与附国同。附国有二万余家，政令自王出。嘉良夷政令系之酋帅。"似嘉良夷虽不纯臣于附，仍有等级之分。弱水之于女国亦然，故九国同来，授官独不之及，而统押之使，亦不之齿，若古附庸之不达于天子欤？胡氏读书极博，其语必有所据，惜乎其言之不详也。

女 国

唐时女国，人皆知其有二，而不知其实有三焉。盖今后藏地方有一女国，四川西境，又有一女王，新旧《唐书》之《东女传》，皆误合为一也。

《女国列传》，始于《隋书》，云在葱岭之南。又其《于阗传》云"南去女国三千里"。《北史》皆同。《大唐西域记》：东女，在婆罗吸摩补罗北大雪山中，东接土蕃，北接于阗，西接三波诃多。其地明在今后藏。《旧唐书·东女传》云："东与茂州、党项接，东南与雅州接，界隔罗女蛮及白狼夷。"则在今四川西境矣。《魏书·吐谷浑传》云："北有乙弗勿敌国，北又有阿兰国，北又有女王国，以女为主（疑当作王），人所不至，其传云然。"谓吐谷浑北有女王，说殊可惑。今观《北史》，乃云："吐谷浑北有乙弗勿敌国。白兰山西北有可兰国。白兰西南二千五百里，隔大岭，又度四十里海，有女王国，人庶万余落，风俗土著，宜桑麻，熟五谷，以女为王，故因号焉。译使不至，其传云然。"则《魏书》文为夺误，女王实在白兰之西南，不在吐谷浑之北也。去白兰二千五百里，道里虽若甚遥，然传闻之辞，不必审谛，亦且山行里数，当较平地为长，则此女王亦即《旧唐书》所云邻于茂、雅之女国也。此国土著宜桑麻，熟五谷。而《隋书·女国传》云："气候多寒，以射猎为业。"亦显见其非一国。《新唐书·东女传》云："东与吐蕃、党项、茂州接，西属三波诃，北距于阗，东南属雅州罗女蛮、白狼夷。"揉两说而为一，而不悟其地之相去数千里也，亦可笑矣。

然误合二说为一者，不自《新唐书》始也。《旧唐书·东女传》云："其王所居，名康延川，中有弱水南流，用牛皮为船以渡。"《新唐书》略同，而于居康延川下，增入"岩险四缭"四字。康延川当系川名。女国区内既有康延川，又有弱水，尚安得岩险四缭？贞元中内附之西山诸国，在今四川西境无疑，而《旧唐书》述其地云："弱水王即国初女国之弱水部落，其悉董国在弱水西，故亦谓之弱水西悉董王。"可知弱水在四川西境。《隋书·西域传》云："附国者，蜀郡西北二千余里。有嘉良夷，即其东部。嘉良有水，阔六七十丈，附国有水，阔百余丈，并南流，用皮为舟而济。附国南有薄缘夷。西有女国。"《新唐书·南蛮传》略同。《隋书》下文又云："其东北，连山绵亘数千里，接于党项，往往有羌。"此即《旧唐书》所云女国东与党项接者，此女国实与附国、嘉良夷同在四川西境，其所滨之水，盖即大渡河之上游及其支流。康延川则疑在后藏，乃葱岭南之女国所滨。《旧唐书》误合为一，而《新唐书》又误承之也。《西域记》谓"东女之地，东西长，南北狭"，而《旧唐书》谓"其境东西九日行，南北二十日行"。《新唐书》同。此亦明非一说，以其显然违异，故两书皆未兼采耳。

《隋书·女国传》云："出鍮石、朱砂、麝香、牦牛、骏马、蜀马，尤多盐，恒将盐向天竺兴贩，其利数倍。亦数与天竺及党项战争。"此数语亦误合两女国之事为一。葱岭南所出之马，必不得谓之蜀马，将盐向天竺兴贩，与天竺战争，必葱岭南之国而后能之；与党项战争，则又非葱岭南之国所能为也。

《隋书·女国传》不言其种族，《旧唐书·东女传》云"西羌之别种"，《西域记》则称为苏伐剌拏瞿呾逻，云"唐言金氏，出上黄金，故以名焉"。此亦二说。《新唐书》云："东女，亦曰苏伐剌拏瞿呾罗，羌别种也。"又强合为一矣。《隋书·女国传》，谓其"俗事阿修罗神"，《旧唐书》云"文字同于天竺"，《新唐书》云"风俗大抵与天竺同"，皆可见其为天竺族类。《隋书》云："男女皆以彩色涂面，一日之中，或数度变改之，人皆被发。"《新唐书》云："被发，以青涂面。"被发固羌俗，然非羌所独有，涂面则惟吐蕃为然，川康间不闻有是，亦可见其国在吐蕃之表。《隋书》云："其俗贵妇人，轻丈夫，而性不妒忌。"《旧唐书》云："俗重妇人而轻丈夫。"《新唐书》云："俗轻男子，女贵者咸有侍男。"可见其为藏地一妻多夫之族。此俗印度亦有之。若羌人，则父没妻后母，兄亡纳厘嫂，（《后汉书·西羌传》）正与之相反矣。

诸史所记女国与中国交涉，亦多可疑者，今更一检核之。

《隋书·女国传》云："开皇六年，遣使朝贡，其后遂绝。"此传所述法俗，虽或出于西山女国，究以葱岭南女国之事为多，此年之使诚难谓非来自葱岭。然《旧唐书·东女传》云："隋大业中，蜀王秀遣使招之，拒而不受。"秀在仁寿二年，即见幽絷，炀帝即位，禁锢如初，大业中安得通使域外？然此语亦不得全虚，盖当其在蜀之时，曾有遣使之事也。秀虽侈，所遣之使，未必能至葱岭之南，则所招者必西山之女国矣。《旧唐书》又云："武德中，女王汤滂氏始遣使贡方物，高祖厚资而遣之。还至陇右，会突厥入寇，被掠于虏廷。及颉利平，其使复来入朝，太宗送令反国，并降玺书慰抚之。"《新唐书》云："武德时，王汤滂氏始遣使入贡，高祖厚报，为突厥所掠，不得通。贞观中，使复至，太宗玺制慰抚。"据《旧唐书》之文，似其使为突厥所羁，颉利平乃脱身复来者；如《新唐书》之文，则似贞观中来者，别为一使矣，未知其究如何也。《新唐书》又云："显庆初，遣使高霸黎文与王子三卢来朝，授右监门中郎将。"此事《旧唐书》不载。而云："垂拱二年，其王敛臂遣大臣汤剑左来朝，仍请官号。则天册拜敛臂为左玉钤卫员外将军，仍以瑞锦制蕃服以赐之。"《新唐书》亦载此事，而略其年。但云："其王敛臂，使大臣来请官号，武后册拜敛臂左玉钤卫员外将军，赐瑞锦服。"不知传写夺落邪？抑子京疏之也？《旧唐书》又云："天授三年，其王俄琰儿来朝。万岁通天元年，遣使来朝。开元二十九年十二月，其王赵曳夫遣子献方物。天宝元年，命有司宴于曲江，令宰臣以下同宴，又封曳夫为归昌王，授左金吾卫大将军，赐其子帛八十匹，放还。"《新唐书》无万岁通天时遣使之事，于天授、开元间事亦简略言之，云："天授、开元间，王及子再来朝，诏与宰相宴曲江，封曳夫为归昌王、左金吾卫大将军。"既失俄琰儿之名，又略赵曳夫之姓。（西南夷落大长，颇多汉人，就唐时言之，如东谢、西赵、东西爨等皆是。赵亦未必非汉姓，不能如寻常行文，于夷狄之名，但截取其末两字。且寻常截取末两字者，初亦必见其全名也。）且此两役，皆王与子偕来乎？抑各一来乎？亦觉游移不定。如此而自诩其"文省事增"，诚不如毋省之为愈矣。尤可疑者，《旧唐书》下文云"后复以男子为王"，《新唐书》则云"后乃以男子为王"。先未云以男子为王，亦得言复？《旧唐书》用字，似不如《新唐书》之审。然此文果出自为，似不应误缪至此。窃疑实因沿袭旧文而误，或此国曾以男子为王，而史佚其事，或旧史实未佚夺，而撰《旧唐书》者采摭未周，致其事不可见，而于此"复"字又未及改，遂令读者滋疑也。此国在武德、显庆、垂拱、通天、开元中，皆仅遣使朝贡，独天授则其王自来。女王固未必皆不出门，然其于跋涉，究较男子为逊，则或武德、显庆、垂拱、通天、开元时皆女王在位，独俄俀儿则为男王邪？此说诚近凿空，然《旧唐书》之"复"字，非出自为，则理有可信，仍之虽伤粗率，犹使人有隙可寻；《新唐书》奋笔改之，则无复形迹可见矣。此等处理宜矜慎，而其轻易如是，诚使人不能无惑于文士之不可以修史也。综观开元以前此国与中国之交涉，惟隋开皇之使，不敢断其来自何国，其在唐世，则龙朔而后，蕃氛业已甚恶，葱岭以南之国，焉得数来？垂拱后来者，必为西山之国可知矣。贞元中来附者，其在西山，更无疑义，而垂拱所遣大臣名汤剑左，贞元时之王名汤立悉，（亦作立志，参看西山八国条。）则汤似其国中大族，汤滂氏或亦西山女王。若汤滂氏果为西山女王，则贞观、显庆中来者，亦必非葱岭南国矣。河源以西诸国，与中国本少往来。吐蕃初境，实在青海西南，而自隋以前，尚且绝无闻知，（《新唐书·高祖本纪》，武德六年四月己酉，吐蕃寇芳州，为吐蕃见于史籍之始。）况其为天竺北境大雪山中之国？诸史取材，皆欠精审，难保其知有葱岭南之女国，不加考核，而遽以西山女国之事附之。然则开皇六年之使，是否出于葱岭南之女国；葱岭南之女国，究曾通于中国与否，均可疑也。惟是时葱岭之南，确有一女国，而中国亦知有是国，则无可疑耳。吐蕃强盛之后，能出兵以陷四镇，残勃律，贞元中又大出兵以御大食，则今后藏之地，必悉为所控制，此女国之存亡，又不可知矣。

《新唐书·南诏传》，异牟寻遗皋书述吐蕃之暴，有云："西山女王，见夺其位。"此女王即贞元九年与哥邻诸国俱内附，称为西山八国者也。《通鉴》是年胡《注》云："西山即雪山，今威州保宁县有雪山，连乳川白狗岭，有九峰，积雪春夏不消。白狗岭与雪山相连。威州，唐之维州也。"此说甚审，但只以之注哥邻等国，而其注女王，则仍沿《新唐书》之误。盖昔人于域外地理，多不详知，故以身之之精博，而不能无此失也。（参看西山八国条。）

《旧唐书·东女传》云："以西海中复有女国，故称东女焉。"其说是也。《新唐书》云："西海亦有女自王，故称东别之。"则似是而非矣。西女，见《新唐书·西域传》。《传》述波刺斯事竟，乃云："西北距拂菻，西南际海岛，有西女种，皆女子，多珍货，附拂菻，拂菻君长岁遣男子配焉。俗产男不举。"此文亦本《西域记》，《记》云："拂懔西南海岛有西女国。"则此文"拂菻"二字当重，今不重，则西女在波刺斯西南，不在拂菻西南矣。不知传写夺落邪？抑又子京之疏也？今即不论此，而波刺斯即波斯。《新唐书》既有《波斯传》，波刺斯事，即不应错出于此。即谓无伤，亦应说明其为一国，而又不然，此则子京之疏，无可解免者矣。今更勿论此。而西女之称女国，实非由其有女自王。《三国志·沃沮传》云：王颀别遣追讨句骊王宫，穷其东界，问其耆老：海东复有人不？耆老言：有一国亦在海中，纯女无男。《后汉书·沃沮传》亦载此事。又云："或传其国有神井，窥之辄生子云。"此说自不足信，而其俗与唐时之西女，则可云无独有偶。国不论文野，以女子为王者皆不乏，以国家原于氏族，女子本可为氏族之长也。若产男不举，致国中纯女无男，有待他国之君，岁遣男子配合，则实为异俗，唐时之西女，以此而得女国之名，其事固不容抹杀。今云以有女自王，而称女国，则杜撰史实矣。特制新文，以易旧语，而徒使史事失真，不亦心劳日绌乎。此又见文士之不可以修史也。

胡　考

匈奴为东方人种，昔之人无异辞也，夏穗卿撰《古代史》，始据《晋书·石季龙载记》，冉闵之诛胡羯，高鼻多须滥死者半，而疑其形貌有类西方人，然未能言其故也。其后王静安撰《西胡考》《西胡续考》，博征故籍，断言：先汉之世，匈奴、西域，业已兼被胡称；后汉以降，匈奴寖微，西域遂专胡号；其见卓矣。顾又引冉闵诛胡羯，暨《季龙载记》崔约狃孙珍事，谓羯为匈奴别部，而其形貌为高鼻多须，则匈奴形貌可想。盖匈奴之亡，鲜卑起而代之，自是迄于蠕蠕，主北垂者皆鲜卑同族。后魏之末，高车代兴，亦与匈奴异种。独西域人形貌与匈奴相似，故匈奴失国，遂专胡名，则非也。今请得而辩之。

　　胡之名，初本专指匈奴，后乃她为北族通称，更后，则凡深目高鼻多须，形貌与东方人异者，举以是称焉。其初弛以称北族也，以其形貌相同，不可无以为别，故以方位冠之。乌丸、鲜卑之先，称为东胡是也。其后循是例，施诸西北，则曰西胡，曰西域胡。其但曰胡者，略称也。（陈汤之诛郅支，纪云发西域胡兵，传但称胡兵）。居地可以屡迁，俗尚亦易融合，惟形貌之异，卒不可泯，故匈奴、乌丸、鲜卑等，入中国后，胡名遂隐，惟西域人则始终蒙是称焉。浸假凡貌类西域人者，皆以是称之，而胡之名，遂自方位之殊，易为种族之别矣。然则胡为匈奴本名，后转移于西域者，正以匈奴形貌与中国同，西域则殊异故。乃转以西域形貌之异，而疑匈奴形貌本不与中国同，则愦矣。近人何震亚、卫聚贤撰《匈奴与匈牙利考》，谓匈奴肤色本白，高鼻多须，其后鼻低额阔，头员肤黄，由与汉族相杂，亦臆度而未得其实。匈奴之入居中国者，固可因昏姻相通，变其形貌，其西迁者，则与中国人昏媾甚鲜；即有一二殽杂，断不能遽变其形貌也。《吕纂载记》："纂尝与鸠摩罗什棊。杀罗什子，曰斫胡奴头。"盖时俗以胡形相诟病，故以此相靳，此石宣所以一怒而诛崔约。然必羯貌本不同胡，乃有是怒，否则讳之不可得，转不以为忌矣。《三国·吴志·士燮传》，谓燮出入，胡人夹毂焚香者数十，此胡人必天竺之流。《南史·邓琬传》，谓刘胡本以面坳黑似胡，故名坳胡，可证南人而亦称为胡。可见胡名主于形貌，与方位无关矣。然自后汉至唐，胡固犹西方人种与匈奴之公称也；昔人但知匈奴称胡，王氏又谓后汉以降，胡名为西域所专，两失之矣。

　　王氏《西胡考》曰："魏晋以来，凡草木之名冠以胡字者，其实皆西域物也。"其说是也，顾犹不止此。西域诸国，文明程度本高，故其器物之流传中国者亦夥，北族则无是也。《续汉书·五行志》曰："灵帝好胡服、胡帐、胡床、胡坐、胡饭、胡箜篌、胡笛、胡舞，京都贵戚，皆竞为之。此服妖也。其后董卓多拥胡兵，填塞街衢，虏掠宫掖，发掘园陵。"灵帝所好诸物，来自西域，不言可喻。董卓所拥兵，其中容有西域胡，然必不能皆是。《三国·蜀志》：延熙十年，凉州胡王白虎文等率众降，姜维迎逆安抚，居之于繁县。白为西域姓，然白虎文所率，亦必不能尽为西域人也。

《晋书·匈奴传》，谓其入居塞内者十九种，而屠各最豪贵，故得为单于，统领诸种。屠各事迹，见于史者颇多，盖其部落本大也。然颇与羌及汉人杂。《石勒载记》：勒讨靳准，准使卜泰送乘舆服御请和。勒送泰于刘曜。曜潜与泰结盟，使还平阳，宣慰诸屠各。《苻坚载记》：屠各张罔聚众数千，自称大单于，寇掠郡县。坚使邓羌讨平之。《苻登载记》：登僭位后，屠各董成、张龙世等应之。姚苌死，登尽众而东，攻克屠各姚奴、帛蒲二堡。《姚苌载记》：僭位后如秦州，与苻坚刺史王统相持。天水屠各、略阳羌胡应苌者二万余户。统惧，乃降。《秃发得俘载记》：与赫连勃勃战阳武，为所败。虑东西寇至，徙三百里内百姓，入于姑臧，国中骇怨。屠各成七儿，率其属三百人，叛俘檀于北城，推梁贵为盟主。此中惟卜氏为匈奴四姓之一，余皆汉姓，盖二族相殽久矣。《宋书·傅弘之传》，高祖北伐，弘之与沈田子等自武关入，进据蓝田，招怀戎、晋。晋人庞斌之、胡人康横等，各率部落归化。弘之素善骑乘，高祖至长安，弘之于姚泓驰道内，缓服戏马，或驰或骤，往反二十里中，甚有姿制。羌胡观者数千人，并惊惋叹息。《柳元景传》云：庞法起据潼关，关中义徒，处处蜂起。四山羌胡，咸皆请奋。此与《姚苌载记》

之羌胡同，皆羌与匈奴部落；康虽西域姓，特为之首领而已，未必其部落中多有深目高鼻之徒。何也？此等羌胡多山居，西胡则未必入山也。（见后。）

　　匈奴部落遁居山中者曰稽胡，亦曰山胡，《周书》有传，云："刘元海五部之苗裔也。或曰山戎、赤狄之后。"二说以前为是。若如后说，两汉史籍，不得一言不及也。《周书》所记者：刘蠡升、（见后。）刘平伏、（见《周书·文帝纪》魏大统七年。亦见于谨、豆卢宁、犀狄昌、梁椿、梁台、侯莫陈崇诸传。郝阿保、与刘桑德并见《豆卢宁传》。）郝狼皮、刘桑德、郝三郎、白郁久、乔是罗、乔三勿用、乔白郎、乔素勿用、刘没铎、（见《周武帝纪》建德六年。亦见齐炀王宪、赵王招、谯孝王俭、滕开王友、李迁哲、刘雄各传。）刘受罗干、（见《周书·宣帝纪》宣政元年，及《越野王盛》《宇文神举》《宇文孝伯传》。《隋书·王谊传》云：汾州稽胡叛，越王、谯王虽为总管，并受谊节度。）然实远不止此，今请得而备征之。《魏书》：太祖登国六年，山胡酋大幡颓、业易于等降附。天兴元年，离石胡帅呼延铁、西河胡帅张崇等叛，使庾岳讨平之。（亦见《岳传》。）鄜城屠各董羌、杏城卢水郝奴各率其众内附。二年，西河胡帅护诺于内附。太宗永兴二年，诏将军周观率众诣西河离石镇抚山胡。（亦见《观传》。）三年，诏安同等持节循行并、定二州及诸山居杂胡、丁零，问其疾苦。（亦见《同传》。）是岁，西河胡张贤等率营部内附。五年，赦天下。西河张外、建兴王绍，自以所犯罪重，不敢解散。遣元屈镇并州，刘洁、魏勤等镇西河。濩泽刘逸自号征东将军、三巴王，王绍为署置官属，攻逼建兴郡。屈等讨平之。河西胡曹龙、张大头等入蒲子，逼胁张外。外推龙为大单于。龙降魏，执送张外，斩之。是岁，吐京叛胡招引赫连屈丐。元屈督刘洁、魏勤讨之。兵败，勤死，洁被执，送屈丐。（屈，文安公泥子，见《神元平文诸子孙传》，又见《刘洁》及《公孙表传》。）神瑞元年，并州刺史楼伏连诱西河胡曹成、吐京胡刘初原，攻杀屈子所置吐京护军，并禽叛胡阿度支等。（亦见《伏连传》。）屠各帅张文兴等率流民七千余家，河西胡酋刘遮、刘退孤等率部落万余家，渡河内属。二年，河西胡刘云率数万户内附。河西饥胡屯聚上党，推白亚栗斯为盟主，自号单于，建元建平，命公孙表等五将讨之。众废栗斯而立刘虎，号率善王。表兵败，用崔玄伯计，使叔孙建摄表军讨平之。时泰常元年矣。（亦见《天象志》《灵征志》、公孙表、崔玄伯、叔孙建、邱惟诸传。）三年，河东胡、蜀五千余家相率内属。五年，河西屠各帅黄大虎遣使内附。世祖始光四年，西讨赫连昌，济君子津。三城胡酋鹊子相率内附。神䴥元年，并州胡酋卜田谋反伏诛，余众不安。诏王倍斤镇虑厬抚慰之。（王建子。见《建传》。）上郡休屠胡酋金崖率部、屠各隗诘归率万余家内属。延和二年，崖与安定镇将延普、泾州刺史狄子玉子（玉系羌，见《陆俟传》。）构隙，攻普，不克，退往胡空谷，驱掠平民，据险自固。转陆俟为安定镇将，追讨崖等，皆获之。亦见《俟传》。陇西休屠王弘祖率众内属。金崖既死，部人立其从弟当川。三年，常山王素讨获之，斩于长安以徇。是岁，命诸军讨山胡白龙于西河，克之，斩白龙及其将帅，屠其城。（亦见《娀清奚眷传》。）大破其余党于五原。太延三年，讨其余党于西河，灭之。（世祖攻白龙，以轻出为所窘，赖陈建以免。见《建传》。又《宋书·薛安都传》：索虏使助秦州刺史北贺汩击反胡白龙子，灭之。）太平真君六年，二月，西至吐京，讨徙叛胡，出配郡县。三月，酒泉公郝温反于杏城，杀守将王幡。县吏盖鲜率宗族讨温，温弃城走，自杀。九月，卢水胡盖吴复反于杏城。遣其部落帅白广平西掠新平、安定，分兵略临晋、长安。河东蜀薛永宗（永宗，汾阴人，见《裴骏传》。又案汾阴薛氏，为蜀中大姓，见《薛辩传》。当时胡、蜀关系甚密。）入汾曲，受其位号。魏兵屡败，世祖亲征经年，仅乃克之。吴未平时，金城边冏、天水梁会反，据上邽东城。休官屠各及诸杂户二万余人，为之形援。秦州刺史封敕文击斩冏。众复推会为帅。安定屠各路那罗亦与之合。安丰公闾根与敕文并讨，会走汉中。盖吴之亡，并禽路那罗，而略阳王元达，复因梁会之反，聚众攻城，招引休官、屠各，推天水休官王宦兴为秦地王。复为敕文所破。（以上兼据《敕文传》。）八年，吐京胡阻险为盗，武昌王提、淮南王他讨之，不下。山胡曹仆浑等渡河西，保山以自固，招引朔方诸胡。提等引军讨仆浑。高凉王那自安定讨平朔方胡，与提等共攻仆浑，斩之。（亦见《神元平文诸子孙》及《道武七王传》。）高宗兴安元年，陇西屠各王景文叛。诏统万镇将、南阳王惠寿讨平之。（亦见《于栗碑传》。）和平元年，遣乐安王良、皮豹子两道讨河西叛胡。高祖太和二十年，右将军元隆大破汾州叛胡。二十一年，南巡，次离石。叛胡归罪，宥之。世宗永平四年，汾州刘龙驹反，薛和讨破之。亦见《辛绍光传》，云胡贼，又云作逆华州。肃宗正光五年，汾州山胡薛羽等为寇，正平、平阳二郡，尤被其害。裴良为西北道行台，被围于汾州。裴延儒、章武王融等讨之。延儒以疾还，融等与五城郡山胡冯宜都、贺悦回成等战，败绩。宜都等乘胜围城。良出战，于陈斩回成，复诱诸胡斩送宜都首。然刘蠡升众复振，良卒与城人奔西河。（见《融》及《延儒传》。）孝昌元年，蠡升遂自称天子。二年，绛蜀陈双炽亦自号建始王。遣长孙稚讨平之。其群胡北连蠡升，南通绛蜀者，裴庆孙自轵关入讨，至阳胡城，于其地立邵郡。（见《延儒传》。）而蠡升居云阳谷，西土岁被其患，谓之胡荒。至孝静帝天平二年，北齐神武帝乃讨平之。（亦见《北齐书·神武纪》。又《崔挺传》：从父弟元珍，正光末，山胡作逆，除平阳太守，频破胡贼，郡内以安。）其明年，汾州胡王迢触、曹贰龙反。立百官，建年号。神武复讨平之。（此条见《北齐书·神武纪》及《皮景和传》。）武定二年，神武复与文襄讨山胡，俘获万余户，分配诸州。（此条见《魏书·孝静帝纪》。）石楼之险，自魏世不能至，北齐文宣帝天保四年，山胡围离石，帝讨之，未至，胡已逃窜。（亦见《薛循义传》。）明年，乃与斛律金、常山王演犄角，攻破石楼。以上皆见本纪。其见列传者：则魏世有秦州屠各王法智，推州主簿吕苟儿为主，建年号，置百官，攻逼州郡。泾州屠各陈瞻亦聚众反。以济阴王之子丽为秦州刺史，率杨椿讨平之。（见《景穆十二王》及《杨播传》。）高祖初，吐京胡反，自号辛支王。南安惠王第二子彬行汾州事，讨平之，因除汾州刺史。胡民去居等六百余人谋反，又率州兵讨破之。（本传及《奚康生传》。）山胡刘什婆寇掠郡县，穆崇玄孙羆为吐京镇将，讨灭之。本传。陆真为长安镇将，胡贼帅贺略孙叛于石楼，真击破之。泰常初，郡县斩叛胡翟猛雀于林虑山，遗种窜行唐、襄国，周几追讨，尽诛之。上邦休官吕丰、屠各王飞廉等八千余家据险为逆，吕罗汉讨禽之。（以上皆见本传。）此外《魏书》来大千、尉拨、封轨（《封懿传》）、李洪之、王椿（《王叡传》）、《北齐书》皮景和、鲜于世荣、綦连猛、元景安、《周书》李檦（《李弼传》）、达奚武、杨忠、韩果、辛威、宇文深（《宇文测传》）、窦炽、韦孝宽、杨檦、王子直、《北史》魏城阳王徽、韩均（《韩茂传》）、房豹（《房法寿传》）、房谟、《隋书》虞庆则、宇文庆、侯莫陈颖、慕容三藏诸传，亦咸有征抚山胡之事。诸胡中惟刘、卜、盖、（《魏书·官氏志》：盖楼氏，后改为盖氏。）呼延、贺悦为北族姓，（白为西域姓，白亚栗斯究复姓，抑但姓白，颇难定。史虽称为栗斯，然昔时于外国人名，固恒截取其末两字为称也。）余皆汉姓矣。迹其所为，则据山险，（《魏书·景穆十二王传》：安定靖王次子燮，世宗初，除华州刺史，表言"州治李润堡，胡夷内附，遂为戎落。居冈饮涧，井谷秽杂，升降劬劳，往还数里"。《北齐书·皮景和传》：征步落稽，将五六骑深入一谷中，值贼百余人，便共格战。《周书·韩果传》：从大军破稽胡于北山，"胡地险阻，人迹罕至，果进兵穷讨，散其种落。稽胡惮果劲健，号为着翅人"。均可见其所居之深阻。）事劫掠，（《北史·城阳王长寿传》：孙徽，明帝时为并州刺史。汾州山胡旧多劫掠，自徽为郡，群胡自相戒，勿得侵扰。《韩茂传》：子均，除广阿镇大将。赵郡屠各、西山丁零聚党山泽，以劫害为业，均皆诱慰追捕，远近震蹑。《周书·韦孝宽传》：移镇玉壁，兼摄南汾州事。先是山胡负险，屡为劫盗，孝宽示以威信，州境肃然。汾州之北，离石之南，悉是生胡，钞掠居人，阻断河路。孝宽深患之。而地入于齐，无方诛翦。孝宽当其要处，置一大城，遣开府姚岳监筑之。《隋书·郭荣传》：宇文护以稽胡数为寇，使绥集之。荣于上郡、延安筑五城，以遏其要路，稽胡由是不能为寇。）漏籍而不供租税，（《魏书·景穆十二王传》：京兆王子推子遥，肃宗初，迁冀州刺史。以诸胡先无籍贯，奸良莫辨，悉令造籍。又以诸胡设籍，欲税之以充军用。胡人不愿，乃共构遥。《周几传》：白涧、行唐民数千家，负险不供租税，几与长孙道生宣示祸福，逃民遂还。）征讨俘获，动至千万。（其最多者，曹仆浑之平，赴险死者以万数。刘虎之败，斩首万余级，余众奔走，投沁而死，水为不流，虏其男女十余万口。刘蠡升之亡，《魏书》云获逋逃二万余户，《北史》云胡、魏五万户，则逋逃与胡人数略相等也。文宣之破石楼，斩首数万级，获杂畜十余万。）招以仁政，亦有不待兵而服者。（《魏书·穆崇传》：玄孙照。改吐京镇为汾州，以照为刺史。前吐京太守刘升，居郡甚有威惠，限满还都，胡民八百人诣照请之。照为表请，高祖从焉。《尉拨传》：出为杏城镇将，在任九年，大收民和，山民一千余家，上郡屠各、卢水胡八百余落，尽附为民。《王叡传》：子椿，孝昌中尔朱荣表慰劳汾胡。汾胡与椿比州，服其声望，所在降下。《周书·杨抃传》：稽胡恃险不宾，屡行钞窃，抃往慰抚。抃颇有权略，能得边情，诱化酋渠，多来款附，乃有随抃入朝者。《隋书·虞庆则传》：越王盛讨平稽胡，将班师。高颎与盛谋，须文武干略者镇遏之。表请庆则，于是拜石州总管，甚有威惠，稽胡慕义归者八千余户。当时山民，实多苦赋役逃死者，然上之人遇之殊酷，征讨斩杀无论矣，即平时亦然。《魏书·李彪传》，谓彪慰喻汾胡，得其凶渠，皆鞭面杀之，其一事也。哀哀生民，复何所逃死邪？齐文宣之平石楼，《北史》云男子十二以上皆斩，女子及幼弱以赏军士，其酷如此。或谓积重之势，不得不然，然《魏书·李洪之传》云：河西羌胡反，显祖亲征，诏洪之为河西都将讨山胡。皆保险拒战。洪之开以大信，听其复业，胡人遂降。则拒战者亦不过求免死耳，初不必妄肆杀戮，而后可服也。）且其人本亦服征役，（《魏书·尉元传》：上表言彭城戍兵多是胡人，欲换取南豫州徙民之兵，又以中州鲜卑增其兵数。《刘洁传》：与建宁王崇于三城胡部中简兵六千，将以戍姑臧。胡不从命，千余人叛走。洁与崇击诛之，虏其男女数千人。《周书·韦孝宽传》：陈平齐之策，欲使北山稽胡绝汾晋之路。建德五年，赵王招自华谷攻汾州，果发稽胡，与大军犄角。《隋书·豆卢劫传》：子毓，为汉王谅主簿。谅反，毓闭城拒之，遣稽胡守堞。皆稽胡从戎事之证。《隋书·高祖纪》：开皇元年四月，发稽胡修筑长城，二旬而罢。是役也，胡亡者千余人，命韦冲绥怀，月余，并赴长城，见《韦世康传》。又唐隐太子讨刘仙成，扬言增置州县，须有城邑，悉课群胡执版筑，而阴勒兵执杀之。新旧《唐书》本传皆同。皆稽胡服力役之证也。）输军资，（《周书·杨忠传》：保定四年，大军东伐，晋公护出洛阳，命忠出沃野以应突厥。时军粮少，诸将忧之，而计无所出。忠曰：当权以济事耳。乃招稽胡诸首领，咸令在坐，使王杰盛军容鸣鼓而至。忠阳怪而问之，杰曰：大冢宰已平洛阳，天子闻银、夏之间，生胡扰动，使杰就公讨之。又令突厥使者驰至告曰：可汗更入并州，留兵马十余万在长城下，故遣问公，若有稽胡不服，欲来共公破之。坐者皆惧，忠慰喻而遣之，于是诸胡相率归命，馈输填积。是胡人亦能供军也。齐文宣九锡之命曰："胡人别种，延蔓山谷，酋渠万族，广袤千里，凭险不恭，恣其桀黠，有乐淳风，相携叩款，粟帛之调，王府充积。"虽有溢美之辞，必非尽子虚矣。）得之则可配郡县，（太平真君六年、武定二年之役见前。又呼延铁、张崇之叛，史言由于不乐内徙。讨白龙余党时，诏山胡为白龙所逼及归降者，听为平民。王景文之平，徙其党三千余家于赵、魏。）纯与三国时之山越、南北朝时之群蛮同。知杂居其间者，实以汉人为多。又其人与蜀甚亲，蜀即賨，亦久与汉人相杂。其举事者或称单于，或称天子，非袭匈奴旧名，即用汉族尊号，亦可见其与西域无干。山胡与索虏相抗者甚多，惟盖吴为有雄略。其将白广平，实可疑为西域种。又吴之死，《魏书·陆俟传》云其为二叔所杀，《宋书·索虏传》则云屠各反叛，吴自讨之，为流矢所中死，疑《宋书》之言为实。二叔盖会逢其适，借以要功耳。然则吴本客族，故屠各叛之邪？非也。内相乖携，何国蔑有？观吴上宋室表，堂堂之陈，正正之旗，声讨索虏，辞严义正，俨然以神明之胄自居。盖北族久居中原，深渐汉化者。

白固非必胡姓，即谓为胡姓，亦为吴效奔走者耳，不得以此，并疑吴为西胡也。《隋书·侯莫陈颖传》：周武帝时，从滕王道击龙泉文城叛胡，与柱国豆卢勣分路而进。先是稽胡叛乱，辄略边人为奴婢；至是，诏胡有压匿良人者诛，籍没其妻子。有人言为胡村所隐匿者，勣将诛之，以颖言而止。则知汉人除逋逃入胡者外，又有为其所略者。胡中汉人之多可知。虽以故为夷落，仍称为胡，实则十之八九，未尝非神明之胄也。十九种盖以微矣，而况于深目高鼻之徒欤？

隋有天下后，胡患颇息，然及大业十年，复有刘苗王之叛。（见《隋书·本纪》。）其子季真、六儿继之，至唐初始平。（见《新唐书·本纪》武德二、三年。新旧《唐书》有《季真传》。又见《北史·隋宗室诸王·离石太守子崇》，《唐书·宗室·襄武王琛传》。）唐兵之起也，稽胡五万略宜春，窦轨讨破之。（《旧唐书·窦威传》）其时又有刘迦论者据雕阴，稽胡刘鹞子，与相影响。（《旧唐书·屈突通传》）至太宗进取泾阳，乃击破之。（《新唐书·本纪》）马三宝从平京师，亦别击破叛胡刘拔真于北山，（《新唐书》本传）稽胡大帅刘仙成部落数万，为边害，隐太子讨之，破之鄜州，诈诛六千余人。（事在武德三、四年。见《新唐书·本纪》。）仙成降师都，师都信谗杀之。其下乃多叛，来降。（新旧《唐书·师都传》）高宗永淳二年，绥州城平县人白铁余率部落稽以叛。（此据《旧唐书·程务挺传》。《新唐书》则云：绥州部落稽白铁余据平城叛。）程务挺讨禽之。至中叶后，仆固怀恩上书自陈，尚有鄜坊稽胡骚扰之语。（《旧唐书》本传）又据《旧唐书·吐蕃传》：大历九年四月，以吐蕃侵扰，豫为边备，降敕，令郭子仪以上郡、北地、四塞、五原、义渠、稽胡、鲜卑杂种步马五万，严会枸邑。则至安史乱后，其部落犹有存者。其同化亦可谓难矣。然此特其种姓可稽，其俗尚当无以异于华人也。

匈奴人入中原者，其境遇可分三等：上焉者，颇渐染中原之文教，如刘元海、刘聪、刘曜、刘宣、卜珝之徒是也。卜珝（见《晋书·艺术传》，元海等均见《载记》。虽或有溢美之词，亦必不能尽诬也。又有离石胡人刘萨阿，出家名慧达，见《梁书·诸夷传》。）次之者则从戎事，冉闵所诛及魏时戍彭城者，盖即其伦。魏太武与臧质书曰："吾今所遣斗兵，尽非我国人，城东北是丁零与胡，南是三秦氐羌。设使丁零死者，正可减常山赵郡贼；胡死，灭并州贼；氐羌死，灭关中贼。卿若杀丁零与胡，无不利。"（《宋书·质传》）知冉闵屠戮后，其众之在行间者尚多也。然其从事田作者实尤多。此等能汉语者，盖多已与汉人无别，其不能者，则入山而为山胡矣。（《周书·稽胡传》曰："其丈夫衣服及死亡殡葬，与中夏略同。其渠帅颇识文字，然语类夷狄，因译乃通。"）

《晋书·北狄传》云："呼韩邪单于失其国，携率部落，入臣于汉，汉嘉其意，割并州北界以安之。于是匈奴五千余落，入居朔方诸郡，与汉人杂处。其部落随所居郡县，使宰牧之，与编户大同，而不输贡赋。"此特招怀宽典，不责之以输将，非其人不习农事也。其众既至千万落，沿边虽云土满，不得尽为牧场，非力耕何以自存乎？（《传》又云："武帝践阼后，塞外匈奴大水，塞泥、黑难等二万余落归化，帝复纳之，使居河西故宜阳城下，复与晋人杂居。"）《石勒载记》言其"年十四，随邑人行贩洛阳"，又言"邬人郭敬、阳曲宁驱，并加资赡。勒亦感其恩，为之力耕。又言勒与李阳邻居，岁尝争麻地，互相殴击。太安中，并州饥乱，勒与诸小胡亡散，乃自雁门还依宁驱。北泽都尉刘监欲缚卖之，驱匿之获免。勒于是潜诣纳降都尉李川。路逢郭敬，谓敬曰：今日大饿，不可守穷。诸胡饥甚，宜诱将冀州就谷，因执卖之，可以两济。敬深然之。会建威将军阎粹说并州刺史东嬴公腾，执诸胡于山东卖充军实。勒亦在其中，卖与茌平人师欢为奴。"《晋书·王恂传》，言太原诸郡，以匈奴人为田客，动有百数，观勒事而知其不诬矣。《苻坚载记》云："匈奴左贤王卫辰遣使降于坚，遂请田内地。坚许之。"《宋书·索虏传》亦云："朔方以西，西至上郡，东西千余里。汉世徙谪民居之。土地良沃。苻坚时，卫臣入塞寄田，春来秋去。坚云中护军贾雍掠其田者，获生口马牛羊，坚悉以还之，卫臣感恩，遂称臣入居塞内。"知匈奴之居缘边者，亦皆能勤事耕牧，况于内地？当风尘澒洞之日，不避之山深林密之地而安归哉？冉闵所诛，《载记》不言其数。《晋书·天文志》：月奄犯五纬下云"十万余人"，月五星犯列舍妖星客星下云"十余万人"。（疑亦当作十万余。）《宋书·天文志》同。《韦謏传》言闵"以降胡一千处麾下"，又载謏谏闵之辞，则云"降胡数千"。降者之数如此，不降者度亦不过倍蓰。邺中之数如此，益以四方屯戍，辜较不过十万。二志所云，当非虚语。此于匈奴之众，盖不过十一耳，宜其从征戍者犹多，入山林者逾众也。夫争名者必于朝，争利者必于市，未有退居田野者也。西胡之入中国，大抵以朝贡或行贾，其文明程度素高，未必甘为胼手胝足之事，故山胡虽种落繁炽，绝不闻其中有深目高鼻之徒。白广平等庸或西域种，不过平时为之大长，战时为之支将而已矣。此犹太伯之居吴，无余之处越，以君之资章甫，而谓其民悉袭冠裳，可乎？冉闵之诛胡羯，高鼻多须，滥死者半，则以杀机既动，见异类即诛锄之，而不暇别择耳。正惟胡羯非高鼻多须，故高鼻多须之死为滥，安得以此转疑胡羯之貌为高鼻多须乎？

　　《北齐书·杨愔传》云："太保、平原王隆之与愔邻宅。愔尝见其门外有富胡数人，谓左右曰：我门前幸无此物。"《北史·柳虬传》，谓雍州有胡家被劫，广陵王欣家奴与焉。必其家故富厚，乃为盗贼所觊觎，此盖皆贾胡之流。又《元谐传》：谐与王谊往来，胡僧告其谋反。此胡僧必与朝士相交通，故能诬陷勋旧也。《齐幼主本纪》云：幼主时，"诸宫奴婢、阉人、商人、胡户、杂户、歌舞人、见鬼人，滥得富贵者，将以万数。"而《恩幸传》云："史丑多之徒胡小儿等数十，眼鼻深险，一无可用。"眼鼻深险，即深目高鼻之谓。史为昭武九姓之国，当时西胡，固多以国名为姓也。此皆南北朝之世西胡事迹可征者，与匈奴、羯固迥不侔矣。

　　《宋书·天文志》：咸和六年，正月，"胡贼杀掠娄、武进二县民。于是遣戍中州。明年，胡贼又略南沙、海虞民。"此胡贼当是航海来之贾胡。《恩幸传》有于天宝，其先胡人，亦当是西胡，惟不知其何时来，航海抑遵陆耳。《州郡志》："华山太守胡人流寓，孝武大明元年立。"此则稽胡之类，来自并、雍者也。故知以一"胡"字通称西、北二族，当时南北皆然。

　　《晋书·石勒载记》云："其先匈奴别部羌渠之胄。祖邪奕于，父周曷朱，一字乞翼加，并为部落小率。"《魏书·羯胡传》无"羌渠之胄"四字，而多"分散居于上党武乡羯室，因号羯胡"十四字。羌渠二字，可有二解：匈奴单于之名，一也。《晋书·北狄传》，述匈奴入居塞内者十九种，中有羌渠，二也。外夷有名不讳，或即以先世之名为种号，则二名仍系一实矣。然窃疑非也。羌渠卒于中平五年。石勒卒于咸和七年，年六十，当生于泰始九年。上距中平五年八十五岁。勒果羌渠之胄，非其曾孙，即其玄孙，安得不详其世数，泛言胄裔乎？匈奴单于入居中国者，于扶罗、呼厨泉，皆羌渠子。刘元海者，于扶罗之孙，而羌渠之曾孙也。勒果亦羌渠后，则于单于为近属，安得父祖已微为小率，勒且为人耕作，随人商贩，至于为人缚卖乎？于扶罗之众留汉者，左部居太原、泫氏，右部居祁，南部居蒲子，北部居新兴，中部居大陵。刘氏皆家居晋阳、汾涧之滨，曷尝有散居武乡者？且勒果先单于后，安得云别部乎？故知此羌渠二字，必非单于之名。抑予并疑其非十九种中之羌渠种。何也？勒之称赵王也，号胡为国人。下令禁国人不得报嫂，及在丧昏取，其烧葬令如本俗。报嫂固匈奴旧俗，在丧昏取，或亦非所禁，烧葬则匈奴不闻有是也，惟氐羌有之。然则羌渠之胄，犹言羌酋之裔耳。《载记》言勒之讨靳准也，据襄陵北原，羌羯降者四万余落。及攻准于平阳，巴帅及羌羯降者十余万落。皆以羌羯连言，其情若甚亲者，岂无因哉？《晋书·张实传》：愍帝将降刘曜，下诏于实曰："羯胡刘载僭称大号，祸加先帝，肆杀藩王。"实叔父肃，请为先锋击曜。实不许。肃曰："羯逆滔天，朝廷倾覆。肃晏安方裔，难至不奋，何以为人臣？"径皆称匈奴为羯，则以羯与匈奴，杂居既久耳。其流合，其原未必同也。

《旧唐书·唐休璟传》："调露中，单于突厥背叛，诱扇奚、契丹侵略州县。后奚、羯胡又与桑干突厥同反，（营州）都督周道务遣休璟将兵击破之。"则羯种至唐，尚有存于东北者。杜陵《咏怀古迹》诗称安禄山为羯胡，疑亦必有所据也。

西胡诗张于北族之中，盖自柔然时始。前乎此者，匈奴、鲜卑，皆东方种；柔然虽鲜卑别部，所用实多铁勒之众，铁勒固自北海蔓延于两海之间者也。柔然之败而复振也，虽曰乘魏之衰，然其社句可汗名婆罗门，实为胡语。其姊妹三人，皆妻嚈哒，又自豆仑以后，与铁勒副伏至罗部争，多在西域之地。副伏至罗与嚈哒，亦关系甚深。然则柔然当衰敝之时，实与西域诸国颇密。其蹶而复起，安知不有西域人为之主谋？特史于四裔事多荒略，弗能道耳。至于突厥，则有资于西胡殊显。裴矩言突厥淳陋，易离间，但内多群胡教道之。因以计诛史蜀胡悉。（《新唐书》本传。始毕时事。）张公谨策突厥可取曰："颉利疏突厥，亲诸胡，胡性反复，大军临之，内必生变。"（《新唐书》本传）是突厥以诸胡强，亦以诸胡亡也。《唐书·突厥传》，言突厥再亡，后或朝贡，皆旧部九姓。九姓者，曰药罗葛、曰胡咄葛、曰㕹罗勿、曰貊歌息讫、曰阿勿嘀、曰葛萨、曰斛嗢素、曰药勿葛、曰奚邪勿，见《回纥传》，盖皆铁勒。史言其处碛北，然实近西域。（九姓部落，蔓衍甚广。颉利之败于白道也，屯营碛口，遣使请和。诏唐俭往赦之。李靖、李勣相与谋曰：颉利虽败，人众尚多，若走度碛，保于九姓，追则难及。今诏使至，彼必弛备，随后袭之，不战而平贼矣。又陈子昂上疏，言国家能制十姓者，縣九姓强大，臣伏中国。今九姓叛亡，碛北诸姓，已非国有。欲犄角亡叛，惟金山诸蕃，共为形势。《新唐书·突厥传》言默啜讨九姓，战碛北，九姓溃，轻归不设备，为拔野固残卒所杀。此皆以九姓在碛北者也。《新唐书·方镇表》，言河西节度使治凉州，副使治甘州，景云元年置，督察九姓部落。而陈子昂亦言甘州北当九姓，则地接河西矣。薛仁贵之定天山也，九姓有众十余万，令骁健数千人来拒，仁贵并坑杀之。新旧《书》皆言九姓自此遂衰，则天山又其荟萃之区也。盖自伊列河以往，乃十姓地，其东皆九姓也。○《张说传》：王晙诛河曲降虏，并州大同、横野军有九姓同罗、拔曳固等部落，皆怀震惧。说率轻骑二十人，持旄节直诣其部落，宿于帐下，召酋帅慰抚之。九姓感其义，乃安。此九姓，乃开元时内附，散居太原以北，置天兵军领之者。见《张嘉贞传》。）《回纥传》：

始回纥至中国，常参以九姓胡，往往留京师，居资殖产甚厚。苏定方之征贺鲁也，至怛笃城，有胡降附，定方尽杀之，而取其资财。（新旧《唐书》本传同。）盖其人皆贾胡之流。回纥居中国者，多以放债为事，盖非回纥，实九姓胡为之也。张光晟言回纥非素强，助之者九胡尔。（《新唐书·回纥传》）是纥亦以西胡强也。（史朝义平后，回纥留其将安恪、石常庭于河阳，以守护所掠财物。见新旧《唐书·马燧》《李忠臣传》。又张光晟杀突董后，回纥使康赤心来。安、石、康皆胡姓，知回纥中西胡多矣。）不特此也，北族丧败之余，往往得西胡而复振。河曲六州，虽屡反侧，讫无能为，及康待宾用之，则六州皆陷，卒空其地而祸始已。与待宾俱叛者，曰安慕容，曰何黑奴，曰石神奴，曰康铁头，继待宾而叛者曰康愿子，皆胡姓也。《张孝忠传》，言禄山使破九姓突厥，（新旧《唐书》同。）则九姓蔓衍，已及东方。而贾胡亦即随之而至，《旧唐书·地理志》言燕、威、慎、玄、崇、夷宾、师、鲜、带、黎、沃、昌、归义、瑞、信、青山、凛十七州，皆东北蕃降胡散处。（皆在幽州、营州境内。）其中瑞州以处突厥、凛州以处降胡，（《新唐书》亦以凛州为降胡州。）余为靺鞨、奚、契丹、室韦、海外新罗等。此诸种落，盖皆有交关，而胡人仍操贸迁之业。故两书《宋庆礼传》，皆言其复立营州，招集贾胡，为立邸肆也。两书皆言安禄山、史思明通六蕃语，为互市郎，盖亦贾胡中之佼佼者矣。《旧书》言禄山为柳城杂种胡，本无姓氏。《新唐书》谓其本姓康。胡未闻无姓氏，《新唐书》之言是也。史思明，《新唐书》言为突厥种，《旧唐书》谓为突厥杂种胡人。思明貌厥目侧鼻，盖犹类胡，《旧唐书》之言是也。然则二人非特躬操驵侩之业，其种姓固亦出西胡矣。王氏引《侯鲭录》，言后唐庄宗像，两眼外皆髭，此即所谓多须髯者。《五代史·氏叔琮传》，言晋人攻临汾，叔琮选壮士二人，深目而胡须者，（《旧史》作深目虬须，貌如沙陀。）牧马襄陵道旁，晋人以为晋兵。杂行道中，伺其怠，禽晋二人以归。此所谓晋人，实即沙陀。沙陀之状貌，断可识矣。五代诸臣，出代北者多胡姓，如康福、（蔚州人，世为军校。庄宗尝曰：吾家以羊马为生。福状貌类胡人，而丰厚。胡宜羊马，乃令福牧马于相州福善诸戎语，明帝尝召入便殿，访以外事，辄为蕃语以对。）康思立、（本山阴诸部人。）康义诚、（代北三部落人。）康延孝、（塞北部落人。）安叔千、（沙陀三部落人。）安重荣、（朔州人。）安从进、（振武索葛部人。）李存孝、（代州飞狐人，本姓安。）存信、（本姓张氏。其父君政，回鹘李思忠部人。案存信能四夷语，通六蕃书。子从训，《旧唐书》亦言其善蕃字，通佛理，亦必与西胡关系甚深者也。）安审琦、（其先沙陀部人。）白奉进，（云州清塞军人，父曰达子，世居朔野，以弋猎为事。）皆是也。然则沙陀虽云突厥，其与西胡相殽，亦云甚矣。（《五代史·杂传》，马重绩，其先出于北狄，而世事军中。）重绩明数术，通历法，疑亦西域种也。盖北族虽劲悍，然文明程度不高，故非有旷世之才，如冒顿、阿保机、帖木真者以用之，即不能以自振，西胡则不然也。安史之乱，实可谓西胡驱北族以成之者。康待宾亦其流，沙陀特其祸之尤烈者耳。然则西胡虽不能以独力扰乱中原，固亦不能谓其不足为患矣。

文明人入野蛮部落中，往往为所尊奉。《五代史·康福传》云："福世本夷狄，而夷狄贵沙陀，故尝自言沙陀种也。福常有疾，卧阁中，寮佐人问疾，见其锦衾，相顾窃戏曰：锦衾烂兮。福闻之，怒曰：我沙陀种也，安得谓我为奚？"沙陀之见尊可想。此李克用父子所由能收率北族，横行中原欤？

唐世于四夷，凡貌类白种者，仍称之为胡。《旧唐书·杨元琰传》：元琰奏请出家，"中宗不许。敬晖闻而笑曰：向不知奏请出家，合赞成其事，剃却胡头，岂不妙也？元琰多须类胡，晖以此言戏之。"又《五代史·慕容彦超传》，谓其"黑色胡髯，号阎昆仑"，皆可为证。《新唐书·高宗纪》，显庆元年，"禁胡人为幻戏者"。此胡人，亦必来自西域之白种也。

胡服考书后

古服上衣下裳，连衣裳而一之则曰深衣，无以裤为外服者。此篇因谓裤褶之制，始于赵武灵王，其原出于胡服，似未必然也。康成说韍之缘起曰："古者田渔而食，因衣其皮，先知蔽前，后知蔽后。后王易之以布帛，而独存其蔽前者，不忘本也。"夫但知蔽前为韍，兼知蔽后，则为裳矣。朝祭之必裳，犹其存韍，皆不轻变古之意也。（谓古人凡事因仍，不知改变，亦可。）至就劳役，则有裤而不袴者，《淮南子·原道》："短卷不袴，以便涉游。"司马相如着犊鼻裤，与庸保杂作是也。有袴而不裳者，《礼记》"童子不衣裘裳"是也。劳役有之，戎事亦宜。然王氏谓《周礼·司服》郑《注》云："今伍佰缇衣。崔豹《古今注》云：今户伯绛帻繡衣。伍伯者，车前导引之卒，见《释名》《续汉志》《古今注》。今传世汉画像车前之卒，皆短衣着裤，由伍佰之绛帻繡衣为裤褶之服，知光武之绛衣赤帻，及赤帻大冠，不独冠胡服之冠，亦服胡服之服矣。"又曰："《汉书·匈奴传》：中行说曰：其得汉絮缯，以驰草棘中，衣裤皆裂弊，以视不如旃裘坚善也。中国古服如端衣深衣，裤皆在内，驰草棘中不得裂弊。裤而裂弊，是匈奴之服，袴外无表，即同于跗褶服也。"案：《司服》郑《注》兼引《左氏》成公十六年"有韎韦之跗注"，杜《注》曰："跗注，戎服，若袴而属于跗。"郑引此，盖仅证其衣裳之同色。《疏》谓郑以跗当为幅者，非若袴而属于跗，则与衣不连，其制盖亦有跨。杜云：若袴而不径云袴者，以袴不皆属于跗也。此古戎服着袴之征，不待胡也。《曲礼》："童子不衣裘裳。"《玉藻》："童子不裘不帛。"《内则》："十年，衣不帛，襦袴。""衣不帛"句，即《曲礼》所谓"童子不裘"，《玉藻》所谓"不裘不帛"也。（不言裳者，与下文"二十而冠，可以衣裘帛"互相备也。）"襦袴"，则《曲礼》所谓"童子不裳"也。所以不裳者，《曲礼》郑《注》曰："裘太温，消阴气，使不堪，《正义》：使不堪苦者，热消阴气，则不堪苦使。不衣裘裳便易。"《疏》曰："给役，则着裳不便，故童子并缁布襦袴。"初说不误。《内则》《注》云："不用帛为襦袴，为太温，伤阴气。"正以"不用帛"句，恐人不知古人言语互相足之例，故备言之。《疏》云"衣不帛襦袴者，谓不以帛为襦袴"，则误矣。童子之不裘不帛，固以太温，亦以不堪苦使，不裳则专为便易，可见服劳者之必去裳矣。戴德丧服变除："童子当室，谓十五至十九，为父后，持宗庙之重者，其服深衣不裳。"《玉藻》："童子无緦服，听事不麻。"《注》："虽不服緦，犹免，深衣，无麻，往给事也。"盖丧祭不可以襦袴，故加之深衣。《曲礼》《疏》曰："童子不衣裘裳，二十则可。故《内则》云：二十可以衣裘帛。"二十而后裘帛，则亦二十而后裳，不言者，与上文互相备故。《大戴》言：童子不裳，以十九为限也。然则裳，冠者之服也，冠而不裳者，将责成人之礼焉。然则裳，礼服也，服劳役者，非童子则贱者，礼不下庶人，其不必裳明矣。故庶人但以深衣为吉服，同于襦袴之童子也。《左氏》昭公二十五年：师已称童谣曰："鸜鹆跦跦，公在乾侯，征褰与襦。"《说文》："褰，袴也。"《方言》："袴，齐鲁之间谓之襱。"褰之言"袪也"，（《曲礼》："暑无褰裳"见《注》。）举也。褰裳，则利遝举也。故《诗》曰："子惠思我，褰裳涉溱。"然则欲远行者，亦必袴而不裳矣。《说文》："襦，短衣也。"《方言》："复襦，江、湘之间谓之䙁。"䙁从竖，竖者，童竖。《广雅》："儒，短也。"故短人称侏儒。古有恒言："寒者利短褐。"短褐者，襦之以褐为之者也。然则古之贱贫人，殆无袴而不裳也。《玉藻》曰："纩为茧，缊为袍，禅为绚，帛为褶。"（《诗》："岂曰无衣，与子同袍。"《传》："袍，襺也，《释言》文。《玉藻》云：纩为襺，组为袍。《注》云：衣有着之异名也。缊谓今纩及旧絮也。然则纯着新绵名为襺，杂用旧絮名为袍，虽着有异名，其制度是一；故云袍襺也。"）《释名》："袍，丈夫着下至跗者也。袍，苞也，苞内衣也。"《周官·内司服》《注》谓王后六服，皆袍制，然则古惟贱贫人但有短褐，贵人衣裳之内，固有长袍，特外必加以衣裳，若深衣耳。去之则贵者长袍，贱者短褐，与今同矣，岂待胡服哉？（《丧大纪》："袍必有表。"《士丧礼》《疏》："褖衣，连衣裳者，用以表袍。"）王静庵此《胡服考》篇，考索之功深，而于事理未尝深思也。

论文明民族与野蛮民族之消长

抑文明民族见陵于野蛮民族，非独中国也。印度之于西亚，希腊之于马其顿，罗马之于日耳曼，数者实如出一辙。然则武力之不竞，乃文明民族之通病，非中国独然也。欲求中国武力不竞之原因，又非先求文明民族武力不竞之原因不可矣。

论者多谓文明民族，好斗之心，健斗之力，远非野蛮民族之比，是以每遇辄北。斯言似是而实不然。何者？果如所言，则必文明民族，真不能敌野蛮民族而后可，然考诸历史，殊非事实也。五胡乱华之世，北方争斗，盖罕用汉族为兵，即有之，亦不视为精锐，此非东晋后始然，后汉以来，久启其端矣。此盖由异族性质强武，故中国亦好用之，如张宗昌等之喜用白俄人也。然当高齐之初，高敖曹所将汉人，即视鲜卑并无逊色。而如东晋之末，宋武帝北伐之师，萧梁之世，陈庆之送元颢北还之众，其强悍善斗，虽野蛮民族视之，犹愧弗及焉。此外如元兵之强，而完颜彝能屡胜之；清初起时之锐，而袁崇焕能屡却之，此等事不胜枚举。故谓文明民族，战斗之力，不逮野蛮民族，乃从其胜负既定之后，辜较成败为之辞，而非真就每次争战，详察其实，而得此说也。夫其说既系事后辜较之谈，则安知其胜负之原因，不别有所在，而果在两军之战斗力邪？夫就文明民族与野蛮民族全体衡之，其好斗之心，与健斗之力，诚皆非野蛮民族之敌，然以中国之大，岂待举国尚武，而后足与蛮夷敌哉？贾生论匈奴之众，不过汉一大县。《史记》谓匈奴，自左右贤王至当户，大者万余骑，小者数千人，凡二十四长，立号曰万骑，则匈奴甲骑尚不足二十四万，老弱同于壮丁，妇女同于男子，亦不过百万耳，此岂待以举国之众以敌之哉？苏轼谓全赵可以制匈奴，信不诬矣。夫必待举国之众，强悍善战，而后足与野蛮民族敌，则文明民族，因其生事教化之殊异，诚不免为一难题。若一两县尚武之众，而谓中国无之，岂情实乎？况乎人之性质，可以训练而成，举全国之民，悉训练之而臻于强悍，自非旦夕间事。若谓数十百万之众，不能训练以跻于有成，则非情实也。况乎五方风俗之不齐，又有不待训练，木已强悍者邪？然则谓文明民族之不敌野蛮民族，由其人民性质之柔弱者，非也。至于财力器械之不敌，则皆与远西接触后事，昔日之无此情形，更不俟论。然则中国不敌夷狄，其原因果安在哉？

孟子曰："城非不高也，池非不深也，兵革非不坚利也，米粟非不多也，委而去之，是地利不如人和也。"文明民族之不敌野蛮民族，此盖为其真原因。古来第一汉奸，当推中行说。中行说论汉与匈奴之长短曰：匈奴约束轻，易行也。君臣简易，一国之政，犹一身也。汉则礼义之敝，上下交怨。伊古以来，为此等说者，不知凡几。至于明清之际，亭林蒿目世变，痛心宗国之沦亡，而其论中国外夷强弱之原因，犹无以易此说也。然古来持此等议论者，皆以为中国重滞，外夷径捷。中国重滞，由于文繁，外夷径捷，由于法简，归其原于政治之得失而已，而不知有分数则使众如使寡。使众如使寡，则用大犹用小也。而小敌之坚，大敌之禽，十则围之，五则攻之，众且大者之势，卒非寡弱者所能与也。然则中国之不敌外夷，尚不在其政治之径捷与重滞，而别有所在矣。嗟乎，孟子所谓天时地利，不如人和者邪！夫以中国之文明，用中国之众且大，谓其不能有分数，使之如寡小者，不可得也。抑观历代之法令，虽不足以云径捷，然如使其实而行之，虽稍重滞，谓政事军事，必致于败坏决裂，不可收拾，无是理也。所以败坏决裂，不可收拾者，皆名实不符。核其名犹是，而按其实则非，有以致之耳。所以名实不符者，则由其社会之积弊已深，私人之利益，与公众相反者众也。今请举实事以明之，当日俄战争之际，日本有所谓代耕之俗焉，一夫出征，则其所荒弃之田，由其邻里代为之耕，而凡征人之妻子，有所求于市，市人或廉其价，有疾，医者或不取费，为之疗治。其事殊，其意一也，中国有之乎？夫士之临阵而屡北，非果畏创夷，怯白刃也，其十八九，盖亦由其后顾而不能无忧焉。管夷吾有老母在，则三战而之北，古之人已然矣。然则如日本之士，与中国之士，使之陷阵却敌，奋不顾身，孰为有后顾忧，孰无之乎？人孰不好生而恶死，然所谓生者，非徒傀然七尺之躯，偷息于天地间云尔，固贵有生人之趣。今使战败而归，父母不以为子，妻不以为夫，友朋不之齿，其生人之趣安在？安得不轻死伤，重降北，而如其舆论久背公党私，虽为降虏，为敌间谍，甚者且为之先驱，苟其富贵利达，父母妻子，宗族交游，引以为光宠如故也，洪承畴、吴三桂之徒，安得不接迹于世哉？况也，夺伯氏邑而无怨言，徙廖立而致其垂泣，管葛之用心无特法，其不可多得也久矣。世固有慷慨之士，本愿效忠于国，其才亦有可用，徒以扼于权奸，不获申理，遂不恤反颜事仇者，宋末之刘整、夏贵是也。其罪固通于天，然遏抑之者，亦宁能不分负其责哉？此等事悉数难终，要皆文明社会多，而野蛮社会少。文明社会有之，或冤沉海底，野蛮社会有之，必较易平反。故文明之人，非生而怯也，其社会固束缚之，驰骤之，使之不得不怯，甚至迫害之，使不得不从敌。野蛮社会之人，则皆反是。故文明人之见陵于野蛮人，非不幸也，优胜劣败，理有固然。论者或以文明人之见陵于野蛮人，而叹福善祸淫之不足信，而不知此正福善祸淫之最可信者。何则？文明人虽文明，其社会组织固恶，野蛮人虽野蛮，其社会组织固善也。惟社会组织虽善，文明程度太低，则亦不足战胜。历代野蛮人所以受制于文明人者以此，然至其文明渐进，而足以与文明人为敌，则文明人之厄运遂至。如鲜卑，其初屡见破于中国与匈奴，然至精金良铁，多漏出塞，而鲜卑有其器，汉人逋逃，为之谋主，而鲜卑有其法，檀石槐遂兼匈奴，扰汉边，中国任名将，发大兵，三道出塞，一时败绩矣。然则今日之黄白人，虽若天之骄子乎？至于利器悉为黑人之所有，以黑人健全之社会组织，用白人之利器，今之所谓文明人者，能否久居人上，或不免为蒙古盛强时之中国人与西域人，犹未可知也。夫以今日之白人，其势力诚如骄阳当天，未知时日之曷丧，然世事之变迁，宁可逆料，当唐天子称天可汗，尽服从北夷时，安知室建河畔一小部落曰蒙兀者，乃能创建跨据欧亚之大业哉？

故民族强弱，究极言之，实与治化隆污，息息相关，而治化之隆污，其本原，实在社会组织，徒求之于政事之理乱，抑其末焉者也。此等究极之谈，目前言之，诚若迂阔而远于务。然如现在普通人之见解，以为只须训练人民，使之健斗，又或标榜一二民族英雄，资其矜式，便尽提倡民族主义之能事，则可谓肤浅之至。从古以来，人民无以一人之力，与异族斗者，皆合若干人为一团，以与异族斗。合若干人为一团，以与异族斗，则此一团中人之和，与夫一团中人人之勇相较，而和之用实为较大，何则？惟一团中人相与和，乃能致一团中人人之勇。否则虽有勇夫，不过仗剑死敌，以求其一心之安，于国事初无丝毫裨益，其下焉者，或不免反颜事仇也。夫欲彻底改善社会组织，自非旦夕间事，然居今日而言提倡民族主义，亦不宜专从粗浅处着眼，群之和，重于一夫之勇，虽不能彻底改革，亦不可不有事焉。具体言之，则如今日，能训练人民，使之皆可为战士，故属要着，然如何筹划，乃可使出征之士，较少后顾之忧，可使为国宣劳者，可为公众所爱慕，袖手旁观，若临阵奔北之士，可为公众所不齿，此等风气之造成，较诸授人民以行陈击刺之技，实尤要也。言不能悉，举一端，他可类推。

　　昔时读史者，多注重于个人之行为，故多崇拜英雄，今日之眼光，则异于是。何者？知事之成敗，复杂万端，成者不必有功，败者不必有罪，谋胜者不必智，战败者不必怯也。生物界之情形，大抵中材多，极强极弱者少，惟人亦然，无时无地无英雄，亦无时无地无庸劣之士。群之盛衰，非判之于其有材无才，乃判之于有材者能否居于有所作为之地位，庸劣者能否退处不能为害之地位耳。故望君子道长，小人道消。君子道消，小人道长，言消长而不言有无，其意可深长思也，此义言故与学者，皆不可不知也。

突厥与蒙古同祖

　　突厥原起，《北史》所载，凡有三说。一曰："其先居西海之右，独为部落，盖匈奴之别种也。姓阿史那氏。后为邻国所破，尽灭其族。有一儿，年且十岁，兵人见其小，不忍杀之，乃刖其足，断其臂，弃草泽中。有牝狼以肉饵之。及长，与狼交合，遂有孕焉。彼王闻此儿尚在，重遣杀之。使者见在狼侧，并欲杀狼。于时若有神物，投狼于西海之东，落高昌国西北山。山有洞穴，内有平壤茂草，周回数百里，（《隋书》作地方二百余里。）四面俱山，狼匿其中，遂生十男。十男长，外托妻孕。其后各为一姓，阿史那即其一也，最贤，遂为君长。故牙门建狼头纛，示不忘本也。渐至数百家。经数世，有阿贤设者，率部落出于穴中，臣于蠕蠕。"二曰："突厥本平凉杂胡，姓阿史那氏。魏太武皇帝灭沮渠氏，阿史那以五百家奔蠕蠕。世居金山之阳，为蠕蠕铁工。金山形似兜鍪，俗号兜鍪为突厥，因以为号。"三曰："突厥之先，出于索国，在匈奴之北。其部落大人曰阿谤步，兄弟七十人，其一曰伊质泥师都，狼所生也。阿谤步等性并愚痴，国遂被灭。泥师都既别感异气，能征召风雨。娶二妻，云是夏神、冬神之女。一孕而生四男：其一变为白鸿；其一国于阿辅水、剑水之间，号为契骨；其一国于处折水；其一居跋斯处折施山，即其大儿也。山上仍有阿谤步种类，并多寒露。大儿为出火温养之，咸得全济。遂共奉大儿为主，号为突厥，即纳都六设也。都六有十妻，所生子皆以母族姓，阿史那是其小妻之子也。都六死，十母子内欲择立一人。乃相率于大树下，共为约曰：向树跳跃，能最高者，即推立之。阿史那年幼，而跳最高，诸子遂奉以为主，号阿贤设。"又《元史译文证补》译拉施特《蒙古全史》，述蒙古缘起曰："相传古时蒙兀与他族战，全军覆没。仅遗男女各二人，遁入一山，斗绝险巇，惟一径通出入。而山中壤地宽平，水草茂美，乃携牲畜辎重往居，名其山曰阿儿格乃衮。二男：一名脑古，一名乞颜。乞颜，义为奔瀑急流。以其膂力迈众，一往无前，故以称名。乞颜后裔繁盛，称之曰乞要特。乞颜变音为乞要，曰特者，统类之词也。后世地狭人稠，乃谋出山，而旧径芜塞，且苦艰险。继得铁矿，洞穴深邃，爰伐木炽炭，篝火穴中。宰七十牛，剖革为筒，鼓风助火，铁石尽镕，衢路遂辟。后裔于元旦锻铁于炉，君与宗亲，次第捶之，著为典礼。"与《北史》第一说绝相类。而锻铁之说，又足与第二说之世为铁工相印证。以风马牛不相及之两族，而其传说之相似，至于如是，实可异也。（土门求婚柔然，阿那瑰詈之曰：尔是我铁奴，何敢发是言也。）

民族缪悠之传说，虽若为情理所必无。然其中必有事实存焉。披沙拣金，往往见宝，正不容以言不雅驯，一笔抹杀也。今试先即《北史》所载三说观之。案此三说虽相乖异，然其中仍有相同之处。突厥姓阿史那氏，一也；突厥有十姓，阿史那其一，二也；首出之主曰阿贤设，三也；突厥先世，尝为他族所破灭，四也。狼生十子，说极荒唐，然突厥后世，牙门实建有狼头纛。又有所谓九姓部落者，于突厥为最亲。（九姓之名：曰药罗葛、曰胡咄葛、曰㖂罗勿、曰貃歌息讫、曰阿勿嘀、曰葛萨、曰斛嗢素、曰药勿葛、曰奚邪勿，见《唐书·回纥传》。《突厥传》述突厥之亡，谓后或朝贡，皆旧部九姓云。此谓阿史那氏既亡，其余九姓，犹或来朝贡也。又《回纥传》载九姓胡劝牟羽可汗入寇，宰相顿莫贺达干谏，不听，怒，遂弑可汗。屠其支党及九姓胡几二千人。九姓胡先随回纥入中国者闻之，因不敢归。此为九姓胡与回纥有别之证。九姓胡既与回纥较疏，则突厥之于九姓，必较回纥为亲。故《唐书》称为旧部。盖回纥等皆后来服于突厥者，惟九姓则为阿史那同族也。）又突厥可汗，尝岁率重臣，祭其先窟。而西突厥亦岁遣使臣，向其先世所居之窟致祭。则缪悠之传说，实为数典所不忘，断不容指为虚诬矣。据《元史译文证补》，突厥最西之可萨部，实在里海、黑海之滨。然则突厥先世，殆本居西海之右，迨为他族所破，乃辗转遁入阿尔泰之南山中，其地在高昌西北，其名则跋斯处折施邪？锻铁之业，发明颇难。鲜卑、契丹皆与汉人相习久而后能之。女真初起时，汉人有携甲至其部者，尚率其下出重赀以市。突厥僻陋，未必有此。或沮渠亡后，败遁北走者之所教与？

　　蒙古传说，与突厥相类，洪氏疑蒙人袭突厥唾余以叙先德。夫突厥之在当日，则亦败亡奔北之余耳，引为同族，岂足为荣？若谓传述者语涉不经，载笔者意存毁谤，则拉施特身仕宗藩之朝，亲见捶铁典礼；又乞要特即奇渥温，为有元帝室得氏之由，亦断不容指为虚构。拉施特之修史也，其主尽出先时卷牍，以资考核；又命蒙古大臣，谙习掌故者，襄理其事；安得作此谓他人父之言？拉施特亦安敢臆造异说，作为谤书邪？然此说与《北史》第一说，相类太甚。又《蒙古秘史》，蒙古始祖名孛儿帖赤那，译言苍狼。帖赤那与阿史那、泥师都，似皆同音异译；虽欲不谓为一说而不得也。此又何故邪？予反复思之，然后知蒙古为鞑靼、室韦杂种，鞑靼为靺鞨及沙陀突厥杂种，拉施特《蒙古全史》之说，确与《北史》第一说，同出一原也。

蒙古先世，《元史》不载。洪氏谓即《唐书》大室韦之蒙兀部，其说甚确。然蒙人实自称鞑靼。（《秘史》即然。《秘史》作达达，即鞑靼异译也。）顺帝北迁，五传而大汗统绝。其后裔仍自号鞑靼可汗。此何说邪？《五代史》云："鞑靼，靺鞨之遗种。本在奚、契丹之东北。后为契丹所攻，而部族分散。或属契丹，或属渤海。别部散居阴山者，自号鞑靼。后从克用入关，破黄巢。由是居云、代之间。"据《唐书》《五代史》《辽史》，渤海盛时，靺鞨悉役属之。契丹太祖以前，并无攻破靺鞨之事。《满洲源流考》引《册府元龟》：谓"黑水帅突地稽，隋时率部落千余家内属，处之营州。唐武德中，以其部落置燕州。《五代史》所谓为契丹攻破者，实即此族。"其说是也。然此族实与室韦之蒙兀部风马牛不相及，何缘以之自号乎？案彭大雅《黑鞑事略》曰："黑鞑之国，号大蒙古。沙漠之地，有蒙古山。鞑语谓银曰蒙古。女真名其国曰大金，故鞑名其国曰银。"黄震《古今纪要逸编》云："鞑靼与女真同种，皆靺鞨之后。其在混同江者曰女真。在阴山北者曰鞑靼。鞑靼之近汉者曰熟鞑靼，远汉者曰生鞑靼。鞑靼有二：曰黑，曰白，皆事女真。黑鞑靼至忒没真叛之，自称成吉思皇帝。又有蒙古国，在女真东北。我嘉定四年，鞑靼始并其名号，称大蒙古国。"孟珙《蒙鞑备录》曰："鞑靼始起，地处契丹西北。族出于沙陀别种，故历代无闻。其种有三：曰黑，曰白，曰生。（案生、熟自以距汉远近言，不得与黑白并列为种别，此说盖误。）所谓白鞑靼者，颜貌稍细。所谓生鞑靼者，甚贫，且拙，且无能为，惟知乘马随众而已。今成吉思皇帝及将相大臣，皆黑鞑靼也。"据此三说，则鞑靼及蒙古，自系二族。而鞑靼之中，又有黑、白之别。族出于沙陀别种，盖缘李克用败亡，曾居其部，遗种与靺鞨相杂，遂生黑白之别，其无足怪。惟所谓蒙古国者，除室韦之蒙兀部，无可当之。二者相距甚远，何由并合，为可疑耳。案《蒙鞑备录》又云："鞑人在本国时，金房大定间，燕京及契丹地有谣言云：鞑靼去，赶得官家没处去。房酉雍宛转闻之，惊曰：必是鞑人，为我国患。乃下令：极于穷荒，出兵剿之。每三岁，遣兵向北剿杀，谓之减丁。迄今中原尽能记之。鞑人遁逃沙漠，怨入骨髓。至伪章宗明昌年间，不令杀戮。以是鞑人稍稍还本国，添丁长育。"因童谣而出兵剿杀，语涉不经。然世宗初年，北边曾有移刺窝斡之乱，牵动甚众，仍岁兴师，说非无据。鞑靼之北走而与蒙兀合，盖在此时也。然此以鞑靼之部落言也。至于有元帝室，则其与蒙兀部落之胖合，尚别有一重因缘。《蒙古秘史》云："自天而生之孛儿帖赤那，与其妻豁阿马阑勒，同渡腾吉思水，东至斡难沐涟之源不儿罕哈勒敦。"（孛儿帖赤那，译言苍狼。豁阿，女子美称。马阑勒，译言惨白牝鹿。乃人以狼、鹿名。《大典》本之译述，意在考证蒙古语言，非以求其史实。故但旁注其为狼鹿，而不复释为人名。辑《大典》本《秘史》者，但就其旁解之文钞之，遂有狼鹿生人之讹也。）此为奇渥温氏徙居漠北之始。孛儿帖赤那生巴塔

赤罕。巴塔赤罕生塔马察。塔马察生豁里察儿蔑儿干。豁里察儿
蔑儿干生阿兀站字罗温。阿兀站字罗温生撒里合察兀。撒里合察
兀生也客你敦。也客你敦生挦锁赤。挦锁赤生合儿出。合儿出生
孛儿只吉歹蔑儿干。孛儿只吉歹蔑儿干之妻曰忙豁勒真豁阿。忙
豁勒真，犹言蒙古部人。盖孛儿帖赤那之后，至此娶蒙古部女，
遂以蒙古为部名。犹金始祖函普，娶完颜部女，子孙遂以完颜为
氏也。（说本屠氏寄《蒙兀儿史记》。○又案《蒙古源流考》云：
"土伯特智固木赞博汗，为奸臣隆纳木所弒。三子皆出亡。季子布
尔特齐诺，渡腾吉思海，东行，至拜噶所属之布尔干哈勒图纳山下
必塔地方，人众尊为君长。"布尔特齐诺即《秘史》之孛儿帖赤那
也。或据此，谓有元先世，出自吐蕃王室。然《源流考》之作，意
在阐扬喇嘛教，故援蒙古以入吐蕃。其说殊不足信。即如此处，以
智固木赞博汗为色哩特赞博汗之子。色哩特赞博汗者，尼雅特赞博
汗之八世孙也。而下文又云：尼雅特赞博汗七世孙色哩特赞博汗，
为其臣隆纳木所弒。又此处述智固木赞博汗，远在名哩勒丹苏隆赞
之前。名哩勒丹苏隆赞即《唐书》之弃宗弄赞，与太宗同时者也。
其言尚可信乎？）为金守长城之部曰汪古。成吉思汗之侵金，汪
古实假以牧地，为之乡导，故金人先失外险，猝不及防。乃蛮之
伐蒙古，约汪古与俱。汪古以告成吉思，成吉思乃得先发制人。
盖汪古之于蒙古，论部酋，论部族，皆有同族之亲；而灭丁剿杀
之举，汪古虽力不能救，未尝不心焉痛之；故于元为特厚，而于
金乃独酷邪？纳都六三字，与脑古音极相近。"设"为突厥别部
典兵者之称。岂突厥先世，为他族所破坏后，分为二派：一为脑
古，即纳都六设；一为乞颜，即奇渥温氏之祖与？果然，则阿儿
格乃衮之名，且足补突厥先窟称名之阙矣。

賨、叟、骆、蜀

《后汉书·刘表传》："初平元年，长沙太守孙坚杀荆州刺史王叡，诏书以表为荆州刺史。时江南宗贼大盛。"（亦见《三国志·刘表传注》引司马彪《战略》，盖《后汉书》所本。）《注》云："宗党共为贼。"何义门云："宗恐与巴賨之賨同义，南蛮号也。"案何说是也。賨人，即《后汉书》所谓巴郡南郡蛮。《后汉书》云："秦昭襄王时，有一白虎，尝从群虎数游秦、蜀、巴、汉之境，伤害千余人。昭王乃重募国中有能杀虎者，赏邑万家，金百镒。时有巴郡阆中夷人，能作白竹之弩，乃登楼射杀白虎。昭王嘉之，而以其夷人，不欲加封，乃刻石盟要，复夷人顷田不租，十妻不算，伤人者论，杀人者得以倓钱赎死。至高祖为汉王，发夷人还伐三秦。秦地既定，乃遣还巴中，复其渠帅罗、朴、督、鄂、度、夕、龚七姓不输租赋，余户乃岁入賨钱，口四十。"（《南蛮传》）《晋书·李特载记》云："秦并天下，以为黔中郡，薄赋敛之，口岁出钱四十，巴人呼赋为賨，因谓之賨人焉。"此说亦误。《三国·蜀志·季汉辅臣赞》云：程季然，"刘璋时为汉昌长。县有賨人，种类刚猛，昔从高祖以定关中"。盖因其人名賨，乃称其所出之钱为賨钱，非呼赋为賨，而谓其人为賨人也。

賨叟人当后汉末，蔓衍颇广。《三国·吴志·孙策传》曰：时，豫章上缭宗民万余家在江东，策劝庐江太守刘勋攻取之。《注》引《江表传》曰：勋"乃遣从弟偕告籴于豫章太守华歆。歆郡素少谷，遣吏将偕就海昏上缭，使诸宗帅共出三万斛米以与偕。偕往历月，才得数千斛。偕乃报勋，具说形状，使勋来袭取之。勋得偕书,便潜军到海昏邑下。宗帅知之,空壁逃匿,勋了无所得"。又《太史慈传注》引《江表传》曰:"慈见策曰:鄱阳民帅别立宗部,阻兵守界,不受子鱼所遣长吏。海昏有上缭壁,有五六千家相结聚作宗伍,惟输租布于郡耳,发召一人遂不可得。"又《孙辅传注》引《江表传》曰:"策既平定江东,逐袁胤。袁术深怨策,乃阴遣间使赍印绶与丹阳宗帅陵阳祖郎等,使激动山越,大合众,图共攻策。"则今江西、安徽均宗人所蔓衍矣。《后汉书·巴郡南郡蛮传》云:"建武二十三年,南郡潳山蛮雷迁等始反叛。遣武威将军刘尚讨破之,徙其种人七千余口,置江夏界中,今沔中蛮是也。和帝永元十三年,巫蛮许圣等以郡收税不均,怀怨恨,遂屯聚反叛。明年夏,遣使者督荆州诸郡兵讨破之。圣等乞降,复悉徙置江夏。"末年蔓衍今皖赣之境者,盖即当时所徙也。然屯聚者,仍当以汉人为多,特与赛相依附耳。(参看《山越》条。)

近人游记云:"暹罗人民,旧分暹与老二种。暹之故国,实在缅甸北境,与云南邻。分南北二区,各有土王。予游仰光,尝至上缅甸,入其王居。猺亦有土王。最尊者在暹北青梅。"又云:"暹人实来自云南大理一带。旅暹萧君佛成,谓云南土人言数与暹罗同。予听之,惟五读如海,六读如霍,称十二曰十双,余皆与华同。云君竹亭有友,能操暹语。而不能操华语。至广西,遇土人,语竟相通云。"予案暹即賨也。《三国·吴志·士燮传》:燮卒,孙权以交趾悬远,乃分合浦以北为广州,吕岱为刺史;交阯以南为交州,戴良为刺史。又遣陈时代燮为交阯太守。岱留南海,良与时俱前。行到合浦,而燮子徽,自署交阯太守,发宗兵拒良,交阯桓邻,燮举吏也,叩头谏徽。徽怒,笞杀邻。邻兄治子发,又合宗兵击徽。此即宗人之在后印度者也。

又賨、叟亦系同音。《蜀志·诸葛亮传注》引《汉晋春秋》载亮上言曰："自臣到汉中，中间朞年耳，然丧赵云、阳群、马玉、阎芝、丁立、白寿、刘郃、邓铜等及曲长屯将七十余人，突将无前。賨、叟、青羌散骑、武骑一千余人，此皆数十年之内所纠合四方之精锐，非一州之所有。"此特以大体言之，賨、叟未必不取自蜀。《后汉书·刘焉传》："马腾与范（刘焉第四子）谋诛李傕，焉遣叟兵五千助之。"《三国·蜀志·二牧传》："刘璋闻曹公征荆州，遣别驾从事蜀郡张肃送叟兵三百人。"则叟兵正出于蜀。《后汉书》《注》曰："汉世谓蜀为叟。孔安国注《尚书》云：蜀，叟也。"又《董卓传》："吕布军有叟兵内反。"《注》亦曰："叟兵，谓蜀兵也。"窃疑蜀与賨、叟仍系一语。古称蜀，汉世则或称賨或称叟耳。孔明以賨、叟连称，盖所谓复语。或自巴以东称賨，蜀称叟，孔明之兵二者兼有，故并举之邪？《后汉书·光武纪》：建武十九年，西南夷寇益州郡。《注》引《华阳国志》曰："武帝元封二年，叟夷反。将军郭昌讨平之，因开为益州郡。"《西南夷邛都夷传》：越嶲太守"巴郡张翕，政化清平，得夷人和。在郡十七年卒，夷人爱慕如丧父母。苏祈叟二百余人，赍牛羊送丧至翕本县安汉，起坟祭祀"。《三国·蜀志·李恢传》："遂以恢为床降都督，使持节领交州刺史，住平夷县。先主薨，高定恣睢于越嶲，雍闿跋扈于建宁，朱褒反叛于牂柯。丞相亮南征，先由越嶲，而恢案道向建宁。诸县大相纠合，围恢军于昆明。恢出击，大破之。追奔逐北，南至盘江，东接牂柯，与亮声势相连。南土平定，恢军功居多。后军还，南夷复叛，杀害守将。恢身往扑讨，锄尽恶类，徙其豪帅于成都，赋出叟、濮耕牛战马金银犀革，充继军资于时费用不乏。"《张嶷传》："越嶲郡自丞相亮讨高定之后，叟夷数反，杀太守龚禄、焦璜。"并今川、滇境夷人称叟之证。

至于僚，《晋书·李势载记》："李奕自晋寿举兵反之。初，蜀土无僚，至此始从山而出，北至犍为、梓潼，布在山谷十余万落，不可禁制，大为百姓之患。势既骄吝，而性爱财色，荒淫不恤国事。夷僚叛乱，军守离缺，境宇日蹙。"《苻坚载记》：坚遣王统、朱彤寇蜀，晋梁州刺史杨亮率巴僚万余拒之。益州陷后，蜀人张育、杨光等起兵与巴僚相应，以叛于坚。育自号蜀王，与巴僚酋帅张重、尹万等进围成都。《殷仲堪传》：仲堪奏言："巴、宕二郡，为群僚所覆，城邑空虚，士庶流亡，要害膏腴，皆为僚有。"此所谓僚，并在巴、氐之地。《三国·蜀志·张嶷传注》引《益部耆旧传》，谓"牂牁、兴古僚种复反"。《晋书·武帝纪》：太康四年，"牂牁僚二千余落内属"。则汉世夜郎之地，亦有僚矣。僚之名，汉世不见，非不见也，汉所谓瓯骆者，即僚也。《史记·南越列传》曰："以兵威边，财物赂遗闽越、西瓯骆，役属焉。"其谢文帝书云："其西瓯骆裸国亦称王。"《传》又云："越桂林监居翁谕瓯骆属汉。""其西瓯骆"，《汉书》作"西有西瓯"。而《史记·东越列传》：惠帝三年，"立摇为东海王，都东瓯，世俗号为东瓯王。"《南越传》《索隐》："姚氏案：《广州记》云：交趾有骆田，仰潮水上下，人食其田，名为骆人，有骆王、骆侯。诸县自名为骆将，铜印青绶，即今之令长也。后蜀王子将兵讨骆侯，自称为安阳王，治封溪县。后南越王尉他攻破安阳王，令二使典主交趾、九真二郡。"即骆越也。盖单呼曰瓯，曰骆，累呼则兼言瓯骆，二字本双声。晋以后所谓僚，后汉时所谓哀牢，（《三国志·霍峻传》："时永昌郡夷僚恃险不宾，数为寇害。"此僚即哀牢之证。）今日所谓仡佬，皆同音异字。而《广州记》所谓蜀王子，亦即叟人，以蜀伐骆，即是以叟伐僚。以今日之语言之，则以暹伐佬耳。(《广州记》所载骆、蜀相争之事，《水经·叶榆水注》引《交州外域记》，言之尤详。其言曰：“交趾昔未有郡县之时，土地有骆田，其田从潮水上下。民垦食其田，因名为骆民。设骆王、骆侯，主诸郡县。县多为骆将，骆将铜印青绶。后蜀王子将兵三万来讨骆王、骆侯，服诸骆将，蜀王子因称为安阳王。后南越王尉佗举众攻安阳王。安阳王有神人，名皋通，下辅佐，为安阳王治神弩一张，一发杀三百人。南越王知不可战，却军住武宁县；越遣太子名始，降服安阳王，称臣事之。安阳王不知通神人，遇之无道。通便去，语王曰：能持此弩王天下，不能持此弩者亡天下。通去。安阳王有女名曰媚珠，见始端正，珠与始交通。始问珠，令取父弩视之。始见弩，便盗以锯截弩，讫，便逃归，报南越王。南越进兵攻之。安阳王发弩，弩折，遂败。安阳王下船，径出于海，越遂服诸骆将。”又曰：“越王令二使者典主交趾、九真二郡民。后汉遣伏波将军路博德讨越王。路将军到合浦，越王令二使者赍牛百头酒千钟及二郡民户口簿诣路将军，乃拜二使者为交趾、九真太守。诸骆将主民如故。后朱载骆将子名诗，索卷泠骆将女名征侧为妻。侧为人有胆勇，将诗起贼，攻破州郡，服诸骆将，皆属。征侧为王，治麊泠县，复交趾、九真二郡民二岁调赋。后汉遣伏波将军马援将兵讨侧，诗走入金溪究，三岁乃得。尔时西蜀并遣兵共讨侧等，悉定郡县，为令长也。”《旧唐书·地理志》引《南越志》云：“交趾之地，最为膏腴，旧有君长曰雄王，其佐曰雄侯。后蜀王将兵三万讨雄王，灭之。蜀以其子为安阳王，治交趾。尉佗在番禺，遣兵攻之。王有神弩，一发杀越军万人，赵佗乃与之和，以其子始为质。安阳王以媚珠妻之。子始得弩，毁之。越兵至，乃杀安阳王，兼其地。”此所谓曰雄王、曰雄侯乃“曰骆王、曰骆侯”之误。下文雄王，亦骆王之误。)《后汉书·臧宫传》：

"建武十一年，将兵至中卢，屯骆越。"《注》："中卢，县名，属南郡。盖骆越人徙于此，因以为名。"此骆越其本必在巴、氐之地，尤显而易见也。

叟之所居，与氐密迩，故二字亦连称。《李特载记》曰：辛冉"遣人分榜通逵，购募特兄弟，许以重赏。特见，大惧，悉取以归，与骧改其购云：能送六郡之豪李、任、阎、赵、杨、上官及氐叟侯王一首，赏百匹。"此氐叟二字，亦复语耳。其北出者多称氐，抑或称叟。《怀帝纪》：永嘉三年七月，"平阳人刘芒荡自称汉后，诳诱羌戎，僭帝号于马兰山。支胡五斗叟郝索聚众数千为乱，屯新丰，与芒荡合党。"《高密孝王略传》："京兆流人王逌与叟人郝洛聚众数千，屯于冠军。"此所谓叟，即北朝时所谓"蜀与汾胡结不解缘"者也，在晋世抑或称蜀。《孝武帝纪》：太元十八年九月，"杨住期击氐帅杨佛嵩于潼谷，败之"。《姚苌载记》云："杨佛嵩帅胡蜀三千余户降于苌，晋将杨住期、赵睦追之。"《载记》之蜀，即《本纪》之氐也。

南北朝之世，赛、叟之名罕见，皆称为蜀。《宋书·孔觊传》："阮佃夫募得蜀人数百，多壮勇便战，皆着犀皮铠，执短兵。本应就佃夫向晋陵，未发，会农夫须人，分以配之。及战，每先登，东人并畏惮。又怪其形饰殊异，旧传狐獠食人，每见之辄奔走。"《五行志》："晋元帝永昌元年，宁州刺史王逊遣子澄入质，将渝、濮杂夷数百入京邑。民忽讹言宁州人大食人家小儿。亲有见其蒸煮满釜甑中者。又云失儿皆有主名，妇人寻道，拊心而哭。于是百姓各禁录小儿，不得出门。寻又言已得食人之主，官当大航头大杖考竟。而日有四五百人晨聚航头，以待观行刑。朝廷之士相问者，皆曰信然。或言郡县文书已上。王澄大惧，检测之，事了无形，民家亦未尝有失小儿者；然后知其讹言也。"此事盖即所谓旧传狐獠食人者,蜀之即僚可知矣。其在北者,以河东为大宗;在河东者,又以薛氏为大。《魏书·太祖纪》:天兴元年,河东蜀薛榆、氏帅符兴各率其种内附。二年,蜀帅韩裔内附。《太宗纪》:永兴三年河东蜀民黄思、郭综等率营部七百余家内属。泰常三年,河东胡、蜀五千余家相率内属。八年,河东蜀薛定、薛辅率五千余家内属。《世祖纪》:太平真君六年,河东蜀薛永宗举兵与盖吴相应。明年为魏所破,永宗男女无少长皆赴汾水死。《薛辩传》曰:"其先自蜀徙于河东之汾阴,因家焉。祖陶(《北史》作涛)与薛祖、薛落等分统部众,世号三薛。父彊(《北史》作强)复代领部落,而祖、落子孙微劣,彊遂总摄三营。历石虎、苻坚,常凭河自固。仕姚兴为镇东将军,入为尚书。彊卒,辩复袭统其营。刘裕平姚泓,辩举营降裕。及裕失长安,辩来归国。子谨随裕渡江。辩将归国,密使报谨,遂自彭城来奔。"其后世仕魏。盖吴、薛永宗举兵时,谨子洪祚(世祖赐名初古拔)受诏纠合宗乡,壁于河际,以断其往来之路。盖其党类犹在也。《北史·辩传》云:强字威明,与王猛友善。"桓温入关中,猛以巾褐谒之。温曰:江东无卿比也。秦国定多奇士,如生辈尚有几人?吾欲与之俱南。猛曰:公求可与拨乱济时者,友人薛威明其人也。温曰:闻之久矣。方致朝命。强闻之,自商山来谒。与猛皆署军谋祭酒。强察温有大志而无成功,乃劝猛止。俄而温败。乃苻坚立,猛见委任。其平阳公融为书,将以车马聘强,猛以为不可屈,乃止。及坚如河东伐张平,自与数百骑驰至强垒下,求与相见。强使主簿责之。因慷慨宣言曰:此城终无生降之臣,但有死节之将耳。坚诸将请攻之。坚曰:须吾平晋,自当面缚。舍之以劝事君者。后坚伐晋,军败,强遂总宗室强兵,威振河辅。强卒,辩袭统其营。"盖诸薛之在汾阴，根柢深固，不肯舍之而去。其不屈于苻坚，与其不肯随桓温而南，用意正同，非果能豫烛温之丧败也。诸薛虽仕于魏，而河东之蜀，党类迄未尝涣，延及秦、陇，亦多声气相通，迄周、齐之世犹然。《魏书·文成五王传》：河间王琛以讨汾晋胡、蜀，卒于军。长孙道生曾孙稚，正平郡蜀反，假镇西将军、讨蜀都督讨之。（《魏书·长孙道生传》）时则建兴蜀亦反，源贺孙子恭与稚合势进讨，大破之。（《魏书·源贺传》）孝昌二年，绛蜀反，费于之孙穆讨平之。（《魏书·费于传》）《傅竖眼传》：为益州刺史。及高肇伐蜀，假竖眼征虏将军、持节，领步兵三万先讨北巴。萧衍遣宁州刺史任太洪从阴平入益州北境，欲扰动氐蜀，以绝运道。氐蜀翕然从之。太洪率氐蜀数千围逼关城，竖眼遣宁朔将军成兴孙讨之。太洪遣军主边昭等率氐蜀三千攻逼兴孙栅。《尔朱兆传》：兆将入洛阳，招齐献武王，献武辞以山蜀未平，今方攻讨。（《北齐书·神武纪》云：辞以绛蜀、汾胡数反。）《尔朱天光传》：天光为雍州刺史，以讨万俟丑奴，赤水蜀贼断路，天光击破之。（此事亦见《周书》贺拔岳寇洛，《李弼》《侯莫陈悦传》皆云讨赤水蜀。）《自序》云：子建除东益州刺史。"正光五年，南、北二秦城人莫折念生、韩祖香、张长命相继构逆，金以州城之人莫不劲勇，同类悉反，宜先收其器械。子建以为城人数当行陈，尽皆骁果，安之足以为用，急之腹背为忧，乃悉召居城老壮晓示之。并上言：诸城人本非罪坐而来者，悉求听免。肃宗优诏从之。子建渐分其父兄子弟外居郡戍，内外相顾，终获保全。及唐永代之，群氐慕恋，相率断道。慰譬旬日，方得前行。东益氐、蜀寻反，攻逼唐永，永弃城而走。"《北齐书·封隆之传》：子子绘，为平阳太守，"大军讨复东雍，平柴壁及乔山、紫谷绛蜀等，子绘恒以太守前驱慰劳。"此所谓蜀，并即巴氏。《魏书·董绍传》云："萧宝夤反长安也，绍上书求击之，云：臣当出瞎巴三千，生噉蜀子。肃宗谓黄门徐纥曰：此巴真瞎也？纥曰：此是绍之壮辞，云巴人劲勇，见敌无所畏惧，非实瞎也。"其明证也。《周书·异域传》云："世宗时，兴州人段吒及下辩、柏树二县民反，氐酋姜多复率厨中氐、蜀攻陷落丛郡以应之。"姜为羌姓，而姜多复为氐帅，则氐、羌族类相近耳。

《魏书·自序》谓东益州城人莫不劲勇；徐纥亦谓巴人劲勇，见敌无所畏惧；则巴氏北迁之后，剽悍之性，初未失坠。《北史》载：魏孝文与朝臣论海内姓地人物，"戏谓薛谨孙聪曰：世人谓卿诸薛是蜀人，定是蜀人不？聪对曰：臣远祖广德，世仕汉朝，时人呼为汉臣。九世祖永随刘备入蜀，时人呼为蜀臣。今事陛下，是虏，非蜀也。帝抚掌笑曰：卿幸可自明非蜀，何乃遂复苦朕？"孝文虽虏，颇即华风，非苦人如唐太宗者；以蜀戏聪，明聪非蜀。然洪祚族叔安都实劲勇有气力，不下于杨大眼，久与之居，故当习而自化耳。

《后汉书·板楯蛮传》云："阆中有渝水，其人多居水左右。俗喜歌舞，高祖观之，曰：此武王伐纣之歌也。乃命乐人习之，所谓《巴渝舞》也。"汉初雅乐，实未沦亡，高帝之言，必有所据。乃晋以后所谓僚者，几于一无所知，何哉？夫巴在春秋时，久与楚有交涉，非固陋之国也。秦灭巴、蜀，疑尚有待于战国之时，岂有武王伐纣，乃能用剑阁以南之众？窃疑《牧誓》所谓庸蜀等，并不在后世之地。巴氏亦然，其与僚实同类而异种。氐处水滨，僚居山谷，氐人北徙，僚乃乘虚出居平地，浸至蔓延，尽由李势之失政也。率賨人从汉高定三秦者，名范因。秦中既定，封为阆中侯，前后《汉书》皆不载，见《晋书·乐志》。

丁 令

洪氏钧《元史译文证补》，谓：今日葱岭西北西南诸部，我国统称之曰回，西人则称为突厥。回纥之盛，威令未行于咸海、里海之间；其衰，播迁未越于葱岭、金山以外。突厥盛时，东自辽海以西至西海，万里；南自沙漠以北至北海，五六千里。极西之部可萨，亦曰曷萨。西国古籍，载此部名哈萨克，即曷萨转音；亦曰喀萨克，即可萨转音。里海、黑海之北，皆其种落屯集。又东罗马古书，载与突厥通使。东罗马即《唐书》之拂菻国也。种落繁多，幅员辽阔，匈奴而后，实惟突厥。而散居西土，亦惟突厥旧部为多。回纥、突厥之称，诚不敢谓己是而人非。予案洪氏此言，乃知二五而不知一十也。若举强部以概其余，则西人与突厥之交涉多，而在东土，则回纥为后亡，彼我所称，均未为失。若原其朔，则此族当正称曰丁令。突厥、回纥皆其分部之后起者耳。我之称回纥固非，彼之称突厥，亦未是也。

丁令之名，昉见于汉。（《山海经·海内经》："有钉灵之国，其民从膝以下有毛，马蹄，善走。"又黄佐《六艺流别》卷十七《五行篇》引《尚书大传》："北方之极，自丁令北至积雪之野，帝颛顼神玄冥司之。"陈氏寿祺《尚书大传辑校》采之。）亦作丁零，丁灵。异译作敕勒，又作铁勒。中夏称为高车。《北史》分高车、铁勒为二传，乃就其服于魏与未服于魏者分之，似无所据。《唐书》以回纥初与铁勒诸部并属突厥，仍列为铁勒十五部之一，而于突厥别为一传，不复著其为铁勒，亦未安也。

何以知突厥、回纥皆铁勒之分部也？曰：言语相同，为种族相同之铁证。洪氏于突厥、回纥言语之相同者，历举凡如干事，则二者必为同族无疑。《唐书》回纥本列为铁勒十五部之一。回纥又作袁纥。《魏书·高车传》，其种有表纥氏。表纥即袁纥之讹。又《北史·铁勒传》：独洛河北有韦纥。韦纥亦回纥之异译也。回纥之为铁勒，明白无疑。而突厥言语，与之相同，安得不为铁勒哉？又突厥兴于金山，金山固铁勒之地也。《北史》述突厥缘起，其一说曰：突厥之先，"伊折泥师都娶二妻，云是夏神、冬神之女。一孕而生四男。其一国于阿辅水、剑水之间，号为契骨"。契骨者，《唐书》所谓黠戛斯，古坚昆国。或曰居勿，曰结骨，其种杂丁令者也。又《魏书·高车传》云："或云：其先，匈奴之甥也。俗云：匈奴单于生二女，姿容甚美，国人皆以为神。单于曰：我有此女，安可配人？将以与天。乃于国北无人之地筑高台，置二女其上。曰：请天自迎之。经三年，其母欲迎之。单于曰：不可，未彻之间耳。复一年，乃有一老狼，昼夜守台嗥呼，因穿台下为空穴，经时不去。其小女曰：吾父处我于此，欲以与天。而今狼来，或是神物，天使之然。将下就之。其姊大惊，曰：此是畜生，无乃辱父母也。妹不从，下为狼妻而产子。后遂滋繁成国。故其人好引声长歌，又似狼嗥。"此说谓铁勒之先，出于匈奴单于之二女，与伊质泥师都娶二妻之说，颇有类似之处。又《北史》述突厥原起第一说，亦以突厥为狼种。突厥姓阿史那氏，以予考之，即《元秘史》帖赤那三字之异译，义谓狼也。（见《突厥与蒙古同祖》条。）然则突厥、铁勒，其谬悠传说，亦实不可分也。

　　《魏书》云："高车，盖古赤狄之余种也。初号为狄历，北方以为敕勒，诸夏以为高车、丁零。其语略与匈奴同，而时有小异。"赤狄余种，不知何所据而云然。征诸史传，铁勒之语亦无与匈奴类者。岂丁令种落有与匈奴近者，其种遂相杂，故其语多同，吾国人因别称之曰高车以与其余之丁零别与？赤狄余种之说，似又因其语与匈奴同而附会，以古以匈奴即狄也。高车传说既自托于匈奴之甥；又谓其先祖母，匈奴单于寘之国北无人之地；则高车故地，必在匈奴之北。谓其与匈奴相近，或不诬邪？《魏书》述高车之称所由来，谓其"车轮高大，辐数至多"。阿卜而嘎锡则谓古时其部侵掠他族，卤获至多，骑不胜负。有部人能制车，车高大，胜重载，乃尽取卤获以返，故以高车名其部。见《元史译文证补·康里补传》。铁勒种类，程度至低。能制车之部落，或亦其与匈奴近者与？推测之说，虽若可通，终未敢遂以为信已。（或云古代匈奴，实与汉族杂居大河流域。北荒之地，不得无人。今据《魏书》，则丁令、铁勒、实为狄历异译。狄历迭韵，简称之，固可但作一狄字。岂古称北族为狄，其原实指此族言之邪？此说于音译虽近，然丁令古代与汉族有交接之证据太乏，亦未敢遂以为信也。日本高桑驹吉曰：康里二字 Kankey 乃突厥语，谓车也。）

丁令居地

　　铁勒诸族，大者曰突厥，曰薛延陀，曰回纥。突厥至南北朝之末始盛；延陀、回纥之强，则当唐世矣。然其种落散布朔垂，实由来已久。突厥疆域之广，实由于此，非其力征经营，果有以超匈奴而几蒙古也。今就诸史所载铁勒居地，略为考索如下。

　　铁勒古称丁令，其名首见于《史记·匈奴列传》。《匈奴列传》云：冒顿"北服浑庾、屈射、丁灵、鬲昆、薪犁之国"。（《汉书》浑庾作浑窳，丁灵作丁零，鬲昆作隔昆，薪犁作新犁。

新犁上又衍一龙字。)《汉书·匈奴列传》云：郅支"北击乌揭，乌揭降。发其兵，西破坚昆，北降丁令"。《三国志注》引《魏略》云："呼得国在葱岭北，乌孙西北，康居东北，胜兵万余人。坚昆国在康居西北，胜兵三万人。丁令国在康居北，胜兵六万人。此上三国，坚昆中央，俱去匈奴单于庭安习水七千里，(《史记·索隐》亦引此语，而误作接习水。)南去车师六国五千里，西南去康居界三千里，西去康居王治八千里。或以为此丁令即匈奴北丁令也，而北丁令在乌孙西，似其种别也。又匈奴北有浑窳国，有屈射国，有丁令国，有隔昆国，有新犁国，明北海之南自复有丁令，非此乌孙之西丁令也。"案匈奴徙苏武北海上，丁令盗武牛羊，见《汉书·李广苏建传》。北海，今贝加尔湖，而此与坚昆、呼得接壤之丁令，则实在今西伯利亚西南境。隔昆、坚昆，一音之转，即唐时之黠戛斯。《唐书·回鹘传》："黠戛斯，古坚昆国也。或曰居勿，曰结骨。其种杂丁令，乃匈奴西鄙也。其君曰阿热。阿热驻牙青山。青山之东，有水曰剑河。"剑河即后世之谦河，在今唐努乌梁海境内。(见《元史译文证补·谦河考》。)安习水，今额尔齐斯河。乌孙，今伊犁。康居之地，起今伊犁之西，西讫里海，北抵咸海附近。(《元史译文证补·西域古地考康居奄蔡》)然则此三国之地，实在今西伯利亚境内，唐努乌梁海之西北，额尔齐斯河之东南，略当今吐鲁番诸县之正北。(《魏略》云坚昆中央，而《汉书》云，郅支降乌揭后，西破坚昆，北降丁令，则乌揭在坚昆之东，丁令在坚昆之西北。)其去北海，盖千里而遥。故《三国志注》诤其非一，然按诸后世史传，则丁令居地，实尚不止此也。(《北史》述铁勒诸部，胜兵最多者，不过三万，且皆已合若干部落。而《魏略》谓丁令胜兵六万，亦必合多部言之。)

《北史·铁勒传》云："铁勒种类最多。自西海之东，依山据谷，往往不绝。独洛河北，有仆骨、同罗、韦纥、拔也古、覆罗，并号俟斤，蒙陈、吐如纥、斯结、浑、斛薛等诸姓，胜兵可二万。伊吾以西，焉耆之北，傍白山，则有契苾、薄落职、乙咥、苏婆、那曷、乌护、纥骨、也咥、于尼护等，胜兵可二万。金山西南，有薛延施、咥勒儿、十盘、达契等，一万余兵。康国北，傍阿得水，则有诃咥、曷截、拨忽、比干、具海、曷比悉、何嵯苏、拔也末、谒达等，有三万许兵。得嶷海东西，有苏路羯、三素咽、蔑促、萨忽等诸姓，八千余。拂菻东，则有恩屈、阿兰、北褥、九离、伏唱昏等，近二万人。北海南，则都波等。虽姓氏各别，总谓为铁勒。"其地大略可征：西海，盖今里海。独洛河，今土拉河。伊吾，今新疆哈密县。焉耆，今新疆焉耆县。白山在其北。金山，今阿尔泰山。康国，今撒马儿干。得嶷海，疑今咸海。拂菻，则罗马也。

《新唐书》：铁勒，凡十五部：曰袁纥，即回纥，居薛延陀北娑陵水上。曰拔野古，漫散碛北，地千里，直仆骨东，邻于靺鞨。曰仆骨，在多览葛之东，地最北。曰同罗，在薛延陀北，多览葛之东，距京师七千里而赢。曰浑，在诸部最南。曰契苾，在焉耆西北鹰娑川，多览葛之南。曰多览葛，在薛延陀东，滨同罗水。曰都播，北濒小海，西坚昆，南回纥。曰骨利干，处瀚海北。其地北距海，去京师最远，又北度海，则昼长夜短，日入烹羊胛，熟，东方已明。曰白霫，居鲜卑故地，直京师东北五千里，与同罗、仆骨接。避薛延陀，保奥支水、冷陉山，南契丹，北乌罗浑，东靺鞨，西拔野古，地圆袤二千里，山缭其外。曰斛薛，处多览葛北。曰奚结，处同罗北。曰思结，在延陀故牙。（回纥在薛延陀北娑陵水，则延陀故牙，在娑陵水南。）娑陵水，今色楞格河。（《唐书》异译，亦作仙娥。）同罗水，亦今土拉河。都播北濒小海，盖今库苏古尔。骨利干北距海，仍即今拜喀勒湖。《地理志》：骨利干西十三日至都播，又北六七日至坚昆，道里符合。惟谓骨利干、都播二部落北有小海，冰坚时马行八日可度，一似骨利干、都播共濒一小海者然，则语欠分析。马行八日可度，自指拜喀勒湖，库苏古尔无此大。若谓都播亦濒拜喀勒，则道里不合。且北海自古不称小海，必《地理志》误。至《北史》云北海南则都播等者，以北海为大水，故举以为言；且言“等”，则非指都播一部也。鲜卑故地，当在今东北、蒙古之间。云圆袤二千里，山缭其外，则包今嫩江流域矣。

　　此族居地，盖自贝加尔湖西附金山之阴；又西，当库里鄂模，（伊犁河所注泊，今图作巴勒哈什。）咸海、里海之北，直抵黑海。东西绵亘，成一直线。南北朝以前，据漠南北之地者，为匈奴、鲜卑。其西则中国、匈奴狎主齐盟之城郭三十六国也。又其西，则乌孙也，大宛也，大月氏也。继大月氏而起者，则嚈哒也。皆强国也。故此族无由南牧。迨鲜卑渐次南迁，此族乃踵之而入色楞格、土拉二河流域，且东取鲜卑故地。其为魏所破，而迁诸漠南者，则史所谓高车也。留居漠北，为柔然所抚用者，则史所谓铁勒也。至南北朝之末，而此族之中，自有一强部起，则突厥是也。突厥之兴，适当柔然、嚈哒之衰，一举而皆为所破。散处之铁勒靡不臣之。而其疆域，遂大莫与京矣。延陀、回纥之盛，虽未能踵武突厥，抟东西为一体，然其种人之散布各地者固自若。此其所以自唐以后，仍为中西亚及东欧之一大族也。

丁令宗教

丁令诸族敬天地、日月、先祖，亦与匈奴同。《隋书·突厥传》："五月中，多杀羊马以祭天。"《北史·突厥传》："以五月中旬，集他人水拜祭天神。于都斤西五百里，有高山迥出，上无草树，谓之勃登凝梨，夏言地神也。"（此可见"因高祀高"之礼，意登封所由昉也。）又云："可汗恒处于都斤山。牙帐东开，盖敬日之所出也。此类乌桓。每岁率诸贵人，祭其先窟。"西突厥亦"岁使重臣向其先世所居之窟致祭焉"。又曰："以五月、八月聚祭神。"《高车传》："时有震死及疫疠，则为之祈福。若安全无他，则为之报赛。多杀杂畜，烧骨以燎，走马绕旋，多者数百匝。男女无大小皆集会。"又曰："文成时，五部高车合聚祭天，众至数万，大会走马，杀牲游绕，歌吟忻忻。其俗称自前世以来，无盛于此会。"此即匈奴蹛林之俗也。亦重休咎征。木杆可汗与周武帝约昏，武帝使逆女，突厥贰于齐，会有雷风之变，乃许使者以后归。（《周书·皇后传》）隋文帝之罪状突厥也，曰："彼地咎征妖作，年将一纪。乃兽为人语，人作神言，云其国亡，讫而不见。"（《隋书·突厥传》）文帝固好機祥，然唐太宗亦谓突厥"盛夏而霜，五日并出，三月连明，赤气满野"，（《唐书·突厥传》）则必彼中先有此等妖祥之说，然后中国从而摭拾之矣。又其见于《唐书》者：武德元年，始毕牙帐自破，明年而始毕死。天雨血三日，国中群犬夜号，求之不见，而处罗死。（均见《突厥传》。）"延陀将灭，有丐食于其部者，延客帐下，妻视客，人而狼首，主不觉，客已食，妻语部人共追之。至郁督军山，见二人焉，曰：我神也，薛延陀且灭。追者惧，却走，遂失之。果败此山下。"（《回鹘传》）又回纥人自述其亡国之事云："唐以金莲公主（宪宗女太和公主，穆宗时，下嫁登啰羽录没密施句主毗伽可汗。又三传而为黠戛斯所破。）女回纥葛励的斤。别建牙于和林之别力跋力答，言妇所居山也。又有山曰天哥里于答哈，言天灵山也。南有石山曰胡力答哈，言福山也。唐使与相地者至其国，曰：和林之盛强，以有此山也。盍坏之以弱其国？乃诡语葛励曰：既为昏姻，将有求于尔，其与之乎？福山之石，于上国无所用，而唐人愿见。葛励与之。石大不能动，唐人烈而焚之，沃以醇酢，石碎，辇去，国中鸟兽为之悲号。后七日，葛励卒。自是灾异屡见，民弗安居。传位者又数亡，乃迁于西州。"（语出虞集《高昌王世勋碑》，《元史·亦都护传》采之，而误西州为交州。）于内忧多患，一无所忆，而转传此荒诞不经之语，亦可以见其程度矣。（《北史·高车传》："俗不清洁，喜致震霆。每震，则叫呼射天而弃之，移去。来岁，秋，马肥，复相率候于震所，埋羖羊，然火拔刀，女巫祝说，似如中国被除，而群队驰马，旋绕百匝，乃止。人持一束柳楺回，竖之，以奶酪灌焉。"一震霆之微，亦以为祥而禳之。可谓甚矣。）

　　《唐书·黠戛斯传》，谓其呼巫为甘。黠戛斯虽白种，亦杂丁令，其语言多同回纥，此殆丁令语邪？柔然末主阿那瑰，兄曰丑奴。丑奴父曰伏图，伏图父曰那盖。那盖，可汗豆仑之叔父也。豆仑时，高车副伏罗部叛，部长阿伏至罗与从弟穷奇走车师之北，自立。豆仑与那盖分两道击之，豆仑数败，而那盖累捷。国人咸以那盖为天所助，杀豆仑而立之。卒，伏图立。时穷奇已为嚈哒所杀，虏其子弥俄突等。阿伏至罗亦以残暴，为其下所杀。立其宗人跋利延。吷哒将纳弥俄突，国人杀跋利延迎立之。伏图击弥俄突，败死于蒲类海北。丑奴立，壮健善用兵，西击高车，大破之，禽杀弥俄突，尽并叛者，柔然复盛，实中兴之主也，而以信巫亡其国。初，伏图纳豆仑之妻候吕陵氏，生丑奴、阿那瑰等六人。丑奴立后，忽亡一子，字祖惠，求募不能得。副升牟妻是豆浑地万，年二十许，为医巫。言此儿今在天上，我能呼得之。丑奴母子欣悦。后岁仲秋，在大泽中施帐幄，斋洁七日，祈请天神。经一宿，祖惠忽在帐中，自云恒在天上。丑奴母子抱之悲喜，大会国人，号地万为圣女，纳为可贺敦，授夫副升牟爵位，赐牛马羊三千头。地万既挟左道，亦有姿色，丑奴甚加宠爱，信用其言，乱其国政。如是积岁，祖惠年长，其母问之，祖惠言我恒在地万家，不曾上天；上天者，地万教也。其母以告丑奴，丑奴言地万悬鉴远事，不可不信，勿用谗言也。既而地万恐惧，潜祖惠于丑奴，丑奴阴杀之。魏明帝正光初，丑奴母遣莫何去汾李具列等绞杀地万。丑奴怒，欲诛具列等。会阿至罗（未详何人）侵丑奴，丑奴击之，军败，还，为母与其大臣所杀。立阿那瑰。十日，其族兄俟力发示发伐之，阿那瑰战败，南走归魏。阿那瑰母及其二弟，寻为示发所杀。（见《北史·蠕蠕》《高车传》。）案阿那瑰自降魏后，遂居漠南。北方诸部，非复威力所及，突厥遂以此时大张。向使仍居漠北，挟积世之声威，以摄服诸部，突厥之兴，或不至如是其速也。地万虽以色宠，其始实由巫进，亦可见巫风之足以亡人国矣。仆固怀恩之挟回纥入寇也，回纥有二巫，言此行必不战，当见大人而还。及与郭子仪盟，相顾笑曰：巫不吾欺也。其出兵必以巫卜可知。又其巫自谓能致风雨，亦常用之于行军。（见《唐书·回鹘传》。）《南史·蠕蠕传》："其国能以术祭天而致风雪，前对皎日，后则泥潦横流。故其战败，莫能追及。或于中夏为之，则不能雨。问其故，盖以暖云。"薛延陀之败，会雨雪，众辙踏，死者十八。《唐书》

谓"始延陀能以术槍神致雪，冀困绩师，及是反自敝"云。此即《悦般传》所谓"术人能作霖雨盲风大雪及行潦"者，(《北史·西域传》)盖北族之旧俗也。(《北史·突厥传》：可汗初立，近侍重臣等舆之以毡。随日转九回。每回，臣下皆拜。拜讫，乃扶令乘马，以帛绞其颈，使才不至绝，然后释而急问之，曰：你能作几年可汗？其主既神情瞀乱，不能详定多少，臣下等随其所言，以验修短之数。)

奚

奚众当唐时，未尝犯边，有劳征讨，致遭破坏；然其后反弱于契丹，岂以宴安致然邪？抑其众本寡弱也？南北朝时，奚分五部：曰辱纥主，曰莫贺弗，曰契箇，曰木昆，曰室得。有阿会氏，五部中最盛，诸部皆归之。(见《北史·奚传》)唐时，五部：曰阿会，曰处和，曰奥失，曰度稽，曰元俟折。(见《新唐书·奚传》)五代时五部：曰阿荟，曰啜米，曰粤质，曰奴皆，曰黑讫支，(《新五代史·奚传》)盖即唐五部异译。居幽州东北数百里之琵琶川。契丹太祖强，奚服属之，常为之守界上。契丹苛虐，奚王去诸怨叛，以别部西徙妫州，依北山射猎。(妫州北之山。)常采北山麝香、人参赂刘守光以自托。其族至数千帐，始分为东西奚。去诸卒，子扫剌立。庄宗破刘守光，赐扫剌姓李，更其名曰绍威。绍威卒，子捜剌立。初，绍威娶契丹女舍利逐不鲁之姊为妻。后逐不鲁叛，亡入西奚，绍威纳之。及幽、蓟十六州割，绍威与逐不鲁皆已死。契丹太宗北还，捜剌迎谒。太宗曰："非尔罪也；负我者，抓剌与逐不鲁尔。"乃发其墓，粉其骨而扬之。后太宗灭晋，抓剌常以兵从。其后不复见于中国。盖奚至是始尽入契丹。（见《新五代史·奚传》。）然奚在契丹中，尚为大部族。辽之亡，奚王回离保犹能拥众自立云。（奚之名，见于《辽史·属国表》者，西奚、东奚之外，又有乌马山奚。）

四裔传汉人文化

汉灵帝时，议击鲜卑。蔡邕谓"关塞不严，禁网多漏，精金良铁，皆为贼有；汉人逋逃，为之谋主，兵利马疾，过于匈奴"。（《后汉书·鲜卑传》）又《三国志》称轲比能："自袁绍据河北，中国人多亡叛归之，教作兵器铠盾，颇学文字。故其勒御部众，拟则中国。出入弋猎，建立旌麾，以鼓节为进退。"《后汉书》谓乌桓："妇人能刺韦作文绣，织氀毼。男子能作弓矢鞍勒，锻金铁为兵器。"疑皆中国人所教也。

契丹既与中国交通，其文明程度颇有进。契丹太祖之兴也，史称刘守光暴虐，幽、涿之人，多亡入契丹。阿保机又间入塞，攻陷城邑，俘其人民，依唐州县置城以居之。其后自为一部，治汉城。其地可植五谷，阿保机率汉人耕种，为治城郭、邑屋、廛市，如幽州制度，汉人安之，不复思归。又谓阿保机之久专旗鼓而不肯受代，实出汉人之教。（《新五代史·契丹传》）此虽未必然，然其自为一部，所用实系汉人，则彰彰矣。契丹隋世十部，兵多者不过三千，少者千余。大贺氏八部，胜兵合四万三千。阿保机会李克用于云中，乃以兵三十万；伐代北，兵四十万。（天祐二年）亲征幽州，旌旗相望数百里。此如林之旅，果何自来哉？契丹建国，诚以部族为爪牙。阿保机北讨南征，所俘降游牧之民亦不少。然《辽史》称其析本部迭剌部。为五院六院，宫卫缺然，乃分州县，析部族，以立宫卫军；述律后居守之际，又摘蕃、汉精骑为属珊军；凡三十万。则其兵实有汉人。(《魏书·蠕蠕传》：道武帝谓崔宏："蠕蠕之人，昔来号为顽嚣，每来抄掠，驾特牛奔遁，驱犍牛随之。特牛伏不能前，异部人有教其以犍牛易之者，蠕蠕曰：其母尚不能行，而况其子！终于不易，遂为敌所虏。今社仑学中国，立法置战阵，卒成边害。道家言圣人生，大盗起，信矣。")

以结昏姻求和亲

以女之于外国求和亲也，统一之后，自娄敬之建策始也。盖古列国间之为是者多矣，故敬初不以是为辱。然"齐景公曰：'既不能令又不受命，是绝物也。'涕出而女于吴"。则古固有迫而出此者矣。《唐书·新罗传》："贞观五年，献女乐二。太宗曰：'比林邑献鹦鹉，言思乡，丐还，况于人乎？'(《林邑传》：献五色鹦鹉、白鹦鹉，数诉寒，有诏还之。)付使者归之。"《高丽传》："其王藏遣使者，上方物，且谢罪，献二姝口。帝敕还之，谓使者曰：'色者人所重，然愍其去亲戚以伤乃心，我不取也。'"又玄宗开元中"献二女，帝曰：'女皆王姑姊妹，违本俗，别所亲，朕不忍留。'厚赐还之"。可谓盛德矣。及中宗以雍王守礼女为金城公主，妻吐蕃，念其年幼，"赐锦缯别数万，杂伎诸工悉从，给龟兹乐……帝为幸始平，帐饮，引群臣及虏使者宴酒所，帝悲涕嘘唏，为赦始平县，罪死皆免，赐民繇赋一年，改县为金城，乡曰凤池，里曰怆别。"肃宗以幼女宁国公主下嫁回纥，"帝饯公主，因幸咸阳，数慰勉。主泣曰：'国方多事，死不恨。'"此所谓念其远也，亦哀之矣。然卒不能庇而使之，违本俗，别所亲，岂不哀哉？宁国之下嫁也，汉中郡王瑀摄御史大夫，为册命使，可汗"引瑀入，瑀不拜。可汗曰：'见国君，礼无不拜。'瑀曰：'天子顾可汗有功，以爱女结好。比中国与夷狄昏，皆宗室子。今宁国乃帝玉女，有德容，万里来降，可汗天子婿，当以礼见，安踞受诏邪？'可汗惭，乃起奉诏，拜受册。翼日，尊主为可敦"。案淮阳壮王（道玄）弟道明送弘化公主于吐谷浑，坐漏言非帝女，夺王。而吐蕃言公主非帝女，我亦知之。则唐世公主下嫁，虽宗室子，皆冒称帝女，而瑀乃明言之，何邪？

貊族考

序云：少时读《周书·王会篇》，见其所列多汉世远国，以为汉以后人伪为之，不之信也。稍长，读义疏，见《王制疏》引李巡注《尔雅》，释九夷、八蛮、六戎、五狄，杂举汉后郡县夷狄之名，尤一笑置之。近考貊族事，见夫余、句丽开国传说，乃与淮泗间之徐偃王同，更上溯之秦、楚、殷、周，亦无不相类者，乃恍然于种落迁徙不恒厥居，古者对内之夷未尝不可播迁于塞外，而郡县建置亦多因部落旧名，《周书》及李巡之言，固皆非无据也。读书不能深思博考，而率尔致疑，亦缪矣。夫知种落迁徙，一部族之名先后相瞬，可以至于数百千里，持是以读古书，可以发前人所未发者，岂独《周书》与《尔雅注》两事。今亦未暇博考，姑举一二事言之。汉世大夏在妫水之滨，妫水今阿母河也。以西史证中籍，大夏即 Bactria 安息即 Parthia，明白无疑。安息之名，盖 Aisakidal 之音译，大夏则为中国旧名。《史记》言齐桓公西伐大夏，涉流沙。秦始皇帝二十六年《琅邪刻石》言：皇帝之土，西涉流沙，南尽北户，东有东海，北过大夏。今案：《礼记·王制》言四海之内，东不尽东海，西不尽流沙，南不尽衡山，北不尽恒山；则北户在衡山之南，大夏亦在恒山之北耳。夫安得在妫水之滨？然《史》《汉》于大夏皆不著其非先秦旧国，又不言称名之由来，何哉？读《周书·王会》暨《伊尹献令》，北方咸有大夏，而《献令》又有莎车，然后知汉世西域诸国，多本处内地，后乃远徙，出于玉门、阳关，而接乎葱岭也。《汉书·西域传》云："自且末以往，皆种五谷，土地草木，畜产作兵，略与汉同，有异乃记云。"今读诸国传，记其事者少，不记者多。又汉言诸国种，有塞、有氐羌；然明言其为塞若氐羌，或据其俗，可见其为塞若氐羌者亦少。则知三十六国，固多中原移殖之民。抑氐羌亦秦、陇、楚、蜀间民族也。汉族与氐羌可以西徙，何独至于莎车、大夏而疑之？然则妫水之滨大夏，殆即殷、周之世列于四门之国所移殖。虽史无可征，而种族法俗咸有可考，故史不明言也。不特此也，丁零、坚昆，亦汉后之远国也。《漢书·苏武传》言武居北海滨，丁零盗武牛羊。北海者，今贝加尔湖，而《三国志注》引《魏略》言坚昆在康居西北，丁零在康居北，并去匈奴单于庭安习水七千里，则在今额尔齐斯河之表矣。然《汉书》言冒顿北服浑窳、屈射、丁零、隔昆、龙、新犁之国，而《王会》正北有獫犁、其龙。獫犁、其龙即龙、新犁,新犁亦即李斯《谏逐客书》所谓乘纤离之马者。秦人得乘其马,其距秦必不甚远,然则丁零、坚昆,始亦当近中国,后乃随匈奴之远徙而北走也。大地之表,寒燠不同,肥硗亦异。文明之启,势不能不视其所处之境,故民族进化,迟速不同,后进之族,必藉先进之诱掖。夫以行事观之,则葱岭之东,北海之南,南海之北,殆无非我所教导者,先知先觉之称,我民族殆无愧矣。古之人所由"以东渐西,被朔南暨,声教讫于四海"自夸欤?然有文事者必有武备。我国民以文教之昌,武备遂落人后。今日者,我凤所启发之地,无不为他人所觊觎,浸至邱墓庐舍,游钓之乡,亦岌岌不自保,岂不哀哉!作貉族考,亦欲我国民思先烈而克自振拔也。中华民国二十三年四月二十六日,武进吕思勉自序。

古所谓四裔者,程度莫高于东夷,此读经、子者所共喻;而谓东夷之程度,高于三方,求诸后世之史籍,厥惟貉族足以当之,此又读史者所无异辞也。貉族名国,著称史籍者,曰夫余,曰高句丽,曰百济。又有不成为国,惟有若干邑落者,时曰沃沮,曰濊。丽、济同出夫余。夫余,《三国志》本传曰:"其印文言濊王之印,国有故城名濊城。"沃沮分为南北,言语法俗,大抵与丽同。南沃沮即汉乐浪东部都尉所主岭东七县之地,《三国志》谓其"皆以濊为民";(《志》又云:"其耆老旧谓与句丽同种。"种者,种姓。史于四夷言种姓,犹于中国言姓氏,可见夫余与濊,君长亦系同族。)其所出布名貉布。然则夫余、句丽、百济、沃沮及濊,皆古所谓濊貉也。

此族在东北,实为文化之先驱。所谓东北者,以地理言之,实在兴安岭之东南,渤海湾之东北,既异蒙古之沙碛,复殊西伯利亚之苦寒。而辽东,朝鲜两半岛,映出南方,尤得海上交通之便。日本三岛，以地理形势论，亦当属此区。此区中之文化，貉族实为之师长。日本之开化，由于朝鲜，人所共知。满族开化，始于渤海；继渤海而起者为金，继金而起者为清。渤海大氏，本臣属句丽。句丽灭，迁于营州。后因契丹李尽忠之乱东走。唐师追之，大氏因句丽、靺鞨之众以拒，乃克自立。金始祖函普，实高丽人。清人自神其种姓，托之天女所生。实据近人所考，其始受明建州卫指挥使之职者曰猛哥帖木儿，尝入侍朝鲜，受其官职，（见日本稻叶君山《清朝全史》，及近人孟森《心史史料》。）则亦朝鲜之臣仆耳。盖东北诸族，其开化，无非貉族所牖启者。诸族为我再传弟子，貉族则我之高第弟子也。

　　貉族之文化，何自来乎？然谓古代之朝鲜，即在后世朝鲜之地，终觉其说之难通。详见予所撰《朝鲜东迁之迹》条。古皆谓其出于箕子，（《汉书·地理志》："殷道衰，箕子去之朝鲜，教其民以礼义田蚕织作。乐浪朝鲜民犯禁八条；相杀以当时偿杀；相伤以谷偿；相盗者，男没入为其家奴，女子为婢；欲自赎者，人五十万，虽免为民，俗犹羞之，嫁娶无所雠；是以其民终不相盗，无门户之闭，妇人贞信不淫辟。可贵哉，仁贤之化也。"）今观夫余，在国衣尚白，祭天以殷正月，（见《三国志》。）其说诚有不尽诬者。古有所谓肃慎者，即后世之挹娄、靺鞨也。（知挹娄、靺鞨必为古之肃慎者，以楛矢石砮，至后世犹存；且《三国志》《晋书》本传及《史记·夏本纪索隐》引《括地志》，皆谓其长尺有咫，与《国语》《史记》《说苑》《家语》合也。据《晋书》，此族当魏景元末，及晋元帝中兴时，皆尝以楛矢石砮来贡；而据《宋书》及《南史》，宋大明中，高句丽又尝贡之；则其物得诸目击，非苟袭旧文者比矣。〇又此族，《后汉书》《三国志》皆称挹娄，而《晋书》仍称肃慎，云一名挹娄，此必其人仍以肃慎之名自通，不则当云挹娄古肃慎矣。《魏书·勿吉传》:"旧肃慎国也。"旧字盖指晋时言之,若指三代以前,亦当用古字也。)而《左氏》昭公九年詹桓伯让晋之辞,以之与燕、亳并列,为周之北土,与魏、骀、芮、岐、毕为西土,蒲姑、商奄为东土,巴、濮、楚、邓为南土者同科。(此濮在今河南、湖北之间,《国语》楚蚡冒始启濮,韦《注》谓为南阳之国;又《左氏》杜《注》,谓庸亦百濮夷是也。又此时之楚,尚在丹、淅二水之间,见《过庭录·楚鬻熊居丹阳武王徙郢考》。)若谓古代肃慎,即在后世挹娄、靺鞨之地,则今松花江上游,周初视之,已与河南北、山东西、陕西、湖北相等,此为情理所必无。然则肃慎殆亦始邻燕、亳,后乃播迁于今之吉林者也。肃慎如是,朝鲜何独不然?然则箕子封地,虽不可考,以理度之,恐不能在渝关之外也。朝鲜初封之地,虽不可考,而其播迁之迹,则略可稽。《史记·苏秦列传》载秦说燕文侯之辞曰:"燕东有朝鲜、辽东",此时朝鲜似尚在辽东之内。其后燕将秦开袭破东胡,置上谷、渔阳、右北平、辽西、辽东五郡,朝鲜盖以此时,播越塞表。肃慎、濊貊之北徙,当在是时。(详见《朝鲜东迁之迹》。)《三国志·辰韩传》云:"其耆老传世,自言古之亡人避秦役来适韩国。"《夫余传》亦云:"国之耆老,自说古之亡人。"十口相传,历时不能甚久。其相传甚久者,往往为荒唐之辞,如神话等。以辰韩证夫余,亦可知其东走,不过在战国之世也。

然则濊貊东徙之迹,尚有可考者乎?曰:有。今欲考其播迁之时,必先稽其故居之地。古书言濊貊者,始于《管子》。《小匡》篇云:"西征,攘白狄之地,遂至于西河,方舟投柎,乘桴济河,至于石沈。悬车束马,蹦太行与卑耳之貉,拘秦、夏。"卑耳之貉,当作卑耳之溪。《小问》篇曰:"桓公北伐孤竹,未至卑耳之溪"；《说苑·辨物》篇，亦谓桓公北征孤竹，未至卑耳溪，见知道之神，从之而太行，蹦之正入西河也。《荀子·强国》谓秦北与胡、貉为邻；《墨子·兼爱》以燕、代、胡、貉、西河之民并举；而《史记·封禅书》，桓公谓"寡人北伐山戎，过孤竹；西伐大夏，涉流沙；悬车束马，上卑耳之山"；可见胡、貉、秦、夏，四者相次。以大较言之：蹦太行，济卑耳，则涉西河，接胡、貉；益西为秦；自秦而西为夏；过大夏则入流沙。桓公兵力，未必至是，盖齐人侈言之。然诸国之地望必不误，此犹作寓言者，其事虽子虚，其名物必不妄也。独山戎，《左氏》谓其病燕；而《谷梁》曰："燕，周之分子也，贡职不至，山戎为之伐矣。"（庄三十年）则其地近于蓟；孤竹，《汉志》谓在辽西令支，今河北迁安县也；其地若不相及者。然《管子·轻重甲》曰："今寡人欲北举事孤竹、离枝。"《轻重戊》曰："桓公问于管子曰：代国之出何有？管子对曰：代之出，狐白之皮，公其贵买之。代民必去其本，而居山林之中。离枝闻之，必侵其北。"离枝即令支。孤竹、令支，当时皆近代；其地在北方，不在东北，故《孟子》言"伯夷辟纣，居北海之滨"也。（《离娄》上）《公羊》谓齐侯伐山戎，旗获而过我；《檀弓》谓孔子过泰山侧，有妇人哭于墓者而哀；《新序》亦记此事，而云孔子北之山戎；《论衡·遭虎》篇云孔子行鲁林中，《定贤》篇云鲁林中哭妇；则山戎实在泰山附近，其所病者，恐为南燕而非北燕。鲁济之遇，《左氏》曰："谋山戎也。"《说苑·权谋》亦曰："齐侯将伐山戎；孤竹，使人请助于鲁。"果在北燕之表，请助于鲁何为？而其还，亦安得旗获而过鲁邪？杜预《释例·土地名》，以北戎、山戎、无终三者为一，（昭公元年《疏》）说盖有所受之。北戎见于《春秋》者：僖公十年，齐侯、许男伐北戎。其见于《左氏》者：隐公九年侵郑，桓公六年伐齐。无终见于《左氏》者：襄公四年，遣使如晋，请和诸戎，魏绛劝晋侯许之，曰："戎狄荐居，贵货易土，土可贾焉。"又曰："边鄙不耸，民狎其野，穑人成功。"则其地必密迩晋。昭公元年，荀吴败无终及群狄太原，盖亦即晋阳之地耳。然则山戎在齐、晋、郑、许之间；孤竹在其北，近代；薉貉则在其西，近西河，与胡杂处，而邻于秦也。《韩奕》之诗曰："王锡韩侯，其追其貊。"此韩侯，郑以为即后来韩原之地，故谓梁山在左冯翊西北；而释"溥彼韩城，燕师所完"之燕师为平安时众民。王肃、孙毓，不满其说，乃以燕为北燕；（《释文》）而以涿郡方城县之寒号城为韩侯城；《水经·圣水注》：（方城，今河北固安县。）后儒亦有主其说者；皆由误以燕为北燕，谓驱蓟丘之众，于役韩原，为不可通耳。而不知《诗》明言韩姞，其为南燕而非北燕彰彰也。俞理初说，（见《癸巳类稿》。）知燕之为南燕，则韩之在韩原无可疑，而追、貊为王畿北面之国，亦无可疑矣。陈硕甫《毛诗传疏》，谓追、薉声相近，疑追貊即薉貊，徒据音读推测，更无他证。然以情事揆之，说亦可立。何者？《史记·赵世家》，载山阳侯朱书曰："余将赐女林胡之地，至于后世，且有伉王，奄有河宗，至于休溷诸貉。"所谓伉王，盖指武灵。此乃武灵王既辟西河之后，史氏造作此言，可见其时西河之地，仍有貉族居之，盖即《诗》之所谓追貊，《管子》之所谓薉貊也。郑《笺》又云："其后追也、貊也，为猃狁所逼，稍稍东迁。"此言未知所本。然观武灵王时，荐居西河者，实以林胡、楼烦为大，而薉貊无闻焉；又孤竹、离枝等，故近代者，咸有东徙之迹，则郑说疑亦有据。薉貊故处西河，后乃日徙而东北，其留者，盖仅如南山之小月氏矣。然西河故薉貊之所处，故言西河者犹举其名，而征略则不之及也。自此濊貊遂近北燕。《史记·燕世家》谓"燕北迫蛮貊",《货殖列传》谓"燕东绾濊貊、朝鲜、真番之利"是也。自五郡开,乃益被逐东北走。《汉书·武帝纪》:元朔元年,"东夷濊君南闾等口二十八万人降,为苍海郡"。此即《食货志》所谓"彭吴穿濊貊、朝鲜,置沧海郡"者,曰穿,则地必在朝鲜之表,(《史记·平准书》作"彭吴贾灭朝鲜,置沧海之郡"。彭吴贾与彭吴,未知孰是。言灭朝鲜,则《史记》似误,以是时朝鲜尚未灭也。)盖即后来岭东七县之地。然其部落,仍有留居北燕附近者。《高帝纪》:四年,"北貉、燕人,来致枭骑助汉"是也。濊貊东北徙之遗迹,可考见者如此。(《水经注》:清漳逾章武故城西,故濊邑也。枝渎出焉,谓之濊水。章武今河北大城、沧两县之地。此亦濊之近于北燕者。)

然当时之播越东北者,正不独濊貊一族也。《三国志·夫余传》云:"国之耆老,自说古之亡人。""其印文言濊王之印,国有故城名濊城。盖本濊貊之地,而夫余王其中,自谓亡人,抑有似也。"何以知夫余非即濊貊,而谓其王濊貊中?故老传言,当必有据。然谓夫余、濊貊,截然异族,则又不可。何者?果其君民异族,则其文化之间,彼此必有差异,然夫余与出于夫余之句丽、百济,其文化固与沃沮及濊大同也。《晋书·夫余传》,言"其国殷富,自先世以来,未尝被破",此亦非以同族人主者不能。然则夫余、丽、济之与濊貊,乃同民族而异其部落者耳。彼又何自来邪?曰:盖古之九夷也。

古释九夷者有二说:一《后汉书·东夷传》,所谓畎夷、于夷、方夷、黄夷、白夷、赤夷、玄夷、风夷、阳夷;一李巡注《尔雅》,所谓一曰玄菟、二曰乐浪、三曰高骊、四曰满饰、五曰凫臾、六曰索家、七曰东屠、八曰倭人、九曰天鄙者也。

（《礼记·王制孔疏》）《后汉书》之说，出于《竹书纪年》，（见《注》。）李巡之说，玄菟、乐浪，皆汉郡名；高骊即高句丽，凫臾即夫余，与倭人并汉世东北远国；以释古之九夷，毋乃不类？其余名目，尤雅记无征。故说经者多不之信也。然郡县名之不可为夷狄名；汉世之夫余、句丽与倭，其地与古之九夷不相及；李巡即固陋，岂不之知？又岂有伪造书史无征之名，而可以欺人者乎？古来作伪者多矣，有如是其拙者乎？然则李巡之说，殆有所本，特后人不之知耳。

且巡所举九夷之名，固不尽无征也。《周书·王会》：北方台正东有高夷，其西有屠州。西面者，正北方有良夷。高夷盖即高句丽，（高句丽但言高，《三国志·高句丽传》云："汉时赐鼓吹技人，常从玄菟郡受朝服衣帻。后稍骄恣，不复诣郡，于东界筑小城，置朝服衣帻其中，岁时来取之，今胡犹名此城为帻沟娄。沟娄者，句丽名城也。"《周书》云："自号曰高句丽，仍以高为氏。"此言实误。句丽，沟娄，同音异译。实缘其王氏高，故国号高句丽，犹华言高氏城耳。）良夷盖即乐浪。高句丽为种落名，又为汉县名，事极明白。然则乐浪、玄菟，事同一律，非李巡妄以汉郡县名为九夷之名，乃汉郡县固以种落名，而其种落，实有古之九夷在其中耳。屠州疑即东屠。州盖聚落之称，初但称屠，后或分为东西也。满饰疑即所谓满潘汗者。《魏略》云满潘汗，而汉有潘汗县，盖满与潘汗为二也。倭人盖亦即汉世之倭。晚周之世，海道交通颇盛，中国东方之夷，能浮海而至日本，其无足怪。惟天鄙不可考。至于索家，则予又因此而得妙悟焉。

《后汉书·夫余传》云："初，北夷索离国王出行，其侍儿于后妊身。王还，欲杀之。侍儿曰：前见天上有气，大如鸡子，来降我，因以有身。王囚之，后遂生男。王令置于豕牢，豕以口气嘘之，不死。复徙于马兰，马亦如之。王以为神，乃听母收养，名曰东明。东明长而善射，王忌其猛，复欲杀之。东明奔走，南至掩㴲水，以弓击水，鱼鳖皆聚浮水上，东明乘之得度，因至夫余而王之焉。"此事亦见《论衡·吉验》篇，索离作橐离；（《后汉书注》亦云："索或作橐，音度洛反。"）《三国志注》引《魏略》则作槀离，记事并大同。《梁书·高句丽传》，则谓句丽出自东明，东明本北夷橐离王之子。其下记事，亦与《后汉书》《魏略》《论衡》不异。槀离，橐离，并即高丽，显而易见，盖臆谓夫余之类惟有高丽而改之。然诸书皆言高丽出自夫余，不言夫余出自高丽，臆改者实误，索离，盖即索家也。

因此神话，又可推见古代貉族分布之广。《魏书·高句丽传》曰："高句丽者，出自夫余。自言先祖朱蒙。朱蒙母，河伯女，为夫余王闭于室中，为日所照，引身避之，日影又逐。既而有孕，生一卵，大如五升，夫余王弃之与犬，犬不食；弃之于路，牛马避之；后弃之野，众鸟以毛茹之。夫余王割剖之，不能破，遂还其母。其母以物裹之，置于暖处。有一男，破壳而出，及其长也，字之曰朱蒙。其俗言朱蒙者，善射也。夫余人以朱蒙非人所生，将有异志，请除之。王不听，命之养马。朱蒙每私试，知有善恶，骏者减食令瘦，驽者善养令肥。夫余王以肥者自乘，以瘦者给朱蒙。后狩于田，以朱蒙善射，限之一矢。朱蒙虽矢少，殪兽甚多。夫余之臣，又谋杀之。朱蒙母阴知，告朱蒙曰：国将害汝，以汝才略，宜远适四方。朱蒙乃与乌引、乌违等二人弃夫余东南走。中道，遇一大水，欲济无梁。夫余人追之甚急。朱蒙告水曰：我是日子，河伯外孙，今日逃走，追兵垂及，如何得济？于是鱼鳖并浮，为之成桥，朱蒙得渡，鱼鳖乃解，追骑不得渡。朱蒙遂至普述水，遇见三人：其一人着麻衣，一人着衲衣，一人着水藻衣，与朱蒙至纥升骨城，遂居焉。"其说与《后汉书》《魏略》《论衡》小异，而与《好大王碑》大同。（《好大王碑》曰："惟昔始祖邹牟王之创基也，出自北夫余，天帝之子，母河伯女郎，剖卵降出。"又曰：命驾巡东南下，路由夫余奄利大水。王临津言曰：我是皇天之子，母河伯女郎，为我连获浮龟。应声即为连获浮龟，然后造渡。于沸流谷忽本西城山上而建都焉。○《北史》同《魏书》，《周书》辞少略，惟其所本与《魏书》同则无疑。）惟碑又谓"黄龙来下，王于忽本东冈负龙，上升天"，为《魏书》所未及耳。今案《博物志》述徐偃王之事曰："徐君宫人，娠而生卵，以为不祥，弃之水滨。独孤母有犬，名鹄仓，猎于水滨，得所弃卵，衔以来归。独孤母以为异，覆暖之，遂蜕成儿。生时正偃，故以为名。徐君宫中闻之，乃更录取。长而仁智，袭徐君国。后鹄仓临死，生角而九尾，实黄龙也。偃王令葬之徐界中，今见狗垄。"此说与《魏书》《好大王碑》之说，相似已极，谓非同出一原不可也。然则徐与夫余、句丽，关系必极密矣。

昔人说貉，或以为在北方，（《孟子·告子》下赵《注》，《周官》职方郑《注》，《说文·豸部》貉字下。或以为在东北方，《周官·秋官》貉隶郑《注》，《诗》《周官正义》引《郑志》，《说文·羊部》羌字下。）无以为在南方者。《鲁颂》有"淮夷蛮貊"之文，《论语》有"蛮貊之邦"之语，（《卫灵公》）咸以为泛指异族之辞耳。夷、蛮、戎、狄等名，其初或有所专属，其后遂变为通称，此诚习见不足疑。然细考之，亦有不尽然者。四字之中，惟夷与其余三字，均可相属。戎狄二字，亦可连言。若蛮与戎狄，则从无举者。惟貊亦然。有夷貊，有蛮貊，无戎貊、狄貊也。然则泛指异族之辞者，仍与方位略有关系，貊不与戎狄相属，而与夷蛮相属，可知其初本在东南矣。《鲁颂·閟宫》之诗曰："奄有龟、蒙，遂荒大东，至于海邦，淮夷来同。"又曰："保有凫、峄，遂荒徐宅，至于海邦，淮夷、蛮貊。"皆以淮夷与徐、貊同称。《公羊》僖公十四年，"诸侯城缘陵，孰城之？城杞也。曷为城杞？灭也。孰灭之？盖徐、莒胁之。"《左氏》则曰："会于咸，淮夷病杞故。"十四年："诸侯城缘陵而迁杞焉。"此为徐即淮夷之证。(《左氏》昭公元年："周有徐、奄。"杜注："二国皆嬴姓。《书序》曰：成王伐淮夷，遂践奄。徐即淮夷。")盖以其地言之，则曰淮夷；以其族言之则曰貊；以其中之名国言之，则曰徐耳。孙仲容《墨子间诂》引李巡之说而辨之曰："《王制疏》所云，皆海外远夷之种别，此九夷与吴、楚相近，盖即淮夷，非海外东夷也。《书叙》云：成王伐淮夷，遂践奄。《韩非子·说林上篇》云：周公旦攻九夷而商盖服。商盖即商奄，则九夷亦即淮夷。故《吕氏春秋·古乐》篇云：成王立，殷民反，王命周公践伐之。商人服象，为虐于东夷，周公遂以师逐之，至于江南。又《乐成》篇云：犹尚有管叔、蔡叔之事，与东夷八国不听之谋。高《注》云：东夷八国附从二叔，不听王命。周公居摄，三年伐奄，八国之中最大，著在《尚书》。余七国小，又先服，故不载于经也。案东夷八国，亦即九夷也。春秋以后，盖臣属楚、吴、越三国；战国时，又专属楚。《说苑君道》篇，说越王句践与吴战，大败之，兼有九夷。《淮南子·齐俗训》云：越王句践霸天下，泗上十二诸侯，皆率九夷以朝。《战国策·秦策》云：楚苞九夷，方千里。《魏策》云：张仪曰：楚破南阳九夷，内沛，许、鄢陵危。《文选》李斯《上秦始皇书》，说秦伐楚，苞九夷，制鄢、郢。李《注》云：九夷属楚。若然，九夷实在淮、泗之间，北与齐、鲁接壤。故论语子欲居九夷。参互校核，其疆域固可考矣。"(《非攻中》)案孙说九夷之地是也，必谓其非海外东夷，则犹昧于种落迁徙之事。盖自商、周之间，至于秦、汉之世，其为时亦久远矣。后世种落迁徙，有数十百年之间而大异于其故者，何独至于三代、秦、汉之世而疑之乎？古书皆但言夷、蛮、戎、狄，《周官》独益之以闽、貉，（职方氏。）《礼记》（《明堂位》）《论语》（《子罕》）《尔雅》，皆言九夷，（《周书·伊尹朝献》：正东九夷。《墨子·节葬下》：禹东教乎九夷。）《周官》独有所谓九貉，知此九种者，以地言之则曰夷，以族言之则曰貉，《周官》之别九貉于四夷，盖以其在东夷中为最大耳。然则古所谓夷貉、蛮貉，固有所专指，而非尽泛称矣。

抑貉族之分布，尚有不止于此者。《鲁颂》曰："戎狄是膺，荆、舒是惩。"所谓戎者，盖指徐言之。徐之国虽在南，而其兵力尝及西北，故亦可称戎。（见予《江汉常武》条。）《费誓》曰"徂兹淮夷，徐戎并兴"是也。狄则足句辞耳。《閟宫》之诗，皆颂鲁平淮、徐之功，而必兼及荆、舒，则荆、舒之与淮、徐，必有关系可知。今案《史记·楚世家》云："楚之先祖出自帝颛顼高阳。高阳生称，称生卷章，卷章生重黎。重黎为帝喾高辛居火正，甚有功，能光融天下，帝喾命曰祝融。共工氏作乱，帝喾使重黎诛之而不尽。帝乃以庚寅日诛重黎，而以其弟吴回为重黎后，复居火正，为祝融。吴回生陆终。陆终生子六人，坼剖而产焉。其长一曰昆吾，二曰参胡，三曰彭祖，四曰会人，五曰曹姓，六曰季连，芈姓，楚其后也。"坼剖而产，《集解》引谯周、干宝，皆以为疑，而引修己背坼而生禹，简狄胸剖而生契；魏黄初五年，汝南屈雍妻王氏生男，从右胳下出，以为之解，殆失《史记》之意。坼剖而产，盖亦谓始生为卵，后乃破壳而出耳。（《史记》之文，与《大戴礼记·帝系》篇，大同小异。《帝系》篇云："陆终氏娶于鬼方氏，鬼方氏之妹谓之女隤氏，产六子，孕而不殒，三年，启其左胁，六人出焉。其一曰樊，是为昆吾；其二曰惠连，是为参胡；其三曰籛，是为彭祖；其四曰莱言，是为云郐人；其五曰安，是为曹姓；其六曰季连，是为芈姓。"《史记索隐》引《世本》同。惟籛作钱铿，莱言作求言，云郐人作郐人耳。《集解》又引《世本》曰："昆吾者，卫是也；参胡者，韩是也；彭祖者，彭城是也；郐人者，郑是也；曹姓者，邾是也；季连者，楚是也。"《戴记》《世本》之文，较《史记》为具。然启左胁而六人出，恐系后人以附会之辞改窜，非元文。《大戴记》无传授，昔人即不尽信也。《太平御览》引《帝系》此文，作"启其左胁三人出，右胁三人出"。）是楚与徐之神话，极相类也。舒当春秋时有舒庸、舒蓼、舒鸠、舒龙、舒鲍、舒龚，皆偃姓。（《左氏》文公十二年《正义》引《世本》。）偃姓皋陶后，与秦同祖；而秦楚之关系，又有极密者。《秦本纪》曰："秦之先，帝颛顼之苗裔孙曰女修。女修织，玄鸟陨卵，女修吞之，生子大业。"是秦所祖与楚同，而其神话亦极相类也。又曰："大业取少典之子，曰女华。女华生大费，与禹平水土。已成，帝锡玄圭。禹受曰：非予能成，亦大费为辅。帝舜曰：咨尔费，赞禹功，其赐尔皂游，尔后嗣将大出。乃妻之姚姓之玉女，大费拜受。佐舜调驯鸟兽，鸟兽多驯服，是为柏翳，舜赐姓嬴氏。"《索隐》曰："寻检《史记》上下诸文，伯翳与伯益是一人不疑，而《陈杞系家》，即叙伯翳与伯益为二；未知太史公疑而未决邪？抑亦谬误尔。"案《陈杞世家》之文，实漏彭祖而重出一益，予别有考。翳、益之为一人，则无可疑。此秦与舒同祖也。《左氏》文公五年："臧文仲闻六与蓼灭，曰：皋陶、庭坚不祀，忽诸！"《注》："蓼与六，皆皋陶后。"此蓼当即舒蓼。（此云蓼灭，而宣公八年又云"楚为众舒叛故，伐舒蓼灭之"者，春秋时国灭而复建者多矣，如舒鸠，于襄公二十五年，为楚所灭，而定公二年，吴子又使舒鸠氏诱楚人，亦其一例也。）其同类又有六；而徐与奄又皆嬴姓，（《左》昭元年杜《注》，见前引。《正义》云：《世本》文。）与秦同；然则秦与淮、徐、荆、舒，皆同出一祖矣。

更由此而上推，则商周先世之神话，亦有与此类者。《商颂》曰："天命玄鸟，降而生商。"郑《笺》谓"鳦遗卵，娀氏之女简狄吞之而生契"，（《史记·殷本纪》及《三代世表》褚先生引《诗传》说同。）说既极与徐、楚类。而《生民》之诗，咏后稷生于姜嫄之事曰："不坼不副，无灾无害。"郑《笺》于此无说。毛《传》乃云："凡人在母，母则病；生则拆副，菑害其母。"此必妄为之说。毛《传》不取纬候，后人或以此多之，其实古说自系如此，适见其为无本之学耳。诗又云："诞寘之隘巷，牛羊腓字之。诞置之平林，会伐平林。诞置之寒冰，鸟覆翼之。鸟乃去矣，后稷呱矣。"窃疑坼副状卵之破；不坼不副，言其卵未尝自破；无灾无害，盖亦如《魏书》之说，谓割剖等不能伤；鸟去而后稷呱，则亦如《魏书》《博物志》之言，谓以暖孚之，乃破壳而出耳。此说而确，则商周先世之神话，实与徐、楚、夫余、句丽大同。所谓剖左胁而出，以及坼背、剖胸，全系后人不解坼副字义，而妄行穿凿矣。《蜀本纪》云："禹坼副而生。"而其地有剖儿坪，《路史》引。亦此说之一证也。《论衡·奇怪》篇引儒者之说曰："禹、高逆生，闿母背而出，后稷顺生，不坼不副，不感动母体。"说与《蜀本纪》岐异。盖《蜀本纪》为旧说，《论衡》所引，则附会之说也。徐与句丽神话皆托之于龙，似起于近海之处，正是九夷之地。吾国开化，肇自羲、农，地皆在今山东，实与九夷相接。黄帝之族，起自河北，兵力虽视羲、农之族为强，开化实较羲、农之族为晚。凡后起之国，往往蹈袭先进之族之文化。殷周皆黄帝后，得毋其神话，实窃之于东方近海之国欤？邈哉尚矣，弗可得而质矣，然其事则殊可深长思也。

抑古之所谓东夷及嬴姓、芈姓之族，其与西北民族争斗之迹，则通古史，犹有可考见者焉。《国语·郑语》：史伯述祝融之后凡八姓：曰己、曰董、曰彭、曰秃、曰妘、曰曹、曰斟、曰芈。夏之霸曰昆吾，商之伯曰大彭、豕韦。昆吾，己姓；大彭，彭姓；豕韦，彭姓之别也。（韦《注》）史伯言斟姓无后，然夏之亡于寒浞，实依斟灌及斟寻，则斟虽无后于周时，初非无国于夏代。以斟灌、斟寻为夏同姓之国者盖非。桀之亡也，昆吾实与之俱。而汤于伐昆吾之先，又尝伐韦、顾，（《诗·商颂》）夏师败绩，汤遂伐三嬰；（《史记·殷本纪》）豷夷氏则董姓也。《左氏》载椒举之言曰："夏桀为仍之会，有缗叛之；商纣为黎之蒐，东夷叛之。"（昭公四年。《韩非子·十过》："纣为黎丘之盟，而东夷叛之。"）又载叔向之言，谓"桀克有缗以丧其国，纣克东夷而陨其身。"昭公十一年。缗者，有仍之姓。（《史记·吴世家集解》引贾逵说。）帝相之灭，后缗方娠，逃出自窦，归于有仍。（《左氏》哀公元年）以患难相依、昏姻之国而至于叛离，桀之亡盖有由矣。《说苑·权谋》篇曰："汤欲伐桀。伊尹曰：请阻乏贡职，以观其动。桀怒，起九夷之师以伐之。伊尹曰：未可。彼尚能起九夷之师，是罪在我也。汤乃谢罪请服，复入贡职。明年，又不供贡职。桀怒，起九夷之师。九夷之师不起。伊尹曰：可矣。汤乃兴师伐桀而残之。"案《春秋》桓公五年，"仍叔之子来聘"，《谷梁》作任叔，则仍、任二字古通，古之有仍，即春秋之任国，实亦东夷之地。有缗之叛，与九夷之不起，事正相因。此可见夏与祝融之后及东夷，关系之密也。大彭，即春秋时彭城，正东夷形胜之地，而殷之末世灭之，（《楚世家》）似乎自翦其羽翼者。楚庄王谓"纣之百克，而卒无后"，（《左氏》宣公十二年）合诸叔向之言，又似纣之兵力甚强，特疲敝于东，致为西方之周所乘者。书缺有间，难以质言。然纣之亡也以妲己，妲已不知果有逸德，足以亡殷与否，而己姓于殷为昏姻之国，则信而有征矣。而嬴姓之奄与淮夷、徐戎，尤为殷之强辅。《孟子》言："周公伐奄，三年讨其君。"（《滕文公》下）《墨子》亦言："周公旦非关叔，辞三公，东处于商盖。"（《耕柱》）商盖，即商奄也。（王怀祖云："盖字古与盍通。盍奄草书相似，故奄讹作盍，又讹作盖。《韩子·说林》：周公旦已胜殷，将攻商奄，今本奄作盍，误与此同。昭二十七年《左传》吴公子掩余，《史记·吴世家》《刺客传》并作盖余，亦其类也。"孙仲容《间诂》曰："王说是也。"）《史记·秦本纪》云："蜚廉生恶来，恶来有力，蜚廉善走，父子并以材力事纣。周武王之伐纣，并杀恶来。是时蜚廉为纣石北方，还，无所报，为坛霍太山而报，得石棺。铭曰：帝令处父，不与殷乱，赐尔石棺以华氏。死，遂葬于霍太山。"与《孟子》言"驱飞廉于海隅而戮之"（《滕文公》下）不合。窃疑《秦纪》之言，有所讳饰，然其言不与殷乱则真矣。盖禄父叛周之时，又起而佐之，以致为周所戮。窃疑伐奄三年讨其君，与驱飞廉于海隅而戮之，正是一事，飞廉即奄君也。奄之地在鲁，（《左昭》九年《疏》引服虔。《说文·邑部》："郁，周公所诛郁国在鲁。"又《史记·周本纪集解》引郑："奄国，在淮夷之北。"）其南为大彭故墟，又其西则徐。（《汉志》临淮郡，治徐县，春秋时徐子国，今安徽盱眙县也。案徐疆域颇广。《说文·邑部》："邾，邾下邑地，鲁东有徐戎。"《史记·鲁世家》：顷公十九年，"楚伐我，取徐州"。徐广曰："徐州，在鲁东，今薛县。"《索隐》引《郡国志》曰："六国时曰徐州。"此今山东滕县地。盖徐盛时，疆域尝至此。）奄之抗周也，淮夷、徐戎并兴，鲁公伯禽实征之。见《书·费誓》。奄既亡，以其余民封伯禽于少皞之虚。《左氏》定公四年。淮夷、徐戎盖未尝大破，故数传之后，徐偃王复乘缪王之好游，起而自王焉。（详见予《江汉常武》条。）是役也，蜚廉之后造父实助穆王，东归平乱，（见《史记·秦本纪》。《赵世家》云："造父为缪王御，长驱归周，一日千里。"自系传说非实。然造父之党于周，必不虚也。）由是获封于赵城，虽赵氏之族，由此而大，然忘亲事仇，实愧见蜚廉于地下矣。偃王稍后而楚始强。（《楚世家》言熊渠当夷王时。）熊渠封长子康为句亶王，中子红为鄂王，少子执庇为越章王。越章，即豫章，地在今安徽当涂，（见《楚鬻熊封丹阳武王徙郢考》。）九夷之服属于楚，当始于是。及齐桓称霸，与楚争九夷甚烈。僖公四年，桓公伐楚，"还而齐人执陈辕涛涂。涛涂谓桓公曰：君既服南夷矣，何不还师滨海而东，服东夷且归？桓公曰：诺。于是还师滨海而东，大陷于沛泽之中，顾而执涛涂。"（《公羊》僖公四年。《左氏》曰："陈辕涛涂谓郑申侯曰：师出于陈、郑之间，国必甚病；若出于东方，观兵于东夷，循海而归，其可也。申侯曰：善。涛涂以告，齐侯许之。申侯见，曰：师老矣，若出于东方而遇敌，惧不可用也；若出于陈、郑之间，共其资粮屝屦，其可也。齐侯说，与之虎牢，执辕涛涂。"一似齐桓闻申侯之言而悟，遂未尝东略者。盖其叙事有漏，正无妨虎牢之赏，为既陷沛泽后追思之举也。《左氏》本出《国语》，多记士大夫言行，叙军国之事转略，观邲之战可见。）是役盖攻东夷而败。然十五年，楚人伐徐，《左氏》曰："徐即诸夏故也。"则桓公之经略，颇有成绩矣。是时，助桓公经略淮、徐者为鲁，《鲁颂》盛夸其功伐；而党于淮、徐者邹、莒，（缘陵之役，已见前。僖公十六年，有淮之会，《左氏》曰：

"谋鄫，且东略也。"二十一年，邾人灭须句。二十二年，僖公伐而复之，旋复有升陉之败。《檀弓》曰："邾娄复之以矢，盖自战于升陉始也。"可见邾娄风气之强悍，及其仇鲁之深。）邹、莒则出自祝融之曹姓之后也。《管子》夸齐桓"北伐山戎，制令支，斩孤竹，而九夷始听"。（《小匡》）宰孔之告晋侯曰："齐侯不务德而勤远略，故北伐山戎，南伐楚，西为此会也。东略之不知，西则否矣。"（《左氏》僖公九年）可见齐桓东略之勤。当时争霸，实在中原之地，而勤于东略如此，盖楚之强，实以九夷为之辅，故欲披其党而分其势也。齐桓既亡，宋襄继起图霸，使邾文公用鄫子于次睢之社，欲以属东夷。（《左氏》僖公十九年）齐、鲁谋鄫以拒邾，宋襄所为，适与相反，盖兵力不足，故以此示招怀，其意盖亦欲携之于楚，然此等诈谋，卒无所用，而有泓之败。自是楚势大张，鲁且析而入之，而以其师伐齐焉。晋文崛起，运其谲而不正之智，齐、秦与宋，皆为之辅，乃获助楚于城濮。然至文公九年，晋君少，不在诸侯，楚公子朱遂自东夷伐陈。此可见楚之有资于东夷。晋虽合北方之诸侯，力终不足服楚，乃有通吴以挠楚之举。（《左氏》成公六年）其谋发自巫臣，而巫臣之有憾于楚，实以夏姬之故。（《左氏》成公二年）其事殊诙诡可喜，然恐传说非实。传说之事，往往以一妇人为之经纬，（如《蒙古源流》书中如夏之妹喜，殷之妲己，周之褒姒，楚之夏姬，吴之西施，实皆此种性质。）吴之先，"断发文身，赢以为饰"；（《左氏》哀公七年）乘车、射御、战陈，皆有待于巫臣之教而后能；其文明程度，实远较淮、徐之夷为低，而晋人不恤屈己以通之；而吴自是亦遂世睦于晋以谋楚。虽曰远交近攻，外交之策宜然，得毋以其同为姬姓故，其情易亲欤？而吴、越世仇，其相龃龉尤甚。夫夫差之于句践，固有杀父之仇；句践之于夫差，亦有灭国之怨。然自阖庐以上，其相龁齮，又何为哉？《国语》《世本》，皆云越为芈姓，得毋越之仇吴，正犹吴之亲晋，皆由种姓同异使之然欤？（详见《越之姓》条。）吴、越皆断发文身，九夷则初无此俗。（《左氏》昭公三十年："吴灭徐，徐子章禹断其发，携其夫人，以逆吴子"，盖从其俗以示服。杜《注》谓"自刑示惧"，非也。）楚成王之使献天子也，天子赐胙，曰："镇尔南方夷、越之乱。"（《楚世家》）《荀子》亦曰："干、越、夷、貉之子，生而同声，长而异俗。"（《劝学》）以夷与越分言，其确为两族可知。（《春秋》昭公五年，楚子、蔡侯、陈侯、许男、顿子、沈子、徐人、越人伐吴。《左氏》云："楚子以诸侯及东夷伐吴。"诸侯指蔡、陈、许、顿、沈五国，东夷指徐、越也。越与吴同俗，而与徐同称东夷，此亦越之君与楚相近之一证。）夫以吴之强，能沟通江、淮，且遣偏师入海以伐齐，宁不能溯江以攻楚？然而入郢之役，必有待于大隧、直辕、冥阨之开，则以东夷大抵从楚也。（巫臣之通吴也，《左氏》言"蛮夷属于楚者，吴尽取之"，此所谓蛮夷，盖即群舒之类，实当吴沿江上溯之路者也。然嗣后吴楚之争，大抵在南巢以下，可见吴实未大得志。哀公十九年春，"越人侵楚，以误吴也"。"秋，楚沈诸梁伐东夷。三夷男女及楚师盟于敖。"三夷，盖即越之所侵，可见入郢之后，东夷仍多属楚。）不特此也，秦除缪公之世尝一与晋亲外，率皆助楚以掎晋。昭王之出走，惟秦人不惮远役，以却吴师；亦惟越人批亢捣虚，以蹻吴后。则民族之亲疏同异，又有隐然可见者。太公初封，莱夷即与之争国；晋居深山之中，戎狄之与邻，而远于王室；王灵不及，拜戎不暇。以视秦杂戎狄之俗；楚荜路蓝缕，崎岖山林之间者，又何以异？而秦自缪公修政，东境至河，宗周故壤，悉为所据，其视东方，亦何多让？楚之久侪于声明文物之国，与晋狎主齐盟者，更无论矣。然山东诸国，率皆以夷狄遇之，得毋非尽文野之殊，亦有民族异同之见欤？邈哉尚矣，弗可得而质矣，然其事则殊可深长思也。

孟子之难白圭也，曰："子之道，貉道也。"又曰："夫貉，五谷不生，惟黍生之，无城郭宫室宗庙祭祀之礼，无诸侯币帛饔飧，无百官有司，故二十取一而足也。"（《告子》下）此盖指南方之貉言之。若北方之濊貉，东北徙而为夫余、句丽、百济者，则固有城郭宫室宗庙祭祀之礼；有诸侯币帛饔殖；有百官有司矣。然则北方之貉，文明程度，实较南方为高。然孟子又曰："欲轻之于尧、舜之道者，大貉、小貉也；欲重之于尧、舜之道者，大桀、小桀也。"此语亦见《书·大传》及《公羊》，（宣公十五年）盖儒家所常道。然则貉与中国所异者，征敛轻重之间耳，其立法固相类矣。在四夷之中，实惟貉差堪与中国比拟也。此子所以欲居九夷欤？

《生民》之诗曰："克禋克祀，以弗无子。"《传》《笺》皆以为高禖之祀。高禖之祀，以燕至之月，可见其与殷之神话相关，而其礼实著于《月令》。《月令》者，古明堂行政之典，然授朔以九月，武职以尉名，则其篇籍实传自秦。《秦始皇本纪》曰："始皇推终始五德之传，以为周得火德，秦代周，德从所不胜。方今水德之始，改年始、朝贺，皆自十月朔。衣服旄旌节旗皆上黑。"而《封禅书》言："秦始皇既并天下而帝，或曰：黄帝得土德，黄龙地见；夏得木德，青龙止于郊，草木畅茂；殷得金德，银自山溢；周得火德，有赤鸟之符；今秦变周，水德之时。昔秦文公出猎，获黑龙，此其水德之瑞。于是秦更命河曰德水，以冬十月为年首，色尚黑。"案授朔以九月，则秦之以十月为岁首，所由来者旧矣。《封禅书》又曰："自齐威、宣之时，驺子之徒论著终始五德之运，及秦帝，而齐人奏之，故始皇采用之。"恐未必然也。《三国志》言夫余以殷正月祭天，而句丽及濊，皆以十月。盖貊族旧有二法，夫余同于殷，句丽及濊，则同于秦也。《封禅书》又言："秦以冬十月为岁首，故常以十月上宿郊见，通权火，拜于咸阳之旁，而衣尚白。"则其后来虽尚黑，其旧俗实有同于殷者，亦可见诸族关系之密矣。（《封禅书》："秦襄公始作西畤，祠白帝；宣公作密畤，祭青帝；灵公作吴阳上畤，祭黄帝；下畤，祭炎帝；而独不闻有黑帝之祠。高帝二年，东击项籍，而还入关，问故秦时上帝祠何帝也？对曰：四帝：有白、青、黄、赤帝之祠。高祖曰：吾闻天有五帝，而有四，何也？莫知其说。"窃疑秦以黑帝为感生帝，祠之特异于四帝，非无祠也。）

刘申叔尝言："八卦五行，各为一教。周信八卦，殷信五行。有扈氏居西方，而夏启征之，以威侮五行为其罪状，盖八卦之教行于西，五行之教行于东。武王虽问《洪范》于箕子，盖未尝用其说也。"案周人果背五行与否，难定；夏、殷之信五行，则彰彰矣。九畴锡于夏后，《洪范》传自胥余，则其征也。《史记》谓匈奴出于夏桀，说实不诬，予别有考。见《匈奴为夏后氏苗裔》条。而匈奴之于五行，即极尊信。日上戊己，祭天神以戊日。其围高帝于平城也，其骑：西方尽白，东方尽駹，北方尽骊，南方尽骍。此其久知十千及方色之征，断不能谓为偶合也。貊族诸国亦然。《周书·百济传》谓"其王以四仲之月祭天及五帝之神"，又谓其"都下有万家，分为五部：曰上部、前部、中部、下部、后部。城之内外民庶，及余小城，皆分隶焉。"此即《三国志》所谓"诸加别主四出道"者，亦五官之制也。（朱蒙与乌引、乌违同行，其后又遇三人，亦适合五官之数。）

貊族又有浮海而东者，时曰扶桑。扶桑之地，以予考之，实当在美洲，而希勒格氏著书，谓在堪察加半岛，（见近人冯承钧译《中国史乘中未详诸国考证》。）姑勿具论，其为貊族之分支，则彰彰也。（国王名乙祁，贵人称对卢，皆句丽语。又句丽，其昏姻，方语已定，女家作小屋于大屋后，名婿屋。婿暮至女家户外，自名跪拜，乞得就女宿。如是者再三，女父母乃听，使就小屋中宿。至生子已长大，乃将妇归家。而扶桑，其昏姻，婿往女家门外作屋，晨夕洒扫。经年而女不悦，即驱之；相悦，乃成昏。其俗亦相类。）扶桑之俗，衣色随年改易。甲乙年青，丙丁年赤，戊己年黄，庚辛年白，壬癸年黑，虽与《月令》之随时改易不同，然其原实出于一，则亦不容疑也。

《三国志·高句丽传》谓："其国东有大穴，名隧穴，十月国中大会，迎隧神还于国东上祭之，置木隧于神坐。"此制于中国无征，然亦合因地事地之义。又《濊传》，言其俗"祭虎以为神"。案《左氏》言楚子文之生，"邙夫人使弃诸梦中，虎乳之。邙子田，见之，惧而归，以告，遂使收之。"宣公四年。邙固祝融之后；而此说与夫余王之弃朱蒙，亦极相类，似非偶然。又《周书·高丽传》，谓其"有神庙二所：一曰夫余神，刻木作妇人之象；一曰登高神，云是其始祖夫余神之子。并置官司，遣人守护，盖河伯女与朱蒙云"。此亦犹周人特立姜嫄之庙也。

《书》曰："高宗谅阴，三年不言。"而废立之事，惟伊尹尝一行之，盖其君权故轻也。《宋书·扶桑传》，谓其"嗣王立，三年不亲国事"；而《三国志·夫余传》，谓"旧夫余俗，水旱不调，五谷不熟，辄归咎于王，或言当易，或言当杀"，岂犹有殷之遗风欤？

貊族之俗，与中国类者，莫如丧礼。案《礼记·杂记》载孔子之言曰："少连、大连善居丧，三日不怠，三月不懈，期悲哀，三年忧，东夷之子也。"此则淮泗之夷，其俗亦与北方之貉类。又夫余，杀人殉葬，多者百数，而诸国皆好厚葬，其俗亦颇类于秦。

貉族用刑，最为严急。《三国志·夫余传》云："杀人者死，没其家人为奴婢。窃盗者一责十二。男女淫，妇人妒，皆杀之。尤憎妒，已杀，尸之国南山上，至腐烂。女家欲得，输牛马，乃与之。"《周书·高丽传》："其刑法：谋反及叛者，先以火焚爇，然后斩首，籍没其家。盗者，十余倍征赃，若贫不能备，及负公私债者，皆听评其子女为奴婢以偿之。"案《韩非》言："殷之法，刑弃灰于街者。"（《内储说》。又曰："一曰：殷之法，弃灰于道者断其手。"得毋用法之峻，亦有由来邪？观前所引《汉书·地理志》之文，亦可见殷人用法之峻。）

貉族发现西半球说

近人《法显发见西半球说》云："《法显佛国记》云：弘始二年，岁在己亥，与慧景、道整、慧应、慧嵬等同契，至天竺寻求戒律。初发长安，六年，到中印国。停经六年，到师子国。同行纷披，或留或亡。即载商人大舶上，可有二百余人。得好信风。东下。三日，便直大风，舶漏水入。商人大怖，命在须臾。如是大风，昼夜十三日，到一岛边。潮退之后，见船漏处，即补塞之。于是复前。大海弥漫无边，不识东西；惟望日月星宿而进。若阴雨时，为逐风去，亦无所准。当夜暗时，但见大浪相搏，恍若火色。商人荒遽，不知那向。海深无底，又无下石住处。至天明已，乃知东西，还复望正而进。若直伏日，则无活路。如是九十许日，乃到一国，名耶婆提，其国外道婆罗门兴盛，佛法无足言。停此国五月日，复随他商入大船，亦二百许人；赍五十日粮。以四月十六日发，东北行趣广州。一月余日，夜鼓二时，遇黑风暴雨，于是天多连阴，海师相望僻误，遂经七十余日。即便西北行求岸。昼夜十二日，到长广郡界牢山南岸。得好水菜，知是汉地。或言未至广州，或言已过，莫知所定。即乘小舶，入浦觅人，得两腊人，即将归；今法显译语问之，答言此是青州长广郡界，统属晋家。是岁晋义熙十二年矣。案师子国，即今锡兰。本欲自锡兰东归广州，乃反为风所播，东向耶婆提国。耶婆提者，以今对音拟之，即南美耶科施尔国；直墨西哥南，而东滨太平洋。科音作婆者，六代人婆、和两音多相混。如婆薮槃豆，一译作和修槃头，是其证。耶婆提，正音作耶和提，明即耶科陀尔矣。世传墨西哥旧为大国，幅员至广，则耶科陁尔，当时为墨西哥属地无疑。所以知耶科提必在美洲，非南洋群岛者，自师子国还向广州，为期不过四十六日。(据《唐书·地理志》。)故法显失道，商舶亦赍五十日粮。今遭大风，昼夜十三日，始至一岛，又九十日而至一国，合前三日计之，已得一百六日；是东行倍程可知。况南洋师子国，途次悉有洲岛；当时帆船，皆傍海而行，未有直放大洋者。今言海深无底，不可下石，而九十日中，又不见附海岛屿，明陷入太平洋中，非南洋群岛。逮至耶婆提国，犹不知为西半球，复向东北取道；又行百余日，始折而西。夫自美洲东行，又百许日，则还绕大西洋而归矣。当时海师，不了地体浑圆，惟向东方求径，还绕太西，进行既久，乃轶青州海岸之东，始向西北折行，十二日方达牢山。是显非特发见美洲，又还绕地球一周也。然据《佛国记》言：耶婆提国，已先有婆罗门，特无佛法。则法显以前，必有印度人遇风漂播至此者，故婆罗门教得传其地。又观美洲山脉，横贯南北者，在北美曰落迦，南美曰昂底斯。落迦本印度称山之语，如补陀落迦，咀落迦，弹落迦，竭地落迦是也。落迦冈底斯为西藏大山，即葱岭所自起。美之山脉，莫长于昂底斯，正与葱岭等，明昂底斯亦即冈底斯音转。斯皆以梵语命山，益明婆罗门曾先至美洲，特以姓名不著，而尸其名者独在法显，斯可为梵国前哲悲，亦为汉土尊宿幸矣。"予案观《宋书·四裔传》，则知印人浮海而东者，自古即极多。婆罗门之先至美洲，非必如原文所云，出于遇风漂播，特其与貉族之至美洲，孰为先后，则尚不可知耳。

　　近人《异闻录》云："《山海经·海外东经》言汤谷上有扶桑，十日所浴。《淮南子·天文训》言日出于汤谷，浴于咸池，拂于扶桑。此皆悠缪之谈。然《梁书》确有扶桑国。齐永元元年，其国有沙门慧深，来至荆州。云扶桑在大汉国东二万余里。近西人诺哀曼（Nemnarm），推度其地，谓即美洲墨西哥。此说未知确否。特墨西哥建国甚早。与闽粤沿海诸地，同一纬线，中隔太平洋，在齐梁时，非不能与中华交通。《梁书》言扶桑国多扶桑，故以为名。扶桑叶似桐，而初生如笋。绩其皮为布，以为衣，亦以为棉。其文字以扶桑皮为纸。今考墨西哥特产之植物，则有摩伽（Magney）。其学名曰 AgaveAmericana。土人亦名百岁花，谓经百岁始一花。其物多纤维。古时墨西哥象形文字，皆书于摩伽叶。此犹印度之贝叶，埃及之巴比利叶。若遽谓摩伽即梁时之扶桑，恐亦近于附会。但齐、梁时由中国东行二万余里，果有文物之国，则除墨西哥外，实无地以当之。此诺哀曼氏所以疑扶桑为墨西哥也。近世落花生，本来自南美之巴西，而《福清县志》言僧应元往扶桑觅种寄回，似亦以南美为扶桑。或者古人知中国极东有美洲，因附会《山海经》，名曰扶桑也。"又三十年代初，外交部尝咨教育部云："据驻纽约总领事张祥麟呈称：准美国亚拉斯加省前任总督函称：本省前年掘土，发现古物二件：一系陶器，一系铜器。如能证明确系中国古物，则可证实华人曾经发见美洲。乞查明示覆等因。并附发现古物拍照四纸前来。职领检阅《金石索》，内载形似泉币一图，其形恰与美人所发现之铜器相同；正面反面之摹本，亦无差异。该书注云：系唐代孙思邈《入山符》。惟未能释明所载符文，系何意义。此地书籍不备，无从研究。至所发现之陶器，因物未目睹，亦无从查考。兹特将照片四纸，随呈附送。可否咨行教育部，将符文意义，查明见覆，以凭转覆等情。相应检同原送照片二纸，咨行贵部，查照核覆，以凭转知可也。"教育部覆文云查该项铜器，确系我国厌胜钱币。《西清古鉴图》录是钱，以其面有符文，定名为符印钱，且谓文与孙思邈《入山符》略仿佛。《金石索》及《吉金所见录》等钱谱，均沿袭其说，而未详其制作年代及符文意义。本部辨其形制、图像、笔意，当属宋代道家作品。又查各项厌胜钱文，皆祈福避凶之作。是钱符文，意义要不外此。一俟本部考有确证，再行详覆。至陶器形制，甚似我国宋、元时磁洗。惟有无磁釉，质地及色泽若何，该总领事既未目睹原器，原文亦未经注明，本部自未便臆断为何时器物也"云云。观此，知华人至美洲，虽或在印度人后，亦必在欧人之先矣。

制　度

皇帝说探源

《庄子·天运》:"子贡(见老聃)曰:夫三王五帝之治天下不同,其系声名一也,而先生独以为非圣人,如何哉?老聃曰:小子少进。子何以谓不同?对曰:尧授舜,舜授禹,禹用力而汤用兵,文王顺纣而不敢逆,武王逆纣而不肯顺,故曰不同。老聃曰:小子少进。余语女三皇五帝之治天下:黄帝之治天下,使民心一。民有其亲死不哭而民不非也。尧之治天下,使民心亲。民有为其亲,杀其杀,而民不非也。舜之治天下,使民心竞。民孕妇十月生子,子生五月而能言,不至乎孩而始谁,则人始有夭矣。禹之治天下,使民心变。人有心而兵有顺,杀盗非杀,人自为种而天下耳。是以天下大骇,儒、墨皆起。其作始有伦,而今乎妇女,何言哉?余语女,三皇五帝之治天下,名曰治之,而乱莫甚焉。三皇之知,上悖日月之明,下暌山川之精,中堕四时之施,其知憯于蛎虿之尾,鲜规之兽,莫得安其性命之情者,而犹自以为圣人,不可耻乎?其无耻也?子贡蹴蹴然立不安。"《注》曰:"子贡本谓老子独绝三王,故欲同三王于五帝耳。今又见老子通毁五帝,上及三皇,则失其所以为谈矣。"《释文》云:"三王,本或作三皇,依《注》作王是也。余皆作三皇。"案子贡言禹、汤、文、武而上及尧、舜,老子更上溯及于黄帝,皆在三王五帝之中,未尝及三皇也。《注》意盖谓老子通毁五帝,则其所取,必在三皇,亦未尝谓老子曾举三皇之名也。此节中三皇字,盖皆当作三王,而为后人妄改;然陆德明所见本,已如此矣。上文又载师金之言曰:"三皇五帝之礼义法度,不矜于同而矜于治。故譬三皇五帝之礼义法度,其犹柤梨橘柚邪?其味相反,而皆可于口。故礼义法度者，应时而变者也。今取猨狙而衣以周公之服，彼必龁啮挽裂，尽去而后慊。观古今之异，犹猨狙之异乎周公也。"此节意与下节同。独举周公以为言，亦其所议者为三王而非三皇之证。疑此节三皇本亦作三王，而为妄人所改也。

《史记·殷本纪》："伊尹名阿衡。阿衡欲干汤而无由，乃为有莘氏媵臣，负鼎俎以滋味说汤，致于王道。或曰：伊尹处士，汤使人聘迎之。五反然后肯。往从汤，言素王及九主之事。"后说与《孟子》合，盖儒家言也。《集解》：刘向别录曰："九主者：有法君、专君、授君、劳君、等君、寄君、破君、国君、三岁社君，凡九品，图画其形。"《索隐》谓"所称九主，载之《七录》，名称则奇，不知所凭据耳"。案此盖释古法戒之图象，与《史记》所言九主无涉。《索隐》又引或说云："九主，谓九皇也。"以儒家言释儒家言，庶几近之。《汉书·郊祀志》："天子既闻公孙卿及方士之言：黄帝以上封禅，皆致怪物，与神通，欲放黄帝，以接神人蓬莱，高世，比德于九皇。"则九皇之说，神仙家亦有之，匪独儒家；盖古固有是名也。张晏曰："三皇之前，有人皇，九首。"韦昭曰："上古有人皇者九人。"并据谶纬为说，恐非武帝时所有。（人皇九头，见司马贞《补三皇本纪》。《注》云："出《河图》及《三五历》。"案所谓天皇、地皇者，当出《三五历》；人皇当出《河图》；说见《古史纪年》。）《管子·轻重戊》："桓公问于管子曰：轻重安施？管子对曰：自理国。虙戏以来，未有不以轻重而能成其王者也。公曰：

何谓？管子对曰：虙戏作，造六峜以迎阴阳，作九九之数以合天道，而天下化之。神农作，树五谷淇山之阳，九州之民乃知谷食，而天下化之。黄帝作，钻燧生火以熟荤臊，民食之，无兹胃之病，而天下化之。"黄帝盖燧人之误。下文又言"黄帝之王，童山竭泽"可知也。《揆度》："齐桓公问于管子曰：自燧人以来，其大会可得而闻乎？管子对曰：燧人以来，未有不以轻重为天下也。"《轻重戊》列举古帝，而首虑戏、神农、燧人；《揆度》言自燧人以来；则以三皇为始王天下，燧人又居三皇之首。亦古本有是说，而非儒家之私言也。

　　然皇帝二名，虽出先秦之世，究为后起之说。古者一部族之主谓之君，为若干部族之共主者谓之王。尊至于王而止矣，不能更有所加也。天下归往谓之王，此特侈言之，实则各王一域，春秋吴楚并时称王其证。王与王之间，因彼此关系较疏，其上更无共主，自不能别有名称。战国之世，列国皆称王，关涉较多，强弱渐判，乃谋立一更尊于王之号。于是借天神之名而称之曰帝，齐、秦并称东西帝，魏使辛垣衍说赵尊秦为帝是也。时人之见解如是，于是论古史者，亦于三王之前，更立五帝之号焉。夫尊至侔于天神，亦止矣，不能更有所加矣。然论古史者，犹不以是为已足也。乃不从尊卑着想，而从先后立义，据始王天下之义，造一皇字，而三皇之名立焉。皇王形异而声同，可知虽制殊文，实非二语也。太史公论秦始皇，谓其自谓"功过五帝，地广三王，而羞与之侔"，此非臆度之辞，乃属当时实事。始皇诏丞相、御史曰"其议帝号"，则业以帝者自居，而犹欲更议其号，即所谓羞与之侔也。帝且不嗛，何有于王？丞相等议曰："昔者五帝，地方千里，其外侯服夷服，诸侯或朝或否，天子不能制。今陛下兴义兵，诛残贼，平定天下，海内为郡县，法令由一统，自上古以来未尝有，五帝所不及。臣等谨与博士议曰：古有天皇，有地皇，有泰皇，泰皇最贵。臣等昧死上尊号，王为泰皇。"亦以其功过五帝，而别觅一名以尊之也。始皇曰"去泰著皇，采上古帝位号，号曰皇帝"者，一以帝为战国以来最尊之号，众所共喻，著之以适时俗；一亦以皇之与王，文虽殊而义则一，称皇，自不知文字者闻之，一若名号未更者。故必著帝以异于先古之王，又必著王以异于战国以来之所谓帝也。尊庄襄王曰太上皇，不曰太上皇帝者，以其不君天下。然则帝者谛也，取其审谛以治天下，犹上帝之居高而临下土耳。张晏曰："五帝自以德不及三皇，故自去其皇号。三王又以德不及五帝，自损称王。秦自以德褒二行，故兼称之。"（《汉书·百官公卿表注》引）一若皇帝二名，古固有之者，真亿说也。

太上皇

秦始皇称皇帝，追尊庄襄王为太上皇，汉高祖亦尊其父曰太上皇，后世遂为故事。案薄昭予淮南厉王书曰："大王不察古今之所以安国便事，而欲以亲戚之意望于太上，不可得也。"如淳曰："太上，天子也。"然则"太上"二字，实无更尊于天子之意。《史记·高祖本纪集解》引蔡邕曰："不言帝，非天子也。"《三国志·王肃传》："山阳公薨，肃上疏曰：汉总帝皇之号，号曰皇帝。有别称帝，无别称皇，则皇是其差轻者也。故当高祖之时，土无二王，其父见在而使称皇，明非二王之嫌也。况今以赠终，可使称皇以配其谥。"则天子之父称号与天子之别，在独称皇，不在太上二字。秦始皇尊其父曰皇，不曰皇帝者，亦以帝乃尽并六国后之称，庄襄王固无实也。秦去谥法，不可追尊之为庄襄皇，一皇字又不成辞，乃以"太上"二字配之耳。古最高者，率曰太上，如《礼记》言"太上贵德"，《左氏》言"太上有立德"，司马迁言"太上不辱先"是也。师古曰："太上，极尊之称也。天子之父，故号曰皇；不预治国，故不言帝。"其说是也。又曰"皇，君也"，则非是。古君为一国之主，王为众所归往之称。皇则本无其语，乃帝称既作之后，欲名更蚕于五帝之君，而无其辞；乃以自字配王，取始王天下之义，而造此字耳。见《三皇五帝》条。

帝

吴清卿《字说》，谓"帝皇之帝，与根柢之柢，原即一字。初但作▽作▼，后乃作帝"。其说凭字形推测，未知信否。然上帝之帝，古确有根柢之义。《周书·周祝》："危言不干德曰正，正及神人曰极，世之能极曰帝。"《淮南·诠言》："四海之内，莫不系统，故曰帝也。"是也。又《周官·地官》泉府《释文》，抵音帝，亦可见柢帝之同音。

女称君亦称君子

冯云伯《十三经诂答问》云："问《硕人》无使君劳，《毛传》：大夫未退，君听朝于路寝，夫人听内事于正寝，大夫退然后罢。是君劳似兼夫人言之，何也？曰：此君字当专指夫人言。《列女传》：君者，谓女君也。引此，是《鲁诗》说。鹑奔我以为君,《毛传》:君,国小君,盖夫人自称曰小君也。"愚案《硕人》毛《传》,意或亦专指夫人;兼言君者,连类及之耳。古书固多如此也。又案俞理初《癸巳类稿》云:《丧服传》云:君子子者,贵人之子也。此君子当属母,即《诗·都人士》云彼君子女谓之尹吉者,以求之者必为適妻故也(卷三)。然则君与君子,皆男女之通称矣。君者,群也。能理一群之事者,斯谓之君,固无分于男女。抑古者男有男事,女有女事,如今原始部族,往往战守之事属之男,弓矢戈矛之类,亦为男子所有,凡为战守而结合之团体惟男子主之,女子不与焉。至于种植烹饪,缉绩裁缝,治理居处,抚育孩幼,则皆女子主之,男子不与,其物亦皆女子所有,故家属于女子也。此所谓男子治外,女子治内,而非如小康之世,所谓深宫固门,阍寺守之,男不入,女不出者也。小康之世之妇人,所治者悉为家事,而家为男子之所有,则亦无产之奴隶而已矣。

释 官

《曲礼》曰:"在官言官,在府言府,在库言库,在朝言朝。"《注》曰:"官谓板图文书之处,府谓宝藏货贿之处也,库谓车马兵甲之处也,朝谓君臣谋政事之处也。"然则官字古义与今不同,今所谓官,皆为政事所自出,古则政出于朝,官特为庋藏之处,与府库同耳。盖古者政简,不须分司而理,故可合谋之于朝。后世政治日繁,势须分职,而特设之机关遂多,各机关必皆有文书,故遂以藏文书之处之名名之也。

　　官既为庋藏文书之处，则处其间者不过府史之流，位高任重者未必居是。《论语》："冉子退朝。子曰：何晏也？对曰：有政。"（《论语·子路》）荀子入秦，"及都邑官府，其百吏肃然。入其国，观其士大夫，出于其门，入于公门，出于公门，归于其家"（《荀子·强国》），其证也。然则司政令者不居官，居官者不司政令，故官在古代不尊，所尊者为爵。《仪礼·士冠礼》曰："以官爵人，德之杀也。死而谥今也。古者生无爵，死无谥。"檀弓谓士之有诔，自悬贲父始。诔所以作谥，明古者大夫有谥，士无谥。生无爵，则死无谥，明大夫为爵，士不为爵也。《王制》曰："司马辨论官材，论定然后官之，任官然后爵之，位定然后禄之。"官之者任以事，是为士，爵之禄之则命为大夫也。《曲礼》曰："四十曰强，而仕。"《士冠礼》曰："古者五十而后爵。"则任事十年，乃得为大夫矣，所谓"任官然后爵之"也。《檀弓》又曰："仕而未有禄者，君有馈焉曰献，使焉曰寡君，违而君薨，弗为服也。"《王制》云："士禄以代耕，而此曰未有禄者。"《曲礼》又曰："无田禄者，不设祭器；有田禄者，先为祭服。"禄指土田言，故代耕所廪，不为禄也。《檀弓》：工尹商阳曰："朝不坐，燕不与，杀三人，亦足以反命矣。"《注》："朝燕于寝，大夫坐于上，士立于下。"坐于上为有位，立于下为无位，必爵为大夫，然后有田，则所谓位定然后禄之也。古者国小民寡，理一国之政者，亦犹今理一邑之事者耳，势不得甚尊。至于国大民众而事繁，则其势非复如此矣。则凡居官任事者，皆有以殊异于齐民矣。上下之睽，自此始也，故曰德也。

三公、四辅、五官、六官、冢宰

言古官制者，今文家曰三公、九卿，古文家曰三公、三孤、六卿，而又有四辅、五官之名，孰为是？曰：皆是也，皆有所据。今文家所谓三公，任职者也。古文家之三公及四辅，天子之亲臣也。五官与今文家之三公，同为任职之臣，或举其三，或举其五，各有所象耳。五官加一冢宰，则为六官矣。

四辅、三公，见《礼记·文王世子》及《管子·幼官》。幼官不言其名。《文王世子》举其名曰师、保、疑、丞。师、保者三公之二，疑、丞者四辅之二，《记》错举之也。《尚书大传》曰："古者天子必有四邻：前曰疑，后曰丞，左曰辅，右曰弼。"是为四辅之名。《大戴·保傅》曰："昔者周成王幼，在襁褓之中，召公为太保，周公为太傅，太公为太师。保，保其身体；傅，傅其德义；师，道之教训。此三公之职也。于是为置三少，皆上大夫也。曰少保、少傅、少师，是与太子燕者也。"（《贾子·保傅》篇同。与太子燕，《贾子》建、潭本作天子，是也。）此即古周礼说之三公、三孤。其三太，即《文王世子》及《管子》之三公也。又曰："学礼曰：帝入东学，上亲而贵仁，则亲疏有序而恩相及矣。帝入南学，上齿而贵信，则长幼有差而民不诬矣。帝入西学，上贤而贵德，则圣智在位而功不匮矣。帝入北学，上贵而尊爵，则贵贱有等而下不逾矣。帝入太学，承师问道，退习而端（《贾子》作考）。于太傅，太傅罚其不则而达其不及，则德智长而理道得矣。"东学者左辅所在，南学者前疑所在，西学者右弼所在，北学者后丞所在，入太学所承之师，则太师也。退习而考于太傅，不言太保者，辞不备。观下"免于保傅之严"，又以二者并言，则可知矣。然则太师与疑、丞、辅、弼，在五学者也。太傅与太保，则左右王于退习之际者也。又曰："明堂之位曰：笃仁而好学，多闻而道慎，天子疑则问，应而不穷者，谓之道。道者，导天子以道者也，常立于前，是周公也。诚立而敢断，辅善而相义者，谓之充。充者，充天子之志者也（充，《贾子》作辅。志作意），常立于左，是太公也。洁廉而切直，匡过而谏邪者，谓之弼。弼者，弼天子之过者也，常立于右，是召公也。博闻而强记，接给而善对者，谓之承。承者，承天子之遗忘者也，常立于后，是史佚也。"此即《书传》之四辅。疑作道者，有所惑曰疑，释其惑亦曰疑，所谓"疑之言拟"（《周官·司服注》），正道之义也。辅者辅之为善，充亦充其善，与弼其过相对，名异而意同也。《管子·君臣》曰："四正、五官，国之体也。"《说苑·君道》曰："明君在上，慎于择士，务于求贤，设四佐以自辅。"四正、四佐，亦即四辅。四辅、三公，皆天子之亲臣，故《孝经》曰"天子有争臣七人，虽无道不失其天下"也。《礼记·礼运》曰："宗祝在庙，三公在朝，三老在学。王前巫而后史，卜、筮、瞽、侑、皆在左右。王中，心无为也，以守至正。"三公在朝者，司马、司徒、司空之伦，任职者也。三老在学，师、傅、保之伦也。前巫、后史，卜、筮、瞽、侑，亦即四辅之类。所述盖王居明堂之礼。古者事简，无众官，政皆出于明堂，是时相王者三公、四辅之伦，盖皆无所统。故古文家犹谓三公无官属，坐而论道也。

今文之三公曰司马、司徒、司空。此亦即五官，特仅举其三耳。五官之说：《曲礼》曰："司徒、司马、司空、司士、司寇，典司五众。"《左氏》昭公十七年郯子之言曰："祝鸠氏，司徒也。鴡鸠氏，司马也。鸤鸠氏，司空也。爽鸠氏，司寇也。鹘

鸠氏，司事也。五鸠，鸠民者也。"司事即司士，鸠民即典司五
众之谓也。《春秋繁露·五行相胜》曰："木者司农也。火者司
马也。土者，君之官也，其相曰司营。金者司徒也。水者司寇
也。"司营即司空，司农即司事，农者民事也。《淮南子·天文
训》曰："何谓五官？东方为田，南方为司马，西方为理，北方
为司空，中央为都。"田即司农，理即司寇，都即司徒也。《左
氏》昭公二十九年，蔡墨曰："木正曰句芒，火正曰祝融，金正
曰蓐收，水正曰玄冥，土正曰后土。"名虽异，其象五行则同。
《周官》及《大戴》之《盛德》篇，特多一冢宰，又以宗伯易司
农耳。宗伯典礼，礼于五行为火，其方在南，以此易东方之农
师，实不如《繁露》等说之当。《管子·五行》曰："黄帝得蚩
尤而明于天道，得大常而察于地利，得奢龙而辨于东方，得祝融
而辨于南方，得大封而辨于西方，得后土而辨于北方。黄帝得六
相而天地治，神明至。蚩尤明乎天道，故使为当时。大常察乎地
利，故使为廪者。奢龙辨乎东方，故使为土师。祝融辨乎南方，
故使为司徒。大封辨于西方，故使为司马。后土辨乎北方，故
使为李。是故春者土师也，夏者司徒也，秋者司马也，冬者李
也。"土师疑即农师，廪者疑即司空。当时盖主历象之官，以易
《周官》之冢宰，亦各有所取耳。

　　汉初因秦置丞相，后用经生说，改为大司徒，而以太尉为司
马，御史大夫为司空，皆称公，为相职，因有疑今文义三公外无
宰相者。案《王制》言"冢宰斋戒受质"，别于三官。又曰"百
官各以其成质于三官"，而三官、"以百官之成质于天子"。《论
语》曰："君薨，百官总己以听于冢宰。"（《宪问》）明百官分属
三官，冢宰则无所不统。三公以外，别有冢宰，较然甚明也。
《荀子·序官》，列举官名，凡十有三：曰宰爵，曰司徒，曰司

马，曰太师，曰司空，曰治田，曰虞师，曰乡师，曰工师，曰伛巫、跂市，击疑当作医。曰治市，曰司寇，曰冢宰。去冢宰及司马、司徒、司空凡九官，或谓即九卿。此诚难质言，然数适相合，亦可备一说。此说而确，则冢宰在三公之外，愈明白矣。冢宰始盖主饮食之官，后遂总统宫内（《礼记·祭统》："宫宰宿夫人。"注："宫宰，守宫官也。"此即《周官》天官之职），而为群吏之长（《仪礼·特牲馈食礼注》）。宫、府之别，后世有之，古则皆君主私人耳，故遂于百官无所不统也。冢宰既总统宫内，兼长群吏，财用自其所管，古国用与天子私奉养，盖亦不分，故亦冢宰所制（《王制》："冢宰制国用。"）。"季氏富于周公，而求也为之聚敛而附益之。"（《论语·先进》）求，季氏宰也。叔孙穆子宠竖牛，"使为政。"为政者，为之宰也。其后牛绝其饮食以死（《左氏》昭公四年）。知宰虽总统宫事，犹侍食饮，故陈子亢谓疾则"当养者莫若妻与宰"也（《檀弓》）。天子、诸侯、大夫，后而体制迥殊，其初一耳。观诸侯、大夫之事，固足以明王室之初矣。《左氏》宋有六卿，又有太宰、少宰；成公十五年。鲁羽父请杀桓公，以求太宰；隐公十一年。亦在三卿之外（《论语》有太宰问于子贡，《檀弓》有陈太宰嚭，《韩非》有商太宰），皆《王制·周官》冢宰之职。《荀子·王霸》曰："论一相以兼率之，使臣下百吏，莫不宿道乡方而务，是夫人主之职也。"又曰："能当一人而天下取，失当一人而社稷危。"又曰："君者，论一相，陈一法，明一指，以兼覆之，兼昭之，以观其盛者也。"一人一相，皆指冢宰。《君道》又曰："天子三公，诸侯一相。"非谓天子无相，诸侯无三官，互言之耳。

问曰：司马、司徒、司空各主一官，与司寇等均耳，今文家独取此为三公，得毋武断乎？曰：否。三官所职，视他官为要，固考诸经文而可征，亦古文家所不违也。《立政》《梓材》，皆以三官并举。《酒诰》有圻父、农父、宏父，伪《孔传》亦以司马、司徒、司空释之。伪《孔》古文者流，非今文之与也。《左》昭四年叔孙穆子之葬，季孙"使杜泄舍路。不可，曰：夫子受命于朝而聘于王，王思旧勋而赐之路，复命而致之君，君不敢逆王命而复赐之，使三官书之。吾子为司徒，实书名。夫子为司马，与工正书服。孟孙为司空以书勋。今死而弗以，是弃君命也。书在公府而弗以，是废三官也"，尤古文以司徒、司马、司空为三卿之铁证矣。何邵公曰："古者诸侯有司徒、司空，上卿各一，下卿各二。司马事省，上下卿各一。"（襄公十一年）崔氏谓："司徒兼冢宰，司马兼宗伯，司空兼司寇。司徒下小卿二：曰小宰，曰小司徒。司空下小卿二：曰司寇，曰小司空。司马下小卿一，曰小司马。"《左》僖二十二年，宋既有大司马，又有司马，说或有征，则司寇等职，未尝不可摄以三官，或属之三官也。六卿之名，古无闻焉。惟《甘誓》有"乃召六卿""嗟六事之人"之语。郑注《书传》曰："后稷、司徒、秩宗、司马、作士、共工。"仰即据古周礼为说，难信。《管子·立政》曰："将军大夫以朝。"《墨子·尚同》曰："择其国之贤者，置以为左右将军、大夫。"以将军大夫并言，犹以卿大夫连举。将军有左右，则《老子》所谓"偏将军居左，上将军居右"也。《非攻》曰："昔者晋有六将军。"晋固有六卿。明六卿为六将军，与司马等官无涉。撰《周官》者误以六官为六卿，亦其渎乱不验之一验也（宋六卿之名为右师、左师、司马、司徒、司城、司寇，见《左氏》文公七年、十六年、成公十五年、哀公二十年，亦与《周官》不合）。

《异义》之古周礼说，撰伪《古文尚书》者取以入《周官》篇。攻之者或谓其误据《大戴》《贾子》，以太子官属为天子之官。或又谓郑注《周官》"乡老二乡则公一人"云："王置六卿，则公有三人也。三公者，内与王论道，中参六官之事，外与六卿之教。"又其注《君奭序》"召公为保、周公为师"曰："此师、保为《周礼》师氏、保氏大夫之职。"可见郑不主六卿之上，别有三公三孤。然《异义》所举古周礼说，确与伪《周官》同。《周官》朝士，"建外朝之法"，"左九棘，孤、卿、大夫位焉"，"面三槐，三公位焉"，亦明谓公、孤在卿之外（公、孤之名，见于他处者，尚有宰夫、司服、典命、巾车、司常、射人、司士、太仆、弁师、小司寇等）。《保氏序官疏》引《郑志》："赵商问：案成王《周官》：立太师、太傅、太保，兹惟三公。即三公之号，自有师、保之名。成王《周官》，是周公摄政三年事，此周礼是周公摄政六年时，则三公自名师、保，起之在前，何也？郑答曰：周公左，召公右，兼师保，初时然矣。"赵商所云成王《周官》，盖即《异义》所谓古周礼说，而亦造伪《古文尚书》者所取材也。

古人设官，各有所象。《白虎通义》曰："内爵所以三等何？法三光也。""商质者主天，夏文者主地，《春秋》变周之文，从殷之质，故立三公、九卿、二十七大夫、八十一元士、二百四十三下士，三三相承以法天。其五官则象五行，所以法地之文也。诸侯之国，三卿、五大夫。三卿法三光，五大夫象五行也。"《洪范》曰："王省惟岁，卿士惟月，师尹惟日。"卿士谓三公、九卿。师尹惟日者，大夫合元士、下士，凡三百五十一，当暮之日也。此质家法天之明证。周家主地，盖立五官。故《史记·周本纪》云：古公"作五官有司"。然则《曲礼》等书所言，盖是周制。郑顾以为殷制，偏其反矣。五行之官益一，明乎天道之当时，是为六官。冢宰兼统百官，不可以一职名也。造《周官》者以冢宰易当时，亦其渎乱不验之一验也。

周官五史

　　《周官》大史之职：“掌建邦之六典，以逆邦国之治；掌法以逆官府之治；掌则以逆都鄙之治。凡辨法者考焉，不信者刑之。凡邦国都鄙及万民之有约剂者藏焉，以贰六官。正岁年以序事，颁之于官府及都鄙，颁告朔于邦国。（此即《月令》之类，备载一年中当行之事，及其行之之时。）大祭祀，戒及宿之日，与群执事读礼书而协事。祭之日，执书以次位常。辨事者考焉，不信者诛之。大会同朝觐，以书协礼事。及将币之日，执书以诏王。大师，抱天时，与大师同车。大迁国，抱法以前。大丧，执法以莅劝防。凡丧事考焉。小丧，赐谥。凡射事，饰中，舍算，执其礼事。”具见其为礼与法之府。而小史、内史、外史、御史之职，其为大史之僚属，又极易见也。如此，其典籍安得不多？其员额安得不广？其先但为四辅之一，居明堂中侍王者，其后安得不出居于外耶？

　　外史：“掌书外令。掌达书名于四方。若以书使于四方，则书其令。”此亦内史书王命之类。盖时愈晚，事愈繁，分职愈详。故其初记言专于右史者，后又析为内外也。疏家既引《周官》以证《礼记》，而偏举内史，似非。

　　记事之史，体极简严；记言之史，则体较恢廓；求诸《周官》，亦可喻其故焉。史官主知天道，故冯相、保章，皆属大史。冯相氏：“掌十有二岁、十有二月、十有二辰、十日、二十有八星之位；辨其序事，以会天位。”盖司天道之常。保章氏：“掌天星，以志星辰日月之变动，以观天下之迁，辨其吉凶。”则司天道之变。常事不书，变事不可不记。执简之始，盖专记日食星陨等事。此本不待烦言，其后记人事者亦遂沿其体，此其所以简严。古重言辞，书诸简牍盖其变。既重言辞，则其所书者，亦必如其口语；虽有润饰，所异固无多也。此其体之所以日益恢廓也。

记言之史，体既恢廓，其后凡叙述详尽者皆沿之。以其初本以记言辞；又古简牍用少，传者或不资记录，而以口耳相授受也，则仍谓之语。《礼记·乐记》：孔子谓宾牟贾曰："且女独未闻牧野之语乎？"此记武王之事者称语也。《史记》本纪、列传，在他篇中述及多称语。（《秦本纪》述商鞅说孝公变法曰："其事在《商君》语中。"《孝文纪》述大臣诛诸吕，谋召立代王曰："事在《吕后》语中。"《礼书》述晁错事曰："事在《袁盎》语中。"《陆贾传》述其使尉佗事曰："事在《南越》语中。"皆是。《朱建传》：汉已诛布，闻平原君谏不与谋，得不诛。曰："语在《黥布》语中。"而布传无其事；盖古人著书，多直录旧文，不加点定。史公所据朱建黥布两传，非出一家，故其文如是也。《始皇本纪》述赵高与二世、李斯阴谋杀扶苏、蒙恬曰："语具《李斯传》中。"疑后人所改，亦或当时已有称传者，不始太史公。《萧相国世家》述吕后用何计谋诛淮阴侯曰："语在《淮阴》事中。"《留侯世家》述良解鸿门之危曰："语在《项羽》事中。"事、语二字，疑后人所互易。）可知纪传等为后人所立新名，其初皆称语。然则《论语》者，孔子及其门弟子之言行之依类纂辑者；《国语》则贤士大夫之言行，分国纂辑者耳。故吾谓《国语》实《尚书》之支流余裔也。不惟《国语》，《晏子春秋》及《管子》之《大中小匡》诸篇，凡记贤士大夫之言行者，皆《国语》类也。亦不惟《论语》，诸子书中，有记大师巨子之言行者，皆《论语》类也。

记录之意在传其人之言行者，谓之语。《易》所谓"多识前言往行，以畜其德"者也。若以其事有关家国之大而记之，则谓之故。故之始，盖主典礼，其后则记行事者亦屡杂焉。《左氏》定公十年，齐侯将享公，孔子谓梁丘据曰："齐鲁之故，吾子何不闻焉？事既成矣，而又享之，是勤执事也。且牺象不出门，嘉乐不野合；享而既具，是弃礼也；若其不具，用秕稗也。用秕稗君辱，弃礼名恶。子盍图之？"此即朝觐会同之礼，《周官》大史所掌。不曰礼而曰故者，礼据成宪言，故据成事言也。（《史记·儒林传》载公孙弘之言曰："治礼次治掌故，以文学礼义为官，迁留滞。"徐广曰："一云次治礼学掌故。"未知孰是。然礼与故为文学大宗可见。）襄公二十六年，声子通使于晋，还，如楚，令尹子木与之语，问晋故焉。声子历举楚材晋用之事以对。公扈子知叔术之事，而《公羊》谓其习乎邾娄之故。昭公三十一年。此则行事有关家国之得失者矣。《左氏》昭公元年，叔向出，行人挥送之。叔向问郑故焉，且问子皙。知国家之行事若典章，贤士大夫之言行，并为时人所重也。

　　史主记载，言、事皆然，故亦通谓之志。《周官》："小史掌邦国之志。"郑司农云："《春秋传》所谓《周志》，《国语》所谓《郑书》之属。"案《周志》见《左氏》文公二年。狼瞫引其辞曰："勇则害上，不登于明堂。"《郑书》亦见《左氏》襄公三十年，子产引其辞曰："安定国家，必大焉先。"皆《尚书》类也。外史："掌四方之志。"《注》云："若鲁之《春秋》，晋之《乘》，楚之《梼杌》。"则记事之史矣。案小史所掌，盖县内诸侯之史；外史所掌，则外诸侯之史也。外史又掌三皇五帝之书，则异代之史也。《注》云："楚灵王所谓《三坟》《五典》。"未知信否。然《礼记·礼运》：孔子曰："大道之行也，与三代之英，丘未之逮也，而有志焉。"《注》曰："志，谓识，古文。"说自不误。何则？三代之英，指禹、汤、文、武、成王、周公，皆确有其人；大道之行，亦当如此；皆读前人之记识而知之也。《庄子》："《春秋》经世，先王之志。"（《天下》）志亦当作记识解。此《春秋》不必凿指记事之史。盖志亦史籍通称，犹汉人言史记也。记、志一语。古称志，汉人称史记，特辞有单复耳。汉人亦但言记，则志之异文也。

《史记·六国表》曰："秦既得意，烧天下《诗书》，诸侯史记尤甚。《诗书》所以复见者，多藏人家；而史记独藏周室，以故灭。"此周室二字，当苞凡诸侯之国言；乃古人言语，以偏概全之例，非谓衰周能遍藏各国之史，其余诸国则独有其本国之史也。戎夫习于遂事，倚相能读《三坟》《五典》《八索》《九丘》，皆当时良史熟于古记之证。

《周官》诵训："掌道方志，以诏观事。"《注》曰："说四方所识久远之事，以告王观博古所识。若鲁有大庭氏之库，殽之二陵。"训方氏："诵四方之传道。"《注》曰："传道，世世所传说往古之事也。为王诵之，若今论圣德尧舜之道矣。"此亦古史也。又曰："正岁，则布而训四方，而观新物。"此所布者，即其为王所诵，训方氏盖身历四方而布之，因以观新物也。《礼记·郊特牲》曰："大罗氏，天子之掌鸟兽者也，诸侯贡属焉。罗氏致鹿与女，而诏客告也，以戒诸侯曰：好田好女者亡其国。"此即诵传道训四方之事，特非躬往巡历耳。所观新物，亦必反告于王。假令笔之于书，则又当时之外国史也。小行人之职："若国札丧，则令赙补之；若国凶荒，则令赒委之；若国师役，则令犒禬之；若国有福事，则令庆贺之；若国有祸灾，则令哀吊之；凡此五物者，治其事故，及其万民之利害为一书，其礼俗政事教治刑禁之逆顺为一书，其悖逆暴乱作慝犹犯令者为一书，其札丧凶荒厄贫为一书，其康乐和亲安平为一书。凡此物者，每国辨异之，以反命于王，以周知天下之故。”亦训方民观新物之意也。

小史之职："奠系世，辨昭穆。若有事，则诏王之忌讳。"郑司农云："系、世，谓帝系、世本之属是也。小史主定之，瞽蒙讽诵之，先王死日为忌，名为讳。"瞽蒙之职云："讽诵诗，世奠系。"杜子春云，"世奠系，谓帝系、诸侯卿大夫世本之属是也。小史主次序先王之世，昭穆之系，述其德行；瞽蒙主诵诗，并诵世系，以戒劝人君也。故《国语》曰：教之世，为之昭明德而废幽昏焉，以休惧其动。"康成谓"讽诵诗。主谓廞作柩谥时也。讽诵王治功之诗以为谥，世之而定其系，谓书于世本也。"案如子春及后郑意，瞽蒙所诵，即小史所定，则小史不徒谱其世次而已，必兼述其行事，其说当有所据。何则？系、世虽经秦火而亡，其体例必相沿勿失。《隋志》家谱、家传，分为二门，盖伊古相沿之例。谱以记世次，传以详言行。窃疑《大戴记》之《帝系姓》，乃古系、世之遗，《五帝德》则瞽蒙所讽诵者也。如康成意，瞽蒙所讽诵，初非受诸史官，然读诔为大史之职；卿大夫之丧，小史亦赐谥读诔；则天子诸侯大夫之行事，史官固未尝不记识之矣。

诔者，累也，累列其生时之事也。《礼记·檀弓》："公叔文子卒。其子戍请谥于君。君曰：昔者卫国凶饥，夫子为粥与国之饿者，是不亦惠乎？昔者卫国有难，夫子以其死卫寡人，不亦贞乎？夫子听卫国之政，修其班制，以与四邻交，卫国之社稷不辱，不亦文乎？故谓夫子贞惠文子。"此累列生平行事之式。《祭统》载卫孔悝之鼎铭曰："六月丁亥，公假于大庙。公曰：叔舅。乃祖庄叔，左右成公。成公乃命庄叔，随难于汉阳，即宫于宗周，奔走无射。启右献公。献公乃命成叔，纂乃祖服。乃考文叔，兴旧耆欲，作率庆士，躬恤卫国。其勤公家，夙夜不解。民咸曰休哉。公曰：叔舅，予女铭，若纂乃考服。悝拜稽首曰：

对扬以辟之。"其累列先代之美，亦与诔之用意同，故《荀子》曰："铭累系世，敬传其名。"（《礼论》）系、世以记统绪，铭、累以详德善功烈勋劳，此家谱、家传分编并重之所由来也。

《楚语》载申叔时之言曰："教之《春秋》，而为之耸善而抑恶焉，以戒劝其心；教之世，而为之昭明德而废幽昏焉，以休惧其动；教之《诗》，而为之导广显德，以耀明其志；教之《礼》，使知上下之则；教之《乐》，以疏其秽而镇其浮；教之令，使访物官；教之语，使明其德，而知先王之务，用明德于民也；教之故志，使知废兴者而戒惧焉；教之训典，使知族类，行比义焉。"详味其辞，则《春秋》重褒善贬恶，世主记君主贤愚，语主传先世行事，志主记列国兴亡。戎夫告武王者志也；孔子诏宾牟贾者语也；其所笔削者《春秋》。《书·无逸》载周公戒成王，备举殷周列王，所谓教之世者欤？《史记》之本纪、世家、世表、年表，盖合系、世及《春秋》而成；而间傅之以语；传则本于语及铭诔之属者也。

毁誉褒贬

史之权在于褒贬，褒贬即毁誉也。然毁誉之权，实惟风气淳朴之世，为能有之。《孝经》曰："身体发肤，受之父母，不敢毁伤，孝之始也；立身行道，扬名于后世，以显父母，孝之终也。"《祭义》曰："亨孰膻芗，尝而荐之，非孝也，养也。君子之所谓孝也者，国人称愿然曰：幸哉，有子如此，所谓孝也已。众之本教曰孝，其行曰养。养可能也，敬为难。敬可能也，安为难。安可能也，卒为难。父母既没，慎行其身，不遗父母恶名，可谓能终矣。"《内则》曰："父母虽没，将为善，思遗父母令名，必果；将为不善，思遗父母羞辱，必不果。"其重名也如此，此良史之所以有权也。

臧孙纥之出也，其人曰：其盟我乎？臧孙曰：无辞。将盟臧氏，季孙召外史掌恶臣而问盟首焉。对曰：盟东门氏也，曰：毋或如东门遂，不听公命，杀适立庶。盟叔孙氏也，曰：毋或如叔孙侨如，欲废国常，荡覆公室。季孙曰：臧孙之罪，皆不及此。孟椒曰：盍以其犯门斩关？季孙用之。乃盟臧氏曰：毋或如臧孙纥，干国之纪，犯门斩关。臧孙闻之，曰：国有人焉。谁居？其孟椒乎！（《左氏》襄公二十三年）一盟誓之辞，其不能妄施如此，知舆论之有权，而史官之不敢曲笔，其故亦可思矣。

则有欲显其名于史策者，石尚是也（《谷梁》定公十四年）。有身为不义，殁世犹以为耻，而欲掩之者，宁惠子是也（《左氏》襄公二十年）。有耻其先人之恶者，司马华孙是也。《左氏》文公十五年。鲁庄公之如齐观社也，曹刿谏曰："君举必书；书而不法，后嗣何观？"（《左氏》庄公二十三年）齐桓公之欲听子华也，管仲谏曰："诸侯之会，其德刑礼义，无国不记。记奸之位，君盟替矣；作而不记，非盛德也。"（《左氏》僖公七年）盖人君之可以名动又如此，此良史之所以有权也。

然曰作而不记，则当春秋之时，已有掩其实而不书者矣。又有曲笔以乱其实者：《鲁春秋》去夫人之姓曰吴，其死曰孟子卒是也（《礼记·坊记》）。守死不渝，其人有几！薰隧之盟，公孙黑与焉，使大史书其名，且曰七子（《左氏》昭公元年），则知史之可以威劫矣。此董狐（《左氏》宣公二年）、南史（《左氏》襄公二十五年）所由见重于世与？（《左氏》文公十八年，襄仲杀惠伯。杜《注》曰："惠伯死不书者，史畏襄仲，不敢书杀惠伯。"未知有据与，抑以意言之也？）

毁誉虽有惩劝之功，然亦有弊。何者？奇节懿行，惟有人伦之鉴者，为能知之。若中庸之人，则其所知者，中庸之行而已，是可以貌为也，是可以袭取也，于是非之无举，刺之无刺，同流合污之乡原出焉。古者国小，人民寡，又皆重去其乡，所谓国人，则今一邑之人耳；十目所视，十手所指，安所逃之？毁誉所加，利害荣辱随其后，此其惩劝之所以有功。然而嶔奇磊落之士，为流俗之所不容者，亦不知其凡几矣。鲍焦之无从容而死，安知其不以是与？

曾子所谓"国人称愿然曰幸哉有子如此"者，其人则骑款段马之乡里善人耳。夫以曾子之至大至刚，易箦之际，犹浩然欲行其心之所安，岂屑为违道要誉之举？然而儒生之制行，虽有其真，而不能禁巧伪者之不托其迹。乡里之士，能知中行之德乎？抑将舍狂獧而取乡原也？世惟中庸之人，不知有异己之美；亦惟中庸之人，必欲毁异己者使与己同。率一世而惟巧伪之崇，此嶔奇磊落之士所由激而为矫枉之举也。魏晋间士之毁弃礼法，殆于有激而然与？以是时乡原之力方大也。然而其所奖饰者，则可知矣。不然，魏武曷为求负俗之士哉？

守藏室之史

《史记·老子列传》曰："周守藏室之史也。"又《张丞相列传》："秦时为御史，主柱下方书。"《索隐》曰："周、秦皆有柱下史，谓御史也。所掌及侍立，恒在殿柱之下，故老聃为周柱下史，今苍在秦代，亦居斯职。"案《汉书·百官公卿表》：御史大夫有两丞：一曰中丞，在殿中兰台，掌图籍秘书。张苍所居，盖即此职。《王莽传》：居摄元年，置柱下五史，秩如御史。听政事，侍旁，记疏言行。此盖柱下名官之始。张苍虽主柱下方书，官未必以柱下名，故《史记》但称为御史也。御史职甚亲近，老子若居是官，可谓得时则驾，不必隐而著书矣。守藏室之史，当别是一官，不当附会为柱下史也。

方书，《汉书注》引如淳曰"方，版也，谓事在版上者"，正图籍秘书之类。又列或说曰："主四方文书也。"似近望文生义，而师古是之。《史记索隐》引姚氏亦云："下云明习天下图书计籍，主郡上计，则方为四方文书者是也。"恐未必然。(《周官》：凡四方之事书，内史读之。亦不属御史。)

《汉书·功臣侯表》：山都贞侯王恬启，汉五年，为郎中柱下令。师古曰："柱下令，今主柱下书史也。"此亦无主书明文，似皆据莽制附会。

《左氏》僖公二十四年："晋侯之竖头须，守藏者也。其出也，窃藏以逃，尽用以求纳之。"老子为之史之守藏室，盖亦如是，乃藏财贿之地也。

左右史

《玉藻》："动则左史书之，言则右史书之。"《注》："其书，《春秋》《尚书》

其存者。"《疏》："《春秋》是动作之事，故以《春秋》当
左史所书。左阳，阳主动，故记动。《尚书》记言语之事，故以
《尚书》当右史所书。右是阴，阴主静故也。《周礼》有五史：
有内史、外史、大史、小史、御史。无左史、右史之名者，熊氏
云：按《周礼》大史之职云：大师，抱天时，与太师同车；又襄
二十五年《传》曰：大史书曰：崔杼弑其君；是大史记动作之
事，在君左厢记事，则大史为左史也。按《周礼》内史，掌王之
八枋。其职云：凡命诸侯及孤卿大夫，则策命之。僖二十八年
《左传》曰：王命内史叔兴父，策命晋侯为侯伯。是皆言诰之
事。是内史所掌，在君之右，故为右史。是以《酒诰》云：矧
大史友内史友。郑《注》：大史、内史，掌记言记行，是内史记
言，大史记行也。此论正法。若其有阙，则得交相摄代。故《洛
诰》史佚命周公伯禽。服虔《注》文十五年《传》云：史佚，周
成王大史。襄三十年，郑使大史命伯石为卿。皆大史主爵命，以
内史阙故也。以此言之，若大史有阙，则内史亦摄之。按《觐
礼》赐诸公奉箧服，大史是右者，彼亦宣行王命，故居右也。此
论正法。若《春秋》之时，则特置左右史官。故襄十四年左史谓
魏庄子，昭十二年楚左史倚相。《艺文志》及《六艺论》云：右
史记事，左史记言。与此正反，于传记不合，其义非也。"(《左
氏序疏》亦曰："左是阳道，阳气施生，故令之记动；右是阴道，阴
气安静，故使之记言。《艺文志》称左史记言，右史记动，误耳。"
《后汉书·荀淑传》：孙悦，奏所著《申鉴》曰："古者天子诸侯有
事，必告于庙。朝有二史，左史记言，右史记事。事为《春秋》，言
为《尚书》。"与《艺文志》同。)案《周书·史记》："维正月，
王在成周。昧爽，召三公左史戎夫曰：今夕朕寤，遂事惊予。乃
取遂事之要戒，俾戎夫主之，朔望以闻。"下文历述皮氏、华氏

等所以亡，盖皆《春秋》之记。此左史记动，《春秋》为其书之征。《礼记·祭统》："古者明君，爵有德而禄有功，必赐爵禄于大庙，示不敢专也。故祭之日，一献，君降，立于阼阶之南，南乡。所命者北面。史由君右，执策命之。再拜稽首受书以归，而舍奠于其庙。"此右史记言，《尚书》为其书之征也。史官之职，原出明堂，盖朝夕侍王。其后典籍日多，主其事者，出外别为一官，是为大史氏。其居中者，则别之曰内史。然亦多不别者。盖属官之所为，皆得统于其长；且列国容有不别者也。《疏》以为"相摄代"，恐非。

　　曷言乎史官之职，原出明堂也？案《礼运》曰："宗祝在庙，三公在朝，三老在学。王前巫而后史；卜筮瞽侑，皆在左右。王中心无为也，以守至正。"此所述者，盖王居明堂之礼。《大戴记·保傅》曰："明堂之位曰：笃仁而好学，多闻而道慎，天子疑则问，应而不穷者，谓之道。道者，导天子以道者也，常立于前，是周公也。诚立而敢断，辅善而相义者，谓之充。充者，充天子之志者也，常立于左，是太公也。洁廉而切直，匡过而谏邪者，谓之弼。弼者，弼天子之过者也，常立于右，是召公也。博闻而强记，接给而善对者，谓之承。承者，承天子之遗忘者也，常立于后，是史佚也。"承即所谓后史。合前后左右言之，则所谓四辅也，《内则》养老有惇史，养老亦明堂中事。皆史官原出明堂之证。

　　曷言乎典籍日多，掌其事者遂别居于外也？史官为典籍之府，见于古书者甚多。《左氏》昭公二年，韩宣子适鲁，"观书于大史氏"，此大史盖以官为氏者。襄公二十三年，"将盟臧氏，季孙召外史掌恶臣而问盟首焉"。外史，《左氏序疏》谓以其居于外而名之，固近于凿。然亦必不在殿内。昭公十五年，王谓籍谈曰："昔而高祖孙伯黡，司晋之典籍，以为大政，故曰籍氏。及辛有之二子董之，晋于是乎有董史。女，司典之后也，何故忘之？"盖典籍之司，成为专职久矣。此终古、向挚、屠黍之流，所以能载图法以出亡；（见《吕氏春秋·先识览》。屠黍事亦见《说苑·权谋》，作屠余。）而王子朝之败，亦奉周之典籍以奔楚也（《左氏》昭公二十六年）。《周官》大史，"大迁国，抱法以前"。所谓法者，盖所该甚广，郑《注》偏举司空营国之法以当之，固矣！

《左氏序疏》曰："《周礼》诸史，虽皆掌书，仍不知所记《春秋》，定是何史。盖天子则内史主之，外史佐之。诸侯盖亦不异。但春秋之时，不能依礼。诸侯史官，多有废阙。或不置内史，其策命之事，多是大史，则大史主之，小史佐之。刘炫以为《尚书》周公封康叔，戒之《酒诰》。其《经》曰：大史友，内史友。如彼言之，似诸侯有大史、内史矣。但遍检记传，诸侯无内史之文。何则？《周礼》内史职曰：凡命诸侯及孤卿大夫，则策命之。僖二十八年《传》，说襄王使内史叔兴父策命晋侯为侯伯，是天子命臣，内史掌之。襄三十年《传》，称郑使大史命伯石为卿，是诸侯命臣，大史掌之。诸侯大史，当天子内史之职，以诸侯兼官，无内史故也。郑公孙黑强与薰隧之盟，使大史书其名；齐大史书崔杼弑其君；晋大史书赵盾弑其君；是知诸侯大史主记事也。南史闻大史尽死，执简以往，明南史是佐大史者，当是小史也。若然，襄二十三年《传》，称季孙召外史掌恶臣，言外史，则似有内史矣。必言诸侯无内史者，闵二年《传》，称史华龙滑与礼孔曰：我大史也；文十八年《传》，称鲁有大史克；哀十四年《传》，称齐有大史子余；诸国皆言大史，安得有内史也？季孙召外史者，盖史官身居在外，季孙从内召之，故曰外史。犹史居在南，谓之南史耳。南史、外史，非官名也。"案《酒诰》已有内史之名，知大史、内史，分立甚早。其遍检记传，诸侯无内史之名者，以属官所为，皆可统于其长。齐大史既死，南史执简以往，则知掌史职者非一家；（昭十五年《疏》引《世本》云："魇生司空颉，颉生南里叔子，子生叔正官伯，伯生司徒公，公生曲沃正少襄，襄生司功大伯，伯生候季子，子生籍游，游生谈，谈生秦。"以其官名观之，自颉以下，盖无复司典籍者，而辛有之后董之。盖世官之制渐替，主一事者，多非一氏矣。辛有，见僖二十二年。杜《注》云："董狐其后。"董狐见宣二年，上距平王东迁百六十余年矣，则辛有之二子世其官亦百有余年。）季氏专召外史之掌恶臣，则知一家之中，尚有分曹治事者；典籍繁而故事众，势固不得不然也。《王制》曰："大史典礼，执简记，奉讳恶。"以《周官》之文稽之，奉讳恶当属小史，而《王制》并属诸大史，亦以属官所为，统于其长也。华龙、礼孔之自称，诸侯命臣之称大史，盖亦如此。正不必凿言诸侯兼官无内史也。又《左氏》所载公孙黑等事，正大史执简记之证，云不知《春秋》定自何史，亦似非。

　　《左序疏》又曰："《艺文志》云：古之王者，世有史官，君举必书，所以慎言行，昭法戒。左史记言，右史记事，事为《春秋》，言为《尚书》，帝王靡不同之。《礼记·玉藻》云：动则左史书之，言则右史书之。虽左右所记，二文相反，要此二者皆言左史、右史。《周礼》无左右之名，得称左右者，直是时君之意，处之左右，则史掌之事，因为立名。故《传》有左史倚相，掌记左事，谓之左史；左右非史官之名也。"案《周官》六国时书，不能以说古制。疏家附会，殊不足信。倚相能读《三坟》《五典》《八索》《九丘》，盖其所主，实与戎夫相类，正见其一脉相承也。

言为《尚书》，事为《春秋》，班、郑说同。《玉藻疏》云："《春秋》虽有言，因动而言，其言少也。《尚书》虽有动，因言而称动，亦动为少也。"案《春秋》文体，见于《公羊》庄公七年及《礼记·坊记》者，皆与今《春秋》同。盖孔子修《春秋》，虽别有其义，而其文字体裁，一仍旧贯，所谓其文则史也。《四库书目提要》云："晋史之书赵盾，齐史之书崔杼及宁殖，所谓载在诸侯之籍者，其文体皆与经合。"可为因仍旧贯之证。又云："墨子称《周春秋》载杜伯，《燕春秋》载庄子仪，《宋春秋》载祐观辜，《齐春秋》载王里、国中里，核其文体，皆与《传》合。"则非《春秋》文体之朔，盖其初必如今之《春秋》者，乃谓之《春秋》；其后则凡记事之书，皆以《春秋》名之耳。《左氏》本非《春秋》之传。《史记·十二诸侯年表》，称为《左氏春秋》。吕不韦之书，多记前人行事，国家典故；今所谓《晏子春秋》者，专记晏子言行，亦皆以《春秋》名，正以此也。然则《春秋》之朔，似不容兼有记言之文。《疏》云"因动而言"，似未审谛。至谓《尚书》因言称动，而动为少，说自不误。盖记事之史，体至简严，而记言者不容不略著其事，以明其言之所由发，亦自古已然也。

《曲礼》曰："天子建天官，先六大：曰大宰、大宗、大史、大祝、大士、大卜，典司六典。"大宰等官，必不容略无僚属，大史何独不然。此亦诸史当属大史，而古书所述大史之职，不必皆其所躬亲之一证也。

夫人选老大夫为傅

《公羊》襄公三十年，"宋灾，伯姬存焉。有司复曰：火至矣，请出。伯姬曰：不可。吾闻之也，妇人夜出，不见傅、母不下堂。傅至矣，母未至也，逮乎火而死。"《注》礼：后夫人必有傅、母，所以辅正其行，卫其身也。选老大夫为傅，选老大夫妻为母。"《诗·南山疏》云："《内则》云：女子十年不出，傅姆教之执麻枲，治丝茧，则傅是姆类，亦当以妇人老者为之矣。何休云：选老大夫为傅，大夫妻为姆，以男子为傅，书传未有云焉。且大夫之妻，当自处家，无由从女而嫁，使夫人动则待之。何休之言，非礼意也。"案今《内则》但云"女子十年不出，姆教婉娩听从，执麻枲，治丝茧"，无傅字。《诗疏》之云，未知何据。《曾子问》：孔子曰："古者男子，外有傅，内有慈母。"所谓慈母者，《内则》言人君养子之礼曰："异为孺子室于宫中。择于诸母与可者，必求其宽裕慈惠，温良恭敬，慎而寡言者，使为子师；其次为慈母；其次为保母；皆居子室。"此与大师、大傅、大保相当。师、保皆内外名同，傅独变言慈者，《郊特牲》："夫也者，夫也；夫也者，以知帅人者也。"《注》："夫或为傅。"则傅之义属于丈夫，不可以名妇人，故变傅言慈也。《内则》言"十年出就外傅"，意谓傅在外，非谓内又有傅也。然则以妇人为傅，则书传未有云焉尔。《诗疏》误记《记》文，因生曲说，不亦缪乎？

《谷梁》说伯姬之事曰："伯姬之舍失火。左右曰：夫人少避火乎？伯姬曰：妇人之义，傅母不在，宵不下堂。左右又曰：夫人少避火乎？伯姬曰：妇人之义，保母不在，宵不下堂。遂逮乎火而死。"《列女·贞顺传》曰:"左右曰:夫人少避火。伯姬曰:妇人之义,保、傅不俱,夜不下堂,待保、傅来也。保母至矣,傅母未至也。左右又曰:夫人少避火。伯姬曰:妇人之义,傅母不至,夜不下堂。遂逮于火而死。"并以傅为妇人。足征《谷梁》之晚出。《汉书·外戚恩泽侯表》扶平侯王崇,为傅婢所毒薨。《王商传》:耿定上书,言商与父傅通。师古曰:"傅,谓傅婢也。"盖汉时始有以傅称婢者。乃称男子之为傅者曰傅父,以与之相对。《张骞传》言乌孙昆莫有傅父是也。《武帝本纪》:建元三年,"济川王明坐杀太傅,中傅,废迁防陵"。应劭曰:"中傅,宦者也。"亦不必非傅婢矣。然贵妇人仍有男子为之侍从。审食其、周信为吕后舍人是也。(皆见《汉书·高惠高后文功臣表》。)《东方朔传》:昭平君醉杀主傅。《注》引如淳曰:"礼有傅姆。说者又曰:傅者,老大夫也。汉使中行说傅翁主也。"又说引汉事以证古义,足见其事之未绝。《公羊》僖公十年云:"卓子者,骊姬之子也,荀息傅焉。"又云:"申生者,里克傅之。"成公十五年云:"叔仲惠伯,傅子赤者也。"《文王世子》云:"立大傅、少傅以养之。大傅在前,少傅在后。入则有保,出则有师。"然则师不共处于燕息之时,保不相随于动作之际,惟傅则出入常偕。故其祸福之相关,亦最切也。

《内则》云:"国君世子生,卜士之妻,大夫之妾,使食子。"此即《公羊》昭公三十一年所谓"君幼,大夫之妾,士之妻,以子入养"者,所谓食母也。《内则》云:"大夫之子有食母,士之妻自养其子。"盖国君世子,食母之外,又有师、慈、保三母,大夫之子,徒有食母,士则并食母而无之,等级分明。然则君夫人有傅、保,亦固其所。《葛覃》之诗曰:"言告师氏。"则后夫人亦有师也。伯姬不待师者,师道之教训,非附随之保其身体者，故动不待之也。夫人出必与傅、母俱，而傅以男子为之，亦犹后世贵家女出，兼有男女仆从耳，其无足怪。

古周礼说，以大师、大傅、大保为三公，坐而论道。此乃误窃《考工记》"坐而论道，谓之王公"之文。其实彼言王者谓天子，公者谓诸侯，皆非谓人臣也。三大、三少，据《大戴记·保傅》，则东宫官耳。故《记》言"太子既冠成人"，则"免于保傅之严"也。然《大戴记》言天子亦有三公者，幼而师焉、傅焉、保焉，及长，犹以旧恩而不去侧，夫固事理所可有。抑三大、三少，实侍从之臣，不应太子有之，而天子无之也。然则夫人之有师、傅、保，亦不足怪。《大戴记》曰：三大，"三公之职也"；三少，"皆上大夫也"。则选老大夫为傅，选老大夫妻为母，于法正合。而曰男子不可为傅，古之媵，不亦兼有臣妾欤？又曰大夫妻当自处家，然则国君世子之三母，皆无家之妇人欤？

食母即乳母，见《内则》及《礼经·丧服》郑《注》。又《士昏礼注》曰："姆，妇人年五十无子，出而不复嫁，能以妇道教人者，若今时乳母矣。"其实此正何君所谓老大夫妻，乃师保之伦，非食母也。《内则》曰："食子者三年而出。"盖其职徒在食之，故子能食食则去，非如三母，日辅正其行而卫其身也。褚先生补《滑稽列传》曰：武帝少时，东武侯母常养帝。帝壮时，号之曰大乳母。曰养则非徒食之，然亦号曰乳母，盖人君养子之礼久废，虽太子亦徒有食母也。无怪郑玄之不辨三慈矣。

《礼经·丧服齐衰章》："慈母如母。""《传》曰：慈母者何也？《传》曰：妾之无子者，妾子之无母者，父命妾曰：女以为子。命子曰：女以为母。若是则生养之终其身，如母，死则丧之三年，如母，贵父之命也。"《注》曰："此主谓大夫、士之妾，妾子之无母，父命为母子者。"《小功章》："君子子为庶母慈己者。""《传》曰：君子子者，贵人之子也。为庶母何以小功也？以慈己加也。"《注》引《内则》三母及大夫之子有食母。又曰："其可者贱于诸母，谓傅、姆之属也。其不慈己，则细可矣。不言师、保，慈母居中，服之可知也。"《曾子问》："子游问曰：丧慈母如母，礼与？孔子曰：非礼也。古者男子外有傅，内有慈母，君命所使教子也，何服之有？昔者鲁昭公少丧其母，有慈母良。及其死也，公弗忍也，欲丧之。有司以闻曰：古之礼，慈母无服。今也君为之服，是逆古之礼而乱国法也。若终行之，则有司将书之以遗后世，无乃不可乎？公曰：古者天子练冠以燕居。公弗忍也，遂练冠以丧慈母。丧慈母，自鲁昭公始也。"《注》谓："礼所云者，乃大夫以下父所使妾养妾子。""子游意以为国君亦当然。"孔子"言无服，此指谓国君之子也"。鲁有司曰古之礼慈母无服，"据国君也"。《南史·儒林·司马筠传》载梁武帝之说，谓子游所问，是师、保之慈，非三年、小功之慈，"郑玄不辨三慈，混为训释"，"后人致谬，实此之由"，其说是也。《曾子问》此节，自"何服之有"以上，为孔子之言。"昔者鲁昭公"以下，别为一事，而记者类记之。《疏》谓孔子引昭公之事以答子游者，误也。昭公与孔子同时，丧慈母果始昭公，子游无缘不知其非礼而有待于问。子游之问，盖自为当时有丧师、保之慈者而发。昭公所丧，自为三年、小功之慈。郑《注》以昭公三十乃丧齐归，谓此非昭公，王肃《家语》遂臆改为孝公，作伪伎俩，真堪发噱。古人著述，轻事重言，记者之辞，诚未必不误，然《左氏》妄取《国语》，以为编年，又安见所言之必可信邪？梁武帝谓"三母义同师、保，师、保无服，故此慈亦无服。又此三母，非谓择取兄弟之母。若是兄弟之母，先有子者，则是长妾，长妾之礼，实有殊加，何容次妾生子，退成保母？又多兄弟之人，于义或可，若始生之子，便应三母俱阙邪？"其言殊为允当。亦足见何君选于老大夫、老大夫妻之说之确也。《丧服小记》曰："为慈母后者，为庶母可也，为庶祖母可也。"此亦丧服三年之慈。择及庶祖母，则其年之长可知。盖古于教养之责，必付诸老成者，内外皆然也。亦选于老大夫、老大夫妻之一旁证也。

《左氏》说宋伯姬事曰："宋伯姬卒，待姆也。君子谓宋共姬女而不妇。女待人，妇义事者也。"亦可见女子之傅、母，即男子保、傅之伦。女待人，妇义事，犹言成人则免于保、傅之严耳。《列女·母仪·鲁季敬姜传》曰："仲尼曰：女知莫如妇，男知莫如夫。"亦此义。

《左氏》哀公二十三年，"宋景曹卒。季康子使冉有吊，且送葬。曰：以肥之得备弥甥也，有不腆先人之产马，使求荐诸夫人之宰，其可以称旌繁乎？"此夫人之宰，亦必男子为之。

篡立者诸侯既与之会则不复讨

《左氏》宣公元年："会于平州，以定公位。"杜《注》云："篡立者，诸侯既与之会，则不得复讨。臣子杀之，与弑君同。故公与齐会而位定。"成公十六年："曹人请于晋曰：自我先君宣公即世，国人曰：若之何忧犹未弭，而又讨我寡君？以亡曹国社稷之镇公子，是大泯曹也。先君无乃有罪乎？若有罪，则君列诸会矣。君惟不遗德刑，以伯诸侯，岂独遗诸敝邑？敢私布之。"《注》云："诸侯虽有篡弑之罪，侯伯已与之会，则不复讨。前年会于戚，曹伯在列，盟毕乃执之；故曹人以为无罪。"《疏》云："春秋之世，王政不行，赏罚之柄，不在天子。弑君取国，为罪虽大，若已列于诸侯会者，则不复讨也。其有臣子杀之，即与弑君无异，未必礼法当然，要其时俗如是。"（见隐四年卫人杀州吁于濮）一似当时列国之间，有共认之法者，其实不然也。襄仲之杀恶及视而立宣公，本得请于齐而后为之。齐大且近，故鲁人不能讨。至晋之于曹，则身为伯主，列诸会而又讨之，近于狐埋狐搰，故曹人以为言。若会曹者为他国，未必能引为口实也。卫州吁欲求宠于诸侯，以和其民，使请伐郑于宋。杜《注》亦云："诸篡立者，诸侯既与之会，则不复讨，故欲求此宠。"然是役也，宋既以欲除公子冯而许之矣。陈、蔡方睦于卫，故有宋公、陈侯、蔡人、卫人伐郑之举。"秋，诸侯复伐郑。宋公使来乞师，公辞之。羽父请以师会之，公弗许，固请而行。"则是时近卫之国，既皆附和之矣。使求宠于诸侯而果可以定其位如鲁宣公者，州吁其将遂成。而《左氏》又云："州吁未能和其民，厚问定君于石子，石子曰：王觐为可。曰：何以得觐？曰：陈桓公方有宠于王，陈、卫方睦，若朝陈使请，必可得也。厚从州吁如陈。石碏使告于陈曰：卫国褊小，老夫耄矣，无能为也。此二人者，实弑寡君，敢即图之。陈人执之，而请莅于卫。"二人遂皆见杀。然则以号称方睦、搂之以伐郑之国，旋即从其大夫之请而讨之，所谓与之会则不复讨者安在？《左氏》又载众仲之言曰："夫州吁，阻兵而安忍。弑其君而虐用其民，不务令德，而欲以乱成。"则所谓求宠于诸侯者，特欲藉与国之众多，以立威于国内耳。阻兵者负实力，求宠者炫虚声，所谓以和其民者，乃正欲免国内之讨，而岂所惧于诸侯也？故杜氏之说，不徒非《春秋》之义，古代列国之礼法；抑并非当时之俗，《左氏》之意也。

石碏谓"王觐为可"，而石厚问"何以得觐"，似篡弑之徒，得他国之承认颇难者。然昭公二十年："齐侯使公孙青聘于卫。既出，闻卫乱，使请所聘。公曰：犹在竟内，则卫君也。乃将事焉。"则失国之君，为诸侯所不认；而篡国者为其所认，亦极易事耳。要之篡弑之徒，除非国中之臣子力能讨之，或国外之诸侯力能征之，否则晏然窃据其位者多矣。诸侯既不能讨之，岂能终不与之交涉？所谓列于会而后定，一若列国间有公法存焉者，固子虚乌有之谈也。

释"兴灭国，继绝世"

兴灭国，继绝世，此古贵族相扶持相救恤之道也。古之人有行之者：子越椒之亡也，箴尹克黄使于齐，归复命，而自拘于司败。楚庄王曰："子文无后，何以劝善？使复其所，改命曰生。"（《左氏》宣公四年）其后平王杀斗成，然灭养氏之族，亦使斗辛居郧（《左氏》昭公十四年）。卫人讨宁氏之党，石恶出奔晋，卫人立其从子圃以守石氏之祀，《左氏》曰礼也（《左氏》襄公二十八年）。此皆行诸国内者也。其行诸国外者：楚庄王县陈，以申叔时之言而复之（《左氏》宣公十一年）。其后灵王灭陈、蔡，又迁许、胡、沈、道、房、申，平王即位，亦皆复之。《左氏》昭公十三年。王又使然丹诱杀戎蛮子嘉，遂取蛮氏，既而复立其子（昭公十六年）。晋之灭福阳，亦使周内史选其族嗣，纳诸霍人（襄公十年）。虽鲁僖公犹能伐邾取须句而反其君（僖公二十二年），而齐桓公存三亡国，以属诸侯（《左氏》僖公十九年。宋司马子鱼之言），不必论矣。《乐记》：孔子告宾牟贾称牧野之语曰："武王克殷反商，未及下车，而封黄帝之后于蓟，封帝尧之后于祝，帝舜之后于陈；下车而封夏后氏之后于杞，投殷之后于宋。"古之人之所称美者，固专在于是。（《管子·霸言》："夫明王之为天下正理也，按强助弱，围暴止食，存亡定危，继绝世。此天下之所载也，诸侯之所与也，百姓之所利也，是故天下王之。"）盖治人者，不能食力，恒藉庶民输租税以养之。亡国败家，则生无以为养，而祭祀不能备礼，故子文泣言"鬼犹求食，若敖氏之鬼，不其馁而！"（《左氏》宣公四年）纪季以酅入于齐，请复五庙以存姑姊妹（《公羊》庄公三年）。而臧武仲之以防求为后于鲁，曰"纥之罪不及不祀"也（《左氏》襄公二十三年）。夫兴灭国，继绝世，非甚难之事也。虽强暴之国，犹有能行之者。《史记·秦本纪》：庄襄王元年，"东周君与诸侯谋秦，秦使相国吕不韦诛之，尽入其国。秦不绝其祀，以阳人地赐周君，奉其祭祀。"周在是时，久夷于列国矣，无所谓共主也。（孟子曰："三代之得天下也以仁，其失天下也以不仁。"是时周虽尚存，特列国之一耳，久不能号令天下，即不能谓之王矣。）古之所谓国者，与后世不同。后世所谓国，乃一国之民共食息生长之地，古者则君若贵戚，据其土，奴其民，强其出租税以奉己者尔。亡国败家，在衣租食税者，则流离失所，人民固无与也。然则视灭国为不义者，亦谓夺人之土地人民，使其生无以为养，而祭祀亦不能备礼耳。若秦之于周，齐之于纪，其于贵族相扶持相救恤之道，未有亏也。然而其事有难言者，盖夺人之国、灭人之家，真由伐罪吊民者少，其实皆利其土地人民耳。既利其土地人民，而仍以封其族嗣，或以与吾有功之人，（《左氏》襄公十年："晋荀偃、士匄请伐偪阳，而封宋向戌焉。偪阳既灭，以与向戌。向戌辞曰：君若犹辱镇抚宋国，而以偪阳光启寡君，群臣安矣，其何既如之？若专赐臣，是臣兴诸侯以自封也，其何罪大焉？敢以死请。乃予宋公。"盖君臣之间，亦不能无争夺矣。）争城争地者何利焉？故兴灭继绝之事，虽若史不绝书，实则其事殊罕，是以传为美谈。而其所兴所继者，亦终不可以久也，此封建之所由废也。

次于兴灭继绝而为贵族间相扶持相救恤之义者，则为不臣寓公。《礼记·郊特牲》曰："诸侯不臣寓公，故古者寓公不继世。"《公羊》桓公七年："夏，谷伯绥来朝，邓侯吾离来朝，皆何以名？失地之君也。其称侯朝何？贵者无后，待之以初也。"（《谷梁》义同）何君云："谷、邓本与鲁同，贵为诸侯；今失爵亡土，来朝托寄也，义不可卑；故明当待之如初，所谓故旧不遗，则民不偷。无后者，施于所奔国也。独妻得配夫，衣食于公家，子孙当受田而耕故云尔。"春秋之时，弑君三十六，亡国五十二，诸侯奔走不得保其社稷者，不可胜数。欲一一锡之土田，势不可得，故禄之，尊礼之止于其身也。然而并此亦有不可得者，宋昭公之将见杀也，荡意诸曰："盍适诸侯。"公曰："且既为人君，而又为人臣，不如死。"（《左氏》文公十六年）楚灵王之辱于乾溪也，右尹子革曰："若亡于诸侯，以听大国之图君也。"王曰："大福不再，只取辱焉。"昭公十三年。则当时诸侯能以寓公之礼待失地之君者，盖少矣。甚至有不能存其身，鲁之于子纠者，（《谷梁》庄公二十九年："九月，齐人取子纠，杀之。外不言取，言取，病内也。取，易辞也，犹曰取其子纠而杀之云尔。十室之邑，可以逃难；百室之邑，可以隐死；以千乘之鲁，而不能存子纠，以公为病矣。"）此贵族之所以日夷为皂隶也。

《孟子》："万章曰：士之不托诸侯，何也？孟子曰：不敢也。诸侯失国而后托于诸侯，礼也；士之托于诸侯，非礼。万章曰：君馈之粟，则受之乎？曰：受之。受之，何义也？曰：君之于氓也，固周之。曰：周之则受，赐之则不受，何也？曰：不敢也。曰：敢问其不敢，何也？曰？抱关击柝者，皆有常职以食于上；无常职而赐于上者，以为不恭也。"（《万章下》）又，"陈子曰：古之君子，何如则仕？孟子曰：所就三，所去三。迎之致敬以有礼，言将行其言也，则就之；礼貌未衰，言弗行也，则去之。其次，虽未行其言也，迎之致敬以有礼，则就之；礼貌衰，则去之。其下，朝不食，夕不食，饥饿不能出门户，君闻之曰：吾大者不能行其道，又不能从其言也，使饥饿于我土地，吾耻之。周之，亦可受也，免死而已矣。"（《告子下》）观此知穷而可以寄食于人者，惟诸侯、大夫为然，士则非任事无以得食，故曰：兴灭继绝，不臣寓公，皆古者贵族相扶持相救恤之道也。（古贵族失守封土，亦有托于大夫者。如子鲜托于木门是也，见《左氏》襄公二十七年。）

古之所谓亡国者与后世异。后世所谓亡国，指丧其主权言之；古则专指有国之君能否奉其祭祀，故苟有片土焉以界之，则虽尽丧其主权，自古人言之，犹可谓之不亡也。《尚书大传》曰："古者诸侯始受封，则有采地，百里诸侯以三十里，七十里诸侯以二十里，五十里诸侯以十五里。其后子孙虽有罪黜，其采地不黜，使其子孙贤者守之，世世以祠其始受封之人，此之谓兴灭国继绝世。"盖自君国子民之义言之，周至于尽入其国，秦亦既荡焉无存矣。然自奉其祭祀之义言之，则有阳人一邑，犹不可谓之灭亡，故曰秦之所为，于兴灭国继绝世之义无亏也。许、胡、沈、道、房、申在楚灵王时，其地已尽为楚所夺，然不曰亡而曰迁，以其祭祀未绝，故平王之复之，亦曰复而不曰封也。不宁惟是，昭公十八年，"楚左尹王子胜言于楚子曰：许于郑，仇敌也，而居楚地，以不礼于郑。晋郑方睦，郑若伐许，而晋助之，楚丧地矣。君盍迁许？冬，楚子使王子胜迁许于析实白羽"。然则许虽复国，仍居楚地，其去灵王时亦一间耳。哀公元年："楚子、陈侯、随侯、许男围蔡。"杜预《左氏注》曰："定六年郑灭许，此复见者，盖楚封之。"案此亦或如秦之于周，灭其国，仍赐之以案地，不必其为复封也。

人臣出亡，亦有受封于他国者：如吴掩余、烛庸奔楚，楚子大封而定其徙是也（《左氏》昭公三十年）。然其能得此于异国者，盖视亡国之君为尤寡。

晋人之灭虞也，执虞公及其大夫井伯以媵秦穆姬，而修虞祀，且归其职贡于王（《左氏》僖公五年）。此则徒徼福于鬼神，免天子之诛责，而失兴灭继绝之义矣。

古者君臣之义（上）

古者君臣之义，盖尝数变矣。其初也，君之于其臣，犹赁庸而使之也。《礼记·表记》曰："子言之：事君先资其言，拜自献其身，以成其信。是故君有责于其臣，臣有死于其言。故其受禄不诬，其受罪益寡。"又曰："子曰：事君大言入则望大利，小言入则望小利，故君子不以小言受大禄，不以大言受小禄。"《燕义》曰："臣下竭力尽能以立功于国，君必报之以爵禄。"皆斤斤于功劳酬赏之间。而《少仪》曰："事君者，量而后入，不入而后量。凡乞假于人，为人从事者亦然。"更明以赁庸之道言之。盖所谓臣者，其初皆拔自贱族，（王者不臣妻之父母，始封之君不臣诸父昆弟，天子不纯臣诸侯，诸侯不臣寓公，可见君权未张之时，所臣者实皆贱族。族人不敢以其戚戚君，已为后起之事矣。）原不过乞假从事之流。其后关系日深，恩意周浃，一如家人；而君之与臣，又或意气相得，乃以父子、朋友之道，推而行之。至此，则赁庸之意稍变矣，然犹私而非公。又其后，君与臣，同以社稷为重，臣非复其君之私昵；君之畜臣，亦不以使令奔走，图己身之便安为事，而君臣之义，迥非其故矣。

古者群道未备，人与人之关系，限于亲族之中；其出于亲族之外者，乃亦以是推之。北族好畜义儿，而辽、金与中国和亲，不曰兄弟，则曰伯叔父，其故即由于此。臣之始，服役于君之家；其事君，当如子之事父，此理之自然者也。臣之受令于君，既犹乞假，自必斤斤于酬赏；然又有不敢私有其财之义，即由以父子之道推之。《坊记》："父母在，不敢有其身，不敢私其财也。故天子四海之内，无客礼，莫敢为主焉。故君适其臣，升自阼阶，即位于堂，示民不敢有其室也。"（亦见《郊特牲》。《燕义》曰："君席阼阶之上，居主位也。"）两两比况最为明白。《内则》曰："子妇无私货，无私畜，无私器，不敢私假，不敢私与。妇或赐之饮食、衣服、布帛、佩帨、茝兰，则受而献诸舅姑。舅姑受之则喜，如新受赐。若反赐之，则辞，不得命，如更受赐，藏以待之。妇若有私亲兄弟，将与之，则必复请其故赐，而后与之。"《仪礼·聘礼》："君使宰赐使者币。"郑《注》即援是以为言，其说是也。《曲礼下》曰："大夫私行，出疆必请，反必有献。"（又曰："士私行，出疆必请，反必告。"《疏》曰："出与大夫同，还与大夫异，士德劣，故不必有献。"此言殊含糊。《曲礼》又曰："士有献于国君，他日，君问之曰：安取彼？再拜稽首而后对。"《疏》曰："须问者，士卑德薄，嫌其无有也。"此即不必有献之故。）盖即"妇或赐之，献诸舅姑"之义。"定公从季孙假马，孔子曰：君之于臣，有取无假。"（《公羊》定公八年《解诂》）盖即子妇无私畜之义。《左氏》成公十七年：郤至曰："受君之禄，是以聚党；有党而争命，罪孰大焉？"襄公二十六年："孙林父以戚如晋。"《左氏》讥之曰："臣之禄，君实有之。义则进，否则奉身而退。专禄以周旋，戮也。"《论语·宪问》："子曰：臧武仲以防求为后于鲁，虽曰不要君，吾不信也。"皆自此义推之也，然而赁庸之本志荒矣。

　　朋友之间，所恶者，无信也。而君与臣之间，亦最贵信，即由以朋友之道推之也。荀息之对晋献公曰："使死者反生，生者不愧乎其言，则可谓信矣。"《公羊》美其不食言。《左氏》亦曰："君子曰：《诗》所谓白圭之玷，尚可磨也；斯言之玷，不可为也，荀息有焉。"（僖公九年、十年）解扬之对楚庄王也，曰："君能制命为义，臣能承命为信，信载义而行之为利。义无二信，信无二命，受命以出，有死无霣，又可赂乎？臣之许君，以成命也；死而成命，臣之禄也。寡君有信臣，下臣获考，死又何求？"（《左氏》宣公十五年）皆所谓贵信者也。荀息、解扬之于其君，亦犹羊角哀、左伯桃之于其友（刘孝标《广绝交论注》引《烈士传》），而程婴、公孙杵臼，则二者兼之者也（《史记·赵世家》）。朋友之间，意气固有厚薄，君臣之间亦然，豫让国士众人之论是也（《史论·刺客列传》）。"工尹商阳与陈弃疾追吴师，及之，斃一人。又及，又斃二人。止其御曰：朝不坐，燕不与，杀三人，亦足以反命矣。"（《礼记·檀弓下》）亦豫让之志也。

　　人之秉彝，无时而或泯者也。战胜之族，初克战败之族，盖亦尝视之如土苴矣。（观夏后氏用贡法，最可见之。）其后彼此之关系稍深，则君与民之利害稍相同，驯至民所恃以生之社稷，君亦与为存亡焉。《曲礼》曰："国君去其国，止之曰：奈何去社稷也？大夫曰：奈何去宗庙也？士曰：奈何去坟墓也？"又曰："国君死社稷，大夫死众，士死制。"《礼运》亦曰："国有患，君死社稷谓之义，大夫死宗庙谓之变。"《公羊》曰："国灭，君死之，正也。"（襄公六年。又庄公十三年《解诂》曰："诸侯死国不死邑。"）盖二者久合为一体矣。人臣至此，亦不复以君之私暱自居。齐庄公之见弑也，晏子曰："君民者，岂以陵民？社稷是奉。臣君者，岂为其口实？社稷是养。故君为社稷死则死之，为社稷亡则亡之；若为己死而为己亡，非其私暱，谁敢任之？"（《左氏》襄公二十五年）"卫献公出奔，反于卫，及郊，将班邑于从者而后入。柳庄曰：如皆守社稷，则孰执羁靮而从？如皆从，则孰守社稷？君反其国而有私也，毋乃不可乎？弗果班。"（《檀弓下》。《左氏》僖公二十八年：宁武子监卫人，亦曰："不有居者，谁守社稷；不有行者，谁扞牧圉。"）"卫有太史曰柳庄，寝疾，公曰：若疾革，虽当祭必告。公再拜稽首请于尸曰：有臣柳庄也者，非寡人之臣，社稷之臣也。闻之死，请往。不释服而往，遂以襚之。"（《檀弓下》）皆其言之最明白者也。孟子曰："有安社稷臣者，以安社稷为说者也。"（《尽心上》）《少仪》曰："为人臣下者，有谏而无讪，有亡而无疾，颂而无谄，谏而无骄，怠则张而相之，废则埽而更之，谓之社稷之役。"与夫便嬖使令，固不可同年而语矣。

《说文·臤部》："臤，坚也。从又，臣声。"此与坚，实即一字。《石部》："硻，余坚也。从石，坚省声。"亦即从臣声也。臤，古文作砼，段懋堂曰："《论语》曰：鄙哉砼砼乎。又云：硜硜然小人哉。其字皆当作臤。"案亦可作臤也。此可见臣字之初，有小与坚之义。小者，臣之始，本不过便嬖使令之流；

坚则当守信之谓也。（磬与硁，初为一字，后乃分别，以磬为乐器之名，硁状其声，观《乐记》"石声磬"，《史记·乐书》作硁，可见。）

臣道始于赁庸，至后世，其遗迹仍有可见者。孟子曰："仕非为贫也，而有时乎为贫。"又曰："辞尊居卑，辞富居贫，恶乎宜乎？抱关击柝。"又曰："抱关击柝者，皆有常职以食于上，无常职而食于上者，以为不恭也。"万章曰："君馈之粟则受之乎？"曰："受之。""受之何义也？"曰："君之于氓也，固周之。"（以上皆见《万章下》）陈子曰："古之君子，何如则仕？"孟子曰："所就三，所去三。迎之致敬以有礼，言将行其言也，则就之；礼貌未衰，言弗行也，则去之。其次，虽未行其言也，迎之致敬以有礼，则就之；礼貌衰，则去之。其下，朝不食，夕不食，饥饿不能出门户。君闻之，曰：吾大者不能行其道，又不能从其言也，使饥饿于我土地，吾耻之。周之，亦可受也，免死而已矣。"（《告子下》）皆以君当畜臣，臣不可无事而食为言。彭更曰："士无事而食，不可也。"（《滕文公下》）公孙丑曰："诗曰：不素餐兮，君子之不耕而食，何也？"王子垫问曰："士何事？"（《尽心上》）亦皆以无事而食为疑者，犹夫《表记》《燕义》《少仪》诸篇之言也。

古者君臣之义（下）

臣能守信，善矣；然徒知守信，而不论其事之是非，则亦不足为训。里克之将杀奚齐也，谓荀息曰："君杀正而立不正，废长而立幼，如之何？"荀息无以对也。徒曰："君尝讯臣矣，臣对曰：使死者反生，生者不愧乎其言，则可谓信矣。"（《公羊》僖公十年）即徒知守信，而不问其义不义者也。（《左氏》僖公九年：荀息曰："吾与先君言矣，不可以贰。能欲复言，而爱身乎？"）使荀息当日，毅然守正，而不从其君之逆命，晋国岂比数世乱哉？乃若里克，亦徒以尝为申生傅，而为之报仇而已，非能知居正之义也。（《左氏》：僖公九年：荀息曰："人之欲善，谁不如我？我欲无贰，而能谓人已乎？"可见荀息、里克正是一流人物。）人人各徇其私，则忠信也而愈乱。"此非礼之礼，非义之义"，大人所以弗为也。（《孟子·离娄下》。《左氏》宣公二年：晋灵公使钼麑贼赵宣子，"晨往，寝门辟矣。盛服将朝，尚早，坐而假寐。麑退，叹而言曰：不忘恭敬，民之主也。贼民之主，不忠；弃君之命，不信；有一于此，不如死也。触槐而死。"此亦小忠小信，所谓"非礼之礼，非义之义"者也。《檀弓下》："齐大饥，黔敖为食于路，以待饿者而食之。有饿者蒙袂辑屦，贸贸然来。黔敖左奉食，右执饮，曰：嗟来食。扬其目而视之，曰：予惟不食嗟来之食，以至于斯也。从而谢焉，终不食而死。曾子闻之曰：微与？其嗟也可去，其谢也可食。"圣贤之处生死之间，自与一节之士不同矣。故曰："可以死，可以无死，死伤勇"。）

晋惠公之卒也，"怀公命无从亡人。狐突之子毛及偃从重耳在秦，弗召。冬怀公执狐突，曰：子来则免。对曰：子之能仕，父教之忠，古之制也。策名委质，贰乃辟也。今臣之子，名在重耳，有年数矣，若又召之，教之贰也。父教子贰，何以事君？"（《左氏》僖公二十三年）徒知贰之为戮，而不计所忠之当否？亦犹夫荀息之志也。

且如季氏之当去，凡为鲁人，谁不知之？乃南蒯之谋去季氏也，其乡人讥其家臣而君图（《左氏》昭公十二年）。其后事败奔齐。子韩晳又谓其以"家臣而欲张公室，罪莫大焉"（昭公十四年）。其背公党私如此，此定于一尊之义，所由不可不亟讲与？

阳虎之欲杀季孙也，临南为御，谓临南曰："以季氏之世世有子，子可以不免我死乎？"临南许诺，乃以季孙如孟氏（《公羊》定公八年），此感于季氏之世世有之，非知阳虎欲弑季孙之为不义也。使其世世豢于阳虎，则亦将为之成济矣。人人效其小信，而不知大义，此世事之所以纷纭也。

白公之缢也，其徒微之。生拘石乞而问焉，对曰："余知其死所，而长者使余勿言。"曰："不言将烹。"对曰："此事也，克则为卿，不克则烹，固其所也。"乃烹石乞（《左氏》哀公十六年）。石乞可谓信矣。然而楚之乱，石乞之徒为之也。

战国时有肥义者，其为人，犹之春秋时之荀息也。汉初有贯高者，其为人，犹之春秋时之石乞也。周昌力争毋废太子。其后使为赵王傅。吕后召王，昌尝弗遣。及王死，昌谢病不朝。其为人，亦里克、荀息之流也。

岂惟国内，《杂记》曰："内乱不与焉，外患勿辟也。"《公羊》亦曰："君子辟内难而不辟外难。"庄公二十七年。列国之所以多战事，亦商君所谓"勇于公战"者为之也。以大一统之义言之，则亦孟子所谓"善战者服上刑"而已（《离娄上》）。《表记》："子曰：事君可贵可贱，可富可贫，可生可杀，而不可使为乱。子曰：事君军旅不辟难，朝廷不辞贱。处其位而不履其事，则乱也。故君使其臣，得志则慎虑而从之；否则孰虑而从之。终事而退，臣之厚也。《易》曰：不事王侯，高尚其事。"《注》曰："使，谓使之聘问、师役之属也。终事而退，非己志者，事成则去也。"此说非也。事成乃去，则不义之事已遂矣，乱矣。

"小邾射以句绎来奔，曰：使季路要我，吾无盟矣。使子路。子路辞。季康子使冉有谓之曰：千乘之国，不信其盟，而信子之言，子何辱焉？对曰：鲁有事于小邾，不敢问故，死其城下可也。彼不臣而济其言，是义之也。由弗能。"（《左氏》哀公十四年）"鲁欲使慎子为将军，孟子曰：一战胜齐，遂有南阳，然且不可。徒取诸彼以与此，然且仁者不为，况于杀人以求之乎？君子之事君也，务引其君以当道，志于仁而已。"（《告子下》）此岂聘问师役之不义者，可以强使之哉？《表记》曰："唯天子，受命于天，士受命于君。故君命顺，则臣有顺命；君命逆，则臣有逆命。"《荀子·臣道》曰："从命而利君谓之顺，从命而不利君谓之谄；逆命而利君谓之忠，逆命而不利君谓之篡。不恤君之荣辱，不恤国之臧否，偷合苟容，以持禄养，交而已耳，谓之国贼，君有过谋过事，将危国家，殒社稷之惧也，大臣父兄有能进言于君，用则可，不用则去，谓之谏。有能进言于君，用则可，不用则死，谓之争。有能比知同力，率群臣百吏，而相与强君挢君；君虽不安，不能不听，遂以解国之大患，除国之大害，成于尊君安国，谓之辅。有能抗君之命，窃君之重，反君之事，以安国之危，除君之辱，功伐足以成国之大利，谓之拂。故谏，争，辅，拂之人，社稷之臣也，国君之宝也，明君所尊厚也，而闇主惑君，以为己贼也。伊尹、箕子，可谓谏矣；比干、子胥，可谓争矣；平原君之于赵，可谓辅矣；信陵君之于魏，可谓拂矣。传曰：从道不从君，此之谓也。"夫知从道不从君，而闇主惑君之获行其志者寡矣，而人民利，社稷安矣。然徒为一国之社稷计，犹非道之至者也。《公羊》庄公二十四年《解诂》曰："不从得去者，所以申贤者之志，孤恶君也。"夫恶君孤，则其亡也速矣。此与无德欲速亡之义何以异？（见《吕览·长利》）岂不廓然而大公也哉？何君谓此为孔子所谓"以道事君"者，其信然与？

（"所谓大臣者，以道事君，不可则止"，见《论语·先进》。）

《荀子·臣道》又曰："事暴君者，有补削，无挢拂。迫胁于乱时，穷居于暴国，而无所避之，则崇其美，扬其善，违其恶，隐其败。言其所长，不称其所短。"此非为持禄养交计也，所以全贤者之躯也。贤者之生也，非为一人，抑非为一国，所以为天下生民也。不忍一时之悻悻，以亡其身，不亦寡虑矣乎？《史记·宋微子世家》述殷太师之言曰："今诚得治国，国治身死不恨。为死终不得治，不如去。遂亡。"《管子·宙合》曰："贤人之处乱世也，知道之不可行，则沉抑以辟罚，静默以俟免，非为畏死而不忠也。夫强言以为僇，而功泽不加。进伤为人君严之义，退害为人臣者之生，其为不利弥甚。故退身不舍端，修业不息版，以待清明，故微子不与于纣之难。"与《史记》之言，若合符节。案《微子世家》述微子、箕子、比干三人之事，而《论赞》引《论语》殷有三仁之文，盖本儒家口说。其述太师之言，殆亦尚书家传微子之意邪？《管子》此篇，其为儒家口说无疑也。然则《左氏》讥泄冶，"民之多辟，无自立辟"（宣公九年），亦不必非孔子之言矣。

卫宁喜之将纳献公也，使人谓献公，献公曰："子苟纳我，吾请与子盟。"喜曰："无所用盟，请使公子鱄约之。"献公谓公子鱄。公子鱄辞。献公怒曰："黜我者非宁氏与孙氏，凡在尔。"公子鱄不得已而与之约。已约，归至，杀宁喜。公子鱄挈其妻子而去之，将济于河，携其妻子而与之盟，曰："苟有履卫地食卫粟者，昧雉彼视。"（《公羊》襄公二十七年）此事与小邾射不信鲁国之盟，而信季路之要颇相类。季路不从康子，而公子鱄见迫于献公，则其事殊也。鱄之深绝献公，不可谓不合于义。《解诂》责其"守小信而忘大义，拘小介而失大忠"，似失之刻。

君臣朋友

《假乐》之诗曰："之纲之纪，燕及朋友。"《毛传》曰："朋友，群臣也。"此古义也。《史记·廉颇蔺相如列传》：赵宦者令缪贤曰："臣尝从大王与燕王会境上，燕王私握臣手，曰：愿结友。"至战国末造，以燕之僻陋，而犹知此义。可见《孟子》所言孟献子、鲁缪公、晋平公之事，必非虚语矣（见《万章》下）。

《唐书·吐蕃列传》："其君臣自为友，五六人曰共命。"秦穆公之于三良也，饮酒乐。公曰：生共此乐，死共此哀。三良许诺。公薨，遂皆自杀以殉。此所谓共命者也。可见古时中国之风俗，与四夷相类者颇多。

《曲礼》曰："父母存，不许友以死。"则许友以死者多矣。服虔注《左氏》云："古者始仕，必先书其名于策，委死之质于君，然后为臣，示必死节于其君也。"（《史记·仲尼弟子列传索隐》引）此亦许友以死之类也（古人有罪不逃刑，此乃许君以死，而又守信，使之然也。如晋之庆郑是。事见《左氏》僖公十五年）。子游曰："事君数，斯辱矣。朋友数，斯疏矣。"（《论语·里仁》）左儒曰："君道友逆，则顺君以诛友。友道君逆，则率友以违君。"（《说苑·立节》）皆以君臣与朋友并言。然则若杜蒉之于晋平公者，亦朋友责善之道地（见《礼记·檀弓》下。《左氏》作屠蒯。见昭公九年）。

《檀弓》云："鲁人有周丰也者，哀公执挚请见之，而曰：不可。公曰：我其已夫！使人问焉。"《士相见礼疏》曰：执挚者，或平敌，或以卑见尊。尊无执挚见卑之法；哀公执挚见己臣，谓下贤，非正法也。案此亦以朋友之道行之也，而周丰曰不可，可见孟子谓鲁缪公见子思，问千乘之国以友士，而子思不悦，非虚语矣（亦见《万章》下）。而哀公犹不肯已，而使人问焉，此亦足见哀公之下贤。尝谓春秋时，与强臣不协者多贤君。而史记之多不美之辞者，乃强臣訾毁之辞，非实录也。如鲁昭公如晋，自郊劳至于赠贿，无失礼（见《左氏》昭公五年）。此岂年十九犹有童心，比葬易哀者之所能乎？（襄公三十一年）其取于同姓，安知其非欲结强援，以除季氏也。且如晋平公，亦贤君也。观其于杜蒉、亥唐之争，不贤而能之乎？溴梁之盟，在于平公之世，亦会公室将卑尔，而岂平公之过哉？

曰：中心好之，欲饮食之，朋友之道也。《燕礼》所陈是也。《杂记》曰："卿大夫疾，君问之无算；士壹问之。君与卿大夫，比葬不食肉，比卒哭不举乐；为士，比殡不举乐。"（《丧大记》曰："君于大夫疾，三问之。"《荀子·大略》亦曰："君于大夫，三问其疾，三临其丧；于士，一问一临。"此言无算者，三但言其多耳，非必限之以三也。）此亦后世之所能也。

朋友戒亵狎，君臣亦然，故曰："诸侯非问疾吊丧而入诸臣之家，是谓君臣为谑。"（《礼记·礼运》。又《荀子·大略》："诸侯非问疾吊丧不之臣之家。"）

朋友之道

人之相结也，志或存于相利，是商贾之行也，君子羞之矣。然生死之交，其始之相结也，或未始不由于相利，此犹终成高世之行者，其入德之始，或亦由好名使然，故行之方始者，未易测其所终；而君子之设科也，往者不追，来者不拒，以是心至，罔不受之，所谓有教无类也。《论语·颜渊》："司马牛忧曰：人皆有兄弟，我独无。子夏曰：君子敬而无失，与人恭而有礼，四海之内，皆兄弟也；君子何患乎无兄弟也？"《子路》："樊迟问仁。子曰：居处恭，执事敬，与人忠。虽之夷狄，不可弃也。"《卫灵公》："子张问行。子曰：言忠信，行笃敬。虽蛮貊之邦，行矣；言不忠信，行不笃敬，虽州里，行乎哉？"《大戴记·曾子制言上》："曾子门弟子或将之晋，曰：吾无知焉。曾子曰：何必然？往矣。有知焉谓之友，无知焉谓之主。且夫君子，执仁立志，先行后言，千里之外，皆为兄弟。苟是之不为，则虽汝亲，庸孰能亲汝乎？"此皆兢兢自靖，意非存于相利也。然又曰："人之相与也，譬如舟车然，相济达也。己先则援之，彼先则推之。是故人非人不济，马非马不走，土非土不高，水非水不流。"则明以相利为怀矣。由此观之，《礼记·儒行》言朋友之道，极之于"爵位相先，患难相死"，"久相待，远相至"，其始，亦未尝不由于游士之相结，如女之入宫者，相要以苟见接，毋相忘者也。人之意气相得，愿相为死，非可得之立谈之间，即无从期之订交之始；而性情特厚，惟求无愧于心，无负于人者，亦非可以旦夕遇之；恒人之相结，始未有不期于相利者。终或超出于利害生死之外，则其情皆由于驯致，犹之始以修名而立行者，终或至于独立不惧，遁世无闷也。孔子曰："端衣玄裳，冕而乘路者，志不在于食荤；斩衰简屦，杖而歠粥者，志不在于饮食。"（《大戴记·哀公问》）饰虽在外，犹足以变易其中，况于躬行实践，始虽伪，有不徐致其情者乎？君子之接人也，惟勉其行之不饬，而不责其衷之不诚；其自律也，不敢谓心实无他，而不恤其行之有玷。自宋儒创诛心之论，乃不徒责人之行，而必深责其心。行诚不可不本于心，然过重存心，或反至略其制行；于是伪饰者得以依托，谨愿者或反见屏矣。教既不广，而其后之横决，转有不忍言者。夫高世之行，绝俗之心，道德之士，岂不当以之自勉？亦岂不可与人共勉？然而可与二三人共勉者，不必其可与千百人共勉。宋明之讲学者，聚徒至于千百，是当以接众人之道接之，而亦以接二三人之道接之，此所以教似广而无其实，而终且至于横决也。

《论语·颜渊》：樊迟问辨惑。子曰："一朝之忿，忘其身以及其亲，非惑与？"此与《孟子·尽心下》篇所谓"杀人之父，人亦杀其父；杀人之兄，人亦杀其兄；然则非自杀之也一间耳"之言同。以古重复仇，故以利害动之也。圣贤之言，不皆自出，亦多因袭成说。谚语流传，原不过如此耳。

所知与朋友不同。古言所知，犹今言相识耳。《礼记·檀弓》曰："师，吾哭诸寝；朋友，吾哭诸寝门之外；所知，吾哭诸野。"厚薄显然不同。而曾子谓"有知焉谓之友"，则以待朋友之道待所知矣。厚人以求自亲，所谓所求乎朋友先施之，抑亦行过乎恭之意也。《王制》七政，以宾客与朋友并列，二者亦显非一伦。《论语·乡党》曰："朋友死，无所归，曰于我殡。"而《檀弓》曰："宾客至，无所馆，夫子曰：生于我乎馆，死于我乎殡。"是亦以待朋友之道待宾客矣。古盖自有此俗，故异邦羁旅之士，可先施以求之于人也。

春秋立君之法

立君之法，莫严于《公羊》。《左氏》襄公三十一年，穆叔曰："大子死，有母弟则立之，无则长立，年钧择贤，义钧则卜，古之道也。"昭公二十六年，王子朝告诸侯曰："昔先王之命曰：王后无适，则择立长，年钧以德，德钧以卜；王不立爱，公卿无私，古之制也。"此所谓古，皆指周之先世言之。案古代君位传授，盖有三法。孔子曰："唐虞禅，夏后、殷、周继，其义一也。"（《孟子·万章上》）是"禅"与"继"为相对之称。然《公羊》庄公三十二年，公子牙曰："鲁一生一及。"（《史记·鲁世家》作一继一及）《解诂》曰："父死子继曰生，兄死弟继曰及。"是继之中，又"生"与"及"之别也。人情兄弟之爱，每不敌父子之亲，难保有宋太宗之事；又兄弟年或相近，幼者无登位之望，或不免于篡弑；故"生"之法优于"及"。同是生也，立适胜于立庶，以其易得外家之夹辅也。立长胜于立少，以君位早定，可无季康子之事（见《左氏》哀公三年），且长君利统率也。然年钧以德，仍不免于以意出入；德钧以卜，则更听诸不可知之数矣。（《礼记·檀弓下》："石骀仲卒，无适子，有庶子六人，卜所以为后者。"《左氏》昭公十三年：楚"共王无塚适，有宠子五人，无适立焉。乃大有事于群望，而祈曰：请神择于五人者。"定公元年：子家曰："若立君，则有卿大夫士与守龟在。"知以卜定君位，古确有是事也。然迷信甚深之世，龟筮所示，庸或莫之敢违。至于"天道远，人道迩"，为众所著知，则龟筮之从，亦不足戢争夺之心矣。）而异母之子，又可同时而生，争端究未尽泯也。《公羊》之法曰："立适以长不以贤，立子以贵不以长。"何君《解诂》曰："适，谓适夫人之子，尊无与敌，故以齿。子，谓左右媵及侄娣之子，位有贵贱，又防其同时而生，故以贵也。《礼》：适夫人无子，立右媵；右媵无子，立左媵；左媵无子，立嫡侄娣；嫡侄娣无子，立右媵侄娣；右媵侄娣无子，立左媵侄娣。质家亲亲，先立娣；文家尊尊，先立侄。嫡子有孙而死，质家亲亲，先立弟；文家尊尊，先立孙。其双生也，质家据见，立先生；文家据本意，立后生；皆所以防爱争。"（隐公元年）其立法可谓密矣。隐公四年："卫人立晋。"《传》曰："立者何？立者，不宜立也。其称人何？众立之之辞也。然则孰立之？石碏立之。石碏立之，则其称人何？众之所欲立也。众虽欲立之，其立之非也。"案《周官》小司寇有询立君之法。《左氏》僖公十五年，子金教郤缺："朝国人，而以君命赏。且告之曰：孤虽归，辱社稷矣，其卜贰圉也。"昭公二十四年："晋侯使士景伯莅问周政，士伯立于乾祭，而问于介众。"哀公二十六年，越人纳卫侯，文子致众而问焉。盖皆其事。石碏之立晋，度亦必有是举，故以众欲为辞。然而《春秋》非之者，以众之不足恃，时或与一二人等故也。然文公十八年："莒弑其君庶其。"《传》曰："其称国以弑何？称国以弑者，众弑君之辞。"《解诂》曰："一人弑君，国中人人尽喜，故举国，以明失众当坐绝也。"则无不与之之辞矣。盖立君为众（隐公四年《解诂》），众立之而非者，以众不能知所当立；或虽知之，而不能自达其意也。至众所欲诛，庸亦有不当于理者；然君人者，本应审舆情以为举措；事虽善而拂于舆情者，亦宜先立信而后行之；一意孤行，本非君人之道。且上之肆虐久矣，违道而拂众者究多，得道而违众者究少，故宁顺舆情而绝之也，亦足见春秋立法之周矣。

臣之事君

《礼记·杂记下》："内乱不与焉，外患弗辟也。"案《史记·吴太伯世家》：阖庐乘季札使晋，弑王僚而立。"季子至，曰：苟先君无废祀，民人无废主，社稷有奉，乃吾君也，吾敢谁怨乎？哀死事生，以待天命；非我生乱，立者从之；先人之道也。复命，哭僚墓，复位而待。"即《杂记》之所云也。阖庐之谋弑僚也，告专诸曰："季子虽至，不吾废也。"盖当时君臣之间，义自如此，人人知之也。晋栾书、中行偃之执厉公也，召士匄，士匄辞；召韩厥，韩厥辞，曰："昔吾畜于赵氏，孟姬之谗，吾能违兵。古人有言曰：杀老牛莫之敢尸，而况君乎？二三子不能事君，焉用厥也？"《左氏》成公十七年。古者臣之事君，不过如此，为己死而为己亡，非其亲昵，固莫之敢任矣。子思曰："今之君子，进人若将加诸膝，退人若将队诸渊，毋为戎首，不亦善乎？"（《礼记·檀弓下》）言虽为戎首，亦未大伤于义也。故孟子亦曰："君之视臣如草芥，则臣视君如寇仇"也（《离娄下》）。《左氏》宣公四年：郑子公欲弑灵公，谋于子家。子家曰："畜老犹惮杀之，而况君乎？"其言与韩厥同，亦不悖义。及子公反谮子家，子家遂惧而从之，则非之死不变之操矣。故《左氏》载君子之言，讥其"仁而不武无能达"，明其初志固不悖于义也。

尊王与民贵之义相成

春秋有尊王之义，昧者辄与尊君并为一谈，疑其与民贵之义相背，此误也。君所治者皆国内之事；王所治者乃列国之君，不及其民也。故五官之长，九州之伯，于外曰公曰侯，于其国则皆曰君。《礼记·曲礼下》。何君《公羊解诂》，谓"王者诸侯皆称君"是也。隐公元年。君恶其虐民，列国则求其有共主，可以正其相侵。凡列国之内，臣弑其君，子弑其父，若虐民而无所忌惮者，亦宜有以威之。(《左氏》襄公二十七年："子罕曰：凡诸侯小国，晋、楚所以兵威之，畏而后上下慈和，慈和而后能安靖其国家，以事大国，所以存也。无威则骄，骄则乱生，乱生必灭，所以亡也。"此不尽虚辞，古时盖实有此等情形也。)故尊王之义与民贵，殊不相背，且适相成也。

孔子曰："天无二日，民无二王。"(《礼记·曾子问、丧服四制》作土无二王)此特愿其如是，其实不必能如是也。大抵一方之中，有若干国归往之者，则称为王，春秋吴、楚皆称王，其先徐偃王亦尝称王以此，《史记·楚世家》曰："熊渠甚得江汉间民和，乃兴兵伐庸、扬、粤至于鄂，熊渠曰：我蛮夷也，不与中国之号谥。乃立其长子康为句亶王，中子红为鄂王，少子执疵为越章王，皆在江上楚蛮之地。"此乃楚自王蛮夷，于中国指（中原）。无与，故中国初不过问。《史记》又云："及周厉王之时暴虐，熊渠畏其伐楚，亦去其王。"熊渠三子皆为王，无反自称君之理。所谓去其王号者，非去三子之王号，盖自去其王号也。即谓不然，熊渠三子，固已并时称王矣，足征王非不可有二也。其后越灭于楚，《越世家》云："诸族子争立，或为王，或为君，滨于江南海上，服朝于楚。"为王而仍可服朝于人，足见所谓王者，特为一方所归往，不必其尊无二上也。战国齐、魏尝相王，五国又尝相王以此。

《楚世家》又云："楚伐随。随曰：我无罪。楚曰：我蛮夷也，今诸侯皆为叛，相侵或相杀，我有敝甲，欲以观中国之政，请王室尊吾号。随人为之周，请尊楚。王室不听。还报，楚熊通怒，乃自立为武王，与随人盟而去……周召随侯，数以立楚为王。楚怒，以随背己，伐随。"武王之称王，随人盖诚以王事之，故周人数其罪。随盖又辞服于周，请不王楚，故楚又怒其背己也。《齐、晋世家》皆谓齐顷败于鞍，欲尊晋为王，而景公不敢。齐之于晋，盖欲以随奉楚者奉之。窃疑熊渠亦曾称王，以临中国诸侯，而史失载也。（《田敬仲完世家》："击魏，大败之桂陵。于是齐最强，于诸侯，自称为王，以令天下。"云令天下侈辞，然战国时之小国，称王固犹足以令之也。）

《谷梁》曰："黄池之会，吴子进乎哉，遂子矣！吴，夷狄之国也。祝发文身，欲因鲁之礼，因晋之权，而请冠端而袭。其借于成周，以尊天王，吴进矣！吴，东方之大国也，累累致小国以会诸侯，以合乎中国。吴能为之，则不臣乎？吴进矣！王，尊称也；子，卑称也；辞尊称而居卑称，以会乎诸侯，以尊天王。"（哀公十三年）此言吴于是役，自去其王号，以尊周也。熊渠之去其王号，盖亦如此。与中国接时去王，其在蛮夷无妨仍称王号，犹越诸族子服朝于楚，犹王江南海上也。大抵自王其地者，必距其所服朝者甚远，而其所王，亦必为蛮夷；故北方之大国，未有敢自称王者也。

五国之相王也，赵武灵王独不肯，曰："无其实敢处其名乎？令国人谓己曰君。"（《赵世家》）谦言无他国归往之者，独能自治其国也。卫嗣君独有濮阳，乃贬号曰君（《卫世家》），以此。（《韩世家》：宣惠王十一年，"君号为王"。前此亦但自君其国而已。）

为他国所归往者，临其所归往之国曰王，于其国则称君，名之因实而不同者，如是而已。公、侯、伯、子、男等皆美称，语其实则皆无以异也。春秋以前，天子称王，中国诸侯随其尊卑而有五等之号。战国时齐、魏诸国皆称王，服属之小国仍称公侯，其所封之大夫则徒称君，如孟尝君、望诸君之类是也。《卫世家》云，三晋强，卫如小侯属之。成侯时，卫更贬号曰侯。盖前此虽如小侯，犹袭公号；故史自声公以上皆称公，成侯以下乃改称侯也。嗣君更贬号曰君者，自比于田文、乐毅等也。《孟尝君列传》曰："齐襄王立，而孟尝君中立于诸侯，无所属。"则进而鲁、卫比矣。《乐毅列传》报燕惠王书曰："先王以为慊于志，故裂地而封之，使得比小国诸侯。"曰"比小国诸侯"，明犹未有侯称也。《赵世家》：烈侯六年，"魏、韩、赵皆相立为诸侯，追尊献子为献侯"。《田敬仲完世家》："太公乃迁齐康公于海上。三年。康公十六年。太公与魏文侯会浊泽，求为诸侯。魏文侯乃使使言周天子及诸侯，周天子许之。康公之十九年，田和立为齐侯，列于周室。"知当时三晋与齐虽曰强大，即诸侯之称，犹不能自擅也。

列国之君，称公、侯、伯、子、男，临之者称王。至列国皆称王，则临乎其上者，不能不更有他称，乃采古有天下者之号，而称之曰帝，齐、秦为东西帝，辛垣衍欲令赵帝秦是也。秦始皇既并天下，诏丞相御史更名号。丞相御史等别上尊号为泰皇，弃战国时帝字弗用。始皇则去泰著皇，而仍用帝字焉。其实帝亦天下未一时之称。丞相等议，固明言昔者五帝，地方千里，其外侯服、夷服，诸侯或朝或否，天子不能制矣；始皇尽废封建，而仍袭战国时临于诸王之帝号，其实更之而未尽也。然言语尝取习熟，帝之名，盖战国时人久知之矣；皇则博士稽古所称，未必人人知之；始皇所以欲兼采帝字者以此。自此以后，遂以帝为君天下之称，而王为独王其国之号。赵高之弑二世也，召诸大臣公子曰："秦故王国，始皇君天下，故称帝；今六国复自立，秦地益小，乃以空名为帝，不可；宜为王如故，便。"则此时之王，犹之昔日之君，此时之帝，犹之昔日之王矣。秦既灭，诸侯相王，皆为王，乃独以帝尊楚怀王。汉灭楚列爵二等，君天下者亦曰帝。

布衣死节

《史记·田单列传》曰："燕之初入齐，闻画邑人王蠋贤，令军中曰：环画邑三十里无入。已而使人谓蠋曰：齐人多高子之义，吾以子为将，封子万家。蠋固谢。燕人曰：子不听，吾引三军而屠画邑。王蠋曰：忠臣不事二君，贞女不更二夫，齐王不听吾谏，故退而耕于野。国既破亡，吾不能存。今又劫之以兵，为君将，是助桀为暴也。与其生而无义，固不如烹。遂经其颈于树枝，自奋绝脰而死。齐亡，大夫闻之曰：王蠋布衣也，义不北面于燕，况在位食禄者乎？乃相聚，如莒求诸子，立为襄王。"案布衣本无死节之义，蠋所以必死者，以敌人劫之以为将。公山不狃曰："君子违不适仇国。未臣而有伐之，奔命焉死之可也。"（《左氏》哀公八年）今蠋曰"齐王不听吾谏，故退而耕于野"，则固尝仕齐矣。以湣王之暴，故无旧君反服之义；然倒戈助敌，则已甚矣；况于所谓燕人者，自蠋视之，亦桀也；助桀为虐，其可乎？是为君为民，两有不可，所谓进退惟谷者也。而燕人顾劫之以屠画邑，则蠋安得而不死？孟子曰：可以死，可以毋死，死伤勇。宋明之末，乃有布衣之士，亦抗节以为高者。夫国破家亡，所得以恢复者，人民也。若人民皆自经于沟渎，则异族真得志矣，此不好学之蔽也。

忠臣不事二君，贞女不更二夫。在后世，几于人人能言之。其实此亦可明一义耳。士君子怀才抱道，欲拯斯民于水火，虽为伊尹之五就汤五就桀，固无所嫌，安得执此小谅乎？即以对君论，子思有"毋为戎首，不亦善乎"之谈（《礼记·檀弓下》）。孟子有"寇仇何服之有"之论（《孟子·离娄下》）。非礼之礼，非义之义，大人弗为，岂得执效忠于一姓之小谅哉？若乃胡虏既亡，犹有亡民族之大义，而甘为之效忠者，则直是之丧心病狂矣。女子之于其夫，亦何渠不如是。衣不暖，食不饱，鞭挞加于身，是寇仇也；寇仇也，虽为戎首，不亦宜乎，又何不更二夫之有？

民与政相关之切

左氏成公二年："新筑人仲叔于奚救孙桓子，桓子是以免。既，卫人赏之以邑，辞，请曲悬繁缨以朝。许之。仲尼闻之，曰：惜也，不如多与之邑。惟器与名，不可以假人，君之所司也。名以出信，信以守器，器以藏礼，礼以行义，义以生利，利以平民，政之大节也。若以假人，与人政也。政亡，则国家从之，弗可止也已。"邑之不惜，而曲悬繁缨是爱，自今人思之，殊不可解；然苟通观前后，则自知其言之切也。鲁昭公之将去季氏也，乐祁策之曰："鲁君必出。政在季氏三世矣，鲁君丧政四公矣，无民而能逞其志者，未之有也。"子家懿伯亦曰："舍民数世以求克，事不可必也。且政在焉，其难图也。"及难既作，平子请亡，弗许。子家子曰："君其许之。政自之出久矣，隐民多取食焉，为之徒者众矣，日入慝作，弗可知也。"（昭公二十五年）此可见君与民相关之切，民与政相关之切也。民与政相关之切，何哉？晏子论齐之将为陈氏曰："齐旧四量：豆、区、釜、钟。四升为豆，各自其四，以登于釜。釜十则钟。陈氏三量，皆登一焉，钟乃大矣。以家量贷，而以公量收之。山木如市，弗加于山；鱼、盐、蜃、蛤，弗加于海；民参其力，二入于公，而衣食其一。公聚朽蠹，而三老冻馁。国之诸市，屦贱踊贵。民人痛疾，而或燠休之。其爱之如父母，而归之如流水，欲无获民，将焉辟之？"（昭公三年）又曰："陈氏虽无大德，而有施于民。豆、区、釜、钟之数，其取之公也薄；其施之民也厚。公厚敛焉，陈氏厚施焉，民归之矣，《诗》曰：虽无德与女，式歌且舞。陈氏之施，民歌舞之矣。后世若少惰，陈氏而不亡，则国其国也已。"（昭公二十六年）盖古者利源皆总于上，而民多待施于上，故有篡夺之志者，恒借此以收民心。"公子商人骤施于国，而多聚士。尽其家，贷于公有司以继之。"（文公十四年）"公子鲍礼于国人。宋饥，竭其粟而贷之。年自七十以上，无不馈诒也；时加羞珍异，国之材人，无不事也；亲自桓以下，无不恤也。"（文公十六年）皆是物也。子产言陈之将亡也，曰："政多门。"（襄公三十年）多门则各有党与，君不得不弱，而大夫不得不傲矣。齐景公闻晏子之言曰："是可若何？"对曰："唯礼可以已之。在礼：家施不及国，民不迁，农不移，工贾不变，士不滥，官不滔，大夫不收公利。"（昭公二十六年）孔子曰："冕弁兵革，藏于私家，非礼也，是谓胁君。大夫具官，祭器不假，声乐皆具，非礼也，是谓乱国。"（《礼记·礼运》）诚坊其渐也。秦后子有车千乘而惧选（《左氏》昭公元年），卫公叔戍以富而见恶（定公十三年），岂无故哉？卫献公之求入也，乃曰："苟反，政由宁氏，祭则寡人。"（襄公二十六年）何其愚乎？

叔向策子干之无成也，曰："有谋而无民，有民而无德。"昭公十三年。是知自外而欲求入者，亦以民为之本也。栾盈之入于曲沃也，"胥午伏之，而觞曲沃人。乐作，午言曰：今也得栾孺子，何如？对曰：得主而为之死，犹不死也。皆叹，有泣者。爵行，又言。皆曰：得主何贰之有？"其得人心如此，此其所以几危范氏也，然而盈卒以败者，乐王鲋为范宣子画曰：栾氏多怨。子为政，栾氏自外。子在位，其利多矣。既有利权，又执民柄，将何惧焉？（襄公二十三年）犹是得民与不得民之分也，所谓寡固不可以敌众也。孟子曰："天时不如地利，地利不如人和。三里之城，七里之郭，环而攻之而不胜；夫环而攻之，必有得天时者矣；然而不胜者，是天时不如地利也。城非不高也，池非不深也，兵革非不坚利也，米粟非不多也；委而去之，是地利不如人和也。"（《公孙丑下》）故曰："凿斯池也，筑斯城也，与民守之，效死而民弗去，是则可为也。"（《梁惠王下》）然则民苟去之，则其不可为也审矣。效死而民弗去者，赵襄子之守晋阳其验也，孟子岂欺我哉？

《论语·子路》："冉子退朝，子曰：何晏也？对曰：有政。子曰：其事也；如有政，虽不吾以，吾其与闻之。"（《疏》云："案昭二十五年《左传》曰：为政事，庸力行务，以从四时。杜预曰：在君为政，在臣为事。杜意据此文。"）是君所行为政，臣所行为事也。政与事之别，《大戴记·少间》详之。《少间》曰："君时同于民，布政也。民时同于君，服听也。大犹已成，发其小者。还犹已成，终其近者。将持重器，先其轻者。先清而后浊者，天地也。天政曰正，地政曰生，人政曰辨。苟本正，则华英必得其节以秀孚矣。此官民之道也。""天政曰正"，指天生时言之。"地政曰生"，指地生财言之。"人政曰辨"，谓人之分职也。人各有其分职，是谓官民，此政定于君。为下者，但服听焉而已矣。政失则人皆失其分职，不能因天之时，以分地之利，而养生送死之道有憾矣。故曰：上失政，大及人，小及畜役也。孔子又论失政曰："疆薮未亏，人民未变，鬼神未亡，水土未绌，糟者犹糟，实者犹实，玉者犹玉，血者犹血，酒者犹酒，优继以湛，政出自家门，此之谓失政也。非天是反，人自反。臣故曰：君无言情于臣，君无假人器，君无假人名。"此可与《左氏》所载论新筑人之言，互相发明也。

民各有心

《左传》昭公四年："郑子产作丘赋，国人谤之，子宽以告，子产曰：民不可逞，度不可改。《诗》曰：礼义不愆，何恤于人言？吾不迁矣。"可谓之死不变，强哉矫矣，而浑罕讥之，何也？浑罕之言曰：政不率法，而制于心，民各有心，何上之有？其言，亦可深长思者也。盖民之所以从其上者，匪由畏威，实由心服。畏威者有时而穷，心服则唯所投之，无不如志矣。凡民守旧者多，率旧章以临之，易得其信服；否则每为所腹诽，或阳奉而阴违，得隙则叛，此变法者之所以多败也。韩非之言曰："工人数变业，则失其功；作者数摇徙，则亡其功。一人之作，日亡半日，十日则亡五人之功矣。万人之作，日亡半日，十日则亡五万人之功矣。"又曰："凡法令更则利害易，利害易则民务变，务变之谓变业。故以理观之，事大众而数摇之，则少成功；藏大器而数徙之，则多败伤；烹小鲜而数挠之，则贼其泽；治大国而数变法，则民苦之；是以有道之君，贵静不重变法，故曰：治大国若烹小鲜。"（《解老》）夫民务变犹恶之，况于人各

有心，莫同于上乎？是十人而亡十人之功，万人而亡万人之功
也。虽若有所为，实则一无所得也。故凡陷于危亡而不自知者，
皆由眩于有为之名，而不察下所以应之之实也。

《左传》昭公二十九年：赵鞅铸刑鼎，仲尼讥之，曰：晋
国将守唐叔之所受法度，以经纬其民。夫赵鞅所著，亦范宣子
所为刑书，非其所自为也；而仲尼讥之者，盖唐叔之法度，为
日久，入人深；宣子之刑书，为日短，入人浅，民之信之者不
倖也。此率旧章者所以多得众，然弊积而莫能革，亦自此始矣。
君子是以知言治之难也。

韩起辞玉

《左氏》昭公十六年：韩宣子聘于郑。宣子有环，其一在郑
商。宣子谒诸郑伯，子产弗与。乃买诸贾人，既成贾矣。商人
曰：必告君大夫。韩子请诸子产，子产又拒之。韩子遂辞玉。他
日，又私觌于子产，以玉与焉。曰：子命起舍夫玉，是赐我玉而
免吾死也，敢藉手以拜。读者于此，徒善子产能知礼，宣子能改
过耳（杜《注》语）。

然观子产报宣子之辞曰："昔我先君桓公与商人皆出自周，
庸次比耦，以艾杀此地，斩之蓬蒿藜藋而共处之。世有盟誓，以
相信也。曰：尔无我叛，我无强贾。毋或匄夺，尔有利市宝贿，
我勿与知，恃此质誓，故能相保，以至于今。今吾子以好来辱，
而谓敝邑，强夺商人，是教敝邑背盟誓也，毋乃不可乎？"则宣
子之谒诸郑伯，盖正欲使之强贾匄夺。其后虽云成贾，或仍为虚

辞,商人出其玉而价不可得;或虽得之而不免后祸,故必欲告诸君大夫也。(《潜夫论·断讼篇》谓当时贵戚豪富,高负千万,不肯偿责,小民守门,号哭啼呼,曾无怵惕惭怍哀矜之意。汉世如此,春秋时可知,况又以大国之卿,而临小国乎?)《左氏》一书,皆出士大夫之手。谚有之曰:人莫知其子之恶,莫知其苗之硕。凡人于其党之恶,固未有能深知之者。抑其书多晋人语,于其君大夫之恶,亦不敢质言也。(观此,知《公羊》所谓定、哀多微辞者,事势使然,毫不足异。《左氏》此事,不知本诸何人,其辞则婉而彰矣。书贵善读,徒观其表,而善韩子之改过,安知古人之深意乎?)然通观全书,当时士大夫出使之暴横,犹有可见者。楚公子围聘于郑,且取于公孙段氏,伍举为介。将入馆,郑人恶之,使行人子羽与之言,乃馆于外。既聘,将以众逆,子产患之,又使子羽辞,伍举知其有备也,乃请垂櫜而入(昭公元年)。公子弃疾如晋,过郑,禁刍牧采樵不入田,不樵树,不采艺,不抽屋,不强匄。誓曰:有犯命者,君子废,小人降,舍不为暴,主不慁宾,往来如是。则"郑三卿皆知其将为王"(昭公六年)。合此两事观之,当时使者之横暴,可以想见。戎伐凡伯于楚丘(隐公七年)。楚子使道朔将巴客以聘于邓,邓南鄙鄾人,攻而夺之币,杀道朔及巴行人(桓公九年),亦未必其罪之果在攻伐者矣。

巫臣之通吴也,以两之一卒适吴,舍偏两之一焉。《疏》引沈氏云:"聘使未有将兵车者,今此特将兵车,为方欲教吴战陈,故与常不同。"(成公七年)案当时诸侯为会,尚有不以兵车者,聘使自无将兵车之理。然君行师从,卿行旅从,谓其毫无兵卫,则又不然也。晋之以邾莒而讨鲁也,叔孙婼如晋,晋人执之,韩宣子使邾人聚其众,将以叔孙与之,叔孙闻之,去众与兵而朝(昭公二十三年),则其众固亦有兵。弃疾之所禁,正此曹也。然从者肆暴犹可；宣子乃身欲强夺，一之为甚，而至于再，不亦难乎？

封地大小

今文言五等之封：大国方百里，次国七十里，小国五十里；而《周官》大司徒：诸公之地封疆方五百里，诸侯四百里，诸伯三百里，诸子二百里，诸男百里。大小不同者何？曰：《王制》《周官》等言封国大小，若九州封国之数，皆学者虚设之辞，非谓当时实有此事，自不能斠若画一；然谓其虚设之辞，绝无事实若成法以为依据，则又不然也。大抵列国疆域，愈古愈小，愈至后世愈大。事实如此，而制度因之，学者虚设之辞又因之，此今古文之说不同之所由也。曷言之？《吕览·慎势》曰："王者之封建也，弥近弥大，弥远弥小，海上有十里之诸侯。"罗泌《路史》谓此制在神农时未必然，然其为远古之制，则有征矣。《易·讼卦》："九二不克讼，归而逋其邑，人三百户无眚。"《疏》云："三百户者，郑注《礼记》云：小国下大夫之制。又郑注《周礼》小司徒云：方十里为成，九百夫之地，沟渠城郭道路三分去其一，余六百夫，又以田有不易，有一易，有再易，定受田三百家（即同则），此三百户者，一成之地也。"案此则夏少康所谓"有田一成有众一旅"者（《左氏》哀公元年）。古以之建国，而春秋时则仅以为下大夫之封矣，《论语》"夺伯氏骈邑三百"是也（《宪问》）。孟子曰"今滕绝长补短将五十里"也（《滕文公》上），是今文家所言小国之地也。《汉书·百官公卿表》曰：县大率方百里，其民稠则减，稀则旷。乡亭亦如之，皆秦制也。秦、汉之县，多古国名。盖皆古国为大国所灭者。楚县尹称公，其所治之地，固与前此之大国侔。抑陈、蔡、叶、不羹等，亦皆旧国也。此今文家所言大国之地也。孟子之告慎子曰："今鲁方百里者五。"（《告子》下）《礼记·明堂位》曰："成王封周公于曲阜，地方七百里。"《管子·轻重丁》："管子问于桓公曰：敢问齐方几何里？桓公曰：方五百里。"《史记·汉兴以来诸侯年表》曰："周封伯禽、康叔于鲁、卫，地各四百里，太公于齐兼五侯地。"（《汉书》："周公、康叔建于鲁、卫，各数百里。太公于齐，亦五侯九伯之地。"）则《周官》公侯之封也。孟子曰："海内之地方千里者九，齐集有其一。"（《梁惠王》上）子产曰："今大国地多数圻矣。"（《左氏》襄公二十五年）此古之王畿，春秋战国时最大之国，其国已不受号令于人，故言裂土分封规模未有能如是者。《周官》乃战国时书；战国时次于七国者为鲁、卫等国。列国之臣受封地称君者，盖最小亦当如古之大国，故《周官》所拟之制度因之也。足见制度因于事实，学说依于事实及制度矣。（汉初封国，大者或五六郡，连城数十，则过于鲁、卫，拟于齐、楚矣。）

古之封国小，后世之封国大，非无土以为封也。古者旷土固多矣，然其封国大者止于百里，小且至于十里者，其人民之数止于如是，则其封土亦不得不止于如是也。《谷梁》曰："古者天子封诸侯，其地足以容其民，其民足以满城而自守也。"（襄公二十九年）民固寡也，而多与之土，徒拥其名何益？《管子·事语》曰："天子之制壤方千里，齐诸侯方百里负海，子七十里，男五十里。《轻重乙》曰："天子中立，地方千里（《小问》同），兼霸之壤三百有余里，做诸侯度百里负海，子男者度七十里。"

此即《吕览》弥近弥大弥远弥小之说，非徒曰"如胸之使臂，臂之使指"（《轻重乙》篇语），取其"本大而末小"也（《左氏》桓公二年，师服曰："吾闻国家之立也，本大而末小，是以能固。"）。中原地辟而民聚，负海土旷而人希，夫固不得不然。孟子曰："天子之地方千里；不千里，不足以待诸侯。诸侯之地方百里；不百里，不足以守宗庙之典籍。周公之封于鲁，为方百里也；地非不足，而俭于百里。太公之封于齐也，亦为方百里也；地非不足也，而俭于百里。"（《告子》下）事势固有使之欲大不能欲小不可者也。

巡守朝聘

巡守者，古果有之乎？谓其有之，以古者交通之不便，道路之多虞，君行师从，日不过三十里，安能一岁之中，东西南北，驰驱数千里乎？（《书疏》云："郑玄以为每岳礼毕尝归，仲月乃复更去。若如郑言，当于东巡之下，即言归格，后以如初包之，何当北巡之后，始言归乎？且若来而复去，计程不得周遍，此事不必然也。"不必然，《校勘记》引卢文弨云"当作必不然"，是也。北巡之后，始言归格，是否足证中未尝归，姑弗深论；若以程途计，岂不归遂往，便可周遍乎？经生家言，此等处最可笑。）谓其无之，经传何以言之凿凿也？曰：此王仲任所谓语增者也。谓其无之固不可，谓其有之又不可也。巡守者，古固有其事，特如后世诸侯行邑，方伯行国之类耳。至于合九州之土，以为封域，谓岱宗为今太山，南岳为今衡、霍，西岳为陕西之华山，北岳为河北之恒山，而谓天子能越五岁若十二岁，一驰驱于其间，则固必无之事。此盖后世疆域既扩，而言治制者，犹欲以古者行于百里之国若一州之地之法，推而致之，遂不觉其扞格而不可通也。然其说之有所依据，则固可以微窥。《白虎通义·巡狩》篇曰："天道时有所生，岁有所成。三年一闰，天道小备，五岁再闰，天道大备，故五年一巡守。三年，二伯出述职黜陟；一年，物有所终始，岁有所成，方伯行国，时有所生，诸侯行邑。"案孟子述晏子之言曰："天子适诸侯曰巡守；巡守者，巡所守也。诸侯朝于天子曰述职；述职者，述所职也。无非事者，春省耕而补不足，秋省敛而助不给。夏谚曰：吾王不游，吾何以休？吾王不豫，吾何以助？一游一豫，为诸侯度。"（《梁惠王》下。《告子》下篇亦曰："春省耕而补不足，秋省敛而助不给。"）此即所谓"时有所生，诸侯行邑"者。盖古之天子，原不过后世之诸侯；而当时之诸侯，则后世之邑大夫耳。此巡守之制之最早者也。其后邦畿稍廓，而至于千里，则当略如春秋时之晋、楚、齐、秦。斯时之天子，巡行其境内，固犹非不可行。齐景公问于晏子曰：吾欲观于转附朝儛，遵海而南，放于琅邪，吾何修而可以比于先王观也？（《梁惠王》下）则齐之先君，固有行是者矣。晋、楚、齐、秦之君，虽无天子之号，论其实，固古者邦畿千里之天子也。（《左氏》昭公五年，薳启彊曰："小有述职，大有巡守。"本兼该凡大小言之，不专指天子诸侯也。）封域更广，则有并此而不能行者，周初周、召之分陕是也。周、召之分陕，盖在文王化行江、汉之后，周南、召南之地，皆归于周。周君不能遍行，乃不得不属其事于介弟，此犹蒙古宪宗命忽必烈治漠南，阿里不哥治漠北耳。蒙古自成吉思汗西征以后，地跨欧、亚，谓其大汗，犹能隔若干年，则一巡视其全境，事岂能行？然当其仅有斡难河源若漠北之地，而谓其酋长，不能以岁时巡历所部，可乎？故以古者有巡守之制，而谓后世犹能行之；与以后世之不可行，而疑古者并无其事，皆非也。天子之能躬自巡守，盖迄于邦畿千里之时。过此以往，则事不可行，而亦本无其事。故《尧典》五载一巡守、《周官》十有二岁王巡守殷国之说，徒闻其言，书传未有载其事者。（《史记·五帝本纪》云：黄帝东至于海，登九山，及岱宗；西至于空桐，登鸡头；南至于江，登熊、湘；北逐荤粥，合符釜山。其所至之地，不得如注家所言之远，然已逾于《禹贡》一州之封域矣。此由黄帝尚在游牧之世，故能驰驱如是之远，后世即不能行矣。别有考。）

　　凡群经之所言之制度，所以按之事实而格不相入者，皆由其以千里若数百里之国之制，而欲推之于提封万里之世也。《公羊解诂》曰"古者诸侯非朝时不得逾竟"（隐公二年），盖以"出入无度，祸乱奸宄，多在不虞"（隐公四年）；故"君出疆，以三年之戒，以椑从。君、大夫、士一节也"（《礼记·曾子问》）；"世子率舆守国，次宜为君者，持棺絮从"（昭公二十年《解诂》）。《谷梁》曰"知者虑，义者行，仁者守，有此三者，然后可以出会"；（《谷梁》隐公二年。又桓公十八年。《荀子·大略》篇曰："诸侯相见，卿为介，以其教出毕行，使仁居守。"案教出，当作教士。）其难之也如是，安得仆仆道途，五年一朝乎？《左氏》曰"凡君即位，卿出并聘"；文公元年。又曰："凡诸侯即位，小国朝之，大国聘焉。"（襄公元年）盖事势之所能行者，不过如此。而凡违礼而送葬（《公羊》之义：天子崩，诸侯奔丧会葬；诸侯薨，有服者奔丧，无服者会葬。夫人亦然。见文公六年、定公十五年《解诂》。此亦古制，行于寰内者也。畿外势不可行。春秋时，如叔孙得臣之葬襄王，叔鞅之葬景王，皆无所胁，协于事势者也。如成公之葬晋景公，襄公之葬楚康王，则胁于威，不得已而为之者矣），非时而征朝（《左氏》襄公二十二年：晋人征朝于郑），皆春秋以降之相胁以威，而非其朔也。观子家与赵宣子之书（《左氏》文公十七年），公孙侨对晋人征朝之辞，则知当时之小国，深以是为苦矣。《左氏》庄公二十一年，王巡虢守；而郑武公、庄公亦再世为王卿士（《左氏》隐公三年），凡巡守述职之能行者，皆近畿之地也。近畿之地，事本未尝不行；远畿之地，虽欲行之，势固有所不可。巡守朝觐如是，职贡亦然。《礼记·月令》：季冬之月，"乃命大史，次诸侯之列，赋之牺牲，以共皇天上帝社稷之飨。乃命同姓之邦，共寝庙之刍豢。命宰历卿大夫至于庶民土田之数，而赋牺牲，以共山林名川之祀"。此即《周官》大行人所谓"侯服岁一见，其贡祀物"者，盖皆行之寰内诸侯耳。于此可悟凡《月令》等所谓诸侯者，大抵皆指寰内诸侯言之。（《月令》：季秋之月，"合诸侯，制百县，为来岁受朔日。与诸侯所税于民轻重之法，贡职之数，以远近土地所宜为度，以给郊庙之事，无有所私"。此等政令，亦止能行于寰内。）经传言天子诸侯之关系，若以为在数百千里之内，则无不可通。若以为言邦畿以外，九州以内之诸侯，则无一可通者矣。故知按诸事实而格不相入者，非制度与事实本相龃龉，乃由学者皆欲以邦畿千里之制，推之于九域一家之日也。

霸国贡赋

春秋之世，霸国之诛求，亦可谓无艺矣。郑子产曰："小适大有五恶：说其罪戾，请其不足，行其政事，共其职贡，从其时命。不然，则重其币帛，以贺其福而吊其凶，皆小国之祸也。"
（《左氏》襄公二十八年）今案当时职贡之数，皆大国制之，而小
国听焉。《左氏》文公四年："曹伯如晋会正。"（《注》："会受贡
赋之政也。"）襄公四年："公如晋听政。"八年："公如晋朝，且
听朝聘之数。"五月，"会于邢丘，以命朝聘之数，使诸侯之大
夫听命"。是其事也。贡赋之多少，视其国之大小，亦视所贡之
国之大小。襄公十一年："季武子将作三军。叔孙穆子曰：政将
及子，子必不能。"《注》："政者，霸国之政令。《礼》：大国三
军。鲁次国，而为大国之制，贡赋必重，故忧不能堪。"二十七年
弭兵之盟，"季武子使谓叔孙以公命，曰：视邾、滕"。《注》：
"两事晋、楚则贡赋重，故欲比小国。"此贡赋多少，随其国之
大小之说也。哀公十三年，黄池之会，"吴人将以公见晋侯，子
服景伯对使者曰：王合诸侯，则伯帅侯牧以见于王；伯合诸侯，
则侯帅子、男以见于伯。自王以下，朝聘玉帛不同，故敝邑之职
贡于吴，有丰于晋，无不及焉，以为伯也。今诸侯会，而君将以
寡君见晋君，则晋成为伯矣，敝邑将改职贡"。此贡赋多少，视
所贡之国大小之说也。然霸国之制，多从其重，故平丘之盟，子
产争承，曰："昔天子班贡，轻重以列；列尊贡重，周之制也。
卑而贡重者，甸服也。郑，伯男也，而使从公侯之贡，惧弗给
也。"昭公十三年。卑而贡重者，岂独一郑，无子产以争之，则
不竞亦陵矣。当时贡赋之法，不可详知，然罔不用币。昭公十
年：郑子皮如晋葬平公，将以币行。子产曰：丧焉用币？用币必
百两，百两必千人。几千人而国不亡？子皮固请以行。既葬，诸
侯之大夫欲因见新君。叔向辞之，子皮果尽用其币。夫因送葬以
见新君，非礼也，诸侯之大夫，宁不之知？然而皆欲行之者，盖
亦以道路烦费，惮于再役也。而晋人卒不之许，求省而反益费，

亦可见事大国之难矣。用币之费如此，其他可以类推，安得不疾首蹙頞，视之为祸乎？（春秋时，列国用币，颇为烦费。故晋人轻鲁币而益敬其使，《左氏》以为美谈。范宣子重币而郑以为静，赵文子薄币而诸侯以为说也。见襄公十四、二十四、二十五年。又齐桓之霸，亦薄诸侯之币。详见《管子书》。《皮币》一条引之，可以参看。）况乎其又有出于职贡之外者也。平丘之盟，子产争承之辞又曰："行理之命，无月不至。"叔侯亦言："鲁之于晋也，职贡不乏，玩好时至，公卿大夫相继于朝，史不绝书，府无虚月。"襄公二十九年。此即所谓从其时命者也。成公六年：晋迁于新田，季文子如晋贺。昭公八年，叔弓如晋贺虒祁，游吉亦相郑伯以如晋。"史赵见子大叔曰：甚哉，其相蒙也！可吊也，而又贺之？子大叔曰：若何吊也？其非惟我贺，将天下实贺。"昭公三年，子大叔言："昔文、襄之霸也，君薨，大夫吊，卿共葬事；夫人，士吊，大夫送葬。"三十年，游吉言："先王之制：诸侯之丧，士吊，大夫送葬；惟嘉好聘享三军之事，于是乎使卿。"（《公羊》言吊丧之法，与《左氏》异，乃古法行诸邻国者也。春秋时，所交者广，则如文、襄之制，诸侯已疲于奔命矣。参看《巡守朝聘》条。）然是年游吉之葬晋顷公，以非卿为晋人所诘。晋人之言曰："悼公之丧，子西吊，子蟜送葬。"而游吉对曰："晋之丧事，敝邑之间，先君有所助执绋矣。"晋景公之丧，鲁成公亲吊，晋人止之，使送葬（成公十年）。楚康王之丧，襄公及陈侯、郑伯、许男皆送葬（襄公二十九年）。甚有如昭公三年，游吉如晋葬少姜者。此所谓"重其币帛，以贺其福而吊其灾"者也（春秋时，又有问疾之举。《左氏》昭公元年：晋侯有疾，郑伯使公孙侨如晋聘，且问疾。二十年：齐侯疥，遂痁。期而不瘳，诸侯之宾问疾者多在，亦吊灾之类也）。吴之入楚也，胡子尽俘楚邑之近胡者。楚既定，胡子豹又不事楚，曰：存亡有命，事楚何为？多取费焉。遂为楚所灭（定公十五年）。据《左氏》所记，一似胡子无礼以自取戾者。然多费非小国所堪，亦情实也。凡春秋时，所谓恃某国而不事某国，以致于亡者，盖皆此类矣（如江、黄等）。哀哀小国，复何以自处哉？

《谷梁》庄公三十二年："宋公、齐侯遇于梁丘。梁丘在曹、邾之间，去齐八百里，非不能从诸侯而往也。辞所遇，遇所不遇，大齐桓也。"此言齐桓之身勤诸侯，而不烦诸侯以自助也。然自齐桓而外，能行之者盖寡矣。凡霸国之征戍，无不牵率列国者，孟子所谓"搂诸侯以伐诸侯"也。《告子》下。又有役使之事，如齐之城鄟，《左氏》僖公十六年。晋之城杞，襄公二十九年。晋强诸侯输王粟具戍人以纳王，昭公二十五年。城成周，定公元年。诸侯皆有违言。盖霸国尸其名，诸侯尽其力，宜其啧有烦言矣。况又有大烦诸侯，而霸国之大夫，顾求赂而罢，若召陵之会者乎！定公四年。此皆子产所谓"行其政事"者也。郑伯之请卫侯而归也，使子西如晋聘，辞曰："寡君来烦执事，惧不免于戾，使夏谢不敏。"君子曰："善事大国。"襄公二十六年。此所谓"说其罪戾"者也。桓公二年："七月，杞侯来朝，不敬。杞侯归，乃谋伐之。""九月，入杞，讨不敬也。"小国虔事大国，反以贾祸如此。哀公七年："公会吴于鄫。吴来征百牢，子服景伯对曰：先王未之有也。吴人曰：宋百牢我，鲁不可以后宋。且鲁牢晋大夫过十，吴王百牢，不亦可乎？景伯曰：晋范鞅贪而弃礼，以大国惧敝邑，故敝邑十一牢之。君若以礼命于诸侯，则有数矣。若亦弃礼，则有淫者矣。周之王也，制礼，上物不过十二，以为天子之大数也。今弃周礼，而曰必百牢，亦惟执事。"此所谓"请其不足"者也，而卒不见听于吴。子产所谓五祸，岂虚也哉？

襄公四年之如晋听政也，"晋侯享公。公请属鄫，晋侯不许。孟献子曰：以寡君之密迩于九仇，而愿固事君，无失官命。鄫无赋于司马。为执事朝夕之命敝邑，敝邑褊小，阙而为罪，寡君是以愿借助焉。晋侯许之"。五年："穆叔觌鄫大子于晋，以成属鄫。""九月，盟于戚。穆叔以属鄫为不利，使鄫大夫听命于会。"六年："莒人灭鄫，鄫恃赂也。""晋人以鄫故来讨，曰：何故亡鄫？季武子如晋见，且听命。"二十七年：弭兵之会，"季武子使谓叔孙以公命，曰：视邾、滕。既而齐人请邾，宋人请滕，皆不与盟。叔孙曰：邾、滕，人之私也。我列国也，何故视之？宋、卫，吾匹也。乃盟"。定公元年：城成周，"宋仲几不受功，曰：滕、薛、郳，吾役也。薛宰曰：宋为无道，绝我小国于周，以我适楚，故我常从宋。晋文公为践土之盟，曰：凡我同盟，各复旧职。若从践土，若从宋，亦唯命。仲几曰：践土固然。薛宰曰：薛之皇祖奚仲，居薛以为夏车正。奚仲迁于邳，仲虺居薛，以为汤左相。若复旧职，将承王官，何故以役诸侯？仲几曰：三代各异物，薛焉得有旧？为宋役，亦其职也"。盖春秋之时，小国属于大国者，则不列于会盟；见霸主，必由所属之国为介。输之赋，助之役，而属之之国，亦当保护之，使不受兵。此当时之公法也。（襄公十四年，戎子驹支对晋人之辞曰："殽之师，晋御其上，戎亢其下。自是以来，晋之百役，与我诸戎，相继于时，以从执政，犹殽志也，岂敢离逿？"又曰："我诸戎饮食衣服，不与华同，贽币不通，言语不达，何恶之能为？"夫春秋时，以夷而通上国者多矣，盖其民虽为夷，其君与大夫，固神明之胄也。戎何独不然。则其不通于诸侯，亦晋人为之耳，此亦犹宋之于薛也。）然真能保护之者实少，虽齐、晋之于江、黄犹然。盖越国而鄙远固难，千里而救乱，亦非易事也。许暱楚而不事郑，而楚迁之于城父，又迁之于白羽（昭公九年、十八年）；蔡从吴而不事楚，吴迁之于州来（哀公二年）；亦以此。夫以楚之力威郑，宜若有余矣，而春秋时许屡见阨于郑。夫差之强，亦岂不足以庇蔡，乃至以兵劫迁之。则知当时之大国，多不肯为小国自勤其民也。鲁之于鄆，亦以惧晋讨，故以属之为不利耳。否则纳其贡赋，坐视其亡而不恤矣，哀哀小国，复何所托命哉？（黄池之会，子服景伯谓吴人曰："鲁赋于吴八百乘，若为子男，则将半邾以属于吴，而如邾以事晋。"哀公七年：邾茅夷鸿请救于吴，曰："鲁赋八百乘，君之贰也。邾赋六百乘，君之私也。"可见邾人所赋于吴者甚重。）

五侯九伯

　　有一州之伯，有分陕之伯。《王制》曰："千里之外设方伯，五国以为属，属有长；十国以为连，连有帅；三十国以为卒，卒有正；二百一十国以为州，州有伯。"此一州之伯也。又曰："八州、八伯、五十六正、百六十八帅、三百三十六长。八伯各以其属，属于天子之老二人，分天下以为左右，曰二伯。"此分陕之伯也。其实分陕之伯，亦自一州之伯来。盖古之王者，邦畿千里；其有会盟征伐，亦及于千里之内，而犹未足称王者，则谓之为伯。昆吾为夏伯，大彭、豕韦为商伯，所由来旧矣。周人兴于雍州，而王季、文王皆称西伯，（《诗·大雅·旱麓笺》："殷王帝乙之时，王季为西伯。"《疏》引《孔丛》："羊容问子思曰：古之帝王，中分天下，而二公治之，谓之二伯。周自后稷封，为王者之后，至大王、王季、文王，此为诸侯矣，奚得为西伯乎？子思曰：
吾闻诸子夏曰：殷王帝乙之时，王季以九命作伯于西，受圭瓒秬鬯
之赐，故文王因之，得专征伐。此诸侯为伯，犹周、召分陕，亦以
周、召之君为伯乎？"《疏》云："郑不见《孔丛》之书，其言帝乙
之时，或当别有所据，故《谱》亦然。《尚书·西伯戡黎注》云：
文王为雍州之伯，在西，故谓之西伯。则以文王为州牧。"案《孔
丛》牵合《周官》，自不足据，然谓帝乙之时，王季作伯于西，则
当有所本。故郑与之不同也。）此犹晋人虽霸中原，秦缪仍为西
戎之长，其与东方大彭、豕韦，亦各不相妨，无所谓东西分霸之
制。王肃《孔丛》以西伯为二伯之伯，自不如郑氏以为一州之牧
也（见《书·西伯戡黎疏》）。东西二伯之兴，其当殷之末世乎？
当文王与纣之事邪？盖自南郡南阳之间（《水经注·江水》引韩
婴叙《诗》云："其地在南郡南阳之间，即所谓周南也。"），皆归
文王之化；而周之所长率者，非复一州之地矣，盖倍于其初兴之
时矣，所谓三分天下有其二也。（《论语·泰伯疏》引郑说：以为
"雍、梁、荆、豫、徐、扬归文王，其余冀、青、兖属纣"。说似
精确，实于史事不合。盖古之所以天子者，所治之地，略方千里，
伯主亦然，王、伯特异其名耳。周兴雍州，其所长率已略与王者邦
畿相当，及服荆州，则二千里矣。较之殷纣，不啻倍之。以殷周之
地相衡，是文王三分有二，而纣有其一也。淮夷、徐戎助武庚以抗
周，曷尝归文王；豫州归周，亦无确据。武王伐纣，庸、蜀、羌、
髳从焉。其国是时，亦不必在梁州之域。予别有考，故郑说实似是
而非也。）于是一伯不能专制，乃使周公、召公分治之，此犹蒙古
宪宗命世祖主漠南，阿里不哥主漠北也。自是以降，言伯者多杂
二制言之。《礼记·曲礼》曰："五官之长曰伯，是职方。"此分
陕之伯也。（《公羊》隐公五年："天子三公称公，王者之后称公，

其余大国称侯，小国称伯、子、男。天子三公者何？天子之相也。天子之相，则何以三？自陕而东者，周公主之；自陕而西者，召公主之；一相处乎内。"与《曲礼》"五官之长曰伯""于外曰公""九州之长，入天子之国曰牧""于外曰侯""其在东夷、北狄、西戎、南蛮，虽大曰子"之说合，盖皆周制也。郑主《周官》，凡不合《周官》者，辄目为殷制，大非。五官之长，即《公羊》所谓"一相处乎内"者。分陕之职虽废，相之在内而职方者则如故。犹行中书省虽废，中书省自在也。故二相为增设之内官，非外官。又曰"九州之长，入天子之国曰牧"，此一州之长也。牧为所受于天子之职，非其本名。犹后汉光武以莎车王贤为西域都护也。《尧典》曰："乃日观四岳群牧。"又曰："咨十有二牧。"《左氏》宣公三年，王孙满曰："昔夏之方有德也，贡金九牧。"可见一州之长，自天子之国言之皆曰牧。盖自其长诸侯言之则曰伯，自其所受于天子之职言之则曰牧。牧与伯名异而实同。《楚辞·天问》云："伯昌号衰，秉鞭作牧。"王逸《注》云：文王为雍州伯，《诗疏》引此，以申郑说，是也。）《史记·五帝本纪》谓黄帝"置左右大监，监于万国"，似二伯之制，古已有之；其实黄帝时事，所传未必能如是之详，亦后人推周制言之耳。《王制》之文，亦犹是也。周衰，令不行于畿外，丰镐旧都，亦鞠为茂草，分陕之职，自是而废。而一州之伯，则犹时有受命为之者。《史记·楚世家》：成王"使人献天子，天子赐胙，曰：镇尔南方，夷越之乱，无侵中国"。此即命为荆州之伯也。（下文又云："于是楚地千里。"可见当时所谓州牧，亦即所谓伯主者，其所长之地，略同于王畿也。）其后齐桓、晋文之受策命，亦不过如是，特其所搂而伐者更广耳。（齐桓、晋文所受命，与齐太公、楚成王无以异。其所长之诸侯，实不止一州之地，则世变为之也。《史记·越王句践世家》曰："句践已平吴，乃以兵北渡淮，与济、晋诸侯会于徐州，致贡于周。周元王使人赐句践胙，命为伯。句践已去，渡淮南，以淮上地与楚，归吴所侵宋地于宋，与鲁泗东方百里。当是时，越兵横行于江淮东，诸侯毕贺，号称霸王。"此犹齐桓、晋文之业。《秦本纪》曰：献公"二十一年，与晋战于石门，斩首六万，天子贺以黼黻"。又云："孝公元年，河山以东强国六，淮泗之间，小国十余。周室微，诸侯力政，争相并。秦僻在雍州，不与中国诸侯之会盟，夷翟遇之。"则犹之仅伯西戎也。）

《左氏》僖公四年：管仲对楚使曰："昔召康公命我先君大公曰：五侯九伯，女实征之，以夹辅周室。赐我先君履：东至于海，西至于河，南至于穆陵，北至于无棣。"此亦一州之长也。而服虔云：五侯，公、侯、伯、子、男。九伯，九州之长。大公为王官之伯，掌司马职，以九伐之法，征讨邦国，故得征之（见《诗·旄丘序笺》）。杜预亦主其说。郑玄又谓"五侯，侯为州牧也；九伯，伯为州伯也；一州一牧，二伯佐之。太公为王官之伯，二人共分陕而治，自陕以东，当四侯半，一侯不可分，故言五侯九伯"。则诚如《左氏疏》所讥，事无所出，且校数烦碎，非复人情，宜乎先儒无用之者矣。然《毛诗·旄丘序疏》申郑，讥服说无异天子，何夹辅之有，亦不能谓其无理。推服、郑之意，盖谓五侯九伯，如即释为五等之爵之侯伯，则太公所长，不过一州，无缘得涉南海而问罪于楚，故必为是曲说。而不知太公受命，征讨所及，不过南至穆陵，管仲已自言之也。经生家言，多以碎义逃难，而失人情；服、郑惟均，亦不必彼此相讥也。

姬姓日也，异姓月也

　　《左氏》成公十六年："吕锜梦射月，中之。占之，曰：姬姓日也，异姓月也，必楚王也。"此周人之妄自尊大也。盖古以日为君象，月为臣象。自黄帝战胜炎帝以来，为天子者皆姬姓，故遂妄自尊大也。隐公十一年："滕侯、薛侯来朝，争长。滕侯曰：薛庶姓也，我不可以后之。公亦使羽父请于薛侯曰：周之宗盟，异姓为后。君若辱贶寡人，则愿以滕君为请。"定公四年：卫子鱼述践土之盟曰："其载书云：王若曰：晋重、鲁申、卫武、蔡甲午、郑捷、齐潘、宋王臣、莒期。"齐、宋大国，齐大师之后，宋先代之后，犹后于郑、蔡，可见周人之薄待异姓。襄公二十九年："知悼子合诸侯之大夫以城杞，子大叔见大叔文子，与之语。文子曰：甚乎其城杞也。子大叔曰：若之何哉？晋国不恤周宗之阙，而夏肆是屏，其弃诸姬，亦可知也已。诸姬是弃，其谁归之。吉也闻之，弃同即异，是谓离德。《诗》曰：协比其邻，昏姻孔云。晋不邻矣。其谁云之？"城濮之战，晋文公曰："若楚惠何？"栾贞子曰："汉阳诸姬，楚实尽之。思小惠而忘大耻，不如战也。"（僖公二十八年）吴之入郢也，斗辛与其弟巢以王奔随，吴人从之，谓随人曰："周之子孙，在汉川者，楚实尽之，天诱其衷，致罚于楚，而君又窜之，周室何罪？"定公四年。然则凡诸姬之子孙，互为朋党，坐视他姓之祸患而不顾，有是理乎？楚灵王谓子革曰："昔我先王熊绎，与吕级、王孙牟、燮父、禽父并事康王，四国皆有分，我独无有。"子革曰："齐王舅也，晋及鲁、卫，王母弟也。楚是以无分，而彼皆有。"（《左氏》昭公十二年）《周官·秋官》司仪："诏王仪，南乡见诸侯，土揖庶姓，时揖异姓，天揖同姓。"《周官》虽战国时书，然以《周官》为名，则周之遗制也。《注》曰："庶姓，无亲者也。异姓，昏姻也。"盖薛与楚，皆周之所谓庶姓者也。"周之东迁，晋、郑焉依。"似同姓能屏藩王室矣；然秦文公收岐以东之地，犹献之周。启南阳使周之封畿日蹙者，晋也。射王中肩者，郑也。齐，昏姻也；五霸桓公为盛，而首止之盟，王使周公召郑伯，曰："吾辅女以从楚，辅之以晋，可以少安。"（僖公五年）其后襄王又出狄师以代郑（僖公二十四年）。鞌之战，"晋侯使巩朔献齐捷于周。王弗见，使单襄公辞焉，曰：夫齐，甥舅之国也，而大师之后也。宁不亦淫从其欲，以怒叔父？抑岂不可谏诲？"（《左氏》成公二年）其意又右齐而左晋，盖终逼周者，兄弟甥舅也，非庶姓无亲者也。"楚人失之，楚人得之"，孔子讥其不广，况乎以一姓壅天下之利哉？然而大人世及以为礼，则各亲其亲，各子其子，其所由来者亦旧矣。汉高后内任外戚，外封建同姓，卒之安刘氏者，平、勃也；戡七国之乱者，亚夫也；庶姓亦何负于有天下者哉？

各亲其亲各子其子之烈也，由宗法之严始也。宗法莫严于周人，故其歧视异姓亦最甚。公山不狃谓叔孙辄曰："今子以小恶而欲覆宗国，不亦难乎？"（哀公八年）子赣谓公孙成曰："利不可得，而丧宗国，将焉用之？"（哀公十五年）皆是物也。然而虞公亦曰"晋吾宗也，岂害我哉"已（僖公五年）。

三国之校事

所谓特务，并不是近代才有的，在距今一千七百余年前，就早已有了。《三国魏志·高柔传》说："魏国初建，为尚书郎，转拜丞相理曹掾………迁为颍川太守，复还为法曹掾。时置校事卢洪、赵达等，使察群下。柔谏曰：设官分职，各有所司。今置校事，既非居上信下之旨；又达等数以憎爱，擅作威福，宜检治之。太祖曰：卿知达等，恐不如吾也。要能刺举而辨众事，使贤人君子为之，则不能也。昔叔孙通用群盗，良有以也。达等后奸利发，太祖杀之，以谢于柔。"然校事之制，并未因之而废，所以下文说："校事刘慈等自黄初数年之间，举吏民奸罪以万数，柔皆请惩虚实；其余小小挂法者，不过罚金。"到嘉平中，才因程昱孙晓之言而废，昱传云："时校事放横，晓上疏曰：……昔武皇帝大业草创，众官未备，而军旅勤苦，民心不安，乃有小罪，不可不察，故置校事，取其一切耳，然检御有方，不至纵恣也……其后渐蒙见任，复为疾病，转相因仍，莫正其本。遂令上察官庙，下摄众司，官无局业，职无分限，随意任情，惟心所适。法造于笔端，不依科诏；狱成于门下，不顾覆讯。其选官属，以谨慎为粗疏，以譧为贤能。其治事，以刻暴为公严，以循理为怯弱。外则托天威以为声势；内则聚群奸以为腹心。大臣耻与分势，含忍而不言；小人畏其锋芒，郁结而无告。至使尹模公于目下，肆其奸慝，罪恶之著，行路皆知，纤恶之过，积年不闻……今外有公卿、将校，总统诸署；内有侍中、尚书，综理万机；司隶校尉督察京辇；御史中丞董摄宫殿；皆高选贤才以充其职；申明科诏以督其违。若此诸贤犹不足任，校事小吏，益不可信。若此诸贤各思尽忠，校事区区，亦复无益。若更高选国士以为校事，则是中丞、司隶重增一官耳。若如旧选，尹模之奸，今复发矣。进退推算，无所用之……曹恭公远君子，近小人，《国风》托以为刺；卫献公舍大臣，与小臣谋，定姜谓之有罪；纵令校事有益于国，以礼义言之，尚伤大臣之心，况奸回暴露，而复不罢？是衮阙不补，迷而不返也。于是遂罢校事官。"魏国之建，事在汉献帝建安廿一年，为公元二一六年，嘉平为齐王芳年号，自二四九至二五三年，魏之任校事，约历四十年。又《吴志·孙权传》：赤乌元年，"初，权信任校事吕壹，壹性苛惨，用法深刻。太子登数谏，权不纳，大臣由是莫敢言。后壹奸罪发露，伏诛。权引咎责躬，乃使中书郎袁礼告谢诸大将。"《朱据传》："嘉禾中，始铸大钱，一当五百。后据部曲应受三万缗，工王遂诈而受之，典校吕壹疑据实取，考问主者，死于杖下，据哀其无辜，厚棺敛之。壹又表据：吏为据隐，故厚其殡。权数责问据，据无以自明，藉草待罪，数月，典军吏刘助觉，言王遂所取，权大感寤曰：朱据见枉，况吏民乎？乃穷治壹罪，赏助百万。"嘉禾为权年号，自二三二至二三七年，其明年二三八，为赤乌元年。

用法之所最忌者，为于正式机关之外，别立机关；且出入任情，不本成法；程晓之言，可谓极其痛切了。魏武帝是很有明察之才的，《魏志·方技传》注引东阿王《辨道论》，说："世有方士，吾王悉所招致，甘陵有甘始，庐江有左慈，阳城有郤俭……始等知上遇之有恒，奉不过于员吏，赏不加于无功，海岛难得而游，六黻难得而佩，终不敢进虚诞之言，出非常之语。"魏武帝的严明，确乎不甚容易；程晓说他检御有方，当非虚语，然仍不能不为赵达等所欺；像孙权的粗疏，就更不必说了。

程晓说任校事有伤大臣之心，而吕壹之诛，孙权使告谢诸将，则魏、吴之任校事，意实在于检察将吏的贪纵。从来丧乱之际，官方每多不饬，武臣纵恣尤甚，加以检察实为必要。然目的虽正，而手段不适，其诏祸尚如此，若如近代法西斯主义者之所为，专为维持一己的威权地位起见，不恤用残酷之吏，肆暴虐于民，则是武曌之任周兴、来俊臣，明成祖之立东厂，其作风又在魏武帝、吴大帝之下了。或谓法西斯主义者流，所行虽不适当，亦非无为国为民之心，未可一笔抹杀。这话我亦承认。但须知社会国家，关系重大，手段一误，流毒无穷，正未可以有为公之心，而冀人宽恕。昔人说：周公营洛阳为东都，说其地交通便利，有德易以兴，无德易以亡，秉政者正不可无此气度。所以不论我是该推翻的，不该过于防闲别人；即使我确能代表国利民福，反对我者系属捣乱之徒，我们对他，仍不宜过于压制，因为让他爆发一次，则其捣乱为众所共知，即为众所共弃，而大局也可以早入于正轨了。又况谁能代表国利民福，根本不易判定呢？

用人以抚绥新附

《三国·魏志·邓艾传》：艾既平蜀，言于司马文王曰："兵有先声而后实者，今因平蜀之势以乘吴，吴人震恐，席卷之时也。然大举之后，将士疲劳，不可便用，且徐缓之；留陇右兵二万人，蜀兵二万人，煮盐兴冶，为军农要用，并作舟船，豫顺流之事，然后发使告以利害，吴必归化，可不征而定也。今宜厚刘禅以致孙休，安士民以来远人，若便送禅于京都，吴以为流徙，则于向化之心不劝。宜权停留，须来年秋冬，比尔吴亦足平。以为可封禅为扶风王，锡其资财，供其左右。郡有董卓坞，为之官舍。爵其子为公侯，食郡内县，以显归命之宠。开广陵、城阳以待吴人，则畏威怀德，望风而从矣。"谓吴可不征而定，自属太过，然其言确系良图，则不可诬也。然厚待刘禅，仅足倾动孙氏之主耳，若为长治久安计，则吴、蜀平后，所以抚绥其士大夫者，尤不可少矣。

《晋书·儒林传》：文立，巴郡临江人，蜀时游太学，师事谯周，仕至尚书。泰始初，拜济阴太守，入为太子中庶子，上表以诸葛亮、蒋琬、费祎等子孙流徙中畿，宜见叙用，一以慰巴蜀之心，其次倾吴人之望，事皆施行。诏称光武平陇蜀，皆收其贤才以叙之。以立为散骑常侍。又曰：蜀故尚书犍为程琼，雅有德业，与立深交。武帝闻其名，以问立，对曰：臣至知其人，但年垂八十，禀性谦退，无复当时之望，不以上闻耳。是武帝之于蜀士，确颇留意。然《本纪》：泰始五年二月己未，诏蜀相诸葛亮孙京，随才署史。则即武侯后裔，亦有用之未尽者也。吴平之后，拔用其人，尤为不尽，刘颂除淮南相，上疏言："封幼稚皇子于吴、蜀，臣之愚虑，谓未尽善。夫吴、越剽轻，庸、蜀险绝，此故变衅之所出，易生风尘之地。且自吴平以来，东南六州将士，更守江表，此肘之至患也。又内兵外守，吴人有不自信之心，宜得壮王以镇抚之，使内外各安其旧。又孙氏为国，文武众职，数拟天朝，一旦堙替，同于编户，不识所蒙更生之恩，而灾困逼身，自谓失地，用怀不靖。今得长王以临其国，随才授任，文武并叙，士卒百役，不出其乡。求富贵者取之于国内，内兵得散，新邦乂安，两获其所，于事为宜。"此其事机，可谓极紧急矣。然《贺循传》言：循以无援于朝，久不进序，陆机上疏荐之。其言曰："台郎所以使州州有人，非徒以均分显路，惠及外州而已。诚以庶士殊风，四方异俗，壅隔之害，远国益甚。

至于荆、扬二州，户各数十万，今扬州无郎，而荆州江南，乃无一人为京城职者，诚非圣朝待四方之本心。"观此，知晋初士夫，竞进成俗，而能为国远虑者，则几于无人矣。《陶侃传》：侃察孝廉，至洛阳，数诣张华，华初以远人，不甚接遇，后与语，乃异之，除郎中。伏波将军孙秀，以亡国支庶，府望不显，中华人士，耻为掾属，以侃寒宦，召为舍人。盖其时之歧视远人如此。王导辅元帝，说其招致顾荣、贺循，为史所艳称。然明帝太宁三年，八月，诏曰："吴时将相名贤之胄，有能纂修家训，又忠孝仁义，静己守真，不闻于时者，州郡中正，亟以名闻，勿有所遗。"则至易世之后，而其抚用犹有未尽也。《桓温传》：温平李势，"停蜀三旬，举贤旌善，伪尚书仆射王誓、中书监王瑜、镇东将军邓定、散骑常侍常璩，皆蜀之良也，并以为参军，百姓咸悦。"温时如此，而况晋初乎！

《梁书·武帝纪》：天监五年，正月丁卯朔，诏曰："在昔周汉，取士方国，顷代凋讹，幽仄罕被，人地孤绝，用隔听览，士操沦胥，因兹靡劝。凡诸郡国旧族邦内无在朝位者，选官搜括，使郡有一人。"此即陆机所谓以除壅隔之害者，固不仅为士大夫谋出路也。七年二月庚午，诏于州郡县置州望、郡宗、乡豪各一人，专掌搜荐，盖亦为此。

《魏书·邢峦传》：夏侯道迁内附，诏加峦使持节、都督征梁汉诸军事，诏曰："峦至彼，须有板官，以怀初附，高下品第，可依征义阳都督之格也。"及巴西平，峦表曰："巴西、南郑，相离一千四百，去州迢递，恒多生动。昔在南之日，以其统缉势难，故增立巴州，镇静夷獠。梁州藉利，因而表罢。彼土民望，严、蒲、何、杨，非惟五三，族落虽在山居，而多有豪右，文学笺启，往往可观，冠带风流，亦为不少。但以去州既远，不能仕进，至于州纲，无由厕迹。巴境民豪，便是无梁州之分，是以郁怏，多生动静。比建义之始，严玄思自号巴州刺史，克城已来，仍使行事。巴西广袤一千，户余四万，若彼立州，镇摄华獠，则大帖民情，从垫江以遗，不复劳征，自为国有。"当时蜀中，势实岌岌，以世宗固不用峦之议，又王足反正，乃得幸免耳。然则不徒天朝，即州郡，亦不可不思引用贤能以抚绥所属矣。抑以巴中之辟陋，冠带风流，犹足称举，尚安得诿曰地实无才哉！

又《韩麒麟传》：麒麟以高祖时为齐州刺史，以新附之人，未阶台宦，士人沉抑，乃表曰：齐土自属伪方，历载久远，旧州府寮，动有数百。自皇威开被，并职从，省守宰，阙任不听土人监督。窃惟新人未阶朝宦，州郡扃任甚少，沉塞者多，愿言冠冕，轻为去就。愚谓守宰有阙，宜推用豪望，增置吏员，广延贤喆，则华族蒙荣，良才获叙，怀德安土，庶或在兹。朝议从之。又《李彪传》：彪上封事七条，其三曰："臣又闻前代明主，皆务怀远人，礼贤引滞。臣谓宜于河表七州人中，擢其门才，引令赴阙，依中州官比，随能序之。一可以广圣朝均新旧之义，二可以怀江、汉移有道之情。"盖当时反侧于两国之间者，率为地方豪右，故以是为招致之具也。《齐书·郁林王纪》：永明十一年八月辛丑，诏曰：往岁蛮虏协谋，志扰边服，群帅授略，大歼凶丑，革城克捷，及舞阴固守，二处劳人，未有沾爵赏者，可分遣选部，往彼序用。此所序用者，必多当地之人，鼓舞之用，诚不可阙。然《宋书·长沙景王道怜传》言元嘉时，淮西江北长吏，悉叙劳人武夫，多无政术，虽合酬庸之典，未免扰民之患，又不可以不慎也。

风未甚同、道未甚一之世，各地方之间，恒不免此疆彼界之见。《晋书·孔坦传》："迁尚书郎，时台郎初到，普加策试。元帝手策问曰：吴兴徐馥为贼杀郡将，郡今应举孝廉不？"此在今日言之为不可解；而当时有此策者，各地方之相视，如今异国人之相视，为恩为怨，非以其人，而以其族，此等成见，犹未尽除也。远方所以宜加意抚绥，其理亦由于此。

考绩之法（上）

卢毓为吏部尚书，魏明帝诏之曰："选举莫取有名，名如画地作饼，不可啖也。"毓对曰："名不足以致异人，而可以得常士。常士畏教慕善，然后有名，非所当疾也。愚臣既不足以识异人，又主者正以循名案常为职，但当有以验其后。故古者敷奏以言，明试以功。今考绩之法废，而以毁誉相进退，故真伪浑杂，虚实相蒙。"帝纳其言，即诏作考课法。（《三国·魏志·卢毓传》）案入官之为利禄之途久矣，无论以何途取之士，皆将巧伪而冒进；初砥行而立名，后枉法而致败者多矣。故察吏之法，考绩实重于登庸。论者多注重于取之之时，而不留意于用之之后，此其所以吏职不举，而政事罕见修明也。

《汉书·京房传》云："治《易》，事梁人焦延寿。延寿字赣。赣贫贱，以好学得幸梁王，王共其资用，令极意学。既成，为郡史，察举，补小黄令。以候司先知奸邪，盗贼不得发。赣常曰：得我道以亡身者，必京生也。"世因谓房之所以亡身者，为延寿之《易》学，误也。《儒林传》言："延寿云尝从孟喜问

《易》。会喜死，房以延寿《易》即孟氏学，而翟牧、白生不肯，皆曰非也。至成帝时，刘向校书，考《易》说，以为诸《易》家说皆祖田何、杨叔、丁将军，大谊略同，惟京氏为异。党焦延寿独得隐士之说，托之孟氏，不相与同。"然则延寿之《易》，实为无本之学。梁王既共其资用，令极意，安得如此？然则延寿殆别有所学，其用以候司知奸邪者，即本其所学以为用，而亦即延寿考功课吏之法所自出也。王符言先师京君科察考功，以遗贤俊，太平之基，必自此始，无为之化，必自此来也。（《潜夫论·考绩》）杜预言魏氏考课，即京房之遗意。见《晋书》本传。案魏氏考课，除卢毓外，又有刘劭作《都官考课》七十二条，王昶尝受诏撰百官考课事。"昶以为唐、虞虽有黜陟之文，而考课之法不垂。周制冢宰之职，大计群吏之治而诛赏，又无校比之制。由此言之，圣王明于任贤，略举黜陟之体，以委达官之长，而总其统纪，故能否可得而知也。"（《三国·魏志·王昶传》）案刘劭所作考课之法，今已不传，而其所为《人物志》具存，其论博大精深，断非一人一时思虑之所能到。盖实文王官人之遗，足见先秦之世，已有此一种学术，而汉魏之世实承其流，若焦延寿、京房之所授受者则是也。延寿谓房得之以亡身者盖指此。《汉书》辞不完具，后人遂以为指《易》学，误也。

《汉书·王吉传》：谷永奏言"圣王不以名誉加于实效。考绩用人之法"，《谷永传》：永对策亦言"论材选士，必试于职。明度量以程能，考功实以定德，毋用比周之虚誉，毋听寖润之谮愬"。后汉左雄亦欲令"吏职满岁，宰府州郡乃得辟举"。（《后汉书》本传）和帝永元五年诏曰："选举良才，为政之本；科别行能，必由乡曲；而郡国举吏，不加简择。故先帝明敕在所令试之以职，乃得充选。又德行尤异，不须经职者，别署状上。"然则科别行能，亦当历试；而德行尤异，乃特为别署耳。然则两汉之世，考绩之义本明，而惜乎莫之通行也。《三国·魏志·邓艾传》："迁兖州刺史。上言国之所急，惟农与战，国富则兵强，兵强则战胜。然农者，胜之本也。上无设爵之劝，则下无财畜之功。今使考绩之赏，在于积粟富民，则交游之路绝，浮华之原塞矣。"澄清选举，必由考绩，虽武夫亦知之矣。

欲行考绩，必行久任，左雄言之详矣。《三国·魏志·王昶传》：司马宣王既诛曹爽，乃奏博问大臣得失。昶陈治略五事：其二欲用考试，其三欲令居官者久于其职。《刘廙传注》引《廙别传》载廙表论治道亦言"数转易，则往来不已，送迎之烦，不可胜计。转易之间，辄有奸巧，既于其事不省，而为政者亦以不得久安之故，知惠益不成于己，而苟且之可免于患，皆将不念尽心于恤民，而梦想于声誉，此非所以为政之本意也"，其论全与左雄同。或谓新任职者，多有朝气，久则不免暮气，此诚有之；然积久而暮气乘之，亦由是非不别，功罪不明。苟其不然，安得如此。况新出者虽有朝气，然□□未足，亦安足任乎？未使天下之士，可不待督责，而自致于口，则善矣。如其不然，考绩安可废？欲行考绩，则非□□□□]□□□，王安石所谓贤者则其功可以致于成，不肖者则其罪可以至于著也。

考绩必有其法，如王昶之言，是为无术矣。本虑官吏相比周，而设监司以检察之；若悉委诸长官，又何烦为此纷纷乎？岂长官皆可任邪？然监察之司，亦有不可信者。刘廙之言曰："今之所以为黜陟者，颇以州郡之毁誉，听往来之浮言耳。长吏之所以为佳者，奉法也，忧公也，恤民也。此三事者，或州郡有所不便，往来者有所不安。而长吏执之不已，于治虽得计，其声誉未为美；屈而从人，于治虽失计，其声誉必集也。长吏皆知黜陟之在于此也,亦何能不去本而就末哉?"此监司之弊也。廙以为长吏皆宜使少久,足使自展。岁课之能,三年总计,乃加黜陟。课之皆当以事,不得依名。事者,皆以户口率其垦田之多少,及盗贼发兴,民之亡叛者,为得负之计。如此行之,则无能之吏,修名无益;有能之人,无名无损。法之一行,虽无部司之监,奸誉妄毁,可得而尽。以上刘廙之言均见《三国·魏志·刘廙传注》引《廙别传》载廙表论治道。夫以部司监郡,而又须防其奸誉妄毁,此齐威王之所以烹阿大夫封即墨大夫也。夫国家之使监司察郡县,非谓监司必可信也,特其职如此耳。然则法之所定,固亦可使下官监察上官。京房之法,公卿朝臣会议者,皆訾其令上下相司,烦碎不可许,度其法必有大过人者,而惜乎其不传也。

《后汉书·朱浮传》:浮因日食上疏,言"间者守宰,数见换易,迎新相代,疲劳道路。寻其视事日浅,未足昭见其职。既加严切,人不自保,各相顾望,无自安之心。有司或因睚眦以骋私怨,苟求长短,求媚上意。二千石及长吏,迫于举劾,惧于刺讥,故争饰诈伪,以希虚誉"。此急考课而不久任之弊也。

敷奏以言,似与军功无涉,然其事亦未可以已。此则葛洪言之矣。其言曰:"古者犹以射择人,况经术乎?如其舍旃,则未见余法之贤乎此也。假令不能尽得贤能,要必愈于了不试也。今且令天下诸当在贡举之流者,莫敢不勤学;但此一条,其为长益风教,亦不细矣。"又曰:"予意谓新年当试贡举者,今年便可使儒官才士豫作诸策,计足周用集。禁其留草,殿中封闭之。临试之时,亟赋之,人事因缘于是绝。当答策者,皆可会著一处,高选台省之官,亲监察之,又严禁其交关出入,毕事乃遣,违犯有罪无赦。如此,属托之冀室矣。夫明君恃己之不可欺,不恃人之不欺己也,亦何耻于峻为斯制乎?若试经法立,则天下不可以不立学官，而人自勤学矣。"又曰："汉四科亦有明解法令入仕。今在职之人，官无大小，悉不知法令，而使之决狱，是以死生委之，以轻百姓之命，付无知之人也。亦可令廉良之吏，皆取明律令者试之如试经，高者随才品叙用。如此，天下必少弄法之吏，失理之狱矣。"（以上葛洪之言，均见《抱朴子·审举篇》。）其言于后世科举所致之利，所行之法，一一若烛照而数计；使非其书久著，几使人疑为科目既兴之后，后人依托前人之谈矣。故谓事全不可逆臆非也。前人□□之谈，后人往往有不率由者。何者？势之所趋，不得不然，言之者亦不过能审乎其势耳。此前人之抱道者，所以可自信百世以俟圣人而不惑也。

名不足以致异人，而可以得常士。此言最为平允。惟可以得常士也，故策试考绩诸法，明知其不尽可恃，而终不可废。惟不足致异人也，故汉武帝、魏太祖欲求跅弛之士也。（参看《汉末名士》条。）

考绩之法（下）

九品中正之弊，历数百年，夫人而知之矣。其原何自起乎？曰：起于汉末之朋党也。何以言之？案《三国志·夏侯玄传》："玄议以为官才用人，国之柄也，故铨衡专于台阁，上之分也；孝行存乎闾巷，优劣任之乡人，下之叙也。夫欲清教审选，在明其分叙，不使相涉而已。若令中正但考行伦辈，辈当行均，斯可官矣。奚必使中正干铨衡之机于下，而执机柄者有所委仗于上，上下交侵，以生纷错哉？且台阁临下，考功校否，众职之属，各有官长，且夕相考，莫究于此；间阎之议，以意裁处，而使匠宰失位，众人驱骇，欲风俗清静，其可得乎？天台悬远，众所绝意。所得至者，更在侧近，孰不修饰以要所求？所求有路，则修己家门者，已不如自达于乡党矣。自达乡党者，已不如自求之于州邦矣。苟开之有路，而患其饰真离本，虽复严责中正，督以刑罚，犹无益也。"然则中正之弊，实由台阁不听官长考功校否之谈，而凭间阎以意裁处之议也。

限年入仕

中兴二年，梁武帝请立选部表云："且闻中间立格，甲族以二十登仕，后门以过立试吏。是则世禄之家，无意为善，布衣之士，肆心为恶。此实巨蠹，尤宜刊革。"（《梁书·本纪》）其言善矣。然《梁书·文学伏挺传》云："齐末，州举秀才，对策为当时第一。高祖义师至，挺迎谒于新林，高祖见之，甚悦，谓曰颜子，引为征东行参军，时年十八。"是高祖躬道之而躬自蹈之也。此犹可曰佺偬之际，立法未定也。天监四年正月癸卯朔诏曰："今九流常选，年未三十，不通一经，不得解褐。若有才同甘颜，勿限年次。"而《陈书·文学·岑之敬传》："年十六，策《春秋左氏》制旨、《孝经》义，擢为高第。御史奏曰：皇朝多士，例止明经，若颜闵之流，乃应高第。梁武帝省其策曰：何妨我复有颜闵耶？因召入面试，除童子奉车郎。"之敬岂足当甘颜之目邪？《梁书·朱异传》："旧制，年二十五方得解褐，时异适二十一，特敕擢为扬州议曹从事史。"则解褐之年，较天监四年之诏，又早四年矣。异虽非正人，而实有才能，特敕用之，或转较伏挺、岑之敬等呫哔之士为有当也。

世胄入仕之早者。《张缅传》：起家秘书郎，出为淮南太守，时年十八。缅第三弟缵，年十一，尚高祖第四女富阳公主，起家秘书郎，时年十七。（秘书郎有四员，宋齐以来，为甲族起家之选，待次入补，其居职，例数十百日便迁任。缵固求不徙，欲遍观阁内图籍。数岁方迁太子舍人。）又《南史·刘虬传》：虬子之遴，年十五，举茂才明经。虬亦南阳旧族，徙居江陵者也。

《魏书·高宗纪》：和平三年十月丙辰诏曰："三代之隆，莫不崇尚年齿。今选举之官，多不以次，令斑白处后，晚进居先，岂所谓彝伦攸叙者也！诸曹选补，宜各先尽劳旧才能。"然《肃宗纪》：熙平二年八月己亥，诏庶族子弟年未十五不听入仕。则其限年，较南朝尤早矣。《周书·裴宽传》：年十三，以选为魏孝明帝挽郎。《吕思礼传》：年十九举秀才，对策高第。又北齐杨愔，年十八，拜通直散骑侍郎，其早达亦不减南朝也。

后汉黄香，年十二，太守刘护召署门下孝子。此特用以矜式末俗，偶然之事耳。若南北朝之事，则有可异者。《陈书·虞荔传》："年九岁，随从伯阐候太常陆倕，倕问五经凡有十事，荔随问辄应，无有遗失，倕甚异之。又尝诣征士何胤，时太守衡阳王亦造焉。胤言之于王，王欲见荔，荔辞曰：未有板刺，无容拜谒。王以荔有高尚之志，雅相钦重。还郡，即辟为主簿，荔又辞以年小，不就。"此其见辟，固未必即在九岁之时，然北齐袁聿修，则竟以九岁而州辟为主簿矣。又封孝琬及弟孝琰，皆以年十六州辟主簿。崔瞻（悛子）。年十五，刺史高昂召署主簿。皆见《北齐书》本传。隋文年十四，京兆尹薛善辟为功曹，见《隋书·本纪》。《北齐书·白建传》："诸子幼稚，俱为州郡主簿，新君选补，必先召辟。"则一门又不止一人矣。

丧乱之际，地方豪右，往往据地自专，朝廷不能远驭，则即以其人治之，于是有世袭守令，此实同封建，不可以选举常格论矣。《周书·泉企传》："曾祖景言，魏建节将军，假宜阳郡守，世袭本县令，封丹水侯。父安志，复为建节将军，宜阳郡守，领本县令，降爵为伯。企九岁丧父，服阕袭爵。年十二，乡人皇平、陈合等三百余人诣州，请企为县令，州为申上。时吏部尚书郭祚，以企年少，未堪宰民，请别选遣，终此一限，令企代之。魏宣武帝诏曰：企向成立，且为本乡所乐，何为舍此世袭，更求一限？遂依所请。"又企子仲遵年十三，州辟主簿，十四为本县令。此等措置，盖诚有所不得已者也。隋郑善果，以父死尉迟迥之难，十四而授刺史。武人酬庸，亦非可以常格论也。

入官虽早，而致仕则迟。《晋书·庾峻传》，峻以风俗趣竞，礼让陵迟，上疏言："自非元功国老，三司上才，可听七十致仕。其父母八十，可听终养。"然《齐书·明帝纪》：永明中，御史中丞沈渊表百官年登七十，皆令致仕，并穷困私门。建武元年十一月庚子诏曰："日者百司耆齿，许以自陈，东西二省，犹沾微俸，辞事私庭，荣禄兼谢，兴言爱老，实有矜怀。自缙绅年及，可一遵永明七年铨叙之科。"则七十致仕之法，实有难行者矣。《魏书·肃宗纪》：正光四年七月辛亥诏曰："今庶僚之中，或年迫悬车，循礼宜退；但少收其力，老弃其身，言念勤旧，眷然未忍。或戴白在朝，未当外任；或停私历纪，甫受考级；如此之徒，虽满七十，听其莅民，以终常限。或新辟郡县，或外佐始停，已满七十，方求更叙者，吏部可依令不奏。其有高名俊德，老成耆士，灼然显达，为时所知者，不拘斯例。若才非秀异，见在朝官，依令合辟者，可给本官半禄，以终其身。"《辛雄传》：雄"为《禄养论》，称仲尼陈五孝，自天子至庶人无致仕之文。《礼记》：八十，一子不从政；九十，家不从政。郑玄《注》云：复除之。然则止复庶民，非公卿士大夫之谓。以为宜听禄养，不约其年。书奏，肃宗纳之"。士大夫以官为家，不易脱屣，固南北皆然也。

《南史·顾协传》："张率尝荐之于梁武帝，问协年，率言三十有五。帝曰：北方高凉，四十强仕，南方卑湿，三十已衰，如协便为已老。但其事亲孝，与友信，亦不可遗于草泽，卿便称敕唤出。于是以协为兼太学博士。"三十为老，前世罕闻，岂其时入仕皆习于早，故有斯语邪？

选举寒素之士

自魏晋行九品中正之制，而"上品无寒门，下品无世族"，（晋刘毅语。）直至唐代科举之制兴，而寒素之士始有进身之阶，然此固非一蹴而几，其间演变之迹，有可得言者。《晋书·庾峻传》云：是时风俗趣竞，礼让陵迟，峻上疏曰："圣王之御世也，因人之性，或出或处，故有朝廷之士，又有山林之士。朝廷之士，佐主成化，犹人之有股肱心膂，共为一体也。山林之士，被褐怀玉，太上栖于丘园，高节出于众庶；其次轻爵服，远耻辱以全志；最下就列位，唯无功而能知止；彼其清劭足以抑贪污，退让足以息鄙事，故在朝之士，闻其风而悦之；将受爵者，皆耻躬之不逮，斯山林之士，避宠之臣，所以为美也。先王嘉之，大者有玉帛之命，其次有几杖之礼，此先王之弘也。秦塞斯路，利出一官，虽有处士之名，而无爵列于朝者，时不知德，惟爵是闻，故闾阎以公乘侮其乡人，郎中以上爵傲其父兄。夫不革百王之弊，徒务救世之政，文士竞智而务入，武夫恃力而争先；官高矣而意未满，功报矣其求不已；又国无随才任官之制，俗无难进易退之耻；位一高，虽无功而不见下，已负败而复见用，故因前而升，则处士之路塞矣。又仕者黜陟无章，是以普天之下，先竞而后让，举世之士，有进而无退，大人溺于动俗，执政挠于群言，衡石为之失平，清浊安可复分。"处士固不免虚声，然如干宝所云"悠悠风尘，皆奔竞之士，列官千百，无让贤之举"者，所乏者非济世之才，所阙者实廉隅之士，峻之言，乃诚晨钟暮鼓也。峻又曰："夫人之性陵上，犹水之趣下也，益而不已必决，升而不已必困，始于匹夫行义不敦，终于皇舆为之败绩。"乌乎，何其言之痛，而于后来怀、愍之祸，若烛照而数计也。

虽然，欲进处士，则亦有难焉者矣。欲以矜式一世，挽回末俗，其人必无欲而不争；声华驰骛之徒，显以为名而阴以为利，未有足称为处士者也。《李重传》："迁尚书吏部郎，务抑华竞，不通私谒，特留以隐逸，由是群才毕举，拔用北海西郭汤、琅邪刘珩、燕国霍原、冯翊吉谋等为秘书郎及诸王文学，故海内莫不归心。时燕国中正刘沈举霍原为寒素，司徒府不从，沈又抗诣中书奏原，而中书复下司徒参论。司徒左长史荀组，以为寒素者，当谓门寒身素，无世祚之资。原为列侯，显佩金紫，先为人间流通之事，晚乃务学，少长异业，年逾始立，草野之誉未洽，德礼无闻，不应寒素之目。"此则其言实是，而重之右沈者实非也。以留心隐逸之人，而其所拔用者如是。搜求寒素，夫岂易言哉？

虽然，舍寒素而用贵富之祸则有恫焉者矣。《阎缵传》："愍怀太子之废也，缵舆棺诣阙，上书理太子之冤，曰：每见选师傅，下至群吏，率取膏粱击钟鼎食之家，希有寒门儒素。"又曰："非但东宫，历观诸王师友文学，皆豪族力能得者，友无亮直三益之节。官以文学为名，实不读书，但共鲜衣好马，纵酒高会，嬉游博弈。请置游谈文学，皆选寒门孤宦，以学行自立者，使严御史监护其家，绝贵戚子弟，轻薄宾客。"皇太孙立，缵复上书，言"旦夕训诲，辅导出入，动静劬劳，宜选寒苦之士。其侍臣以下，文武将吏，且勿复取盛戚豪门子弟。若吴太妃家室及贾、郭之党，如此之辈，生而富溢，无念修己，率多轻薄浮华，相驱放纵，皆非所补益于吾少主者也。"观缵之言，得知晋之骨肉相残，终至青衣行酒，见辱他族，非天之降才尔殊，而其父兄自得辱之也。

九品官人之始

《三国·魏志·陈群传》："文帝在东宫，深敬器焉，待以交友之礼，常叹曰：自吾有回，门人日以亲。及即王位，封群昌武亭侯，徙为尚书。制九品官人之法，群所建也。"似其法始于文帝为王时者。然《宋书·恩倖传》言："汉末丧乱，魏武始基，军中仓卒，权立九品。"则其法实不始于魏文，亦不必为陈群所建。群之所建者，特以权立之事，制为定法，此则其事在文帝即王位后，群徙为尚书之时耳。《晋书·卫瓘传》：瓘与太尉亮等上疏言："魏氏承颠覆之运，起丧乱之后，人士流移，考详无地，故立九品之制，粗具一时选用之本耳。其始造也，乡邑清议，不拘爵位，褒贬所加，足为劝励，犹有乡论余风。中间渐染，遂计资定品，使天下观望，惟以居位为贵，人弃德而忽道业，争多少于锥刀之末，伤损风俗，其弊不细。"则其法初立时，未尝无益，后乃败坏，特其败坏甚速耳。

九品中正

马贵与论九品中正，谓其法太拘，引陈寿遭父丧，有疾，使婢丸药，客见之，乡里以为贬，坐是沉滞累年；谢惠连爱幸会稽郡吏杜德灵，及居父忧，赠以五言诗十余首，坐废，不豫荣伍；阎缵父卒，继母不慈，缵恭事弥谨，而母疾之愈甚，乃诬缵盗父时金宝，讼于有司，遂被清议十余年：三事为证。案当时中正之拘，其事尚不仅此。《晋书·张辅传》：梁州刺史杨欣有姊丧，未经旬，车骑长史韩预强聘其女为妻，辅为中正，贬预以清风俗，论者称之。《卞壸传》：父粹，以清辩鉴察称；兄弟六人，并登宰府，世称卞氏六龙，玄仁无双。（玄仁，粹字。）弟哀，尝忤其郡将，郡将怒，讦其门内之私，粹遂以不训见讥议，陵迟积年。《南史·齐本纪》：高祖建元三年九月，乌程令吴郡顾昌玄，坐父法秀宋泰始中北征死亡，尸骸不反，而昌玄燕乐嬉游，与常人无异，有司请加以清议。又明帝建武元年十二月，宣德右仆射刘朗之，坐不赡给兄子，致使随母他嫁，免官禁锢终身，付之乡论。皆其时清议特重礼教之证。《卞壸传》又云：壸转御史中丞。时淮南小中正王式继母，前夫终，更适式父，式父终，丧服讫，议还前夫家，前夫家亦有继子，奉养至终，遂合葬于前夫。式自云父临终，母求去，父许诺，于是制出母齐衰朞。壸奏其亏损世教，不可居人伦诠正之任。案侍中、司徒、临颍公组，敷宣五教，实在任人，而含容违礼，曾不贬黜；扬州大中正、侍中、平望亭侯晔，淮南大中正、散骑侍郎弘，显执邦论，朝野取信，曾不能率礼正违，崇孝敬之教，并为不胜其任；请以见事免组、晔、弘官，大鸿胪削爵士，廷尉结罪。疏奏，诏特原组等，式付乡邑清议，废弃终身。

《北齐书·羊烈传》："烈家传素业，闺门修饰，为世所称，一门女不再醮。魏太和中，于兖州造一尼寺，女寡居无子者，并出家为尼，咸存戒行。烈天统中与尚书毕义云争兖州大中正。义云盛称门阀，云我累世本州刺史，卿世为我家故吏。烈答云卿自毕轨被诛已还，寂无人物，近日刺史，皆是疆场之上彼此而得，何足为言？岂若我汉之河南尹，晋之太傅，名德学行，百代传美；且男清女贞，足以相冠，自外多可称也。盖讥义云之帷薄焉。"是身居中正之职者，其受责备当尤重也。《刘毅》论九品之弊曰："孝弟之行，不施朝廷，门外之事，以义断恩。"于此拘泥之失，可谓一语破的；然论事当原其朔，不应概以末流之弊。九品立法之初，原不过藉考所用之人无大僭规越矩之行，本不谓足尽人伦；其后行之诚失初意，然即如立法之意行之，亦不过能维持风纪，立当时所谓名教之防，本不能期其有他效也。东汉之季，俗重清议，尤贵乡平，然所褒美，率多虚名无实，甚者德行亦出矫伪，是以魏武下令，欲求盗嫂受金之士；然此乃一时愤激之为，抑亦乱世权宜之法，岂可概诸平世？平世用人，必本行实；欲考行实，必不能舍弃乡平；是以何夔建议，谓："自军兴以来，制度草创，用人未详其本，是以各引其类，时忘道德。夔闻以贤制爵，则民慎德；以庸制禄，则民兴功。以为自今所用，必先核之乡闾，使长幼顺叙，无相蹂越。显忠直之赏，明公实之报；则贤不肖之分，居然别矣。"毛玠与崔琰并典选举，史称"其所举用，皆清正之士，虽于时有盛名而行不由本者，终莫得进"，盖即斯意。陈群之制，不过更立为定法而已。夏侯玄议九品，谓当铨衡专于台阁，优劣任之乡人，明其分叙，不使相涉；中正但当考行伦辈，考功校否，仍当据官长之第；皆与何夔之论相合，可见立法初意。刘毅言："前九品诏书，善恶必书，以为褒贬，当时天下，少有所忌。今之九品，所下不彰其罪，所上不列其善；任爱憎之断，清浊同流，以植其私；故反违前品，大其形势，以驱动众人，使必归己，天下焉得不解德行而锐人事？"卫瓘亦云："其始造也，乡邑清议，不拘爵位，褒贬所加，足为劝励，犹有乡论余风，中间渐染，遂计资定品，使天下观望，惟以居位为贵人。"然则法行之初，亦有微效，后乃陵夷，终至大败耳。《晋书·孔愉传》："初，愉为司徒长史，以平南将军温峤母亡遭乱不葬，乃不过其品。至是苏峻平，而峤有重功。愉往石头诣峤，峤执愉手而流涕曰：天下丧乱，忠孝道废，能持古人之节，岁寒不凋者，惟君一人耳。时人咸称峤居公，而重愉之守正。"愉之执持，曷尝有妨峤之宣力？以是立名教之坊，使知名勇功之士，不敢荡检踰闲，固亦未为无用。若云其所谓坊者，本不足立，此则别是一义，不能以是为中正之咎也。

《后汉书·酷吏传》谓，王吉为沛相，"课使郡内各举奸吏豪人诸常有微过、酒肉为臧者，虽数十年犹加贬弃，注其名籍"。是则善恶所为，皆有记注，本前世之成法，特其掌之者乃郡县而非中正耳。《许劭传》言：劭与从兄靖俱有高名，"好共核论乡党人物，每月辄更其品题，故汝南俗有月旦评"。此虽非官法，而以中正操核论之权，实自此始。然无论官司记注，私家核论，必皆本诸行实，则理之无可疑者也。所下不彰其罪，所上不列其善，果何自来哉？刘毅又云："人心多故，清平者寡，故怨讼者众。听之则告讦无已，禁绝则侵枉无极。"可见当时核论之不平。此讼也，不徒不可胜听，亦且是非终不可明，乃不得不一切禁之，而有如毅所谓"杜一国之口，培一人之势，使得纵横，无所顾惮"者矣。然公家不为申理，不能禁民之不私相仇，毅又言其弊曰："恨结于亲亲，猜生于骨肉，当身困于敌仇，子孙罹其殃咎。"其为祸不亦博乎？

所下不彰其罪，所上不列其善，不过欲驱动众人，使必归己而已。惟如是，故所臧否，必也时变。《晋书・祖逖传》载王隐与梅陶论月旦评曰："《尚书》称三载考绩，三考黜陟幽明，何得一月便行褒贬？陶曰：此官法也；月旦，私法也。隐曰：《易》称积善之家，必有余庆，积不善之家，必有余殃。称家者岂不是官？必须积久，善恶乃著，公私何异？若必月旦，则颜回食埃，不免贪污；盗跖引少，则为清廉。朝种暮获，善恶未定矣。"《傅咸传》："迁司徒左长史，在位多所执正。豫州大中正夏侯骏上言：鲁国小中正、司空司马孔毓，四移病所，不能接宾，求以尚书曹馥代毓，旬日复上毓为中正。司徒三却，骏故据正。咸以骏与夺惟意，乃奏免骏大中正。司徒魏舒，骏之姻属，屡却不署，咸据正甚苦。舒终不从，咸遂独上。舒奏咸激讪不直，诏转咸为车骑司马。"每月辄更，亦何以异于旬日即变！是故知驱动之为，公私无异也。

论中国户口册籍之法

《东方杂志》二十五卷第四册，载有《千五百年前敦煌户口册与中国史籍户口比率》一文。为英人斋尔士所撰，吾国王庸译。原文所据，系得自敦煌石室西凉李暠建初十二年户籍残纸。凡十户，完具者九。口数都三十六。户适得四口。斋尔士因此推论：吾国历代户口比率，尝在户四口弱至五口强之间。独赵宋则最多不足三口，最少且不及二户三口。据《文献通考》"乾德元年，令诸州岁奏男夫，二十为丁，六十为老，女口不豫"之文，谓宋世口数，但指男子。元丰三年毕仲衍《中书备对》，各路口数，皆丁口并列。其数：户一千四百八十五万二千六百八十四，口三千三百三十万三千八百八十九，丁一千七百八十四万六千八百七十三。以千七百万之丁，而人口总数，仅得三千三百万，未免太少；若谓口数仅指男子，则人口总数，可假定为六千六百万。户口比率，仍近一与四矣。王氏盛称之，谓吾国学者于此未能注意，即李微之、马贵与亦未计及，直待数百年后，发之英人，岂不异哉？予谓宋世常行之法，李、马二氏，无容不知。历代公家计账，不合情理者甚多，正不容强执事理，以求解释。斋尔士之见，亦适成其为外人之见而已。此事不足深论。予顾因此，而欲一论历代户口册籍之法焉。

吾国古代户口之籍，盖仅藏于州闾；其登诸天府者，则仅取与国用有关，此征诸礼而可知者也。《礼记·内则》：子生三月，父名之。遂告宰名。宰书曰：某年某月某日某生，而藏之。宰告闾史。闾史书为二，其一藏诸闾府，其一献诸州史。州史献诸州伯。州伯命书而藏诸州府。是一人之生，州闾之府，咸有其名籍也。此制仅士夫之家如此，抑全国之民皆然？仅男子之生如此，抑女子之生亦然？颇难质言。案《周官》："媒氏，掌万民之判。凡男女，自成名以上，皆书年、月、日、名焉。仲春之月，令会男女。"会男女即合男女，见《礼记·礼运》《管子·幼官》。古人民嫁娶，法令颇加干涉，故《孟子》以"内无怨女，外无旷夫"为仁政。(《梁惠王下》)《墨子》亦谓圣王之法，丈夫年二十，毋敢不处家；女子年十五，毋敢不事人也。(《节用上》)此必举国之男女。则书名州闾者，必不仅士夫之家，亦必不限于男子矣。媒氏之"成名"，郑即援《内则》子生三月父名之为释，于礼固无不合也。此所谓全国民籍，藏于州闾者也。《周官》专司民数之官，实为司民。其职曰："掌登万民之数。自生齿以上，皆书于版。辨其国中与其都鄙及其郊野。异其男女。岁登下其死生。及三年大比，以万民之数诏司寇。司寇及孟冬祀司民之日，献其数于王。王拜受之，登于天府。内史、司会、冢宰贰之，以赞王治。"此所登，亦近全国人口总数。然其意，则不为清查人口，而为会稽谷食，故不以成名之月，而以生齿之时。小司寇之职曰："及大比，登民数。自生齿以上，登于天府。内史、司会、冢宰贰之，以制国用。孟冬祀司民，献民数于王，王拜受之。以图国用而进退之。"意尤明白可见。《贾子》曰："受计之礼，主所亲拜者二：闻生民之数则拜之，闻登谷则拜之。"《礼篇》。尤可见二者之相关也。小司徒之职，"掌建邦之教法，以稽国中及四郊都鄙之夫家九比之数，乃颁比法于六乡之大夫。使各登其乡之众寡、六畜、车辇。大比以起军旅，以作田役，以比追胥，以令贡赋。"故以已昏妃者为限。大比之政，凡乡遂之官，皆有责焉。无不言夫家者。(乡师云："以时稽其夫家众寡。"乡大夫云："以岁时登其夫家之众寡。"族师云："校登其族之夫家众。"县师云："辨其夫家人民田莱之数。"遂人云："以岁时登其夫家之众寡。"遂师同。遂大夫云："以岁时登其夫家之众寡。"郑长云："以时校登其夫家，比其众寡。"惟闾师但云"掌国中及四郊之人民六畜之数"，鄙师云"以时数其众庶"，皆无夫家之文。然此诸官所职，皆系一事，特其文有详略，则无可疑也。）此犹后世之役籍。役固国用之大端也。故曰：自州闾之府以外，户口之籍，皆其与国用有关者也。

汉世民数，盖在计簿。计簿之式，今不可知。《司民注》曰："版，今户籍也。"汉治最近古。郑君之言，或不仅取以相况。《史记·秦始皇本纪》后附《秦纪》：献公十年，"为户籍相伍"。什伍即州闾之制，此即《内则》所载书名州闾之法。盖秦至是始有之。又始皇十六年，"南阳假守腾，初令男子书年"。盖献公虽创户籍，所书仍未精详，故腾又更其法。《汉书·高帝纪》：五年，五月，诏曰："民前或相聚保山泽，不书名数。今天下已定，令各归其县，复故爵田宅。"师古曰："名数，谓户籍也。"此籍之详者，亦当在乡亭，其都数当上之郡县耳。是时尚无纸，户籍称版，可知不书以缣帛，断不能悉致诸郡县之廷也。汉法多沿自秦，观秦有户籍之晚，知其制必不能大异于古，则汉法亦必无以大异于古。贾生所言，虽古礼，或仍为当世之典，亦未可知。则其登诸计簿者，亦必非全国人口总数，而仅取与谷食有关，亦可推测而得矣。

媒氏主牉合，司民会口实，其所登，自不容限于男子。大比之法，主为兵役，而亦不遗女子者，古兵役固不独在男也。《商君书·兵守》，有"壮男为一军，壮女为一军，男女之老弱者为一军"之文。《墨子·备城门》诸篇，亦有以丁女充军之说。齐将下晋，男女以班。（《左氏》襄公二十五年）楚围汉王于荥阳，汉军绝食，乃夜出女子东门，二千余人，被甲。女子可调集，可编制，其非无名籍审矣。汉惠帝六年，"令民女子年十五以上，至三十不嫁五算"。《注》引《汉律》："贾人与奴婢倍算。"则口赋亦不异男女，女子不容无籍可知。降逮后世，户调之式，均田之令，租庸调之法，田皆男女并授，更不必论矣。《通考》乾德六年之令，当别是一事，与奏报民数无关。斋尔士引《宣化府志》及《畿辅通志》大名宋代户口比率，与《通考》所载不同。（宣化一比五又七五。大名一比三又六六。）而《畿辅通志》霸州比率，则又相近。（一比一又三五。）可见历代官中册籍，悠缪不可究诘者甚多。正不容强执情理，以相揆也。

古代民数，当较后世为得实，读史者盖无异辞。而《周官》职方所载九州男女比率，乃殊不可信。（扬州二男五女、荆州一男二女、豫州二男三女、青州二男二女、兖州二男三女、雍州三男二女、幽州一男三女、冀州五男三女、并州二男三女。）予谓古代受计，必不会遍及九州。（《周官》小司徒："三年大比，则受邦国之比要。"邦国二字，当作县内诸侯解。书言邦国者多如此，非谓九州万国也。）《周官》之说，疑杂阴阳数术之谈，非据册籍会稽而得也。或谓古人言数，皆不举畸零，故其说若不可通如此。此亦可备一说。

论保甲

保甲之法，创自王荆公，其意本欲以之为兵，然后人仿行之者，则大抵在丧乱之际，用以查轧户口，使外奸不得入，内之则游荡无业，作奸犯科之人，亦可以有所稽考，以图保持秩序。像想用之为兵，以及为古代分田里，定赋役，一切政事，都以闾里起点之意；荡焉无存了。

用保甲查轧户口，排挤奸民，此即《史记·商君列传》所谓"令民为什伍，而相收司连坐"之法。因为既行此制，必使其互相保任，同保同甲之中，有犯罪的，即使并不知情，亦应坐失觉之罪，论者多以此为商君所创苛酷之法，其实不然。案《周官》：族师之职，"五家为比，十家为联，五人为伍，十人为联，四闾为族，八闾为联，使之相保相受，刑罪庆赏，相及相共"；又比长，"五家相受相和亲，有罪奇邪则相及"；邻长，"掌相纠相受"；士师，"掌乡合州党族闾比之联，与其人民之什伍，使之相安相受，以比追胥之事，以施刑罚庆赏"。《墨子·尚贤篇》引《泰誓》说："小人见奸巧，乃闻不言也，发，罪钧。"春秋十九年，"梁亡"，《繁露》说其事云："梁使民比地为伍，一家亡，五家杀刑。"《公羊解诂》说同。此皆什伍收司连坐之法，足见其由来已旧。案古代民户编制，共有两法：一以十和五做单位，大抵和兵制相连。如《周官》：乡以五家为比，五比为闾，四闾为族，五族为党，五党为州，五州为乡。遂以五家为邻，五邻为里，四里为酂，五酂为鄙，五鄙为县，五县为遂。而其兵制，则以五人为伍，五伍为两，四两为卒，五卒为旅，五旅为师，五师为军，恰系家出一人，这怕不是家出一人，而是立法之初，以一能充兵的人为编制之单位，所以如此罢？至于《尚书大传》说"古八家而为邻，三邻而为朋，三朋而为里，五里而为邑，十邑而为都，十都而为师，州十有二师"，则系根据井田编制，和兵制毫无干涉，收司连坐之法，起于什伍之间，可见其本系军刑。古代刑法，严酷的恒起于军旅之间，乃所以对付异族和本族中附敌的人，至其施诸本族之中的，则极为平恕，此义甚长，必别为专篇，乃能详之。然看《周官》，司徒等于人民的惩戒，不过拘禁（圜土）、役作（嘉石）及去其冠饰，书其邪恶之状，著之于背（明刑）而止。其附于刑者必归于士。士本战士之称，士师者士之长，掌邦刑者谓之司寇。寇乃外来之敌，亦可想见其大概了。军旅之事，与异族争一旦之命，严刑酷法，其事良非得已。至于后世，萑苻之盗，闾巷之雄，迫于饥寒，聊以救死。实非异族相争之比，亦用严刑酷法，加以推排，且因此而扰及良民，其事本不合理。然即不论此，良民亦止有束手而受无罪之戮，断不会因此而收排除奸人之效的。这是因为时异势殊，社会情形，今古不同啊！读《宋书·王弘传》，就可知道了。

据《宋书·王弘传》：当时八座承郎疏言"同伍犯法，无士人不罪之科，然每至诘谪，辄有请诉"，如其加以恩宥，则法废不可行。若必执法不挠，则人情又以为苦怨，因此请求改制。一时议者有好几个人，据其说：则当时人民犯罪，牵及同伍的，庶族无不连坐，士人则多蒙赦宥。甚有如山阴县，在王淮之为令时，竟不坐罪的。否则罪其奴客，比事似极不平。然士庶生活缅隔，庶族犯罪，士人无由知之，而士人犯坐及同伍之罪的，则不能与小人相关，这确是事实。所以有人说：士人有罪，罪其奴客，并非使其代主人受罪，乃是他罪有应得，亦不能谓其无理。而且就是奴客，亦有说其或受役使，分散在外；或供使令，恒在主人左右，并不出门；责其觉察同伍，亦是为难的。观此，便知士人受连坐之罪，当局所以不能不加以宽恕，因为法究不能"专决于名"呀。知此，则知虽用相司连坐之法，亦不能收弊绝风清之效之由。因为使人民互相伺察，只能行于居民鲜少，生活单纯之日。到民居一稠密，生活情形一复杂，人民就彼此不能相知，即使用严刑酷法以迫之，亦只有束手而受无罪之戮了。

然则后世所谓保甲之法，就丝毫无效了吗？此亦不然。但其为效实极有限，而且只能行之丧乱之时，而决不能行之治平之日。为什么呢？"土著为寇，必引外奸，而外奸之来，亦必有所止"，这原是事实。但此等人，在居民鲜少之地，是人人认得的，根本用不着推校。此等地方而为奸民所蟠据，必其土著之民，力不足以与之相抗，即使加以推校，亦属无益。如其土著之民，力足与以相抗，则此等人必匿迹于深山大泽，荒祠古庙之中，不与居民相离了。民居稠密之处，小之则为市镇，大之则为都会，其间诚有不逞之徒匿迹之所。然此等地方，情势复杂，推校极难，而且其事多有弊窦，往往徒以扰民而仍不收清查之益。所以善于为政者，于此率重缉捕而后推校。其所注意者，乃在旅馆、酒楼、娼家、赌场等处，而比户的居民，顾在其后。当风声鹤唳之际，亦未尝不推行什伍之法。然其用意，不过因不逞之徒，多强悍有党羽，良善之民，多慑于其势而不敢拒；又或本系戚族相知，牵于情面而不能拒；甚者旧系同党，今虽悔改，为其所胁而无从拒。有同伍相坐之法，以随其后，则什伍之间，可以互相助，而其势较壮。其为用止于如此而已，此外不能更有何等作用。至于孤村残落，力薄不足自卫，荒祠古庙，左近并无人烟，则本非比伍之法所能及。所以每逢丧乱，只有聚村落而成堡坞。盗匪横行之时，并有人倡议将荒祠古庙等悉行焚毁，说虽失之急烈，亦有不得已之苦衷。以度地居民之道言之，则今日都会镇市，失之过大，乡村则失之过小。过大则居民太多，其情不亲，利害之相关不切，故遇事不能合作，舆论制裁，亦归无效，过小则居民太少，其人率愿朴不知世事，不能有所兴作，即欲有兴作，亦力有不逮。今后根本之计，实宜渐将都会、市镇，斫而小之，乡村则合并而使之加大，方能渐见合理。断非就现在的形势，但推行比伍之法，即能期其有进步的。乡村之不能合并，大抵因农民之居宅，离所耕之田，不能太远。此当修治道路，使之平坦宽阔，车马可以往来。则相距虽远，亦不致费时失事，而道路四达，则便于梭巡，荒祠古庙等，亦不虑有人匿迹其间了。以上所言，多偏于弭乱之计，因为向来办保甲的，其意实多偏重于此。至于地方自治，一切米盐靡密之事，无不起原于闾伍，则别是一事，与历来为弭乱计所办的保甲等，了无干涉。不但不相干涉，甚且必将此种积习一扫而空之，而地方自治之事，乃可以有为。此另是一义，当别论。

度地居民

《孟子·滕文公》上曰："死徙无出乡，乡田同井，出入相友，守望相助，疾病相扶持，则百姓亲睦。"大抵古时度地居民，自有定法，过少则其力不足以相澹，过多则人不相狎而其情不亲，是非不足凭，人言不足恤矣。古者"邻有丧，舂不相；里有殡，不巷歌"。（《礼记·曲礼》）《管子·小匡》曰："卒伍政定于里，军旅政定于郊，内教既成，令不得迁徙；故卒伍之人，人与人相保，家与家相爱，少相居，长相游，祭祀相福，死丧相恤，祸福相忧，居处相乐，行作相和，哭泣相哀；是故夜战，其声相闻，足以无乱；昼战，其目相见，足以相识，欢欣足以相死；是故以守则固，以战相胜。"《郊特牲》述社祭及君亲誓命以习军旅之制，而继之曰："以战则克，以祭则受福。"亦是物也。

礼之有节文也，亦其出于自然者也。《杂记》曰："三年之丧，虽功衰不吊，自诸侯达诸士。如有服而将往哭之，则服其服而往。练则吊，既葬大功，吊哭而退，不听事焉。期之丧未葬，吊于乡人，哭而退，不听事焉。功衰吊，待事不执事，小功缌，执事不与于礼。相趋也，出宫而退；相揖也，哀次而退；相问也，既封而退；相见也，反哭而退；朋友，虞祔而退。吊非从主人也，四十者执绋；乡人，五十者从反哭，四十者待盈坎。"因其身之有故与无故也，老壮也，居之远近也，而皆异其节；非强为之也，皆因其情而情又出于自然者也；故曰：礼也者，因人之情而为之节文，然过重于节文，则情有因之而漓者矣，故曰：礼，与其奢也宁俭，丧，与其易也宁戚。（《论语·先进》）要之不忘其本而已矣。故曰："圣人终日行，不离辎重。"（《老子》）

《潜夫论·浮侈篇》曰："今举世舍农桑，趋商贾，牛马车舆填塞道路，游手为功，充盈都邑。"又曰："今察洛阳，浮末者什于农夫；虚伪游手者什于浮末。天下百郡千县，市邑万数，类皆如此。本末何足相供，则民安得不饥寒。"然则古之都邑，罪恶之薮也。符所言都邑之人，或以谋奸合任为业，或以游敖博弈为事，或作泥车、瓦狗、马骑、倡俳诸戏弄小儿之具以巧诈，妇人则学巫祝，鼓舞事神，以欺诬细民，荧惑百姓；此与后世之情形，有以异乎？无以异也。

符言京师贵戚葬者：必欲江南糯梓豫章之木。其致之也，伐之高山，引之穷谷，入海乘淮，逆河溯洛，工匠雕刻，连累日月，会众而后动，多牛而后致，重且万斤，功将万夫，其难也如是，而边远下土，犹相竞用，致使东至乐浪，西达敦煌，费力伤财于万里之地。夫权臣贵戚，皆淫侈之徒也。彼千方百计，以取高位厚禄；其取之也，犹御人于国门之外也；不则犹齐人之乞食于墦间也；所甘心者，淫侈而已。而使之舍其所乐，不亦与虎谋皮哉？然以少数人柑制多数人，以非正义之事压制正义，终非可以持久；公理有必明之日，民权有必达之时，至于为治者果为公意，而非复少数人，则淫侈之事，在所必禁矣。

荀悦论井田：谓土地布列在豪强，卒而革之，并有怨心，则生纷乱，制度难行。若高祖初定天下，光武中兴之后，人众稀少，立之易矣。夫卒而革之，非义有所不可也，而势有所难行。势之所不能行，虽圣人无如之何也。势可行而卒莫之行，则非无识即苟且矣。夫都邑犹井田也，卒而革之，事不可为也。然遭大乱之后，立制度，使不得过若干家。浮侈之事，禁不得为；华靡之物，禁不得用；放古者度地居民之制，使地邑民居，必参相得也，不亦可乎？

齐景公曰："君不君，臣不臣，父不父，子不子，虽有粟，吾得而食诸？"（《论语·颜渊》）卫嗣君曰："治无小，乱无大，教化喻于民，三百之城，足以为治。民无廉耻，虽有十左氏，将何以用之？"（《战国策·卫策》）故治国之道，在教化明，法令行，物不足惜也。苟可以明义也，虽完整，犹将毁之，况其已经破败而劳复建邪？

禁侈非徒以明义也，即以淫侈者之身论，庸独利乎？董卓之入洛也，洛中贵戚室第相望，金帛财产，家家殷积。卓放纵兵士，突其庐舍，淫略妇女，剽虏资物，谓之"搜牢"。（《后汉书》本传）此即王符之所哀叹者也。岂徒洛阳，古今繁盛之都邑，其极安有不如此者也？水流必趋于平也，犹财富之必趋于均也。注水于丘陵之上，则必流于四方，若都邑之财，四散而归于村野，周浃而遍于山林，则人间之海平矣。平，斯安矣。

东汉之末，生民几于尽矣。是时之握兵者，亦知民不足，则兵不强；兵不强，则终无以自存也。故其少有远虑者，咸致力于屯垦焉。《三国·魏志·王昶传》言文帝践阼，昶为洛阳典农。时都畿树木成林，昶斫开荒莱，勤劝百姓，垦田特多。夫自献帝而迁至于文帝践阼，亦既三十年矣，而洛阳之荒废犹如此，然则是时之从事于垦辟者，俨然如临天造草昧之世也。

度地居民，使地邑民居，必参相得，固无不可就之功矣。《三国·魏志·国渊传》言：太祖欲广置屯田，使渊典其事。渊屡陈损益，相土处民，计民置吏，明功课之法。《郑浑传》言：太祖征汉中，以浑为京兆尹，浑以百姓新集，为制移居之法，使兼复者与单轻者相伍，温信者与孤老为比。后浑转为山阳、魏郡太守，又以郡下百姓，苦乏材木，乃课树榆为篱，并益树五果；榆皆成藩，五果丰实。入魏郡界，村落齐整如一。又《注》引《魏略》言：颜斐后为京兆太守，令属县整阡陌，树桑果。皆能颇合度地居民之谊也。使执政皆知是谊，大乱之后，民居固可焕然改观也。然知斯谊者卒寡。且如吾邑自兵乱之后，破坏累累，孰为新□，孰为故迹，父老固历历能指之也。而新□者之零乱如故，若夫人各有口，不顾大局，岂□也哉？

策试之制（上）

《文献通考·选举考》引致堂胡氏之言曰："汉策问贤良，非试之也，延于大殿，天子称制，访以理道，其事重矣。"马氏曰："自孝文策晁错之后，贤良方正皆承亲策，上亲览而第其优劣；至孝昭年幼未即政，故无亲策之事，乃诏有司，问以民所疾苦；然所问者，盐铁、均输、榷酤，皆当时大事。令建议之臣，与之反复诘难，讲究罢行之宜，卒从其说，为之罢榷酤。然则虽未尝亲奉大对，而其视上下姑相应以义理之浮文者，反为胜之。国家以科目取士，士以科目进身者，必如此，然后为有益于人国耳。"案对策与射策不同，射策者，疑其人之不能而试之；对策

则以其人为贤知而问之。《汉书·萧望之传注》曰："射策者，谓
为难问疑义书之于策，量其大小，署为甲乙之科，列而置之，不
使彰显。有欲射者，随其所取，得而释之，以知优劣。射之言投
射也。对策者，显问以政事经义，令各对之，而观其文辞定高下
也。"《后汉书·顺帝纪》阳嘉元年《注》引《前书音义》曰：

"甲科谓作简策难问，列置案上，任试者意投射，取而答之，谓
之射策；上者为甲，次者为乙。若录政化得失，显而问之，谓之
对策也。"马氏又云："汉武帝之于董仲舒也，意有未尽，则再
策之，三策之；晋武帝之于挚虞、阮种亦然。"由此也。然至后
世，则对策其名者，亦不免射策其实矣。

《晋书·孔坦传》云："先是，以兵乱之后，务存慰悦，远
方秀、孝到，不策试，普加除署。至是，帝申明旧制，皆令试
经，有不中科，刺史、太守免官。太兴三年，秀、孝多不敢行，
其有到者，并托疾。帝欲除署孝廉，而秀才如前制。坦奏议曰：
古者且耕且学，三年而通一经，以平康之世，犹假渐渍，积以日
月。自丧乱以来，十有余年，干戈载扬，俎豆礼戢，家废讲诵，
国阙庠序，率尔责试，窃以为疑。然宣下以来，涉历三载，累遇
庆会，遂未一试，扬州诸郡，接近京都，惧累及君父，多不敢
行；其远州边郡，掩诬朝廷，冀于不试，冒昧来赴，既到审试，
遂不敢会。臣愚以为不会与不行，其为阙也同。若当偏加除署，
是为肃法奉宪者失分，徼幸投射者得官。王命无贰，宪制宜信。
去年察举，一皆策试。如不能试，可不拘到，遣归不署。又秀才
虽以事策，亦泛问经义，苟所未学，实难闇通，不足复曲碎乖
例，违旧造异，谓宜因其不会，徐更革制。可申明前下，崇修学
校，普延五年，以展讲习。帝纳焉。听孝廉申至七年，秀才如
故。"《甘卓传》："中兴初，以边寇未静，学校陵迟，特听不试

孝廉，而秀才犹依旧策试。卓上疏以为答问损益，当须博古通今，明达政体，必求诸《坟》《索》，乃堪其举。臣所忝州（湘州），往遭寇乱，学校久替，人士流播，不得比之余州。谓宜同孝廉例，申与期限。疏奏，朝议不许。卓于是精加隐括，备礼，举桂阳谷俭为秀才。俭辞不获命，州厚礼遣之。诸州秀才闻当考试，皆惮不行，惟俭一人到台，遂不复策试。俭耻其州少士，乃表求试，以高第除中郎。俭少有志行，寒苦自立，博涉经史。于时南土凋荒，经籍道息，俭不能远求师友，惟在家研精，虽所得实深，未有名誉；又耻衔耀取达，遂归，终身不仕，卒于家。"观此二事，可知虽秀才之试，亦已渐同经生之业。《石勒载记》言其立秀孝试经之制，盖亦有所因循。至于孝廉，则《魏舒传》言其"年四十余，郡上计掾察孝廉，宗党以舒无学业，劝令不就，可以为高耳。舒曰：若试而不中，其负在我，安可虚窃不就之高，以为己荣乎？于是自课，百日习一经，因而对策升第"，则几同国子明经之举矣。

秀才之试，虽究与射策有异，又变而崇尚文辞，此在北朝，其弊最显。《北齐书·儒林传》：刘昼，"河清初还冀州，举秀才入京，考策不第，乃恨不学属文，方复缉缀辞藻"。马敬德，"河间郡王将举为孝廉，固辞不就，乃诣州求举秀才。举秀才例取文士，州将以其纯儒，无意推荐。敬德请试方略，乃策问之，所答五条，皆有文理，乃欣然举选。至京，依秀才策问，惟得中第。乃请试经业，问十条并通，擢授国子助教。"盖儒生之于文辞，究非专长也。刘景安与崔亮书，谓："朝廷贡才，止求其文，不取其理，察孝廉惟论章句，不及治道。"（《魏书·崔亮传》）可见二者之分野矣。《魏书·邢峦传》："有司奏策秀孝，高祖诏曰：秀孝殊问，经权异策，邢峦才清，可令策秀。"所谓才清，盖亦长于文辞耳。《隋书·杜正玄传》："开皇末举秀才，尚书试方略，正玄应对如响，下笔成章。仆射杨素，负才傲物，正玄抗辞酬对，无所屈挠，素甚不悦。久之，会林邑献白鹦鹉，素促召正玄，使者相望，及至，即令作赋，正玄仓卒之际，援笔立成。素见文不加点，始异之，因令更拟诸杂文笔十余条，又皆立成，而辞理华赡。素乃叹曰：此真秀才，吾不及也，授晋王行参军。"（《北史》正玄附《杜铨传》后，述此事颇有附会之辞，不如此之可信。）此几纯以文辞为重，亦北朝之余习也。南朝似略愈于此，而其实亦不然。《梁书·文学传》，谓何逊"弱冠州举秀才，南乡范云见其对策，大相称赏"。又云：云"谓所亲曰：顷观文人，质则过儒，丽则伤俗，其能含清浊，中今古，得之何生矣"。则所重亦在其文。《顾协传》："举秀才，尚书令沈约览其策而叹曰：江左以来，未有斯作。"《孔休源传》："州举秀才，太尉徐孝嗣省其策，深善之，谓同坐曰：董仲舒、华令思何以尚此？足称王佐之才。"似其人深明于当世之务者，实亦未必不采庶子之春华，忘家丞之秋实也。姚察谓二汉求士，率先经术，近世取人，多由文史，（《江淹任昉传论》）可以知其变迁矣。

或曰：马氏所举董仲舒、挚虞、阮种之流，皆贤良也，此后世制科之先河，秀才则与孝廉同为常举耳。其策之之法，自不能无异。然《晋书·王接传》云：永宁初，举秀才，友人遗书劝无行，"接报书曰：今世道交丧，将遂剥乱，而识智之士，钳口韬笔，祸败日深，如火之燎原，其可救乎？非荣斯行，欲极陈所见，冀有觉悟耳。是岁，三王义举，惠帝复阵，以国有大庆，天下秀孝，一皆不试，接以为恨"。是则秀才对策，亦未尝不可极其謇谔矣。《魏书·高祖纪》：延兴二年，七月，"诏州郡县各遣二人，才堪专对者，赴九月讲武，当亲问风俗"。三年，六月，

"诏曰：往年县召民秀二人，问以守宰治状，善恶具闻，将加赏罚。而赏者未几，罪者众多，肆法伤生，情所未忍。今特垂宽恕之恩，申以解网之惠。诸为民所列者，特原其罪，尽可贷之"。所谓民秀，盖即去岁所召也。太和七年，正月，"诏曰：朕每思知百姓之所疾苦，以增修宽政，而明不远烛，实有缺焉。故具问守宰苟虐之状于州郡使者、秀孝、计掾，而对多不实，甚乖朕虚求之意，宜案以大辟，明罔上必诛。然情犹未忍，可恕罪听归，申下天下，使知后犯无恕"。背公下比，不徒远愧始元之贤良，亦且近惭延兴之民秀矣。然魏孝文之问之，则固得枉于执事毋悼后害之义，此盖由其兴于代北，究较中原为质朴故也。

《齐书·谢超宗传》："都令史骆宰议策秀才考格，五问并得为上，四、三为中，二为下，一不合与第。超宗议：非患对不尽问，患以恒文弗奇。与其俱奇，一亦宜采。诏从宰议。"清问当求奇士，考试自贵兼通，舍奇求多，亦对策渐近射策之一证。

策试非独秀、孝。《孔坦传》言："坦迁尚书郎。时台郎初到，普加策试，帝（元帝）。手策问曰：吴兴徐馥为贼，杀郡将，郡今应举孝廉不？坦对曰：四罪不相及，殛鲧而兴禹。徐馥为逆，何妨一郡之贤？又问：奸臣贼子杀君，污宫潴宅，莫大之恶也。乡旧废四科之选，今何所依？坦曰：季平子逐鲁昭公，岂可废仲尼也！竟不能屈。"此不徒亲策以时事，亦且如马氏所言，意有未尽，则再策之三策之矣。《魏书·文苑·温子升传》："熙平初，中尉、东平王匡博召辞人，以充御史，同时射策者八百余人，子升与卢仲宣、孙搴等二十四人为高第。于是预选者争相引决，匡使子升当之，皆受屈而去。搴谓人曰：朝来靡旗乱辙者，皆子升逐北。遂补御史。"此云射策，当系对策，盖二者之实渐淆，其名亦随之而淆也。所召者为辞人，所取者为子升等，可见徐景安所云"朝廷贡才止求其文"者，尚不仅指秀才言之也。然则唐世进士之浮华，其所由来者渐矣。

策试之制（下）

策问之法，渐变而近于考试，其于政事，遂绝无所益乎？曰：否。射策者，帖经墨义之所本也。秀才策事，亦泛问经义，则大义论策之所本也。唐世秀才之科废绝，然进士偏重诗赋，实即南北朝来秀才策试兼重文辞之习。故唐世之进士明经，实即前世之州郡秀孝；所异者，前世选举之权，操之郡县，至唐则可投牒自列耳。然则科目之制，其所由来者远矣。后世科目之法可废乎，则前世秀孝之举，考试之法，亦可去矣。

世有说立乎千百年之前，而于千百年后之事，若烛照而数计者，葛稚川《审举》之篇是也。其言曰："秀、孝皆宜如旧试经答策。防其所对之奸，当令必绝，其不中者勿署吏，罚禁锢。其所举书不中者，刺史太守免官。不中左迁，中者多，不中者少，后转不得过故。若受赇举所不当，发觉有验者，除名禁锢终身，不以赦令原，所举者与同罪。试用此法，一二岁之间，秀、孝必多不行者，亦足知天下贡举之不精久矣。过此则必多修德而勤学者矣。或曰：能言不必能行，今试经对策虽过，岂必有政事之才乎？抱朴子答曰：古者犹以射择人，况经术乎？如其舍旃，则未见余法之贤乎此也。夫丰草不秀瘠土，巨鱼不生小水，格言不吐庸人之口，高文不堕顽夫之笔。今孝廉必试经无脱谬，而秀才必对策无失指，则亦不得阍蔽也。假令不能尽得贤能，要必愈于了不试也。今且令天下诸当在贡举之流者，莫敢不勤学，但此一条，其为长益风教，亦不细矣。自有天性好古，心悦艺文，学不为禄，味道忘贫，若法高卿、周生烈者，万之一耳。至于宁越、儿宽、黄霸之徒，所以强自笃励于典籍者，非天性也，皆由患苦困瘁，欲以经术自拔耳。向使非汉武之世，则朱买臣、严助之属，亦未必读书也。今若遒迢一例，明考课试，必多负笈千里以寻师友，转其礼赂之费以买记籍者，不俟终日矣。予意谓新年当试贡举者，今年便可使儒官才士，豫作诸策，计可周用，集上，禁其留草，殿中封闭之，临试之时亟赋之，人事因缘于是绝。当答策者，皆可会着一处，高选台省之官，亲监察之，又严禁其交关出入，毕事乃遣，违犯有罪无赦。如此，属托之冀窒矣。夫明君恃己之不可欺，不恃人之不欺己也，亦何耻于峻为斯制乎？若试经法立，则天下可以不立学官，而人自勤学矣。"案后世科目之利，曰官不立学，虽立亦有名无实，而人自勤学，文教于是覃敷也。其制，虽不能必得才，亦不足以得上才，而究愈于不试，实未有他法以代之。而其关防之法，则不得不严。唐、宋、明、清行事，皆足为证，稚川一一言之，若烛照而数计，可谓圣矣。何以克圣？理有必至，势有固然，辨之者精，察之者审也。君子是以贵好学深思也。

汉世丞相故事，四科取士，一曰德行高妙，志节清白；二曰学通行修，经中博士；三曰明达法令，足以决疑，能案章覆问，文中御史；四曰刚毅多略，遭事不惑，明足以决，才任三辅。一者德，四者才，二者儒学，三者文法之学也。孝廉课试，始于左雄，诸生试家法，文吏课笺奏，即此之二、三。黄琼以雄所上孝廉之选，专于儒学文吏，于取士之义，犹有所遗，奏增孝弟及能从政者为四科，即补以此之一、四也。以理论之，诚设四科，乃为该备。然才德不可试诸一时，故左雄专于儒吏也。儒吏之中，则不宜有所偏重矣。稚川又曰："汉四科亦有明解法令人仕。今在职之人，官无大小，悉不知法令。或有微言难晓。小吏多顽，而使之决狱，是以死生委之，以轻百姓之命，付无知之人也。作官长不知法，为下吏所欺而不知，又决其口笔者，愦愦，不能知食法与不食，不问不以付主者，或以意断事，蹉跌不慎法令，亦可令廉良之吏，皆取明律令者试之如试经，高者随才品叙用。如此，天下必少弄法之吏，失理之狱矣。"此后世明法之科所由立也。宋承唐制，科目甚多，熙宁变法尽废之，独立新科明法，以待士之不能改业者。有用无用，夫固较然不可诬。而后世弄法之吏、失理之狱之多，亦由明法之科之废，科目偏重儒学也。稚川言之于千载之前，亦若烛照而数计矣。

稚川又曰："今普天一统，九垓同风，王制政令，诚宜齐一。夫衡量小器，犹不可使往往而有异，况人士之格，而可参差而无检乎？江表虽远，密迩海隅，然染道化，率礼教，亦既千余载矣，往虽暂隔，不盈百年，而儒学之事，亦不偏废也。惟其土宇褊于中州，故人士之数，不得钧其多少耳，及其德行才学之高者，子游、仲任之徒，亦未谢上国也。昔吴土初附，其贡士见偃以不试，今太平已近四十年矣，犹复不试，所以使东南儒业，衰于在昔也。"案自吴之亡，至大兴三年，凡四十年。据《孔坦传》：秀孝策试之令，当在建武、大兴之间，稚川之作，疑在是时。据其言，则北方秀孝之试，因乱旷绝，南方实迄未举行，非关丧乱也。又案《晋书·五行志》："成帝咸和六年正月丁巳，会州郡秀孝于乐贤堂，有麏见于前，获之。自丧乱以后，风教陵夷，秀孝策试，乏四科之实。麏兴于前，或斯故乎？"则其后虽复策试之制，依然有名无实矣。又《宋书·武帝纪》：义熙七年，"先是诸州郡所遣秀才、孝廉，多非其人，公表天子，申明旧制，依旧策试"。则晋末又尝不试。

《晋书·挚虞传》云："举贤良，与夏侯湛等十七人策为下第，拜中郎。武帝诏曰：省诸贤良答策，虽所言殊途，皆明于王义，有益政道，欲详览其对，究观贤士大夫用心。因诏诸贤良方正直言，会东堂策问。"《阮种传》："诏三公、卿尹、常伯、牧守各举贤良方正直言之士，于是太保何曾举种。时种与郤诜及东平王康，俱居上第，即除尚书郎。然毁誉之徒，或言对者因缘假托，帝乃更延群士，庭以问之。"此二者即一事。《虞传》载策问曰："若有文武器能，有益于时务，而未见申叙者，各举其人，及有负俗谤议，宜先洗濯者，亦各言之。"《种传》载诏辞曰："若有文武隐逸之士，各举所知，虽幽贱负俗，勿有所限。"实一诏而史氏辞有异同，可以为证也。《郤诜传》载诏辞云："朕获承祖宗之休烈，于兹七载。"则此事当在泰始七八年间，《本纪》不载其事。再策由于毁誉之辞，实不如马氏所云"意有未尽"。然此等事当不多，其大体固当如马氏所云耳。然疑有弊而亲策，则实不自宋祖始矣。亲策也而腾谤者谓其因缘假托，则当时关防，殊不严密，稚川所以欲立法以防所对之奸与？策问令再举人，亦明阻被荐者至再令荐举之意。而惜乎二人之皆无所举也。（虞对曰："臣生长华门，不逮异物，虽有贤才，所未接识，不敢瞽言妄举，无以畴答圣问。"种对曰："文武隐逸之士，幽贱负俗之才，故非愚臣之所能识。"）